물류관리사

기출동형 최종모의고사

(주)시대고시기획

Always **with you**

사람의 인연은 길에서 우연하게 만나거나 함께 살아가는 것만을 의미하지는 않습니다.
책을 펴내는 출판사와 그 책을 읽는 독자의 만남도 소중한 인연입니다.
SD에듀는 항상 독자의 마음을 헤아리기 위해 노력하고 있습니다. 늘 독자와 함께하겠습니다.

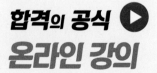
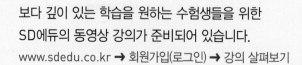

머리말

국제화·세계화 시대에 경쟁력을 키우기 위한
최대의 조건은 물류관리의 합리화

최근 물류산업은 운송, 하역, 보관 등 전통적인 물류서비스의 범주를 벗어나 물류전략의 수립에서부터 조달, 생산, 보관, 운송, 회수에 이르는 고객지향적인 통합 공급사슬관리(SCM) 서비스 수준까지 지향하고 있다. 국내물류는 물론 국제물류에 있어서 통합 SCM은 이제 필요불가결한 사항이 되고 있다.

이러한 시대적 흐름에 맞추어 우선 우리나라의 경쟁력을 키우기 위한 최대의 조건은 물류관리의 합리화라 할 수 있다. 더욱 중요한 것은 날로 발전하는 물류산업에 신속히 대응하고 글로벌한 물류경영에 적합한 인재를 길러내는 것이다. 기업과 정부 모두 물류관리의 효율화를 제3의 이익원으로 인식하고 있으며 전문 물류인력을 배출하기 위해 노력하고 있다.

본서는 물류관리사를 준비하는 수험생들을 위한 최종모의고사 문제집이다. 수험준비에 있어서 먼저 당부하고 싶은 것은 시험에 대한 정보뿐만 아니라 출제문제를 분석하고 유형문제를 많이 풀어보라는 것이다. 출제된 문제의 경향을 분석하다 보면 그 시험의 경향을 예상해 볼 수 있고 그에 따른 수험대책을 세울 수 있다. 더욱이 시험 마무리 단계에 있는 수험생들에게는 짧은 시간 안에 최대의 학습 효과를 거둘 수 있고 바로 합격의 지름길로 이어질 수 있기 때문이다.

수험생들의 효과적인 학습을 돕기 위한 기출동형 최종모의고사 문제집의 특징

첫 째 최근 빈출되었던 키워드를 분석하여 짧은 시간 안에 출제경향을 파악할 수 있도록 "빨리보는 간단한 키워드 [빨.간.키]"를 수록하였다.

둘 째 그동안 출제되었던 기출문제 분석을 기반으로 출제경향에 맞는 유형문제를 재구성하여 최종 마무리를 할 수 있도록 하였다.

셋 째 총 1,000문제의 모의고사 5회분을 엄선하였고, 각 문제당 상세한 해설을 달아 수험생들의 이해도를 높였다.

끝으로, 본서가 물류관리사 자격 취득을 이루고자 하는 수험생들에게 최종 합격의 길잡이가 되길 바라며, 모든 수험생들이 합격의 기쁨을 안을 수 있기를 기원한다.

편저자 씀

시험과목 및 방법

시험과목	세부사항	시험방법
물류관리론	물류관리론 내의 「화물운송론」, 「보관하역론」 및 「국제물류론」은 제외	
화물운송론	–	
국제물류론	–	객관식 5지선택형
보관하역론	–	
물류관련법규	「물류정책기본법」, 「물류시설의 개발 및 운영에 관한 법률」, 「화물자동차운수사업법」, 「항만운송사업법」, 「유통산업발전법」, 「철도사업법」, 「농수산물유통 및 가격안정에 관한 법률」 중 물류 관련 규정	

시험시간

구 분	시험과목	문항수	입실시간	시험시간
1교시(3과목)	• 물류관리론 • 화물운송론 • 국제물류론	과목당 40문항	09:00까지	09:30~11:30(120분)
휴식시간	20분	–	–	11:30~11:50(20분)
2교시(2과목)	• 보관하역론 • 물류관련법규	과목당 40문항	11:50까지	12:00~13:20(80분)

응시자격

제한 없음

※ 단, 부정행위로 인해 시험 무효처분을 받은 자는 3년간 물류관리사 시험에 응시할 수 없음

합격자 결정 기준

매 과목 100점 만점으로 하여 매 과목 40점 이상, 전 과목 평균 60점 이상 득점한 자를 합격자로 결정

합격자 발표

❶ 국가자격시험(www.Q-net.or.kr) 물류관리사 홈페이지
❷ 국토교통부 홈페이지 및 관보에 게재

응시원서 접수방법

❶ 인터넷 접수만 가능
❷ 국가자격시험(www.Q-net.or.kr) 물류관리사 홈페이지

1과목 물류관리론

출제영역	2019	2020	2021	2022	2023	합계	비율(%)
제1장 물류의 이해	4	8	9	7	7	35	17.5
제2장 물류관리와 마케팅물류	13	8	7	9	9	46	23
제3장 물류조직과 물류시스템	2	3	3	3	1	12	6
제4장 물류회계	4	4	4	4	3	19	9.5
제5장 물류합리화	6	6	8	8	9	37	18.5
제6장 물류정보시스템	6	6	5	5	7	29	14.5
제7장 정보화시대의 물류혁신기법	5	5	4	4	4	22	11
합계(문항 수)	40	40	40	40	40	200	100

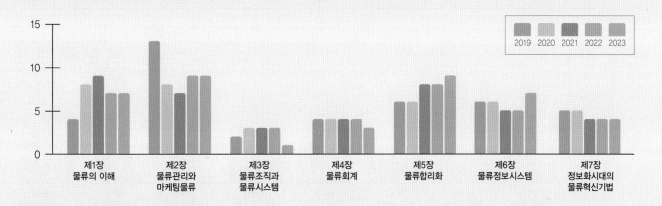

영역별 평균 출제비율

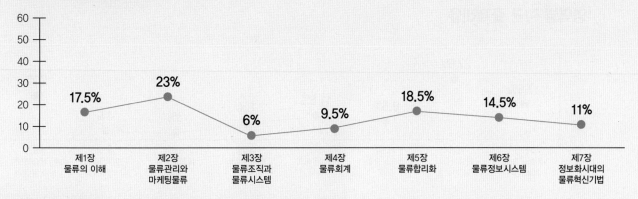

최신 출제경향

2023년에는 물류조직과 물류시스템에서 2문제 감소, 물류정보시스템에서 2문제 증가한 것을 제외하고는 2022년과 비슷한 출제비중을 보이고 있다. 계산문제는 손익분기 매출액, 간접물류비 배부액, 이산화탄소 배출량 감축을 위한 기업의 평균연비 등 총 3문제가 출제되었는데 특히 손익분기와 이산화탄소 배출량 관련 계산문제는 3년 연속 출제되었기 때문에 관련 계산공식을 필히 숙지해야 한다.

2과목 화물운송론

출제영역	2019	2020	2021	2022	2023	합 계	비율(%)
제1장 화물운송의 기초 이해	8	5	4	9	9	35	17.5
제2장 화물자동차(공로)운송	12	11	12	9	11	55	27.5
제3장 철도운송의 이해	3	3	4	4	3	17	8.5
제4장 해상운송의 이해	4	3	7	5	4	23	11.5
제5장 항공운송의 이해	3	5	3	2	3	16	8
제6장 복합운송의 이해	1	2	1	1	1	6	3
제7장 단위적재운송시스템의 이해	1	2	1	3	1	8	4
제8장 수·배송시스템 설계 및 관리	8	9	8	7	8	40	20
합계(문항 수)	40	40	40	40	40	200	100

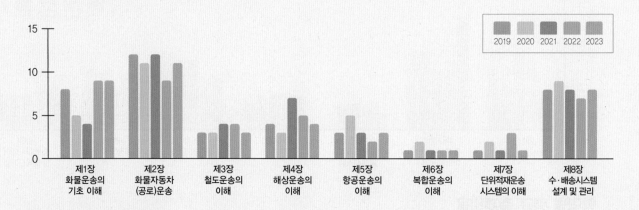

영역별 평균 출제비율

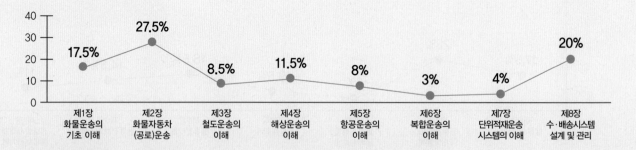

최신 출제경향

2023년에는 화물자동차(공로)운송에서 2문제 증가, 단위적재운송시스템의 이해에서 2문제 감소한 것을 제외하고는 2022년과 비슷한 출제비중을 보이고 있다. 계산문제는 채트반 공식을 활용한 일반적인 계산문제와 보겔추정법, 수송모형의 제약조건식, 최대가스량 등 수·배송시스템 설계 및 관리에서 출제된 3문제를 포함하여 총 4문제가 출제되었는데 관련 공식을 암기하고 과년도 기출문제 풀이를 통해 유형을 파악하면 충분히 해결 할 수 있는 문제로 비교적 평이하게 출제되었다.

3과목 국제물류론

출제영역	2019	2020	2021	2022	2023	합 계	비율(%)
제1장 국제물류관리	1	5	5	2	6	19	9.5
제2장 국제무역개론 및 무역실무	13	11	5	5	7	41	20.5
제3장 국제해상운송	13	9	13	13	10	58	29
제4장 국제해상보험	2	2	2	2	2	10	5
제5장 국제항공운송	6	3	6	6	4	25	12.5
제6장 컨테이너운송	1	5	4	7	7	24	12
제7장 국제복합운송과 국제택배	4	5	5	5	4	23	11.5
합계(문항 수)	40	40	40	40	40	200	100

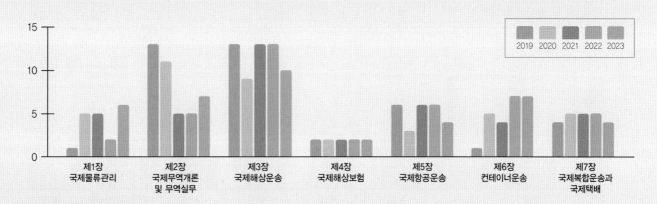

영역별 평균 출제비율

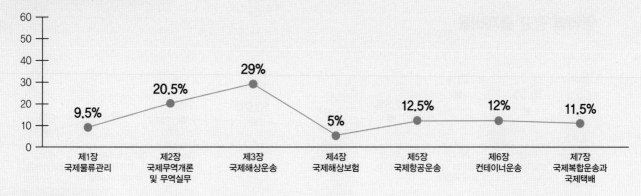

최신 출제경향

2023년에는 2022년에 비해 영역별로 2문제 내지 4문제 정도의 출제비중 차이를 보였다. 최근에는 대다수의 문제에서 5지선다 항목이 한글 표기 없이 영어로만 제시되고 있는 경향을 보이고 있기 때문에 관련 핵심용어들의 영어풀이에 익숙해져야 한다. 특히 국제조약, 신용장 통일규칙, 해상화물운송장, 인코텀즈 2020의 주요 개정사항 등은 보기 지문 전체가 영어로 출제되었다.

4과목 보관하역론

출제영역	2019	2020	2021	2022	2023	합 계	비율(%)
제1장 보관물류론	9	7	4	2	9	31	15.5
제2장 물류센터 설계 및 운영전략	6	9	10	13	8	46	23
제3장 재고관리	5	5	4	6	5	25	12.5
제4장 자재관리	4	4	4	2	2	16	8
제5장 일반하역론	3	4	4	5	5	21	10.5
제6장 운반·보관 하역기기	4	3	5	6	4	22	11
제7장 물류장소별 하역작업과 유닛로드시스템	6	6	7	4	4	27	13.5
제8장 포장물류론	3	2	2	2	3	12	6
합계(문항 수)	40	40	40	40	40	200	100

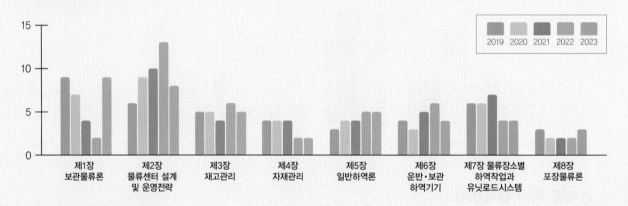

영역별 평균 출제비율

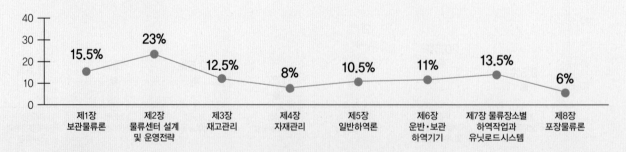

최신 출제경향

2023년에는 2022년에 비해 보관물류론(7문제 증가)과 물류센터 설계 및 운영전략(5문제 감소)에서 출제비중에 큰 변화를 보였다. 계산문제는 무게중심법, 평균재고액, 경제적 주문량(EOQ), 자재소요량 계획(MRP)의 순 소요량, 연간 재고유지비 등 총 5문제가 출제되었으며, 특히 무게중심법과 EOQ 관련 계산문제는 거의 매년 반복적으로 출제되고 있기 때문에 관련 공식을 반드시 암기해야 한다.

5과목 물류관련법규

출제영역	2019	2020	2021	2022	2023	합 계	비율(%)
제1장 물류정책기본법	8	8	8	8	8	40	20
제2장 물류시설의 개발 및 운영에 관한 법률	8	8	8	8	8	40	20
제3장 화물자동차 운수사업법	10	10	10	10	10	50	25
제4장 유통산업발전법	5	5	5	5	5	25	12.5
제5장 항만운송사업법	3	3	3	3	3	15	7.5
제6장 철도사업법	4	4	4	4	4	20	10
제7장 농수산물 유통 및 가격안정에 관한 법률	2	2	2	2	2	10	5
합계(문항 수)	40	40	40	40	40	200	100

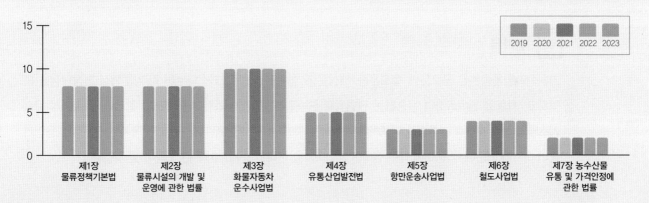

영역별 평균 출제비율

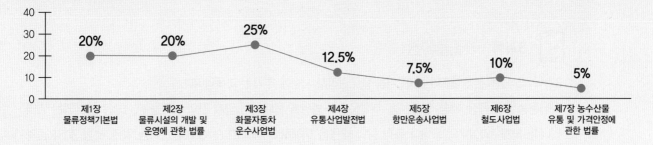

최신 출제경향

법규과목은 각 영역별로 출제비중이 정해져 있으며, 관련 시행령이나 시행규칙을 알아야 풀 수 있는 문제도 출제되는 편이기 때문에 수험생들이 가장 어려워하는 과목이다. 먼저 기출문제를 풀어보면서 어떤 방식으로 문제가 출제되는지 유형을 파악한 후에 세부적인 내용을 암기하는 방향으로 학습하는 것이 가장 효율적이다. 출제비중이 높은 물류정책기본법, 물류시설의 개발 및 운영에 관한 법률, 화물자동차 운수사업법 세 영역은 중점적으로 공부해야 하며, 나머지 영역은 기출문제를 중심으로 중요한 부분을 선별적으로 학습하여 시간을 절약하는 전략이 필요하다.

1과목 물류관리론

1과목 물류관리론은 나머지 과목의 기본 바탕이 되는 과목이므로 물류용어에서부터 물류관리, 물류합리화, 물류정보시스템 등 전반적인 개념을 제대로 이해하고 있느냐가 중요 포인트입니다. 또한 1과목에서 가볍게 언급했던 내용을 4과목에서는 더 자세히 다루기도 하는 등 4과목 보관하역론과 겹치는 내용도 있기 때문에 이와 연계되어 출제되기도 합니다. 또한 최근 물류환경 변화와 물류추세, 물류비 계산과 분류체계에 대한 내용도 많이 출제되고 있기 때문에 충분히 학습하고 넘어가야 합니다.

 2과목 화물운송론

2과목 화물운송론은 공로운송, 철도운송, 해상운송, 항공운송으로 크게 나누어 각각의 특징과 장단점을 파악하고, 화물을 단위화하여 운송하는 단위적재운송의 전반적인 시스템을 이해해야 합니다. 운송의 수배송 시스템의 여러 모형과 산출법을 이해하여 공부하는 것도 중요 포인트입니다. 이 과목에서는 전문적인 용어가 많이 나오기 때문에 각 용어에 대한 정확한 개념파악을 한다면 문제풀이에 큰 도움이 될 것입니다.

 3과목 국제물류론

3과목 국제물류론은 2007년도에 처음 물류관리사 시험에 추가된 과목입니다.

화물운송론의 육상, 해상, 항공운송, 복합운송의 범위를 확대하여 국제 간의 무역을 중심으로 출제되는 영역입니다. 국제무역실무의 용어나 규칙 등의 내용을 이해하고 INCOTERMS 2020, 각종 약관, 조항, 협약 등과 관련된 내용은 영문을 해석할 수 있도록 대비해야 합니다.

CERTIFIED PROFESSIONAL LOGISTICIAN

4과목 보관하역론

4과목 보관하역론의 보관이나 하역은 운송 전후에 이루어지는 작업이기 때문에 화물운송론과 연계된 부분이 많은 과목입니다. 또한, 보관과 하역을 따로 생각할 것이 아니라 보관과 하역이 효율적으로 이루어지기 위한 재고관리, 자재관리, 포장 등의 연결고리를 정리해야 하며, 수요예측기법과 관련된 계산문제를 풀기 위한 공식도 체계적으로 정리하여 학습해야 합니다.

 5과목 물류관련법규

5과목 물류관련법규는 수험생들이 제일 어려워하는 부분입니다. 법 관련용어들도 이해하기 생소하고 출제영역인 7개 법의 내용도 상당히 방대하기 때문입니다. 처음에 전체 법을 다 외우려고 공부를 시작했다가는 얼마가지 않아 포기하기 쉽습니다. 따라서 이 과목은 기출문제를 바탕으로 출제경향이 어떤지 분석하고 파악한 후 주로 출제되는 분야를 우선적으로 학습하는 것이 좋습니다. 또한 무조건 처음부터 외울 생각으로 접근하지 말고 먼저 법의 큰 제목을 보고 그 흐름을 파악한 후에 세부 사항에는 어떤 것이 있는지 이해하며 학습해야 합니다.

이 책의 차례

CONTENTS

모의고사로 점검하는 물류관리사!

CERTIFIED PROFESSIONAL LOGISTICIAN

빨간키

빨리보는 간단한 키워드

시험장에서 보라

시험 전에 보는 기출 키워드 분석

시험공부 시 교과서나 노트필기, 참고서 등에 흩어져 있는 정보를 하나로 압축해 공부하는 것이 효과적이므로, 열 권의 참고서가 부럽지 않은 나만의 핵심 키워드 노트를 만드는 것은 합격으로 가는 지름길입니다. 빨·간·키만은 꼭 점검하고 시험에 응시하세요!

SD에듀와 함께, 합격을 향해 떠나는 여행

01 · 물류관리론

문제키워드	정답키워드
기능적 물류활동	• 운송 : 물품의 이동을 통하여 효용가치를 증대시키는 활동을 말하며, 물류거점 간의 간선수송과 일정지역 내의 배송으로 분류 • 포장 : 한국산업표준(KST-1001)에 의하면 포장은 낱포장, 속포장, 겉포장 3가지로 구분 • 하역 : 운송과 보관에 수반하여 발생하는 부수작업으로 물품을 취급하거나 상하차 하는 행위 등을 총칭 • 보관 : 물품의 저장을 통하여 생산과 소비의 시간적인 간격을 해소시키는 활동 • 물류정보 : 운송, 보관, 포장, 하역 등의 기능을 연계시켜 물류관리 전반을 효율적으로 수행
상류와 물류	• 상류 : 상품의 소유권 이전 활동을 말하며, 유통경로 내에서 판매자와 구매자의 관계에 초점 • 물류 : 물류경로 상에서 이동 또는 보관 중인 물품에 대한 관리활동을 포함 • 상류와 물류를 분리하면 재고의 편재 및 과부족을 해소함으로써 재고관리가 효율적 • 상권이 확대될수록, 무게나 부피가 큰 제품일수록 상류와 물류의 분리 필요성이 높아짐 • 상류와 물류를 분리하면 물류거점에서 여러 지점 및 영업소의 주문을 통합할 수 있어 배송차량의 적재율 향상과 효율적 이용이 가능
물류관리의 중요성이 증가하는 이유	• 생산혁신 및 마케팅을 통한 이익 실현의 한계 • 고객 요구의 다양화, 전문화, 고도화 • 다품종, 소량 거래의 확대 • 글로벌화로 인한 국제물류의 범위가 확대 • 물류비용 절감과 서비스 향상이 기업경쟁력의 핵심요소로 대두
물류계획 수립	• 구체적인 계획실행순서의 결정이 포함 • 물류관련 투자의 자금계획이 포함 • 물류담당자의 채용 · 훈련계획이 포함 • 단기, 중기, 장기수준에서 이루어짐
3자물류 도입으로 인해 화주기업이 얻는 직접적인 기대효과	• 비용절감 • 인력전문성 • 시장지식의 향상 • 운영효율성의 개선 • 고객서비스의 개선 • 핵심 사업에 대한 집중력 강화 • 유연성의 향상
그리드형 물류조직	다국적 기업에서 많이 볼 수 있는 조직형태로 모회사의 권한을 자회사에게 이양하는 형태를 지니며 노회사의 스태프 부문이 사회사의 해당 물류부분을 관리하고 지원
3자물류 활용	• 화주기업이 중 · 장기적으로 1자물류를 거쳐 3자물류로 전환하도록 유도 • 화주기업과 물류기업 간 수평적인 파트너십 관계를 형성 • 화주기업의 물류비 및 초기자본투자를 절약 • 3자물류업자와 정보를 공유하므로 고객정보유출에 대한 리스크가 증가 • 3자물류업체와 Win-Win 전략을 통해 장기적인 협력관계를 구축하는 것이 바람직
BPR	• Business Process Reengineering의 약자 • 대상 프로세스에 관련된 부서가 주축 • 업무 프로세스를 근본적으로 재설계하는 경영혁신기법 • 궁극적인 목적은 고객중심의 경영체제를 만드는 것 • 성공요건 : 최고경영층의 주도와 구성원의 공감대

TOC	제약요소는 조직의 전체적인 성과를 지배하므로, 보다 많은 이익을 얻기 위해서는 제약요소를 중심으로 모든 관리가 집중되어야 한다는 경영과학이론
JIT	필요한 것만을, 필요한 만큼 생산하여 생산시간을 단축하고 재고를 최소화하여 낭비를 없애는 시스템
물류비의 관리 목적	• 물류관리의 기본 척도 • 물류에 대한 인식전환 • 물류활동의 문제점 파악, 경영목표 달성 • 물류예산의 편성 및 통제 • 물류비 정보 제공
유통경로의 구조이론	• 연기-투기 이론 • 게임 이론 • 체크리스트 법 • 대리인 이론
수직적 유통경로시스템 (VMS ; Vertical Marketing System)	• 동맹형 VMS : 둘이상의 유통경로 구성원들이 대등한 관계에서 상호 의존성을 인식하고 자발적으로 형성한 통합시스템 또는 제휴시스템 • 기업형 VMS : 한 경로 구성원이 다른 경로 구성원을 법적으로 소유 및 관리하는 결속력이 가장 강력한 유형 • 전통적 유통경로시스템의 단점인 경로구성원 간의 업무조정 및 이해상충의 조정을 전문적으로 관리 혹은 통제하는 경로조직 • 후방통합 : 도·소매상이 제조업체를 직접 통제하기 위하여 계열화하는 것
조달물류	• 과거에는 주로 기업의 생산 보조수단으로 활용 • 구매(purchasing) → 조달(procurement) → 공급망(supply chain)의 개념으로 진화 • 공급자와의 밀접한 관계유지, 글로벌 조달, 공급자의 신제품 개발 참여 등 구매관리의 방법·환경이 달라져 중요성이 높아지는 추세 • MRP시스템은 자재소요계획으로부터 출발하여 회사의 모든 자원을 계획하고 관리하는 전사적 자원관리로 발전 • 물류의 시발점으로 원부자재의 조달부터 매입자의 물품 보관창고에 입고·관리되어 생산 공정에 투입되기 직전까지의 물류활동
물류정보시스템의 구축 요건	• 처리결과에 대한 정보를 실시간으로 제공 • 다른 시스템과 유기적으로 통합 • 비용절감과 업무의 효율성이 목표 • 많은 기업들은 자사에 적합한 물류정보시스템을 도입 • 바코드나 RFID 정보 등을 활용하는 물류기기와의 연동
ASP (Application Service Provider)	기업 운영에 필요한 각종 소프트웨어를 인터넷을 통하여 제공하는 새로운 방식의 비즈니스
물류정보시스템의 종류	• WMS(Warehouse Management System) : 창고관리시스템 • TMS(Transportation Management System) : 수배송관리시스템 • CVO(Commercial Vehicle Operation) : 첨단화물 운송 • OMS(Order Management System) : 주문관리시스템
RFID의 물류부문 도입	• 자동차 제조공정에 응용가능 • 창고관리에 적용할 경우 유용하게 활용 • 개별 상품에 부착해서 관리하기 위해서는 상품의 가치와 태그의 가격을 살펴봐야 함 • 최근 수출입 컨테이너의 신속통관 및 화물추적에 이용 • 장기적 관점에서 채찍효과(bullwhip effect)를 줄이는 데 기여
RFID 시스템의 장점	• 태그 정보의 변경 및 추가가 용이 • 태그를 다양한 형태와 크기로 제조 • 일시에 다량의 정보를 빠르게 판독 가능 • 태그에는 온도계, 고도계, 습도계 등 다양한 센서기능을 부가 가능

GS1-14 코드	물류단위(logistics unit) 중 주로 박스에 사용되는 국제표준 물류 바코드로 생산공장, 물류센터 등에서 입·출하 시 판독되는 표준 바코드
JIT-II 시스템	• 1987년 미국의 보스(Bose)사에서 처음 도입한 시스템으로 JIT 시스템의 발전된 형태 • 납품회사의 직원이 발주회사의 공장에 파견되어 근무하면서 구매·납품업무를 대행하여 효율을 높이는 생산·운영 시스템
Postponement	공장에서 제품을 완성하는 대신 시장 가까이로 제품의 완성을 지연시켜 소비자가 원하는 다양한 수요를 만족시키는 전략적 지연
ECR (Efficient Consumer Response)	소비자에게 보다 나은 가치를 제공하기 위해 유통업체와 공급업체들이 밀접하게 협력하는 식료품 업계의 전략
QR(Quick Response)	미국의 의류업계에서 개발한 공급망관리 기법으로 기업 간의 정보공유를 통한 신속정확한 납품, 생산/유통기간의 단축, 재고감축, 반품 로스 감소 등을 실현하는 신속대응시스템
Mass Customization	개별 고객의 다양한 요구와 기대를 충족시키면서도 대량생산에 못지 않은 낮은 원가를 유지하는 경영혁신 기법
VMI (Vendor Managed Inventory)	공급자 주도형 재고관리로서 유통업체에서 발생하는 재고를 제조업체가 전담해서 관리하는 방식
크로스도킹 (cross-docking)	• 미국의 월마트에서 도입한 공급망관리 기법 • 주문한 제품이 물류센터에서 재분류되어서 각각의 점포로 즉시 배송되어야하는 신선식품의 경우에 보다 적합 • 크로스 도킹 시스템이 도입되면 물류센터는 보관거점의 기능에서 탈피 가능 • EDI, 바코드, RFID 등과 같은 정보기술의 활용을 통해 보다 효과적으로 실현 가능 • 장점 : 물류센터에서 제품이 머무르는 시간 감소

채찍효과
(bullwhip effect)
	• 시장에서의 수요정보가 왜곡되는 현상
	• 발생 이유 : 수요예측이 소비자의 실제 수요에 기반하지 않고 거래선의 주문량에 근거하여 이루어지기 때문
	• 일괄주문(batch order)은 수요의 왜곡현상을 발생시키고 채찍효과를 유발 가능
	• 감소 방법
	  – 공급망 전반에 걸쳐 수요정보를 중앙집중화하고 상호 공유
	  – 전략적 파트너십을 통한 정보의 공유와 공급망 관점의 재고관리

물류합리화	• 물류합리화를 위해서는 시스템적 접근에 의한 물류활동 전체의 합리화를 추진 • 경제규모의 증대, 물류비의 증대 및 노동력 수급상의 문제점 등은 물류합리화의 필요성을 증대 • 대책 : 차량이나 창고공간의 활용을 극대화해서 유휴부문을 최소화 • 대상 : 운송, 보관, 포장, 하역뿐만 아니라 물류조직, 물류정보의 전달체계 개선도 포함

물류표준화	• 물류활동의 각 단계에서 사용되는 기기, 용기, 설비 등을 규격화하여 상호간 호환성과 연계성을 확보하는 것
	• 목적 : 단순화, 규격화 등을 통하여 물류활동의 기준을 부여함으로써 물류효율성 증가
	• 기업차원의 미시적 물류뿐만 아니라 국가차원의 거시적 물류의 효율성 증대
	• 물류표준화 대상 : 물류용어의 통일 및 거래전표의 표준화
	• 한국산업표준에서 규정하고 있는 우리나라 유닛로드용 평파렛트
	  – 1,100 × 1,100mm
	  – 1,200 × 1,000mm

AEO (Authorized Economic Operator)	• 세계관세기구(WCO)에서 관리·운영하는 제도 • 공인기준에 따라 AEO업체를 공인하며, AEO업체와 非AEO업체에 대해서는 차별적인 위험관리를 실시 • 공인기준 : 법규준수도, 내부통제시스템, 재무건전성, 안전관리의 4가지 분야로 구성 • 우리나라는 2009년 4월 정식으로 AEO제도를 시행 • AEO 인증을 받은 기업은 상호인증협정(MRA)을 맺은 국가에 수출할 때 인증을 받지 않은 기업에 비해 신속한 통관절차를 받을 수 있음

물류공동화	• 공동수배송이란 자사 및 타사의 원자재나 완제품을 공동으로 수배송하는 것 • 화주기업은 공동수배송을 통하여 물류비를 절감 • 공동화 확산의 저해요인 : 기업비밀에 대한 유출 우려 • 소량, 다빈도 배송의 증가는 수배송공동화의 필요성을 증대 • 문제점 : 계획배송이기 때문에 고객의 긴급배달 요청에 유연하게 대응하지 못함 • 대상 : 수배송, 보관, 하역, 유통가공, 정보처리
몬트리올의정서	CFC(염화불화탄소) 등 오존층 파괴물질의 생산 및 사용을 규제
EuP(Energy-using Product)	에너지 사용 제품에 환경 친화적인 디자인(에코디자인) 반영을 의무화하는 지침
WEEE	생산자의 전기・전자제품 폐기에 관한 처리지침
교토의정서	에너지 사용과 관련된 협약으로 지구온난화 물질에 대한 규제
바젤협약	유해 폐기물의 국가 간 이동을 금지
역물류 (reverse logistics)	• 대부분 수작업에 의해 처리되므로 비용이 높고 자동화가 어려움 • 반환되는 화물 수량을 정확하게 예측 불가능 • 반환되는 화물의 추적 및 가시성 확보가 어려움 • 회수되는 시기 및 상태에 관한 정확한 예측이 어려움 • 판매되지 않아 반품된 제품도 회수하기 위한 역물류가 필요

문제 키워드	정답 키워드
효율적인 수배송계획을 입안할 때의 고려 사항	• 물류채널의 명확화 : 물류채널을 이해하고 그 순서도를 명확히 작성하는 것 • 화물특성의 명확화 : 화물에 대한 품명, 외장, 단위당 중량, 용적, 포장형태 등을 명확히 하는 것 • 수배송 단위의 명확화 : 수배송 지역별이나 제품별로 1일당 수배송 단위가 어떻게 되는지를 명확히 하는 것 • 수배송량의 명확화 : 제품별, 수배송 지역별로 수배송하는 화물량을 1일간, 1주일간, 1개월간 혹은 연간단위를 명확히 하는 것 • 출하량 피크 시점의 명확화 : 1일간의 출하량이나 취급량의 시간적 움직임을 명확히 하는 것
우리나라 공로수배송의 효율화 방안	• 육·해·공을 연계한 공로수배송시스템 구축 • 종합물류정보시스템을 구축 • 공로, 철도, 연안운송, 항공운송 등의 적절한 역할분담 지원 • 화물자동차운송업체의 대형화·전문화를 통해 규모의 경제 실현 • 시장경제원리에 입각한 자율경영 기반 구축 지원
공동수배송의 도입 효과	• 운송의 대형화를 통해 적재율 향상 • 참여하는 화주의 운임부담 경감 • 교통혼잡 완화와 차량 감소 효과 • 물류센터나 창고 내 정보시스템의 효율적 사용 가능 • 동일 지역에서의 중복 교차배송을 피하고, 공차율 감소
유닛로드시스템	• 하역 및 운반의 단위적재를 통하여 운송의 합리화를 추구하는 시스템 • 화물을 일정한 표준의 중량과 용적으로 단위화시키는 시스템
항공운송의 운임	• 요율표에 최저운임은 "M", 기본운임은 "N"으로 표시 • 운임은 선불이거나 도착지 지불 • 할인적용품목 : 신문, 잡지, 정기간행물 • 운임산출의 기준 중량 : 실제중량과 용적중량 중 숫자가 큰 중량
택배사업자의 운송물 수탁거절 사유	• 운송물 1포장의 가액이 300만원을 초과하는 경우 • 고객이 운송장에 필요한 사항을 기재하지 아니한 경우 • 현금, 카드, 어음, 수표, 유가증권 등 현금화가 가능한 물건인 경우 • 운송물의 종류와 수량이 운송장에 기재된 것과 다른 경우 • 운송물이 재생불가능한 계약서, 원고, 서류 등인 경우
택배운송사업자의 손해배상책임	• 운송물의 멸실, 훼손 또는 연착에 관한 사업자의 책임은 운송물을 고객으로부터 수탁한 때부터 시작 • '손해배상한도액'이라 함은 운송물의 멸실, 훼손 또는 연착시에 사업자가 손해를 배상할 수 있는 최고한도액 • 사업자는 천재지변 기타 불가항력적인 사유에 의하여 발생한 운송물의 멸실, 훼손 또는 연착에 대해서는 면책 • 사업자의 배상책임은 수하인이 운송물을 수령한 날로부터 14일 이내에 통지하지 아니하면 소멸 • 고객이 운송장에 운송물의 가액을 기재하지 않은 경우에 사업자의 손해배상한도액은 50만원

택배운송장의 기능	• 계약서의 기능 • 택배요금 영수증의 기능 • 화물인수증의 기능 • 화물취급지시서의 기능
전·후 오버행	커브 시 안전도에 영향
전 장	팔레트 적재 수, 컨테이너의 적재여부에 영향을 주는 것
전 고	지하도 및 교량 통과 높이에 영향을 주는 것
제1축간 거리	축간거리가 길수록 적재함 중량이 앞바퀴에 많이 전달
오 프	오프 값이 클수록 적재함 중량이 앞바퀴에 많이 전달
공로운송의 증가 이유	• 도심지, 공업단지 및 상업단지까지 문전운송 용이 • 화주가 다수인 소량 화물을 각지로 신속하게 운송 가능 • 단거리 수송에서는 정차장 비용, 1회 발차시 소요되는 동력 등 철도보다 경제적 • 도로망이 확충될 때 운송상의 경제성과 편의성이 증대
국제 해상 컨테이너 화물운송	• 우리나라에서는 20 feet 컨테이너가 가장 많이 사용 • 표준화된 컨테이너를 사용함으로써 안전하게 운송할 수 있어 보험료 절감 • 컨테이너 전용부두와 갠트리 크레인 등 전용장비를 활용하여 신속한 하역작업을 할 수 있어 작업시간의 단축 가능 • 왕복항 간 물동량의 불균형으로 컨테이너선의 경우 벌크선과는 달리 공 컨테이너 회수문제 발생 • 고정식 기계하역시설이 갖추어지지 않은 항만에도 이동식 장비로 하역작업 가능
ITI (Customs Convention on the International Transit of Goods)	• 관세협력이사회가 1971년 신(新)국제도로운송통관조약 작성과 병행하여 새로 채택한 조약 • 대상 : 각종 운송기기에 의한 육해공 모든 운송수단

정기선 운송과 부정기선 운송의 특성 비교	구 분	정기선 운송	부정기선 운송
	형 태	불특정 화주의 화물운송	용선계약에 의한 화물운송
	운송계약	선하증권(B/L)	용선계약서(C/P)
	운임조건	Berth Term	FIO, FI, FO Term
	운임결정	공표운임(Tariff)	수요공급에 의한 시장운임
	운송인	공중운송인	계약운송인

순톤수(Net Tonnage)	여객 및 화물의 적재 등 직접적인 상행위에 사용되는 용적이며, 총톤수에서 선박의 운항에 직접적으로 필요한 공간의 용적을 뺀 톤수
총톤수(Gross Tonnage)	선체의 총 용적에서 갑판상부에 있는 추진, 항해, 안전, 위생에 관련된 공간을 제외한 부분을 톤수로 환산한 수치
재화중량톤수 (Dead Weight Tonnage)	공선상태로부터 만선이 될 때까지 실을 수 있는 화물, 여객, 연료, 식료, 음료수 등의 합계중량으로 상업상의 능력
배수톤수(Displacement Tonnage)	선체의 수면 아래에 있는 부분의 용적과 대등한 물의 중량을 나타내는 배수량
재화용적톤수 (Measurement Tonnage)	선박에 적재할 수 있는 화물의 최대용적을 표시하는 톤수
복합운송인	• 실제 운송인 또는 계약운송인 • 수출업자에게 바람직한 운송경로의 선택과 소요비용을 계산하여 제시 • 선적서류의 작성이나 신용장, 외환의 매매 등에 관한 은행 업무 대행 • 화물의 포장 및 보관서비스 제공 • 복합운송증권 발행

운송시장의 환경변화 요인	• 정보화 사회의 진전 • 운송화물의 다품종 소량화 • 운송시장의 국제화 • 아웃소싱 시장의 확대 • 보안관련 규제 강화
복합운송의 요건	• 단일운임 : 전 운송구간에 대해 단일운임이 적용 • 단일책임 : 전 운송구간에 걸쳐 화주에게 단일책임 • 복합운송증권의 발행 : 화물을 인수한 경우 복합운송증권을 발행 • 운송수단의 다양성 : 서로 다른 2가지 이상의 운송수단에 의해 운송
내륙컨테이너기지 (Inland Container Depot)	• 항만과 거의 유사한 장치, 보관, 집화, 분류 등의 기능을 수행 • 주로 항만터미널 및 내륙운송수단과 연계가 편리한 지역에 위치 • 내륙운송 연계시설과 컨테이너 야드(CY), 컨테이너 화물조작장(CFS) 등을 갖추고 있음 • 화물을 모아 한꺼번에 운송함으로써 물류비용 절감
운송의 역할	• 저렴한 운송비와 대량운송 기술의 발달은 시장의 확대, 대량생산과 대량소비를 가능하게 함 • 소비자들은 원하는 것을 무엇이든 가까운 소매점에서 구할 수 있음 • 운송의 발달로 교역이 촉진되면 제품의 시장가격 차이를 없애줌 • 물류관리에 영향을 주기 때문에 제품의 수익과 경쟁우위와 관련 있음 • 운송의 발달은 분리된 지역의 통합기능을 촉진
운송수요	• 이질적 개별수요의 성격을 나타냄 • 운송수단의 대체가능 여부에 따라 증감 • 운송수단뿐만 아니라 보관, 창고, 포장, 하역 및 정보활동 등과 결합되어야 제대로 충족 • 제품별로 계절적 변동성을 나타내는 경우도 있음
특수화물(special cargo)의 추가운임 부과	• 특수화물은 취급에 특별한 장비 및 주의를 요하므로 추가운임이 부과 • 유황, 독극물, 화약, 인화성 액체, 방사성 물질 등과 같은 위험물은 특별취급을 요하므로 사전에 운송인에게 신고해야 하며 추가운임이 부과 • 악취, 분진, 오염 등을 일으키는 원피, 아스팔트, 우지, 석탄, 고철 등의 기피화물은 신고를 하여야 하며, 종류에 따라 추가운임이 부과 • 보통의 적양기(winch, crane)로 적양할 수 없는 통상 3톤 이상의 중량화물과 철도레일, 전신주, 파이프 등의 장척화물의 경우 추가운임이 부과 • 생선, 야채 등의 변질되기 쉬운 특수화물은 미리 운송인에게 신고
우리나라에서 운영 중인 철도화물 운송 방법	• 화차 취급 • 컨테이너 취급 • 혼재차 취급 • KTX 이용 특송 서비스
운송의 특징	• 효율적인 운송으로 인해 소비자들은 보다 빠르고 저렴하게 재화를 획득 • 운송은 유형의 재화일 뿐만 아니라 무형의 서비스도 포함 • 운송은 제품의 경제적 가치 결정에 영향 • 장소적 이동이 곧 운송서비스의 생산이므로 운송이 창출하는 장소 효용은 고객이 원하는 제품을 원하는 장소에 도착하게 할 때 발생 • 운송이 창출하는 시간 효용은 고객에게 제품을 고객이 필요한 제 시간에 정확히 배송될 때 발생
Trimming	철광석, 석탄, 밀 등을 컨베이어벨트로 선박의 선창(船艙) 안으로 적재할 경우 화물이 선창(船艙) 가운데에만 쌓이게 되는데, 이 때 이 화물을 인력으로 편편하게 골라주는 선창 내 화물고르기 작업

운임의 종류	• Dead Freight : 화물의 실제 적재량이 계약량에 미달할 경우 그 부족분에 대해 지불하는 부적(不積)운임 • Pro Rata Freight : 운송도중 불가항력 또는 기타 원인에 의해 운송을 계속할 수 없게 되어 중도에 화물을 인도할 경우, 그 때까지 이행된 운송비율에 따라 지불하는 비례운임 • Ad Valorem Freight : 금, 은, 유가증권, 귀금속 등과 같은 고가품의 경우 송장가격에 대한 일정률로 운임을 부과하는 종가운임 • Back Freight : 원래의 목적지가 아닌 변경된 목적지로 운송해야 할 때 추가로 지불하는 반송운임 • Freight Prepaid : 운송이 완료되기 전에 운송인에게 미리 지불하는 선불운임
Single-Wagon train	• 복수의 중간역 또는 터미널을 거치면서 운행하는 방식 • 운송경로상의 모든 종류의 화차 및 화물을 수송 • 화주가 원하는 시간에 따라 서비스를 제공하는 것이 아니라 열차편성이 가능한 물량이 확보되는 경우에 서비스를 제공 • 이 서비스의 한 종류로 Liner train이 있음

문제 키워드	정답 키워드
Risk Pooling	기업 내에 분포되어 있는 불확실성을 하나로 모음으로써 기업 전체의 불확실성에 효율적으로 대처하는 기법
최근 국제물류의 환경변화	• 통합물류관리의 중요성이 증대 • 다국적기업의 글로벌생산네트워크 확대로 국제물류에 대한 수요가 증가 • 9 · 11테러 이후 국제물류 전반에서 물류보안이 강화 • 물류업체 간의 전략적 제휴와 인수합병이 확대 • 재고축소형 전략 확산
국제물류관리의 특징	• 국내물류보다 운송절차가 복잡 • 신제품을 해외시장에 공급하는 경우 리드타임을 감소시키는 것이 수익창출과 밀접한 관계 • 국가 간 물류시스템, 설비, 장비가 표준화되어 있지 않아서 관리상 제약이 존재 • Hub & Spoke 방식이 확대되는 추세 • 국가 간 수출입 통관절차가 복잡
Berth(안벽)	선박이 접안하여 하역작업이 이루어질 수 있도록 구축된 구조물
On-dock CY	컨테이너의 인수, 인도, 보관을 위해 터미널 내에 있는 장소
Apron	하역작업을 위한 공간으로 갠트리크레인이 설치되어 컨테이너의 양적하가 이루어지는 장소
Transtainer	컨테이너를 야드에 장치하거나 장치된 컨테이너를 샤시에 실어주는 작업을 하는 컨테이너 이동 장비
Reach Stacker	부두 또는 야드에서 컨테이너를 직접 운반하여 적재하거나 반출하는데 사용되는 장비
항공화물운송장(AWB)	• 단순한 화물수취증으로 기명식이며 비유통성(비양도성) • Declared Value for Carriage란에는 송하인의 운송신고가격이 기재 • 일반적으로 송하인이 작성하는 것이 원칙
선하증권(B/L)	• 선사가 작성하며 일반적으로 지시식으로 발행 • 화물수령증이며 권리증권의 기능
FO	선적 시에는 용선주(owner)가 부담하고 양륙 시에는 용선자(charterer)가 부담하는 조건
Berth Term	선적과 양륙시 용선주(owner)가 부담하는 조건
FI	선적시 용선자가 부담하고 용선주는 양하비만 부담하는 조건
FIO	선적비 및 양륙비 모두 용선자(charterer)가 부담하는 조건
FIOST	선적 · 양륙 · 본선내의 적부 · 선창내 화물정리비 모두 용선자가 부담하는 조건
항공화물운송의 특성	• 항공여객운송과 달리 지상조업(Ground Handling)이 필요 • 항공화물전용기에 의한 운송은 주로 야간에 이루어짐 • 정시성과 신속성을 추구 • 항공여객운송에 비해 편도운송이 많음
MARPOL (Marine Pollution Treaty)	1973년 국제해사기구(IMO ; International Maritime Organization)에서 채택한 선박에 의한 오염 방지를 위한 국제조약 및 이에 관련된 의정서

24-hour rule	미국으로 수출하는 모든 운송인에게 컨테이너 화물을 선박에 적재하기 24시간 전에 컨테이너 화물에 대한 세부정보를 미국 관세청(세관)에 신고하도록 한 규정
Trade Act of 2002 Final Rule	해상뿐만 아니라 항공, 철도, 트럭 등의 운송수단을 통해 미국으로 수입되는 화물에 대한 정보를 미국 관세청(세관)에 제출하도록 규정
C-TPAT	테러방지를 목적으로 하는 미국 관세청(세관)과 기업의 파트너십 프로그램
10+2 rule	운송인은 미국으로 향하는 선박에 적재된 컨테이너에 관한 내용과 선박 적부계획을 제출
Container Security Initiative	테러 위험이 있는 컨테이너 화물이 미국으로 선적되기 전에 외국항에서 검사하고 확인할 수 있도록 하는 것
TOFC 방식	• 컨테이너를 적재한 트레일러를 철도 화차(flat car)에 다시 적재하여 운송하는 방식 • 캥거루방식과 피기백방식으로 구분
Detention Charge	화주가 반출해 간 컨테이너 또는 트레일러를 허용된 시간 이내에 지정 선사의 CY로 반환하지 않을 경우 지불하는 비용
Demurrage	화물의 적재 또는 양륙일수가 약정된 정박기간(layday)을 초과하는 경우 초과일수에 대하여 용선자가 선주에게 지불하는 것(체선료)
Outport Arbitrary	원래 계획된 기항지(base port) 이외의 지역에서 적·양화되는 화물에 부과하는 것(외항추가운임)
Despatch Money	원래 계획하여 정한 선박의 정박기간보다 빨리 선적 또는 하역이 완료할 경우에 선주가 화물의 주인인 용선자에게 지급하는 요금(조출료)
Terminal Handling Charge	CY 내에서 화물을 처리하고 이동시키는 데에 따르는 화물 처리비용(터미널화물처리비)
FCL 컨테이너 수출화물 운송	• FCL은 화주의 공장에서 수출통관 후 보세운송형태로 육상 운송되는 경우가 대부분이며, 필요 시 철도운송 또는 연안운송도 이용 • 수출자는 운송인에게 선적의뢰 시 선적요청서(S/R)를 비롯한 포장명세서(P/L) 등의 서류를 제출 • 수출통관이 완료된 후 수출신고필증이 발급된 경우 화주는 컨테이너에 화물을 적입하고, 공컨테이너 투입 시 함께 전달된 선사의 봉인(carrier's seal)을 컨테이너에 직접 장착
물품명세확정권	매수인이 기간 내에 정확한 명세 내용을 밝히지 않아 매도인이 임의로 정할 수 있는 권리
전쟁위험 할증료 (War Risks Premium)	전쟁위험 지역이나 전쟁지역에서 양적하되는 화물에 대하여 부과하는 운임
체선/체화할증료 (Port Congestion Surcharge)	도착항의 항만 혼잡으로 신속히 하역할 수 없어 손실이 발생할 경우 이를 보전하기 위해 부과하는 운임
초과중량할증료 (Heavy Cargo Surcharge)	일정 한도 이상의 중량화물 취급에 따른 추가비용을 보전하기 위해 부과하는 운임
통화할증료 (Currency Adjustment Factor)	운임표기 화폐(주로 US dollar)의 약세로 인한 손실보전을 위하여 부과하는 운임
양륙항변경할증료 (Diversion Surcharge)	당초 지정된 양륙항을 운송 도중에 변경할 경우 부과하는 운임
유류할증료 (Bunker Adjustment Factor ; BAF)	벙커유의 가격변동에 따른 손실을 보전하기 위해 부과하는 운임
PAYLOAD	• 컨테이너에 최대로 적재할 수 있는 화물의 무게 • 총무게에서 컨테이너 자체무게를 뺀 최대 적재 화물무게로 표시
하역준비완료통지서	• 본선이 항구에 도착되어 입항검사를 마치면 화물의 적재 또는 양하의 준비가 완료되었음을 화주에게 알리는 통지서로, N/R로 약칭 • 화주에게 제시된 후 일정한 유예기간이 경과하여 정박기간이 개시 • Gencon Form의 용선계약서에서는 하역준비완료통지서(N/R)가 통지된 후 오전 통지시 오후 1시부터, 오후 통지시 다음날 오전 6시부터 기산
Not Before Clause	본선이 선적준비완료 예정일 이전에 도착할 경우 용선자는 규정된 기일까지 선적의무가 없다는 조항

Lien Clause	화주가 운임 및 기타 부대경비를 지급하지 아니할 때 선주가 그 화물을 유치할 수 있는 권한이 있음을 나타내는 조항
Off-hire Clause	용선기간 중 용선자의 귀책사유가 아닌 선체의 고장이나 해난과 같은 불가항력 사유 때문에 발생하는 휴항약관 조항
Running Laydays	일요일 및 공휴일에 대해서도 이것을 제외한다는 취지를 특별히 명시하지 않는 한 정박기간에 산입
Cancelling Clause	선박이 용선자에게 인도돼야 할 마지막 날짜(해약기일)가 지나서 도착할 경우에 용선자는 계약을 해약할 권리를 갖게 된다는 조항
양도가능 신용장	• "양도가능(transferable)"이라고 특별히 명기한 신용장 • 양도된 신용장은 양도은행에 의하여 제2수익자가 사용할 수 있도록 하는 신용장 • 분할어음발행 또는 분할선적이 허용되는 한, 제2수익자에게 분할 양도 가능 • 양도된 신용장은 제2수익자의 요청에 의하여 그 이후 어떠한 수익자에게도 양도 불가능
Tally Sheet	하역화물의 개수, 화인, 포장상태, 화물사고 등을 기재
Stowage Plan	체계적인 하역작업 및 본선안전을 위한 것
Delivery Order	양륙지에서 선사가 수하인으로부터 B/L을 받고 화물인도를 지시하는 서류
Booking Note	선박회사가 해상운송계약에 의한 운송을 인수하고 그 증거로서 선박회사가 발급하는 서류
Boat Note(B/N)	화물 양륙 시 하역업자가 양륙화물을 적하목록과 대조하여 본선에 교부하는 서류
Measurement/Weight Certificate	각 포장 당 용적 및 총중량의 명세서이며, 해상운임 산정의 기초
국제복합운송	• 두 개 이상의 상이한 운송수단을 이용하는 것으로 오늘날 일반적인 국제운송 형태 • 기본요건 : 일관운임(through rate) 설정, 일관선하증권(through B/L) 발행, 단일운송인 책임(single carrier's liability) 등 • Buyer's Consolidation : 다수의 송하인의 화물을 단일의 수하인에게 운송해 주는 형태 • NVOCC : 운송수단을 직접 보유하지 않은 계약운송인형 국제복합운송업자 • Land Bridge : 육·해 복합일관운송이 실현됨에 따라 해상-육로-해상으로 이어지는 운송구간 중 육로운송구간
CPT (Carriage Paid To ; 운송비 지급 인도조건)	매도인은 운송인에게 물품을 인도할 때 위험의 분기점만 종료되는 것이고, 비용의 분기점은 물건이 수출지의 지정목적지에 도착해야만 종료
위부(Abandonment)	피보험 목적물을 전손으로 추정하도록 하기 위하여 잔존물의 소유권과 제3자에 대한 배상청구권을 보험자에게 양도하는 것
대위(Subrogation)	피보험자가 보험자로부터 손해보상을 받으면 피보험자가 보험의 목적이나 제3자에 대하여 가지는 권리를 보험자에게 당연히 이전시키도록 하는 것
보험료(Premium)	보험계약을 체결할 때 보험계약자가 위험을 전가하기 위해 지불하는 금액
특별비용(Particular Charge)	피보험 목적물의 안전, 보존을 위하여 피보험자 또는 대리인에 의하여 지출된 비용으로 공동해손비용과 구조비 이외의 비용
공동보험(Coinsurance)	보험가액이 보험금액의 합계액을 초과하는 경우
ALB (American Land Bridge)	1972년 미국의 Sea Train사가 처음으로 개설한 것으로 극동과 유럽 간의 화물운송에서 미국대륙의 횡단철도로 중계하여 극동-구주 간의 화물을 컨테이너로 일관운송하는 형태
RIPI (Reversed Interior Point Intermodal)	뉴욕·노포크·찰스톤·사반나 등의 동해안 및 걸프 지역 항구까지 해상운송 되어 양륙된 화물이 철도 또는 트럭에 환적 되어 내륙운송 되고, 최종목적지의 철도 터미널 또는 트럭 터미널에서 수하인에게 인도되는 복합일관운송 형태
EXW	수입자가 수출자의 공장이나 창고 등 지정장소로부터 최종목적지까지의 모든 비용과 위험을 부담해야 하는 조건
DDP	수출자가 도착지 비용까지 모두 지불하는 조건으로 현지의 수입통관도 부담

Super Tracker System	• FedEx의 직원이 현장에 가지고 다닐 수 있는 소형 컴퓨터 • 현장에 있는 직원이 수화물에 대한 정보를 접수시에 입력하면 각 단계에서 언제라도 수화물을 추적할 수 있도록 한 시스템
항공화물 운임결정의 일반원칙	• 요율, 요금 및 그와 관련된 규정의 적용은 항공화물운송장(AWB)의 발행 당일에 유효한 것을 적용 • 항공화물의 요율은 공항에서 공항끼리의 운송만을 위하여 설정된 것으로 부수적으로 발생되는 서비스에 대한 요금은 별도로 계산 • 별도로 규정이 설정되어 있는 경우를 제외하고는 요율과 요금은 가장 낮은 것으로 적용 • 모든 화물요율은 kg당 요율로 설정되어 있다. 단, 미국 출발화물의 요율은 파운드(lb)당 및 kg당 요율로 설정
해상운송인의 면책사항	• 불가항력에 기인한 손해 • 폭동, 내란, 파업 등에 의한 손해 • 화물의 성질 또는 하자에 의해서 생긴 손해 • 송하인의 과실에서 생긴 손해
Equipment Interchange Receipt	컨테이너 트랙터 기사가 공컨테이너를 화주에게 전달할 때 사용되는 서류
Container Load Plan	LCL화물의 경우 CFS 운영업자가 작성하는 서류
Dock Receipt	CY에 반입된 화물의 수령증으로 발급되며, 선사는 이를 근거로 컨테이너 선하증권을 발행
Shipping Request	화주가 선박회사에 제출하는 선적의뢰서로서, 선적을 의뢰하는 화물을 선적할 수 있는 공간을 확보하기 위한 서류
Letter of Guarantee	해상 무역거래에서 화물이 선적서류보다 먼저 도착했을 때, 수입업자가 화물을 먼저 받기 위해 은행의 보증을 받아 선박회사에 제출하는 서류
Work Station	항공화물터미널에서 화물을 파렛트에 적재(Build-up)하거나 해체(Break down)할 때 사용되는 설비
House B/L	혼재를 주선한 운송주선인이 운송인으로부터 Master B/L을 받고 각 화주들에게 발행해 주는 선하증권
Third party B/L	무역거래의 당사자가 아닌 다른 자가 송하인으로 발행되는 선하증권이며 주로 중계 무역에 이용
국제해사기구(IMO)의 설립목적	• 정부 간 해사 기술의 상호협력 • 해양오염방지대책 수립 • 해사안전대책 수립 • 국제해사관련 협약의 시행 및 권고
수입통관절차	외국물품을 내국물품화 하는 행정행위

문제 키워드	정답 키워드
집중구매방식의 장점	• 구매교섭력 증대 • 구매절차를 표준화하여 구매비용 절감 • 자재수입 등 절차가 복잡한 구매에서 구매절차를 통일하기가 유리 • 시장조사 등 구매효과 측정이 용이
하역합리화의 원칙	• 운반순도의 원칙 • 최소취급의 원칙 • 수평직선의 원칙 • 하역경제성의 원칙
중량물포장	각종 제품을 유통과정의 수분과 습도로부터 지키는 포장기법
가스치환포장	포장용기내의 공기를 모두 제거한 후 그 대신 인위적으로 조성된 가스(이산화탄소, 질소, 산소 등)를 채워 넣어 포장하는 기법
재고관리 지표	• 서비스율(%) = (납기 내 출하금액 ÷ 수주금액) × 100 • 백오더율(%) = (결품량 ÷ 요구량) × 100 • 연간 재고회전율(회) = 연간 총 매출액 ÷ 연간 평균재고액 • 원가절감비율(%) = (원가절감액 ÷ 구매예산) × 100 • 재고율(%) = (입고금액 ÷ 출고금액) × 100
자재소요계획 (MRP ; Material Requirement Planning)	• 자재관리 및 재고통제기법으로 종속수요품목의 소요량과 소요시기를 결정하기 위한 기법 • 푸시(push) 시스템의 성격 : 주일정계획에 따라 구성품과 부품의 주문과 생산을 결정 • 입력요소 : 주생산일정계획, 자재명세서, 재고기록철 • 주생산일정계획에 따라 부품을 조달하며, 예측오차 및 불확실성에 대비한 안전재고(Safety stock)가 필요
하역기기 선정의 방법	• 화물의 형상, 크기, 중량 등을 감안하여 선정 • 작업량, 취급품목의 종류, 운반거리 및 범위, 통로의 크기 등 작업특성을 고려하여 선정 • 화물의 흐름, 시설의 배치 및 건물의 구조 등 작업 환경특성을 고려하여 선정 • 안전성, 신뢰성, 성능 등을 고려하여 선정 • 복수의 대체 안을 작성한 후 경제성을 검토하여 기기를 선정
암 랙 (Arm rack)	외팔지주걸이 구조로 기본 프레임에 암(Arm)을 결착하여 화물을 보관하는 랙으로 파이프, 가구, 목재 등 장척물 보관에 적합
드라이브 인 랙 (Drive in rack)	회전율이 낮은 제품이나 계절적 수요제품에 경제적
파렛트 랙 (Pallet rack)	주로 파렛트에 쌓아올린 물품의 보관에 이용
적층 랙 (Mezzanine rack)	상품의 보관효율과 공간 활용도가 높은 랙
드라이브 스루 랙 (Drive through rack)	드라이브 인 랙과 거의 차이가 없으나 출입구가 양 방향에 있는 랙

Vanning	하역작업에서 컨테이너(Container)에 물건을 싣는 것
Devanning	하역작업에서 컨테이너(Container)에 물건을 내리는 것
오더피킹 (Order picking)	• 분류시간과 오류를 최소화하기 위해 작업자의 편의를 고려한 운반기기를 설계 • 피킹 빈도가 높은 물품일수록 피커의 접근이 쉬운 장소에 저장 • 혼잡을 피하기 위하여 피킹장소 간 피킹활동을 조절 • 피킹의 오류를 최소화하기 위해 서류와 표시를 체계화
라인밸런싱 (Line balancing)의 목적	• 작업공정 내의 재공품 감소 • 가동률 향상 • 리드타임(Lead time) 향상 • 애로공정 개선으로 생산성 향상
물류센터의 활동	• 인입(Putaway) : 물자를 저장 공간에 옮겨 두는 행위 • 보관(Storage) : 주문을 대기하는 동안 물자를 물리적으로 저장해 두는 활동 • 피킹(Picking) : 특정 주문에 대하여 보관된 품목을 선별하여 출하를 위한 공정으로 넘기는 활동 • 포장(Package) : 화물취급 단위에 의한 표준화된 화물형태로 결합하는 활동 • 분류(Assorting) : 오더별로 배분하여 주문품의 품목을 갖추는 활동
유통물류센터의 입지선정	• 각 운송수단에 대한 운송비를 고려 • 고객의 지역적 분포, 시장의 크기 등을 고려 • 교통의 편리성, 경쟁사 물류거점의 위치, 관계법규, 투자 및 운영비용 등의 요소를 종합적으로 고려
조달물류센터의 입지 선정	물자의 흐름을 중심으로 공장 전체의 합리적 레이아웃을 기준으로 결정
1인1건 방식	1인의 피커가 1건의 주문전표에서 요구하는 물품을 피킹하는 방식
존피킹(Zone picking) 방식	여러 사람의 피커가 각각 자기가 분담하는 선반의 작업 범위에서 물품을 피킹하는 방식
일괄 오더 피킹 방식	여러 건의 전표에 있는 물품을 한 번에 피킹하기 때문에 재분류 작업이 발생하는 방식
릴레이(Relay) 방식	여러 사람의 피커가 각각 자신이 분담하는 종류나 선반의 작업범위를 정해놓고 피킹하여 다음 피커에게 넘겨주는 방식
캐러셀(Carousel) 방식	피킹장소와 부품을 Picker에게 이동시키는 방식
DAS (Digital Assorting System)	디지털 분배시스템으로 피킹한 물건을 컴퓨터와 디지털 표시기에 의해 작업전표 없이 분배
파렛트 풀 시스템 (Pallet pool system)	파렛트의 규격, 치수 등을 표준화하여 상호교환함으로써, 파렛트를 공동으로 이용하게 되므로 전 체적인 파렛트 수량이 감소
스키드 파렛트 (Skid pallet)	핸드리프트로 하역할 수 있도록 만들어진 단면형 파렛트
시트 파렛트 (Sheet pallet)	1회용 파렛트로 목재나 플라스틱으로 제작되어 가격이 저렴하고 가벼우나 하역을 위하여 Push-Pull 장치를 부착한 지게차가 필요
사일로 파렛트 (Silo pallet)	주로 분말체를 담는데 사용되며, 밀폐상의 측면과 뚜껑을 가지고 하부에 개폐장치가 있는 상자형 파렛트
롤 상자형 파렛트 (Roll box pallet)	받침대 밑면에 바퀴가 달리고 상부구조가 박스인 파렛트로 최근에는 배송용으로 많이 사용
탱크 파렛트 (Tank pallet)	주로 액체를 취급하는 데 사용되며 밀폐상의 측면과 뚜껑을 가지며 상부 또는 하부에 출입구가 있는 상자형 파렛트
기둥 파렛트 (Post pallet)	고정식, 조립식, 접는식의 기둥을 가진 파렛트
항공하역에 사용되는 장비	• 트랜스포터(Transporter) • 터그카(Tug car) • 돌리(Dolly) • 이글루(Igloo)

Float on-Float off	부선에 컨테이너(Container)를 적재하고 부선에 설치되어 있는 크레인 또는 엘리베이터를 이용하여 하역하는 방식
Lift on-Lift off	본선 또는 육상의 갠트리크레인(Gantry crane)을 사용하여 컨테이너를 본선에 수직으로 하역하는 방식
Roll on-Roll off	선미나 선측, 경사판을 거쳐 견인차를 이용하여 수평으로 적재 또는 양륙하는 방식
위험물 포장 조건	• 적합한 위험물 표시·표찰을 부착 • 포장재가 내용물과 반응하지 않도록 해야함 • 충격에 민감한 위험물의 경우 완충포장이 필요 • 동일 외장용기에 서로 다른 위험물 포장을 금지
동일성 및 유사성의 원칙	동일품종은 동일장소에 보관하고, 유사품은 근처 가까운 장소에 보관해야 한다는 원칙
선입선출의 원칙	먼저 입고된 제품을 먼저 출고한다는 원칙
회전대응보관의 원칙	보관할 물품의 장소를 회전정도에 따라 정하는 원칙
네트워크보관의 원칙	출하품목이 다양할 때 물품정리가 용이하도록 관련 제품을 한 장소에 모아 보관하는 원칙
중량특성의 원칙	보관 물품의 중량에 따라 보관 장소 특히 높낮이를 결정해야 한다는 원칙
데포(Depot)	효율적인 수송을 위해 갖추어진 집배중계 및 배송처에 컨테이너가 CY(Container Yard)에 반입되기 전 야적된 상태에서 컨테이너를 적재시키는 장소
이전 후 운영 방식(BTO ; Build Transfer Operate)	어느 정도 직접수익이 가능한 도로, 철도, 항만 등 물류기반시설에 대해 준공과 동시에 해당 시설의 소유권이 국가 또는 지방자치단체에 귀속되며, 사업시행자에게 일정기간의 시설관리운영권을 인정하는 방식

문제 키워드	정답 키워드
물류계획	• 특별시장 및 광역시장은 지역물류정책의 기본방향을 설정하는 10년 단위의 지역물류기본계획을 5년마다 수립하여야 한다. • 국가물류기본계획에는 국가물류정보화사업에 관한 사항이 포함되어야 한다. • 국가물류기본계획은 「국토기본법」에 따라 수립된 국토종합계획 및 「국가통합교통체계효율화법」에 따라 수립된 국가기간교통망계획과 조화를 이루어야 한다. • 지역물류기본계획은 국가물류기본계획에 배치되지 아니하여야 한다. • 국토교통부장관 및 해양수산부장관은 국가물류기본계획을 수립하거나 중요한 사항을 변경하려는 경우에는 관계중앙행정기관의 장 및 시·도지사와 협의한 후 국가물류정책위원회의 심의를 거쳐야 한다.
환경친화적 물류활동 지원	국토교통부장관·해양수산부장관 또는 시·도지사는 물류기업, 화주기업 또는 「화물자동차 운수사업법」에 따른 개인 운송사업자가 환경친화적 물류활동을 위하여 다음의 활동을 하는 경우에는 행정적·재정적 지원을 할 수 있다. • 환경친화적인 운송수단 또는 포장재료의 사용 • 기존 물류시설·장비·운송수단을 환경친화적인 물류시설·장비·운송수단으로 변경 • 그 밖에 대통령령으로 정하는 환경친화적 물류활동 　－ 환경친화적인 물류시스템의 도입 및 개발 　－ 물류활동에 따른 폐기물 감량 　－ 그 밖에 물류자원을 절약하고 재활용하는 활동으로서 국토교통부장관 및 해양수산부장관이 정하여 고시하는 사항
물류연수기관	• 물류관련협회 또는 물류관련협회가 설립한 교육·훈련기관 • 물류지원센터 • 「화물자동차 운수사업법」에 따라 화물자동차운수사업자가 설립한 협회 또는 연합회와 화물자동차운수사업자가 설립한 협회 또는 연합회가 설립한 교육·훈련기관 • 「대한무역투자진흥공사법」에 따른 대한무역투자진흥공사 • 「민법」에 따라 설립된 물류와 관련된 비영리법인 • 그 밖에 국토교통부장관 및 해양수산부장관이 지정·고시하는 기관 • 「한국해양수산연수원법」에 따른 한국해양수산연수원 • 「항만운송사업법」에 따라 해양수산부장관의 설립인가를 받아 설립된 교육훈련기관
녹색물류협의기구	• 녹색물류협의기구는 환경친화적 물류활동 지원을 위한 사업의 심사 및 선정 업무를 수행한다. • 국토교통부장관은 녹색물류협의기구가 환경친화적 물류활동 촉진을 위한 연구·개발 업무를 수행하는 데 필요한 행정적·재정적 지원을 할 수 있다. • 녹색물류협의기구의 위원장은 위원 중에서 호선(互選)한다. • 녹색물류협의기구는 위원장을 포함한 15명 이상 30명 이하의 위원으로 구성한다. • 국토교통부장관은 위원이 직무와 관련된 비위사실이 있는 경우에는 해당 위원을 해임 또는 해촉할 수 있다.

국가물류정책위원회	• 국가물류정책위원회는 국가물류체계의 효율화에 관한 중요 정책 사항을 심의·조정한다. • 국가물류정책위원회의 위원 중 공무원이 아닌 위원의 임기는 2년으로 하되, 연임할 수 있다. • 국가물류정책위원회에는 5명 이내의 비상근 전문위원을 둘 수 있다. • 국가물류정책위원회의 업무를 효율적으로 추진하기 위하여 물류정책분과위원회, 물류시설분과위원회, 국제물류분과위원회를 둘 수 있다. • 각 분과위원회의 위원장은 해당 분과위원회의 위원 중에서 국토교통부장관(물류정책분과위원회 및 물류시설분과위원회의 경우로 한정) 또는 해양수산부장관(국제물류분과위원회의 경우로 한정)이 지명하는 사람으로 한다.
국제물류주선업	• 컨테이너장치장을 소유하고 있는 경우를 제외하고는 국제물류주선업을 등록하려는 경우 1억원 이상의 보증보험에 가입하여야 한다. • 국제물류주선업을 경영하려는 자는 국토교통부령으로 정하는 바에 따라 시·도지사에게 등록하여야 한다. • 국제물류주선업자는 등록기준에 관한 사항을 3년이 경과할 때마다 국토교통부령으로 정하는 바에 따라 신고하여야 한다. • 국제물류주선업자가 그 사업을 양도한 때에는 그 양수인은 국제물류주선업의 등록에 따른 권리·의무를 승계한다. • 시·도지사는 국제물류주선업자의 휴업·폐업 사실을 확인하기 위하여 필요한 경우에는 관할 세무관서의 장에게 대통령령으로 정하는 바에 따라 휴업·폐업에 관한 과세정보의 제공을 요청할 수 있다.
우수물류기업의 인증	• 국토교통부장관 및 해양수산부장관은 물류기업의 육성과 물류산업 발전을 위하여 소관 물류기업을 각각 우수물류기업으로 인증할 수 있다. • 국제물류주선기업에 대한 우수물류기업 인증의 주체는 국토교통부장관이다. • 인증우수물류기업은 우수물류기업의 인증이 취소된 경우에는 인증서를 반납하고, 인증마크의 사용을 중지하여야 한다. • 국가 또는 지방자치단체는 인증우수물류기업이 해외시장을 개척하는 경우에는 해외시장 개척에 소요되는 비용을 우선적으로 지원할 수 있다. • 국토교통부장관 및 해양수산부장관은 우수물류기업의 인증과 관련하여 우수물류기업 인증심사 대행기관을 공동으로 지정하여 인증신청의 접수 업무를 하게 할 수 있다.
물류 공동화·자동화 촉진	• 시·도지사는 화주기업이 물류공동화를 추진하는 경우에는 물류기업과 공동으로 추진하도록 권고할 수 있다. • 시·도지사는 물류기업이 정보통신기술을 활용하여 물류공동화를 추진하는 경우 우선적으로 예산의 범위에서 필요한 자금을 지원할 수 있다. • 국토교통부장관·해양수산부장관 또는 산업통상자원부장관은 물류기업이 물류자동화를 위하여 물류시설 및 장비를 확충하거나 교체하려는 경우에는 필요한 자금을 지원할 수 있다.
물류터미널사업자가 설치한 물류터미널의 원활한 운영에 필요한 기반시설	국가 또는 지방자치단체는 물류터미널사업자가 설치한 물류터미널의 원활한 운영에 필요한 도로·철도·용수시설 등 대통령령으로 정하는 다음 기반시설의 설치 또는 개량에 필요한 예산을 지원할 수 있다. •「도로법」에 따른 도로 •「철도산업발전기본법」에 따른 철도 •「수도법」에 따른 수도시설 •「물환경보전법」에 따른 수질오염방지시설
물류터미널사업협회	물류터미널사업협회를 설립하려는 경우에는 해당 협회의 회원의 자격이 있는 자 중 5분의 1 이상의 발기인이 정관을 작성하여 해당 협회의 회원자격이 있는 자의 3분의 1 이상이 출석한 창립총회의 의결을 거친 후 국토교통부장관의 설립인가를 받아야 한다.
복합물류터미널사업	• 복합물류터미널사업이란 두 종류 이상의 운송수단 간의 연계운송을 할 수 있는 규모 및 시설을 갖춘 물류터미널사업을 말한다. •「항만공사법」에 따른 항만공사는 복합물류터미널사업의 등록을 할 수 있는 자에 해당한다. •「물류시설의 개발 및 운영에 관한 법률」을 위반하여 벌금형을 선고받은 후 1년이 지난 자는 복합물류터미널사업의 등록을 할 수 없다. • 부지 면적이 3만 3천 제곱미터 이상이어야 한다. • 영업소의 명칭 또는 위치의 변경 외의 사항을 변경하려는 경우에는 변경등록을 하여야 한다.

물류시설개발종합계획에 포함되어야 하는 사항	• 물류시설의 장래수요에 관한 사항 • 물류시설의 공급정책 등에 관한 사항 • 물류시설의 지정·개발에 관한 사항 • 물류시설의 지역별·규모별·연도별 배치 및 우선순위에 관한 사항 • 물류시설의 기능개선 및 효율화에 관한 사항 • 물류시설의 공동화·집단화에 관한 사항 • 물류시설의 국내 및 국제 연계수송망 구축에 관한 사항 • 물류시설의 환경보전·관리에 관한 사항 • 도심지에 위치한 물류시설의 정비와 교외이전에 관한 사항 • 그 밖에 대통령령으로 정하는 사항 : 용수·에너지·통신시설 등 기반시설에 관한 사항
물류터미널사업	• 물류터미널사업자는 물류터미널의 건설을 위하여 필요한 때에는 다른 사람의 토지에 출입하거나 이를 일시 사용할 수 있다. • 물류터미널을 건설하기 위한 부지 안에 있는 국가 소유의 토지로서 물류터미널 건설사업에 필요한 토지는 해당 물류터미널 건설사업 목적이 아닌 다른 목적으로 매각하거나 양도할 수 없다. • 복합물류터미널사업자는 복합물류터미널사업의 전부 또는 일부를 휴업하거나 폐업하려는 때에는 미리 국토교통부장관에게 신고하여야 한다. • 복합물류터미널사업자는 건설하려는 물류터미널의 구조 및 설비 등에 관한 공사계획을 수립하여 국토교통부장관의 공사시행인가를 받아야 한다. • 물류터미널을 건설하기 위한 부지 안에 있는 국가 또는 지방자치단체 소유의 재산은 「국유재산법」, 「공유재산 및 물품 관리법」, 그 밖의 다른 법령에도 불구하고 물류터미널사업자에게 수의계약으로 매각할 수 있다.
물류시설개발종합계획	• 국토교통부장관은 물류시설개발종합계획을 5년 단위로 수립하여야 한다. • 국토교통부장관은 물류시설개발종합계획을 효율적으로 수립하기 위하여 필요하다고 인정하는 때에는 물류시설에 대하여 조사할 수 있다. • 집적[클러스터(cluster)]물류시설은 물류터미널 및 물류단지 등 둘 이상의 단위물류시설 등이 함께 설치된 물류시설을 말한다. • 물류시설개발종합계획은 「물류정책기본법」에 따른 국가물류기본계획과 조화를 이루어야 한다. • 관계 중앙행정기관의 장은 필요한 경우 국토교통부장관에게 물류시설개발종합계획을 변경하도록 요청할 수 있다.
물류단지의 개발 및 운영	• 도시첨단물류단지개발사업의 경우에는 물류단지 실수요 검증을 실수요검증위원회의 자문으로 갈음할 수 있다. • 국토교통부장관은 물류단지개발지침을 작성할 때에는 미리 시·도지사의 의견을 듣고 관계 중앙행정기관의 장과 협의한 후 「물류정책기본법」에 따른 물류시설분과위원회의 심의를 거쳐야 한다. 물류단지개발지침을 변경할 때[국토교통부령으로 정하는 경미한 사항(토지가격의 안정을 위하여 필요한 사항)을 변경할 때는 제외]에도 또한 같다. • 국가정책사업으로 물류단지를 개발하는 경우 일반물류단지의 지정권자는 국토교통부장관이 된다. • 도시첨단물류단지개발사업의 시행자는 「공공주택 특별법」 제2조 제2호에 따른 공공주택지구 내 사업에 따른 시설과 도시첨단물류단지개발사업에 따른 시설을 일단의 건물로 조성할 수 있다. • 공고된 물류단지개발계획안의 내용에 대하여 의견이 있는 자는 그 열람기간 내에 해당 시장·군수·구청장에게 의견서를 제출할 수 있다.
위·수탁계약	• 위·수탁차주가 화물운송 종사자격을 갖추지 아니한 경우는 위·수탁계약을 지속하기 어려운 중대한 사유가 있는 경우에 해당한다. • 국토교통부장관은 건전한 거래질서의 확립과 공정한 계약의 정착을 위하여 표준 위·수탁계약서를 고시하여야 하고, 이를 우선적으로 사용하도록 권고할 수 있다. • 위·수탁계약의 내용이 당사자 일방에게 현저하게 불공정한 경우로서 계약불이행에 따른 당사자의 손해배상책임을 과도하게 경감하여 정함으로써 상대방의 정당한 이익을 침해한 경우 그 부분에 한정하여 무효로 한다.

화물자동차 운송사업의 상속 및 그 신고	• 운송사업자가 사망한 경우 상속인이 그 화물자동차 운송사업을 계속하려면 피상속인이 사망한 후 90일 이내에 국토교통부장관에게 신고하여야 한다. • 국토교통부장관은 신고를 받은 날부터 5일 이내에 신고수리 여부를 신고인에게 통지하여야 한다. • 국토교통부장관이 「화물자동차 운수사업법」에서 정한 기간 내에 신고수리 여부를 신고인에게 통지하지 아니하면 그 기간이 끝난 날의 다음 날에 신고를 수리한 것으로 본다. • 상속인이 상속신고를 하면 피상속인이 사망한 날부터 신고한 날까지 피상속인에 대한 화물자동차 운송사업의 허가는 상속인에 대한 허가로 본다. • 양수인의 지위를 얻은 상속인이 양도를 하기 위해서는 국토교통부장관에게 신고하여야 한다.
화물자동차 운송주선사업자	• 운송주선사업자가 허가사항을 변경하려면 국토교통부장관에게 신고하여야 한다. • 운송주선사업자는 주사무소 외의 장소에서 상주하여 영업하려면 국토교통부장관의 허가를 받아 영업소를 설치하여야 한다. • 운송주선사업자는 화주로부터 중개 또는 대리를 의뢰받은 화물에 대하여 다른 운송주선사업자에게 수수료나 그 밖의 대가를 받고 중개 또는 대리를 의뢰하여서는 아니 된다. • 운송주선사업자가 운송사업자나 위·수탁차주에게 화물운송을 위탁하는 경우에는 운송가맹사업자의 화물정보망이나 「물류정책기본법」에 따라 인증 받은 화물정보망을 이용할 수 있다. • 부정한 방법으로 화물자동차 운송주선사업의 허가를 받고 화물자동차 운송주선사업을 경영한 자는 2년 이하의 징역 또는 2천만원 이하의 벌금에 처한다.
화물자동차 운송사업의 허가	• 운송사업자는 감차 조치 명령을 받은 후 1년이 지나지 아니하면 증차를 수반하는 허가사항을 변경할 수 없다. • 화물자동차 운송사업자는 허가받은 날부터 5년의 범위에서 대통령령으로 정하는 기간(5년을 말함)마다 허가기준에 관한 사항을 신고하여야 한다. • 국토교통부장관은 운송사업자가 사업정지처분을 받은 경우에는 주사무소를 이전하는 변경허가를 하여서는 아니 된다. • 국토교통부장관은 화물자동차 운수사업의 질서를 확립하기 위하여 화물자동차 운송사업의 허가 또는 증차를 수반하는 변경허가에 조건 또는 기한을 붙일 수 있다. • 화물자동차 운송사업자가 상호를 변경하려면 국토교통부장관에게 신고하여야 한다.
적재물배상보험등	• 화물자동차 운송주선사업자는 각 사업자별로 가입하여야 한다. • 운송주선사업자가 이사화물운송만을 주선하는 경우에는 500만원 이상의 금액을 지급할 책임을 지는 적재물배상보험등에 가입하여야 한다. • 특수용도형 화물자동차 중 「자동차관리법」에 따른 피견인자동차를 소유하고 있는 운송사업자는 적재물배상보험등에 가입하여야 하는 자에 해당하지 않는다. • 보험등 의무가입자 및 보험회사등은 화물자동차 운송사업의 허가가 취소된 경우 외에는 책임보험계약등을 해제하거나 해지하여서는 아니 된다. • 적재물배상보험등에 가입하지 아니한 자는 500만원 이하의 과태료 부과 대상이다.
운임 및 요금	• 운송사업자는 운임과 요금을 정하여 미리 신고하여야 하며, 신고를 받은 국토교통부장관은 14일 이내에 신고수리 여부를 신고인에게 통지하여야 한다. • 화물자동차 안전운임위원회 위원의 임기는 1년으로 하되, 연임할 수 있다. 다만, 위원의 사임 등으로 새로 위촉된 위원의 임기는 전임 위원의 잔여임기로 한다. • 특별위원은 산업통상자원부, 국토교통부, 해양수산부의 관계 행정기관의 3급 또는 4급 공무원이나 고위공무원단에 속하는 공무원 중에서 국토교통부장관이 위촉하거나 임명한다. • 화물운송계약 중 화물자동차 안전운임에 미치지 못하는 금액을 운임으로 정한 부분은 무효로 하며, 해당 부분은 화물자동차 안전운임과 동일한 운임을 지급하기로 한 것으로 본다. • 화물자동차 안전운임위원회는 안전운송원가를 심의·의결함에 있어 운송사업자의 운송서비스 수준을 고려하여야 한다.

화물자동차 휴게소	• 국토교통부장관은 휴게소 종합계획을 5년 단위로 수립하여야 한다. • 국토교통부장관은 휴게소 종합계획을 수립하는 경우 미리 시·도지사의 의견을 듣고 관계 중앙 행정기관의 장과 협의하여야 한다. • 한국공항공사는 화물자동차 휴게소 건설사업을 할 수 있는 공공기관에 해당한다. • 휴게소 건설사업 시행자는 그 건설계획을 수립하면 이를 공고하고, 관계 서류의 사본을 20일 이상 일반인이 열람할 수 있도록 하여야 한다. • 「항만법」에 따른 항만 또는 「산업입지 및 개발에 관한 법률」에 따른 산업단지 등이 위치한 지역으로서 총중량 8톤 이상인 화물자동차의 일일 평균 교통량이 1만2천대 이상인 지역은 화물자동차 휴게소의 건설 대상지역에 해당한다.
자가용 화물자동차	• 자가용 화물자동차로서 대통령령으로 정하는 화물자동차로 사용하려는 자는 국토교통부령으로 정하는 기준에 따라 시·도지사에게 신고하여야 한다. • 천재지변으로 인하여 수송력 공급을 긴급히 증가시킬 필요가 있는 경우, 자가용 화물자동차의 소유자는 시·도지사의 허가를 받으면 자가용 화물자동차를 유상으로 화물운송용으로 임대할 수 있다. • 자가용 화물자동차를 사용하여 화물자동차 운송사업을 경영한 경우 시·도지사는 6개월 이내의 기간을 정하여 그 자동차의 사용을 제한하거나 금지할 수 있다. • 자가용 화물자동차의 소유자가 자가용 화물자동차를 사용하여 화물자동차 운송사업을 경영하였음을 이유로 시·도지사가 사용을 금지한 자가용 화물자동차의 소유자는 해당 화물자동차의 자동차등록증과 자동차등록번호판을 반납하여야 한다. • 「화물자동차 운수사업법」을 위반하여 자가용 화물자동차를 유상으로 화물운송용으로 제공한 자는 형벌 부과 대상이다.
화물자동차 운송사업의 폐업	• 운송사업자가 화물자동차 운송사업의 전부를 폐업하려면 미리 신고하여야 한다. • 신고가 신고서의 기재사항 및 첨부서류에 흠이 없고, 법령 등에 규정된 형식상의 요건을 충족하는 경우에는 신고서가 접수기관에 도달된 때에 신고 의무가 이행된 것으로 본다. • 운송사업자가 화물자동차 운송사업의 전부를 폐업하려면 미리 그 취지를 영업소나 그 밖에 일반 공중이 보기 쉬운 곳에 게시하여야 한다. • 화물자동차 운송사업의 폐업 신고를 한 운송사업자는 해당 화물자동차의 자동차등록증과 자동차등록번호판을 반납하여야 한다. • 화물자동차 운송사업의 폐업 신고를 받은 관할관청은 그 사실을 관할 협회에 통지하여야 한다.
화물자동차 운송사업의 결격사유	㉠ 피성년후견인 또는 피한정후견인 ㉡ 파산선고를 받고 복권되지 아니한 자 ㉢ 이 법을 위반하여 징역 이상의 실형을 선고받고 그 집행이 끝나거나(집행이 끝난 것으로 보는 경우를 포함) 집행이 면제된 날부터 2년이 지나지 아니한 자 ㉣ 이 법을 위반하여 징역 이상의 형(刑)의 집행유예를 선고받고 그 유예기간 중에 있는 자 ㉤ 화물자동차 운송사업 허가취소 규정(제19조 제1항 제1호 및 제2호는 제외)에 따라 허가가 취소(법인 임원이 위 결격사유의 ㉠ 또는 ㉡에 해당하여 허가가 취소된 경우는 제외)된 후 2년이 지나지 아니한 자 ㉥ 부정한 방법으로 화물자동차 운송사업 허가·변경허가를 받은 경우 등(제19조 제1항 제1호 또는 제2호)에 해당하여 허가가 취소된 후 5년이 지나지 아니한 자
공동집배송센터	• 산업통상자원부장관은 물류공동화를 촉진하기 위하여 필요한 경우에는 시·도지사의 추천을 받아 부지 면적, 시설 면적 및 유통시설로의 접근성 등 산업통상자원부령으로 정하는 요건에 해당하는 지역 및 시설물을 공동집배송센터로 지정할 수 있다. • 공동집배송센터사업자는 지정받은 사항 중 산업통상자원부령으로 정하는 중요 사항을 변경하려면 산업통상자원부장관의 변경지정을 받아야 한다. • 공동집배송센터의 지정을 받은 날부터 정당한 사유 없이 3년 이내에 시공을 하지 아니하는 경우에는 공동집배송센터의 지정이 취소될 수 있다. • 거짓으로 공동집배송센터의 지정을 받은 경우는 공동집배송센터의 지정을 취소해야 한다. • 시·도지사는 집배송시설의 집단적 설치를 촉진하고 집배송시설의 효율적 배치를 위하여 공동집배송센터 개발촉진지구의 지정을 산업통상자원부장관에게 요청할 수 있다.

형벌 부과 대상	• 유통표준전자문서를 위작하는 죄의 미수범 • 대규모점포를 개설하려는 자로서 부정한 방법으로 대규모점포의 개설등록을 한 자 • 유통정보화서비스를 제공하는 자로서 「유통산업발전법 시행령」으로 정하는 유통표준전자문서 보관기간을 준수하지 아니한 자 • 대규모점포등관리자로서 신고를 하지 아니하고 대규모점포등개설자의 업무를 수행한 자
대규모점포의 등록	• 대규모점포를 개설하거나 전통상업보존구역에 준대규모점포를 개설하려는 자는 영업을 시작하기 전에 산업통상자원부령으로 정하는 바에 따라 상권영향평가서 및 지역협력계획서를 첨부하여 특별자치시장·시장·군수·구청장에게 등록하여야 한다. • 개설등록(매장면적을 변경등록한 경우 변경등록) 당시 매장면적의 10분의 1 이상의 변경인 경우가 변경등록사항이다. • 매장이 분양된 대규모점포에서는 매장면적의 2분의 1 이상을 직영하는 자가 있는 경우에는 그 직영하는 자가 대규모점포등개설자의 업무를 수행한다.
유통산업의 경쟁력 강화	• 도매업자 또는 소매업자로 구성되는 「중소기업협동조합법」에 규정된 협동조합·사업협동조합·협동조합연합회 또는 중소기업중앙회로서 단지 내에 입주하는 조합원이 50인 이상인 경우 필요한 행정적·재정적 지원을 할 수 있다. • 지방자치단체의 장은 중소유통공동도매물류센터를 건립하여 중소유통기업자단체에 그 운영을 위탁할 수 있다. • 지방자치단체의 장은 상점가진흥조합이 주차장·휴게소 등 공공시설의 설치 사업을 하는 경우에는 예산의 범위에서 필요한 자금을 지원할 수 있다. • 상점가진흥조합은 조합원의 자격이 있는 자의 3분의 2 이상의 동의를 받아 결성한다. • 상점가진흥조합의 조합원이 될 수 있는 자는 상점가에서 도매업·소매업·용역업이나 그 밖의 영업을 하는 자로서 중소기업기본법에 따른 중소기업자에 해당하는 자로 한다.
대규모점포등관리자의 회계감사	대규모점포 등 관리자는 회계감사를 매년 1회 이상 받아야 한다. 다만 입점상인의 3분의 2 이상이 서면으로 회계감사를 받지 아니하는 데 동의한 연도에는 회계감사를 받지 아니할 수 있다.
항만운송 분쟁협의회	• 항만운송 분쟁협의회는 항만별로 구성한다. • 항만운송근로자 단체는 항만운송 분쟁협의회 구성에 참여할 수 있다. • 분쟁협의회의 회의는 분쟁협의회의 위원장이 필요하다고 인정하거나 재적위원 과반수의 요청이 있는 경우에 소집한다. • 분쟁협의회의 회의는 재적위원 3분의 2 이상의 출석으로 개의하고, 출석위원 3분의 2 이상의 찬성으로 의결한다. • 항만운송과 관련된 노사 간 분쟁의 해소에 관한 사항은 항만운송 분쟁협의회의 심의·의결사항에 포함된다.
항만운송에 해당하지 않는 것	• 「해운법」에 따른 해상화물운송사업자가 하는 운송 • 「해운법」에 따른 해상여객운송사업자가 여객선을 이용하여 하는 여객운송에 수반되는 화물 운송 • 해양수산부령으로 정하는 운송
항만운송사업	• 항만운송사업의 종류는 항만하역사업, 검수사업, 감정사업, 검량사업으로 구분된다. • 항만운송사업의 등록신청인이 법인인 경우 그 법인의 정관은 등록신청시 제출하여야 하는 서류에 포함된다. • 검수사등의 자격이 취소된 날부터 3년이 지난 사람은 검수사등의 자격을 취득할 수 있다. • 항만운송사업을 하려는 자는 사업의 종류별로 관리청에 등록하여야 한다. • 항만운송사업자가 사업정지명령을 위반하여 그 정지기간에 사업을 계속한 경우에는 그 등록을 취소하여야 한다.
철도사업자	• 철도사업을 경영하려는 자는 지정·고시된 사업용철도노선을 정하여 국토교통부장관의 면허를 받아야 한다. • 천재지변으로 철도사업자가 국토교통부장관이 지정하는 날에 운송을 시작할 수 없는 경우에는 국토교통부장관의 승인을 받아 날짜를 연기할 수 있다. • 철도사업의 면허를 받을 수 있는 자는 법인으로 한다. • 철도사업자는 여객에 대한 운임을 변경하려는 경우 국토교통부장관에게 신고하여야 한다. • 철도사업자는 사업계획 중 여객열차의 운행구간을 변경하려는 경우 국토교통부장관의 인가를 받아야 한다.

철도사업의 관리	• 철도사업자는 그 철도사업을 양도·양수하려는 경우에는 국토교통부장관의 인가를 받아야 한다. • 휴업기간은 6개월을 넘을 수 없다. 다만, 선로 또는 교량의 파괴, 철도시설의 개량, 그 밖의 정당한 사유로 휴업하는 경우에는 예외로 한다. • 철도사업자가 선로 또는 교량의 파괴로 휴업하는 경우에는 국토교통부장관에게 신고하여야 한다. • 국토교통부장관은 철도사업자가 거짓이나 그 밖의 부정한 방법으로 철도사업의 면허를 받은 경우에는 면허를 취소하여야 한다. • 국토교통부장관은 과징금으로 징수한 금액의 운용계획을 수립하여 시행하여야 한다.
전용철도	• 전용철도운영자가 사망한 경우 상속인이 그 전용철도의 운영을 계속하려는 경우에는 피상속인이 사망한 날부터 3개월 이내에 국토교통부장관에게 신고하여야 한다. • 전용철도운영자가 그 운영의 전부 또는 일부를 휴업 또는 폐업한 경우에는 1개월 이내에 국토교통부장관에게 신고하여야 한다.
국유철도시설의 점용허가	• 점용허가는 철도사업자와 철도사업자가 출자·보조 또는 출연한 사업을 경영하는 자에게만 한다. • 철골조 건물의 축조를 목적으로 하는 경우에는 점용허가기간은 30년을 초과하여서는 아니된다. • 점용허가를 받은 자가 「공공주택 특별법」에 따른 공공주택을 건설하기 위하여 점용허가를 받은 경우에 해당할 때에는 점용료를 감면할 수 있다. • 국토교통부장관은 점용허가를 받지 아니하고 철도시설을 점용한 자에 대하여 점용료의 100분의 120에 해당하는 금액을 변상금으로 징수할 수 있다. • 점용허가로 인하여 발생한 권리와 의무를 이전하려는 경우에는 대통령령으로 정하는 바에 따라 국토교통부장관의 인가를 받아야 한다.
농산물가격안정기금	• 기금은 정부의 출연금, 기금 운용에 따른 수익금, 몰수농산물 등의 처분으로 발생하는 비용 또는 매각·공매대금, 수입이익금 및 다른 법률의 규정에 따라 납입되는 금액, 다른 기금으로부터의 출연금의 재원으로 조성한다. • 농산물의 수출 촉진사업을 위하여 농산물가격안정기금을 융자 또는 대출할 수 있다. • 농산물가격안정기금의 여유자금은 「자본시장과 금융투자업에 관한 법률」 제4조에 따른 증권의 매입의 방법으로 운용할 수 있다. • 농림축산식품부장관은 농산물가격안정기금의 여유자금의 운용에 관한 업무를 한국농수산식품유통공사의 장에게 위탁한다. • 농림축산식품부장관은 농산물가격안정기금의 수입과 지출을 명확히 하기 위하여 한국은행에 기금계정을 설치하여야 한다.
농수산물도매시장	• 도매시장은 중앙도매시장의 경우에는 특별시·광역시·특별자치시 또는 특별자치도가 개설하고, 지방도매시장의 경우에는 특별시·광역시·특별자치시·특별자치도 또는 시가 개설한다. • 중앙도매시장의 개설자가 업무규정을 변경하는 때에는 농림축산식품부장관 또는 해양수산부장관의 승인을 받아야 한다. • 도매시장법인은 도매시장 개설자가 부류별로 지정하되, 5년 이상 10년 이하의 범위에서 지정 유효기간을 설정할 수 있다. • 상품성 향상을 위한 규격화는 도매시장 개설자의 의무사항에 포함된다. • 도매시장법인이 다른 도매시장법인을 인수하거나 합병하는 경우에는 해당 도매시장 개설자의 승인을 받아야 한다.

PART 1

최종모의고사

SD에듀와 함께, 합격을 향해 떠나는 여행

물류관리사 최종모의고사

제 1 회

교 시	과 목	시 간	문제형별
1교시	• 물류관리론 • 화물운송론 • 국제물류론	120분	A

교 시	과 목	시 간	문제형별
2교시	• 보관하역론 • 물류관련법규	80분	A

수 험 번 호		성 명	

수험자 유의사항

1. 문제지 표지와 문제지 내의 해당과목 및 문제형별 등의 동일여부를 확인하시기 바랍니다.

2. 시험문제지 총면수, 문제번호 일련순서, 인쇄상태 등을 확인하시고 누락된 페이지나 문제지 훼손이 없는지 확인하시기 바랍니다.

3. 문제지 표지에 수험번호 및 성명을 기재하여야 합니다.

4. 답안카드는 반드시 검정색 사인펜으로 작성하여야 하며, 답안 수정을 위해 수정테이프를 사용하여 수정가능하나, 채점은 전산자동판독결과에 의하며, 불완전한 수정 등으로 인한 불이익은 전적으로 수험자 책임입니다.

5. 시험종료 후 감독위원의 답안카드 제출지시에 불응한 채 계속 답안을 작성하는 수험자는 당해시험을 무효처리하고, 부정행위자로 처리될 수 있습니다.

6. 부정행위를 한 수험자에 대하여는 그 시험을 무효로 하고 처분받은 날로부터 3년간 시험에 응시하실 수 없습니다.

7. 문제지는 시험 종료 후 가져가시기 바랍니다.

8. 시험문제는 일부 또는 전부가 저작권법상 보호되는 저작물이고, 저작권자는 한국산업인력공단입니다. 문제의 일부 또는 전부를 무단 복제, 배포, 출판, 전자출판 하는 등 저작권을 침해하는 일체의 행위를 금합니다.

물류관리사 최종모의고사

교 시	과 목	시 간	문제형별
1교시	• 물류관리론 • 화물운송론 • 국제물류론	120분	A

물류관리론

01 물류의 영역 중 생산물류에 관한 설명으로 옳지 않은 것은?

① 원자재나 중간재를 사용하여 제품을 생산하는 과정에서 수행되는 물류활동을 말한다.

② 생산된 최종제품을 소비자에게 전달하는 수송과 배송활동 뿐만 아니라 이에 수반되는 제반 물류활동을 말한다.

③ 창고에 보관 중인 자재의 출고작업을 시작으로 자재를 생산공정에 투입하고 생산된 완제품을 보관창고에 입고하기까지 수반되는 운반, 보관, 하역, 재고관리 등 사내에서 이루어지는 물류활동을 말한다.

④ 제품의 생산과정에서는 소요시간 단축이 핵심과제이기 때문에 공장 내 운반, 하역 및 창고의 자동화 등이 중요하다.

⑤ 일반적으로 제품생산 단계에서도 다양한 물류활동이 수반되므로 철저한 사전계획 하에 물류활동이 수행되어야 한다.

02 다음 중 물류시스템 설계의 기본원리에 대한 설명으로 옳지 않은 것은?

① 고객 서비스 향상은 물류시스템 설계의 최대 목표이다.

② 재고보유 비율을 높이면 재고유지비용과 수송비용이 모두 증가한다.

③ 정보시스템 투자가 증가하면 정보비용은 증가하나 재고나 배송비용은 하락한다.

④ 상품의 직송화를 도입하면 총비용은 증가할 수 있다는 단점이 있는 반면 고객 서비스 수준은 상승한다는 장점이 있다.

⑤ 효과적인 물류시스템구축 및 관리를 위해 총 물류비용을 최소화하기 위한 작업, 즉 물류관련비용을 전체적인 관점의 통합된 시스템 속에서 파악하는 것이 중요하다.

03 물류정보시스템의 구성요소가 아닌 것은?

① 수·배송관리 모듈 ② 창고관리 모듈
③ 생산관리 모듈 ④ 물류정보관리 모듈
⑤ 주문처리 모듈

04 물류의 기능에 관한 설명으로 옳지 않은 것은?

① 재화와 용역을 그 효용가치가 높은 장소로부터 낮은 장소로 이동시켜 효용가치의 차이를 극복하는 활동이다.
② 생산된 제품을 소비자까지 전달하는 과정에 관련된 활동이다.
③ 제품을 보호하고 취급을 용이하게 하며, 제품 가치를 제고시키는 활동이다.
④ 물류활동과 관련된 정보내용을 제공하여 종합적인 물류관리의 효율화를 기할 수 있도록 하는 활동이다.
⑤ 제품을 물리적으로 보존하고 관리하는 활동이다.

05 물류서비스에 관한 설명으로 옳지 않은 것은?

① 물류서비스의 본질은 "고객이 원하는 상품을 갖추는 것" 또는 "고객이 원하는 리드타임 안에 상품을 전달하는 것"이다.
② 물류서비스와 물류비용 사이에는 상충관계(Trade-Off)가 존재하여 서비스 수준의 향상에 따라 총매출이 증가하므로 이익을 최대화하기 위해서 서비스 수준을 높이는 것이 중요하다.
③ 물류서비스 향상을 효율적으로 실행하기 위해서는 3S1L원칙과 7R원칙을 고려해야 한다.
④ 물류관리자는 이익 창출을 위해 비용 절감과 물류서비스의 향상에 주력한다.
⑤ 전자상거래의 확산으로 유통배송단계가 점점 줄어들고, 고객맞춤형 물류서비스가 강조되고 있다.

06 물류 및 마케팅에 관한 설명으로 옳지 않은 것은?

① 마케팅전략에는 제품전략, 가격전략, 유통전략, 촉진전략이 있다.
② 마케팅전략은 물류를 포함하여 상호 의존성 있는 마케팅믹스를 유기적으로 결합하여 경영전략의 일환으로 추진되고 있다.
③ 물류는 마케팅믹스의 4P 중 제품(Product)과 가장 밀접한 관계가 있다.
④ 물류는 포괄적인 마케팅에 포함되면서 물류 자체의 마케팅활동을 실천해야 한다.
⑤ 물류는 마케팅뿐만 아니라 산업공학적 측면, 무역학적 측면 등 광범위하게 확대되고 있다.

07 기업의 물류관리를 위한 전략적 계획과 전술적 계획을 비교한 것으로 옳지 않은 것은?

구 분	전술적 계획	전략적 계획
① 의사결정의 종류	혁신성	일상성
② 의사결정의 환경	확실성	불확실성
③ 계획주체	중간관리층	최고경영층
④ 기 간	중·단기적	장기적
⑤ 관 점	부서별 관점	전사적 관점

08 다음에서 설명하는 시스템의 특징으로 옳지 않은 것은?

> 상품판매시점에 관련 데이터를 직접 실시간으로 받아들이고 정보처리하는 시스템으로 상품을 판매하는 시점에서 상품에 관련된 모든 정보를 신속·정확하게 수집하여 발주, 매입, 발송, 재고관리 등 필요한 시점에 정보를 제공하는 시스템이다.

① 상품의 판매동향분석을 통해 인기상품 및 비인기상품의 신속한 파악이 가능하다.
② 실시간 차량운행경로 파악이 가능하고 효율적인 배치관리를 통해 공차운행이 감소한다.
③ 판매정보의 입력을 쉽게 하기 위해 상품포장지에 고유 마크나 바코드를 인쇄 또는 부착시켜 스캐너를 통과할 때 해당 상품의 각종 정보가 자동으로 입력된다.
④ 유통업체는 이 시스템을 활용하여 매출동향 파악, 적정재고 유지, 인기상품 진열 확대 등의 효과적인 상품관리 및 업무자동화가 이루어진다.
⑤ 제조업체는 이 시스템을 통해 확보한 정보분석 결과를 생산계획에 즉각 반영할 수 있다.

09 유통경로의 역할에 대한 설명으로 옳지 않은 것은?

① 거래의 효율성 증대
② 제품 구색의 불일치 조정
③ 거래의 정형화
④ 상품 및 시장정보 제공
⑤ 중간상의 재고부담 감소

10 다음 내용이 설명하는 물류의 기능으로 옳은 것은?

> 물류활동을 통한 소비의 양적 예측은 실제 기업이 생산규모를 선택하기 위한 의사결정에 기본적인 요인으로 작용하는 기능이다.

① 인격적 기능
② 품질적 기능
③ 장소적 기능
④ 시간적 기능
⑤ 수량적 기능

11 다음 중 라인-스탭형 물류조직에 대한 설명으로 옳지 않은 것은?

① 라인은 분석, 조사 등을 통하여 생산 및 판매를 위한 2차적인 업무 활동을 한다.
② 스탭은 물류전략 수립, 물류예산관리 및 채산성분석 등을 수행한다.
③ 라인 활동은 제품 또는 서비스의 생산과 판매 활동에 상당히 영향을 미친다.
④ 물류조직에 있어 라인은 스탭으로부터 조언을 받는 관계이다.
⑤ 직능형 물류조직의 단점을 보완하기 위하여 라인과 스탭의 기능을 세분화한 조직형태이다.

12 ABC 재고관리방식에 대한 설명으로 옳지 않은 것은?

① 관리대상을 A, B, C그룹으로 나누고, C그룹을 최중점 관리대상으로 선정하여 관리한다.
② A그룹의 품목비율과 금액비율은 각각 20%, 80%이다.
③ B그룹의 품목비율과 금액비율은 각각 30%, 15%이다.
④ C그룹의 품목비율과 금액비율은 각각 50%, 5%이다.
⑤ 파레토(Pareto)의 20:80 원리를 이용한다.

13 다음은 경제적 주문량(Economic Order Quantity) 모형을 이용한 상품 A의 재고관리에 관한 내용이다. 상품 A의 연간재고부담이자는? (단, EOQ = $\sqrt{36}$ = 6)

> • 매입가격 : 50,000원/개
> • 연간수요 : 6,000개/년
> • 주문비용 : 75,000원/회
> • 창고보관비용 : 500원/개/년
> • 연간재고유지비용 : 창고보관비용 + 재고의 매입가격에 대한 이자
> • 연간이자율 : 4%

① 2,500원

② 600,000원

③ 1,200,000원

④ 12,000,000원

⑤ 15,000,000원

14 물류의 중요성이 부각되는 이유로 옳지 않은 것은?

① 주문횟수 감소 경향

② 고객욕구의 다양화와 고도화

③ 운송시간과 비용의 상승

④ 제조부문 원가절감의 한계

⑤ 경쟁력 강화를 위한 물류부문의 우위확보 필요

15 다음 중 공급사슬 취약성의 증가 요인을 모두 고른 것은?

> ㄱ. 수요의 변동성 증가
> ㄴ. 글로벌화 전략
> ㄷ. 아웃소싱 전략
> ㄹ. 협력체계 구축

① ㄱ, ㄴ

② ㄴ, ㄹ

③ ㄷ, ㄹ

④ ㄱ, ㄴ, ㄷ

⑤ ㄱ, ㄷ, ㄹ

16 다음 중 순물류에 대한 설명으로 옳지 않은 것은?

① 순물류는 물류계획의 수립 및 실행이 용이하며, 재고관리가 편리하고 정확하다.
② 순물류는 비용의 투명성이 높다.
③ 순물류는 속도의 중요성을 인지한다.
④ 순물류는 이종제품의 포장형태가 균일하고, 가격이 상이하다.
⑤ 순물류는 제품수명주기 관리가 가능하다.

17 물류공동화에 관한 설명으로 옳지 않은 것은?

① 수평적 물류공동화는 동종의 제조업체간 정보네트워크 공유 등을 통하여 공동으로 물류업무를 처리하는 것이다.
② 제조업체는 공급업체의 납품물류를 통합하는 공동물류센터 운영으로 물류공동화를 실현할 수 있다.
③ 기업의 대고객 물류서비스 차별화를 목적으로 운영된다.
④ 유통업체는 제조업체와 협업관계를 구축하여 물류 공동화를 실현할 수 있다.
⑤ 물류공동화를 위해서는 자사 물류시스템의 개방성을 높여야 한다.

18 물류를 둘러싼 각종 환경의 변화에 관한 설명으로 옳지 않은 것은?

① 사회간접자본의 수요는 급증하나 물류기반시설의 부족으로 물류비용이 증가하여 기업의 원가부담이 가중되고 있다.
② 소비자 니즈(Needs)의 다양화와 제품수명주기의 장기화에 따라 과잉재고를 보유하려는 경향이 있다.
③ 소비행태변화에 따라 배송단위의 소량화, 재고보관량의 증대, 폐기물의 증가가 물류비 상승의 원인이 되고 있다.
④ 세계화 및 시장개방의 가속화로 국제시장에서 다국적기업의 대두와 경제블록화 등을 함께 고려하는 새로운 물류시스템이 요구되고 있다.
⑤ 정보기술 및 자동화기술의 혁신으로 물류작업의 고속화, 공동이용의 효율화, 통관절차의 간소화 등을 도모하고 있다.

19 물류활동의 기본원칙인 7R의 내용에 해당되지 않는 것은?

① 적절한 장소(Right Place)
② 적절한 시점(Right Time)
③ 적절한 가격(Right Price)
④ 적절한 정보(Right Information)
⑤ 적절한 품질(Right Quality)

20 RFID(Radio Frequency Identification)에 관한 설명으로 옳지 않은 것은?

① 판독기를 이용하여 태그(Tag)에 기록된 정보를 판독하는 무선주파수인식기술이다.

② 바코드와는 달리 제품의 원산지 및 중간이동과정 등 다량의 데이터를 저장할 수 있다.

③ RFID시스템은 리더기, 태그 등의 요소로 구성된다.

④ 태그는 안테나와 집적 회로로 이루어지는데, 집적 회로 안에 정보를 기록하고 안테나를 통해 판독기에게 정보를 송신한다.

⑤ 선박의 레이더, 차량의 네비게이션, 핸드폰의 송수신 기능 등 다양한 분야에 사용한다.

21 물류관리의 전략적 중요성에 관한 설명으로 옳지 않은 것은?

① 물류관리를 자사나 자회사를 통하여 직접 수행하던 체계에서 아웃소싱을 통한 관리체계로 확대하고 있다.

② 물류기업들은 화주기업들의 다양한 요구사항들을 종합적으로 만족시키기 위한 능력을 갖추기 위해서 전략적 제휴 및 인수·합병 등의 다양한 시도를 하고 있다.

③ 최근 물류관리의 목표는 부가가치의 창출에서 단순비용절감으로 전환해 가고 있다.

④ 물류의 통합이 기업의 경계를 넘어 공급사슬관리 전체로 확대됨에 따라 데이터와 프로세스 표준화가 필요하다.

⑤ 전체적 효율화 및 부문 간 유기적인 결합을 위한 물류정보시스템 구축이 필요하다.

22 물류합리화의 필요성에 관한 설명으로 옳지 않은 것은?

① 제품수명주기 연장에 대하여 적절한 대응

② 복잡하고 글로벌화 되는 고객의 물류서비스 요구에 대응

③ 물류서비스 원가 상승에 대한 대응

④ 소비자의 다양한 요구 변화에 대응

⑤ 물류거점의 집약화 등 산업계의 변화 요구에 대응

23 물류 아웃소싱(Outsourcing)에 관한 설명으로 옳지 않은 것은?

① 물류활동을 효율화하기 위해 물류기능을 외부의 전문업체에 위탁하는 것이다.

② 장점으로 전반적인 기업물류비용의 절감과 기업고유의 핵심역량 집중을 통한 경쟁력 강화를 들 수 있다.

③ 단점으로 기업 핵심정보의 유출가능성이 있으며 사내에 물류전문지식의 축적이 어려울 수 있다.

④ 주요 대상영역은 보관, 하역, 수송과 창고관리 분야이다.

⑤ 고객불만에 대한 신속한 대처능력이 뛰어나다.

24 제품수명주기 단계 중 성장기 전략의 특성이 아닌 것은?

① 장기적인 수요에 대비하여 유통망의 확대가 필요하나 정보가 충분하지 않아 물류계획을 수립하는 데 어려움이 있다.
② 가격인하 경쟁에 대응하고 수요를 자극하기 위한 촉진비용이 많이 소요된다.
③ 대량생산을 통한 가격인하로 시장의 규모가 확대된다.
④ 제품에 대한 고객들의 관심이 높아지면서 제품가용성을 넓은 지역에 걸쳐 증가시키게 된다.
⑤ 제품의 유통지역이 가장 광범위하며 제품가용성을 높이기 위하여 많은 수의 물류거점이 필요한 시기이다.

25 SCM의 응용기법에 관한 설명으로 옳지 않은 것은?

① CRP(Continuous Replenishment Program)는 소비자의 구매형태를 근거로 상품을 그룹화하여 관리하는 것이다.
② CAO(Computer Assisted Ordering)는 상품판매대의 재고가 소매점포에서 설정한 기준치 이하로 떨어지면 자동으로 보충주문이 발생하는 것이다
③ ERP(Enterprise Resource Planning)는 기업 내의 자원을 효율적으로 관리하기 위한 통합정보시스템이다.
④ 크로스도킹(Cross Docking)은 물류센터에 재고를 보관하지 않고 바로 거래처로 배송하는 것이다.
⑤ VMI(Vendor Managed Inventory)는 공급자가 유통매장의 재고를 주도적으로 관리하는 것이다.

26 최근 물류 · 유통 환경변화에 관한 설명으로 옳지 않은 것은?

① 화주기업들 간 치열한 경쟁으로 물류아웃소싱이 지속적으로 확대되고 있다.
② 고객 요구가 고도화 · 다양화됨에 따라 일반 소화물의 다빈도 정시운송은 물론 서비스 영역도 'door to door' 단계를 지나 'desk to desk' 단계에 이르기까지 점점 확대되어 가고 있다.
③ 유통채널 파워가 유통기업에서 제조기업으로 이동하게 되어 공급사슬의 복잡화가 가중되고 있다.
④ IT의 발전으로 전자상거래 시장이 확대되면서 홈쇼핑, 온라인 시장이 매년 큰 폭으로 성장하고 있다.
⑤ 2005년 교토의정서의 발효 이후 미국, EU, 일본 등 주요 국가들은 CO_2 배출량의 삭감과 모달시프트(Modal Shift)등 녹색물류를 자국의 물류정책에 적극 반영하고 있다.

27 기업의 구매관리에 관한 설명으로 옳지 않은 것은?

① 구매의 아웃소싱이 증가하면서 내부고객 만족에 대한 중요성이 증가하고 있다.
② 구매는 기업의 다른 기능인 마케팅, 생산, 엔지니어링, 재무와는 독립된 기능을 수행해야 한다.
③ 최적의 공급자를 선정, 개발 및 유지해야 한다.
④ 구매과정을 효율적이고 효과적으로 관리해야 한다.
⑤ 기업의 전략과 일치하는 구매전략을 개발해야 한다.

28 물류관리 업무 추진에 있어서 애로사항은 물적 흐름과 정보의 흐름이 정보 왜곡현상으로 수요 또는 재고의 변동폭이 커지는 것이다. 이러한 현상으로 공급사슬관리(SCM ; Supply Chain Management)에 있어서 채찍효과(Bullwhip Effect)가 발생한다. 이를 제거 내지 감소시키기 위한 방안으로 가장 거리가 먼 것은?

① 공급자재고관리(VMI ; Vender-Managed Inventory) 등 공급체인간의 협력과 통합되는 전략적 관계를 구축한다.

② 창고관리시스템(WMS ; Warehouse Management System) 구축을 위한 정보시스템 예산확보와 각 공급체인의 개별적인 고유 의사결정 능력을 높여 나간다.

③ 공급체인 전반에 걸쳐 수요에 대한 정보를 집중화하고 공급 상의 제반 문제를 분석하여 대응전략을 수립·실천해 나간다.

④ 긴급 주문 등 수요의 변동에 대비하기 위하여 제품의 공급 리드타임(Lead Time)을 감축시킬 수 있는 방안을 강구한다.

⑤ 최종소비자 - 영업 관리자 - 생산관리자와의 시차 없는 정보공유와 수요 변동 폭을 감소시킬 수 있는 생산영업 전략을 수립한다.

29 다음 중 역물류(Reverse Logistics)와 관련이 없는 것은?

① 과잉재고 반품
② 폐기물류
③ 회수물류
④ 재주문(Reorder)
⑤ 운반용기 회수

30 다음 중 활동기준원가계산(Activity-Based Costing)에 관한 설명으로 옳지 않은 것은?

① 업무를 활동 단위로 세분하여 원가를 산출하는 방법이다.
② 비용이 발생되는 모든 주요한 활동들이 규명되며, 각각의 활동을 수행하는데 드는 비용이 계산된다.
③ 직접노무비, 재료비, 생산량 등의 재무적 수치를 배부기준으로 이용한다.
④ 산정원가를 바탕으로 원가유발 요인분석이나 성과측정을 할 수 있다.
⑤ 물류서비스별, 활동별, 유통경로별, 고객별, 프로세스별 수익성을 분석할 수 있다.

31 다음 중 유통경로 채널에서 나타나는 소매형태의 설명으로 옳지 않은 것은?

① 카테고리킬러(Category Killer) - 특정상품계열에 대하여 전문점과 같이 다양하고 풍부한 구색을 갖추고 낮은 가격에 판매하는 소매형태

② 할인점(DS ; Discount Store) - 땅값과 임대료가 싼 지역에서 내구재와 전국적으로 유통되는 유명 브랜드를 싼값에 대량구매

③ 하이퍼마켓(HM ; Hyper Market) - 초대형가격할인 슈퍼마켓, 주로 도심중심부에 위치

④ 기업형 슈퍼(SSM) - 기존의 동네 슈퍼보다는 크고 할인점보다는 작지만 개인이 아닌 기업이 체인 형태로 운영하는 슈퍼마켓

⑤ 아웃렛(Outlet) - 이월상품, 잔품(재고품) 등을 할인가격으로 판매

32 6-시그마 기법에 관한 설명으로 옳지 않은 것은?

① 6-시그마 기법은 수치데이터를 통하여 분석적인 접근방식과 오픈마인드 수행을 요구한다.

② 6-시그마 기법은 상의하달 방식으로 강력하게 추진하는 것이 보다 효과적이다.

③ 6-시그마 기법은 프로세스 중시형 접근방법이다.

④ 6-시그마 기법을 도입하여 고품질을 추구하는 기업은 지속적으로 비용이 더 많이 소요된다.

⑤ 6-시그마 기법을 활용하면 제품 또는 서비스의 리드타임이 단축되고 재고감축 효과가 있다.

33 다음에서 설명하는 것은?

> • 국제적인 비정부기구에서 기업 보안관리 표준의 필요성에 부응하여 도입한 물류보안경영의 표준 및 인증제도로 생산자, 운송·보관업자 등을 포함하는 공급사슬내의 모든 기업을 적용 대상으로 한다.
> • 수출입 안전관리 역량을 강화시키기 위해서 기업이 비용을 부담하고 도입하는 민간프로그램으로, 보안관리 시스템을 구축하고 인증을 받으면 일정한 보안자격을 갖춘 것으로 인정한다.

① AEO
② ISO 28000
③ C-TPAT
④ ISPS Code
⑤ STP

34 다음 중 파렛트의 표준화에 대한 설명으로 옳지 않은 것은?

① 포장단위치수의 표준화, 하역장비의 표준화

② 우리나라는 1,100mm×1,100mm의 규격을 권장

③ 환적 시 비용절감 효과, 상호교환 촉진

④ 하역시간 단축, 수송비용 절감, 재고조사의 편의성 증대

⑤ 작업능률의 향상, 화물파손의 감소, 운임 및 부대비용의 증가

35 세목별 물류비 분류 항목으로 옳지 않은 것은?

① 유통가공비
② 노무비
③ 경 비
④ 이 자
⑤ 재료비

36 다음 SCM 전략에 관한 설명을 바르게 연결한 것은?

> ㄱ. Delay formation of the final product as long as possible.
> ㄴ. Smaller shipment sizes have disproportionately higher transportation cost.
> ㄷ. Avoid product variety since it adds to inventory.

① ㄱ : Postponement   ㄴ : Consolidation   ㄷ : Standardization
② ㄱ : Postponement   ㄴ : Standardization   ㄷ : Consolidation
③ ㄱ : Standardization   ㄴ : Postponement   ㄷ : Consolidation
④ ㄱ : Standardization   ㄴ : Consolidation   ㄷ : Postponement
⑤ ㄱ : Consolidation   ㄴ : Standardization   ㄷ : Postponement

37 다음은 월별 반도체 수요 자료이다. 지수평활법에 따라 5월에 예측되는 반도체 수요는? (단, 평활상수 α는 0.4로 한다.)

(단위 : 톤)

월	반도체수요	지수평활법 수요예측
1	18,000	
2	17,000	
3	16,000	
4	15,000	16,500
5	13,000	?

① 13,800
② 14,900
③ 15,000
④ 15,900
⑤ 16,400

38 파렛트 풀 시스템(Pallet Pool System)에 관한 설명으로 옳지 않은 것은?

① 파렛트의 규격을 표준화하여 공동으로 사용하는 것을 말한다.
② 일관 파렛트화의 실현으로 발송지에서 최종 도착지까지 일관운송이 가능하게 된다.
③ 화주 및 물류업체의 물류비 부담을 증가시킨다.
④ 공파렛트 회수 문제 해소 등 파렛트 관리가 용이하다.
⑤ 업종 간에 파렛트를 공동으로 이용하여 성수기와 비수기의 파렛트 수요 변동에 대응할 수 있다.

39 다음의 내용에 해당되는 경영기법은?

> 생산, 물류, 판매 기능의 최대 능력이 각각 100, 80, 90인 회사가 있다. 작년에 경영 실적을 보면 100을 생산하여 80만큼 유통하고 80만큼 판매하였다. 회사는 모든 부분에 대한 역량을 동시에 강화하지 않고, 물류기능을 집중 개선하여 그 능력을 90으로 올렸다. 그러자 다음해의 판매는 90으로 상향되었다.

① 제약이론   ② 자재소요계획
③ 6시그마   ④ JIT(Just In Time)
⑤ 수송계획법

40 다음 중 고객관계관리(CRM) 기법에 대한 설명으로 옳지 않은 것은?

① 기존고객의 관리보다는 주로 신규고객과 잠재고객의 창출에 초점을 맞추는 개념이다.
② 고객의 데이터베이스(Database) 정보를 기업의 마케팅에 활용하는 기법이다.
③ 추가비용을 최소화하고 고객과의 상호작용가치를 높여 이익을 증대시키는 개념이다.
④ 수익성 높은 고객과의 관계를 창출·지원하여 매출을 최적화하고 고객기반을 확충하는 전략이다.
⑤ 고객들의 성향과 욕구를 파악하여 이를 충족시키면서 기업의 목표를 달성하고자 하는 전략이다.

화물운송론

41 다음 중 화물정보망의 역할이 아닌 것은?

① 공차율의 감소
② 공산품 생산의 감소
③ 운송시장의 투명성 제시
④ 정보 수요자 중심의 시장으로 전환
⑤ 운송효율의 제고

42 다음 중 해상운송의 특성을 잘못 설명한 것은?

① 기후에 민감하고 위험도가 높다.
② 화물단위당 해상운송비가 저렴하다.
③ 대량수송에 적합하다.
④ 원거리 수송이고, 이용되는 선박 또한 대형선이 이용된다.
⑤ 국제성이 높은 산업으로 국제 간에만 이루어진다.

43 운송에 관한 설명으로 옳지 않은 것은?

① 운송수요의 탄력성은 운임의 영향을 받기보다는 화물의 대체성 여부에 대부분 영향을 받는다.

② 운송수요는 화물의 종류, 운송량, 운송거리, 운송시간, 운송비용 등을 기본적인 구성요소로 한다.

③ 운송용역은 운송수단과 노동력이 결합되어 화물을 목적지까지 이동시키는 것이다.

④ 운송수단의 선택 시에는 운송물량, 운임, 기후의 영향, 운송의 안전성, 중량, 배차 및 배선 등을 고려해야 한다.

⑤ 부적운송(Unused Capacity)은 차량 전체 운임이 지급되지만, 적재공간이 일부 비어있는 상태로 운송하는 것을 말한다.

44 운송비에 관한 설명으로 옳지 않은 것은?

① 운송비는 화물량의 증감에 영향을 받지 않는 고정비이다.

② 용차운송비는 부정기 차량에 의해서 발생되는 비용이다.

③ 노선운송비는 정해진 노선일정(schedule)에 의해 정기적인 운행으로 발생되는 비용이다.

④ 공간·시간적 이동에 의한 효용과 가치를 창조하기 위해서 발생되는 비용이다.

⑤ 화물을 특정 지점에서 특정 지점까지 운송하는 데 발생하는 비용이다.

45 화물운송의 종류에 관한 설명으로 옳지 않은 것은?

① 공로운송은 공공도로를 이용하여 운송하는 방법으로 주로 자동차를 이용한다.

② 해상운송은 선박을 이용하여 재화의 장소적 이전을 통해 효용을 창출한다.

③ 철도운송은 공로운송에 비해 장거리 대량운송에 적합하다.

④ 파이프라인운송은 석유류제품, 가스제품 운송 등에 이용되고 있으며, 다른 운송수단과 연계하여 활용할 수 있는 가능성이 매우 높다.

⑤ 항공운송은 신속한 운송을 요하는 고가 화물에 많이 이용된다.

46 다음 중 화물자동차 운송에 대한 내용으로 옳지 않은 것은?

① 화물자동차는 장거리 운송에 적합하고, 경제적이며 운임은 탄력적으로 계산이 가능하다.

② 화물자동차는 단위포장 시에 파렛트의 활용이 가능하다.

③ 화물자동차는 필요시에 언제나 즉시 배차가 가능하다.

④ 화물자동차는 중량의 제한을 많이 받는다.

⑤ 화물자동차는 문전에서 문전까지의 일관수송이 가능하여 수취가 매우 편리하다.

47 운송시장의 환경변화에 관한 설명으로 옳지 않은 것은?

① 정보화 사회의 진전
② 글로벌 아웃소싱 시장의 확대
③ 구매고객에 대한 서비스 수준 향상
④ 전자상거래 증가
⑤ 물류보안 및 환경 관련 규제 완화

48 효율적인 화물자동차 운송시스템 설계를 위한 기본 요건에 관한 설명으로 옳지 않은 것은?

① 최저주문단위제를 폐지하여 배송 주문량 및 주문 횟수를 확대한다.
② 운송, 배송 및 배차계획 등을 조직적으로 실시해야 한다.
③ 지정된 시간 내에 화물을 목적지에 배송할 수 있어야 한다.
④ 수주에서 출하까지 작업의 표준화 및 효율화를 수행해야 한다.
⑤ 적절한 유통재고량 유지를 위한 다이어그램배송 등을 사용한 체계적인 운송계획을 수립해야 한다.

49 다음 컨테이너 화물과 관련된 서류를 선적절차에 따라 순서대로 옳게 나열한 것은?

┌─────────────────────────────────┐
│ ㉠ D/R(Dock Receipt)   │
│ ㉡ S/R(Shipping Request)   │
│ ㉢ E/R(Equipment Receipt)   │
│ ㉣ Booking List   │
│ ㉤ Booking Note   │
│ ㉥ B/L(Bill of Lading)   │
└─────────────────────────────────┘

① ㉠ → ㉡ → ㉢ → ㉤ → ㉣ → ㉥
② ㉢ → ㉣ → ㉡ → ㉥ → ㉤ → ㉠
③ ㉡ → ㉤ → ㉢ → ㉣ → ㉥ → ㉠
④ ㉡ → ㉤ → ㉣ → ㉢ → ㉠ → ㉥
⑤ ㉡ → ㉤ → ㉠ → ㉢ → ㉣ → ㉥

50 운송주선인이 취급할 수 있는 업무에 관한 설명으로 옳지 않은 것은?

① 운송주선인은 화주에게 화물의 성질에 따라 가장 적절한 포장형태 등 각종 조언을 한다.

② 운송주선인은 송화인의 위탁에 의해 수출화물을 본선에 인도하거나, 수화인의 위탁에 의해 수입화물을 본선으로부터 인수하는 자이다.

③ 우리나라의 경우, 운송주선인은 화주의 의뢰에 따라 관세사가 행하는 업무인 수출입신고를 이행할 수 있다.

④ 운송주선인은 화주를 대신해서 화물의 운송에 따르는 보험을 처리해 줄 수 있다.

⑤ LCL 화물인 경우, 운송주선인은 혼재업자로서 업무를 수행한다.

51 용선운송계약에 관한 설명으로 옳지 않은 것은?

① 전부용선계약(Whole charter party)은 선복(Ship's space)의 전부를 빌리는 것이다.

② 나용선계약(Bareboat charter party)은 용선자가 특정항구에서 특정항구까지 임차료를 계산하고, 선주로부터 선박 자체만을 임차하는 것이다.

③ 항해용선계약(Voyage charter party)은 특정항구에서 특정항구까지 선복(Ship's space)을 빌리는 것이다.

④ 기간용선계약(Time charter party)은 일정기간을 정하여 선복(Ship's space)을 빌리는 것이다.

⑤ 일부용선계약(Partial charter party)은 선복(Ship's space)의 일부를 빌리는 것이다.

52 다음 중 항공운임률에 대한 내용이 잘못된 것은?

① 요율과 요금은 낮은 것을 적용한다.

② 각 항공회사가 일정한 환산율로 출발지국의 통화율로 환산한다.

③ 화물요율은 kg당 요율로 설정되어 있다.

④ 한국, 브라질, 필리핀 등은 자국통화로 운임률을 설정한다.

⑤ 운임 및 종가요율은 모두 선불이거나 착지불이어야 한다.

53 철도운송과 관련된 용어로 옳지 않은 것은?

① Kangaroo System

② Birdy Back System

③ TOFC(Trailer On Flat Car)

④ Block Train

⑤ Freight Liner

54 컨테이너터미널에서 컨테이너를 취급하는 운송장비에 관한 설명으로 옳지 않은 것은?

① 야드 트랙터(Yard Tractor)는 야드 내의 작업용 컨테이너 운반트럭이다.

② 섀시(Chassis)는 컨테이너를 탑재하여 운반하는 대차이다.

③ 윈치 크레인(Winch Crane)은 크레인 자체를 회전시키면서 컨테이너 트럭이나 무개화차로부터 컨테이너를 양·적하하는 하역장비이다.

④ 리치 스태커(Reach Stackers)는 컨테이너 운반용으로 주로 사용되며 컨테이너의 적재 및 위치이동, 교체 등에 사용되는 하역장비이다.

⑤ 지게차(Fork Lift)는 컨테이너터미널에서 컨테이너선에 양·적하하는 하역장비이다.

55 선박에 관한 설명으로 옳지 않은 것은?

① 선박은 크게 선체(Hull), 기관(Engine), 기기(Machinery)로 구성되어 있다.

② 흘수(吃水)란 수면에서 선저의 최저부까지의 수직거리로서, 건현(乾舷)의 반대 개념이다.

③ 형폭은 선체의 제일 넓은 부분에서 추정한 프레임의 외판에서 외판까지의 수평거리를 의미한다.

④ 격벽은 수밀과 강도 유지를 위해 선창 내부를 수직으로 분리하는 구조물을 의미한다.

⑤ 전장(全長)은 만재흘수선상의 선수수선으로부터 타주의 선미수선까지의 수평거리로 선박의 길이는 이것을 사용한다.

56 다음 중 선박을 이용한 운송에 대한 설명으로 가장 옳지 않은 것은?

① 항만설비 및 하역비가 비싸고 기후의 영향을 많이 받는다.

② 소량화물의 장거리 운송에 적합하며 운임이 저렴하고 매우 비탄력적이다.

③ 최근에는 Sea & Air 운송으로까지 발전하고 있다.

④ 운송속도가 늦어 운송기간이 길다.

⑤ 대량운송시 전용선에 의한 운송 및 일괄하역작업이 가능하다.

57 국내 철도화물 운임체계에 관한 설명으로 옳은 것은?

① 철도화물 운임은 별도의 할인제도를 운영하고 있지 않다.

② 철도화물 운임체계는 일반화물, 특수화물로 구분하여 운영하고 있다.

③ 일반화물 운임은 운송거리(km) × 운임단가(운임/km) × 화물중량(톤)으로 산정한다.

④ 일반화물의 최저기본운임은 사용화차의 최대 적재중량에 대한 10km에 해당하는 운임이다.

⑤ 1km 미만의 거리와 1톤 미만의 일반화물은 실제 거리와 중량으로 계산한다.

58 공동수배송시스템에 관한 설명으로 옳지 않은 것은?

① 고가의 첨단 물류설비를 공동구매하여 다수의 기업이 공동으로 사용함으로써 물류비용은 절감할 수 있으나, 물류 서비스 이용 비용은 높아진다.
② 공동수배송에 참여하는 운송기업은 표준화된 운송 프로세스가 있어야 한다.
③ 기업간 통합전산망 구축을 통한 출하작업의 시스템화로 수배송효율을 향상시킬 수 있다.
④ 동일지역에 대한 중복 및 교차배송을 억제할 수 있다.
⑤ 화물의 집하 및 배송을 위한 필요차량의 감소로 교통혼잡을 방지할 수 있다.

59 복합운송주선인(Freight Forwarder)에 관한 설명으로 옳지 않은 것은?

① 자기 명의의 복합운송증권을 발행한다.
② 운송 주체로서의 기능과 역할을 수행하며 화물운송을 주선하기도 한다.
③ 자체적으로 운송수단을 보유하고 있는 복합운송주선인을 NVOCC라 한다.
④ 소량의 화물을 집하하여 컨테이너 단위화물로 만드는 혼재작업도 수행한다.
⑤ 수출업자로부터 징수하는 운임과 운송업자에게 지불하는 차액을 이익으로 취득한다.

60 항해 용선 계약에서 적재 및 하역비 부담조건에 대한 다음 설명 중 옳지 않은 것은?

① Net terms(Net Charter)는 항비, 하역비, 검수비를 화주가 부담하는 조건이다.
② Gross Terms(Gross Charter)는 항비, 하역비, 검수비를 선주가 부담하는 조건이다.
③ FIO(Free In and Out)는 적하시와 양하시의 하역비를 선주가 부담하는 조건이다.
④ FO(Free Out)는 적하시의 하역비는 선주가 부담하고 양하시의 하역비는 화주가 부담하는 조건이다.
⑤ FI(Free In)는 적하시의 하역비는 화주가 부담하고 양하시의 하역비는 선주가 부담하는 조건이다.

61 복합운송의 특성으로 적합하지 않은 것은?

① 송화인의 여러 명의 대리인과 각 구간에서 별도의 운송계약을 체결한다.
② 운송인은 전 운송구간에 걸쳐 화주에게 단일 책임을 진다.
③ 운송인은 복합운송에 대한 복합운송증권을 발행한다.
④ 전 운송구간에 단일운임을 적용한다.
⑤ 두 가지 이상의 서로 다른 운송수단이나 방식에 의해 운송된다.

62 다음에서 설명하는 국제복합운송경로는 무엇인가?

> 동아시아에서 태평양연안까지 해상운송한 후 미국 대서양연안 및 멕시코만 항구까지 철도로 운송하는 복합운송의 형태이다.

① CLB(Canadian Land Bridge)
② ALB(American Land Bridge)
③ MLB(Mini Land Bridge)
④ SLB(Siberian Land Bridge)
⑤ IPI(Interior Point Intermodal)

63 컨테이너 종류와 운반대상 화물이 옳게 짝지어진 것은?

① 탱크 컨테이너(Tank Container) : 목재, 기계류, 승용차
② 히티드 컨테이너(Heated Container) : 화학제품, 유류
③ 행거 컨테이너(Hanger Container) : 장치화물, 중량물, 기계류
④ 솔리드 벌크 컨테이너(Solid Bulk Container) : 소맥분, 가축사료
⑤ 오픈 탑 컨테이너(Open Top Container) : 과일, 채소, 냉동화물

64 항공화물운송장에 관한 설명으로 옳지 않은 것은?

① 운송 위탁된 화물을 접수했다는 수령증이다.
② 송화인과의 운송계약 체결에 대한 문서증명으로 사용할 수 없다.
③ 화물과 함께 목적지로 보내 수화인의 운임 및 요금 계산 근거를 제공한다.
④ 세관에 대한 수출입 신고자료 또는 통관자료로 사용된다.
⑤ 화물 취급, 중계, 배송과 같은 운송 지침의 기능도 수행한다.

65 운송관련 국제기구에 관한 설명으로 옳지 않은 것은?

① 국제항만협회(IAPH) - 선주들의 권익보호와 선주들에 대한 자문을 목적으로 각국의 선주협회들이 1919년 결성한 국제민간기구이다.
② 국제해법회(CMI) - 해상법·해사 관련 관습·관행 및 해상실무의 통일화에 기여하기 위하여 1897년 벨기에 앤트워프에서 창설된 국제민간기구이다.
③ 국제선급협회연합회(IACS) - 각국 선급협회의 공통 목적을 달성하고자 상호 협력하고 여 타 국제단체와의 협의를 위해 1968년에 결성되었다.
④ 국제해사기구(IMO) - 국제적 해사안전 및 해상 오염 방지대책의 수립, 정부 간 해운관련 차별조치의 철폐 등을 설립 목적으로 한다.
⑤ 국제해운회의소(ICS) - 각국의 선주협회들이 선주들의 권익옹호 및 상호협조를 목적으로 1921년 런던에서 설립된 국제민간기구이다.

66 2.5톤 트럭을 이용하여 화물자동차 운송사업을 영위하는 어느 회사의 2021년도 화물자동차 운행실적이 다음과 같을 경우, ㉠ 적재율, ㉡ 실차율, ㉢ 가동률을 계산하시오.

- 표준 영업일수 : 350일
- 실제가동 영업일수 : 210일
- 누적 주행거리 : 60,000km
- 누적 실제 주행거리 : 42,000km
- 트럭의 기준 용적 : 12m³
- 트럭의 1회 운행당 평균 용적 : 9m³

① ㉠ 60%, ㉡ 70%, ㉢ 75%

② ㉠ 70%, ㉡ 75%, ㉢ 60%

③ ㉠ 60%, ㉡ 70%, ㉢ 75%

④ ㉠ 75%, ㉡ 60%, ㉢ 70%

⑤ ㉠ 75%, ㉡ 70%, ㉢ 60%

67 다음의 운송망에서 최단경로(Shortest Path)법에 의해 출발지 ◎로부터 목적지 ⓓ까지 최단운송거리를 계산하고자 한다. 계산과정에서 잘못 설명된 것은? (운송구간 위의 숫자는 운송거리)

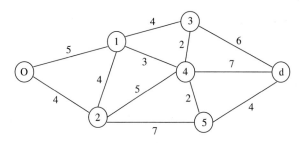

① 출발지 ◎에서 중간목적지 ⑤까지의 최단거리는 10이다.

② 출발지 ◎에서 최종목적지 ⓓ까지의 최단경로는 ◎ → ① → ③ → ⓓ이다.

③ 출발지 ◎에서 최종목적지 ⓓ까지의 최단거리의 합은 14이다.

④ 출발지 ◎에서 중간목적지 ③까지의 최단거리는 9이다.

⑤ 출발지 ◎에서 최종목적지 ⓓ까지의 최단경로에 중간목적지 ①이 포함된다.

68 교환방식의 파렛트 풀 시스템에 대한 설명으로 틀린 것은?

① 철도시스템이 잘 발달되어 있는 유럽에서 실시되어 왔다.

② 송화인이 국유철도에 화물을 파렛트에 적재한 상태로 탁송하면 이와 교환으로 발송역 국유철도에서 같은 수량의 빈 파렛트를 지급받게 된다.

③ 파렛트의 품질유지가 용이하고 파렛트의 매수를 최소화하여 운영할 수 있다.

④ 예비 파렛트를 보유해야 할 필요성 때문에 추가적인 비용이 소요된다.

⑤ 수화인 측에서는 도착역에서 인수한 적하 파렛트와 같은 수량의 빈 파렛트를 국유철도 측에 인도하는 시스템이다.

69 다음 중 파이프라인 수송에 대한 내용으로 옳지 않은 것은?

① 안전성이 낮다.

② 이용제품이 한정적이다.

③ 초기에 시설비가 많이 들어간다.

④ 운송 시에 환경오염이 거의 없는 환경친화적인 운송방법이다.

⑤ 용지확보에 유리하다.

70 정기선운임에 관한 설명으로 옳지 않은 것은?

① 특정항로의 운임률 표가 불특정 다수의 화주에게 공표되어 있다.

② Bunker Adjustment Factor는 유류할증료이다.

③ Congestion Surcharge는 도착항의 항만사정이 혼잡하여 선박이 대기할 경우에 내는 할증료이다.

④ 정기선 운임은 기본운임(basic rate)과 할증료(surcharge) 및 기타 추가요금(additional charge) 등으로 구성된다.

⑤ Freight All Kinds Rate는 화물의 종류, 중량, 용적에 따라 차등적으로 부과되는 운임이다.

71 세이빙(Saving)법에 관한 설명으로 옳지 않은 것은?

① 차량의 통행시간, 적재능력 등이 제한되는 복잡한 상황에서 차량의 노선 배정 및 일정계획 문제의 해결방안을 구하는 한 방법이다.

② 배차되는 각 트럭의 용량은 총수요보다 크고 특정고객의 수요보다는 작아야 한다.

③ 배송센터에서 두 수요지까지의 거리를 각각 a, b라 하고 두 수요지 간의 거리를 c라 할 때 Saving은 a + b − c가 된다.

④ 세이빙이 큰 순위로 차량 운행 경로를 편성한다.

⑤ 경로 편성 시 차량의 적재 용량 등의 제약을 고려해야 한다.

72 다음과 같은 조건하에서 화물자동차가 철도와 비교하여 경쟁우위를 확보할 수 있는 경제적 효용거리는 얼마인가?

> - 화물자동차의 톤·km당 수송비 = 2,500원
> - 철도의 톤·km당 수송비 = 2,000원
> - 톤당 철도발착비 + 배송비 + 화차하역비 + 포장비 = 25,000원

① 30km
② 35km
③ 40km
④ 45km
⑤ 50km

73 최소비용법(Least-Cost Method)과 보겔추정법(Vogel's Approximation Method)을 적용하여 총 운송비용을 구할 때 각각의 방식에 따라 산출된 총 운송비용의 차이는? (단, 공급지에서 수요지까지의 톤당 운송비는 각 셀의 우측 하단에 제시되어 있음)

수요지 / 공급지	X	Y	Z	공급량(톤)
A	11	16	20	300
B	5	13	15	100
C	12	10	13	200
수요량(톤)	300	200	100	600

① 0
② 100
③ 200
④ 300
⑤ 400

74 물류터미널에 대한 설명으로 적절하지 않은 것은?

① 물류터미널은 운송중계 및 소매시장 등의 기능을 수행한다.
② 물류터미널은 화물의 집화, 하역, 분류, 포장, 보관 등에 필요한 기능을 갖춘 시설물을 말한다.
③ 복합물류터미널은 2가지 이상의 운송수단 간의 연계수송을 할 수 있는 물류터미널을 말한다.
④ 화물과 운송수단이 효율적으로 연계되도록 지원하는 물류인프라 역할을 수행한다.
⑤ 물류터미널에 설치되는 시설에는 화물취급장, 보관시설, 대형 주차장 이외에도 운전자용 휴게시설, 화물주선정보 시스템 등이 있다.

75 저탄소 녹색경제 실현을 위해 추진 중인 도로 중심의 운송체계에서 철도 및 연안운송으로의 수송수단 전환과 관련이 있는 것은?

① TMS(Transportation Management System)

② ITS(Intelligent Transport System)

③ 통합물류서비스(Integrated Logistics Service)

④ Modal Shift

⑤ VMS(Vanning Management System)

76 수 · 배송시스템을 합리적으로 설계하기 위한 요건과 분석기법에 관한 설명으로 옳지 않은 것은?

① 루트배송법은 다수의 소비자에게 소량 배송하기에 적합한 시스템으로 비교적 광범위한 지역을 대상으로 한다.

② TSP(Travelling Salesman Problem)는 차량이 지역 배송을 위해 배송센터를 출발하여 되돌아오기까지 소요되는 시간 또는 거리를 최소화하기 위한 기법이다.

③ 다이어그램 배송(Diagram Delivery)은 집배구역 내에서 차량의 효율적 이용을 위하여 배송화물의 양이나 배송처의 거리, 수량, 배송시각, 도로 상황 등을 고려하여 미리 배송경로를 결정하여 배송하는 시스템이다.

④ 변동 다이어그램은 과거 통계 또는 경험에 의존하여 주된 배송경로와 시각을 정해 두고 적시배달을 중시하는 배송시스템이다.

⑤ 변동 다이어그램 방식으로 SWEEP, TSP, VSP 등이 있다.

77 다음 중 유닛로드시스템의 의의가 아닌 것은?

① ULS의 3원칙은 기계화의 원칙, 표준화의 원칙, 하역의 최소원칙이다.

② 화물을 일정한 표준의 중량과 용적으로 이를 단위화(Unitilization)시켜 기계적인 힘에 의해 일괄적으로 하역 또는 수송하는 물류시스템을 의미한다.

③ ULS는 단일운송을 가능하게 하는 전형적인 하역 및 수송의 합리화 체제이다.

④ 하역의 기계화, 화물의 파손방지, 신속한 적재, 수송수단의 회전율 향상을 가능하게 하는 역할을 수행한다.

⑤ ULS는 이종수송기관과의 연계 및 합동시 하역과 중계의 합리적 체제를 중요시하는 화물의 단위적재 시스템이다.

78 화물운송체계에 대한 합리화 방안을 설명한 것으로 가장 적절하지 않은 것은?

① 주간 차량운행을 활성화하고 수송체계를 단일화한다.
② 물류비 절감을 위해서 개별 화주별로 자가용 트럭을 이용하기보다는 여러 화주가 공동으로 운송하여 적재율 향상과 공차율 감소를 도모해야 한다.
③ 도로 중심의 운송체계를 철도와 연안운송으로 운송수단 전환을 적극 추진해야 한다.
④ 도로운송 기업 간에 업무를 제휴하거나, 복합 운송체계를 도입한다.
⑤ 정기직행열차를 도입하여 대량화물을 고속으로 운송한다.

79 소화물일관운송의 특징으로 옳은 것을 모두 고른 것은?

> ㄱ. 소형·소량 화물에 대한 운송체계
> ㄴ. 운송업자가 모든 운송 상의 책임을 부담하는 일관책임체계
> ㄷ. 송화인이 물품을 직접 집화, 포장까지 수행하는 운송서비스체계
> ㄹ. 터미널에서 터미널까지 일관된 운송서비스체계
> ㅁ. 규격화된 포장과 단일운임체계

① ㄱ, ㄴ, ㄷ
② ㄱ, ㄴ, ㅁ
③ ㄱ, ㄴ, ㄷ, ㄹ
④ ㄱ, ㄷ, ㄹ, ㅁ
⑤ ㄴ, ㄷ, ㄹ, ㅁ

80 택배표준약관(공정거래위원회 표준약관 제10026호)상 용어의 정의로 옳은 것은?

① '택배사업자'라 함은 운송장에 송화인으로 기재되는 자를 말한다.
② '택배'라 함은 대량의 운송물을 수화인의 주택, 사무실 또는 기타의 장소까지 운송하는 것을 말한다.
③ '증명서'라 함은 사업자와 고객 간의 택배계약의 성립과 내용을 증명하기 위하여 사업자의 청구에 의하여 고객이 발행한 문서를 말한다.
④ '수화인'이라 함은 고객이 운송장에 운송물의 수령자로 지정하여 기재하는 자를 말한다.
⑤ '인수'라 함은 사업자가 수화인에게 운송장에 기재된 운송물을 넘겨주는 것을 말한다.

81 국내물류와 국제물류에 대한 비교로 옳지 않은 것은?

① 국내물류에 비해 국제물류는 각국의 언어·사회·문화·정치·법적 측면에서 영향을 받게 된다.

② 국내물류에 비해 국제물류는 대금결제, 선적, 통관 등의 복잡한 서류절차를 필요로 한다.

③ 국내물류에 비해 국제물류는 일반적으로 운송비용이 높다.

④ 국내물류에 비해 국제물류는 운송과정에서 위험요소가 적다.

⑤ 국내물류에 비해 국제물류의 리드타임이 길다.

82 국제물류활동에 영향을 미칠 것으로 예상되는 최근의 환경 변화라고 보기 어려운 것은?

① 글로벌 경영활동의 지속적인 확대

② 실시간 공급사슬관리에 대한 관심 증대

③ 물류보안의 중요성 증대

④ 운송선박의 대형화 및 고속화

⑤ 주요 국제해운항로에서의 해운동맹 강화

83 A국의 2021년 수출예상금액이 500억 달러이며 수출에 따른 순이익은 수출액의 5%(25억 달러)가 발생한다고 가정하고, 전체 물류비가 수출금액의 12%(60억 달러)에 이른다고 할 때, 물류비를 10%(6억 달러) 절감하면 수출증대효과는 얼마인가? (단, 물류비 절감액은 순이익을 증가시키는 것과 같은 효과가 있으며, 정성적인 효과는 제외한다.)

① 80억 달러   ② 120억 달러

③ 130억 달러   ④ 140억 달러

⑤ 150억 달러

84 다음 중 선하증권(B/L)의 성질에 관한 설명으로 옳지 않은 것은?

① 선하증권은 운송계약에 의해 화물의 선적을 전제로 발행되므로 요인증권이다.

② 선하증권은 상법에 규정된 법정 기재사항의 기재를 필요로 하는 요식증권이다.

③ 선하증권은 해상운송계약에 따른 선주와 화주의 의무이행이나 권리주장이 이 증권상에 기재된 문언에 따르기 때문에 문언증권이다.

④ 선하증권은 화물을 대표하는 유가증권으로서 배서 또는 인도에 의해 소유권이 이전되는 유통증권이다.

⑤ 선하증권은 운송화물을 대표하는 대표증권이나 채권효력을 갖는 채권증권은 아니다.

85 해상운송 관련 국제기구에 관한 설명으로 옳은 것은?

① ISF : 해사법과 해사관행 및 관습의 통일을 위해 설립되었다.

② FIATA : 선주의 이익 증진을 위하여 국제적인 문제에 대해 의견을 교환하고 정책을 수립하기 위해 설립되었다.

③ BIMCO : 국제상거래법의 단계적인 조화와 통일을 목적으로 설립되었다.

④ CMI : 국제해운의 안전성 확보를 위하여 1944년 시카고 조약으로 설립이 합의되었다.

⑤ IMO : 정부 간 해사기술의 상호협력, 해사안전 및 해양오염방지대책 수립 등을 목적으로 설립되었다.

86 다음에 제시된 Incoterms® 2020에서 해상운송 또는 내륙수로운송에 한해서만 사용되는 거래규칙으로 짝지어진 것을 고른 것은?

> ㄱ. FOB, CPT
> ㄴ. DPU, CIP
> ㄷ. FOB, CIF
> ㄹ. DAP, FAS
> ㅁ. CFR, FAS

① ㄱ, ㅁ

② ㄴ, ㄹ

③ ㄷ, ㄹ

④ ㄷ, ㅁ

⑤ ㄹ, ㅁ

87 컨테이너 보험의 특징으로 옳지 않은 것은?

① 보험대상이 되는 컨테이너는 국제표준화기구(ISO)의 규격에 맞는 국제해상운송용 컨테이너이다.

② 컨테이너 보험의 담보구간 및 담보기간에는 운송기간과 장치기간 뿐만 아니라 수리, 검사를 위한 이동 및 그 기간도 포함된다.

③ 컨테이너 보험의 보상한도액은 사고당 보상한도액과 피보험회사당 총책임한도액으로 구분된다.

④ 컨테이너 보험의 특수성을 고려하여 보험증권의 유통성을 제한하지 않는다.

⑤ 컨테이너 보험은 컨테이너의 수가 많고 사용빈도가 높아서 기간계약을 맺어 계약기간 중 발생할 손해를 포괄적으로 담보한다.

88 항공화물운송장에 관한 설명으로 옳지 않은 것은?

① 송화인이 항공화물운송장에 보험금액과 보험부보사실을 기재하는 화주보험을 부보한 경우에는 항공화물운송장은 보험계약의 증거가 된다.

② 항공화물운송장은 일반적으로 화물이 항공기에 적재된 이후에 발행된다.

③ 항공화물운송장은 송화인이 작성함이 원칙이나 항공사나 항공사의 권한을 위임받은 대리점에 의해 작성될 수 있다.

④ 항공화물운송장은 일반적으로 기명식으로 발행된다.

⑤ 항공화물운송장은 비유통성이다.

89 편의치적(Flag of Convenience)에 관한 설명으로 옳지 않은 것은?

① 편의치적은 선주가 소유한 선박을 자국이 아닌 외국에 등록하는 제도이다.
② 편의치적국들은 선박의 운항 및 안전기준 등의 규제에 대해서는 전통적 해운국과 차이가 없다.
③ 선주는 고임의 자국선원을 승선시키지 않아도 되므로 편의치적을 선호한다.
④ 선박의 등록세, 톤세 등 세제에 대한 이점이 있기에 선주가 편의치적을 선호하는 경우도 있다.
⑤ 전통적 해운국들은 편의치적의 확산을 방지하기 위해 제2선적 제도를 고안하여 도입하였다.

90 다음 설명 중 옳지 않은 것은?

① 선적지시서(S/O)란 해상운송계약에 의하여 선박회사가 물품명세, 송화주, 선적항 및 양륙항 등을 기재하여 본선의 선장에게 지시하는데, 이 경우에 발행되는 서류를 말한다.
② 선적선하증권이란 선박회사가 화주로부터 수령한 운송화물을 선적한 후에 발행되는 선하증권이다.
③ 기명식 선하증권이란 선하증권 상에 특정한 수취인의 성명 또는 상호가 기입된 선하증권을 말한다.
④ 지시식 선하증권이란 선하증권 상에 특정한 수화인이 기재되어 있는 선하증권을 말한다.
⑤ 고장선하증권은 일명 Foul B/L이라고도 한다.

91 다음에서 설명하고 있는 컨테이너화물의 운송 형태는?

> 국제물류주선업자가 수입업자로부터 위탁을 받아 여러 수출업자의 화물을 집화하여 컨테이너에 혼재한 후 이를 단일 수입업자에게 운송하는 형태로서, "Buyer's Consolidation"이라고도 한다.

① CFS-CY(LCL-FCL)   ② CFS-CFS(LCL-LCL)
③ CY-CY(FCL-FCL)   ④ CY-CFS(FCL-LCL)
⑤ CY-ICD(LCL-FCL)

92 정기선 할증운임에 관한 설명으로 옳지 않은 것은?

① Bulky/Lengthy Surcharge : 본선 출항전까지 양륙항을 지정하지 못하거나 양륙항이 복수일 때 항만 수 증가에 비례하여 부과된다.
② Port Congestion Surcharge : 양륙항의 체선이 심해 장기간의 정박이 요구되어 선사에 손해가 발생할 때 부과된다.
③ Heavy Cargo Surcharge : 초과 중량에 따라 기본운임에 가산하여 부과된다.
④ Bunker Adjustment Factor : 선박의 주연료인 벙커유가격 인상으로 발생하는 손실을 보전하기 위해 부과된다.
⑤ Currency Adjustment Factor : 환율변동에 따른 환차손을 보전하기 위해 부과된다.

93 Groupage B/L에 관한 설명으로 옳지 않은 것은?

① Master B/L 이라고도 하며, 집단 선하증권이라고도 한다.

② 선박회사가 포워더의 혼재화물에 대해 포워더에게 1건으로 발행하는 선하증권이다.

③ 운송회사는 선박회사로부터는 정상적인 Groupage B/L을 발급받는다.

④ 개개 화주에게는 House B/L이라는 일종의 선적증명서를 발급해 준다.

⑤ 화주는 한 사람이지만 일반적으로 여러 종류의 물품을 대량으로 운송할 경우 활용된다.

94 관세에 관한 설명으로 옳지 않은 것은?

① 탄력관세란 법률에 의하여 일정한 조건과 범위를 정하여 입법부가 행정부에 관세율의 변경권을 위임함으로써 국내외경제 및 산업 여건의 변동에 따라 신축성 있고 탄력성 있는 관세정책을 수립하려고 하는 제도이다.

② 상계관세란 수출국에서 보조금이나 장려금 등의 지원을 받은 물품이 수입되는 경우 그 물품에 대하여 기본관세를 부과하는 것만으로는 국내산업의 보호를 할 수 없으므로 기본관세 이외에 그 지원된 금액만큼 추가하여 관세를 부과할 때를 말한다.

③ 보복관세란 특정물품의 급격한 수입증가에 의하여 자국의 산업에 중대한 손해를 가져오거나 가져올 우려가 있는 긴급사태에 직면할 때 이를 극복하기 위하여 부과되는 관세를 말한다.

④ 관세할당제도는 원활한 물자수급을 위하여 특정물품의 수입에 있어서 일정수량까지는 낮은 세율을 적용하지만, 수입을 억제할 필요가 있을 경우에는 일정수량을 초과하는 물품에 대해 높은 세율의 관세를 부과하는 제도이다.

⑤ 조정관세는 물품간 세율불균형 해소, 국민보건, 환경보전, 소비자 보호, 국내 시장 및 산업기반 보호 등을 목적으로 부과한다.

95 항공화물의 품목분류요율(Commodity Classification Rate) 중 할인요금 적용품목으로 옳지 않은 것은?

① 신 문

② 점자책

③ 카탈로그

④ 유가증권

⑤ 정기간행물

96 다음의 조건에서 매도인이 부담해야 하는 CIF New York 가격은?

- FOB Busan 가격 US $100,000
- 뉴욕항까지의 해상운송비 US $1,500
- 뉴욕항까지의 해상적하보험료 US $200
- 수입통관비 US $1,000
- 수입지내륙운송비 US $500

① US $100,500
② US $101,500
③ US $101,700
④ US $102,700
⑤ US $103,200

97 매매계약서 물품명세란에 "Grain about 10,000 MT"라고 기재된 경우, 신용장통일규칙(UCP 600)상 매도인이 인도해야 하는 물품의 최소량은?

① 8,000 MT
② 8,500 MT
③ 9,000 MT
④ 9,500 MT
⑤ 10,000 MT

98 해외직접구매의 확산이 물류부문에 미치는 영향으로 옳지 않은 것은?

① 국내외 제조업체들의 자가물류 증가
② 물류정보시스템의 필요성 증가
③ 통관업무를 담당하는 전문 인력에 대한 수요 증가
④ 정확하고 체계적인 다빈도 소량 운송의 필요성 증가
⑤ 글로벌공급망관리의 필요성 증가

99 해상운송의 부대비용에 관한 설명으로 옳지 않은 것은?

① 터미널화물처리비(THC)는 수출화물이 CY에 입고된 시점부터 선측까지 그리고 수입화물이 본선선측에서 CY 게이트를 통과하기까지 화물의 처리 및 이동에 따르는 비용이다.

② 체선료(Demurrage)는 화주가 약정기일 내에 하역을 끝내지 못해 초과된 정박기간에 대하여 선주에게 지급하는 패널티 비용이다.

③ CFS Charge는 FCL(Full Container Load)을 운송하는 경우 소량화물의 적입 또는 분류작업을 할 때 발생하는 비용이다.

④ 조출료(Despatch Money)는 약정된 정박기간 만료 전에 선적 및 하역이 완료되었을 때 그 단축된 기간에 대해 선주가 화주에게 지급하는 비용을 말한다.

⑤ 서류발급비(Documentation Fee)는 선사가 선하증권(B/L)과 화물인도지시서(D/O)의 발급 시 소요되는 행정비용을 보전하기 위해 부과하는 비용이다.

100 Montreal convention(1999)의 내용이다. (   )에 들어갈 용어로 옳은 것은?

This Convention applies to all international carriage of (ㄱ) performed by aircraft for reward. It applies (ㄴ) by aircraft performed by an air transport undertaking.

① ㄱ : persons, baggage or cargo, ㄴ : equally to gratuitous carriage

② ㄱ : persons or cargo, ㄴ : equally to gratuitous carriage

③ ㄱ : cargo, ㄴ : to the carriage except for gratuitous carriage

④ ㄱ : persons or cargo, ㄴ : to the carriage except for gratuitous carriage

⑤ ㄱ : persons, baggage or cargo, ㄴ : to the carriage except for gratuitous carriage

101 ICD(Inland Container Depot)의 기능에 관한 설명으로 옳지 않은 것은?

① 공컨테이너 장치장으로도 활용되고 있다.

② LCL 화물의 혼재 및 배분 기능을 수행한다.

③ 연계운송체계가 불가능하며, 컨테이너 정비·수리는 이루어지지 않는다.

④ 화물유통기지, 물류센터로 활용하여 불필요한 창고 이동에 따른 비용을 절감할 수 있다.

⑤ 수출입화물의 수송거점일 뿐만 아니라 화주의 유통센터 또는 창고 기능까지 담당하고 있다.

102 해상손해와 관련된 설명으로 옳지 않은 것은?

① Salvage Charge는 해난에 봉착한 재산에 발생할 가능성 있는 손해를 방지하기 위하여 자발적으로 화물을 구조한 자에게 해상법에 의하여 지불하는 보수이다.

② Subrogation은 보험자가 피보험자에게 보험금을 지급한 경우 피보험 목적물에 대한 일체의 권리와 손해발생에 과실이 있는 제3자에 대한 구상권 등을 승계하는 것을 말한다.

③ Sue and Labor Charge는 보험목적의 손해를 방지 또는 경감하기 위하여 피보험자 또는 그의 사용인 및 대리인이 지출한 비용을 말한다.

④ Constructive Total Loss는 보험의 목적인 화물의 전멸이 추정되는 경우의 손해를 말한다.

⑤ Abandonment는 추정전손과 분손의 경우에 모두 적용된다.

103 선하증권 작성에 관한 설명으로 옳지 않은 것은?

① Container No.란에는 화물이 적입된 컨테이너 번호를 표기한다.

② Place of Delivery란에는 운송인의 책임 하에 화물을 운송하여 수화인에게 인도하는 장소를 명시한다.

③ Gross Weight란에는 포장의 무게가 포함된 총중량 및 컨테이너 개수를 명시한다.

④ Final Destination란에는 화물의 최종 목적지를 표시한다.

⑤ Notify Party란에는 수입업자 또는 수입업자가 지정하는 대리인이 기재된다.

104 혼재운송을 할 경우 프레이트 포워더가 얻을 수 있는 이익은?

① 하나의 포워더만 상대하면 다수의 선박회사와 상대하는 효과가 있으므로 효율적인 업무진행이 가능하다.

② 개개의 소량화물을 취급할 필요가 없어지므로 복잡한 서류수속과 시간이 절약된다.

③ 수출자로부터 징수하는 운임총액과 운송업자에게 지불하는 차액을 이익으로 획득한다.

④ LCL 화물 취급에 따른 설비, 장비가 필요없으므로 비용상 절약을 할 수 있다.

⑤ 운송자에게 지불하는 운임보다 저렴한 운임을 지불한다.

105 복합운송인의 책임체계에 관한 설명으로 옳지 않은 것은?

① 단일책임체계는 운송물의 멸실, 훼손, 지연손해가 복합운송의 어느 구간에서 발생하였느냐를 가리지 않고, 복합운송인은 하나의 동일한 기준에 따라서 책임을 분담하여야 한다는 이론이다.

② 단일책임체계는 기존의 각 운송종류별 책임한도가 달라서 그 중 어느 것을 선택할 것인지가 문제시 된다.

③ 이종책임체계에서 손해발생구간이 확인된 경우에는 국내법이나 국제조약을 적용한다.

④ 이종책임체계에서 손해발생구간이 미확인된 경우에는 그 손해가 운송구간이 가장 긴 해상구간에서 발생한 것으로 추정하여 Warsaw 조약을 적용한다.

⑤ 이종책임체계에서는 복합운송인이 운송구간 전체에 대하여 책임을 지지만 책임 내용은 손해발생구간의 판명 여부에 따라 달라진다.

106 Incoterms® 2020상 THE BUYER'S OBLIGATIONS로 옳지 않은 것은?

① B1 : General obligations of the buyer

② B4 : Carriage

③ B5 : Insurance

④ B8 : Checking-packing-marking

⑤ B9 : Notices

107 만재흘수선 마크와 설명으로 옳지 않은 것은?

① WNA : The Winter North Africa Load Line

② W : The Winter Load Line

③ T : The Tropical Load Line

④ TF : The Tropical Fresh Water Load Line

⑤ S : The Summer Load Line

108 신용장통일규칙(UCP 600)이 적용되는 신용장에서 항공운송서류를 요구할 때 그 서류가 갖추어야 할 요건이 아닌 것은?

① 신용장에 기재된 출발공항과 도착공항의 표시가 있어야 한다.

② 운송조건을 포함하는 다른 출처를 언급해서는 안 된다.

③ 항공운송서류에는 서류의 발행일이 표시되어 있어야 한다.

④ 신용장이 원본 전통(Full Set)을 규정하더라도 송화인 또는 선적인용 원본이어야 한다.

⑤ 운송인의 명칭(상호)을 표시하고 운송인 또는 그 대리인이 서명해야 한다.

109 다음은 수입업자가 수입화물을 인수하기 위한 과정의 일부이다. (   )에 공통으로 들어갈 운송서류의 명칭은?

> 수화인은 수입화물을 인수하기 위해 (   )을/를 선사 또는 선박대리점에 요구한다. 이 서류를 발행하는 선사 또는 선박대리점은 사전에 제출된 적하목록과 화물의 품명, 수량, 중량, 화인 및 화물번호 등을 조회하고, 운임의 완납을 확인한 다음 선하증권과 상환으로 (   )을/를 교부한다.

① Container Load Plan

② Booking Note

③ Dock Receipt

④ Mate's Receipt

⑤ Delivery Order

110 All Risks(A/R)조건이나 ICC(A)조건에서 일반 면책 약관에 포함되지 않는 손해는?

① 포장불량에 따른 손해

② 화물의 고유하자나 성질에 기인한 손해

③ 물품의 고유하자로 인한 손해

④ 선박의 화재 및 폭발로 입은 손해

⑤ 자연소모로 인한 손해

111 다음은 신용장통일규칙(UCP 600)에 대한 내용이다. 괄호 안에 들어갈 용어로 가장 알맞은 것은?

> (   ) means unloading from one means of conveyance and reloading to another means of conveyance (Whether or not in different modes of transport) during the carriage from the place of dispatch, taking in charge or shipment to the place of final destination stated in the credit.

① Transhipment
② Multi-modal
③ Transportation
④ Bill of Lading
⑤ Stevedoring

112 계약위반(Breach of Contract)의 유형 중 쌍무계약에 있어서 당사자의 일방이 계약에 의하여 정해진 이행시기가 도래하여도 자기의 의무를 이행할 의사가 없거나 이행하는 것이 불가능하다는 것을 표명하는 것을 무엇이라 하는가?

① 이행불능(Impossible of Performance)

② 이행거절(Renunciation, Repudiation)

③ 이행지체(Delay in Performance)

④ 이행연기(Postponement in Performance)

⑤ 불완전이행(Incomplete Performance)

113 (   )에 해당하는 특허보세구역의 명칭은?

> (   )은/는 외국물품 또는 외국물품과 내국물품을 원료로 하거나 재료로 하여 수출하는 물품을 제조·가공하거나 수리·조립·검사·포장 기타 이와 유사한 작업을 하는 것을 목적으로 한다.

① 보세창고
② 보세공장
③ 보세건설장
④ 보세전시장
⑤ 보세판매장

114 다음 중 무역에 관한 설명으로 틀린 것은?

① 유형무역이란 협의의 물품인 상품을 수출입할 경우를 말한다.

② 구상무역이란 수출입 물품의 대금을 그에 상응하는 수입 또는 수출로 상계하는 수출입을 말한다.

③ 대외무역법상 무역에는 관광사업에 해당하는 업종의 수출입도 포함한다.

④ 중계무역이란 수출을 전제로 하여 상품을 수입한 후 자국에서는 일체의 가공을 하지 않은 상태에서 타국으로 재수출하는 경우를 말한다.

⑤ 정부간 수출계약이란 외국 정부의 요청이 없더라도 대한무역투자진흥공사가 국내 기업을 대신하여 또는 국내 기업과 함께 계약의 당사자가 되어 외국 정부에 물품 등을 유상(有償)으로 수출하기 위하여 외국 정부와 체결하는 수출계약을 말한다.

115 LCL화물 100상자를 부산항에서 미국 시애틀 항까지 해상운송으로 수출하려고 한다. 이 화물의 총 중량은 10,000kg, 화물 1상자의 크기는 가로 60cm, 세로 50cm, 높이 50cm이다. 화물의 Revenue Ton당 운임은 US $100이 적용된다. 이 때 화물의 해상운임은?

① US $1,000
② US $1,200
③ US $1,500
④ US $1,600
⑤ US $1,800

116 다음 무역대금 결제방식 중 송금결제 방식에 해당되는 것으로만 나열된 것은?

> ㉠ D/P(Document against Payment)
> ㉡ D/A(Document against Acceptance)
> ㉢ COD(Cash On Delivery)
> ㉣ CAD(Cash Against Document)
> ㉤ Open Account

① ㉠, ㉡, ㉢
② ㉠, ㉡, ㉣
③ ㉢, ㉣, ㉤
④ ㉡, ㉢, ㉤
⑤ ㉡, ㉢, ㉣

117 해상운송 중 부정기선 운항형태에서 Time Charter에 대한 설명으로 맞는 것은?

① 모든 장비를 갖추고 선원이 승선해 있는 선박을 일정기간 정하여 고용하는 계약

② 선박만 용선하는 계약

③ 한 항구에서 다른 항구까지 한 번의 항해를 위해 체결되는 운송계약

④ 하루 단위로 용선하는 용선계약

⑤ 포괄운임을 지급하기로 약정하는 용선계약

118 미국이 물류보안체계 수립을 위해 추진한 내용으로 옳지 않은 것은?

① SOLAS(Safety of Life At Sea Convention) 개정

② C-TPAT(Customs Trade Partnership Against Terrorist) 시행

③ TSA(Transportation Security Administration) 설립

④ 24 Hour Advance Manifest Rule 시행

⑤ Maritime Transportation Security Act of 2002 제정

119 선하증권 이면에 표기되어 있는 다음 약관에 해당하는 것은?

> Any reference on the face hereof to marks, numbers, descriptions, quality, quantity, gauge, weight, measure, nature, kind, value and any other particulars of the Goods is as furnished by the Merchant, and the Carrier shall not be responsible for the accuracy thereof. The Merchant warrants to the Carrier that the particulars furnished by him are correct and shall indemnify the Carrier against all loss, damage, expenses, liability, penalties and fines arising or resulting from inaccuracy thereof.

① New Jason Clause
② Both to Blame Clause
③ Unknown Clause
④ Paramount Clause
⑤ Lien Clause

120 FOB 조건으로 한 수입가격이 1,000만 달러, 부산항까지 해상운임이 200만 달러, 해상적하보험료가 50만 달러, 수입관세율이 8%, 부가가치세가 10%인 경우 관세와 부가가치세는 각각 얼마인가?

① 관세 100만 달러, 부가가치세 135만 달러

② 관세 80만 달러, 부가가치세 130만 달러

③ 관세 100만 달러, 부가가치세 10만 달러

④ 관세 100만 달러, 부가가치세 155만 달러

⑤ 관세 108만 달러, 부가가치세 130만 달러

교 시	과 목	시 간	문제형별
2교시	• 보관하역론 • 물류관련법규	80분	A

보관하역론

01 보관의 기능으로 옳지 않은 것은?

① Link와 Link를 연결하는 기능
② 고객서비스의 접점 기능
③ 집산, 분류, 구분, 조합, 검사 장소의 기능
④ 재화의 물리적 보존과 관리 기능
⑤ 제품에 대한 장소적 효용 창출 기능

02 드라이브 인 랙(Drive-in-rack)의 개념에 관한 설명으로 옳은 것은?

① 파렛트에 적재된 물품의 보관에 이용되고 한쪽 면에 출입구가 있으며 포크리프트가 그 가운데로 들어가서 이용하는 랙이다.
② 좁은 통로에 높게 적재하여 바닥면의 효과적인 사용과 공간 활용이 좋은 랙이다.
③ 통로와 선반을 다층식으로 겹쳐 쌓은 랙이다.
④ 한쪽에서 입고하고 다른 한쪽에서 출고되어 선입선출이 용이한 랙이다.
⑤ 수평 또는 수직으로 순환하여 소정의 입·출고장소로 이동이 가능한 랙이다.

03 다음 중 창고운영의 형태에 대한 설명으로 옳지 않은 것은?

① 자가창고는 최적의 창고설계와 수주·출하의 일관화가 가능하다.
② 자가창고는 창고 확장성이 제한되고 계절변동에 비탄력적인 단점이 있다.
③ 영업창고는 자사에 적합한 고객서비스 수행에 어려움이 있다.
④ 영업창고는 입지선정에 유리하며 시설변경이 쉽다.
⑤ 임대창고는 임대기간동안 보관공간이나 제반 시설 등의 운영통제가 가능하다.

04 자동화창고에서 물품을 보관하는 위치를 결정하는 보관(Storage)방식에 관한 설명으로 옳지 않은 것은?

① 근거리 우선 보관(Closest Open Location Storage)방식은 임의위치보관(Randomized Storage) 방식의 대표적 유형이다.

② 급별보관(Class-based Storage) 방식은 일반적으로 물품관리의 용이성을 고려하여 보관위치를 결정한다.

③ 지정위치보관(Dedicated Storage) 방식은 일반적으로 품목별 보관소요 공간과 단위시간당 평균 입출고 횟수를 고려하여 보관위치를 결정한다.

④ 지정위치보관 방식은 일반적으로 물품의 입출고 빈도를 고려하여 보관위치를 결정한다.

⑤ 전체 보관소요 공간을 가장 많이 차지하는 보관방식은 지정위치보관 방식이다.

05 분류시스템(Sorting System)의 사용방식에 관한 설명으로 옳지 않은 것은?

① 팝업(Pop-up) 소팅 컨베이어 – 컨베이어 반송면의 아랫방향에서 벨트, 롤러, 휠, 핀 등의 분기장치가 튀어나와 단위화물을 내보내는 컨베이어

② 틸팅(Tilting) 소팅 컨베이어 – 레일을 주행하는 트레이, 슬라이드의 일부 등을 경사지게 하여 단위화물을 활강시키는 컨베이어

③ 다이버터(Diverter) 소팅 컨베이어 – 여러 열의 캐리어 체인으로 물품을 운반하고 그 체인사이에서 회전하는 롤러를 노출되게 해서 분류하는 컨베이어

④ 크로스벨트(Cross Belt) 소팅 컨베이어 – 레일을 주행하는 연속된 캐리어상의 소형벨트 컨베이어를 레일과 교차하는 방향에 구동시켜 단위화물을 내보내는 컨베이어

⑤ 슬라이딩 슈(Sliding Shoe) 소팅 컨베이어 – 반송면에 튀어나온 기구를 넣어 단위화물을 함께 이동시키면서 압출하는 소팅 컨베이어

06 창고의 종류에 대한 설명으로 틀린 것은?

① 야적창고란 부두지역에 담장, 철책 등을 설치하여 목재, 토관, 컨테이너 등을 야적 형태로 보관하는 창고를 말한다.

② 저장창고란 주로 곡물 사일로를 말하며, 살물(Bulk Cargo) 형태의 수송이 증가함에 따라 사일로 보관은 감소하고 있다.

③ 수면창고란 항만 등에서 물위에 물품을 보관하는 것을 말하는데, 주로 원목의 보관용으로 쓰인다.

④ 냉장창고란 10℃이하의 저온으로 물품을 보관하는 창고를 말하며, 그 중 특히 냉동수산물, 육류 등을 보관하는 창고를 말한다.

⑤ 공공창고란 국가나 지방자치단체가 공익을 목적으로 건설한 것으로서 공립창고, 관설상옥 및 관설보세상옥의 3종류로 나눌 수 있다.

07 크로스 도킹(Cross Docking)에 관한 설명으로 옳지 않은 것은?

① 파렛트 크로스 도킹은 일일 처리량이 적을 때 적합한 방식이다.
② 파렛트 크로스 도킹은 기계설비와 정보기술의 도입이 필요하다.
③ 효율적인 크로스 도킹을 위해서는 공급처와 수요처의 정보공유가 필요하다.
④ 크로스 도킹은 창고관리 시스템 영역 중 입·출고 관련 기능에 해당한다.
⑤ 크로스 도킹의 목적은 유통업체에서 발생할 수 있는 불필요한 재고를 제거하는 것이다.

08 항공화물하역의 파렛트 탑재, 운반 및 하역 장비에 해당하지 않는 것은?

① 트랜스포터(Transporter)
② 터그 카(Tug Car)
③ 리프트 로더(Lift Loader)
④ 돌리(Dolly)
⑤ 에이프런 컨베이어(Apron Conveyor)

09 배송센터 구축의 이점으로 옳지 않은 것은?

① 수요지에 가까운 배송센터까지 대형차로 수송하고 고객에게는 소형차로 배송하므로 비용이 절감된다.
② 배송센터에서 고객에게 배송하는 것이 공장에서 고객에게 배송하는 것보다 리드타임이 단축되어 배송 서비스율이 향상된다.
③ 백화점이나 양판점은 배송센터를 통해 납품작업을 합리화시킬 수 있다.
④ 각각의 공장에서 제품을 소비지까지 개별 수송하므로 교차수송이 발생한다.
⑤ 배송센터를 활용함으로써 각 영업지점은 상류활동에 전념하여 상물분리를 실시할 수 있다.

10 다음 중 일관수송용 표준파렛트화가 필요한 이유로 가장 거리가 먼 것은?

① 인력에 의한 하역 작업을 기계화하여 하역인력 및 시간을 단축할 수 있다.
② 낱개 단위로 작업 할 때 보다 하역 및 보관업무가 간소화되나 포장비가 많이 든다.
③ 트럭의 상하차 작업 대기시간을 단축시켜 운송 물류의 효율을 향상시킬 수 있다.
④ 생산지뿐만 아니라 도착지에서도 동일한 효율이 발생하여 전체물류 비용이 절감된다.
⑤ 보관 방법의 개선 및 전반적인 물류작업의 신속화로 보관 능력의 향상과 물류비를 절감한다.

11 포장 표준화의 4대 요소로 올바르게 묶은 것은?

> ㉠ 치수의 표준화
> ㉡ 중량의 표준화
> ㉢ 강도의 표준화
> ㉣ 기법의 표준화
> ㉤ 재료의 표준화

① ㉠, ㉡, ㉢, ㉣   ② ㉠, ㉢, ㉣, ㉤

③ ㉠, ㉡, ㉣, ㉤   ④ ㉠, ㉡, ㉢, ㉤

⑤ ㉡, ㉢, ㉣, ㉤

12 물류업체 A회사는 공급업체로부터 제품을 배달받는데 5일이 걸린다. 연평균 운송재고(Transportation inventory)가 130개, 1년을 365일이라 할 경우 연간 수요량은?

① 8,850개   ② 9,060개

③ 9,280개   ④ 9,490개

⑤ 10,000개

13 창고의 입지 선정 시 고려해야 할 사항으로 옳지 않은 것은?

① 물품(Product)   ② 경로(Route)

③ 품질(Quality)   ④ 서비스(Service)

⑤ 시간(Time)

14 유통창고에 관한 설명으로 옳지 않은 것은?

① 유통창고는 원자재와 중간재가 주요 대상 화물이다.

② 유통창고는 자가창고에서 시작하여 공동창고나 배송센터로 발전하고 있다.

③ 유통창고는 수송면에서 정형적 계획수송이 가능하다.

④ 유통창고는 도매업 및 대중 양판점의 창고가 대표적이다.

⑤ 유통창고는 신속한 배송과 대량생산체제에 대응할 수 있다.

15 일일 수요가 정규분포를 따르며 평균이 5, 표준편차가 2, 리드타임이 3일인 제품이 있다. 수요가 불확실한 상태에서 서비스 수준이 95%(표준정규분포값은 1.645)일 때, 안전재고량은? (단, $\sqrt{2}$ = 1.414, $\sqrt{3}$ = 1.732, $\sqrt{4}$ = 2, $\sqrt{5}$ = 2.236이며, 소수점 첫째자리에서 반올림 하시오.)

① 5   ② 7

③ 9   ④ 11

⑤ 15

16 물류업체 A회사 창고의 일일 제품출하량은 평균 4개, 표준편차 1개인 정규분포를 따른다. 제품 주문 후 창고에 보충되는 조달기간은 2일, 안전계수는 2이다. 만약, 일일 제품출하량이 평균 2배, 표준편차 2배로 늘었을 경우 재주문점은 기존 재주문점에 비해 어떻게 변하는가? (단, $\sqrt{2}$ = 1.414이다)

① 50% 감소   ② 41% 감소

③ 변화없음   ④ 41% 증가

⑤ 100% 증가

17 관련품목을 한 장소에 모아 보관하는 원칙으로 출고품목의 다양화에 따른 보관상의 곤란을 예상하여 물품정리가 용이하도록 하는 원칙은?

① 선입선출의 원칙   ② 회전대응 보관의 원칙

③ 네트워크 보관의 원칙   ④ 통로대면 보관의 원칙

⑤ 위치표시의 원칙

18 다음의 설명에 해당하는 물류시설은?

> • 화물의 집화・하역 및 이와 관련된 분류・포장・보관・가공・조립 또는 통관 등에 필요한 기능을 갖춘 물류시설물을 의미한다.
> • 복수의 운송수단 간 연계를 할 수 있는 규모 및 시설을 갖춘 장소를 의미한다.
> • 터미널, 화물혼재, 정보센터, 환적, 유통보관의 기능을 수행한다.

① 물류센터   ② CFS(Container Freight Station)

③ 복합물류터미널   ④ 공동집배송단지

⑤ 데포(Depot)

19 하역 합리화 원칙 중 기본원칙이 아닌 것은?

① 최대취급의 원칙 ② 경제성의 원칙

③ 활성화의 원칙 ④ 중력이용의 원칙

⑤ 기계화의 원칙

20 컨베이어 하역의 장점으로 옳지 않은 것은?

① 처리속도가 빠르다.

② 다른 기기와 연동할 수 있다.

③ 운반거리의 장단이 작업능률에 영향을 주지 않는다.

④ 포장이 안 된 화물을 운반할 수 있다.

⑤ 노면이 나빠도 운반이 가능하다.

21 다음과 같은 조건일 때, 필요한 트럭 도크(Dock)의 수는?

> • 연간 트럭 출입대수 : 25,000대
> • 안전계수 : 0.16
> • 1일 대당 작업시간 : 4시간
> • 연간 작업일수 : 250일(단, 1일 작업시간은 8시간이며, 향후 물량증가는 고려하지 않음)

① 44개 ② 46개

③ 48개 ④ 50개

⑤ 58개

22 다음 중 항만 하역작업에 관한 설명으로 틀린 것은?

① 적화는 부선 또는 부두 위에서 고리가 채워진 화물을 본선 내에 적재하기까지 작업이다.

② 양화는 본선 내 화물을 부선 내 또는 부두 위에 내려놓고 고리를 풀기 전까지의 작업을 말한다.

③ 물양장 작업은 물양장에 계류된 부선에 운반가능한 상태로 적재된 화물을 운반하여 물양장에 계류하기까지 작업을 말한다.

④ 상차는 운반용구 위에 적재되어 있는 화물을 내려서 본선 측에 적치하여 선내작업이 원활하게 이루어질 수 있도록 하는 작업이다.

⑤ 부선양 작업은 안벽(Quay : 물양장)에 계류된 부선에 적재된 화물을 양륙하여 운반용구에 운반가능한 상태로 적재하기까지의 작업을 말한다.

23 단위적재시스템(ULS ; Unit Load System)에 관한 설명으로 옳지 않은 것은?

① 단위적재시스템은 제품이 경박단소화 되면서 그 중요성이 점차 감소하고 있다.

② 단위적재시스템을 통해 시간과 비용이 절감되고, 도난 등의 피해가 감소하고 있다.

③ 단위적재시스템을 구축하기 위해서는 수송장비, 하역장비, 창고시설 등의 표준화가 선행되어야 한다.

④ 단위적재시스템을 구축하기 위해서는 포장단위, 거래단위의 표준화가 선행되어야 한다.

⑤ 단위적재시스템은 하역의 기계화를 통한 신속한 적재로 운송수단의 회전율을 향상시킨다.

24 창고 내 시설 및 물류동선 배치 레이아웃의 기본원칙에 관한 설명으로 옳지 않은 것은?

① 중력이용의 원칙 : 자체 중력을 이용하여 위에서 아래로 움직이도록 하고 무거운 것은 하단에 배치하는 것을 말한다.

② 역행교차 없애기 원칙 : 물품, 운반기기 및 사람의 흐름배치는 서로 교차하거나 역주행이 되지 않도록 하는 것을 말한다.

③ 취급 횟수 최소화의 원칙 : 보관효율을 높이기 위하여 임시보관 취급과 같은 동작이나 업무를 줄이는 것을 말한다.

④ 회전성의 원칙 : 물품, 통로, 운반기기 및 사람 등의 흐름방향을 곧바로 흐르도록 하는 것을 말한다.

⑤ 모듈화의 원칙 : 물류동선의 패턴, 복도 및 랙 방향 등의 설계를 통해 작업 및 보관 효율을 높이는 것을 말한다.

25 다음 내용에 맞는 오더피킹 방법은?

> 1건의 주문마다 물품의 피킹을 집계하는 방법으로, 주문처의 한 오더마다 주문상품(Item)을 집품하여 주문품의 품목을 갖추는 방법이다.

① 릴레이 방법   ② 총량피킹방법

③ 1인 1건 방법   ④ 파종방법

⑤ 싱글 오더피킹 방법

26 다음 중 창고 내에서 Material Handling의 개선과 관련이 가장 적은 시스템은?

① WMS(Warehouse Management System)는 실시간으로 전사적 입장에서 재고를 파악하여 시장의 요구에 효율적으로 대처할 수 있는 시스템이다.

② DPS(Digital Picking System)는 작업 전표 없이 컴퓨터와 디지털 표시기에 의해 피킹할 수 있는 시스템이다.

③ TMS(Transportation Management System)는 물류비 절감과 고객 서비스 증대, 적재 최적화, 라우팅 최적화를 추구하는 시스템이다.

④ DAS(Digital Assorting System)는 피킹한 물건을 컴퓨터와 디지털 표시기에 의해 분배하는 시스템이다.

⑤ SPS(Speed Picking System)는 고속 피킹작업을 원활히 할 수 있도록 만들어주는 시스템이다.

27 물류활동에서는 불필요한 하역작업을 줄이고 가장 경제적인 수준에서 하역이 이루어지도록 하여야 한다. 다음 중 하역합리화로 옳지 않은 것은?

① 중량이나 용적이 필요 이상으로 커지지 않도록 포장설계를 행한다.

② 운반활성화지수를 최소화하여 하역작업이 효율적으로 이루어질 수 있게 한다.

③ 운반의 흐름을 직선으로 하여 운반거리가 최단거리가 되게 한다.

④ 화물을 어떤 단위로 유니트화한다.

⑤ 공정능력을 파악하여 평준화시킨다.

28 임대 파렛트에 관한 설명으로 옳지 않은 것은?

① 표준 파렛트 도입이 가능하다.

② 업체 간 이동시 회수가 용이하다.

③ 비수기의 양적 조절이 가능하다.

④ 파렛트 풀 시스템 도입을 고려할 수 있다.

⑤ 초기 고정투자비가 적게 든다.

29 제품상자의 크기가 가로 40cm, 세로 35cm, 높이 30cm이다. 이를 KSA 표준규격 1,100 × 1,100mm의 파렛트에 7상자 적재하면 파렛트 평면적에 대한 적재율은 얼마인가?

① 61%
② 69%
③ 81%
④ 123%
⑤ 144%

30 다음은 포장에 관한 설명이다. ( ) 안에 들어갈 용어로 옳은 것은?

> 한국산업표준(KST 1001)의 포장일반용어에 의하면 (   )이란 합리적이면서 공정한 포장을 의미하며, 수송포장에서는 유통과정에서의 진동, 충격, 압축, 수분, 온습도 등에 의해 물품의 가치, 상태의 저하를 가져오지 않는 유통실태를 적용한 포장을 뜻하고, 소비자 포장에서는 과대·과잉 포장, 속임 포장 등을 시정하고 동시에 결함포장을 없애기 위해 보호성, 안전성, 단위, 표시, 용적, 포장비, 폐기물 처리성 등에 대하여도 적절한 포장을 말한다.

① 규격포장
② 적정포장
③ 집합포장
④ 통합포장
⑤ 적합포장

31 물류모듈(Module)에 관한 설명으로 옳지 않은 것은?

① 물류모듈의 치수구조는 분할계열치수와 배수계열치수로 구분할 수 있다.

② 운송의 모듈화 대상으로는 트럭이나 화차, 컨테이너 선박 등과 같은 운송 수단들이 해당된다.

③ 분할계열치수는 PVS(Plan View Size ; 1,140 × 1,140mm)를 기준으로 한 치수를 의미한다.

④ 물류모듈이란 물류합리화와 표준화를 위해 기준척도 및 단위구성 요소를 수치적으로 연계시키는 것을 말한다.

⑤ 물류모듈화란 물류시스템을 구성하는 각종 요소인 물류시설 및 장비들의 규격이나 치수가 일정한 배수나 분할관계로 집합되어 있는 집합체를 말한다.

32 다음 중 항공화물의 하역기기 명칭에 대한 설명으로 옳지 않은 것은?

① 단위탑재 수송용기(ULD)인 파렛트란 알루미늄 합금으로 제작된 평판으로 Net와 이글루를 사용하여 Attachment Fitting에 연결, 고정시킨다.

② 단위탑재 수송용기(ULD)인 이글루란 알루미늄과 Fiberglass로 만들어진 항공화물을 넣는 특수한 덮개이다.

③ Certified Aircraft Containers란 항공화물실 윤곽(Contour)에 맞게 컨테이너의 외관을 알루미늄과 Fiberglass로 제작한 것이다.

④ 항공화물실 내의 Hold란 천장과 바닥 및 격벽으로 구성되어 여객과 화물을 수송할 수 있는 내부 공간으로서, 여러 개의 Compartment로 구성된다.

⑤ 항공화물실 내의 Section이란 단위탑재 수송용기(ULD)를 탑재할 수 있는 공간의 세부적 구분을 의미한다.

33 배송센터의 입지선정기법에 관한 설명 중 옳지 않은 것은?

① 톤・킬로법 – 각 수요지에서 배송센터까지의 거리와 각 수요지까지의 운송량에 대해 평가하고 총계가 최소가 되는 입지를 선정하는 기법

② 무게중심법 – 공급지 및 수요지가 고정되어 있고 각 공급지로부터 단일 배송센터로 반입되는 물량과 배송센터로부터 각 수요지로 반출되는 물동량이 정해져 있을 때 활용하는 기법

③ 브라운깁스(Brown and Gibson)법 – 입지결정에 있어서 양적 요인으로 고려하여 다수의 입지를 결정하는 기법

④ 총비용비교법 – 물류센터 유지관리비용을 산출하고 총비용이 최소가 되는 대안을 선정하는 기법

⑤ 체크리스트법 – 입지에 관련된 양적 요인과 질적 요인을 동시에 고려하여 중요도에 따라 가장 평가점수가 높은 입지를 선정하는 기법

34 다음 집합포장방법에 관한 설명으로 옳지 않은 것은?

① 밴드결속 : 종이, 플라스틱, 나일론 및 금속밴드를 이용하며, 코너 변형을 막기 위해 코너패드가 보호재로 사용된다.

② 테이핑(Taping) : 용기의 표면에 접착테이프 등을 사용하며, 접착테이프 사용 시 용기 표면이 손상될 수 있다.

③ 슬리브(Sleeve) : 보통 필름으로 슬리브를 만들어 4개 측면을 감싸는 방법이다.

④ 쉬링크(Shrink) : 깨지기 쉬운 화물을 위·아래 틀로 고정하는 방법으로 밴드를 사용한다.

⑤ 스트레치(Stretch) : 스트레치 필름을 사용하여 필름의 접착성을 이용하는 것으로 대략 3겹 정도로 감싸는 방법이다.

35 포장에 관한 설명으로 옳지 않은 것은?

① 포장의 간소화로 포장비를 절감할 수 있다.

② 포장은 생산의 마지막 단계이며, 물류의 시작단계에 해당된다.

③ 한국산업표준(KS)에 따르면 포장은 낱포장(Item packaging), 속포장(Inner packaging), 겉포장(Outer packaging)으로 분류된다.

④ 상업포장은 상품의 파손을 방지하고, 물류비를 절감하는 데 초점을 두고 있다.

⑤ 반강성포장(Semi-rigid packaging)의 포장재료는 골판지상자, 접음상자, 플라스틱 보틀 등이다.

36 자재소요량계획(MRP ; Material Requirements Planning)의 주요 입력요소를 모두 고른 것은?

ㄱ. 재고기록철	ㄴ. 원단위
ㄷ. 자재명세서	ㄹ. 재료계획서
ㅁ. 주 일정계획	ㅂ. 안전재고량
ㅅ. 리드타임	

① ㄱ, ㄷ, ㄹ, ㅅ

② ㄱ, ㄷ, ㄹ, ㅂ

③ ㄴ, ㄷ, ㅁ, ㅂ

④ ㄷ, ㄹ, ㅁ, ㅅ

⑤ ㄱ, ㄷ, ㅁ, ㅂ, ㅅ

37 창고관리시스템(WMS ; Warehouse Management System)에 관한 설명으로 옳지 않은 것은?

① WMS는 입고관리, 위치관리, 재고관리, 출고관리 등의 기능을 수행한다.

② WMS는 다른 시스템과의 원활한 인터페이스가 제한적이므로 실시간 정보관리에 한계가 있다.

③ WMS가 유통중심형 물류시설을 위한 차별화 전략의 핵심요인으로 등장했다.

④ WMS는 물류센터의 시설운영 기기 등의 제어가 가능하다.

⑤ WMS를 활용하면 재고 정확도, 공간과 설비의 활용도가 향상된다.

38 STO(Stock To Operator)에 해당되는 설비(또는 장비)가 아닌 것은?

① Carousel   ② Kiva System

③ Mini-load AS/RS   ④ Mobile Rack

⑤ Automatic Dispenser

39 자원분배계획(DRP ; Distribution Resource Planning)에 관한 설명으로 옳지 않은 것은?

① 고객의 수요정보를 예측하여 제품의 재고수준을 낮추는 효과를 가져온다.

② 주요 산출물은 물류망의 최적 단계수를 결정한다.

③ 정시 배송을 늘리고 고객의 불만을 감소시켜 고객서비스 향상에 기여한다.

④ 생산완료된 제품을 수요처에 효율적으로 공급하기 위한 시스템이다.

⑤ 유통 네트워크의 하위 센터가 상위 센터에서 제품을 끌어당기는 풀시스템 방식이다.

40 JIT(Just In Time)와 MRP(Material Requirement Planning)에 해당되는 특성을 가장 바르게 구성한 것은?

> ㄱ 안정된 주일정계획(MPS)필요
> ㄴ 자재소요계획에 의한 자재소요 판단
> ㄷ 반복생산의 일정 및 재고관리에 적용
> ㄹ Push 방식 이용
> ㅁ 간판(Kanban) 이용
> ㅂ 최소한의 재고수준을 위해 노력

	JIT	MRP
①	ㄱ, ㄴ, ㅁ	ㄷ, ㄹ, ㅂ
②	ㄱ, ㅁ	ㄴ, ㄷ, ㄹ, ㅂ
③	ㄴ, ㅁ	ㄱ, ㄷ, ㄹ, ㅂ
④	ㄱ, ㄷ, ㅁ, ㅂ	ㄴ, ㄹ
⑤	ㄴ, ㄷ, ㅁ	ㄱ, ㄹ, ㅂ

41 다음은 물류정책기본법에서 사용되는 용어의 정의에 대한 설명이다. 옳지 않은 것은?

① 물류 – 재화가 공급자로부터 조달·생산되어 수요자에게 전달되거나 소비자로부터 회수되어 폐기될 때까지 이루어지는 운송·보관·하역 등과 이에 부가되어 가치를 창출하는 가공·조립·분류·수리·포장·상표부착·판매·정보통신 등

② 물류사업 – 화주의 수요에 따라 유상으로 물류활동을 영위하는 것을 업으로 하는 것

③ 물류공동화 – 물류기업이나 화주기업들이 물류활동의 효율성을 높이기 위하여 물류에 필요한 시설·장비·인력·조직·정보망 등을 공동으로 이용하는 것

④ 물류표준화 – 한국산업표준 중 물류활동과 관련된 것

⑤ 국제물류주선업 – 타인의 수요에 따라 자기의 명의와 계산으로 타인의 물류시설·장비 등을 이용하여 수출입화물의 물류를 주선하는 사업

42 물류정책기본법령상 국가물류기본계획의 수립에 관한 설명으로 옳지 않은 것은?

① 국토교통부장관 및 해양수산부장관은 10년 단위의 국가물류기본계획을 5년마다 공동으로 수립하여야 한다.

② 국토교통부장관 및 해양수산부장관은 「물류정책기본법」에 따라 지원을 받지 않는 비(非)물류기업에 대하여도 국가물류기본계획의 수립·변경을 위하여 필요한 경우 관련 기초자료의 제출을 요청하여야 한다.

③ 국가물류기본계획은 「국토기본법」에 따라 수립된 국토종합계획과 조화를 이루어야 한다.

④ 국토교통부장관 및 해양수산부장관은 국가물류기본계획을 시행하기 위하여 연도별 시행계획을 매년 공동으로 수립하여야 한다.

⑤ 국토교통부장관 및 해양수산부장관은 국가물류기본계획을 수립하는 경우 관계 중앙행정기관의 장 및 시·도지사와 협의한 후 국가물류정책위원회의 심의를 거쳐야 한다.

43 물류정책기본법령상 국토교통부장관 또는 해양수산부장관이 물류현황조사에 필요한 자료의 제출을 요청하거나 그 일부에 대하여 직접 조사하도록 요청할 수 있는 자가 아닌 것은?

① 물류기업

② 시장·군수 및 구청장

③ 관계 중앙행정기관의 장

④ 특별시장·광역시장·특별자치시장·도지사 및 특별자치도지사

⑤ 물류정책기본법에 따라 지원을 받는 기업·단체

44 물류정책기본법령상 물류체계의 효율화에 관한 설명으로 틀린 것은?

① 국토교통부장관·해양수산부장관 또는 산업통상자원부장관은 효율적인 물류활동을 위하여 필요한 물류시설 및 장비를 확충할 것을 물류기업에 권고할 수 있으며, 이에 필요한 행정적·재정적 지원을 할 수 있다.

② 국토교통부장관은 해양수산부장관 및 산업통상자원부장관과 협의하여 물류기업 및 화주기업의 물류비 산정기준 및 방법 등을 표준화하기 위하여 대통령령으로 정하는 기준에 따라 기업물류비 산정지침을 작성하여 고시하여야 한다.

③ 국토교통부장관은 해양수산부장관 및 산업통상자원부장관과 협의하여 표준전자문서의 개발·보급계획을 수립하여야 한다.

④ 국가물류통합정보센터운영자 또는 단위물류정보망전담기관은 전자문서 및 정보처리장치의 파일에 기록되어 있는 물류정보를 2년 동안 보관하여야 한다.

⑤ 국가물류통합정보센터운영자는 물류체계의 효율화를 위해 필요하다고 판단한 경우 관련 물류정보를 공개하여야 한다.

45 물류정책기본법에 의한 국가물류정책위원회의 구성 등에 관한 설명으로 틀린 것은?

① 국토교통부장관 소속으로 국가물류정책위원회를 둔다.

② 위원장을 포함한 23인 이내의 위원으로 구성한다.

③ 행정안전부장관은 위원이 될 수 있다.

④ 위원의 임기는 2년으로 하며, 연임할 수 있다.

⑤ 물류정책에 관한 중요 사항을 조사·연구하기 위하여 대통령령으로 정하는 바에 따라 국가물류정책위원회에 전문위원을 둘 수 있다.

46 물류정책기본법령상 물류현황조사에 관한 설명으로 옳은 것은?

① 물류현황조사는 국토교통부장관이 해양수산부장관과 공동으로 실시하여야 한다.

② 물류현황조사는 「국가통합교통체계효율화법」에 따른 국가교통조사와 중복되게 할 수 있다.

③ 해양수산부장관이 시·도지사에게 물류현황조사에 필요한 자료의 제출을 요청한 경우 특별한 사정의 유무에 관계없이 반드시 이에 따라야 한다.

④ 국토교통부장관이 물류현황조사지침을 작성하려는 경우에는 미리 관계 중앙행정기관의 장과 협의하여야 한다.

⑤ 국토교통부장관의 물류현황조사와 별도로 시·도지사가 지역물류현황조사를 실시할 수 없다.

47 물류정책기본법에 의한 국제물류주선업에 대한 설명으로 틀린 것은?

① 등록취소처분을 받은 후 1년이 지나지 아니한 자는 국제물류주선업의 등록을 할 수 없다.

② 국제물류주선업을 경영하려는 자는 국토교통부령으로 정하는 바에 따라 시·도지사에게 등록하여야 한다.

③ 국제물류주선업의 등록에 따른 권리·의무를 승계한 자는 국토교통부령으로 정하는 바에 따라 시·도지사에게 신고하여야 한다.

④ 시·도지사는 국제물류주선업자의 휴업·폐업 사실을 확인하기 위하여 필요한 경우에는 관할 세무관서의 장에게 대통령령으로 정하는 바에 따라 휴업·폐업에 관한 과세정보의 제공을 요청할 수 있다.

⑤ 거짓이나 그 밖의 부정한 방법으로 등록을 한 경우에는 반드시 등록을 취소하여야 한다.

48 물류정책기본법령상 국토교통부장관 및 해양수산부장관이 물류사업에 관련된 분야의 기능인력 및 전문인력을 양성하기 위하여 할 수 있는 사업에 해당하지 않는 것은?

① 화주기업 및 물류기업에 종사하는 물류인력의 역량강화를 위한 교육·연수

② 국내물류기업의 해외진출 및 해외물류기업의 국내 투자유치 지원

③ 물류체계 효율화를 위한 선진기법, 교육프로그램 및 교육교재의 개발·보급

④ 물류시설의 운영과 물류장비의 조작을 담당하는 기능인력의 양성·교육

⑤ 물류관리사 재교육 또는 외국인 물류인력 교육을 위하여 필요한 사업

49 물류정보화를 통한 물류체계의 효율화를 위한 필요한 시책과 관련이 없는 것은?

① 독자적인 물류정보활용에 관한 사항

② 물류정보의 표준에 관한 사항

③ 물류분야 정보통신기술의 도입 및 확산에 관한 사항

④ 물류정보의 보안에 관한 사항

⑤ 물류분야 정보통신기술의 도입 및 확산에 관한 사항

50 전자문서 및 물류정보의 보안에 대한 내용으로 틀린 것은?

① 누구든지 단위물류정보망 또는 전자문서를 위작 또는 변작하거나 위작 또는 변작된 전자문서를 행사하여서는 아니 된다.

② 누구든지 국가물류통합정보센터 또는 단위물류정보망에서 처리·보관 또는 전송되는 물류정보를 훼손하거나 그 비밀을 침해·도용 또는 누설하여서는 아니 된다.

③ 국가물류통합정보센터운영자 또는 단위물류정보망 전담기관은 전자문서 및 정보처리장치의 파일에 기록되어 있는 물류정보를 3년 동안 보관하여야 한다.

④ 국가물류통합정보센터운영자 또는 단위물류정보망 전담기관은 규정에 따른 전자문서 및 물류정보의 보안에 필요한 보호조치를 강구하여야 한다.

⑤ 누구든지 불법 또는 부당한 방법으로 보호조치를 침해하거나 훼손하여서는 아니 된다.

51 물류시설의 개발 및 운영에 관한 법령상 물류단지개발사업의 시행자로 지정받을 수 있는 자를 모두 고른 것은?

> ㄱ. 국가 또는 지방자치단체
> ㄴ. 「지방공기업법」에 따른 지방공사
> ㄷ. 특별법에 따라 설립된 법인
> ㄹ. 「민법」 또는 「상법」에 따라 설립된 법인
> ㅁ. 시행에 충분한 자금을 확보한 자연인

① ㄱ

② ㄱ, ㄴ

③ ㄱ, ㄴ, ㄷ

④ ㄱ, ㄴ, ㄷ, ㄹ

⑤ ㄱ, ㄴ, ㄷ, ㄹ, ㅁ

52 물류시설의 개발 및 운영에 관한 법률에 대한 정의로 틀린 것은?

① 물류터미널에는 통관 등에 필요한 기능을 갖춘 시설 등은 제외한다.

② 물류터미널사업은 복합물류터미널사업과 일반물류터미널사업을 말한다.

③ 복합물류터미널사업은 두 종류 이상의 운송수단 간의 연계운송을 할 수 있는 규모 및 시설을 갖춘 물류터미널사업을 말한다.

④ 일반물류터미널사업은 물류터미널사업 중 복합물류터미널사업을 제외한 것을 말한다.

⑤ 물류단지는 물류단지시설과 지원시설을 집단적으로 설치·육성하기 위하여 지정·개발하는 일단의 토지 및 시설로서 도시첨단물류단지와 일반물류단지를 말한다.

53 물류시설의 개발 및 운영에 관한 법령상 물류단지 안에서의 행위의 제한에 관한 설명으로 옳은 것은?

① 물류단지 안에서 건축물의 건축, 공작물의 설치, 토지의 형질변경, 토석의 채취, 토지분할, 물건을 쌓아놓는 행위 등 대통령령으로 정하는 행위를 하려는 자는 국토교통부장관의 허가를 받아야 한다.

② 물류단지의 지정 및 고시 당시 이미 관계 법령에 따라 행위허가를 받았거나 허가를 받을 필요가 없는 행위에 관하여 그 공사 또는 사업에 착수한 자는 대통령령으로 정하는 바에 따라 시장·군수·구청장에게 신고한 후 이를 계속 시행할 수 있다.

③ 물류단지 안에서 건축물의 건축, 공작물의 설치, 토지의 형질변경, 토석의 채취, 토지분할, 물건을 쌓아놓는 행위 등을 법령에 따라 허가받은 경우에 이를 변경하려는 때에는 신고로 이를 대체할 수 있다.

④ 국토교통부장관은 물류단지 안에서 허가를 받지 않고 죽목의 식재를 한 자에게 원상회복을 명할 수 있다.

⑤ 물류단지 안에서 건축물의 건축, 공작물의 설치, 토지의 형질변경, 토석의 채취, 토지분할, 물건을 쌓아놓는 행위 등의 허가에 관하여 「물류정책기본법」에 규정된 것 외에는 「국가통합교통체계효율화법」을 준용한다.

54 물류시설의 개발 및 운영에 관한 법령상 용어에 관한 설명으로 옳지 않은 것은?

① 화물의 운송·보관·하역을 위한 시설은 물류시설에 해당한다.
② 「철도사업법」에 따른 철도사업자가 여객의 수하물 또는 소화물을 보관하는 것은 물류창고업에 해당하지 않는다.
③ 「유통산업발전법」에 따른 집배송시설을 경영하는 사업은 물류터미널사업에 해당한다.
④ 물류단지를 조성하기 위하여 시행하는 하수도, 폐기물처리시설의 건설사업은 물류단지개발사업에 해당한다.
⑤ 물류단지 안에 설치된 금융·보험·의료·교육·연구 시설은 지원시설에 해당한다.

55 물류시설의 개발 및 운영에 관한 법령상 국가 또는 지방자치단체가 물류단지개발사업에 필요한 비용의 일부를 보조하거나 융자할 수 있는 비용의 종목이 아닌 것은?

① 물류단지시설용지와 지원시설용지의 조성비 및 매입비
② 이주대책사업비
③ 용수공급시설·하수도 및 공공폐수처리시설의 건설비
④ 물류단지의 전기간선시설의 설치비
⑤ 물류단지의 간선도로의 건설비

56 물류시설의 개발 및 운영에 관한 법령상 물류창고업에 관한 설명으로 옳지 않은 것은?

① 국가는 물류창고업자가 물류창고업의 업종전환을 위한 국내동향 조사·연구를 하는 경우 자금의 일부를 보조 또는 융자할 수 있다.
② 「관세법」에 따른 보세창고의 설치·운영에 관한 영업의 현황을 관리하는 행정기관은 그 보관업의 허가·변경허가, 등록·변경등록 등으로 그 현황이 변경될 경우에는 국토교통부장관 또는 해양수산부장관에게 통보하여야 한다.
③ 보조금 또는 융자금 등은 보조 또는 융자받은 목적 외의 용도로 사용하여서는 아니 된다.
④ 지방자치단체는 물류창고업자 및 관련 종사자에 대한 교육·훈련 사업을 위하여 필요하다고 인정하면 자금의 일부를 보조 또는 융자할 수 있다.
⑤ 물류창고업자는 등록사항 중 물류창고 면적의 100분의 10을 감소시키려는 경우 물류창고업의 변경등록을 하여야 한다.

57 물류시설의 개발 및 운영에 관한 법령상 물류터미널사업자가 물류터미널 공사시행인가를 받은 공사계획의 변경인가를 받아야 하는 경우에 해당하지 않는 것은?

① 공사의 기간을 변경하는 경우
② 공사비의 10분의 1 이상을 변경하는 경우
③ 물류터미널 부지 면적의 10분의 1 이상을 변경하는 경우
④ 물류터미널 안의 건축물의 연면적 10분의 1 이상을 변경하는 경우
⑤ 물류터미널 안의 공공시설 중 도로·철도·광장·녹지나 그 밖에 국토교통부령으로 정하는 시설을 변경하는 경우

58 물류시설의 개발 및 운영에 관한 법률에 의한 일반물류단지의 지정과 관련한 다음 사항 중 틀린 것은?

① 일반물류단지는 국토교통부장관과 시·도지사가 지정한다.

② 국토교통부장관이 일반물류단지를 지정하려는 때에는 일반물류단지개발계획을 수립하여 관할 시·도지사 및 시장·군수·구청장의 의견을 듣고 관계 중앙행정기관의 장과 협의한 후 물류시설분과위원회의 심의를 거쳐야 한다.

③ 시·도지사는 일반물류단지를 지정하려는 때에는 일반물류단지개발계획을 수립하여 관계 행정기관의 장과 협의한 후 지역물류정책위원회의 심의를 거쳐야 한다.

④ 일반물류단지로 지정되는 지역에 수용하거나 사용할 토지, 건축물, 그 밖의 물건이나 권리가 있는 경우에는 고시내용에 그 토지의 세부목록은 제외시켜도 된다.

⑤ 관계 행정기관의 장은 일반물류단지의 지정이 필요하다고 인정하는 때에는 대상지역을 정하여 국토교통부장관 또는 시·도지사에게 일반물류단지의 지정을 요청할 수 있다.

59 물류시설의 개발 및 운영에 관한 법률에 의한 물류단지개발사업의 시설부담금에 대한 설명 중 틀린 것은?

① 시행자는 물류단지지정권자에게 도로, 공원, 녹지, 그 밖에 대통령령으로 정하는 공공시설을 설치하게 하거나 기존의 공원 및 녹지를 보존하게 할 수 있다.

② 시행자는 공공시설의 설치나 기존의 공원 및 녹지의 보존에 필요한 비용에 충당하기 위하여 그 비용의 범위에서 존치시설의 소유자에게 시설부담금을 납부하게 할 수 있다.

③ 공공시설의 설치비용은 용지비, 용지부담금, 조성비, 기반시설 설치비, 직접인건비, 이주대책비, 판매비, 일반관리비, 자본비용 및 그 밖의 비용을 합산한 금액으로 한다.

④ 공공시설이 특정한 시행자만 사용하기 위한 용도로 설치되는 경우에는 공공시설의 위치, 설치목적, 이용상황, 지역여건 등을 종합적으로 고려하여 공공시설을 사용할 해당 시행자에게 그 설치비용의 전부 또는 일부를 부담하게 할 수 있다.

⑤ 시행자가 존치시설의 소유자에게 시설부담금을 내게 하려는 경우에는 미리 해당 존치시설의 소유자의 의견을 들어야 한다.

60 물류시설의 개발 및 운영에 관한 법률상 물류시설개발종합계획에 관한 설명으로 옳지 않은 것은?

① 국토교통부장관은 물류시설의 합리적 개발·배치 및 물류체계의 효율화 등을 위하여 물류시설의 개발에 관한 종합계획을 10년 단위로 수립하여야 한다.

② 국토교통부장관은 물류시설개발종합계획을 수립하는 때에는 관계행정기관의 장으로부터 소관별 계획을 제출받아 이를 기초로 물류시설개발 종합계획안을 작성하여 특별시장·광역시장·특별자치시장·도지사 또는 특별자치도지사의 의견을 듣고 관계 중앙행정기관의 장과 협의한 후 물류시설분과위원회의 심의를 거쳐야 한다.

③ 물류시설개발종합계획에는 도심지에 위치한 물류시설의 정비에 관한 사항이 포함되어야 한다.

④ 물류시설개발종합계획을 변경하고자 하는 때란 물류시설별 물류시설용지면적의 100분의 10 이상으로 물류시설의 수요·공급계획을 변경하려는 때를 말한다.

⑤ 물류시설개발종합계획에서 물류시설을 기능별로 분류할 때 단위물류시설은 창고 및 집배송센터 등 물류활동을 개별적으로 수행하는 최소단위의 물류시설이다.

61 화물자동차 운수사업법령상 화물자동차 운송사업자에 관한 설명으로 옳지 않은 것은?

① 운송사업자가 화물자동차 운송사업의 허가를 받는 때에 표준약관의 사용에 동의하면 운송약관의 신고를 한 것으로 본다.

② 운송사업자는 화물자동차 운송사업을 양도·양수하는 경우에는 양도·양수에 소요되는 비용을 위·수탁차주에게 부담시킬 수 있다.

③ 운송사업자의 손해배상책임과 관련하여 화물이 인도기한이 지난 후 3개월 이내에 인도되지 아니하면 그 화물은 멸실된 것으로 본다.

④ 운송사업자는 위·수탁차주가 다른 운송사업자와 동시에 1년 이상의 운송계약을 체결하는 것을 제한하여서는 아니 된다.

⑤ 운송사업자는 「자동차관리법」을 위반하여 전기·전자장치를 무단으로 조작해서는 아니 된다.

62 화물자동차 운수사업법령상 운송사업자의 직접운송의무 등에 관한 설명으로 옳지 않은 것은?

① 일반화물자동차 운송사업자는 화주와 운송계약을 체결한 화물에 대하여 연간 운송계약 화물의 100분의 50 이상을 해당 운송사업자에게 소속된 차량으로 직접 운송하여야 한다.

② 운송사업자가 운송주선사업을 동시에 영위하는 경우에는 연간 운송계약 및 운송주선계약 화물의 100분의 30 이상을 직접 운송하여야 한다.

③ 운송가맹사업자로부터 화물운송을 위탁받은 운송가맹점인 운송사업자는 해당 운송사업자에게 소속되지 않은 차량으로만 화물을 운송하여야 한다.

④ 운송사업자는 직접 운송하는 화물 이외의 화물에 대하여 다른 운송사업자 또는 다른 운송사업자에게 소속된 위·수탁차주 외의 자에게 운송을 위탁하여서는 아니 된다.

⑤ 운송사업자가 국토교통부령으로 정하는 바에 따라 운송가맹사업자의 화물정보망을 이용하여 운송을 위탁하면 직접 운송한 것으로 본다.

63 화물자동차 운수사업법령상 적재물배상 책임보험·공제의 의무가입자 및 보험회사 또는 적재물배상책임 공제사업을 하는 자가 적재물배상 책임보험 또는 공제의 전부 또는 일부를 해제하거나 해지할 수 있는 경우에 해당하지 않는 것은?

① 화물자동차 운송사업을 휴업하거나 폐업한 경우

② 증차로 인하여 화물자동차 운송사업의 허가사항이 변경된 경우

③ 적재물배상보험 등에 이중으로 가입되어 하나의 책임보험계약 등을 해제하거나 해지하려는 경우

④ 화물자동차 운송주선사업의 허가가 취소된 경우

⑤ 보험회사 등이 파산 등의 사유로 영업을 계속할 수 없는 경우

64 화물자동차 운수사업법령상 화물자동차 운전자의 연령·운전경력의 요건으로 (   ) 안에 들어갈 내용은?

> - (㉠)세 이상일 것
> - 운전경력이 (㉡)년 이상일 것. 다만, 여객 및 화물자동차 운수사업용 자동차를 운전한 경력이 있는 경우에는 그 운전경력이 (㉢)년 이상이어야 한다.

① ㉠ : 19,   ㉡ : 3,   ㉢ : 1
② ㉠ : 20,   ㉡ : 5,   ㉢ : 3
③ ㉠ : 20,   ㉡ : 3,   ㉢ : 1
④ ㉠ : 21,   ㉡ : 5,   ㉢ : 3
⑤ ㉠ : 20,   ㉡ : 2,   ㉢ : 1

65 화물자동차 운수사업법에 의한 화물자동차 운송사업에 대한 설명 중 틀린 것은?

① 화물자동차 운송사업을 경영하려는 자는 국토교통부장관의 허가를 받아야 한다.
② 화물자동차 운송가맹사업의 허가를 받은 자는 허가를 받지 아니한다.
③ 개선명령을 받고 이를 이행하지 아니한 경우에도 증차를 수반하는 허가사항을 변경할 수 있다.
④ 감차조치명령을 받은 후 1년이 지나지 아니한 경우 증차를 수반하는 허가사항을 변경할 수 없다.
⑤ 허가가 취소된 후 2년이 지나지 아니한 자는 화물자동차 운송사업의 허가를 받을 수 없다.

66 화물자동차 운수사업법상 운송사업자에게 징수한 과징금을 사용(보조 또는 융자를 포함)할 수 있는 용도에 해당되지 않는 것은?

① 화물터미널의 건설과 확충
② 공동차고지의 건설과 확충
③ 경영개선이나 그 밖에 화물에 대한 정보제공사업
④ 신고포상금의 지급
⑤ 운수종사자 복지시설의 운영사업

67 화물자동차 운수사업법령상 화물자동차 운송사업에서 여객자동차 운송사업용 자동차에 싣기 부적합하여 화주가 밴형 화물자동차에 탈 때 함께 실을 수 있는 화물의 기준으로 옳은 것을 모두 고른 것은?

> ㄱ. 합판·각목 등 건축기자재
> ㄴ. 혐오감을 주는 동물 또는 식물
> ㄷ. 화주 1명당 화물의 중량이 20킬로그램 이상일 것
> ㄹ. 화주 1명당 화물의 용적이 2만 세제곱센티미터 이상일 것

① ㄱ, ㄴ   ② ㄴ, ㄹ

③ ㄷ, ㄹ   ④ ㄱ, ㄴ, ㄷ

⑤ ㄱ, ㄷ, ㄹ

68 항만운송사업법령상 용어에 관한 설명으로 옳지 않은 것은?

① 항만운송사업이란 영리를 목적으로 항만운송을 하는 사업을 말한다.

② 검수란 선적화물을 싣거나 내릴 때 그 화물의 개수를 계산하거나 그 화물의 인도·인수를 증명하는 일을 말한다.

③ 감정이란 선적화물 및 선박(부선을 포함한다)에 관련된 증명·조사·감정을 하는 일을 말한다.

④ 검량이란 선적화물을 싣거나 내릴 때 그 화물의 용적 또는 중량을 계산하거나 증명하는 일을 말한다.

⑤ 항만운송관련사업이란 항만에서 선박에 물품이나 역무를 제공하는 항만용역업·선용품공급업·선박연료공급업·선박수리업 및 컨테이너수리업을 말한다.

69 항만운송사업법령상 항만운송사업에 관한 설명으로 옳은 것은?

① 선적화물을 싣거나 내릴 때 그 화물의 용적 또는 중량을 계산하거나 증명하는 일을 하는 사업은 검수사업이다.

② 선적화물을 싣거나 내릴 때 그 화물의 개수를 계산하거나 그 화물의 인도·인수를 증명하는 일을 하는 사업은 검량사업이다.

③ 항만하역사업과 검수사업, 감정사업 및 검량사업 모두를 영위하려는 자는 사업을 통합하여 항만운송사업으로 해양수산부장관에게 등록할 수 있다.

④ 항만하역사업과 검수사업은 항만별로 등록한다.

⑤ 감정사업과 검량사업은 취급화물별로 시·도지사에게 등록한다.

70 항만운송사업법에 의한 항만운송사업의 등록기준으로 틀린 것은?

① 관리청은 물동량 감소·항만 조건 등의 특수한 사정이 있다고 인정되는 1급지 항만에 대해서는 항만별로 그 사정이 존속하는 기간 동안 해당 등록기준에서 정한 시설기준을 2분의 1의 범위에서 완화할 수 있다.

② 개인의 경우에는 자본금에 갈음하여 재산평가액을 적용한다.

③ 관리청은 지방해양수산청장이 보유하는 하역장비를 전용하여 사용하는 자에 대해서는 그 사용기간 동안 해양수산부령으로 정하는 하역장비 중 그 전용하여 사용하는 하역장비의 평가액에 해당하는 하역장비의 확보를 유예할 수 있다.

④ 2급지 일반하역사업의 자본금은 1억원 이상이다.

⑤ 한정하역사업은 일반하역사업의 등록기준을 적용하되, 관리청은 이용자·취급화물 또는 항만시설의 특성을 고려하여 그 등록기준을 완화할 수 있다.

71 항만운송사업법령상 해양수산부장관이 항만운송관련사업자에 대하여 등록을 취소하여야 하는 경우를 모두 고른 것은?

> ㉠ 항만운송관련사업을 하려는 자의 등록 및 신고에 필요한 자본금, 시설, 장비 등에 관한 기준에 미달하게 된 경우
> ㉡ 부정한 방법으로 사업의 등록 또는 신고를 한 경우
> ㉢ 사업 수행 실적이 1년 이상 없는 경우
> ㉣ 사업정지명령을 위반하여 그 정지기간에 사업을 계속한 경우

① ㉠, ㉡

② ㉠, ㉢

③ ㉡, ㉢

④ ㉡, ㉣

⑤ ㉢, ㉣

72 다음 중 유통산업발전법상 유통산업발전기본계획에 포함되어야 하는 사항이 아닌 것은?

① 유통산업의 국내외 여건 변화 전망

② 대규모점포의 경쟁력 유지 방안

③ 유통산업의 지역별·종류별 발전 방안

④ 산업별·지역별 유통기능의 효율화·고도화 방안

⑤ 유통전문인력·부지 및 시설 등의 수급 변화에 대한 전망

73 유통산업발전법령상 대규모점포등 개설등록신청서에 첨부하여 제출하여야 하는 서류가 아닌 것은?

① 건축물의 소유권
② 사업계획서
③ 상권영향평가서
④ 지역협력계획서
⑤ 대규모점포개설지침서

74 다음 중 유통산업발전법상 유통분쟁조정위원회에 대한 설명으로 옳지 않은 것은?

① 유통분쟁조정위원회는 특별시·광역시·특별자치시·도·특별자치도 및 시·군·구에 각각 둘 수 있다.
② 유통분쟁조정위원회는 독점규제 및 공정거래에 관한 법률의 적용을 받는 사항을 제외한 등록된 대규모점포등과 인근지역의 도·소매업자 사이의 영업활동에 관한 분쟁을 조정한다.
③ 유통분쟁조정위원회는 등록된 대규모점포등과 인근지역의 주민 사이의 생활환경에 관한 분쟁을 조정한다.
④ 유통분쟁조정위원회는 위원장 1명을 포함한 11명 이상 15명 이하의 위원으로 구성한다.
⑤ 유통분쟁조정위원회의 위원장은 위원 중에서 산업통상자원부장관이 지명하는 자가 된다.

75 다음 중 유통산업발전법이 정한 무점포판매의 유형이 아닌 것은?

① 온라인 오픈마켓 등 전자상거래중개
② 인터넷쇼핑몰 또는 사이버몰 등 전자상거래
③ 프랜차이즈를 통한 판매
④ 자동판매기를 통한 판매
⑤ 인터넷 멀티미디어 방송(IPTV)을 통한 상거래

76 유통산업발전법령상 유통정보화시책에 관한 설명으로 옳지 않은 것은?

① 유통정보화시책에는 유통표준코드의 보급에 관한 사항이 포함되어야 한다.
② 유통정보화시책에는 상품의 전자적 거래를 위한 전자장터 등의 시스템의 구축 및 보급에 관한 사항이 포함되어야 한다.
③ 산업통상자원부장관은 유통정보화시책 수립시 필요하다고 인정하는 경우 과학기술정보통신부장관에게 유통정보화서비스를 제공하는 전기통신사업자에 관한 자료를 요청할 수 있다.
④ 산업통상자원부장관이 다수의 유통·물류기업 간 기업정보시스템의 연동을 위한 시스템의 구축 및 보급을 위한 시책을 시행하기 위해서는 미래창조과학부장관과 협의하여야 한다.
⑤ 유통사업자·제조업자 또는 유통관련단체가 상품의 전자적 거래를 위한 전자장터시스템을 구축 및 보급하는 사업을 추진하는 경우 산업통상자원부장관은 예산의 범위에서 필요한 자금을 지원할 수 있다.

77 철도사업법상 철도운임·요금의 신고 등에 대한 사항으로 옳지 않은 것은?

① 철도사업자는 여객에 대한 운임·요금을 국토교통부장관에게 신고하여야 한다. 이를 변경하려는 경우에도 같다.

② 철도사업자는 여객 운임·요금을 정하거나 변경하는 경우에는 원가와 버스 등 다른 교통수단의 여객 운임·요금과의 형평성 등을 고려하여야 한다.

③ 여객에 대한 운임은 사업용철도노선의 분류, 철도차량의 유형 등을 고려하여 국토교통부장관이 지정·고시한 상한을 초과하여서는 아니 된다.

④ 국토교통부장관은 여객운임의 상한을 지정하려면 미리 산업통상자원부장관과 협의하여야 한다.

⑤ 철도사업자는 신고 또는 변경신고를 한 여객 운임·요금을 그 시행 1주일 이전에 인터넷 홈페이지, 관계 역·영업소 및 사업소 등 일반인이 잘 볼 수 있는 곳에 게시하여야 한다.

78 철도사업법령상 철도사업자의 의무에 관한 설명으로 옳지 않은 것은?

① 철도사업자는 타인에게 자기의 성명 또는 상호를 사용하여 철도사업을 경영하게 하여서는 아니 된다.

② 철도사업자는 철도안전법에 따른 요건을 갖추지 아니한 사람을 운전업무에 종사하게 하여서는 아니 된다.

③ 철도사업자가 철도사업 외의 사업을 경영하는 경우 철도사업에 관한 회계와 철도사업 외의 사업에 관한 회계를 통합하여 경리하여야 한다.

④ 철도사업자는 위험물을 철도로 운송하려는 경우에는 운송 중의 위험방지 및 인명의 안전에 적합하도록 포장·적재 등의 안전조치를 취한 후 운송해야 한다.

⑤ 철도사업자는 철도운수종사자가 여객과 화물을 운송할 때에 정비·점검이 불량한 철도차량을 운행하지 않도록 항상 이를 지도·감독해야 한다.

79 농수산물 유통 및 가격안정에 관한 법령상 유통기구정비 기본방침에 포함되어야 하는 사항이 아닌 것은?

① 도매상의 시설 개선에 관한 사항

② 중도매인 및 경매사의 가격조작 방지에 관한 사항

③ 생산자와 소비자 보호를 위한 유통기구의 봉사 경쟁체제의 확립과 유통 경로의 단축에 관한 사항

④ 운영 실적이 부진하거나 휴업 중인 도매시장의 정비 및 도매시장법인이나 시장도매인의 교체에 관한 사항

⑤ 시설기준에 미달하거나 거래물량에 비하여 시설이 부족하다고 인정되는 도매시장·공판장 및 민영도매시장의 시설 정비에 관한 사항

80 농수산물유통 및 가격안정에 관한 법률상 도매시장법인 또는 시장도매인이 출하자와 소비자의 권익보호를 위하여 공시하여야 할 내용으로 옳지 않은 것은?

① 대금결제 절차에 관한 사항

② 거래일자별·품목별 반입량 및 가격정보

③ 주주 및 임원의 현황과 그 변동사항

④ 겸영사업을 하는 경우 그 사업내용

⑤ 직전 회계연도의 재무제표

성공한 사람은 대개 지난번 성취한 것 보다 다소 높게,
그러나 과하지 않게 다음 목표를 세운다.
이렇게 꾸준히 자신의 포부를 키워간다.

-커트 르윈-

물류관리사 최종모의고사

제 2 회

교 시	과 목	시 간	문제형별
1교시	• 물류관리론 • 화물운송론 • 국제물류론	120분	A

교 시	과 목	시 간	문제형별
2교시	• 보관하역론 • 물류관련법규	80분	A

수 험 번 호		성 명	

물류관리사 최종모의고사

교 시	과 목	시 간	문제형별
1교시	• 물류관리론 • 화물운송론 • 국제물류론	120분	A

물류관리론

01 물류의 기본적 기능과 가장 관계가 적은 것은?

① 형태적 조정   ② 수량적 조정

③ 가격적 조정   ④ 장소적 조정

⑤ 시간적 조정

02 물류관리의 필요성과 원칙에 관한 설명으로 옳지 않은 것은?

① 신속, 저렴, 안전, 확실하게 물품을 거래 상대방에게 전달해야 한다.

② TV 홈쇼핑과 온라인상에서 다양한 형태의 재고정보를 제공함으로써 매출액 증가를 가져올 수 있다.

③ 효율적인 물류관리를 통하여 해당 기업은 비용을 절감하고 서비스 수준을 향상시킬 수 있다.

④ 고객서비스 향상과 물류비용 절감이라는 상반된 목표를 달성하기 위하여 물류 단위기능별 부분최적화를 추구한다.

⑤ 물류관리 목적 달성을 위하여 고객서비스 제공과정에서 7R 원칙이 강조되고 있다.

03 다음 중 EPC 코드에 대한 설명으로 거리가 먼 것은?

① RFID 기술을 이용하여 사물을 고유하게 식별하기 위해 부여되는 국제적인 식별코드이다.

② 모든 물품의 개별적 식별이 불가능하다.

③ EPC는 8비트로 된 헤더를 통해 다양한 EPC유형을 구분할 수 있다.

④ 바코드체계보다 상품식별능력이 높다.

⑤ 상품 추적과 상품 이동 상태를 정확히 포착한다.

04 사업부제 물류조직에 관한 설명으로 옳지 않은 것은?

① 기업 규모가 커지면서 각 사업단위의 성과를 극대화하기 위해 생긴 조직이다.

② 상품별 사업부형과 지역별 사업부형 등이 있다.

③ 각 사업부 내에 라인과 스태프 조직이 있다.

④ 각 사업부간 수평적 교류가 용이하여 인력의 교차 활용이 가능하다.

⑤ 사업부별로 모든 물류활동을 책임지고 직접 관할하므로 물류관리의 효율화 및 물류전문인력 육성이 가능하다.

05 다음에서 설명하고 있는 물류형태는 무엇인가?

> 판매물류에 부수적으로 발생하는 빈 용기나 포장재의 재활용에 초점을 둔 물류로서, 환경물류, 녹색물류 등으로 불리기도 하며 폐기물을 줄여서 환경을 보호하는 데 대한 관심이 커지면서 새로운 물류의 분야로 중요한 역할을 하고 있다.

① 조달물류   ② 회수물류

③ 유통물류   ④ 생산물류

⑤ 사내물류

06 물류산업의 발전 동향에 관한 설명으로 적절하지 않은 것은?

① 전자상거래의 비중이 늘어남에 따라 신속하고 신뢰성 높은 저비용 물류체계의 구축이 더욱 중요해지고 있다.

② 물류정책은 물류인프라 확충, 정보화 및 표준화를 통한 물류선진화를 추구하면서 환경과 안전을 중시하는 경향이 커지고 있다.

③ 물류산업의 국제화가 가속화되어 국내시장에서 세계 유수기업들과 경쟁이 심화되고 있다.

④ 중소기업들은 경쟁력 확보를 위해 독자적인 물류체계를 구축하는 형태로 자사창고 및 수송차량 확보를 증가시키는 추세이다.

⑤ 국제화가 진전됨에 따라 국제 표준화에 대한 적응과 국가 간 규제에 대한 대응력 강화가 필요하다.

07 물류관리에 관한 설명으로 옳지 않은 것은?

① 물류관리 활동은 고객서비스를 향상시키고 물류비용을 감소시키는 목표를 추구한다.

② 국제적인 경제환경이 변화하면서 물류관리에 대한 중요성이 증대되었다.

③ 물류비용 절감을 통한 이익창출은 제3의 이익원으로 인식되고 있다.

④ 제품의 수명주기가 길어지고 차별화된 제품생산의 요구 증대로 물류비용 절감의 필요성이 강조되었다.

⑤ 원자재 및 부품의 조달, 구매상품의 보관, 완제품 유통도 물류관리의 대상이다.

08 기업경영상 물류에 대한 관심이 높아지는 요인에 대한 설명으로 옳지 않은 것은?

① 생산과 판매의 국제화로 물류관리의 복잡성이 증대하고 있다.
② 수발주 단위의 소량·다빈도화에 대한 대응 필요성이 증가하고 있다.
③ 저렴하고 양질의 서비스 제공을 위한 운송규제가 강화 추세에 있다.
④ 운송보안에 대한 서류 및 절차 강화로 추가비용이 발생하고 있다.
⑤ 시장환경 변화에 유연하게 대응할 수 있는 재고관리의 필요성이 증대하고 있다.

09 경쟁우위 창출을 위한 기업의 물류관리 전략으로 적절하지 않은 것은?

① 효율적인 물류활동을 통하여 기업은 원가를 절감할 수 있고, 이를 바탕으로 저가격전략에 의한 시장 점유율 제고 및 수익률 증대를 추구할 수 있다.
② 통합물류관리 관점에서 기업은 운송비 절감에 집중하여 차별화된 경쟁우위를 확보해야 한다.
③ B2B 거래에서 고객이 원하는 장소로 직접배달, 고객에 대한 교육훈련 등의 서비스 활동은 경쟁우위를 창출할 수 있는 방안이다.
④ 고객의 다양한 요구를 저렴한 비용으로 충족시킬 수 있는 물류시스템을 보유한 경우, 보다 넓은 고객층을 확보할 수 있다.
⑤ 고객주문에 대한 제품가용성, 주문처리의 정확성 등의 물류서비스를 제공함으로써 경쟁우위를 확보할 수 있다.

10 다음은 제품특성과 물류비의 관계를 나타낸 그림이다. X축에 해당되는 것은?

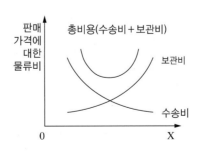

① 부패성
② 중량/용적
③ 인화성
④ 가치/중량
⑤ 서비스 수준

11 다음 중 물류의 6대 기능이 바르게 나열된 것은?

① 수송, 하역, 재고, 시스템, 정보, 유통가공
② 수송, 보관, 하역, 포장, 정보, 유통가공
③ 수송, 하역, 창고, 운반, 정보, 유통가공
④ 수송, 창고, 보관, 하역, 자재, 유통가공
⑤ 수송, 하역, 보관, 재고, 운반, 유통가공

12 다음 중 물류네트워크에 대한 설명으로 바르지 않은 것은?

① 물류네트워크는 노드(Node)와 링크(Link) 형태로 구성된다.
② 물류네트워크에서 노드는 창고, 공장 등 물류거점을 의미한다.
③ 물류네트워크에서 링크는 제품의 이동경로를 의미한다.
④ 지역적으로 경제성장이 불균형하게 변하면 물류네트워크를 다시 계획할 필요가 있다.
⑤ 조달 및 판매에 있어서 가격정책이 변경되더라도 물류네트워크를 다시 계획할 필요가 없다.

13 물류비 절감효과에 관한 것이다. ( )에 들어갈 값은?

> A기업은 매출액이 200억원이고 매출액 대비 이익률은 2%, 물류비는 매출액의 9%이다. A기업이 물류비를 10% 절감한다고 가정할 때, 이 물류비 절감효과와 동일한 이익을 내기 위해서는 매출액을 ( )억원 증가시켜야 한다.

① 30   ② 45
③ 60   ④ 75
⑤ 90

14 물류표준화에 관한 설명으로 옳지 않은 것은?

① 물류표준화를 이루기 위해서 표준화된 물류기기와 설비를 활용해야 한다.
② 포장의 표준화를 위해서는 강도표준화에 앞서 치수표준화가 이루어져야 한다.
③ 국가차원의 표준화는 개별 기업의 표준화가 정착된 이후에 시행하는 것이 바람직하다.
④ 국제표준은 국제표준화기구(ISO)에서 제정되고 있다.
⑤ 세계 무역의 확대와 글로벌 아웃소싱(Global Outsourcing) 활성화에 따라 국제물류에서 단일표준 요구가 확대되고 있다.

15 다음 중 물류시스템의 설계 원칙의 내용이 아닌 것은?

① 물류시스템은 기업의 목적 및 전략을 비롯한 기업 전반의 마케팅 목적과 전략 그리고 소비자 평가라는 총괄적인 차원에서 수립·집행되어야 한다.

② 물류시스템의 설계는 마케팅 설계와 밀접하게 관련되어 이루어져야 한다.

③ 물류시스템의 설계는 기업 전체의 목표와 전략을 바탕으로 이루어져야 한다.

④ 물류시스템의 설계는 기업의 한 분야로서의 일부로 계획·설계되어 파악되어야 한다.

⑤ 물류시스템 설계의 고려사항은 대고객 서비스수준, 설비입지, 재고정책, 운송수단과 경로 등이다.

16 물류정보시스템의 특징에 관한 설명으로 옳지 않은 것은?

① 상품의 흐름과 정보의 흐름은 밀접하게 연계되어 있다.

② 대량정보의 실시간 처리시스템이고 성수기와 비수기의 정보량 차이가 크다.

③ 물류비용보다는 서비스 수준을 높이는 데 중점을 두어야 한다.

④ 기업 내 또는 기업과 관계를 맺고 있는 거래처를 연결하는 원격지간 시스템이다.

⑤ 물류시스템에 연동되는 물류기기들과 상호작용할 수 있는 지능형 시스템이다.

17 다음 중 JIT 시스템과 비교했을 때 MRP 시스템의 도입효과를 모두 고르면?

> ㉠ 시스템과 관리체제의 일치 ㉡ 시각적 관리 효과
> ㉢ 노동생산성의 향상 ㉣ 원자재의 가격 절감
> ㉤ 간접 인원의 능률 향상

① ㉠, ㉡, ㉢, ㉣

② ㉠, ㉡, ㉢, ㉤

③ ㉠, ㉢, ㉣, ㉤

④ ㉡, ㉢, ㉣, ㉤

⑤ ㉠, ㉡, ㉢, ㉣, ㉤

18 다음 물류정보시스템에 대한 설명으로 옳지 않은 것은?

① POS(Point Of Sale)는 생산시점관리 데이터와 다른 재고 관련 정보를 연계한 자동발주의 개념이다.

② EAN/UCC(European Article Number/ Uniform Code Council) 시스템은 코드를 인쇄한 기업에 관계없이 어느 국가, 어느 장소에서도 사용 가능하다.

③ CPFR(Collaborating, Planning, Forecasting, and Replenishment)은 소매업체가 정보를 벤더와 공유하도록 하는 협력계획, 수요예측, 보충 등의 기능을 수행하는 시스템이다.

④ CRP(Continuous Replenishment Program)는 주로 제조업체나 물류센터의 보충발주를 자동화하는 시스템이다.

⑤ VMI(Vendor Managed Inventory)는 생산자가 소매업자와 상호 협의하여 소매업자의 재고를 관리하는 개념이다.

19 공동 수·배송 도입에 따른 기대효과로 옳지 않은 것은?

① 차량의 적재효율 향상

② 주변의 교통혼잡 증가

③ 차량의 운행효율 향상

④ 화물의 안정적인 확보

⑤ 대형화물차에 의한 대량운송 확대

20 친환경 녹색물류에 관한 설명으로 옳지 않은 것은?

① 녹색물류 활동을 통한 비용절감이 가능하며, 기업의 사회적 이미지가 제고된다.

② 조달·생산 → 판매 → 반품·회수·폐기(Reverse)상의 과정에서 발생하는 환경오염을 감소시키기 위한 제반 물류활동을 의미한다.

③ 우리나라에서는 폐기물을 다량 발생시키고 있는 생산자에게 폐기물을 감량 및 회수하고, 재활용 할 의무를 부여하는 생산자책임 재활용제도를 운영하고 있다.

④ 기업에서는 비용과 서비스에 상관없이 환경을 고려한 물류시스템을 도입해야 한다.

⑤ 물류활동을 통하여 발생되는 제품 및 포장재의 감량과 폐기물의 발생을 최소화하는 방법 등을 말한다.

21 물류비 산정의 목적 및 중요성에 대한 설명으로 옳지 않은 것은?

① 가격 책정에 필요한 물류비 자료를 제공한다.

② 물류의 기본계획 수립에 필요한 원가정보를 제공한다.

③ 물류비관리는 경영관리자에게 필요한 원가자료를 제공한다.

④ 소비자와 관련된 정보를 주관적으로 반영하여 적정가격의 책정을 위한 정보를 제공한다.

⑤ 물류예산의 편성과 통제를 위하여 필요한 원가자료를 제공한다.

22 다음 제3자 물류의 장점 중 화주기업 관점에서의 장점을 모두 고른 것은?

> ㉠ 기업의 핵심역량에 집중 ㉡ 물류관리 비용절감
> ㉢ 유연성의 향상 ㉣ 선진물류기법 활용
> ㉤ 다양한 물류고객의 확보가능

① ㉠, ㉡, ㉢, ㉣   ② ㉠, ㉡, ㉢, ㉤

③ ㉠, ㉢, ㉣, ㉤   ④ ㉠, ㉡, ㉣, ㉤

⑤ ㉠, ㉡, ㉢, ㉣, ㉤

23 컨테이너화(Containerization)의 장점이 아닌 것은?

① 대량 취급이 용이하므로 물류효율 향상

② 화물흐름의 신속화

③ 컨테이너 회수 및 보관장소 관리 용이

④ 복합 및 연계운송의 활성화

⑤ 물류표준화 및 효율화에 기여

24 물류보안 관련 제도에 관한 설명으로 옳지 않은 것은?

① CSI(Container Security Initiative) : 외국항만에 미국 세관원을 파견하여 미국으로 수출할 컨테이너화물에 대한 위험도를 사전에 평가하는 컨테이너보안협정

② C-TPAT : 미국 세관(국경안전청)이 도입한 반테러 민관 파트너십 제도

③ ISO 14001 : 여러 국가의 물류 보안 제도를 수용·준수하는 보안경영시스템이 갖추어져 있음을 인증하는 제도

④ ISPS Code : 각국 정부와 항만관리당국, 선사들이 갖춰야 할 보안 관련 조건들을 명시하고, 보안사고예방에 대한 가이드라인 제시

⑤ ISF(Importer Security Filing) : 선적지에서 출항 24시간 전, 미국 세관에 온라인으로 신고를 하도록 한 제도

25 다음 중 SCE(Supply Chain Execution)의 주요 의사결정 사항에 해당되지 않는 것은?

① 자재소요량계획 ② 재고수준

③ 공급자 선정 ④ 배송업체 선정

⑤ 채널간의 정보공유 수준

26 TQM(Total Quality Management)에 관한 설명으로 옳지 않은 것은?

① 품질관리 활동이 전사적으로 이루어져야 한다.

② 고객중심의 품질개념을 도입한 것이다.

③ 고객의 범위는 외부고객으로 한정한다.

④ 관리대상은 최종제품 뿐만 아니라 조직 내의 모든 활동과 서비스가 포함된다.

⑤ 품질에 대해 지속적인 개선이 이루어진다.

27 채찍효과(Bullwhip Effect)의 개선방안으로 옳은 것은?

① 기업 간의 협업을 강화시켜 부족분게임(shortage game)을 야기시킨다.
② 정보의 비대칭성 확대를 통해 불확실성을 감소시킨다.
③ 공급사슬 참여자 간의 정보공유를 통해 사일로(silo) 효과를 증가시킨다.
④ 일괄주문방식을 강화하여 비용증가를 억제시킨다.
⑤ 전략적 파트너십을 통해 공급망 관점의 재고관리를 강화시킨다.

28 다음 설명에 해당하는 물류조직의 유형은?

- 물류담당자들이 평상시에는 자기부서에서 근무하다가 특정 물류문제를 해결하기 위하여 여러 다른 부서의 인원이 모여 구성된다.
- 기능별 권한과 프로젝트별 권한을 가지므로 권한과 책임의 한계가 불분명하여 갈등이 발생할 수 있다.
- 항공우주산업, 물류정보시스템 개발과 같은 첨단 기술분야에서 효과적이다.

① 직능형 물류조직
② 라인·스태프형 물류조직
③ 사업부형 물류조직
④ 그리드형 물류조직
⑤ 매트릭스형 물류조직

29 다음 중 거래처리시스템의 특징을 설명한 것으로 가장 옳지 않은 것은?

① 조직의 일상적인 거래처리를 행한다.
② 문제해결이나 의사결정을 지원하지 않는다.
③ 대부분 실시간으로 처리해야 하기 때문에 비교적 짧은 시간에 많은 양의 자료를 처리한다.
④ 기업의 운영 현황에 관한 정보를 관리한다.
⑤ 시스템 구축 목적에 맞게 드릴다운(Drill-Down) 기법과 같은 정보제공 기능이 반드시 지원되어야 한다.

30 유통기업들이 다각화를 추구하는 이유로 거리가 먼 것은?

① 운영적 범위의 경제(핵심역량, 공유활동)를 실현
② 규모의 경제를 실현
③ 재무적 범위의 경제(위험감소, 세금혜택)를 실현
④ 반경쟁적 범위의 경제(복수시장경쟁, 시장지배력 우위)를 실현
⑤ 종업원의 동기(경영보상 극대화)를 실현

31 최근의 물류환경 변화에 관한 내용으로 옳지 않은 것은?

① 물류의 소량 다빈도화
② 환경문제를 중시하는 그린물류 부상
③ 세계교역량의 급격한 감소
④ 물류정보화의 진전
⑤ 물류기술의 고도화

32 제약이론(TOC)에 관한 설명으로 옳지 않은 것은?

① 이스라엘의 골드랫(Goldratt) 박사가 개발한 생산 스케줄링 소프트웨어에서 출발한 경영과학의 체계적 이론이다.
② 제약이론은 빠르게 변하는 환경에 대응하여 재고 변동폭의 감소와 생산과 판매를 연계하는 방법을 모색하는 이론이다.
③ 기업은 이러한 제약 자원들을 파악하고, 개선해야만 기업의 성과(Output)를 향상 시킬 수 있다.
④ 제약 자원들이 시스템의 목표 달성에 미치는 영향의 정도에 따라 우선 순위를 정하여 차례로 개선하는 것이다.
⑤ 성과보다는 프로세스 개선이 목표이다.

33 기업의 물류관리와 공급사슬관리에 대한 항목별 비교설명으로 틀린 것은?

구 분	항 목	물류관리	공급사슬관리
①	총비용접근방식	기업비용의 최소화	경로 전체의 비용효율
②	정보공유	현 거래 유지에 필요한 만큼	기획과 점검과정에 필요한 만큼
③	공급선의 수	소수 : 조정의 용이함 증대	다수 : 경쟁유발
④	경로리더십	불필요	조정차원에서 필요
⑤	위험 및 보상	구성원 개별	장기적으로 전체 공유

34 다음에서 설명하고 있는 향후 활용이 예상되는 차세대 물류기술은?

> 인간과 사물, 서비스의 세 가지로 분산된 환경요소에 대해 인간의 명시적 개입 없이 상호협력적으로 센싱(sensing), 네트워킹, 정보처리 등 지능적 단계를 형성하는 사물 공간 연결망이다.

① IoT(Internet of Things)
② Ubiquitous
③ Process Mining
④ Big Data
⑤ Cloud Computing

35 공급사슬관리(SCM)에 관한 설명으로 옳은 것은?

① 크로스도킹(Cross Docking)은 미국의 Amazon.com에서 최초로 개발하고 실행하여 성공을 거둔 공급사슬관리 기법이다.

② 채찍효과(Bullwhip Effect)를 감소시키기 위해서는 공급사슬내 각 주체 간의 전략적 파트너십보다는 단순 계약 관계의 구축이 도움이 된다.

③ CRM(Customer Relationship Management)은 솔루션의 운영을 통하여 공급자와 구매기업의 비즈니스 프로세스가 통합되어 모든 공급자들과 장기적인 협업관계 형성을 목표로 한다.

④ CPFR(Collaborative Planning Forecasting and Replenishment)은 공장에서 제품을 완성하는 대신 시장 가까이로 제품의 완성을 지연시켜 소비자가 원하는 다양한 수요를 만족시키는 것이다.

⑤ 대량고객화(Mass Customization)는 비용, 효율성 및 효과성을 희생시키지 않고 개별 고객들의 욕구를 파악하고 충족시키는 전략이다.

36 다음 내용은 집단의사결정에 활용되는 어느 기법의 특징과 장점을 설명한 것이다. 어느 것에 대한 설명인가?

┌───┐
│ ㉠ 전문적인 의견을 설문을 통하여 제시함으로, 의사결정의 진행이 익명에 의해 이루어지게 되어 소수 지배나 집단사 │
│   고 현상이 제거될 수 있다. │
│ ㉡ 단계별로 의사결정이 진행되기 때문에 의사결정 진행상황에 대한 추적이 용이하다. │
│ ㉢ 사회적, 감정적, 관계가 배제되어 문제에 집중할 수 있다. │
└───┘

① 개인면접법(Individual Interview)
② 델파이(Delphi)법
③ 브레인 스토밍(Brain Storming)
④ 변증법적 문의법(Dialectical Inquiry Model)
⑤ 명목집단법(Nominal Group Technique)

37 주문주기시간(Order Cycle Time)에 관한 설명으로 옳지 않은 것은?

① 주문주기시간은 재고정책의 개선활동을 통하여 단축될 수 있다.

② 주문전달(Order Transmittal)은 적재서류 준비, 재고기록 갱신, 신용장 처리작업, 주문 확인 등의 활동이다.

③ 재고 가용성(Stock Availability) 확보시간은 창고에 보유하고 있는 재고가 없을 때 생산지의 재고로부터 보충하는 데 소요되는 시간이다.

④ 주문인도(Order Delivery)는 주문품을 재고지점에서 고객에게 전달하는 활동이다.

⑤ 오더피킹(Order Picking)은 재고로부터 주문품 인출·포장·혼재 작업과 관련된 활동이다.

38 소매물류의 e-Retailing 관리에 대한 설명으로 가장 옳지 않은 것은?

① e-Catalog는 인터넷 환경에서 카탈로그의 발행자가 전자적인 원리로 카탈로그를 제작하여 이를 특정 고객에게 자신의 홈페이지에 콘텐츠 형식으로 직접 알리거나 이메일, 인터넷 TV 등의 수단을 사용하여 발송하는 것을 말한다.

② e-Marketplace는 인터넷상에서 다수의 공급자와 수요자가 필요한 제품이나 서비스를 최적의 조건으로, 다양한 구매방식에 의해 비즈니스 거래를 하도록 유발하는 가상시장을 통칭한다.

③ e-CRM은 인터넷을 통해 상품 정보의 데이터베이스를 공유해 유통과 제조업체의 업무효율성을 높일 수 있으며, 구매자와 공급자 사이를 쉽고 편하게 연결해 주는 방법이다.

④ e-SCM은 디지털 기술을 활용하여 공급자에서 고객까지의 Supply Chain 상의 물자 및 정보를 공유하는 것을 목적으로 한다.

⑤ e-Procurement는 대부분의 구매업무를 실시간으로 처리할 수 있도록 하여 구매기간과 구매처리 Lead Time을 단축시키며 투명하고 공정한 시스템을 구현케 함으로써 대외적으로 투명성을 제고할 수 있다.

39 소매점에서 유통창고로 제품을 주문하는 경우 제품 인도기간의 분포가 다음 그림과 같이 나타난 이유로 가장 적절한 것은?

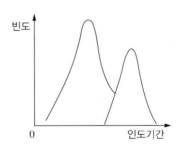

① 수송비의 과다
② 안전재고 과다
③ 백오더(Back-order)의 발생
④ 경제적 주문량 과다
⑤ 주기재고 과다

40 공급사슬관리(SCM ; Supply Chain Management)의 도입 효과로 옳지 않은 것은?

① SCM을 통한 최적화된 생산일정으로 생산성이 증가될 수 있으며 신제품 개발을 위한 신속한 준비가 가능해진다.

② 공급사슬 내 생산, 유통, 판매에 관련된 유용한 정보를 적절한 시간에 공유할 수 있다.

③ 공급사슬 내 파트너들의 업무 프로세스가 유기적으로 통합 수행될 수 있어 효과적인 업무처리를 실현할 수 있다.

④ SCM을 통해 다른 기업과 상호신뢰관계가 구축되어 장기적인 비즈니스 파트너로서 안정적인 거래를 기대할 수 있다.

⑤ 공급사슬 내의 제품흐름이 안정적인 수준으로 유지되도록 하기 위하여 재고 수준을 최대화시킴으로서 재고량을 증가시키는 것을 목표로 한다.

41 정보기술의 발달에 따른 화물운송의 변화에 관한 설명으로 옳지 않은 것은?

① 물류정보기술의 발달로 재고가 증가되고 있지만 배송물량은 감소하고 있다.

② 주문과 재고의 가시성이 확보되면서 차량배차에 대한 효율성이 증가하여 운송비를 절감할 수 있게 되었다.

③ 다품종 소량 화물이 늘어나면서 정보기술을 활용한 배송체계를 구축하는 사례가 늘어나고 있다.

④ 고객에게 제품도착 예정시간을 알려주고, 사후 배송서비스에 대한 고객만족도를 모니터링하는 경우가 늘어나고 있다.

⑤ 정보통신기기를 활용한 배송정보 조회, 배송완료 통지 등의 부가운송서비스 제공이 늘어나고 있다.

42 화물의 종류나 내용과는 관계없이 중량과 용적에 따라 동일하게 부과하는 해상 정기선 운임의 종류는 무엇인가?

① 종가운임(Ad Valorem Freight)

② 경쟁운임(Open Rate)

③ 독자운임(Independent Action Rate)

④ 접속운임(Overland Common Point Rate)

⑤ 무차별운임(Freight All Kinds Rate)

43 다음은 하역비 부담조건의 종류를 열거한 것이다. 적합하지 않은 것은?

① Berth Term Charter : 적·양하비 모두 화주가 부담하는 조건

② FI(Free In) Charter : 적하비는 화주가 부담하고 양하비는 선주가 부담하는 조건

③ FO(Free Out) Charter : 적하비는 선주가 부담하고 양하비는 화주가 부담하는 조건

④ Gross Term Charter : 하역비, 항비 등의 일체를 선주가 부담하는 조건

⑤ Net Term Charter : 하역비, 항비 등의 일체를 화주가 부담하는 조건

44 운송수단의 선택기준으로 옳지 않은 것은?

① 화물종류
② 화물량
③ 운송비용
④ 종업원 수
⑤ 운송거리

45 항공화물운송 운임에 관한 설명으로 옳은 것을 모두 고른 것은?

> ㄱ. 일반화물 요율은 최저운임, 기본요율, 중량단계별 할인요율로 구성되어 있다.
> ㄴ. 기본요율은 요율표에 "M"으로 표시된다.
> ㄷ. 항공운임은 선불(Prepaid)과 도착지불(Charges Collect)이 있다.
> ㄹ. 기본요율은 45kg 미만의 화물에 적용되는 요율로 일반화물 요율의 기준이 된다.
> ㅁ. 특정품목할인 요율은 최저중량 제한 없이 할인요율을 적용한다.

① ㄱ, ㄴ, ㄷ   ② ㄱ, ㄴ, ㄹ

③ ㄱ, ㄷ, ㅁ   ④ ㄱ, ㄷ, ㄹ

⑤ ㄴ, ㄷ, ㄹ

46 다음 설명과 관련이 있는 것은 무엇인가?

> 이 제도는 미국으로 수출되는 화물의 보안유지를 위하여 보다 엄격한 기준을 요구하고 공급망(SCM) 보안에 참여한 기업에 대한 인센티브 도입 등 기존의 화물 보안 프로그램을 강화하기 위하여 제안되었다. 컨테이너에 테러위험 화물이 적재되어 있는지 쉽게 파악하고, 송화인이 스스로 보안에 대해 책임지도록 하는 절차의 마련을 위해 2005년 11월 미국 상원에서 제안된 해상 물류 보안제도이다.

① 컨테이너 안전협정(CSI)

② 위험물 컨테이너 점검제도(CIP)

③ Greenlane 해상화물보안법(GMCSA)

④ 국제선박 및 항만시설 보안규약(ISPS code)

⑤ 항만보안법(SAFE Port Act)

47 차량 운행계획 원칙과 관련된 설명으로 옳지 않은 것은?

① 운행경로는 데포(Depot)에서 가장 가까운 지역부터 계획을 수립한다.

② 수요지에 따라 배송날짜가 다른 경우에는 요일별로 분리된 노선배정과 일정계획을 세운다.

③ 집화(Pick-up)는 배송과정에서 하는 것이 효율적이다.

④ 운송물동량이 많은 경로는 적재용량이 큰 차량을 배차한다.

⑤ 배송경로에서 제외된 수요지는 별도의 차량을 이용한다.

48 항공운송용 단위탑재용기(ULD ; Unit Load Device)와 관련된 설명으로 옳지 않은 것은?

① 종류에는 파렛트, 컨테이너, 이글루, GOH(Garment On Hanger) 등이 있다.
② 항공기종에 적합하게 제작되어야 하므로 초기 투자비용이 많이 든다.
③ 지상조업시간, 하역시간을 단축할 수 있다.
④ 운송화물의 안전성이 제고된다.
⑤ 기종별 규격의 표준화로 ULD의 기종 간 호환성이 높다.

49 선박의 톤수에 관한 설명 중 틀린 것은?

① 총톤수는 선박 내부의 총용적으로 상갑판하의 적량과 상갑판상의 밀폐된 정도의 적량을 합한 것으로 상선이나 어선의 크기를 표시한다.
② 순톤수는 총톤수에서 기관실, 선원실, 해도실 등 선박의 운항과 관련된 장소의 용적을 제외시킨 것이다.
③ 재화용적톤수는 관습상 $40ft^3$를 1톤으로 나타내고 있다.
④ 순재화중량톤수는 화물선의 최대적재능력을 표시하는 기준으로 화물선, 탱커의 선복량을 나타내는 데 사용한다.
⑤ 순톤수는 항만세, 톤세, 운하통과료, 등대사용료, 항만시설사용료 등 모든 세금과 수수료의 산출기준이 된다.

50 항공화물 운송수단을 타 운송수단과 비교하였을 때 다음 설명 중 가장 옳지 않은 것은?

① 운임은 타 운송수단에 비해 고가이며 수요의 운임 탄력성이 크다.
② 해상운송수단에 비해 화물의 파손·손실이 적다.
③ 항공화물운송수단은 중량 및 부피, 길이 등에 대한 제한이 심하다.
④ 육상 및 해상 운송수단과 복합일관수송체계를 구축할 수 있다.
⑤ 사고 발생빈도 면에서 안전성이 높다.

51 특수화물운송 취급 장비 중 유압식 크레인의 용도 및 특징에 관한 설명으로 옳은 것은?

① 하이드로 크레인(Hydro Crane)이라고도 하며, 중·단거리 이동이 가능한 트럭 위에 탑재시킨 장비이다.
② 상자형 화물실을 갖추고 있는 원동기부의 덮개가 운전실 앞쪽에 나와 있다.
③ 화물실의 지붕이 없고, 옆판이 운전대와 일체로 되어 있다.
④ 적재함 위에 회전하는 드럼을 싣고 화물을 뒤섞으면서 운행한다.
⑤ 화물 적재장치(포크, 램)와 승강장치를 구비하고 있다.

52 Tractor에 대한 설명 중 가장 옳지 않은 것은?

① Tractor는 트레일러를 전문적으로 연결·운송할 수 있도록 제작된 차량을 말한다.

② Tractor는 바퀴가 많아서 하중의 분산이 잘 되고 많은 양을 운송할 수 있다.

③ Tractor는 연결운행 시에 차량의 중간이 굴절하므로 회전반경이 좁다.

④ Tractor는 길이가 길어 장척물 운송에 적합하다.

⑤ Tractor는 운송도중 고장이 발생하면 다른 견인차량으로 교체하여 운송이 불가능하기 때문에 운송지연이 발생한다.

53 물류터미널의 기능으로 옳지 않은 것은?

① 유통가공 기능
② 화물보관 기능
③ 운송수단 간 연계 기능
④ 화물운송의 중계기지 기능
⑤ 소매시장 기능

54 다음 중 유닛로드 시스템의 효과와 거리가 먼 것은?

① 물동량을 단위화된 크기로 작업이 가능하나 포장자재 비용의 절감이 어렵다.

② 수송장비의 상·하차작업이 신속히 이루어져 하역작업의 대기시간이 단축된다.

③ 물동량을 단위화함으로써 자동화설비나 자동화 장비의 이용이 가능하다.

④ 파렛트화, 컨테이너화 등의 단위화로 인력이 절약된다.

⑤ 표준화된 단위로 포장, 하역, 수송, 보관되어 물류작업의 표준화가 가능하다.

55 컨테이너에 관한 설명으로 옳지 않은 것은?

① 화물의 단위화를 목적으로 하는 운송용기로서 육상·해상·항공을 통한 화물운송에 있어 경제성, 신속성, 안정성의 이점을 갖고 있다.

② 물적유통 부문의 운송·보관·포장·하역 등의 전 과정을 일관운송할 수 있는 혁신적인 운송용기이다.

③ 반복사용이 가능한 운송용기로서 신속한 하역작업을 가능하게 하고 이종운송수단간 접속을 원활하게 하기 위해 고안된 화물수송용기이다.

④ 화물을 운송하는 과정에서 재포장 없이 사용할 수 있도록 설계되어 취급이 용이하며, 해상운송방식에만 사용할 수 있도록 고안된 운송용기이다.

⑤ 환적작업이 신속하게 이루어질 수 있는 장치를 구비하여야 하며, 화물의 적입 및 적출이 용이하도록 설계된 $1m^3$ 이상의 용기이다.

56 복합운송에 대한 설명 중 틀린 것은?

① 복합운송은 복합운송인이 전운송구간에 걸쳐 화주에게 단일책임을 져야 한다.

② 복합운송은 복합운송인이 화주에 대하여 전운송구간을 차지하는 유가증권으로서 복합 운송서류를 발행하여야 한다.

③ 복합운송은 반드시 두가지 이상 서로 다른 운송방식에 의하여 이행되어야 한다.

④ 복합운송인은 복합운송의 서비스 대가로서 전운송구간이 단일화된 운임을 설정한다.

⑤ 복합운송에서 위험부담의 분기점은 송화인이 물품을 선적하는 시점이 된다.

57 화물자동차와 선박의 장점을 혼합하여 이용하는 방법으로 수송비 절감, 수송시간의 절약, 수송능률의 증대효과를 가져오는 수송수단 혼합이용 방식은?

① Piggy-Back 방식

② Rail-Water 방식

③ Ship-Barge 방식

④ Fishy-Back 방식

⑤ Truck-Air 방식

58 컨테이너 화물에 관한 설명으로 옳지 않은 것은?

① FCL은 하나의 컨테이너에 만재되어 운송되는 화물을 의미한다.

② LCL화물을 집화하여 FCL화물로 만드는 작업을 Consolidation라 한다.

③ 터미널화물처리비(THC)는 FCL이 CY(Off-dock CY 포함)에 반입되는 순간부터 반출될 때까지의 모든 비용을 말한다.

④ CFS 또는 CY로부터 화물 또는 컨테이너를 무료장치기간(Free Time) 내에 반출하지 않으면 보관료 (Storage Charge)를 징수한다.

⑤ 40ft 컨테이너 1개를 1TEU라 하며, TEU를 컨테이너 물동량 산출 단위로 이용한다.

59 공동수배송에 관한 설명으로 옳지 않은 것은?

① 공동수배송에 참여하는 기업들은 집하, 분류, 배송측면에서의 시너지 효과를 기대할 수 없다.

② 공동수배송은 사람, 자금, 시간 등 경영자원을 효율적으로 활용할 수 있게 한다.

③ 공동수배송은 동종업계와의 공동수배송, 지역 내 인근 회사와의 공동수배송 등 다양한 방식을 활용하고 있다.

④ 기업 간의 이해 불일치, 정보공유 기피 등이 공동수배송 활성화의 장애 요인이다.

⑤ 공동수배송의 유형은 배송공동형, 집하배송공동형, 공동납품 대행형 등으로 다양하다.

60 다음 중 도로운송에 관한 설명으로 옳은 것을 모두 고른 것은?

> ㉠ 운임이 저렴하고 안정성이 높다.
> ㉡ 근거리 운송에 적합하고 운임이 탄력적이다.
> ㉢ 필요시 즉시 배차가 용이하다.
> ㉣ 간단한 포장으로 운송이 가능하다.
> ㉤ 철도운송에 비해 상대적으로 기후에 영향을 적게 받는다.
> ㉥ Door-to-Door 서비스와 일관수송이 가능하기 때문에 화물의 수취가 편리하다.

① ㉠, ㉡, ㉢, ㉣　　　　　　　　　② ㉡, ㉢, ㉣, ㉤

③ ㉡, ㉢, ㉣, ㉥　　　　　　　　　④ ㉠, ㉢, ㉣, ㉥

⑤ ㉢, ㉣, ㉤, ㉥

61 다음 네트워크에서 각 운송로의 숫자는 각 운송로에 대한 최대 운송 용량(톤)을 나타낸다. 출발지 S에서 목적지 F로 최대로 운송할 수 있는 운송량은?

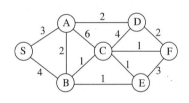

① 4톤　　　　　　　　　　　　　　② 5톤

③ 6톤　　　　　　　　　　　　　　④ 7톤

⑤ 8톤

62 수송수단별 비용의 특성에 대한 다음 설명 중 옳지 않은 것은?

① 철도운송은 높은 고정비용과 낮은 변동비용의 특성이 있으며, 화물의 양과 운송거리가 증가함에 따라 규모의 경제효과가 나타난다.

② 공로운송은 터미널 비용과 간선운송비용으로 구성되며, 터미널 비용은 화물의 크기가 작을 때 전체비용에서 차지하는 비율이 높다.

③ 해상운송은 높은 항만비용에도 불구하고 낮은 운송비용으로 인하여 톤·마일당 비용은 거리와 화물의 크기에 비례해서 낮아진다.

④ 항공운송은 다른 운송수단에 비하여 상대적으로 높은 고정비와 변동비로 인하여 장·단거리 운송에 있어서 톤·마일당 비용이 높다.

⑤ 파이프라인운송에 있어 톤·마일당 비용은 처리량과 파이프라인의 길이가 증가함에 따라 감소하게 된다.

63 다음은 A기업의 화물운송 방식이다. 채트반(Chatban) 공식을 이용하여 운송할 때 그 결과에 관한 설명으로 옳지 않은 것은?

> - 자동차운송비 : 8,000원/ton · km
> - 철도운송비 : 7,500원/ton · km
> - 톤당 철도운송 부대비용(철도 발착비 + 배송비 + 화차 하역비 등) : 53,000원

① A기업은 80~100km 구간에서 자동차운송이 유리하다.

② A기업은 100~120km 구간에서 철도운송이 유리하다.

③ 100km 지점에서 톤당 철도운송의 부대비용이 50,000원일 때, 자동차운송비와 철도운송비가 동일하다.

④ A기업은 106km 지점에서 자동차운송비와 철도운송비가 동일하다.

⑤ A기업의 자동차운송의 경제적 효용거리는 106km이다.

64 정기선 운송에 관한 서류와 설명이 옳게 연결된 것은?

> ㄱ. 컨테이너 및 섀시 등에 대한 터미널에서의 기기 인수인도 증명서
> ㄴ. 선적완료 후 선사가 작성하는 적하목록으로 목적지 항별로 작성하여 대리점에 통보
> ㄷ. 화주가 선사에 제출하는 운송의뢰서로서 운송화물의 명세가 기재되며 이것을 기초로 선적지시서, 선적계획, 선하증권 등을 발행
> ㄹ. 본선과 송화인 간에 화물의 수도가 이뤄진 사실을 증명하며, 본선에서의 화물 점유를 나타내는 우선적 증거

① ㄱ : Shipping Request	ㄴ : Dock Receipt	
② ㄱ : Shipping Request	ㄷ : Arrival Notice	
③ ㄴ : Dock Receipt	ㄷ : Arrival Notice	
④ ㄴ : Dock Receipt	ㄹ : Mate's Receipt	
⑤ ㄷ : Shipping Request	ㄹ : Mate's Receipt	

65 다음은 항공화물의 운송절차 중 일부이다. 수출 운송절차의 순서로 옳은 것은?

> ㉠ 운송장 접수   ㉡ 화물반입 및 접수
> ㉢ 장치 통관   ㉣ 적 재
> ㉤ 탑 재

① ㉠ - ㉡ - ㉢ - ㉣ - ㉤
② ㉠ - ㉡ - ㉢ - ㉤ - ㉣
③ ㉠ - ㉡ - ㉣ - ㉢ - ㉤
④ ㉡ - ㉠ - ㉢ - ㉣ - ㉤
⑤ ㉡ - ㉠ - ㉣ - ㉢ - ㉤

66 수·배송시스템을 합리적으로 설계하기 위한 요건과 분석기법에 관한 설명으로 옳지 않은 것은?

① VSP(Vehicle Schedule Program)는 도로 네트워크상 복수의 배송센터에서 다수의 고객에게 배송하는 데 필요한 보유 차량대수, 소요시간, 도로거리, 배송량 등을 입력할 때 차량의 운행효율을 최대로 하는 배송루트와 필요 차량대수를 계산한다.

② 루트배송법은 다수의 소비자에게 소량 배송하기에 적합한 시스템으로 비교적 광범위한 지역을 대상으로 한다.

③ 수·배송시스템 설계시 배송범위, 운송계획 등을 고려하여야 효율성을 높일 수 있다.

④ SWEEP법, TSP(Travelling Salesman Program)법 등이 포함되는 변동 다이어그램은 운송수단, 배송량 등을 고려하여 경제적인 수·배송 경로를 설정하는 방식이다.

⑤ 고정다이어그램은 과거 통계치에 의존하여 배송스케쥴을 설정하고, 적시배달을 중시하는 배송시스템으로 배송범위가 광범위하고 빈도가 적은 경우에 유리하다.

67 택배운송장의 역할과 중요성에 관한 설명으로 옳지 않은 것은?

① 배송 완료 후 배송여부 등에 대한 책임소재를 확인하는 증거서류 역할을 하게 된다.

② 선불로 요금을 지불한 경우에는 운송장을 영수증으로 사용할 수 있다.

③ 택배회사가 화물을 송화인으로부터 이상 없이 인수하였음을 증명하는 서류이다.

④ 운송장에 인쇄된 바코드를 스캐닝함으로써 추적정보를 생성시켜 주는 역할을 하게 된다.

⑤ 착불화물의 경우에는 운송장을 증빙으로 제시하여 수화인에게 요금을 청구하는 것은 불가능하다.

68 용선형태에 따른 항해용선계약의 설명 중 틀린 것은?

① Gross Terms Charter - 용선료에 정기선에서 적용하는 운임을 기준으로 용선계약을 하는 경우를 말한다.

② FIO Charter - 용선자가 화물의 선적과 양하비용을 부담해야 하고 항만비용은 선주가 부담한다.

③ Lumpsum Charter - 용선자는 약정된 선복을 자신에게 편리한 방식으로 화물종류에 국한하지 않고 신축성 있게 선복을 활용할 수 있다.

④ Berth Terms Charter - 선주는 화물의 선적과 양하를 해당 항만사정과 관례에 따라 책임을 담당하겠다는 조건이다.

⑤ Net Term Charter - 용선인이 선적·양하비 외에 하역준비완료시부터 양하종료시까지 일체의 비용을 부담하는 용선계약이다.

69 다음 네트워크에서 출발지 S로부터 도착지 F까지 최단경로의 거리는 얼마인가? (단, 경로별 숫자는 km임)

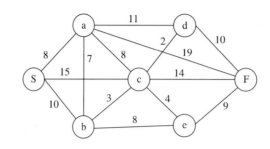

① 23km

② 24km

③ 25km

④ 26km

⑤ 27km

70 다음 중 TMS(Transportation Management System)의 주요 기능과 가장 거리가 먼 것은?

① 신속한 배송의뢰 주문처리 기능

② 화물의 입·출고 빈도 ABC 분석 기능

③ 일일 배송계획 기능

④ 차량 운행관리 기능

⑤ GPS를 이용한 화물추적 기능

71 수송수요 분석모형의 화물발생량 예측단계에서 사용하는 기법이 아닌 것은?

① 통행교차모형(Trip-interchange Model)

② 회귀분석법(Regressing Model)

③ 원단위법(Trip Rate Method)

④ 카테고리분석법(Category Method)

⑤ 성장률법(Growth Rate Method)

72 개인차주 K씨는 적재정량 12톤 차량을 1대 보유하여 운행하고 있다. 1주일 동안 운행한 실적을 조사했더니 다음과 같다. 평균적재율은 얼마인가?

구 분	주행거리(km)	적재량(ton)
1일차	150	7
2일차	200	8
3일차	100	4
4일차	300	10
5일차	300	10
6일차	100	7
7일차	150	5

① 67.3%
② 67.5%
③ 67.7%
④ 67.9%
⑤ 68.1%

73 FIATA(International Federation of Freight Forwarder Association) 복합운송증권(Multimodal Transport Document)에 관한 설명으로 옳지 않은 것은?

① 프레이트 포워더(Freight Forwarder)는 화주의 단독위험으로 화물을 보관할 수 있다.

② 프레이트 포워더가 인도지연으로 인한 손해, 화물의 멸실, 손상 이외의 결과적 멸실 또는 손상에 대해 책임을 져야 할 경우, 프레이트 포워더의 책임한도는 본 FBL(Forwarder's B/L)에 의거한 복합운송계약 운임의 3배 상당액을 초과하지 않는다.

③ FBL에 따르면, 화물의 손상, 멸실 등의 경우 프레이트 포워더는 무과실을 입증하지 못하는 한 배상책임을 면할 수 없다.

④ 해상운송이나 내수로 운송이 포함되지 않은 국제복합운송의 경우, 프레이트 포워더의 책임은 멸실 또는 손상된 화물의 총중량 1kg당 8.33SDR(Special Drawing Rights)을 초과하지 않는 금액으로 제한된다.

⑤ 프레이트 포워더의 총책임은 손해발생구간이 확인된 경우에는 해당 구간의 운송법을 적용하고 확인되지 않은 경우에는 해상운송 여부를 기준으로 책임한도를 정한다.

74 다음의 파렛트 규격 중, 한국산업표준(KS T2033)에서 정하고 있는 '아시아 일관수송용 평파렛트'의 크기에 해당되는 것을 모두 고른 것은?

> ㉠ 1,067mm × 1,067mm   ㉡ 1,100mm × 1,100mm
> ㉢ 1,140mm × 1,140mm   ㉣ 1,200mm × 800mm
> ㉤ 1,200mm × 1,000mm   ㉥ 1,219mm × 1,016mm

① ㉠, ㉡, ㉢
② ㉡, ㉤
③ ㉣, ㉤
④ ㉡, ㉣, ㉤
⑤ ㉣, ㉤, ㉥

75 다음에서 설명하는 차량은?

> 밴형 차량의 측문이 하나이거나 한쪽에만 설치되어 있어 측면에서의 상·하차작업이 불편할 뿐만 아니라, 지게차에 의한 작업시 상·하차작업이 곤란한 문제점을 해결하기 위하여 측면의 문을 미닫이 식으로 설치함으로써 측면 전체의 개방이 가능하도록 제작된 차량이다. 주로 무거운 화물(음료수 등)을 배송하는 중·소형 차량에 적용된다.

① 슬라이딩도어(Sliding Door) 차량
② 컨버터블(Convertible) 적재함 차량
③ 셔터도어(Shutter Door) 차량
④ 윙바디(Wing Body) 차량
⑤ 폴트레일러(Pole Trailer) 차량

76 다음 설명으로 옳은 것은?

> • 경쟁업자들의 운임에 대처하고, 운임공표와 관리를 단순화하기 위해서 운송업자들이 개발하였다.
> • 출발지에서 특정지역으로 운송되는 경우에 적용되는 하나의 운임이다.
> • 장거리 구간에 운송되는 재화와 제품의 생산과 소비가 특정 지역으로 집중되는 경우에 적용되는 가장 일반적인 운임이라고 할 수 있다.

① 단일운임   ② 비례운임
③ 체감운임   ④ 지역(구역)운임
⑤ 수요기준운임

77 다음의 빈칸에 들어갈 수·배송시스템의 설계순서로 옳은 것은?

> 화물의 특성 파악 → 수·배송시스템의 질적 목표 설정 → ( ) → ( ) → ( ) → ( ) → ( ) → 귀로 운행 계획

> ㉠ 차종 판단
> ㉡ 배차운영계획
> ㉢ 출하부문의 특성 파악
> ㉣ 수요처별 특성 파악
> ㉤ 수요처별 운행여건 파악

① ㉠, ㉡, ㉢, ㉣, ㉤   ② ㉡, ㉢, ㉣, ㉤, ㉠
③ ㉢, ㉣, ㉤, ㉠, ㉡   ④ ㉣, ㉤, ㉠, ㉡, ㉢
⑤ ㉤, ㉠, ㉡, ㉢, ㉣

78 다음 괄호 안에 적합한 국제복합운송관련 용어를 순서대로 옳게 나타낸 것은?

> 이종책임체계(Network Liability System)는 화주에 대하여 복합운송인이 전 운송구간에 걸쳐 책임을 부담하지만 손해발생 구간이 확인된 경우 해상운송구간에서는 (   ), 항공운송구간에서는 (   ), 도로운송구간에서는 (   ) 및 각국의 일반화물자동차운송약관, 그리고 철도운송구간에서는 (   )에 의해서 책임체계가 결정된다.

> ㉠ Warsaw Convention
> ㉡ CIM 조약
> ㉢ Hague Rules
> ㉣ CMR 조약

① ㉢, ㉣, ㉠, ㉡
② ㉢, ㉠, ㉣, ㉡
③ ㉡, ㉢, ㉠, ㉣
④ ㉠, ㉣, ㉡, ㉢
⑤ ㉠, ㉢, ㉣, ㉡

79 다음과 같은 운송조건의 수송표가 주어졌을 때 북서코너법을 이용한 총 수송비는 얼마인가? (단, 각 셀은 단위당 수송비용임)

(단위 : 천원)

공급지 \ 수요지	D1	D2	D3	공급량(kg)
P1	20	40	30	15
P2	50	20	100	12
P3	100	60	40	5
수요량(kg)	10	15	7	32

① 900,000원
② 1,000,000원
③ 1,100,000원
④ 1,200,000원
⑤ 1,300,000원

80 복합물류터미널 개발을 위한 수요예측에 대한 설명으로서 부적절한 것은?

① 시계열 모형을 이용하여 단기수요를 예측해야 한다.
② 총 수요 가운데 복합물류터미널을 경유할 화물의 비율을 결정한다.
③ 경유비율을 총수요량에 곱하여 복합물류터미널 수요를 산출한다.
④ 시설 원단위를 적용하여 수요를 처리할 수 있는 시설 규모를 결정한다.
⑤ 시설 소요면적은 순수 보관 면적과 통로, 작업장 등 추가 면적을 고려하여 결정한다.

81 최근 국제물류 환경변화로 옳은 것은?

① 제품의 수명주기가 길어짐에 따라 신속한 국제운송이 요구되고 있다.

② 환경친화적 물류관리를 위하여 세계적으로 환경오염에 대한 규제가 완화되고 있다.

③ 위치기반기술의 발전으로 인하여 실시간 화물추적과 운행관리가 가능해졌다.

④ 기업들은 SCM체제를 구축하여 재고 증대를 통한 빠른 고객대응을 추구하게 되었다.

⑤ e-Logistics의 활용으로 물류 가시성이 낮아지고 있다.

82 국제물류관리기법의 출현 시기를 순서대로 바르게 나열한 것은?

① CIM → CALS → JIT → SCM

② JIT → CIM → CALS → SCM

③ SCM → CALS → JIT → CIM

④ JIT → SCM → CALS → CIM

⑤ SCM → JIT → CIM → CALS

83 현재 국내 주요 항만에서 운영되고 있는 해운항만 종합정보시스템으로서 화물 및 선박의 입출항과 관련된 것은?

① PORT-MIS

② CVO

③ KROIS

④ ITS

⑤ KL-NET

84 우리나라의 수출상사 D사가 부산항(BUSAN)에서 중국의 청도항(QINGDAO)까지 해상운임과 보험료를 부담하기로 하는 국제물품매매계약을 체결했을 경우 무역거래조건으로 가장 적합한 표시방법은?

① CIF BUSAN

② CIP BUSAN

③ CIF QINGDAO

④ CIP QINGDAO

⑤ CPT QINGDAO

85 다음 Incoterms 2020 무역거래조건 중 매도인이 수입통관 후 매수인이 지정한 장소까지 인도하기로 약정된 무역조건은?

① CIP
② DDP
③ DAP
④ FAS
⑤ FOB

86 정기용선계약에서 선주가 부담하는 비용으로만 묶은 것은?

㉠ 선원의 급료	㉡ 선박의 감가상각비
㉢ 입항세	㉣ 선박의 연료비
㉤ 선박보험료	

① ㉠, ㉡, ㉢
② ㉡, ㉢, ㉣
③ ㉢, ㉣, ㉤
④ ㉠, ㉡, ㉤
⑤ ㉢, ㉣, ㉤

87 GENCON Charter Party에 명시된 체선료 조항의 내용으로 옳지 않은 것은?

Demurrage at the loading port and discharging port is payable by the Charterers at the rate stated in Box 20 in the manner stated in Box 20 per day or pro rata for any part of a day. Demurrage shall fall due day by day and shall be payable upon receipt of the Owner's invoice. In the event the demurrage is not paid in accordance with the above, the Owners shall give Charterers 96 running hours written notice to rectify the failure. If the demurrage is not paid at the expiration of this time limit and if the vessel is in or at the loading port, the Owners are entitled at any time to terminate the Charter Party and claim damages for any losses caused thereby.

① 선적항 및 양륙항에서의 체선료는 1일당 또는 1일 미만의 경우에는 그 비율에 따라 20란(Box 20)에 표시된 체선요율과 지급 방법에 의거해 용선자가 지급한다.
② 체선료는 매일 계상하고 선주로부터 청구서 수령시 지급한다.
③ 체선료가 지급되지 않을 경우 선주는 그 불이행을 시정하기 위해 용선자에게 연속 96시간의 서면통지를 한다.
④ 체선료가 96시간내에 지급되지 않는 경우 선주는 용선계약자의 동의하에 용선계약을 종료시킬 수 있지만 그에 따른 손해배상은 청구할 수 없다.
⑤ 이 경우 용선계약을 종료시킬 수 있는 권리는 선적항에서 발생가능하다.

88 다음 중 CPT조건에 있어서의 매도인의 의무에 관한 설명으로 틀린 것은?

① 매매계약에 일치하는 물품 및 상업송장과 그 밖에 일치성에 관하여 계약에서 요구되는 증빙을 제공하여야 한다.
② 지정목적지의 합의지점까지 자기의 비용으로 운송계약을 체결하여야 한다.
③ 물품의 최초의 운송인에게 인도될 때까지의 일절의 위험을 부담하여야 한다.
④ 자기의 위험 및 비용부담으로 수입통관절차를 밟아야 한다.
⑤ 지정목적지 운송비지급인도조건이다.

89 최근 선박대형화가 해운항만에 미치는 영향으로 옳지 않은 것은?

① 하역장비의 대형화
② Hub & Spoke 운송시스템의 감소
③ 대형선박 투입으로 기항항만 수 감소
④ 항만생산성 제고 압력 증대
⑤ 항만운영에 있어서 자본투입 증가

90 다음 수입화물선취보증서(L/G)에 대한 설명 중 잘못된 것은?

① 선하증권이 도착되면 이것을 즉시 선박회사에 제출하겠다는 약속문언이다.
② 선적서류 도착 전에 수입상이 수입물품을 인도받음에 따라 발생하는 모든 문제를 개설은행이 책임진다.
③ 수입상이 경제자금이 없을 때 이용하는 제도이다.
④ 원본 선적서류가 L/G발행 이후 발행은행에 도착되어 서류상 불일치가 있다 하더라도 지급 거절할 수 없다.
⑤ 수입상의 거래은행이 운송서류상의 운송인 앞으로 발행하여야 한다.

91 국제복합운송을 규제하는 UN 국제물품복합운송조약에 대한 설명으로 틀린 것은?

① 복합운송인의 책임은 과실책임주의에 의한다.
② 물품의 멸실·손상·지연에 의한 손해의 발생에는 운송인의 과실이 있는 것으로 추정한다.
③ 복합운송인은 자신의 관리하에 들어온 물품에 주의를 게을리함으로써 생긴 물품에 대하여 생긴 멸실·손상에 대해서 배상책임을 진다.
④ 물품이 90일 내에 인도되지 않은 경우에는 청구권자는 반증이 없는 한 그 물품을 멸실된 것으로 취급할 수 있다.
⑤ 복합운송인은 설사 무과실에 대해 입증한다고 하더라도 배상책임을 진다.

92 무역계약에서 청약(offer)과 승낙(acceptance)의 관계를 나타낸 것으로 적절한 것은?

① 청약에 유효기간이 있는 경우, 유효기간이 경과되어도 통상 1~2주 기간 동안 유효하다.

② 청약에 대하여 부가, 제한 또는 기타의 변경을 포함하고 있는 응답 역시 승낙으로 본다.

③ 불확정오퍼(free offer)는 그 청약에 대한 상대방의 승낙만으로는 매매계약이 성립되지 않고 나아가 그 승낙에 대한 청약자의 최종확인이 있어야만 매매계약이 성립된다.

④ 확정청약(firm offer)에는 보통 승낙회답의 유효기간이 정해져 있지 않다.

⑤ 승낙은 청약의 조건과 완전히 일치하지 않아도 된다.

93 헤이그 규칙(Hague Rules)에 관한 설명으로 옳지 않은 것은?

① 운송인은 본선 선적개시시부터 출항시까지 선박의 내항성(Seaworthiness)에 대한 주의를 게을리하지 말아야 할 의무가 있다.

② 항해 또는 선박 자체의 취급에 대하여 선장이나 선원의 과실인 항해과실에 대하여는 운송인이 책임진다.

③ 선박의 항해에 필요한 승조원을 배치하고 선박의 의장 및 필수품을 보급할 의무가 운송인에게 있다.

④ 화물이 운송될 창내, 냉동실, 냉기실 및 화물운송에 필요한 선박의 다른 모든 부분을 화물의 수령, 운송 및 보존에 적합하고 안전하게 하기 위하여 상당한 주의를 운송인이 기울여야 한다.

⑤ 운송인은 물품의 선적, 적부, 운송, 보관 또는 양하가 적절하고 신중하게 행해 지지 않아서 발생한 물품의 손해에 대한 책임을 면할 수 없다.

94 다음 해상손해에 대한 설명 중 잘못된 것은?

① 전손(Total Loss)은 추정전손(Constructive Total Loss)과 공동전손(General Loss)이 있다.

② 위부(Abandonment)란 피보험자가 보험손해를 추정전손으로 처리하기 위하여 피보험 이익의 일체를 보험자에게 포기하는 행위를 말한다.

③ 보험의 목적이 실질적으로 멸실된 경우가 현실전손이다.

④ 해상손해는 크게 물적 손해와 비용 손해로 구분한다.

⑤ 해상보험의 보상원칙은 보험금액을 한도로 실제 발생한 손해액을 보상하는 실손보상이 원칙이다.

95 복합운송증권에 관한 설명으로 옳지 않은 것은?

① 복합운송증권이 비유통성증권으로 발행된 경우에는 지명된 수화인을 증권에 기재하여야 한다.

② UN 국제물품복합운송조약에서는 복합운송서류를 'Multimodal Transport Document'라고 한다.

③ 복합운송인이 화주에게 발행하며, 계약의 내용이나 운송조건 및 운송화물의 수령을 증명하는 서류이다.

④ 컨테이너 화물에 대한 복합운송증권은 FIATA의 표준양식을 사용하여 발행될 수 없다.

⑤ 유통성 복합운송증권은 수화인이 배서 또는 교부하여 화물을 처분할 수 있는 권리가 부여된 유가증권이다.

96 국제상거래 분쟁을 해결하는 방법 중 알선에 관한 설명으로 틀린 것은?

① 알선은 당사자 간의 해결방법이다.
② 알선은 법적 구속력이 없다.
③ 알선은 조정 절차 이전에 행하는 분쟁해결 절차이다.
④ 당사자 간에 비밀이 보장된다.
⑤ 알선은 중재원 직원의 조언과 타협, 권유로 합의를 유도하는 제도이다.

97 항공화물운송의 특성으로 옳지 않은 것을 모두 고른 것은?

> ㄱ. 항공운송은 해상운송에 비해 신속하다.
> ㄴ. 항공운송은 정시성을 가진다.
> ㄷ. 항공운송은 운항시간의 단축으로 위험 발생률이 낮다.
> ㄹ. 항공화물은 대부분 주간에 집중되는 경향이 있다.
> ㅁ. 항공화물은 여객에 비해 계절에 대한 변동이 크다.

① ㄱ, ㄴ   ② ㄱ, ㄷ
③ ㄴ, ㄹ   ④ ㄷ, ㅁ
⑤ ㄹ, ㅁ

98 다음 괄호 안에 들어갈 서류가 순서대로 나열된 것은?

> 화주는 선적 일자에 맞추어 출항하는 선박을 수배한 후 (　　)(을)를 작성하여 선박회사에 제출한다. 화주는 선박회사에서 (　　)(을)를 발급받아 본선에 이것을 제시하고 물품을 인도한다. 본선에서는 물품을 인도받아 본선에 적재한 후 화주에게 (　　)(을)를 발급해주어야 하며 화주는 이것을 선박회사에 제출한 다음 (　　)(을)를 발급받는다.

> ㉠ 선하증권   ㉡ 본선 수취증
> ㉢ 선적 요청서   ㉣ 선적 지시서

① ㉠ - ㉡ - ㉢ - ㉣   ② ㉡ - ㉢ - ㉣ - ㉠
③ ㉢ - ㉣ - ㉡ - ㉠   ④ ㉣ - ㉠ - ㉡ - ㉢
⑤ ㉢ - ㉣ - ㉠ - ㉡

99 항만 내에서 발생하는 서비스의 대가로 화주가 부담해야 하는 비용은?

ㄱ. BUC(Bulk Unitization Charge)
ㄴ. THC(Terminal Handling Charge)
ㄷ. BAF(Bunker Adjustment Factor)
ㄹ. Wharfage
ㅁ. PSS(Peak Season Surcharge)

① ㄱ, ㄴ
② ㄱ, ㄹ
③ ㄴ, ㄹ
④ ㄴ, ㅁ
⑤ ㄷ, ㄹ

100 해상보험에 관한 설명으로 옳지 않은 것은?

① 해상적하보험에는 구협회적하약관(Old Institute Cargo Clause)과 신협회적하약관(New Institute Cargo Clause) 등이 있다.
② 소손해 면책약관(Franchise)은 경미하게 발생한 손해에 대하여는 보험자가 보상하지 않도록 규정한 특별약관이다.
③ 담보위험(Risks Covered)이란 보험자가 부담하는 위험으로, 당해 위험으로 발생한 손해에 대하여 보험자가 보상하기로 약속하는 위험을 말한다.
④ 피보험이익(Insurable Interest)이란 피보험자가 실제로 보험에 가입한 금액으로 손해발생 시 보험자가 부담하는 보상책임의 최고액을 말한다.
⑤ 공동해손(General Average)이란 보험목적물이 공동의 안전을 위하여 희생되었을 때, 이해관계자가 공동으로 그 손해액을 분담하는 손해를 말한다.

101 신용장으로 거래하는 화물을 선적한 선박의 일등항해사가 선적물품에 하자가 있음을 발견하고 본선수취증의 비고란(Remarks)에 이러한 사실을 기재하였다. 이 경우 화주가 취할 수 있는 가장 적절한 조치는?

① Dirty B/L을 발급받아 즉시 은행에 매입을 요청한다.
② L/G를 선사에 제출하고 Clean B/L을 발급받아 은행에 매입을 요청한다.
③ L/I를 선사에 제출하고 Clean B/L을 발급받아 은행에 매입을 요청한다.
④ T/R을 선사에 제출하고 Clean B/L을 발급받아 은행에 매입을 요청한다.
⑤ L/G를 선사에 제출하고 Clean L/I의 발급을 선사에 요청한다.

102 매매계약서에 다음 내용이 기재되어 있는 경우 신용장통일규칙(UCP 600)상 송화인의 선적이행 기간은?

> Shipment should be effected on or about October 10, 2021.

① 2021. 10. 10 ~ 2021. 10. 30
② 2021. 10. 1 ~ 2021. 10. 10
③ 2021. 10. 5 ~ 2021. 10. 15
④ 2021. 10. 10 ~ 2021. 10. 20
⑤ 2021. 10. 15 ~ 2021. 10. 30

103 다음 각 신용장의 성격에 대한 설명 중 틀린 것은?

① Negotiation L/C – 수출지에 개설은행과 예치환거래 계약이 체결된 은행이 없을 때 발행되는 경우가 대부분이다.
② Restricted L/C – 제한은행과 수출자의 거래은행이 다를 경우 재매입(Re-nego)절차를 거치지 않고 바로 매입이 가능하다.
③ Payment L/C – 수출상의 개설은행에 대한 청구권이 매입은행으로 양도되지 않고 매입은행이 직접 개설은행 구좌에서 인출한다.
④ Revolving L/C – 동일한 거래처와 동일한 상품을 일정기간 반복하여 거래하고자 할 때 적합한 신용장이다.
⑤ Confirm L/C – 신용장개설은행 이외의 제3의 은행이 신용장개설은행과 공동으로 연대하여 어음대금의 지급을 확약한 신용장이다.

104 다음 국제물류관련 용어에 대한 설명으로 옳은 것은?

① CAF : 유류할증료
② TEU : 40피트 컨테이너 단위
③ TCR : 시베리아 횡단철도
④ CQD : 관습적 조속하역 조건
⑤ ETD : 선박입항 예정시간

105 Incoterms® 2020의 내용에 관한 설명으로 옳지 않은 것은?

① FCA, DAP, DPU 및 DDP에서 매도인 또는 매수인 자신의 운송수단에 의한 운송을 허용함으로써 실무적인 사항을 반영하였다.
② FCA 조건이 해상으로 쓰일 때 선적선하증권(On board B/L)이 요구되는 경우가 많아 이를 첨부할 것을 요구할 수 있다는 내용이 추가되었다.
③ 거래규칙 중 해상운송조건에는 FAS, FOB, CFR, CIF가 있다.
④ 거래규칙 중 복합운송조건에는 EXW, FCA, CPT, CIP, DAP, DPU, DDP가 있다.
⑤ CIF는 최대담보조건(A)으로 변경되고, CIP는 최소담보조건(C)이 유지되었다.

106 선박의 정박기간을 산정하는 방법이다. 이에 관한 설명으로 옳지 않은 것은?

① Running Laydays – 휴일이나 기후에 관계없이 하역의 개시부터 종기까지 소요된 모든 경과일수를 정박기간으로 산입하는 방법이다.

② Weather Working Days – 기후가 양호하여 하역이 가능한 실제 작업일만을 정박기간에 산입하는 방법이다.

③ Customary Quick Dispatch – 해당 선주의 관습적 하역능력에 따라 정박기간을 산입하는 방법이다.

④ WWD SHEX – 기후가 양호하여 하역이 가능한 실제 작업 일만을 정박기간에 산입하며, 일요일과 공휴일은 하역작업을 하더라도 보통정박기간에 산입하지 않는 방법이다.

⑤ WWD SHEX UU – 기후가 양호하여 하역이 가능한 실제 작업일만을 정박기간에 산입하며, 일요일과 공휴일은 하역작업을 하면 정박기간에 산입하고, 하역작업을 하지 않으면 정박기간에 산입하지 않는 방법이다.

107 국제물류주선업자가 소량의 LCL화물을 집화하여 FCL화물로 만드는 과정을 뜻하는 용어는?

① Clearance
② Consolidation
③ Tariff filing
④ Import inspection
⑤ Quarantine

108 가격 조건에 대한 설명 중에서 옳은 것은?

① EXW는 수출업자의 부담이 가장 적은 것으로 무역 거래에 익숙하지 않은 수출업자가 이용하기에 편리하다.

② DDP는 공장, 창고 등 현장에서 물품의 인도가 이루어지며 수입업자의 부담이 가장 큰 조건이다.

③ FOB의 경우 운임과 보험료는 가격 조건 속에 포함되는 조건이므로 이는 수출업자가 부담한다.

④ CIF는 무역 거래에서 많이 이용되는 조건으로 본선 인도 가격 조건을 뜻한다.

⑤ CPT는 상품이 선적항의 본선상에 인도될 때 매도인의 인도의무는 완료되나 매도인은 목적항까지의 운임(비용)을 부담한다.

109 Incoterms® 2020 내용의 일부이다. 다음의 (㉠), (㉡) 안에 들어갈 규칙으로 옳은 것은?

(㉠) requires the seller to clear the goods for export, where applicable. However, the seller has no obligation to clear the goods for import or for post-delivery transit through third countries, to pay any import duty or to carry out any import customs formalities. If, in order to avoid this scenario, the parties intend the seller to clear the goods for import, pay any import duty or tax and carry out any import customs formalities, the parties might consider using (㉡).

① ㉠ DPU ㉡ DDP
② ㉠ DDP ㉡ DPU
③ ㉠ DPU ㉡ DAP
④ ㉠ DAP ㉡ DDP
⑤ ㉠ DDP ㉡ DAP

110 해상화물운송장에 관한 설명으로 옳지 않은 것은?

① 해상화물운송장은 대개 기명식으로 발행된다.

② 해상화물운송장을 이용한 화물의 전매는 불가능하다.

③ 해상화물운송장에 관한 통일된 국제규범은 존재하지 않는다.

④ 해상화물운송장은 UCP 600을 적용할 때 일정조건 하에 은행이 수리할 수 있는 운송서류이다.

⑤ 양륙지에서 수화인이 운송인에 의해 화주임이 확인된 경우 수화인이 화물의 인도청구권을 행사하기 위해 운송인에게 반드시 해상화물운송장을 제시하여야 하는 것은 아니다.

111 다음 용어에 관한 설명으로 옳지 않은 것은?

① Marshalling Yard는 컨테이너선에 컨테이너를 선적하거나 양륙하기 위하여 작업순서에 따라 컨테이너를 정렬시켜 놓은 넓은 공간을 말한다.

② Apron은 하역작업을 위한 공간으로 Container Crane이 설치되어 컨테이너의 양하 및 적하가 이루어지는 장소이다.

③ CFS는 컨테이너 한 개를 채울 수 없는 소량화물(LCL화물)을 인수, 인도하고 보관하거나 컨테이너에 적입(Vanning) 또는 끄집어내는(Devanning) 작업을 하는 장소이다.

④ Reach Stacker는 컨테이너 터미널 또는 CY(ICD) 등에서 컨테이너를 트레일러에 상·하차 하거나 야드에 적재할 때 사용하는 타이어주행식의 장비이다.

⑤ Container Yard는 항만 혹은 공항이 아닌 내륙에 위치하여 항만과 똑같이 컨테이너 화물처리를 위한 시설을 갖추고 수출입 통관업무 등 종합물류터미널의 기능을 다하는 지역이다.

112 해상보험에서 적하보험 부가조건으로 옳지 않은 것은?

① TPND

② JWOB

③ RFWD

④ Sweat & Heating

⑤ Refrigerating Machinery

113 다음 해상운임에 대한 설명 중 옳지 않은 것은?

① Freight Collect는 무역조건이 FOB인 경우 수입업자가 화물의 수출지에서 지불하는 운임이다.

② Ad Valorem Freight는 고가화물이나 운임부담력이 있는 화물에 적용하는 운임이다.

③ Box Rate는 컨테이너 한 개당으로 정한 운임률을 말한다.

④ Commodity Rate는 화물을 품목별로 분류하여 차등 적용하는 운임률이다.

⑤ Back Freight는 원래의 목적지가 아닌 변경된 목적지로 운송해야 할 때 지불하는 추가 운임이다.

114 다음은 Incoterms 2020(정형무역거래조건의 해석에 관한 국제규칙)에서 정의하는 정형무역거래조건별 주요 내용이다. 이 중 적절하지 않은 것은?

① CIP조건은 물품이 지정목적지까지 운송할 운송인의 보관 하에 또는 복합운송의 경우에 최초의 운송인에게 물품이 인도되었을 때 매도인의 위험이 매수인에게 이전된다.

② 상기 CIP조건의 경우 매도인은 물품이 인도될 때까지 모든 비용과 지정 목적지까지의 운임, 보험료도 부담하여야 한다.

③ Incoterms 2020에서 DAT를 DPU(Delivered at Place Unloaded)로 변경하고, 순서는 DAP, DPU, DDP 순으로 재정렬하였다.

④ DDP조건은 매도인이 수출통관만 부담하는 조건이다.

⑤ FOB와 CFR조건은 둘 다 물품이 지정된 선박의 본선상에 인도된 때 위험이 이전되나, 비용이전의 경우에 FOB와 달리 CFR조건은 목적항까지 운임을 매도인이 부담해야 하는 것이 두 조건 간의 차이점이다.

115 Incoterms® 2020 내용 중 (   )안에 들어갈 규칙으로 옳은 것은?

> (   ) means that the seller delivers the goods to the buyer.
> − on board the vessel
> − or procures the goods already so delivered.
> The risk of loss of or damage to the goods transfers when the goods are on board the vessel, such that the seller is taken to have performed its obligation to deliver the goods whether or not the goods actually arrive at their destination in sound condition, in the stated quantity or, indeed, at all.

① CFR   ② CIP
③ FOB   ④ CIF
⑤ CPT

116 다음 중 화물운송장의 주요 약관 내용으로 틀린 것은?

① 운송조건, 운임의 수령, 환불에 관한 사항 및 사고시의 배상책임한도 등을 명시규정하는 송화인과 고객 간의 운송계약을 말한다.

② 운송인이 여객 또는 화물의 운임수탁시 개별 고객 또는 운송인과 건별로 개별계약을 체결하는 것이다.

③ 운송인의 책임이 손해화물 1kg당 250금프랑(약 US $20)으로 제한된다.

④ 약관에 의하여 운송이 바르샤바조약에 규정된 국제운송일 경우에는 조약의 운송인의 책임한도에 대한 규정 및 기타의 책임규정을 따른다.

⑤ 송화인이 보다 높은 가액을 신고하거나 필요로 하는 추가요금을 지급한 경우에 해당되는 경우에는 바르샤바조약이 적용된다.

117 다음 중 해상운임 부과시 할증운임에 해당하지 않는 것은?

① Fuel Surcharge

② Detention Surcharge

③ Congestion Surcharge

④ Currency Surcharge

⑤ Over Freight Surcharge

118 Institute Cargo Clause(C)(2009)에서 담보하는 위험이 아닌 것은?

① 추락손

② 화재·폭발

③ 육상운송용구의 전복·탈선

④ 피난항에서의 화물의 양하

⑤ 본선·부선의 좌초·교사·침몰·전복

119 선박보험에서 가장 많이 이용하고 있는 협회기간약관(ITC-hulls)상의 담보위험이 아닌 것은?

① 동맹파업

② 해상고유의 위험

③ 선박 외부로부터 침입한 자에 의한 폭력을 수반한 도난

④ 핵 장치나 원자로의 고장 또는 사고

⑤ 선장·고급선원·보통선원의 악행

120 항공화물운송대리점(air cargo agent)과 항공운송주선인(air freight forwarder)에 관한 설명으로 옳은 것을 모두 고른 것은?

구 분	항공화물운송대리점	항공운송주선인
ㄱ. 활동영역	주로 FCL 화물 취급	LCL 화물 취급
ㄴ. 운임률표(Tariff)	자체 운임률표 사용	항공사 운임률표 사용
ㄷ. 운송약관	항공사 약관 사용	자체약관 사용
ㄹ. 항공화물운송장	House Air Waybill 발행	Master Air Waybill 발행

① ㄱ, ㄴ   ② ㄱ, ㄷ

③ ㄴ, ㄹ   ④ ㄱ, ㄴ, ㄷ

⑤ ㄴ, ㄷ, ㄹ

교 시	과 목	시 간	문제형별
2교시	• 보관하역론 • 물류관련법규	80분	A

보관하역론

01 다음 중 보세창고에 대한 설명으로 옳지 않은 것은?

① 보세창고에는 외국물품이나 통관을 하려는 물품을 장치한다.

② 물품장치기간은 외국물품 1년, 내국물품 6개월로 규정되어 있으나 세관장의 인정하에 외국물품의 경우에는 1년의 범위 안에서 연장이 가능하다.

③ 부패할 염려가 있는 물품 또는 생동물이나 식물은 장치할 수 없다.

④ 운영인은 보세창고에 1년 이상 계속하여 내국물품만을 장치하려면 세관장의 승인을 받아야 한다.

⑤ 운영인은 미리 세관장에게 신고를 하고 물품의 장치에 방해되지 아니하는 범위에서 보세창고에 내국물품을 장치할 수 있다.

02 다음 중 포장과 관련된 설명으로 옳지 않은 것은?

① 포장이란 상품을 전시, 판매, 운송, 보관함에 있어서 상품의 훼손으로부터 보호하고자 적절한 용기나 짐꾸리개로 물건을 싸는 기술 또는 싸여진 상태를 말한다.

② 포장디자인은 표면디자인에만 국한되며, 상품을 팔아주는 역할을 한다.

③ 포장 설계시 고려할 사항은 하역성, 표시성, 작업성, 경계성, 보호성 등이다.

④ 공업포장의 제1차적인 기능은 보호기능이고, 상업포장의 제1차적인 기능은 판매촉진기능이다.

⑤ 내부포장은 물품이나 개별포장화물을 적절한 단위로 모아서 포장하거나 중간용기에 넣는 기술 또는 상태를 말한다.

03 하역에 관한 설명으로 옳지 않은 것은?

① 하역은 화물에 대한 시간적 효용과 장소적 효용 창출을 지원한다.

② 하역은 노동집약적인 물류분야 중의 하나였으나, 최근 기술 발전에 따라 개선되고 있다.

③ 하역은 각종 운반수단에 화물을 싣고 내리기, 보관화물의 창고 내 운반과 격납, 피킹, 분류, 구색관리 등의 작업과 부수작업을 포함한다.

④ 하역은 생산에서 소비까지 전 유통과정의 효용창출과 직접적인 관련이 있으며, 하역의 합리화는 물류합리화에 큰 의미를 가진다.

⑤ 하역은 화물 또는 생산품의 저장과 이동을 말하며, 제조와 품질검사 공정을 포함한다.

04 크레인에 관한 설명으로 옳지 않은 것은?

① 지브크레인(Jib Crane) – 지브(Jib) 끝에 화물을 매달아 올리는 크레인으로 항만이나 선박에 설치하여 화물 및 해치를 운반하는데 이용한다.

② 갠트리크레인(Gantry Crane) – 레일 위를 주행하는 다리를 가진 거더에 트롤리가 장착된 크레인이다.

③ 언로더(Unloader) – 양륙 전용의 크레인으로서 호퍼, 피더, 컨베이어 등을 장착한 것이다.

④ 데릭(Derrick) – 일정한 간격을 가진 교각형 기둥으로 상부 크레인을 지지하고 기둥의 상하로 컨테이너를 들어 올려 적재한다.

⑤ 스태커크레인(Stacker Crane) – 랙에 화물을 입·출고시키는 크레인의 일종으로 하부에 주행레일이 있고 상부에 가이드레일이 있는 통로 안에서 주행 장치로 주행한다.

05 창고관리시스템(WMS ; Warehouse Management System)의 정량적 효과로 옳지 않은 것은?

① 입·출고 운영 측면에서는 피킹, 패킹의 오류를 감소시키고, 입고 검품 시간을 단축시킨다.

② 재고 측면에서는 재고를 감축시키고, 재고파악의 정확성을 높인다.

③ 비용 측면에서는 노무비용, 클레임비용 및 사무비용을 감소시킨다.

④ 공간 측면에서는 IT(Information Technology)를 활용한 창고관리에 중점을 두기 때문에 공간 활용도와 가용 공간이 감소한다.

⑤ 작업 측면에서는 생산성이 증가된다.

06 물건의 입하 측에서 물건을 내놓고 싶을 때 이용되며, 재고회전수가 낮은 경우에 적합한 창고 배치형식은?

① O형
② U형
③ I형
④ V형
⑤ L형

07 다음 그림에 해당하는 저장 중심형 창고 내 흐름 유형에 관한 설명으로 옳은 것은?

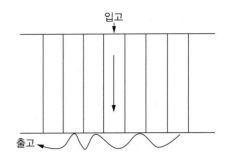

① 재고 종류가 많아질 때, 피킹 순회거리를 짧게 하기 위해 동일품목을 폭은 좁게, 깊이는 깊게 적치하는 유형
② 선입선출이 많지 않은 소품종다량품의 경우, 적치장 안쪽에서 순서대로 적치해놓고 출고 시 가까운 곳에서부터 출고하는 유형
③ 선입선출이 필요하게 될 때, 2열 또는 3열의 병렬로 정리하여 입·출고하는 유형
④ 물품을 대량으로 쌓아두면 피킹의 순회거리가 길어지므로 피킹장과 격납장을 분리하여 2단으로 적치하는 유형
⑤ 피킹용 선반 상단부에 예비물품을 파렛트로 적치해두었다가, 선반 하단부가 비게 되면 상단부의 파렛트를 하단부로 옮겨놓고 상단부에 새 파렛트를 보충하는 유형

08 다음에서 설명한 물류센터 입지결정의 방법은?

> 양적 요인과 질적 요인을 모두 고려할 수 있도록 평가기준을 필수적 기준, 객관적 기준, 주관적 기준으로 구분하여 입지평가지표를 계산 후 평가하는 방법이다.

① 총비용 비교법
② 톤-킬로법
③ 브라운 & 깁슨법
④ 무게 중심법
⑤ 요소분석법

09 파렛트 보관형태 중에서 통로를 대폭 절약할 수 있어서 한정된 공간을 최대로 사용할 수 있는 것은?

① 하이스택 랙(High Stack Rack)
② 슬라이딩 랙(Sliding Rack)
③ 모빌 랙(Mobile Rack)
④ 드라이브 인 랙(Drive in Rack)
⑤ 파렛트 랙(Pallet Rack)

10 자재를 운반하기 위하여 사용되는 컨베이어에 관한 일반적인 설명으로 옳은 것은?

① 고정된 장소 간에 운반량이 많을 시에 적합하다.
② 바닥공간을 다른 용도로 활용하기 위하여 주로 작업자의 머리 위의 공간을 이용한다.
③ 포크리프트 등의 산업용 차량보다는 유연하게 장소를 이동하면서 사용한다.
④ 중량물을 운반하는데 적합한 기기이다.
⑤ 가장 유연한 운송장비로 주로 제품별 배치보다는 공정별 배치에서 이용된다.

11 다음은 제조업과 유통업이 협업하는 기법 중에 CMI(Co-Managed Inventory)에 대한 설명이다. 옳지 않은 것은?

① 유통업체와 제조업체는 EDI를 통하여 서로의 정보를 공유한다.
② 유통업체는 판매시점정보(POS)를 제조업체에게 제공한다.
③ 유통업체 점포에서의 재고에 대한 관리책임은 전적으로 제조업체에서 부담한다.
④ 연속보충시스템의 한 형태로 유통업체에서 주문서를 전자문서로 작성하여 제조업체로 송부한다.
⑤ 제조업체는 CRP(Continuous Replenish ment Program) 시스템을 운영하며 발주 권고안을 작성한다.

12 창고 운영형태에 관한 설명으로 옳지 않은 것은?

① 공공창고 : 사용목적에 따라 사용자의 제한이 있다.
② 영업창고 : 비용지출을 명확하게 관리할 수 있다.
③ 임대창고 : 시장환경 변화에 따라 보관장소를 탄력적으로 운영하기 어렵다.
④ 자가창고 : 수요변동에 탄력적으로 대응하기 용이하다.
⑤ 보세창고 : 보관기간에 대한 제한이 있다.

13 일반적인 평가항목을 기준으로 보관방식을 선택할 때 면적효율, 용적효율, 선입선출의 용이성이 보다 유리한 보관방식은 다음 중 어느 것인가?

① 플로우 랙(Flow Rack)
② 드라이브인 랙(Drive-in Rack)
③ 가동선반
④ 고층 랙
⑤ 고정선반

14 A기업은 연간 수요가 400개인 제품을 경제적 주문량 모형(EOQ ; Economic Order Quantity)을 이용하여 발주하고 있다. 제품의 개당 가격은 50원, 1회 발주비용이 20원, 단위당 연간 재고유지비용은 제품가격의 20%이다. A기업의 연간 최적 발주횟수(회)는?

① 5
② 10
③ 15
④ 20
⑤ 25

15 다음 중 항만 및 부두에서 사용하는 항만 기기 또는 시설이 아닌 것은?

① 트랜스포터(Transporter)
② 펜더(Fender)
③ 계선주(Bitt)
④ 안벽(Quay)
⑤ 캡스턴(Capstan)

16 차량 진행 방향의 양쪽 또는 한쪽에 대하여 하물을 적재할 수 있는 포크 리프트는?

① 카운터 밸런스 포크 리프트
② 스트래들 포크 리프트
③ 파렛트 스태킹 트랙
④ 사이드 포크 리프트
⑤ 래터럴 스태킹 트럭

17 다음 중 파렛트 하역의 장단점으로 옳지 않은 것은?

① 시스템화가 용이하다.
② 파렛트 관리가 번잡하고 비용이 많이 든다.
③ 좁은 장소에서도 작업이 가능하다.
④ 운송기관의 물품적재 효율이 저하된다.
⑤ 파렛트 하역을 위해서는 기계를 장치하여야 하며, 짐이 무너질 것에 대비한 방지대책이 필요하다.

18 철도컨테이너 하역방식에 관한 설명으로 옳은 것은?

① TOFC(Trailer On Flat Car) 방식은 회전판을 이용하여 컨테이너를 90도 회전시켜 고정시키는 방식이다.

② 피기백(Piggy back) 방식은 화물적재 단위가 클수록 유리하고 리치 스태커(Reach Stacker)를 사용하는 방식이다.

③ 캥거루 방식은 장거리 정기노선에 유리한 COFC(Container On Flat Car) 방식의 일종이다.

④ 프레이트 라이너(Freight liner) 방식은 대형 컨테이너를 정기적 급행으로 운행하고 공로와 철도를 포함한 문전운송이 가능한 방식이다.

⑤ COFC(Container On Flat Car) 방식은 트레일러를 적재하는 방식이다.

19 다음과 같은 조건일 때, 제품 A의 보관공간으로 몇 상자 분의 면적을 할당하여야 하는가?

- 주간 수요는 평균이 1,000상자, 표준편차가 300상자인 정규분포를 따른다.
- 주문 리드타임은 2주이다.
- 보유재고가 3,000상자일 때, 7,000상자를 주문하는 정량발주시스템을 사용한다.

① 7,300상자   ② 7,500상자

③ 7,700상자   ④ 7,900상자

⑤ 8,000상자

20 물류센터 설계 시에는 랙(Rack)의 1개 선반 당 적재하중기준을 고려해야 한다. 이 기준에 맞게 화물을 적재한 것은?

	중량 랙	중간 랙	경량 랙
①	700kg	400kg	180kg
②	600kg	350kg	140kg
③	500kg	200kg	160kg
④	400kg	300kg	200kg
⑤	300kg	200kg	170kg

21 다음 중 하역 용어에 관한 설명으로 옳지 않은 것은?

① 배닝(Vanning)은 컨테이너에 화물을 싣는 것이다.

② 운반(Carrying)은 화물을 비교적 단거리로 이동시키는 것이다.

③ 래싱(Lashing)은 각목, 판재 등을 사용하여 화물을 움직이지 않도록 고정하는 것이다.

④ 디배닝(Devanning)은 컨테이너로부터 화물을 내리는 것이다.

⑤ 더니지(Dunnage)는 운송 도중에 화물이 손상되지 않도록 화물의 밑바닥이나 틈 사이를 깔거나 끼우는 물건이다.

22 물류센터에 관한 설명으로 옳지 않은 것은?

① 일시적 또는 장기적 물품보관을 통하여 공급과 수요의 완충적인 기능을 한다.

② 단순한 보관기능 외에도 입고품의 검품, 검수, 유통가공, 분류 및 포장작업을 수행한다.

③ 종래의 창고나 배송센터보다는 규모가 크므로 충분한 취급량을 확보하지 못할 경우 채산성이 악화될 수 있다.

④ 제품의 설계 및 제조와 판매 기능을 수행한다.

⑤ 품절을 방지하기 위한 제품 확보 기능을 한다.

23 공급자와 수요자 중간에 위치하여 수요와 공급을 통합하고 계획하여 효율화를 도모하는 물류센터에 관한 설명으로 옳지 않은 것은?

① 공동물류센터는 자금조달능력이 부족하고 물량을 확보하기 어려운 다수의 중소기업이 물류시설을 한 장소에 설치하고 공동으로 운영하는 시설이다.

② 물류센터를 한 곳에 집중해 설치할 경우 거점 간의 수송업무가 늘어난다.

③ 물류센터의 설치시 창고규모가 커지므로 입출하, 유통가공, 집품, 분류 등의 업무량이 증가한다.

④ 물류시설의 집약화로 저렴한 비용으로 대고객 서비스를 제공할 수 있다.

⑤ 물류센터는 재고량을 시계열적으로 분석할 수 있어서 시장동향을 쉽게 파악할 수 있고, 인기상품과 사양상품을 신속히 파악할 수 있다.

24 다음 조건에 맞는 물류센터의 효율적인 하역작업에 필요한 최소 지게차 수는?

- 연간 목표 처리량 : 500,000파렛트
- 연간 작업일 : 300일
- 일일 작업 가능시간 : 10시간
- 지게차 가동률 : 80%
- 시간당 작업량 : 12파렛트

① 14대　　　　　　　　　　　② 16대

③ 18대　　　　　　　　　　　④ 20대

⑤ 22대

25 소비자, 도·소매점, 물류창고, 제조업체에서의 수요정보가 시간이 지나면서 더욱 왜곡되는 이른바 채찍효과(Bullwhip Effect)에 대한 대처방안으로 옳지 않은 것은?

① 제조업체의 세일즈맨 업무평가를 소매상에게 판매한 실적이 아니고, 소매상이 소비자에게 판매한 실적기준으로 평가하거나 POS Data에 의한 정보를 활용한다.

② 공급망(Supply Chain) 전반에 걸쳐 있는 수요정보를 각 사업장에 공유함으로써 안전재고를 증가시킨다.

③ 정보를 공유하고 공급망(Supply Chain) 상에서 재고를 관리할 수 있는 전략적 파트너십을 구축한다.

④ 소비자 수요 절차상의 고유한 변동폭을 감소시키거나 안정적인 가격구조 등으로 소비자 수요의 변동폭을 조정한다.

⑤ 고객, 공급자와 정보의 실시간 공유를 위한 정보기술 전략을 수립하고 운용한다.

26 다음 중 재고관리기법을 설명한 것으로 적절하지 못한 것은?

① 기준재고시스템은 S-S 재고시스템 또는 Min-Max 재고시스템이라고 부르며 정량재고방식과 정기재고방식의 혼합방식이다.

② 정기발주법은 보관품목 배치의 A그룹에 속하며 발주간격이 길고, 수요가 일정한 재고에 특히 유용하다.

③ 정량발주법은 보관품목배치의 B그룹에 속하며, 저가의 물품에 적합하다.

④ Two-Bin 방식은 보관품목배치의 C그룹에 속하며, 다수의 소형 매출, 조달기간이 짧은 자재에 대하여 많이 사용하는 방법이다.

⑤ 정량주문시스템은 주문량이 중심이 되므로 Q시스템이라 부르며, 계속적인 실사를 통하여 재고수준을 체크하므로 연속실사 방식이라고 한다.

27 ISO의 국제표준규격 20ft와 40ft 컨테이너 내부에 각 1단으로 적재할 수 있는 T-11형 표준 파렛트 최대 개수의 합은?

① 24매   ② 30매

③ 36매   ④ 42매

⑤ 48매

28 하역기기를 선정하는 경우 고려하여야 할 요소에 대한 설명으로 옳지 않은 것은?

① 포장화물은 입자의 분포, 비중, 성장 등 화물의 특성을 고려하여야 하며, 비포장화물의 경우에는 형상, 크기, 중량 등을 감안하여 최적의 기기를 선택한다.

② 작업량, 계절변동의 유동성, 취급품목의 종류, 운반거리 및 범위, 통로의 크기, 운송기관의 종류 등 작업특성을 감안하여 기기를 선택하도록 한다.

③ 작업창고의 종류, 물건의 흐름, 시설의 배치 및 건물의 구조 등과 같은 각종 요인의 작업환경 특성을 포함하여 결정한다.

④ 하역기기의 안전성, 신뢰성, 성능, 탄력성, 기동성, 에너지 절약 정도, 소음, 공해 등 하역기기의 특성을 포함하도록 한다.

⑤ 경제성을 고려하여 기기를 선정하되 경제성을 한 가지 안이 아니라 복수의 대체안으로 작성하여야 한다.

29 단순한 경제적 주문량(EOQ)과 관련된 다음 보기 중 올바른 가정으로만 이루어진 것은?

> ㉠ 수요는 연속적이고 일정하다.
> ㉡ 1회 주문비용과 단위당 재고유지비용은 일정하다.
> ㉢ 수량할인은 허용하지 않는다.
> ㉣ 자본가용성에 한계가 있다.
> ㉤ 재고부족은 허용된다.

① ㉠, ㉡, ㉢   ② ㉠, ㉡, ㉣
③ ㉡, ㉢, ㉤   ④ ㉡, ㉢, ㉣
⑤ ㉠, ㉢, ㉣

30 다음 중 재고유지비용에 속하는 것으로만 묶은 것은?

> ㉠ 보험료   ㉡ 기회비용
> ㉢ 감가상각비   ㉣ 노동비
> ㉤ 진부화에 의한 손실비용

① ㉠, ㉡, ㉢, ㉣   ② ㉠, ㉡, ㉢, ㉤
③ ㉠, ㉡, ㉣, ㉤   ④ ㉡, ㉢, ㉣, ㉤
⑤ ㉠, ㉡, ㉢, ㉣, ㉤

31 하역 원칙에 관한 설명으로 옳은 것은?

① 운반거리를 최대한 길게 해야 한다.
② 운반활성화 지수를 최소화하여야 한다.
③ 화물을 즉시 피킹할 수 있도록 낱개 화물로 운반해야 한다.
④ 화물은 유연하게 작업될 수 있도록 작업자가 직접 손으로 하역할 수 있어야 한다.
⑤ 각 하역활동을 시스템 전체 균형에 맞도록 고려하여야 한다.

32 항만 하역료에 대한 설명으로 옳지 않은 것은?

① 정기선의 경우 선내노임은 선주가 모두 부담한다.
② 체선료는 용선자가 선주에게 지불한다.
③ 대량화물을 운송하는 부정기선의 경우 하역노임은 선주가 부담한다.
④ 일반잡화의 하역노임은 선주가 부담한다.
⑤ 선내노임의 부담한계의 결정은 선·화주 간의 용선계약에 따른다.

33 JIT(Just In Time) 시스템의 특징에 해당하는 것을 모두 고른 것은?

> ㄱ. JIT 시스템은 한 작업자에게 업무가 할당되는 단일기능공 양성이 필수적이다.
> ㄴ. JIT 시스템은 소량다빈도 배송으로 운송비가 증가한다.
> ㄷ. JIT 시스템은 수요변화에 탄력적인 대처가 가능하다.
> ㄹ. JIT 시스템은 반복적인 생산에 적합하다.
> ㅁ. JIT 시스템은 효과적으로 Push시스템을 구현한다.

① ㄱ, ㄴ, ㄷ   ② ㄱ, ㄷ, ㄹ
③ ㄱ, ㄹ, ㅁ   ④ ㄴ, ㄷ, ㄹ
⑤ ㄴ, ㄹ, ㅁ

34 테이블을 생산하기 위해 상판과 다리를 주문한 MRP계획표의 일부분이다. 다음 표에 관한 설명으로 옳지 않은 것은?

주항목 \ 주	1	2	3	4	5
테이블					
총소요량					200
현재고					20
순소요량					180
발주량			180		
상 판					
총소요량			180		
현재고			100		
순소요량			80		
발주량		80			
다 리					
총소요량			360		
현재고			50		
순소요량			310		
발주량	310				

① 테이블의 주문량은 모두 180개이다.
② 상기 MRP는 테이블 생산시 불량품 발생을 고려하지 않았다.
③ 상판에 대한 리드타임은 2주, 다리에 대한 리드타임은 3주이다.
④ 테이블 한 개를 생산하기 위해 다리가 2개 필요하다.
⑤ 상기 MRP를 작성한 업체가 직접 테이블을 생산하는 업체라면 생산하는 데 소요되는 기간은 1주이다.

35 다음과 같은 A회사의 연도별 물동량 처리실적과 예측치가 있다고 할 때, 2018년의 처리실적에 가장 근접한 예측치를 제시할 수 있는 수요예측기법은?

구 분	2012년	2013년	2014년	2015년	2016년	2017년	2018년
실적치(만 톤)	44.1	43.1	46.9	45.5	45.2	44.4	49.0
예측치(만 톤)						46.6	
가중치				0.1	0.3	0.6	

① 4년간 이동평균법
② 5년간 이동평균법
③ 3년간 가중이동평균법
④ 평활상수(α) 0.2인 지수평활법
⑤ 평활상수(α) 0.4인 지수평활법

36 창고 수가 증가할 때 고객서비스 수준 및 관련 비용과의 연관성에 관한 설명이 옳은 것을 모두 고른 것은?

> ㄱ. 재고유지비는 증가한다.
> ㄴ. 배송비는 지속적으로 증가한다.
> ㄷ. 고객서비스 수준은 증가한다.
> ㄹ. 창고고정비는 창고수에 반비례한다.

① ㄱ, ㄴ   ② ㄱ, ㄷ
③ ㄴ, ㄷ   ④ ㄴ, ㄹ
⑤ ㄱ, ㄷ, ㄹ

37 현재 지게차 1대로 1파렛트를 처리하는 데 소요되는 시간은 6분이고, 2대의 지게차로 연간 300일(1일 10시간 가동)을 운용하고 있다. 이 창고의 보관능력이 10,000 파렛트라고 한다면 창고의 연간 재고회전율은 몇 회인가?

① 3회   ② 4회
③ 5회   ④ 6회
⑤ 9회

38 아래 자동창고시스템의 조건에 의한 자동창고의 평균 가동률은? (단, 소수점 둘째자리에서 반올림하시오.)

> • 자동창고시스템에서 단일명령의 수행시간이 3분이다.
> • 입고와 출고를 동시에 수행하는 이중명령의 수행시간이 5분이다.
> • 1시간당 평균입고 및 출고작업이 각각 10건이다.
> • 작업의 80%는 이중명령으로 수행한다.

① 52.1%

② 65.2%

③ 73.5%

④ 86.7%

⑤ 91.4%

39 오더 피킹(Order Picking)에 관한 설명으로 옳지 않은 것은?

① 존 피킹(Zone Picking)은 여러 피커가 작업범위 공간을 정해두고, 본인이 담당하는 선반의 물품만을 골라 피킹하는 방식이다.

② 릴레이 피킹(Relay Picking)은 피킹전표 중에서 자기가 담당하는 종류만을 피킹하고, 다음 피커에게 넘겨주는 방식이다.

③ 피킹 빈도가 높은 물품일수록 피커의 접근이 쉬운 장소에 저장하는 것이 바람직하다.

④ 파렛트 슬라이딩 랙(Sliding Rack)은 선입선출이 가능하고, 오더 피킹의 효율성이 높은 방식이다.

⑤ 드라이브 인 랙(Drive-in Rack)은 다품종 소량의 제품, 회전율이 높은 제품에 적합한 방식이다.

40 보관시 레이아웃에 대한 설명 중 가장 거리가 먼 것은?

① 선입선출이 가능하도록 설계한다.

② 랙 이용 시 빈 공간이 생기지 않도록 한다.

③ 긴 물건은 바 랙(Bar-Rack)과 사이드 포크리프트를 활용한다.

④ 바닥은 하중을 충분히 견디게 설계하고, 운반차의 활동에 충분한 공간을 부여한다.

⑤ 저회전율 물품은 고정로케이션(Fixed Location)이 좋고, 고회전율 물품은 프리로케이션(Free Location)이 좋다.

41 물류정책기본법상 용어에 대한 정의 중 틀린 것은?

① "물류사업"이란 화주(貨主)의 수요에 따라 유상(有償)으로 물류활동을 영위하는 것을 업(業)으로 하는 사업을 말한다.

② "물류체계"란 효율적인 물류활동을 위하여 시설·장비·정보·조직 및 인력 등이 서로 유기적으로 기능을 발휘할 수 있도록 연계된 집합체를 말한다.

③ "제3자물류"란 화주가 그와 대통령령으로 정하는 특수관계에 있는 물류기업에 물류활동의 일부 또는 전부를 위탁하는 것을 말한다.

④ "국제물류주선업"이란 타인의 수요에 따라 자기의 명의와 계산으로 타인의 물류시설·장비 등을 이용하여 수출입 화물의 물류를 주선하는 사업을 말한다.

⑤ "물류보안"이란 공항·항만과 물류시설에 폭발물, 무기류 등 위해물품을 은닉·반입하는 행위와 물류에 필요한 시설·장비·인력·조직·정보망 및 화물 등에 위해를 가할 목적으로 행하여지는 불법행위를 사전에 방지하기 위한 조치를 말한다.

42 물류정책기본법에 의한 물류현황조사에 관한 설명으로 틀린 것은?

① 물동량의 발생현황과 이동경로, 물류시설·장비의 현황과 이용실태, 물류인력과 물류체계의 현황, 물류비, 물류산업과 국제물류의 현황 등에 관하여 조사할 수 있다.

② 국토교통부장관 또는 해양수산부장관은 관계 행정기관의 장과 미리 협의한다.

③ 물류현황조사를 효율적으로 수행하기 위하여 직접 조사한다.

④ 국가통합교통체계효율화법에 따른 국가교통조사와 중복되지 아니하도록 하여야 한다.

⑤ 국토교통부장관 또는 해양수산부장관은 물류현황조사의 결과에 따라 물류비 등 물류지표를 설정하여 물류정책의 수립 및 평가에 활용할 수 있다.

43 물류정책기본법에 의한 국가물류기본계획에 대한 설명 중 틀린 것은?

① 국토교통부장관 및 해양수산부장관은 국가물류기본계획을 수립하거나 중요한 사항을 변경하려는 경우에는 관계 중앙행정기관의 장 및 시·도지사와 협의한 후 지역물류정책위원회의 심의를 거쳐야 한다.

② 국토교통부장관 및 해양수산부장관은 10년 단위의 국가물류기본계획을 5년마다 공동으로 수립하여야 한다.

③ 국토교통부장관은 국가물류기본계획을 수립하거나 변경한 때에는 이를 관보에 고시하고, 관계 중앙행정기관의 장 및 시·도지사에게 통보하여야 한다.

④ 국토교통부장관 및 해양수산부장관은 국가물류기본계획을 시행하기 위하여 연도별 시행계획을 매년 공동으로 수립하여야 한다.

⑤ 국가물류기본계획에는 국가물류정보화사업에 관한 사항이 포함된다.

44 물류정책기본법에 의한 국가물류통합정보센터 또는 단위물류정보망을 이용하는 전자문서와 관련하여 틀린 것은?

① 국토교통부장관은 해양수산부장관 및 산업통상자원부장관과 협의하여 표준전자문서의 개발·보급계획을 수립하여야 한다.

② 전자문서로 업무를 처리하는 물류기업에 대하여 물류관련기관은 해당 화물의 우선처리·요금할인 등 우대조치를 해야 한다.

③ 전자문서 또는 물류정보를 공개하려는 때에는 신청 등이 있은 날부터 60일 이내에 서면(전자문서를 포함한다)으로 이해관계인의 동의를 받아야 한다.

④ 국가물류통합정보센터운영자 또는 단위물류정보망 전담기관은 해당 규정에 따른 전자문서 및 물류정보의 보안에 필요한 보호조치를 강구하여야 한다.

⑤ 국가물류통합정보센터운영자 또는 단위물류정보망 전담기관은 대통령령으로 정하는 경우를 제외하고는 전자문서 또는 물류정보를 공개하여서는 아니 된다.

45 국제물류주선업의 등록에 대한 결격사유로 옳지 않은 것은?

① 해운법을 위반하여 금고 이상의 형의 선고를 받고 그 집행이 종료되거나 집행이 면제된 날부터 2년이 지나지 아니한 자

② 피성년후견인 또는 피한정후견인

③ 화물자동차 운수사업법을 위반하여 금고 이상의 형의 집행유예를 선고받고 그 유예기간 중에 있는 자

④ 항공법을 위반하여 벌금형을 선고받고 2년이 지나지 아니한 자

⑤ 등록이 취소된 후 3년이 지나지 아니한 자

46 물류정책기본법에 의한 국제물류주선업의 사업승계 및 휴업·폐업에 대한 설명으로 틀린 것은?

① 국제물류주선업자가 그 사업을 양도하거나 사망한 때에는 그 양수인·상속인은 국제물류주선업의 등록에 따른 권리·의무를 승계한다.

② 법인이 합병한 때에는 합병 후 존속하는 법인이나 합병에 의하여 설립되는 법인은 국제물류주선업의 등록에 따른 권리·의무를 승계한다.

③ 국제물류주선업의 등록에 따른 권리·의무를 승계한 자는 국토교통부령으로 정하는 바에 따라 시·도지사에게 신고하여야 한다.

④ 국토교통부장관은 국제물류주선업자의 휴업·폐업 사실을 확인하기 위하여 필요한 경우에는 관할 세무관서의 장에게 대통령령으로 정하는 바에 따라 휴업·폐업에 관한 과세정보의 제공을 요청할 수 있다.

⑤ 휴업·폐업에 관한 과세정보의 제공을 요청받은 세무관서의 장은 정당한 사유가 없으면 그 요청에 따라야 한다.

47 물류정책기본법령상 국가물류정책위원회의 심의를 거쳐야 하는 국가물류기본계획의 중요한 변경사항에 해당하는 것은?

① 국가물류정책의 목표와 주요 추진전략에 관한 사항
② 국가물류기본계획과 관련된 국가기간교통망계획의 변경을 반영한 물류시설의 투자 우선 순위에 관한 사항
③ 국가물류기본계획과 관련된 물류시설개발종합계획의 변경을 반영한 국제물류의 촉진에 관한 기본적인 사항
④ 국가물류기본계획과 관련된 국가기간교통망계획의 변경을 반영하기 위해 국가물류정책위원회의 심의가 필요하다고 인정하는 사항
⑤ 국가물류기본계획과 관련된 국토종합계획의 변경을 반영한 물류장비의 투자 우선 순위에 관한 사항

48 물류정책기본법상 기업물류비 산정지침에 반드시 포함되어야 할 내용으로 옳지 않은 것은?

① 물류비의 계산기준 및 계산방법
② 세목별 물류비의 분류
③ 물류비 관련 용어 및 개념에 대한 정의
④ 물류비 계산서의 표준서식
⑤ 영역별·기능별 및 자가·위탁별 물류비의 분류

49 물류정책기본법령상 물류산업의 경쟁력 강화에 관한 설명으로 옳지 않은 것은?

① 국토교통부장관은 해양수산부장관 및 산업통상자원부장관과 협의하여 화주기업과 물류기업의 제3자물류 촉진을 위한 시책을 수립·시행하고 지원하여야 한다.
② 국토교통부장관은 해양수산부장관 및 산업통상자원부장관과 협의하여 화주기업 또는 물류기업이 제3자물류를 활용하기 위한 목적으로 물류컨설팅을 받으려는 경우에는 행정적·재정적 지원을 할 수 있다.
③ 우수물류기업 심사대행기관에 대한 지도·감독권은 주무부장관이 가진다.
④ 국토교통부장관·해양수산부장관 또는 시·도지사는 물류분야의 기능인력 및 전문인력을 양성하기 위하여 외국 물류대학의 국내유치활동 사업을 지원할 수 있다.
⑤ 국토교통부장관은 물류관리사를 고용한 물류관련 사업자에 대하여 다른 사업자에 우선하여 행정적·재정적 지원을 할 수 있다.

50 물류정책기본법령상 우수물류기업의 인증 등에 관한 설명으로 옳지 않은 것은?

① 중앙행정기관의 장은 물류기업의 육성과 물류산업 발전을 위하여 소관 물류기업을 각각 우수물류기업으로 인증할 수 있다.

② 정부출연연구기관도 우수물류기업 인증심사대행기관으로 지정될 수 있다.

③ 국가는 인증우수물류기업이 물류시설을 확충하는 경우에는 다른 물류기업에 우선하여 소요자금의 일부를 융자할 수 있다.

④ 국토교통부장관은 우수물류기업 인증심사 대행기관으로 하여금 인증우수물류기업의 점검을 하게 할 수 있다.

⑤ 인증우수물류기업에 대해서는 물류정책기본법령상의 물류시설 우선입주대상자보다 우선하여「물류시설의 개발 및 운영에 관한 법률」에 따른 복합물류터미널에 입주하게 할 수 있다.

51 물류시설의 개발 및 운영에 관한 법률에 의한 물류단지개발이 불가능하여 물류단지의 지정이 해제된 경우의 다음 설명 중 틀린 것은?

① 물류단지개발실시계획의 승인을 신청하지 아니하면 그 기간이 지난 다음 날 해당 지역에 대한 물류단지의 지정이 해제된 것으로 본다.

② 물류단지지정권자는 물류단지의 전부 또는 일부에 대한 개발 전망이 없게 된 경우에는 대통령령으로 정하는 바에 따라 해당 지역에 대한 물류단지의 지정을 해제할 수 있다.

③ 물류단지의 지정이 해제된 것으로 보거나 해제된 경우 해당 물류단지지정권자는 그 사실을 관계 중앙행정기관의 장 및 시·도지사에게 통보하고 고시하여야 한다.

④ 물류단지의 개발이 완료되어 물류단지의 지정이 해제된 경우에는 변경·결정되기 전의 용도지역으로 환원된 것으로 본다.

⑤ 시장·군수·구청장은 용도지역이 환원된 경우에는 즉시 그 사실을 고시하여야 한다.

52 물류시설의 개발 및 운영에 관한 법률에 의한 물류단지개발지침에 포함되어야 할 사항이 아닌 것은?

① 물류단지의 계획적·체계적 개발에 관한 사항

② 물류단지의 지정·개발·지원에 관한 사항

③ 대규모 환경영향평가에 관한 사항

④ 토지·시설 등의 공급에 관한 사항

⑤ 분양가격의 결정에 관한 사항

53 물류시설의 개발 및 운영에 관한 법률상 물류단지 안에서 시장·군수·구청장의 허가를 받아야 하는 행위가 아닌 것은?

① 건축물(가설건축물을 포함)의 건축, 대수선 또는 용도변경
② 흙·모래·자갈·바위 등의 토석을 채취하는 행위
③ 절토, 성토, 정지, 포장 등의 방법으로 토지의 형상을 변경하는 행위, 토지의 굴착 또는 공유수면의 매립
④ 경작을 위한 토지의 형질변경
⑤ 이동이 쉽지 아니한 물건을 1개월 이상 쌓아 놓는 행위

54 물류시설의 개발 및 운영에 관한 법률상 물류터미널사업의 등록에 관한 설명으로 옳지 않은 것은?

① 복합물류터미널사업을 경영하려는 자는 국토교통부령으로 정하는 바에 따라 국토교통부장관에게 등록하여야 한다.
② 복합물류터미널사업의 등록을 하려는 자는 주차장, 화물취급장, 창고 또는 배송센터를 갖추어야 한다.
③ 복합물류터미널사업의 등록기준 중 부지면적은 3만 제곱미터 이상이어야 한다.
④ 한국철도공사법에 따른 한국철도공사는 복합물류터미널사업을 등록할 수 있다.
⑤ 복합물류터미널사업 등록이 취소된 후 2년이 지나지 아니한 자는 복합물류터미널사업의 등록을 할 수 없다.

55 물류시설의 개발 및 운영에 관한 법령상 물류창고업에 관한 설명으로 옳은 것은?

① 물류창고의 구조 또는 설비 등 물류창고업의 등록기준에 필요한 사항은 국토교통부장관이 정한다.
② 산업통상자원부장관은 화물을 쌓아놓기 위한 선반 등 물류창고 내 시설에 대하여 내진설계 기준을 정하는 등 지진에 따른 피해를 최소화하기 위하여 필요한 시책을 강구하여야 한다.
③ 물류창고를 소유 또는 임차하여 물류창고업을 경영하려는 자는 산업통상자원부장관에게 등록하여야 한다.
④ 국가 또는 지방자치단체는 물류창고업자 또는 그 사업자단체가 물류장비의 투자사업을 수행하는 경우에 재정적 지원이 필요하다고 인정하면 운전자금의 전부를 보조 또는 융자할 수 있다.
⑤ 국토교통부장관·해양수산부장관 또는 지방자치단체의 장은 거짓이나 부정한 방법으로 보조금을 교부받은 경우 물류창고업자에게 보조금의 반환을 명하여야 하며 이에 따르지 아니하면 국세 또는 지방세 체납처분의 예에 따라 회수할 수 있다.

56 물류시설의 개발 및 운영에 관한 법률상 물류단지 안에 설치되는 "지원시설"에 해당되는 것은?

① 농수산물유통 및 가격안정에 관한 법률에 따른 농수산물산지유통센터(축산물의 도축·가공·보관 등을 하는 축산물 종합처리시설 포함)
② 농수산물유통 및 가격안정에 관한 법률의 농수산물도매시장·농수산물공판장 및 농수산물종합유통센터
③ 궤도운송법에 따른 궤도사업을 경영하는 자가 그 사업에 사용하는 화물의 운송·하역 및 보관 시설
④ 화물자동차 운수사업법의 화물자동차운수사업에 이용되는 차고, 화물취급소, 그 밖에 화물의 처리를 위한 시설
⑤ 유통산업발전법의 대규모점포·전문상가단지·공동집배송센터 및 중소유통공동도매물류센터

57 물류시설의 개발 및 운영에 관한 법률에 의한 물류단지개발사업의 시설부담금에 대한 설명 중 틀린 것은?

① 물류단지지정권자는 시행자에게 도로, 공원, 녹지, 그 밖에 대통령령으로 정하는 공공시설을 설치하게 하거나 기존의 공원 및 녹지를 보존하게 할 수 있다.
② 시행자는 공공시설의 설치에 필요한 비용을 충당하기 위해 그 비용의 범위에서 존치시설의 소유자에게 시설부담금을 납부하게 할 수 있다.
③ 물류단지 내에 설치되는 공공시설이 특정 시행자만의 사용을 위한 경우에는 해당 시행자가 그 설치비용을 전부 부담하여야 한다.
④ 존치시설의 소유자나 개발 후 토지·시설 등을 분양받는 자가 내야 할 시설부담금은 공공시설의 설치비용을 개발 후 분양하는 총면적(기존시설 등의 총부지 면적을 포함한다)으로 나눈 것에 시설부담금을 내야 할 자의 소유부지 면적을 곱한 금액으로 한다.
⑤ 시행자가 2명 이상인 경우 해당 물류단지에 설치하는 공공시설의 설치비용은 해당 물류단지의 총 가용면적(기존시설 등의 총 부지면적을 포함한다)에 대한 시행자가 분양받는 개별가용면적의 비율에 따라 각 시행자가 이를 나누어 부담한다.

58 물류시설의 개발 및 운영에 관한 법령상 물류단지개발사업 시행자의 토지소유자에 대한 환지에 관한 설명으로 옳은 것은?

① 환지를 받을 수 있는 토지소유자는 물류단지개발계획에서 정한 유치업종에 적합한 물류단지시설을 설치하려는 자로서 물류단지의 지정·고시일 현재 물류단지개발계획에서 정한 전체공급면적의 3분의 2이상의 토지를 소유한 자로 한다.
② 환지의 대상이 되는 종전 토지의 가액은 보상공고 시 시행자가 제시한 협의를 위한 보상금액으로 하고, 환지의 가액은 해당 물류단지의 물류단지시설용지의 공시지가를 기준으로 한다.
③ 환지면적은 종전의 토지면적을 기준으로 하되, 지역여건 및 물류단지의 수급 상황 등을 고려하여 그 면적을 늘릴 수는 있으나 줄일 수는 없다.
④ 종전의 토지가액과 환지가액과의 차액은 국채로 정산하여야 한다.
⑤ 시행자는 물류단지 안의 토지를 소유하고 있는 자가 물류단지개발계획에서 정한 물류단지시설을 운영하려는 경우에는 그 토지를 포함하여 물류단지개발사업을 시행할 수 있으며, 해당 사업이 완료된 후 대통령령으로 정하는 바에 따라 해당 토지소유자에게 환지(換地)하여 줄 수 있다.

59 화물자동차 운수사업법령상 업무개시 명령에 관한 설명으로 옳지 않은 것은?

① 국토교통부장관은 운송사업자가 정당한 사유없이 집단으로 화물운송을 거부하여 화물운송에 커다란 지장을 주어 국가경제에 매우 심각한 위기를 초래하거나 초래할 우려가 있다고 인정할 만한 상당한 이유가 있으면 그 운송사업 자에게 업무개시 명령을 할 수 있다.

② 국토교통부장관은 운송사업자에게 업무개시를 명하려면 국무회의의 심의를 거쳐야 한다.

③ 국토교통부장관은 업무개시를 명한 때에는 구체적 이유 및 향후 대책을 국회 소관 상임위원회에 보고하여야 한다.

④ 운송사업자는 정당한 사유 없이 업무개시 명령을 거부할 수 없다.

⑤ 국토교통부장관은 운송사업자가 정당한 사유없이 업무개시 명령을 이행하지 아니하는 경우 그 허가를 취소하여 야 한다.

60 화물자동차 운수사업법령상 국토교통부장관이 교통안전공단에 권한을 위탁한 사항이 아닌 것은?

① 운전적성에 대한 정밀검사의 시행

② 화물운송 종사자격증의 발급

③ 화물자동차 운전자의 교통사고 및 교통법규 위반사항 제공요청 및 기록·관리

④ 화물자동차 운전자의 인명사상사고 및 교통법규 위반사항 제공

⑤ 사업자 준수사항에 대한 지도활동

61 화물자동차운수사업법에 의한 자가용 화물자동차 사용신고에 대한 설명 중 틀린 것은?

① 자가용 화물자동차의 사용신고는 시·도지사에게 한다.

② 신고한 사항을 변경하고자 하는 때에도 또한 같다.

③ 자가용 화물자동차의 사용신고 대상에는 특수자동차가 포함된다.

④ 화물자동차 운송사업과 화물자동차 운송가맹사업에 이용되는 화물자동차를 말한다.

⑤ 자가용 화물자동차 사용신고서에는 차고시설(임대 차고를 포함한다)을 확보하였음을 증명하는 서류를 첨부하여 야 한다.

62 화물자동차 운수사업법상 화물의 멸실·훼손 또는 인도의 지연으로 인한 화물자동차운송사업자의 손해배상책임에 관한 설명으로 틀린 것은?

① 화물이 인도기한이 지난 후 1개월 이내에 인도되지 아니하면 그 화물은 멸실된 것으로 본다.

② 국토교통부장관은 손해배상에 관하여 화주가 요청하면 국토교통부령으로 정하는 바에 따라 이에 관한 분쟁을 조정(調停)할 수 있다.

③ 국토교통부장관은 화주가 분쟁조정을 요청하면 지체 없이 그 사실을 확인하고 손해내용을 조사한 후 조정안을 작성하여야 한다.

④ 당사자 쌍방이 조정안을 수락하면 당사자 간에 조정안과 동일한 합의가 성립된 것으로 본다.

⑤ 국토교통부장관은 분쟁조정업무를 한국소비자원 또는 등록한 소비자단체에 위탁할 수 있다.

63 화물자동차 운수사업법에 의한 화물자동차 운송사업의 운임과 요금 및 운송약관의 신고에 관한 설명 중 틀린 것은?

① 운송약관의 신고 또는 변경신고는 협회로 하여금 대리하게 할 수 있다.

② 운송약관에는 사업의 종류를 기재하여야 된다.

③ 운임 및 요금의 신고서에는 운송사업자가 작성한 원가계산서를 첨부하여야 한다.

④ 운임 및 요금의 신고는 화물자동차 운수사업법에 의한 연합회로 하여금 대리하게 할 수 있다.

⑤ 운송사업자는 운송약관을 신고하거나 변경신고할 때에는 운송약관신고서를 관할관청에 제출하여야 한다.

64 화물자동차운수사업법에 의하여 운임 및 요금을 정하여 미리 국토교통부장관에게 신고하여야 하는 화물자동차운송사업자에 해당하는 자는?

> ㉠ 구난형 특수자동차를 사용하여 사고차량을 운송하는 운송사업자
> ㉡ 견인형 특수자동차를 사용하여 컨테이너를 운송하는 운송사업자
> ㉢ 밴형 화물자동차를 사용하여 화주와 화물을 함께 운송하는 운송사업자
> ㉣ 덤프형 화물자동차를 사용하여 건설자재를 운송하는 운송사업자

① ㉠, ㉡   ② ㉡, ㉢

③ ㉠, ㉣   ④ ㉠, ㉢

⑤ ㉢, ㉣

65 화물자동차 운수사업법령상 영농조합법인에 대한 자가용 화물자동차의 유상운송 허가에 관한 설명으로 옳지 않은 것은?

① 「농어업경영체 육성 및 지원에 관한 법률」에 따라 설립된 영농조합법인이 그 사업을 위하여 화물자동차를 직접 소유·운영하는 경우로서 시·도지사의 허가를 받으면 화물운송용으로 제공하거나 임대할 수 있다.

② 영농조합법인에 대하여 자가용 화물자동차의 유상운송을 허가하려는 경우에는 차량안전점검과 정비를 철저히 하고 각종 교통 관련 법규를 성실히 준수할 것을 조건으로 한다.

③ 영농조합법인이 소유하는 자가용 화물자동차에 대한 유상운송 허가기간은 5년 이내로 하여야 한다.

④ 영농조합법인이 허가기간 만료일 30일 전까지 시·도지사에게 유상운송 허가기간의 연장을 신청하는 경우 시·도지사는 유상운송 허가기간의 연장을 허가할 수 있다.

⑤ 영농조합법인에 대하여 자가용 화물자동차의 유상운송을 허가하려는 경우에는 자동차의 운행으로 사람이 사망하거나 부상한 경우의 손해배상책임을 보장하는 보험에 계속 가입할 것을 조건으로 한다.

66 항만운송사업법령상 항만운송관련사업에 관한 설명으로 옳지 않은 것은?

① 통선으로 본선과 육지 사이에서 사람이나 문서 등을 운송하는 행위를 하는 사업은 항만용역업에 속한다.

② 선박에 음료, 식품, 소모품, 밧줄, 수리용 예비부분품 및 부속품, 집기, 그 밖에 이와 유사한 선용품을 공급하는 사업은 선용품공급업이다.

③ 본선을 경비하는 행위를 하는 사업은 항만용역업에 속한다.

④ 컨테이너를 수리하는 사업은 컨테이너수리업이다.

⑤ 선박에서 사용하는 맑은 물을 공급하는 행위를 하는 사업은 물품공급업이다.

67 항만운송사업법에 의하여 등록 또는 신고를 하지 아니하고 항만운송관련사업을 한 자에 대한 벌칙은?

① 1년 이하의 징역 또는 1천만원 이하의 벌금

② 2년 이하의 징역 또는 2천만원 이하의 벌금

③ 3년 이하의 징역 또는 3천만원 이하의 벌금

④ 1년 이하의 징역 또는 5백만원 이하의 벌금

⑤ 1년 이하의 징역 또는 3백만원 이하의 벌금

68 항만운송사업법상 항만운송사업자가 정당한 사유 없이 운임 및 요금을 인가받거나 신고한 것과 다르게 받은 경우 1차, 2차 및 3차 위반으로 취해질 수 있는 각각의 행정처분의 기준으로 옳은 것은?

	1차	2차	3차
①	사업정지 1개월	사업정지 3개월	등록취소
②	사업정지 1개월	사업정지 6개월	등록취소
③	사업정지 3개월	사업정지 6개월	사업폐쇄
④	사업정지 3개월	사업정지 6개월	사업정지 1년
⑤	사업정지 6개월	사업정지 1년	사업폐쇄

69 다음 중 유통산업발전법상 체인사업자가 직영하거나 체인에 가입되어 있는 점포의 경영을 개선하기 위하여 추진하여야 할 사항이 아닌 것은?

① 공동브랜드 또는 자기부착상표의 개발·보급

② 체인점포 종사자에 대한 유통교육·훈련의 실시

③ 체인사업자와 체인점포 간의 유통정보시스템의 구축

④ 예산의 범위 내에서 체인점포에 대한 자금지원

⑤ 체인점포에 대한 점포관리·품질관리·판매촉진 등 경영활동 및 영업활동에 대한 지도

70 다음 중 유통산업발전법상 상점가진흥조합이 지방자치단체장의 자금지원을 받아 할 수 있는 사업이 아닌 것은?

① 점포시설의 표준화 및 현대화
② 상품의 매매·보관·수송·검사 등을 위한 공동시설의 설치
③ 상가건물 및 그 대지와 부속시설의 관리에 관한 사업의 시행
④ 주차장·휴게소 등 공공시설의 설치
⑤ 조합원과 그 종사자의 자질향상을 위한 연수사업 및 정보제공

71 유통산업발전법령상 산업통상자원부장관이 공동집배송센터 개발촉진지구를 지정한 경우 고시하는 내용이 아닌 것은?

① 촉진지구의 명칭
② 촉진지구의 위치 및 면적
③ 주요시설의 설치계획
④ 사업시행기간(착공 및 준공예정일을 포함한다)
⑤ 촉진지구의 개발주체 및 개발방식

72 유통산업발전법령상 청문을 필요로 하는 처분에 해당하지 않는 것은?

① 대규모점포등 개설등록의 취소
② 전통상업보존구역 지정의 취소
③ 지정유통연수기관의 취소
④ 공동집배송센터 지정의 취소
⑤ 유통관리사 자격의 취소

73 유통산업발전법에 의한 공동집배송센터에 관한 설명 중 틀린 것은?

① 공동집배송센터의 지정을 받으려는 자는 공동집배송센터의 조성·운영에 관한 사업계획을 첨부하여 산업통상자원부장관에게 공동집배송센터 지정추천을 신청하여야 한다.
② 산업통상자원부장관은 공동집배송센터를 지정하려면 미리 관계중앙행정기관의 장과 협의하여야 한다.
③ 시·도지사는 공동집배송센터 지정을 추천하고자 하는 경우에는 추천사유서와 산업통상자원부령으로 정하는 서류를 산업통상자원부장관에게 제출하여야 한다.
④ 지정받은 사항 중 산업통상자원부령으로 정하는 중요사항을 변경하려면 산업통상자원부장관의 변경지정을 받아야 한다.
⑤ 신탁계약을 체결한 신탁업자는 공동집배송센터사업자의 지위를 승계한다.

74 유통산업발전법상 산업통상자원부장관이 유통사업자 또는 유통사업자단체가 추진하는 유통산업의 국제화를 촉진하기 위하여 지원할 수 있는 사업이 아닌 것은?

① 유통관련 정보·기술·인력의 국제교류
② 유통관련 국제 표준화·공동조사·연구·기술협력
③ 유통관련 국제학술대회·국제박람회 등의 개최
④ 해외유통시장의 조사·분석을 위한 인력 양성교육·연수
⑤ 해외유통시장에 공동으로 진출하기 위한 공동구매·공동판매망의 구축 등 공동협력사업

75 유통산업발전법상 유통산업의 경쟁력 강화를 위한 내용으로 틀린 것은?

① 정부는 재래시장의 활성화에 필요한 시책을 수립·시행하여야 하고, 정부 또는 지방자치단체의 장은 이에 필요한 행정적·재정적 지원을 할 수 있다.
② 산업통상자원부장관은 무점포판매업의 발전시책을 수립·시행할 수 있고, 그 내용으로 전문인력의 양성에 관한 사항 등을 포함해야 한다.
③ 정부 또는 지방자치단체의 장은 중소유통기업의 구조개선 및 경쟁력 강화에 필요한 시책을 수립·시행할 수 있고, 이에 필요한 행정적·재정적 지원을 할 수 있다.
④ 산업통상자원부장관은 중소유통공동소매물류센터의 설립·운영의 발전시책을 수립·시행할 수 있다.
⑤ 산업통상자원부장관은 유통산업의 경쟁력을 강화하기 위하여 체인사업의 발전시책을 수립·시행할 수 있다.

76 철도사업법상 다음 용어의 정의 중 틀린 것은?

① 전용철도란 다른 사람의 수요에 따른 영업을 목적으로 자신이 특수목적을 수행하기 위하여 설치하거나 운영하는 철도를 말한다.
② 철도사업자란 한국철도공사업에 따라 설립된 한국철도공사 및 제5조에 따라 철도사업 면허를 받은 자를 말한다.
③ 철도사업이란 다른 사람의 수요에 응하여 철도차량을 사용하여 유상으로 여객이나 화물을 운송하는 사업을 말한다.
④ 철도란 철도산업발전 기본법 제3조 제1호에 따른 철도를 말한다.
⑤ 철도운수종사자란 철도운송과 관련하여 승무 및 역무서비스를 제공하는 직원을 말한다.

77 철도사업법상 사업계획의 변경에 관한 설명으로 국토교통부장관이 철도사업자의 사업계획에 관한 변경을 제한할 수 있는 경우의 설명으로 틀린 것은?

① 국토교통부장관이 지정한 날 또는 기간에 운송을 시작하지 아니한 경우
② 노선 운행중지, 운행제한, 감차 등을 수반하는 사업계획 변경명령을 받은 후 1년이 지나지 아니한 경우
③ 개선명령을 받고 이행하지 아니한 경우
④ 철도사고의 규모 또는 발생 빈도가 대통령령으로 정하는 기준 이상인 경우
⑤ 철도이용수요가 적어 수지균형의 확보가 극히 곤란한 벽지 노선의 철도운송서비스의 종류를 변경하는 경우

78 철도사업법령상 과징금에 관한 설명으로 옳지 않은 것은?

① 사업정지처분에 갈음하여 부과되는 과징금은 1억원 이하를 부과·징수할 수 있다.

② 국토교통부장관은 과징금으로 징수한 금액의 운용계획을 수립하여 시행하여야 한다.

③ 국토교통부장관은 과징금 부과처분을 받은 자가 납부기한까지 과징금을 내지 아니하면 국세 체납처분의 예에 따라 징수한다.

④ 징수한 과징금은 철도사업의 경영개선이나 그 밖에 철도사업의 발전을 위하여 필요한 사업에 사용할 수 있다.

⑤ 과징금을 부과하는 위반행위의 종류, 과징금의 부과기준·징수방법 등 필요한 사항은 국토교통부령으로 정한다.

79 농수산물 유통 및 가격안정에 관한 법률에 의한 농수산물도매시장 내의 하역업무에 관한 설명 중 옳지 않은 것은?

① 도매시장 개설자는 도매시장에서 하는 하역업무의 효율화를 위하여 하역체제의 개선 및 하역의 기계화 촉진에 노력하여야 한다.

② 도매시장법인은 도매시장 내 하역업무에 대하여 하역전문업체와 용역계약을 체결할 수 있다.

③ 도매시장 개설자는 하역비의 절감으로 출하자의 이익을 보호하기 위하여 필요한 시책을 수립·시행하여야 한다.

④ 도매시장법인이 하역업무를 하역전문업체에 위탁할 경우 농림축산식품부장관에게 등록하여야 한다.

⑤ 도매시장 개설자가 업무규정으로 정하는 규격출하품에 대한 표준하역비는 도매시장법인 또는 시장도매인이 부담한다.

80 농수산물 유통 및 가격안정에 관한 법령상 도매시장개설자가 거래 관계자의 편익과 소비자 보호를 위해 이행하여야 하는 사항이 아닌 것은?

① 도매시장 시설의 정비·개선

② 도매시장 시설의 합리적인 관리

③ 경쟁촉진과 공정한 거래질서의 확립 및 환경 개선

④ 상품성 향상을 위한 규격화, 포장 개선 및 선도 유지의 촉진

⑤ 농수산물의 가격안정을 위한 비축용 농수산물의 수매

물류관리사 최종모의고사

제 3 회

교 시	과 목	시 간	문제형별
1교시	• 물류관리론 • 화물운송론 • 국제물류론	120분	A

교 시	과 목	시 간	문제형별
2교시	• 보관하역론 • 물류관련법규	80분	A

수 험 번 호		성 명	

수험자 유의사항

1. 문제지 표지와 문제지 내의 해당과목 및 문제형별 등의 동일여부를 확인하시기 바랍니다.
2. 시험문제지 총면수, 문제번호 일련순서, 인쇄상태 등을 확인하시고 누락된 페이지나 문제지 훼손이 없는지 확인하시기 바랍니다.
3. 문제지 표지에 수험번호 및 성명을 기재하여야 합니다.
4. 답안카드는 반드시 검정색 사인펜으로 작성하여야 하며, 답안 수정을 위해 수정테이프를 사용하여 수정가능하나, 채점은 전산자동판독결과에 의하며, 불완전한 수정 등으로 인한 불이익은 전적으로 수험자 책임입니다.
5. 시험종료 후 감독위원의 답안카드 제출지시에 불응한 채 계속 답안을 작성하는 수험자는 당해시험을 무효처리하고, 부정행위자로 처리될 수 있습니다.
6. 부정행위를 한 수험자에 대하여는 그 시험을 무효로 하고 처분받은 날로부터 3년간 시험에 응시하실 수 없습니다.
7. 문제지는 시험 종료 후 가져가시기 바랍니다.
8. 시험문제는 일부 또는 전부가 저작권법상 보호되는 저작물이고, 저작권자는 한국산업인력공단입니다. 문제의 일부 또는 전부를 무단 복제, 배포, 출판, 전자출판 하는 등 저작권을 침해하는 일체의 행위를 금합니다.

물류관리사 최종모의고사

교 시	과 목	시 간	문제형별
1교시	• 물류관리론 • 화물운송론 • 국제물류론	120분	A

물류관리론

01 다음 중 물류의 기본적 기능으로 볼 수 없는 것은?

① 생산과 소비 간의 장소 격차 조정

② 생산자와 소비자 간의 소득 격차 조정

③ 생산단위와 소비단위의 수량 불일치 조정

④ 생산과 소비 시기의 시간 격차 조정

⑤ 생산자와 소비자 간의 품질 격차 조정

02 효율적인 공급사슬관리기법에 관한 설명으로 옳지 않은 것은?

① VMI(Vendor Managed Inventory)는 공급업체가 주도적으로 재고를 관리하는 것을 의미한다.

② CMI(Co-Managed Inventory)는 VMI에서 한단계 더 보완된 것으로 유통업체와 공급업체간 협업을 통해 공동으로 재고를 관리하는 것을 의미한다.

③ CPFR(Collaborative Planning Forecasting and Replenishment)은 유통업체와 공급업체가 긴밀한 협업을 통해 판매계획을 수립하고, 수요예측 및 재고관리를 공동으로 진행하는 프로세스를 의미한다.

④ 크로스도킹(Cross-Docking)은 공급사슬상의 각 단계 간에 제품이동시간을 줄이기 위해 보관기능 없이 통과시키는 시스템이다.

⑤ QR(Quick Response)은 공급업자와 생산업자가 긴밀한 협업체계를 통하여 생산리드타임을 줄이는 데 초점을 두는 시스템이다.

03 물류비의 비목별 계산과정으로 옳은 것은?

> ㄱ. 물류비 자료의 식별과 입수
> ㄴ. 물류비 배부기준의 선정
> ㄷ. 물류비 계산의 보고
> ㄹ. 물류비 배부와 집계
> ㅁ. 물류비 계산 욕구의 명확화

① ㄱ - ㄴ - ㄷ - ㄹ - ㅁ
② ㄱ - ㅁ - ㄴ - ㄹ - ㄷ
③ ㄱ - ㅁ - ㄷ - ㄹ - ㄴ
④ ㅁ - ㄱ - ㄴ - ㄷ - ㄹ
⑤ ㅁ - ㄱ - ㄴ - ㄹ - ㄷ

04 다음 수요예측방법 중 지수평활법에 대한 설명으로 가장 적절한 것은?

① 주요 경기 지표들을 기준으로 수요를 예측하는 기법이다.
② 과거 같은 기간의 수요 추세를 미래로 확대하는 기법이다.
③ 경쟁 유통업체들의 주문량의 평균값을 계산하여 이를 근거로 수요를 예측한다.
④ 시간이 지남에 따라 가중치가 기하학적으로 증가한다.
⑤ 최근의 매출 자료에 가중치를 보다 많이 부여하여 미래 기간의 수요를 예측한다.

05 물류정보시스템에 대한 설명으로 옳지 않은 것은?

① EAN 코드에는 대표적으로 EAN-13형과 EAN-8형이 있다.
② CVO는 화물 및 화물차량에 대한 위치를 실시간으로 추적관리할 수 있다.
③ RFID는 무선주파수를 이용해 먼 거리에서 상품정보를 인식한다.
④ EDI는 제한되고 지리적으로 인접한 영역 내에 설치된 고속통신망이다.
⑤ SP-IDC는 해운항만통계와 국제물류통계 등을 제공하고 있다.

06 물류시스템의 구축순서를 올바르게 나열한 것은?

> ㄱ. 시스템 평가 유지 관리   ㄴ. 목표 설정
> ㄷ. 데이터 수집 및 분석   ㄹ. 시스템 구축
> ㅁ. 전담조직 구성

① ㄱ - ㄷ - ㄹ - ㄴ - ㅁ
② ㄴ - ㅁ - ㄷ - ㄹ - ㄱ
③ ㄴ - ㄷ - ㅁ - ㄱ - ㄹ
④ ㅁ - ㄴ - ㄹ - ㄷ - ㄱ
⑤ ㅁ - ㄱ - ㄴ - ㄷ - ㄹ

07 바코드 시스템에 관한 설명으로 옳지 않은 것은?

① QR 코드는 2차원 바코드 중 하나이다.

② 바코드는 표준 바코드와 비표준 바코드로 나눌 수 있다.

③ POS(Point of Sales)는 바코드를 이용하는 대표적인 소매관리시스템이다.

④ 바코드는 보안에 취약하므로 포인트 적립, 할인 등의 수단에만 사용 가능하고 결제시스템에는 사용될 수 없다.

⑤ EAN-14는 업체 간 거래단위인 물류단위, 주로 골판지박스에 사용되는 국제표준물류 바코드이다.

08 SCM(Supply Chain Management) 추진성과측정 기법 중 내부적 관점(기업측면)에서는 비용과 자산측면을, 외부적 관점(고객측면)에서는 유연성, 반응성, 신뢰성을 통하여 추진성과를 측정하는 방법으로 옳은 것은?

① EVA(Economic Value-Added)

② CVAR(Customer Value-Added Ratio)

③ CLV(Customer Lifetime Value)

④ SCOR(Supply Chain Operation Reference)

⑤ BSC(Balance Score Card)

09 다음 중 수직적 유통경로에 대한 내용으로 가장 올바르지 않은 것은?

① 혁신적인 기술을 보유할 수 있다.

② 시장이나 기술의 변화에 대한 기민한 대응이 가능하다.

③ 새로이 진입하려는 기업에게는 높은 진입장벽으로 작용한다.

④ 자원이나 원재료를 안정적으로 확보할 수 있다.

⑤ 총 유통비용을 절감시킬 수 있다.

10 다음의 내용은 소매점의 경쟁력 강화를 위한 유통물류기법에 대한 설명이다. 무엇에 대한 설명인가?

> 고객이 원하는 시간과 장소에 필요한 제품을 공급하기 위한 물류정보시스템으로, 미국의 패션의류업계가 수입의류의 시장잠식에 대응하기 위하여 섬유업계, 직물업계, 의류제조업계, 의류소매업계간의 제휴를 바탕으로 리드타임의 단축과 재고감축을 목표로 개발·도입한 시스템

① Quick Response

② Efficient Consumer Response

③ JIT

④ MRP

⑤ Supply Chain Management

11 물류시스템 설계시 일반적으로 고려해야 할 사항으로 옳지 않은 것은?

① 물류시스템의 설계에 있어서 고려되어야 할 가장 중요한 요소는 대고객서비스 수준이다.

② 고객의 수요에 따라 재고수준이 결정되고, 이는 운송수단과 경로결정에 영향을 미친다.

③ 배송차량의 대형화와 화물의 혼적을 통해 서비스 수준은 개선되지만 물류비용은 증가한다.

④ 재고정책은 설비의 입지 문제와 통합적인 관점에서 계획·수정한다.

⑤ 고객서비스 관점에서 미배송 잔량을 체크하여 주문충족의 완전성을 확보해야 한다.

12 수요예측기법에 관한 설명으로 옳지 않은 것은?

① 회귀분석법과 지수평활법은 정량적 기법이다.

② 시장조사법과 패널동의법은 중장기적인 예측에 주로 사용하는 기법이다.

③ 델파이(Delphi)법은 대상의 전문가 집단을 설정한 다음 전문가들에게 여러 차례 질문지를 돌려 그들의 의견을 수렴함으로써 예측치를 얻는 기법이다.

④ 역사적 유추법은 다양한 변수들을 찾아내고 그들 사이의 인과 관계를 예측하는 모형이다.

⑤ 시계열 분석기법은 일정한 시간, 간격에 나타나는 관측치를 가지고 분석하는 방법으로 추세, 계절적 변동, 순환요인 등으로 구성된다.

13 다음 설명에 해당하는 이론은?

> • 소매상의 변천과정을 가격이 아니라 상품구색의 변화에 기초하여 설명한다.
> • 초기에는 다양한 상품을 취급하다가 일정시간이 지나면 전문화된 한정 상품만을 취급하고, 좀 더 시간이 지나면 다양한 상품을 다시 취급하는 과정을 순환하며 조화를 이루면서 발전한다.
> • 상품구색 이외의 변화요인을 설명하지 못하는 한계점을 가지고 있다.

① 소매 수레바퀴 이론   ② 소매 수명주기 이론

③ 소매 아코디언 이론   ④ 소매 변증법 과정 이론

⑤ 소매 자연도태 이론

14 물류표준화에 관한 설명으로 옳은 것은?

① 포장표준화의 주요 요소인 재료, 기법, 치수, 강도 중에서 강도의 표준화가 가장 선행되어야 한다.

② 물류 프로세스에서의 화물 취급단위를 규격화하고 설비 등의 규격, 강도, 재질 등을 다양화한다.

③ 하역보관의 기계화, 자동화 등에 필수적인 선결과제이다.

④ 세계화에 대응하는 물류표준화는 필요 없다.

⑤ 국가차원의 물류표준화 추진은 비효율적이다.

15 물류포장에 관한 설명으로 옳지 않은 것은?

① 포장은 수송, 보관, 하역, 정보 등의 각 물류활동요소와 상호 유기적으로 연계시키는 활동이다.

② 상업포장은 상품의 품질과 가치 보호가 최우선이며, 소비자와 직접 접촉한다.

③ 포장의 기능 중 정량성의 기초는 단위화를 말하며, 소비자의 구입량과 연계되어 단위화하는 것이다.

④ 물류분야에 있어 포장은 상업포장이 중심이 되어야 하며, 보관·하역·이동이 용이한 상태의 포장이 요구된다.

⑤ 상업포장은 최대의 비용으로 좋은 상태의 품질을 유지하며 상품을 운반하기 위한 수단이다.

16 A기업이 90억원을 투자하여 물류센터를 건설하였다. 물류센터의 내용연수는 30년이며, 감가상각은 정액상각방식으로 한다. 물류센터 건설 후 10년이 경과한 시점의 물류센터에 대한 연간 시설부담이자는 얼마인가? (단, 시중 연이자율은 3% 적용하고, 투자비용의 시간가치와 잔존가치는 고려하지 않는다.)

① 1억 1,000만원 ② 1억 2,000만원
③ 1억 5,000만원 ④ 1억 6,000만원
⑤ 1억 8,000만원

17 다음 중 친환경적 물류시스템에 관한 설명으로 옳지 않은 것은?

① 교토의정서, 몬트리올의정서 등은 온실가스 배출로 인한 지구온난화를 방지하기 위해 추진되었다.

② 다품종 소량 제품의 적시 공급을 위한 소형차량 다빈도 운송으로 인해 환경공해가 증가하고 있다.

③ 제조단계에서 폐기에 이르는 전과정에 대한 책임이 부과되고 있는 생산자책임 재활용제도(Extended Producer Responsibility)는 물류와 관련성이 높다.

④ 친환경적 물류시스템은 물자공급활동의 전과정에서 발생하는 물류비용을 감소시키기 위하여 계획·실시·통제되는 것이다.

⑤ CO_2 배출량은 운송부분에만 한정되는 것이 아니며 연료법, 개량 톤-킬로법 등으로 계산할 수 있다.

18 다음 중 유통채널의 수직적 통합에 대한 설명으로 옳지 않은 것은?

① 합병 또는 자본적 결합을 수반하는 경우를 자본통합이라고 한다.

② 수직적 통합은 적은 비용이 소요되며 유통조직 간의 유연성이 제고된다.

③ 유통단계 간의 여러 활동에 대한 사전 및 사후 조절이 용이하다.

④ 자본과 인적수단에 의해 하나의 기업이 두 개 이상의 생산, 유통단계를 통합하는 것이다.

⑤ 거래처를 탐색, 교섭, 감시하는 비용이 줄어들고, 독자적 제품 조달처 및 판매처의 확보가 가능하다.

19 다음 그림 (ㄱ)~(ㅁ)은 제품수명주기(Product Life Cycle)를 단계별로 구분한 것이다. 각 단계의 명칭과 특징을 설명한 것으로 옳지 않은 것은?

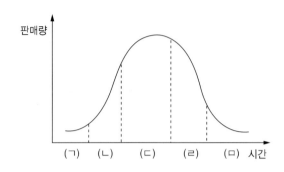

① (ㄱ) 도입기 : 일반적으로 수요는 매우 불확실하고 공급도 불확실하며, 이익은 낮거나 손실이 발생하는 단계이다.

② (ㄴ) 성장기 : 매출이 폭발적으로 증가되고 새로운 경쟁자들이 시장에 진입하는 단계이다.

③ (ㄷ) 성숙기 : 제품이 일반화되고 수요증대에 맞추어 가격은 상향 조정되기 시작하며, 수익은 최대로 달성되는 단계이다.

④ (ㄹ) 쇠퇴기 : 가격이 평준화되고 판매량은 감소하며, 이에 따라 이익도 감소하기 시작하는 단계이다.

⑤ (ㅁ) 소멸기 : 재고부족으로 인하여 가격상승현상이 일부 나타날 수도 있으나, 이익은 감소하고 손실이 발생하는 단계이다.

20 다음에 해당하는 물류합리화의 유형으로 옳게 짝지어진 것은?

> ㄱ. 물류전반에 걸쳐 지식기능을 갖춘 자동화
> ㄴ. 인력의 절감 및 노동의 대체를 목적으로 한 기계화

① ㄱ : 생력(省力)형   ㄴ : 생지능(省知能)형
② ㄱ : 비용(費用)절감형   ㄴ : 생지능(省知能)형
③ ㄱ : 생지능(省知能)형   ㄴ : 생력(省力)형
④ ㄱ : 생지능(省知能)형   ㄴ : 비용(費用)절감형
⑤ ㄱ : 비용(費用)절감형   ㄴ : 생력(省力)형

21 물류정보시스템에서 활용하는 기술에 관한 설명으로 옳지 않은 것은?

① EDI(Electronic Data Interchange)는 전자문서교환 방식이다.

② GPS(Global Positioning System)는 화물 또는 차량의 자동식별과 위치추적을 위해 사용하는 방식이다.

③ 우리나라의 바코드(Bar Code) 표준은 KAN-14이다.

④ 단축형 KAN-8은 국가코드 3자리, 업체코드 3자리, 상품코드 1자리이다.

⑤ POS(Point of Sales)는 단품별 판매정보를 자동으로 수집한다.

22 물류의 영역적 분류에 관한 설명으로 옳은 것은?

① 조달물류는 생산업체에서 생산된 제품이 출하되어 판매창고에 보관될 때까지의 물류활동이다.

② 생산물류는 반환된 제품의 운반, 분류, 정리, 보관과 관련된 물류활동이다.

③ 사내물류는 완제품이 출하되어 고객에게 인도될 때까지의 물류활동이다.

④ 판매물류는 생산에 필요한 원자재나 부품이 협력회사나 도매업자로부터 제조업자의 자재창고에 운송되어 생산공정에 투입되기 전까지의 물류활동이다.

⑤ 회수물류는 제품이나 상품의 판매활동에 부수적으로 발생하는 물류용기의 재사용에 관련된 물류활동이다.

23 다음과 같은 실적을 가진 A기업의 영업이익을 현재 수준에서 10% 증가시키기 위해 매출액을 유지하면서 물류비를 줄이는 방법 또는 매출액을 증가시켜 달성하는 방법 중에서 한 가지를 선택하여 경영전략을 수립하고자 한다. 이를 위해 필요한 물류비 감소비율과 매출액 증가비율은 각각 얼마인가? (단, 두 가지 방법 모두에서 영업이익은 6%로 한다.)

A기업 매출액	200억원
A기업 물류비	매출액의 10%
A기업 영업이익	매출액의 6%

① 6%, 20%

② 5%, 15%

③ 6%, 6%

④ 5%, 20%

⑤ 6%, 10%

24 유통경로에서 발생하는 제조업자와 유통업자의 지배력에 관한 설명으로 가장 옳지 않은 것은?

① 강한 제조업자나 대규모 유통업자는 큰 자본을 가지고 있기에 경제력을 발휘한다.

② 강한 제조업자에게는 판매에 관한 정보가 있기에 대형 유통업자에 비해 정보력을 발휘할 수 있다.

③ 목적을 공유한 유통업자가 있으면 제조업자는 일체성에 따른 지배력을 발휘할 수 있다.

④ 어떤 상품 범주에서 오랜 기간 시장을 선도해온 제조업자는 정통성에 따른 지배력을 발휘할 수 있다.

⑤ 수요의 다양성을 배경으로 한 불확실한 환경에서는 정보력이 지배력의 원천으로 매우 중요해지고 있다.

25 기업의 고객서비스 측정요소 중 거래 전(Pre-transaction) 요소에 해당하는 것을 모두 고른 것은?

> ㄱ. 고객 불만(Customer Complaints)
> ㄴ. 주문이행 비율(Order Fill Rate)
> ㄷ. 정시 배달(On-time Delivery)
> ㄹ. 목표 배송일(Target Delivery Dates)
> ㅁ. 회수 및 클레임(Returns and Claims)
> ㅂ. 재고 가용성(Stock Availability)

① ㄱ, ㄷ
② ㄹ, ㅂ
③ ㄴ, ㄷ, ㄹ
④ ㄷ, ㄹ, ㅁ
⑤ ㄴ, ㄹ, ㅁ, ㅂ

26 물류업무나 정책을 수행하는 과정에서 나타날 수 있는 내용 중 ( ) 안에 들어갈 가장 적당한 말은?

> e-logistics에서 '네트워크화' 라는 것은 정보를 모두 디지털화하여 상호 전달이 실시간으로 이루어지며, 데이터베이스화되는 것을 포함한 개념이다. e-logistics를 효율적으로 실현하기 위해 중요한 것이 바로 ( )(으)로 이것은 업무 프로세스가 어디에서 누구에게나 항상 파악되어야 한다는 것을 의미한다.

① 표준화(Standardization)
② 연결성(Connectivity)
③ 가시성(Visibility)
④ 속도(Velocity)
⑤ 능률(Efficiency)

27 물류합리화 목표를 달성하는 방법에 관한 설명으로 옳은 것은?

① 다양한 고객의 욕구를 충족시키기 위하여 고객서비스는 어떠한 경우라도 경쟁사보다 높은 수준을 유지하는 것이 합리적이다.
② 고객서비스 수준의 향상은 비용을 수반하기 때문에 고객의 유형에 따라 서비스 수준을 조정할 필요가 있다.
③ 고객서비스 수준의 향상과 함께 물류비용을 줄이기 위해서는 독자적인 물류시스템을 운영하여야 한다.
④ 고객서비스는 고객을 위한 유상(有償) 서비스이므로 많은 비용을 들여서라도 제공할 필요가 있다.
⑤ 고객집단의 다양성으로 인한 혼란을 방지하기 위해 서비스 수준은 항상 일정하게 유지하는 것이 필요하다.

28 물류공동화의 일환으로 공동수배송을 도입하였을 때 화주 및 운송사업자가 기대할 수 있는 효과로 옳지 않은 것은?

① 동일지역 및 동일 배송선에 대한 중복 교차배송을 피함으로 공차율 감소

② 배송 차량의 적재효율과 운행 효율 향상

③ 효율이 낮은 자가용 화물차에 의한 배송 폐지

④ 첨단 물류기기의 공동 구입에 따른 각 기업별 비용 증가

⑤ 소량화물의 공동수배송에 따라 차량대수의 감소와 교통체증 감소

29 물류관리와 생산운영관리가 담당하는 영역 중 중첩되는 것으로 구성된 것은?

㉠ 판매점 입지	㉡ 작업측정과 표준
㉢ 구 매	㉣ 제품가격 결정
㉤ 공장입지	

① ㉢, ㉤

② ㉠, ㉢

③ ㉡, ㉣

④ ㉣, ㉤

⑤ ㉢, ㉣

30 채찍효과(Bullwhip Effect) 대처방안으로 가장 옳지 않은 것은?

① 수요에 대한 불확실성을 최소화하기 위해서 수요정보를 공유해야 한다.

② 제조업체와 유통업체가 협력하여 일관된 가격정책을 가져간다.

③ EDI나 크로스도킹(Cross Docking)과 같은 기법을 활용하여 리드타임(Lead Time)을 단축시켜야 한다.

④ VMI나 CPFR과 같은 기법을 활용하여 장기적으로 성과나 리스크를 공유하여야 한다.

⑤ 한 번에 많은 양을 주문하여 운송비용을 절감하고 재고관리를 간단하게 한다.

31 다음 물류용어에 관한 설명으로 옳은 것은?

① POS(Point of Sales) - 다자산 또는 제3자 네트워크로 알려진 부가가치 통신망을 말한다.

② ECR(Efficient Consumer Response) - 상품의 포장에 태그를 부착하거나 인쇄하여 상품에 대한 정보를 저장한다.

③ VAN(Value Added Network) - 고객의 주문을 보다 정확하게 충족시키기 위하여 기업의 총체적 품질경영 노력을 지원하는 시스템이다.

④ TQM(Total Quality Management) - 판매시점에서 정보가 전달되어 소매업체가 일일이 주문하지 않아도 자동으로 발주되는 시스템이다.

⑤ EDI(Electronic Data Interchange) - 기업 간에 합의된 전자문서표준을 이용하여 컴퓨터를 통하여 서로 데이터나 문서를 교환하는 시스템이다.

32 고객서비스의 구성요소는 거래 전 요소, 거래발생 시 요소, 거래 후 요소로 구분할 수 있다. 이 가운데 거래 전 요소에 해당하는 것은?

① 재고 품절수준
② 제품주문정보 입수가능성
③ 제품 대체성
④ 주문의 간편성
⑤ 명문화된 고객서비스 정책

33 손익분기점 분석에 대한 설명으로 가장 옳지 않은 것은?

① 손익분기점에서의 손익은 0이다.
② 손익분기점 분석에서는 비용을 고정비와 변동비로 나누어 매출액과의 관계를 분석한다.
③ 손익분기점 분석을 통해 목표이익을 얻기 위한 매출액을 계산할 수 있다.
④ 손익분기점 판매량 = 총변동비/(단위당 판매가 − 단위당 고정비)
⑤ 매출액이 손익분기점을 넘어서면 이익이 발생하고 손익분기점을 밑돌면 손실이 발생한다.

34 물류관리의 효율화를 추구하는 수단인 통합물류관리에 관한 설명으로 옳지 않은 것은?

① 원자재의 조달에서 상품판매 이후의 단계까지 각 기능의 상관관계를 고려하여 물류기능의 통합적 관점에서 물류관리를 수행한다.
② 물류관리의 수행에서 기업간 경쟁을 회피하고, 협력관계로 공동 노력한다는 인식을 갖고 전략적 제휴를 추진한다.
③ 물류관리의 효율화를 추구하기 위하여 거시적 관점으로 기업간, 산업간 물류의 표준화, 공동화, 통합화를 추구한다.
④ 물류관리의 효율화 목적이 물류비 절감을 통한 수익향상에 있으므로 사내 표준화에 중점을 둔 물류경로의 구축, 리드타임의 단축 등을 추진한다.
⑤ 물류관리를 효율화하기 위한 수단으로 각 물류활동분야의 관리지표를 설정하되 종합적인 효과를 고려하면서 지속적으로 점검·관리한다.

35 파렛트 풀 시스템(Pallet Pool System)의 운영방식에 관한 설명으로 옳은 것을 모두 고른 것은?

> ㄱ. 즉시교환방식 : 송화주는 파렛트화된 화물을 운송사에 위탁하는 시점에서 동일한 수의 파렛트를 운송사에서 인수하고, 수화주는 파렛트화된 화물을 인수할 때 동일한 수의 파렛트를 운송사에 인도해 주는 방식이다.
> ㄴ. 리스방식 : 개별기업에서 각각 파렛트를 보유하지 않고 파렛트 풀을 운영하는 기관이 사용자의 요청에 따라 규격화된 파렛트를 사용자가 소재하는 가까운 거점(depot)에 공급해 주는 방식이다.
> ㄷ. 대차결제방식 : 현장에서 즉시 파렛트를 교환하지 않고 일정 시간 이내에 파렛트를 운송사에 반환하는 방식이다.

① ㄱ   ② ㄴ
③ ㄱ, ㄴ   ④ ㄴ, ㄷ
⑤ ㄱ, ㄴ, ㄷ

36 슈메네(Schmenner)는 고객과의 상호작용(개별화정도)과 노동집중도(노동집약 형태)에 따라 서비스프로세스를 분류하였다. 다음 중 상대적으로 노동집중도가 높은 조직에서 인적자원 관리를 위한 의사결정시 고려사항으로 옳지 않은 것은?

① 직무수행의 방법과 통제
② 고용 및 훈련계획
③ 인력자원 운영에 대한 스케줄링
④ 토지, 시설 및 설비에 대한 투자결정
⑤ 복리후생

37 다음 내용을 특징으로 하는 것을 고르면?

> • 대량생산에 의한 규모의 경제가 가능하다.
> • 주문횟수를 줄이고 대량주문 및 대량수송에 따른 물류비용과 재고부족으로 인한 부가비용을 감소시킬 수 있다.
> • 재고의 부족으로 인한 소비자의 불만 또는 상표전환의 가능성이 줄어든다.

① Transaction Cost Analysis
② Marketing Mix
③ Postponement-Speculation Perspective
④ Game Theory
⑤ Functional Spin-off Perspective

38 다음은 대전에 위치한 K 기업 물류사업부의 물류비 계산을 위한 자료이다. 총운송비 1억원 중 A와 B의 운송비는 각각 얼마인가? (단, 운송비 배부기준은 거리×중량을 사용한다.)

지 역	제 품	거리(km)	중량(ton)
대 전	A	50	200
	B		300
부 산	A	300	200
	B		50
합 계		350	750

① A 운송비 : 4,000만원, B 운송비 : 6,000만원
② A 운송비 : 5,000만원, B 운송비 : 5,000만원
③ A 운송비 : 6,000만원, B 운송비 : 4,000만원
④ A 운송비 : 7,000만원, B 운송비 : 3,000만원
⑤ A 운송비 : 8,000만원, B 운송비 : 2,000만원

39 QR(Quick Response)의 구현원칙에 관한 설명으로 옳지 않은 것은?

① 생산 및 포장에서부터 소비자에게 이르기까지 효율적인 제품의 흐름을 추구한다.
② 제조업체와 유통업체간에 표준상품코드로 데이터베이스를 구축하고, 고객의 구매성향을 파악·공유하여 적절히 대응하는 전략이다.
③ 조달, 생산, 판매 등 모든 단계에 걸쳐 시장정보를 공유하여 비용을 줄이고, 시장변화에 신속하게 대처하기 위한 시스템이다.
④ 저가격을 고수하는 할인점, 브랜드 상품을 판매하는 전문점, 통신판매 등을 연계하여 철저한 중앙관리체제를 통해 소매점업계의 경영합리화를 추구하는 전략이다.
⑤ 고객정보의 신속한 파악을 통하여, 필요할 때에 소량을 즉시 보충할 수 있도록 개발된 식품유통 분야의 대응시스템이다.

40 GS1 시스템의 기본 원칙에 대한 다음 설명 중 가장 옳지 않은 것은?

① GS1 시스템은 상품, 물류단위, 자산 및 위치 등 다양한 분야에 적용된다.
② 식별코드는 상품이 입출고되는 각각의 시점에서 데이터를 자동적으로 획득할 수 있도록 바코드에 표기된다.
③ 바코드는 통상 제조업체가 부착하는데 상품 포장 시 다른 정보들과 함께 미리 인쇄하거나 생산라인에서 별도로 라벨 형태로 상품에 부착한다.
④ 데이터 구조는 거래의 메시지 속에서 데이터베이스에 접근할 수 있고, 취급하는 상품을 명확하게 식별할 수 있는 키(key)이다.
⑤ 특정 상품에 부여된 식별코드는 전자문서에도 사용되어 해당 상품에 관한 정보가 협력업체들 간에 전자적으로 교환될 수 있다.

41 다음은 LCL(Less-than Container Load) 화물의 수출 흐름에 대하여 설명한 것이다. 수출 흐름순서를 차례대로 옳게 나열한 것은?

> ㉠ FCL(Full Container Load) 화물과 동일한 절차를 수행한다.
> ㉡ 내륙 데포(Depot)에 도착한 후 화물을 행선지별로 분류하여 공컨테이너에 적입한다.
> ㉢ 트럭회사는 CFS(Container Freight Station) 또는 내륙 데포까지 일반 트럭이나 트레일러로 운송한다.
> ㉣ 트럭회사는 화주와의 운송계약에 따라 발송지에서 화물을 싣는다.
> ㉤ 화주로부터 CFS나 내륙 데포까지 운송주문을 접수한다.

① ㉤ → ㉣ → ㉢ → ㉡ → ㉠
② ㉤ → ㉡ → ㉢ → ㉣ → ㉠
③ ㉤ → ㉢ → ㉣ → ㉠ → ㉡
④ ㉤ → ㉣ → ㉠ → ㉡ → ㉢
⑤ ㉤ → ㉠ → ㉡ → ㉢ → ㉣

42 항공화물사고의 유형에 관한 설명으로 옳지 않은 것은?

① 화물사고의 유형은 크게 화물손상(Damage), 지연(Delay), 분실(Missing) 등으로 나눌 수 있다.
② 화물손상 중 Mortality란 수송 중 동물이 폐사되었거나 식물이 고사된 상태를 의미한다.
③ 화물손상 중 Spoiling이란 내용물이 부패되거나 변질되어 상품의 가치를 잃게 되는 경우를 의미한다.
④ 지연 중 OVCD(Over Carried)란 예정된 목적지 또는 경유지가 아닌 곳으로 화물이 수송되었거나 발송준비가 완료되지 않은 상태에서 화물이 실수로 발송된 경우를 의미한다.
⑤ 지연 중 SSPD(Short Shipped)란 예정된 항공편의 적하목록에는 표기되어 있지 않으나 화물의 일부가 탑재되는 경우를 의미한다.

43 선박의 항해에 필요한 연료유, 식수 등의 중량을 제외한 적재할 수 있는 화물의 최대 중량으로 용선료의 기준이 되는 선박 톤수는?

① 총톤수(Gross Tonnage)
② 순톤수(Net Tonnage)
③ 재화중량톤수(Dead Weight Tonnage)
④ 배수톤수(Displacement Tonnage)
⑤ 재화용적톤수(Measurement Tonnage)

44 다음 내용에 적합한 항만 내 컨테이너 터미널 시설은?

> 본선 입항 전에 미리 입안된 선내 적치계획에 따라 선적예정 컨테이너를 순서대로 쌓아두기 위한 곳으로, 컨테이너 터미널 운영에 있어 중심이 되는 중요한 장소이다.

① 에이프런(Apron)

② 콘트롤 타워(Control Tower)

③ 마샬링 야드(Marshalling Yard)

④ CFS(Container Freight Station)

⑤ 컨테이너 야드(Container Yard)

45 운송비용 중 고정비 항목이 아닌 것은?

① 연료비

② 감가상각비

③ 보험료

④ 인건비

⑤ 제세공과금

46 철도운송과 자동차운송을 비교 설명한 것으로 옳지 않은 것은?

① 철도는 대량화물을 수송하는 데 비해 자동차는 소·중량화물을 수송한다.

② 철도는 원거리에 이용하며, 자동차는 중·근거리에 이용한다.

③ 일관운송체제는 자동차에 비해 철도가 용이하다.

④ 운송비용은 철도가 자동차에 비해 장거리운송에 유리하다.

⑤ 철도는 중량제한이 없으나 자동차에는 중량제한이 있다.

47 다음 중량톤에 대한 설명 중 옳지 않은 것은?

① 중량톤에는 배수톤수, 재화중량톤수, 운하톤수가 있다.

② 중량톤의 단위에는 metric ton, long ton, short ton이 쓰이고 있다.

③ 경화상태에서의 흘수에 대한 배수톤수가 경화배수톤수이다.

④ 선박이 적재할 수 있는 화물의 최대중량을 재화중량톤수라 한다.

⑤ 재화중량톤수는 용선계약, 선박매매거래 등 상거래의 기준이 된다.

48 다음 중 우편업에 제한용적을 받지 않는 상업서류와 서적, 잡지, 견본품, 신문 등 정기간행물의 자체운임률표 및 운송약관에 따라 Door to Door 서비스로 신속하게 운송하는 사업은?

① 일반대리점   ② 복합운송주선업

③ 혼재업자   ④ 상업서류송달업

⑤ 프레이트 포워더

49 화물운송실적신고는 화물자동차 운수사업자가 신고 대상 운송 또는 주선 실적을 정부에서 정한 일정 기준에 따라 의무적으로 관리하고 신고하여야 하는 제도이다. 실적신고 내용이 아닌 것은?

① 운송의뢰자 정보

② 계약내용

③ 의뢰받은 화물을 재위탁한 경우 계약내용

④ 배차내용

⑤ 차량경로정보

50 선박의 안정을 유지하기 위하여 적재하는 중량물을 말하며 이전에는 모래, 자갈 등을 사용했으나 지금은 일반적으로 해수를 사용하는 것을 뜻하는 용어는?

① Ballast   ② Anchor

③ Davit   ④ Bilge Keel

⑤ Derrick Boom

51 다음은 항공화물의 수입절차이다. 절차를 순서대로 옳게 나열한 것은?

> ㉠ 수입통관절차 수행 및 물품 반출
> ㉡ 발송통지서 접수
> ㉢ 수화인에게 화물도착 통지
> ㉣ 적하목록을 세관에 제출
> ㉤ 하기(下機)신고 및 보세구역 물품 반입

① ㉤ → ㉡ → ㉠ → ㉢ → ㉣   ② ㉡ → ㉢ → ㉣ → ㉤ → ㉠

③ ㉡ → ㉣ → ㉤ → ㉢ → ㉠   ④ ㉢ → ㉡ → ㉠ → ㉣ → ㉤

⑤ ㉠ → ㉣ → ㉤ → ㉡ → ㉢

52 수·배송시스템 설계 시 고려 요소에 해당하지 않는 것은?

① 리드타임
② 적재율
③ 차량의 회전율
④ 차량운행 대수
⑤ 안전수요량

53 물류센터 입지선정시 고려해야 할 요인 중 수배송서비스 조건을 모두 고르면?

> ㉠ 장래 고객의 예측
> ㉡ 배송의 빈도
> ㉢ 고객에 대한 도착시간
> ㉣ 리드타임
> ㉤ 고객까지의 거리여부

① ㉠, ㉡, ㉢, ㉣
② ㉠, ㉡, ㉢, ㉤
③ ㉡, ㉢, ㉣, ㉤
④ ㉠, ㉡, ㉣, ㉤
⑤ ㉠, ㉢, ㉣, ㉤

54 다음 중 컨테이너 리스가 필요한 요인이 아닌 것은?

① 인플레이션에 따른 영향이 증가한다.
② 감가상각이 필요없다.
③ 지역적·계절적 변동에 따라 필요한 컨테이너 수요에 적절히 대응해야 한다.
④ 컨테이너 유지·관리비용을 절감한다.
⑤ 자금의 고정화를 방지한다.

55 신도시 A지역에 지역도로를 신설하려고 한다. 6곳의 거점 중 어디에서나 나머지 5곳을 직접 또는 다른 곳을 경유하여 갈 수 있어야 한다. 건설비용이 다음과 같을 때 도로를 건설하는데 소요되는 최소 총비용은? (단위 : 억원)

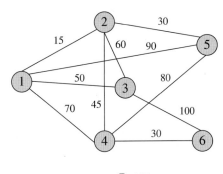

① 150

② 160

③ 170

④ 180

⑤ 190

56 수송수단별 운송시간과 신뢰성에 관한 설명 중 잘못된 것은?

① 장거리 운송에 있어서 운송시간은 항공운송, 철도, 소량화물트럭, 차급화물트럭의 순으로 빠르게 나타나고 있다.

② 장거리 운송의 경우 트럭은 운송시간이 지속적으로 증가하는 반면 철도운송과 항공운송은 증가율이 미미하여 일정한 평균치를 나타내고 있다.

③ 각 수송서비스는 평균수송시간에 따라 순위가 정해지듯이 수송시간의 신뢰성에 따라서도 대략적으로 순위가 정해지고 있다.

④ 수송시간의 변화성은 철도가 가장 크고 항공운송이 가장 적으며 트럭서비스는 이들의 중간정도이다.

⑤ 단거리 운송에 있어서의 총운송시간은 본선운송시간보다는 집배송시간에 의해 더 큰 영향을 받는 것으로 나타나고 있다.

57 다음의 조건이 주어졌을 때 채트반(Chatban) 공식을 이용한 트럭의 철도에 대한 경쟁가능 거리한도는 얼마인가?

> • 철도의 톤·km당 운송비 : 650원
> • 톤당 철도 운송비와 하역비 : 119,000원
> • 화물자동차의 톤·km당 운송비 : 1,500원

① 120km

② 125km

③ 130km

④ 135km

⑤ 140km

58 다음은 자가용운송보다 영업용운송을 선호하는 이유이다. 틀린 것은?

① 운송량의 급격한 변동에 대해 신속하게 대응할 수 있다.
② 일일변동, 계절변동에도 대처할 수 있으므로 연간으로 볼 때 수송능률이 좋아진다.
③ 실차율, 설비가동률 등에서 유리하여 수송비가 상대적으로 싸다.
④ 일반적으로 기동성이 높고 노동력이 풍부하여 신뢰성이 높다고 할 수 있다.
⑤ 많은 대수의 차량을 확보할 수 있어 수송능력이 커진다.

59 소화물일관수송에 관한 설명이다. 관계가 먼 것은?

① 소형·소량 화물에 대한 운송체계로서 단위 화물당 중량은 30kg 이하 이내이어야 한다.
② 송화인의 문전에서 수화인의 문전까지 포괄적인 서비스를 제공하는 운송체계이다.
③ 판매 위주의 혁신적인 서비스를 제공하는 운송체계이다.
④ 신속성과 정확성이 높은 운송체계이다.
⑤ 운송업자 일관책임 운송제도이다.

60 유해화학물질사고 국가비상대응정보시스템(NERIS ; National Emergency Response Information System)의 수송안전정보시스템에 관한 설명 중 옳지 않은 것은?

① 유해화학물질 수송에 따르는 상대적인 위험도 분석과 최적수송경로 분석기법을 포함한다.
② 도로의 위험도는 사고율, 유해화학물질 방출비율, 도로의 길이, 피해가능 규모의 곱으로 표현한다.
③ 수송시 발생할 수 있는 만일의 사고에 대한 효율적 대응을 구축하는 조기경보시스템을 포함한다.
④ 조기경보시스템은 실시간 모니터링, 돌발상황 관리, 관리자 운영 프로그램 등으로 이루어져 있다.
⑤ NERIS의 최적수송경로는 일반적인 거리나 주행 시간을 기반으로 제공한다.

61 화물운송과 관련된 보안제도에 대한 설명으로 옳지 않은 것은?

① CSI(Container Security Initiative)는 미국으로의 대량살상무기 등이 밀반입되는 것을 차단하기 위한 제도로 국내의 모든 무역항이 지정되어 있다.
② 24 Hours Rule은 CSI 제도의 보완조치로 미국행 컨테이너 화물을 수출하는 모든 운송인을 대상으로 선적 24시간 전에 적하목록을 신고하도록 하는 제도이다.
③ AEO(Authorized Economic Operator)는 관세청이 인정한 '수출입 안전관리 우수업체(AEO)'에 대해 신속통관 등 세관절차상 다양한 혜택을 제공하는 제도이다.
④ 상용화주제는 항공안전본부 고시에 의해 화주 또는 화물대리점이 정부에서 정한 자격을 갖추고 항공화물을 보안 통제할 경우 공항에서의 보안 검색을 생략 또는 간소화하는 제도를 말한다.
⑤ ISPS(International Ship & Port facility Security) Code는 국제해사기구(IMO)에서 제정한 것으로 국제선박 및 항만시설보안규칙을 말한다.

62 물류단지에 관한 설명으로 옳지 않은 것은?

① 물류단지는 물류터미널·공동집배송단지·도소매단지·농수산물도매시장 등의 '물류시설'과 정보·금융 입주자편의시설 등의 '지원시설'을 집단적으로 설치하기 위한 일단의 토지(건물)이다.

② 유통구조의 개선과 물류비 절감효과의 저하 및 교통량 증가 문제를 해소하기 위해 도입되었다.

③ 물류단지는 환적, 집배송, 보관, 조립·가공, 컨테이너처리, 통관 등 물류기능을 수행한다.

④ 물류단지는 판매, 전시, 포장, 기획 등 상류기능은 수행하지 않는다.

⑤ 물류단지의 입지는 항만·공단·대도시 주변 등 물동량이나 물류시설의 이용 수요가 많은 지역을 대상으로 한다.

63 다음에서 설명하는 항공운임요율은 무엇인가?

> 화물의 운송에 있어서 사고발생 시 항공사의 최대배상한도액(Maximum Liability)은 US$ 20/kg이기 때문에 송화인이 최대배상한도액을 초과하는 금액을 항공사로부터 배상받고자 할 때 운송장상에 그 화물의 가격을 신고하고 요금을 지불하면 상기 kg당 US$ 20를 초과하는 실손해액을 배상받을 수 있다.

① Valuation Charge

② Bulk Unitization Charge

③ Commodity Classification Rate

④ Specific Commodity Rate

⑤ General Cargo Rate

64 해상운송에서 정기선운송과 부정기선운송에 관한 설명으로 옳은 것은?

① 해상운송계약 체결의 증거로서 정기선운송은 선하증권(Bill of Lading)을, 부정기선운송은 용선계약서(Charter Party)를 사용한다.

② 정기선운송은 벌크화물을 운송하고, 부정기선운송은 컨테이너화물을 운송한다.

③ 정기선운송인은 사적 계약운송인의 역할을, 부정기선운송인은 공공 일반운송인의 역할을 수행한다.

④ 정기선운송 운임은 수요와 공급에 의해 결정되고, 부정기선운송 운임은 공표운임(Tariff)에 의해 결정된다.

⑤ 정기선운송의 하역비 부담조건은 FI, FO, FIO 등이 있고, 부정기선은 Berth term에 의해 결정된다.

65 한국 산업 표준 KS T 0001에 제시된 화물운송에 관한 용어의 정의로 옳지 않은 것은?

① 기계류 : 포장하지 않고 분립체 상태로, 대량으로 수송되는 화물

② 일관수송 : 물류 효율화의 목적으로 화물을 발송지에서 도착지까지 해체하지 않고 연계하여 수송하는 것

③ 산업차량 : 일정한 작업장에서 각종 운반 하역 작업에 사용되는 차량

④ 출고 : 창고에서 주문에 맞춰 화물을 꺼내는 것

⑤ 운반 : 물품을 비교적 짧은 거리로 이동시키는 것

66 다음은 화물을 컨테이너에 적입하여 컨테이너화 함으로써 얻을 수 있는 효과를 언급하였다. 컨테이너화의 장점으로 적절치 못한 것은?

① 환적지점에서의 하역작업 단순화 및 신속성, 효율성을 증진시킨다.

② 운송 및 보관과정에서 화물을 보호하는 역할을 담당한다.

③ 화물을 개별 포장할 필요가 없어진다.

④ 서류취급 작업의 최소화가 가능하다.

⑤ 세관 봉인 하에 국경통과가 가능하다.

67 본선의 이 · 접안 시 줄잡이 역무를 제공하는 항만운송관련사업은?

① Launching

② Lining

③ Tallying

④ Ship Cleaning

⑤ Bunkering

68 용선계약(Charter Party)에 대한 설명으로 옳지 않은 것은?

① 선박회사, 즉 용선주가 많은 선원을 고용하여 용선계약을 맺는 것을 말한다.

② 중량 용선의 경우를 제외하고는 공화운임이 발생될 수 있다.

③ 용선계약을 체결한 후 선박 운행의 비용은 선주 아닌 용선자가 부담한다.

④ 용선자가 선박의 전부 또는 일부에 대하여 전용권을 갖는다.

⑤ 대량운송의 경우에 유리하다.

69 화물운송의 운임 결정요인에 해당하지 않는 것은?

① 축간거리(Wheel Base)

② 운송거리(Distance)

③ 운송되는 화물의 크기(Volume)

④ 밀도(Density)

⑤ 적재성(Stowability)

70 다음 중 표준 파렛트가 갖고 있는 경제성에 해당되지 않는 것은?

① 하역기기에 적합하게 설계되어 있다.

② 항공운송에 적합하다.

③ 표준 유닛로드의 기본이 된다.

④ 상호교환을 촉진한다.

⑤ 환적시에 비용절감의 효과가 있다.

71 다음과 같은 특징을 가진 택배운송시스템은?

> • 노선의 수가 적어 운송의 효율성이 높다.
> • 집배센터에 배달 물량이 집중되어 상·하차 여건 부족 시 배송 지연이 발생할 수 있다.
> • 모든 노선이 중심거점 위주로 구축된다.
> • 대규모의 분류능력을 갖춘 터미널이 필요하다.

① Milk Run 시스템

② Point to Point 시스템

③ Hub & Spoke 시스템

④ 절충형 혼합식 네트워크 방식

⑤ 프레이트 라이너 방식

72 정기선 운송에 필요한 서류에 관한 설명으로 옳지 않은 것은?

① 수화인수취증(B/N) - 수화인이나 그 대리인이 본선에서 화물을 수취하였음을 증명하는 서류

② 기기수도증(E/R) - 육상운송회사가 선박회사로부터 기기류를 넘겨받는 것을 증명하는 서류

③ 본선적부도(S/P) - 본선 내의 컨테이너 적재위치를 나타내는 도표

④ 부두수취증(D/R) - 선사가 화주로부터 화물을 수취한 때에 화물의 상태를 증명하는 서류

⑤ 인도지시서(D/O) - 선사 또는 그 대리점이 화주에게 교부하는 선적 승낙서

73 화물의 배송루트 및 일정계획을 수립하는 원칙으로 옳지 않은 것은?

① 가장 근접해 있는 지역의 물량을 함께 싣는다.

② 배송날짜가 다른 경우에는 경유지를 통합하여 운영한다.

③ 운행경로는 차고에서 가장 먼 지역부터 만들어 간다.

④ 가장 효율적인 경로는 가능한 한 대형차량을 이용하여 만든다.

⑤ 루트배송에서 제외된 수요지는 별도의 차량을 이용한다.

74 다음 중 복합운송의 특성을 바르게 기술한 것은?

① 위험부담의 분기점은 송화인이 물품을 내륙운송인에게 인도하는 시점이 된다.

② 운송수단을 변경할 때마다 운임을 별도로 책정한다.

③ 운송수단이 다양하므로 운송에 대한 책임자는 각 운송수단에 따라 다르다.

④ 송화인에게 복합운송서류를 발행할 수 있는 사람은 개별운송수단의 소유자들이다.

⑤ 복합운송이란 어느 한 지역의 특정지점에서 다른 지역에 위치해 있는 지정인도지점까지 단일운송계약에 의해 2가지 이상의 운송수단을 이용하여 화물을 운송하는 것을 말한다.

75 아래와 같은 운송조건 하에서 최소비용법(Least Cost Method)과 북서코너법(North-West Corner Method)을 이용하여 총 운송비용을 구할 때 각각의 방식에 따라 산출된 총 운송비용의 차는 얼마인가?

	A	B	C	공급합계
X	20원/톤	50원/톤	10원/톤	200톤
Y	40원/톤	30원/톤	50원/톤	300톤
Z	60원/톤	40원/톤	50원/톤	400톤
수요합계	300톤	400톤	200톤	900톤

① 0원
② 500원
③ 1,000원
④ 1,500원
⑤ 2,000원

76 우리나라 철도화물의 운임에 관한 설명이다. 거리가 먼 것은?

① 화차취급운임, 컨테이너취급운임, 혼재운임 등으로 구분된다.

② 레일 운임을 기본으로 한다.

③ 거리대별 톤당 운임에 운임계산톤수를 곱하여 산정한다.

④ 통운요금의 경우에 정형대량운송이나 일관파렛트화의 경우에는 할인제도가 없다.

⑤ 특대화물과 위험물 및 귀중품의 경우에는 할증제도가 있다.

77 B 항공사는 서울-상해 직항 노선에 50명의 초과예약 승객이 발생하였다. 이들 승객 모두가 다른 도시를 경유해서라도 상해에 오늘 도착하기를 원한다. 다음 그림이 경유 항공편의 여유 좌석 수를 표시한 항공로일 때, 다른 도시를 경유하여 상해로 갈 수 있는 최대 승객 수는 몇 명인가?

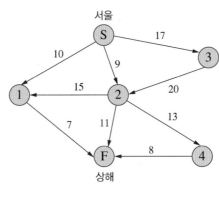

① 23

③ 25

⑤ 27

② 24

④ 26

78 항공운임요율에 관한 설명으로 옳은 것을 모두 고른 것은?

> ㉠ 품목분류요율은 모든 품목에 적용되는 할인 및 할증요율이다.
> ㉡ 기본요율은 화물 1건당 45kg 미만의 화물운송에 적용되는 요율이다.
> ㉢ 중량단계별 할인요율은 중량이 낮아짐에 따라 요율을 낮게 적용하는 요율이다.
> ㉣ 특정 품목할인요율은 항공운송을 이용할 가능성이 높은 품목에 대하여 낮은 요율을 적용하는 요율이다.

① ㉠, ㉡

③ ㉡, ㉢

⑤ ㉢, ㉣

② ㉠, ㉢

④ ㉡, ㉣

79 항해용선계약에 관한 대표적 표준서식인 GENCON(1994)을 기준으로 한 다음 설명 중 옳은 것을 모두 고른 것은?

> ㉠ 선주는 감항능력주의의무를 부담한다.
> ㉡ 화물의 선적비와 양륙비는 용선자가 부담한다.
> ㉢ 운임은 화물의 인수량(선적량)을 기준으로 산정한다.
> ㉣ 선박에 부과되는 세금은 용선자가 부담하고, 화물에 부과되는 세금은 선주가 부담한다.

① ㉠, ㉡

③ ㉠, ㉢, ㉣

⑤ ㉠, ㉡, ㉢, ㉣

② ㉠, ㉡, ㉢

④ ㉡, ㉢, ㉣

80 철도화물운송 방식에 관한 설명으로 옳은 것은?

① Kangaroo : 철도의 일정구간을 정기적으로 고속운행하는 열차를 편성하여 운송하는 방식이다.

② TOFC : 화차에 컨테이너만을 적재하는 방식이다.

③ Freight Liner : 트레일러 바퀴가 화차에 접지되는 부분을 경사진 요철 형태로 만들어 적재높이가 낮아지도록 하여 운송하는 방식이다.

④ COFC : 화차 위에 컨테이너를 적재한 트레일러를 적재한 채로 운송을 한 후 목적지에 도착하여 트레일러를 견인장비로 견인, 하차한 후 트랙터와 연결하여 운송하는 방식이다.

⑤ Piggy Back : 화차 위에 화물을 적재한 트럭 등을 적재한 상태로 운송하는 방식이다.

국제물류론

81 다음 중 선급제도에 관한 설명으로 옳지 않은 것은?

① 선박이 정상적인 항해를 할 수 있는 안전한 상태인지 감항성을 판단하기 위해서 생겼다.

② 보험의 인수여부 및 보험료 결정을 위해 1760년 'Green Book'이라는 선박등록부를 만들면서 시작되었다.

③ 1968년 국제선급협회(IACS)가 창설되었으며 우리나라는 정회원으로 가입되어 있다.

④ 우리나라는 독자적인 선급제도의 필요성에 의해 한국선급협회를 창설하였다.

⑤ 한국선급협회는 해상에서의 인명과 재산의 안전을 도모하고 조선해운 및 해양에 관한 기술진흥을 목적으로 창립된 영리법인이다.

82 운송되는 화물의 수량에 관계없이 항해(Voyage)를 단위로 해서 포괄적으로 계산하여 부과하는 운임은?

① Dead Freight

② Advanced Freight

③ Lump Sum Freight

④ Back Freight

⑤ Pro Rate Freight

83 IATA의 Dangerous Goods Regulations(DGR)에서 규정하고 있는 위험품목이 아닌 것은?

① Flammable Liquids(인화성 액체)

② Oxidizing Substances(산화성 물질)

③ Oxidizing Substances and Organic Peroxides(과산화물)

④ Perishable Cargo(부패성 화물)

⑤ Explosives(폭발성 물질)

84 국제항공기구에 관한 설명으로 옳은 것은?

① ACI는 국제항공운송협회로 1945년 쿠바의 하바나에서 세계항공사회의를 개최함으로써 설립되었다.

② ICAO는 시카고조약의 기본원칙인 기회균등을 기반으로 하여 국제항공운송의 건전한 발전을 도모하기 위해 설립된 기구이다.

③ IATA는 국제항공의 안전 및 발전을 목적으로 하여 각국 정부의 국제협력기관으로서 설립되었다.

④ FAI는 1926년 설립된 국가별 운송주선인협회와 개별운송주선인으로 구성된 국제민간기구로서 전세계적인 운송주선인의 연합체이다.

⑤ ICAO의 회원은 IATA회원국의 국적을 가진 항공사만 가능하다.

85 운송인의 책임에 관한 설명으로 옳지 않은 것은?

① Hague Rules(1924)는 운송인의 의무 및 책임의 최소한을 규정하고 있다.

② Hague Rules(1924)는 운송인의 기본적인 의무로서 선박의 감항능력에 관한 주의의무를 규정하고 있다.

③ Hague Rules(1924)는 전 해운국의 선주, 화주, 은행 및 보험회사 대표자가 참석한 회의에서 채택된 규칙을 말한다.

④ Hamburg Rules(1978)가 제정된 배경은 종래의 관련 규칙이 선박을 소유한 선진국 선주에게 불리하고, 개도국 화주에게 유리하다는 주장 때문이었다.

⑤ Hague-visby Rles(1968)는 그 자체가 독립된 새로운 협약이 아니라 Hague Rules(1924)를 개정하기 위한 것이었다.

86 컨테이너 임차 시 임차료, 임차 및 반납조건 등을 포괄적인 계약조건으로 정한 후 계약기간 내에서는 자유롭게 임차와 반납을 허용하는 컨테이너 리스형태는?

① Turn-key Lease

② One Way Lease

③ Round Lease

④ Lease & Purchase

⑤ Master Lease

87 다음 중 복합운송증권에 대한 설명으로 틀린 것은?

① 복합운송계약에 따라 복합운송인이 자신의 관리하에 물품을 수취하였다는 것 및 그 계약의 내용에 따라 운송인이 물품을 인도할 의무를 부담하는 것을 증명하는 증권이다.

② 물품의 수취지에서 도착지까지 적어도 두 가지 이상의 다른 종류의 운송수단으로 운송하는 복합운송을 규정하는 증권이다.

③ 두 가지 이상의 다른 운송방식에 의하여 운송물품의 수탁지와 인도지가 상이한 국가의 영역간에 이루어지는 복합운송계약을 증명하기 위한 증권이다.

④ 복합운송증권의 발행인은 선박회사나 그 대리인이 된다.

⑤ 복합운송증권은 유통성 복합운송증권과 비유통성 복합운송증권으로 구분할 수 있다.

88 다음 (㉠), (㉡)에 해당하는 것은?

> 우리나라로 해상수입되는 화물의 경우 적재항에서 화물이 선박에 적재되기 (㉠) 전까지 적하목록을 선박 입항예정지 세관장에게 전자문서로 제출하여야 한다. 다만, 중국, 일본, 대만, 홍콩, 러시아 극동지역 등의 경우에는 적재항에서 선박이 출항하기 전까지, 벌크화물의 경우에는 선박이 입항하기 (㉡) 전까지 제출하여야 한다.

① ㉠ : 12시간, ㉡ : 1시간
② ㉠ : 12시간, ㉡ : 2시간
③ ㉠ : 12시간, ㉡ : 4시간
④ ㉠ : 24시간, ㉡ : 2시간
⑤ ㉠ : 24시간, ㉡ : 4시간

89 선적서류보다 물품이 먼저 목적지에 도착하는 경우, 수입화주가 화물을 조기에 인수하기 위해 사용할 수 있는 서류는?

> ㄱ. On-board B/L   ㄴ. Order B/L
> ㄷ. Sea waybill   ㄹ. Third party B/L
> ㅁ. Through B/L   ㅂ. Surrender B/L

① ㄱ, ㄴ   ② ㄱ, ㅂ
③ ㄷ, ㄹ   ④ ㄷ, ㅂ
⑤ ㄹ, ㅁ

90 해상화물운송장(Sea Waybill)에 관한 설명으로 옳지 않은 것은?

① 해상선하증권 대신에 이용되는 비유통성 화물운송장을 말한다.

② 주로 기명식으로 특정인을 수화인으로 발행하는 화물수령증의 일종이다.

③ 수입화물선취보증제도를 이용하지 않아도 된다.

④ 배서에 의한 타인 양도가 가능하므로 전매가 가능하다.

⑤ 권리증권이 아니기 때문에 항해 중에 증권 이전을 통한 물품의 전매가 불가능하다.

91 다음 중 UNCTAD/ICC 복합운송증권규칙에 대한 내용으로 옳지 않은 것은?

① 운송인은 사용인의 항해과실 및 본선 관리상의 과실, 고의 또는 과실에 의한 화재가 아닌 경우 면책이지만 감항성 결여는 예외 없이 귀책사유이다.

② 운송인의 반증책임을 전제로 한 과실책임원칙과 함께 변형통합책임체계를 채택하였다.

③ 본 규칙은 단일운송 또는 복합운송의 여부와 무관하게 운송계약에 적용할 수 있다.

④ 화물 인도 후 9개월 내에 소송이 제기되지 않으면 운송인은 모든 책임을 면한다.

⑤ 운송인의 예상 가능한 손해에 대한 작위 및 부작위에 대해서는 책임제한의 혜택이 박탈된다.

92 CLP(Container Load Plan)에 관한 설명으로 옳은 것은?

① CLP는 컨테이너에 적재된 화물의 명세를 기재하는 서류로, 컨테이너 개별로 작성하지 않고 반드시 B/L건별로 작성해야 한다.

② Shipper's Pack의 경우 CLP는 수화인 또는 수화인의 대리인이 작성한다.

③ CLP는 CFS/CFS 간의 화물수취인도증서로 사용된다.

④ CLP는 화물적입지에서 세관에 대한 화물반입신고서의 대용으로 사용된다.

⑤ LCL화물의 경우 CLP는 대개 CFS Operator나 이와 계약관계에 있는 검수회사가 선적예약 시 화주가 제출한 제반서류를 기초로 작성한다.

93 선적서류에 대한 설명 중 옳지 않은 것은?

① 항공화물운송장은 유가증권이다.

② 영사송장은 탈세, 외화도피 등을 방지하기 위해 사용된다.

③ 포장명세서에는 물품명세, 단위별 중량, 화인, 일련번호 등이 기재된다.

④ 상업송장은 대금청구서의 역할을 하고 있다.

⑤ 적하목록은 선사(대리점)가 작성하는 적재화물의 명세표이다.

94 항공기 파렛트 1개를 이용하여 2,500kg의 LCD 부품을 수출하려고 하는 C업체의 경우, 다음 조건을 고려할 때 항공기부가운임인 파렛트-벌크운임(Bulk Unitization Charge ; BUC)은 얼마인가?

> • Pivot Weight : 2,450kg
> • Pivot Charge : US $8,700
> • Over Pivot Charge : US $4.00

① US $8,700
② US $8,900
③ US $9,000
④ US $9,200
⑤ US $9,400

95 컨테이너화물 수출선적절차에 필요한 서류를 순서대로 나열한 것은?

> ㄱ. 선적요청서(Shipping Request)
> ㄴ. 선적예약서(Booking List)
> ㄷ. 기기수도증(Equipment Receipt)
> ㄹ. 부두수취증(Dock Receipt)
> ㅁ. 선하증권(Bill of Lading)

① ㄱ - ㄴ - ㄷ - ㄹ - ㅁ
② ㄱ - ㄹ - ㄴ - ㄷ - ㅁ
③ ㄴ - ㄱ - ㄷ - ㄹ - ㅁ
④ ㄴ - ㄷ - ㄹ - ㄱ - ㅁ
⑤ ㄷ - ㄴ - ㄱ - ㄹ - ㅁ

96 한국의 수출상 A는 미국의 수입상 B와 D/A 계약을 체결하고 물품을 선적한 후 A의 거래은행에서 수출서류를 추심의뢰하였다. 이 경우 A의 거래은행은?

① Principal
② Collecting Bank
③ Presenting Bank
④ Remitting Bank
⑤ Usance Base

97 (ㄱ) ~ (ㄷ)에 들어갈 용어를 바르게 나열한 것은?

> 부정기선의 운송에는 항해 단위의 계약을 기본으로 하는 (ㄱ)과 일정기간 동안 계약하는 (ㄴ) 등이 있다. 그러나 정기선 운송의 경우에는 (ㄷ)을 원칙으로 한다.

① ㄱ : 항해용선　　　ㄴ : 기간용선　　　ㄷ : 나용선
② ㄱ : 나용선　　　　ㄴ : 항해용선　　　ㄷ : 기간용선
③ ㄱ : 기간용선　　　ㄴ : 항해용선　　　ㄷ : 개품운송계약
④ ㄱ : 개품운송계약　ㄴ : 나용선　　　　ㄷ : 기간용선
⑤ ㄱ : 항해용선　　　ㄴ : 기간용선　　　ㄷ : 개품운송계약

98 INCOTERMS 2020의 무역거래조건이다. 괄호 안에 들어갈 내용으로 옳은 것은?

> (　　　　　　) means that the seller delivers the goods on board the vessel nominated by the buyer at the named port of shipment or procures the goods already so delivered. The risk of loss of or damage to the goods passes when the goods are on board the vessel, and the buyer bears all costs from that moment onwards.

① Delivered at Place Unloaded
② Carriage and Insurance Paid To
③ Free on Board
④ Delivered At Place
⑤ Delivered Duty Paid

99 선하증권의 종류에 관한 설명으로 옳지 않은 것은?

① Groupage B/L : 운송주선인이 동일한 목적지로 운송하는 화물을 혼재하여 하나의 그룹으로 만들어 선적할 때 선박회사가 운송주선인에게 발행하는 B/L
② Stale B/L : 별도의 명시가 없는 한 선적일로부터 21일이 경과된 B/L
③ Foul B/L : 신용장에 명시된 수익자가 아닌 제3자의 명칭이 기재된 B/L
④ Optional B/L : 화물이 선적될 때 양륙항이 확정되지 않은 상태로 둘 이상의 항구를 양륙항으로 하여 선적항을 출발한 선박이 최초의 양륙항에 도착하기 전에 양륙항을 선택할 수 있도록 발행된 B/L
⑤ Red B/L : 선하증권과 보험증권의 기능을 결합시킨 B/L

100 신용장통일규칙(UCP600)에 의하면 Immediately Shipment나 Prompt Shipment 등과 같이 선적기일이 명시되었다면 어떻게 해석해야 하는가?

① 계약체결 후 30일 이내 선적
② 신용장 개설일로부터 30일 이내 선적
③ 신용장 수취 후 30일 이내 선적
④ 즉시 선적
⑤ 그러한 표현을 사용해서는 안 되며 선적기일이 명시되지 않은 것으로 간주한다.

101 항공운송과 관련되는 국제규범으로 옳은 것은?

ㄱ. Rotterdam Rules
ㄴ. Hague Rules
ㄷ. Montreal Agreement
ㄹ. Hamburg Rules
ㅁ. Hague-Visby Rules
ㅂ. Guadalajala Convention

① ㄱ, ㄷ ② ㄴ, ㄷ
③ ㄴ, ㅂ ④ ㄷ, ㅂ
⑤ ㄹ, ㅁ

102 인천국제공항의 배후지에 자유무역지역이 설치되어 있다. 자유무역지역에 대한 다음 설명 중 옳지 않은 것은?

① 외국에서 자유무역지역으로 물품의 반입 시 관세가 면제된다.
② 자유무역지역에 반입된 물품은 재수출이 가능하다.
③ 자유무역지역에 있는 외국물품이 국내로 반출되면 관세 등이 부과된다.
④ 자유무역지역에는 하역, 보관, 운송 등 물류 시설만 입주할 수 있다.
⑤ 인천국제공항 외에도 부산항, 광양항, 인천항 등의 특정 배후지역이 자유무역지역으로 지정되어 있다.

103 ICC(A) 조건 하에서 추가적으로 특약하면 보험회사로부터 보상받을 수 있는 손해는?

① 악천후로 인하여 발생한 전손 및 공동해손
② 동맹파업으로 인한 손해
③ 선적, 환적, 양하작업으로 인하여 발생한 손해
④ 화재 또는 폭발로 인하여 발생한 손해
⑤ 갑판유실에 의한 손해

104 국제기업의 국제물류시스템 선택에 있어서 고려해야 할 내용으로 가장 적절하지 않은 것은?

① 자회사의 재고부담비용 및 최종제품검사, 자회사간 수송사정 등 관리적인 요인이 고려되어야 한다.

② 최종결정은 그 기업의 기대수입과 비용의 관계 및 총체적인 경영전략에 의하여 이루어져야 한다.

③ 제품의 특성 및 수량, 수요의 성격, 주문 규모, 고객의 성향 등 경제적인 요인이 고려되어야 한다.

④ 수출국 기업의 재무상태, 마케팅, 경영전략, 생산관리가 수입국의 환경요인보다 우선적으로 고려되어야 한다.

⑤ 환경적 요인으로는 시장에서 요구하는 고객 서비스의 수준, 수송경로의 특수사정, 수입국의 법령·규칙에 의한 제약, 내륙유통비용 등을 고려해야 한다.

105 다음에서 설명하는 국제복합운송경로는?

> 1972년 Sea Train사가 개발한 경로로서, 극동지역에서 선적한 화물을 미국 태평양 연안의 오클랜드나 로스앤젤레스 등의 항구로 해상운송한 후, 미국 동부의 대서양 연안이나 멕시코 만의 항구까지 철도로 운송하여 이곳에서 다른 선박에 환적하여 유럽의 앤트워프, 함부르크, 로테르담, 브레멘 등 각 항구까지 해상운송하는 경로

① ALB   ② SLB
③ TCR   ④ CLB
⑤ MLB

106 국제복합운송에 관한 설명으로 옳지 않은 것은?

① 국제복합운송이란 국가 간 두 가지 이상의 운송수단을 이용하여 운송하는 것이다.

② 국제복합운송은 컨테이너의 등장과 운송기술의 발달로 인해 비약적으로 발전하였다.

③ 국제복합운송의 기본요건은 일관선하증권(through B/L), 일관운임(through rate), 단일운송인책임(single carrier's liability) 등이다.

④ NVOCC는 자신이 직접 선박을 소유하고 자기명의와 책임으로 복합운송을 수행하는 운송인이다.

⑤ 계약운송인형 국제물류주선업자는 운송수단을 직접 보유하지 않으면서 운송의 주체자로서의 역할과 책임을 다하는 운송인을 말한다.

107 국제소화물일관운송(국제택배)의 특징에 대한 설명 중 가장 옳은 것은?

① 국제소화물일관운송업의 주요 취급화물은 소화물과 상업서류이다.

② 대부분의 화물은 고가귀중품의 상품이며, 일정기간 내에 신속한 인도를 목적으로 하는 운송 서비스이다.

③ 화물금액에 무관하게 간이수입신고를 하면 된다.

④ 운임의 적용구간은 출발지 공항과 도착지 공항의 거리를 기준으로 한다.

⑤ 운임은 IATA와 각국 정부에 의하여 결정된다.

108 국제물류시스템 중 직송시스템(Direct System)에 대한 설명 중 틀린 것은?

① 자회사는 제품을 소유하지 않는다.

② 자회사는 물류에 직접 관여하지 않는다.

③ 재고 전부를 출하국의 1개 장소에 집중시키기 때문에 보관비가 다른 시스템에 비해 적게 든다.

④ 생산국공장에서 해외시장으로의 출하빈도가 가장 높다.

⑤ 공급라인의 중단에 대처하기 쉽다.

109 국제물품매매계약에 관한 UN 협약(비엔나협약, 1980)에 관한 설명으로 옳지 않은 것은?

① 동 협약은 경매에 의한 매매, 강제집행 또는 기타 법률상의 권한에 의한 매매 등의 국제매매계약에는 적용이 배제된다.

② 청약은 그것이 취소불능한 것이라도 어떠한 거절의 통지가 청약자에게 도달한 때에는 그 효력이 상실된다.

③ 매수인이 물품을 인수한 당시와 실질적으로 동등한 상태의 물품을 반환할 수 없는 경우에는 매수인의 계약해제권은 상실되나 매도인에 대한 대체품 인도청구권은 상실되지 않는다.

④ 매수인은 손해배상 이외의 구제를 구하는 권리행사로 인하여 손해배상을 청구할 수 있는 권리를 박탈당하지 아니한다.

⑤ 청약은 그것이 취소불능한 것이라도 그 철회가 청약의 도달 전 또는 그와 동시에 피청약자에게 도달하는 경우에는 이를 철회할 수 있다.

110 다음은 운송과 관련된 국제조약이다. 조약과 관련된 운송수단으로 바르게 연결된 것은?

> ㉠ Hamburg Rules 1978
> ㉡ UNCTAD / ICC Rules 1992
> ㉢ Montreal Convention 1999

① ㉠ : 해상운송, ㉡ : 복합운송, ㉢ : 항공운송
② ㉠ : 해상운송, ㉡ : 복합운송, ㉢ : 도로운송
③ ㉠ : 도로운송, ㉡ : 항공운송, ㉢ : 해상운송
④ ㉠ : 도로운송, ㉡ : 해상운송, ㉢ : 항공운송
⑤ ㉠ : 항공운송, ㉡ : 해상운송, ㉢ : 복합운송

111 AWB의 전면약관에는 표기되어 있으나, B/L 전면약관에는 없는 기재항목으로만 나열된 것은?

> ㄱ. Shipper ㄴ. Currency
> ㄷ. Amount of Insurance ㄹ. Gross Weight
> ㅁ. Declared value for carriage ㅂ. Consignee
> ㅅ. Prepaid/Collect

① ㄱ, ㄴ, ㄷ ② ㄴ, ㄷ, ㅁ
③ ㄴ, ㄹ, ㅂ ④ ㄷ, ㅁ, ㅂ
⑤ ㄹ, ㅁ, ㅅ

112 다음에서 설명하고 있는 국제복합운송의 책임체계로 옳은 것은?

> 복합운송인이 화주에 대해서 전 운송구간에 걸쳐 책임을 부담하지만, 그 책임내용은 손해발생구간에 적용되는 개개의 책임체계에 의해서 결정된다. 손해발생구간이 확인된 경우에는 국내법이나 국제조약을 적용하며, 그렇지 않은 경우에는 헤이그 규칙이나 기본책임을 적용한다.

① Uniform Liability System
② Flexible Liability System
③ Tie-up System
④ Network Liability System
⑤ Liability for Negligence

113 Marine Insurance Act(1906)에 규정된 용어의 설명이다. ( ) 안에 들어갈 용어들이 옳게 나열된 것은?

> "(ㄱ)" means the charges recoverable under maritime law by a salvor independently of contract. They do not include the expenses of services in the nature of salvage rendered by the assured or his agents, or any person employed for hire by them, for the purpose of averting a peril insured against. Such expenses, where properly incurred, may be recovered as (ㄴ) or as a general average loss, according to the circumstances under which they were incurred.

① ㄱ : Actual total loss   ㄴ : sue and labour charge
② ㄱ : Particular charges   ㄴ : actual total loss
③ ㄱ : Salvage charges   ㄴ : particular charges
④ ㄱ : Salvage charges   ㄴ : constructive total loss
⑤ ㄱ : Actual total loss   ㄴ : constructive total loss

114 INCOTERMS 2020에서 EXW조건에 대한 설명으로 옳지 않은 것은?

① 수출업자는 최소한의 의무를 지게 된다.

② 매도인은 물품을 차량에 적재할 필요가 없다.

③ 매도인이 물품을 인수하는 데 드는 비용을 부담한다.

④ 매도인은 수출통관절차를 이행할 의무가 없다.

⑤ 매도인이 물품을 지정된 장소에서 매수인의 임의처분상태로 놓아둔다.

115 INCOTERMS 2020의 일부 내용이다. 다음 괄호 안에 들어갈 용어로 옳은 것은?

> (   ) means that the seller delivers when the goods are placed at the disposal of the buyer on the arriving means of transport ready for unloading at the named place of destination. The seller bears all risks involved in bringing the goods to the named place.

① Delivered At Place

② Delivered At Place Unloaded

③ Ex Works

④ Free On Board

⑤ Free Carrier

116 선박의 국적에 관한 설명으로 옳지 않은 것은?

① 우리나라 선박법은 선박의 국적을 정함에 있어 소유자주의를 취해 한국 국민이 소유하는 선박을 한국선박으로 정하고 있다

② 외항선박은 국적을 취득해야 하며, 이중국적을 허용하고 있다.

③ 편의치적은 선주가 자국의 규제나 세금 등과 같은 의무를 회피할 목적으로 다른 국가에 소유선박을 등록하는 제도이다.

④ 편의치적은 세금 등을 절감할 수 있을 뿐 아니라, 선원법 등의 규제를 받지 않고 저임금의 외국인 선원을 고용하여 해운기업의 비용을 절감할 수 있다.

⑤ 전통적인 해운국 입장에서 편의치적의 확산을 방지할 필요가 있어 제2선적제도가 고안되었다.

117 국제상사분쟁해결에 관한 설명으로 옳지 않은 것은?

① 중재는 심문절차나 그 판정문에 대해 비공개 원칙을 견지하고 있다.

② '외국중재판정의 승인과 집행에 관한 UN 협약(뉴욕협약, 1958)'에 가입된 회원국가 간에 내려진 중재판정은 상대국에 그 효력을 미칠 수 있다.

③ 당사자에 의한 무역클레임 해결방법에는 클레임 포기, 화해 등이 있고, 제3자에 의한 해결방법으로는 알선, 조정, 중재, 소송 등이 있다.

④ 중재를 통한 분쟁해결은 계약체결 시 당사자간의 중재합의에 의해 할 수 있지만, 분쟁이 발생한 후에는 당사자가 합의를 하더라도 중재로 분쟁을 해결할 수 없다.

⑤ 중재는 단심제이고 한 번 내려진 중재판정은 중재절차에 하자가 없는 한 확정력을 갖는다.

118 선박의 총톤수에 관한 설명을 표현한 것으로 옳은 것은?

> ㉠ 선박 내부의 폐쇄된 공간의 총 용적을 의미한다.
> ㉡ 선박 내부의 폐쇄된 공간 중 직접 상행위에 사용되는 장소의 용적을 의미한다.
> ㉢ 선박이 적재할 수 있는 화물의 최대 중량을 의미한다.
> ㉣ 선박마다 톤수를 표현하는 기준이 달라 한 가지로 통합하여 선박 건조원가의 기준으로 활용하자는 톤수이다.
> ㉤ 경화상태에 있어서의 배수량을 배수톤으로 표시한 것으로 군함 등에서 주로 쓰인다.

① ㉠, ㉡
② ㉡, ㉢
③ ㉠, ㉤
④ ㉠, ㉣
⑤ ㉣, ㉤

119 다음 중 해운동맹의 대외적 수단으로만 묶은 것은?

> ㉠ 배선협정
> ㉡ 2중운임제
> ㉢ 거치운임환급제
> ㉣ 성실운임환급제
> ㉤ 투쟁선

① ㉠, ㉡, ㉢, ㉣
② ㉠, ㉡, ㉢, ㉤
③ ㉠, ㉡, ㉣, ㉤
④ ㉠, ㉢, ㉣, ㉤
⑤ ㉡, ㉢, ㉣, ㉤

120 (   )에 해당하는 물류보안제도는?

> (   )은/는 세계적인 물류보안 강화 조치로 인한 무역원활화를 저해하는 문제점을 해소하고자 각국 세관이 수출업자, 수입업자, 제조업자, 관세사, 운송사, 창고업자, 하역업자 등을 대상으로 적정성 여부를 심사하여 우수업체로 공인해 줌으로써 통관상의 혜택을 부여하는 제도이다.

① ISPS Code
② CSI
③ C-TPAT
④ ISO 28000
⑤ AEO

보관하역론

01 창고에 관한 설명으로 옳지 않은 것은?

① 자가창고의 장점은 최적의 창고설계가 가능하다는 것이다.

② 영업창고는 작업시간에 대한 탄력성이 적다는 것이 단점이다.

③ 리스창고는 국가 및 지방자치단체가 공익을 목적으로 건설한 창고이다.

④ 정온창고는 공조기 등으로 온도와 습도를 일정하게 조정가능한 창고이다.

⑤ 기계화창고는 입하에서 출하까지 자동화되고, 유닛로드로 처리되는 창고이다.

02 배송센터를 구축할 경우 좋은 점을 모두 고른 것은?

> ㄱ. 상물(商物)의 일치
> ㄴ. 배송 서비스율 향상
> ㄷ. 수송비의 절감
> ㄹ. 교차수송의 감소
> ㅁ. 납품작업의 효율화
> ㅂ. 고객서비스의 향상

① ㄱ, ㄷ, ㅁ

② ㄴ, ㄹ, ㅂ

③ ㄱ, ㄴ, ㄷ

④ ㄴ, ㄷ, ㄹ, ㅁ

⑤ ㄴ, ㄷ, ㄹ, ㅁ, ㅂ

03 다음 창고보관 장비 중 포크리프트가 랙 내부에 진입하여 하역작업을 할 수 있고, 보관장소와 통로를 겸하기 때문에 화물의 적재율을 높일 수 있으며, 소품종대량의 회전율이 적은 제품에 적합한 계절적인 수요가 있는 화물의 보관에 매우 경제적인 랙은 무엇인가?

① 모빌 랙
② 파렛트 랙
③ 드라이브 인 랙
④ 암 랙
⑤ 적층 랙

04 안전재고량에 관한 설명으로 옳지 않은 것은?

① 수요는 확정적으로 발생하고, 부품공급업자가 부품을 납품하는 데 소요되는 기간(조달기간)이 확률적으로 변할 때, 조달기간의 평균이 길어지더라도 조달기간에 대한 편차가 같다면 부품공급업자와 생산공장 사이의 안전재고량은 변동이 없다.
② 안전재고량은 안전계수와 수요의 표준편차에 비례한다.
③ 고객의 수요가 확률적으로 변동한다고 할 때, 수요변동의 분산이 작아지면 완제품에 대한 안전재고량은 감소한다.
④ 생산자와 생산수량의 변동폭이 작아지면 부품 공급업자와 생산공장 사이의 안전재고량은 감소한다.
⑤ 부품공급업자가 부품을 납품하는 데 소요되는 기간의 분산이 작아지면 부품공급업자와 생산 공장 사이의 안전재고량은 증가한다.

05 포크리프트에 관한 설명으로 (   ) 안에 각각 적합한 장비를 올바르게 나열한 것은?

> 포크리프트 중 (ㄱ)형은 탑승 설비 없이 운전자가 걸어 다니며 작업할 수 있으며, (ㄴ)형은 포크가 양쪽의 아우트리거(Outrigger) 사이에 위치하여 포크가 전후방으로 이동함으로써 좁은 장소에서도 작업이 용이하도록 고안된 장비이다.

① ㄱ : Walkie   ㄴ : Counterbalanced
② ㄱ : Counterbalanced   ㄴ : Reach
③ ㄱ : Walkie   ㄴ : Reach
④ ㄱ : 3 Wheel   ㄴ : Counterbalanced
⑤ ㄱ : Reach   ㄴ : 3 Wheel

06 2010년부터 2018년까지 A지역의 인구수와 B제품 보관량이 다음과 같을 때, 인구수 변화에 따른 보관량을 예측하고자 한다. 2019년 A지역 인구수가 6.3천 명으로 예측되었을 때, 단순선형회귀분석법을 통해 2019년 B제품 보관량을 예측한 것은? (단, 2010년부터 2018년까지 인구수와 보관량의 회귀식은 $y = 0.9886x - 0.8295$이며, 결정계수 (R^2)는 0.9557로 매우 높은 설명력을 보인다. 계산한 값은 소수점 둘째자리에서 반올림함)

연 도	A지역 인구수(천 명)	B제품 보관량(천 대)
2010	3	2
2011	4	3
2012	4	3
2013	5	4
2014	5	5
2015	5	4
2016	6	5
2017	7	6
2018	8	7
2019(예측)	6.3	?

① 5.1 ② 5.2
③ 5.3 ④ 5.4
⑤ 5.5

07 JIT(Just In Time)형 재고보충방식에 관한 설명으로 옳지 않은 것은?

① 꼭 필요한 물자를 필요한 양만큼 필요한 장소에 필요한 시간에 생산하고 보관한다는 원칙이다.
② 푸시(Push)형 재고보충방식이라고도 한다.
③ 재고감축을 위한 수단으로 현장의 문제점을 근원적으로 찾아서 제거하는 것을 유도한다.
④ 후속공정이 주도권을 갖고 있으며, 후속공정에서 인수해 간 수량만큼 선행공정에서 보충한다.
⑤ 물류관리시스템 내의 재고를 최소한도로 유지시킨다.

08 집중구매의 장점에 관한 설명으로 옳지 않은 것은?

① 자주적 구매가 가능하고 사업장 특수요구가 반영된다.
② 대량구매로의 가격, 거래조건이 유리해진다.
③ 시장조사나 거래처의 조사, 구매효과의 측정 등이 유리하다.
④ 구매기술의 개발과 적용이 쉬워지고 유리한 구매를 하기 쉽다.
⑤ 공통자재의 표준화·단순화가 가능하며 재고를 줄일 수 있다.

09 다음 내용은 보관의 어떤 원칙과 관련이 있는가?

> • 형식의 변경이 자주 바뀌지 않은 상품
> • 라이프 사이클이 짧은 상품
> • 보관시 파손·마모가 생기기 쉬운 상품

① 동일성의 원칙
② 통로대면 보관의 원칙
③ 회전대응 보관의 원칙
④ 네트워크 보관의 원칙
⑤ 선입선출(FIFO ; First In, First Out)의 원칙

10 다음 중 지게차(Fork Lift Truck)의 종류에 대한 설명으로 옳지 않은 것은?

① 스트래들 리치(Straddle Reach) 트럭은 스트래들 트럭의 아웃리거 길이를 줄이는 대신 리치능력을 제공함으로써 랙에 접근하기 쉽게 만든 장비이다.
② 카운터 밸런스(Counter Balance)형은 포크 등 승강장치를 차체 앞에 설치한 형상으로 내연식과 전동식(축전지식) 두 가지가 있다.
③ 톱 핸들러(Top Handler)형은 카운터 밸런스형의 일종으로 컨테이너 모서리쇠를 잡는 스프레더(Spreader)와 승강 마스트를 갖추고 컨테이너를 하역하는 데 사용하는 대형 지게차이다.
④ 사이드 포크(Side Fork)형은 차체측면으로 아웃리거를 움직여 차체측면 방향에서 하역이 가능하도록 한 장비이다.
⑤ 리치포크(Reach Fork)형은 크레인 끝에 스프레더(Spreader)가 장착되어 주로 파렛트를 하역하는 데 사용된다.

11 A업체는 다음의 자료로 경제적 주문량 모형(EOQ)을 이용하여 특정 부품의 재고정책을 수립하려고 한다. 이러한 재고정책을 운영하기 위한 연간 최소총비용(원)은? (단, 총비용은 재고유지비용과 주문비용의 합이다.)

> • 연간 수요 : 4,000개
> • 주문비용 : 10원/회
> • 연간 단위당 재고유지비용 : 2원

① 200   ② 400
③ 600   ④ 800
⑤ 1,000

12 A공장의 수요처가 다음과 같이 주어질 때, 무게중심법을 이용한 최적의 물류센터입지 좌표는? (단, 지역별 월평균 물동량은 지역 1이 30톤, 지역 2가 20톤, 지역 3이 10톤이며, 소수점 첫째자리에서 반올림하시오.)

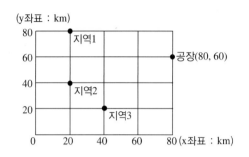

① (33, 38)

② (44, 45)

③ (48, 55)

④ (52, 58)

⑤ (58, 52)

13 랙(Rack)에 관한 설명으로 옳지 않은 것은?

① 파렛트 랙(Pallet Rack) : 포크리프트를 사용하여 파렛트 단위 혹은 선반 단위로 셀마다 격납 보관하는 설비

② 적층 랙(Mezzanine Rack) : 선반을 다층식으로 겹쳐 쌓고 현재 사용하고 있는 높이에서 천장까지의 사이를 이용하는 보관 설비

③ 회전 랙(Carousel Rack) : 입체형이며 소품종 대량 상품을 파렛트 단위로 보관하는 데 적합한 설비

④ 플로우 랙(Flow Rack) : 격납 부분에 레일을 달아 전체가 비스듬히 기울어지게 만든 설비

⑤ 드라이브 인 랙(Drive-in Rack) : 지게차를 가지고 직접 격납 출고를 행하는 설비

14 다음 중 장기예측에 따른 창고의 용량 설계시 규칙변동에 대한 대응책으로 옳지 않은 것은?

① 재고회전율을 향상시켜 성장에 따라 발생하는 재고량 증가분을 흡수한다.

② 생산능력을 수용의 픽(Pick)에 맞추어 생산함으로써 재고 증가를 최소한 억제한다.

③ 계절 변동은 평균 필요 용적으로 대응한다.

④ 상품의 변동폭을 축소하여 대응한다.

⑤ 최대 필요 용적을 확보하여 변동을 흡수한다.

15 파렛트 풀 시스템(Pallet Pool System)의 운영방식에서 렌탈방식의 단점이 아닌 것은?

① 이용자가 교환을 위한 동질·동수의 파렛트를 준비해 놓을 필요가 없다.

② 파렛트를 인도하고 반환할 때 다소 복잡한 사무처리가 필요하다.

③ 일부 화주의 편재(쏠림현상) 등에 의하여 파렛트가 쌓이는 곳이 발생한다.

④ 편재(쏠림현상)되어 쌓여지는 파렛트는 렌탈회사 측면에서는 부담이 된다.

⑤ 렌탈회사의 데포(Depot)에서 화주까지의 공 파렛트 수송이 필요하다.

16 하역의 기본원칙 중 시스템화의 원칙에 대한 설명으로 옳은 것은?

① 화물을 어느 단위로 수합하는 것을 말하며 이는 하역의 합리화의 수단으로서 중요한 요소 중의 하나이다.

② 화물의 손상, 감모, 분실을 없애고 수량의 확인이 용이해진다.

③ 관련된 작업을 조합하여 전체로서의 활성화를 능률적으로 운용하는 것을 목적으로 한다.

④ 파렛트 등과 조합하여 하역 작업의 능률화 또는 효율화를 촉진할 수 있다.

⑤ 개개의 하역활동을 유기체로서의 활동으로 간주하는 원칙이다.

17 조달기간(Lead Time)에 대한 설명으로 옳지 않은 것은?

① 조달기간의 크기는 재발주점에 영향을 미친다.

② 재발주점은 안전재고에 조달기간의 사용량을 더한 수준에서 결정된다.

③ 조달기간의 크기와 불확실성은 재고관리시스템에 영향을 미친다.

④ 조달기간이 길고 불확실성이 클수록 낮은 수준의 재고가 필요하게 된다.

⑤ 조달기간은 행정소요기간, 생산소요기간, 납품소요시간으로 구분된다.

18 하역시스템을 도입하는 목적에 관한 설명으로 옳지 않은 것은?

① 하역비용의 절감

② 노동환경의 개선

③ 범용성과 융통성의 지양

④ 에너지 또는 자원의 절감

⑤ 고도 운전기능과 안전의 확보

19 다음 설명 중 보관과 관련된 원칙과 거리가 먼 것은?

① 중량물은 마루나 하층부에 보관하고 경량물은 상층부에 보관하는 것이 원칙이다.

② 표준품은 형상에 따라 보관하고 비표준품은 랙에 보관하는 것이 원칙이다.

③ 물품의 입고와 출고를 용이하게 하고 효율적으로 보관하기 위해서는 통로면에 보관하는 것이 창고 내 레이아웃 설계의 기본 원칙이다.

④ 상품의 수명주기(Life Cycle)가 짧아 단기간 내에 상품가치가 없어질 우려가 있는 상품 등은 먼저 입고된 상품을 먼저 출고한다는 원칙을 적용한다.

⑤ 물품의 정리와 출고, 운반이 용이하도록 관련 품목을 한 장소에 모아서 보관하는 것이 원칙이다.

20 컨테이너 항만이 건설되면 물동량 증가를 대비하기 위해 항만배후단지를 건설하고 다양한 제조업체와 물류업체를 유치한다. 신항만 배후단지에 부지를 분양받은 A업체가 물류창고 건설 일정계획을 수립할 때 사용되는 가장 적합한 기법은?

① 무게중심법

② 총비용비교법

③ 손익분기 도표법

④ 체크리스트를 이용한 요소분석법

⑤ PERT/CPM(Program Evaluation and Review Technique/Critical Path Method)

21 다음 중 그림에 나타난 운반, 하역기기에 해당되는 설명으로 옳지 않는 것은?

① 가장 일반적인 형태의 산업용 차량으로 중량화물의 하역 및 운반에 많이 사용된다.

② 포크(Fork)와 마스트(Mast)가 장착되어 있어 포크 트럭(Fork Truck)이라고도 하며, 램(Ram)과 같은 장치도 장착하여 사용할 수 있다.

③ 실내용으로는 주로 쿠션(Cushion) 타이어식을 노면이 고르지 못한 실외용으로는 주로 공기압(Pneumatic) 타이어식을 사용한다.

④ 동력원에 따라 디젤엔진식, 가솔린엔진식, 전동식이 있다.

⑤ 중량물의 하역 및 운반시에 차체의 균형을 유지하기 위해 전면의 하중과 후면에 장착된 밸런스(카운터웨이트 ; Counterweight)와 무게 비중이 1:1을 유지해야 안전을 보장할 수 있다.

22 다음 중 항만하역에 대한 설명으로 옳지 않은 것은?

① 수입의 경우 항만하역의 범위는 양륙된 화물이 보세구역에 들어갈 때까지의 모든 작업을 말한다.

② 운반용구 위에 적재되어 있는 화물을 내려서 보세창고나 야적장에 보관 가능한 상태로 적치하기까지의 작업을 출고상차라 한다.

③ 부선 내 또는 부두 위의 고리가 걸어진 화물을 본선 내에 적재하기까지의 항만하역작업을 적하라 한다.

④ 항만하역이란 항만에서 항만운송사업자가 화주나 선박운항업자로부터 위탁을 받아 선박에 의하여 운송된 화물을 화주에게 인도하는 행위를 말한다.

⑤ 수출의 경우 항만하역의 범위는 선적항에 입항한 때로부터 선박에 선적이 끝난 시점까지이다.

23 항공화물의 컨테이너화에 대한 설명으로 옳지 않은 것은?

① 항공기 내의 형상을 주체로 하여 컨테이너를 설계해야 하는 제약이 따른다.

② 단위탑재에서 개별탑재로 변화하게 되었다.

③ 단순 운송관리에서 물류관리로 운송시스템 자체에 큰 변화를 가져오게 되었다.

④ 다른 운송기관과의 연계운송이 어렵다.

⑤ 항공기의 대형화, 가동의 효율화, 지상 하역작업의 효율화를 가능하게 하였다.

24 유니트로드시스템(Unit Load System)과 가장 관련이 없는 것은?

① 일관파렛트화 　　　　　　　　② 컨테이너

③ 파렛트 　　　　　　　　　　　④ 하역의 기계화

⑤ 낱포장

25 자재소요계획(MRP ; Material Requirement Planning)의 특성에 해당하는 것을 모두 고른 것은?

> ㄱ. MRP는 원자재, 부품 등 모든 자재의 소요량 및 소요시기를 역산하여 조달계획을 수립하는 것이다.
> ㄴ. MRP는 제조준비비용과 재고유지비용의 균형이 이루어지도록 로트(lot) 크기를 결정한다.
> ㄷ. MRP의 제1단계는 직장 개선풍토를 위한 5S(정리, 정돈, 청소, 청결, 습관화)를 추진하는 것이다.
> ㄹ. MRP는 로트 크기가 작아서 유휴재고와 창고공간의 감소를 초래한다.
> ㅁ. MRP의 우선순위계획은 착수순서와 실시시기를 정하는 것이다.

① ㄱ, ㄴ, ㄷ 　　　　　　　　② ㄱ, ㄴ, ㅁ

③ ㄱ, ㄷ, ㄹ 　　　　　　　　④ ㄴ, ㄹ, ㅁ

⑤ ㄷ, ㄹ, ㅁ

26 포장의 기능에 대한 다음 설명 중 옳지 않은 것은?

① 포장의 보호성은 그 상품 본래의 품질 보존과 외력으로부터의 품질보호라는 두 가지 의미를 내포하고 있다.

② 수출포장의 경우는 국내포장과는 달리 외장이 중요하다.

③ 적정 공업포장을 실현시키기 위해서는 포장을 위한 포장에서 운송을 위한 포장으로 포장 설계를 개선하여야 한다.

④ 국내포장의 경우 주로 단위포장에 중점을 두기 때문에 운송 위주의 포장이 중요시된다.

⑤ 공업포장은 내용물의 보호 및 취급의 편리성 기능에 중점을 두고 있기 때문에 오늘날에는 경포장에서 중포장으로 전환되고 있다.

27 다음 그림과 같은 방식에 의한 파렛트 풀 시스템에 대한 설명으로 옳지 않은 것은?

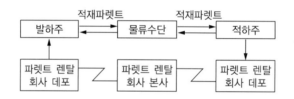

① 화주(荷主)의 지역적 편재 등에 의해 파렛트가 쌓이는 곳이 발생한다.

② 파렛트를 풀로 운영하는 기관이 제공하는 규격화된 파렛트를 이용자의 소재지로부터 가까운 데포(Depot)에서 빌린다.

③ 이용자가 교환을 위한 동질동수의 파렛트를 준비해 놓을 필요가 없다.

④ 렌탈회사 데포(Depot)에서 화주(荷主)까지의 공파렛트 수송이 필요하다.

⑤ 파렛트를 즉시 교환해서 사용하는 것이 원칙으로 파렛트가 분실될 우려가 없다.

28 다음 중 Lift on-Lift off 방식의 하역기기가 아닌 것은?

① 지브 크레인(Jib Crane)

② 천장 크레인(Overhead Travelling Crane)

③ 슬랫 크레인(Slat Crane)

④ 케이블 크레인(Cable Crane)

⑤ 컨테이너 크레인(Container Crane)

29 10개의 통로로 구성된 자동창고에서 각 통로마다 한 대의 스태커크레인이 파렛트에 실린 화물을 운반한다. 전체 작업 중 이중명령으로 수행하는 작업이 50%, 단일명령으로 수행하는 작업이 50%이다. 스태커크레인이 단일명령을 실행하는 시간은 평균 4분, 이중명령을 실행하는 시간은 평균 6분이다. 스태커크레인의 효율이 100%라면 이 자동창고에서 시간당 운반할 수 있는 파렛트는 몇 개인가?

① 120개   ② 150개
③ 180개   ④ 210개
⑤ 240개

30 다음은 회전수가 높은 품목의 보관시스템에 대한 설명이다. 차례대로 올바르게 연결된 것은?

> ㉠ 회전수만 높고 보관수량이 적은 중간공정이나 임시 출고라인에서 피킹을 실시하는 제품에 적합하다.
> ㉡ 보관품목수는 적지만 보관수량이 많은 제품으로 맥주, 청량음료, 시멘트 등 입출고가 빠른 물품의 대량 처리에 편리하다.
> ㉢ 보관품목수와 보관수량이 많고 회전수가 높아 관리가 매우 복잡한 형태로 고층랙과 모노레일, 스태커크레인의 조합을 통해 컴퓨터 컨트롤 방식을 채용해야 효율적이다.

	㉠	㉡	㉢
①	A-C-A	A-A-A	C-A-A
②	A-A-A	A-C-A	C-A-A
③	C-A-A	A-C-A	A-A-A
④	C-A-C	C-C-C	A-C-C
⑤	A-C-A	C-A-A	A-A-A

31 오더피킹에 대한 다음 설명 중 옳지 않은 것은?

① 수주라고 하는 상적 활동에 기초해서 고객의 주문품을 재고 중에서 골라내어 출고를 하는 업무이다.
② 거래처의 정보에 기초한 서류의 흐름과 물품의 피킹, 정돈, 포장, 출하까지도 포함한다.
③ 활동적 저장작업에서 정적인 예비저장작업으로 변하고 있다.
④ 상적 정보를 토대로 한 주문서, 출하전표, 납품표, 송장, 포장지시서 등 정보처리와 불출지시서에 의해 불출된 물품의 흐름을 파악하는 것이다.
⑤ 저장 중에 있는 창고의 재고에서 거래처로부터 수주받은 물품을 주문별로 모아 출하하는 과정이다.

32 ABC분석에 대한 설명으로 가장 옳지 않은 것은?

① 상품구성계획(assortment plan)의 성과를 평가하기 위해 활용할 수 있다.

② 실제 매출과 계획된 매출을 비교하여 적정재고수량을 파악하고 조절함으로써 재고비용을 줄이기 위해 주로 사용하는 방법이다.

③ 분석 결과 A그룹으로 분류된 상품은 안전재고 수준을 가장 높게 유지한다.

④ C그룹의 상품(들)이 매출에서 차지하는 비중은 A, B그룹의 상품(들)보다 낮다.

⑤ 중점관리대상은 가치가 크고 사용량이 적은 A품목이 된다.

33 컨베이어에 관한 설명으로 옳지 않은 것은?

① 벨트(Belt) 컨베이어 : 연속적으로 움직이는 벨트를 사용하여 벨트 위에 화물을 싣고 운반하는 기기

② 롤러(Roller) 컨베이어 : 롤러 및 휠을 운반 방향으로 병렬시켜 화물을 운반하는 기기

③ 진동(Vibrating) 컨베이어 : 철판의 진동을 통해 부품 등을 운반하는 기기

④ 스크루(Screw) 컨베이어 : 스크루 상에 철판을 삽입하고 이를 회전시켜 액체화물 종류를 운반하는 기기

⑤ 플로우(Flow) 컨베이어 : 파이프 속 공기나 물의 흐름을 이용하여 화물을 운반하는 기기

34 투빈 시스템(Two-Bin System)에 관한 설명으로 옳지 않은 것은?

① 투빈 시스템을 사용하면 선입선출을 지킬 수 있는 가능성이 높아진다.

② 투빈 시스템을 사용하면 재발주점이 정해져 버리기 때문에 재고감축을 하기 어렵다.

③ 투빈 시스템을 사용할 때 흐름 랙(Flow Rack)을 사용하면 통로공간의 낭비를 줄이고, 저장·반출작업을 단순화시킬 수 있다.

④ 투빈 시스템을 사용하면 재고수준을 계속 추적할 필요가 없다.

⑤ 투빈 시스템을 사용하기 위해서는 1가지 품목에 대해 2개의 저장공간이 필요하다.

35 화인에 관한 설명으로 옳지 않은 것은?

① 주표시(Main Mark)는 화인 중 가장 중요한 표시로서 다른 상품과 식별을 용이하게 하는 기호이다.

② 부표시(Counter Mark)는 내용물품의 직접 생산자 또는 수출대행사 등이 주표시의 위쪽이나 밑쪽에 기재하며 생략하는 경우도 있다.

③ 품질표시(Quality Mark)는 내용품의 품질이나 등급 등을 표시하는 것으로 주표시의 위쪽이나 밑에 기재한다.

④ 주의표시(Care Mark)는 취급상의 주의를 위하여 붉은색을 사용하여 표시하고 종류는 한가지다.

⑤ 수량표시(Quantity Mark)는 단일포장이 아닌 2개 이상의 경우 번호를 붙여 몇 번째에 해당되는지를 표시한다.

36 크로스도킹(Cross-docking)에 관한 설명으로 옳지 않은 것은?

① 재고가 입하될 때 보낼 곳을 알고 있고 1일 처리량이 적을 때 크로스도킹의 도입이 유리하다.

② 크로스도킹은 입고 및 출고를 위한 모든 작업의 긴밀한 동기화를 필요로 한다.

③ 크로스도킹을 효과적으로 실현하기 위해서는 ASN(Advance Shipping Notice)과 JIT(Just in Time) 환경이 필요하다.

④ 공급처에서 수령한 물품을 물류센터에서 재고로 보관하지 않고 바로 출하할 수 있도록 하는 물류시스템이다.

⑤ 크로스도킹을 통해 보관, 하역 수배송 창고관리 프로세스의 단축과 개선이 가능하다.

37 다음과 같이 보관 실적치가 주어졌을 때, 단순이동평균법으로 예측한 9월의 수요는? (단, 이동기간 $n = 4$를 적용하며, 계산한 값은 소수점 둘째자리에서 반올림함)

월	5	6	7	8	9
보관 실적치	156.6	154.0	152.1	158.6	?

① 155.1

② 155.2

③ 155.3

④ 155.4

⑤ 155.5

38 갑이라는 회사에서는 A라는 상품의 재고를 정량발주법으로 관리하고 있다. 이 상품에 대한 연간 수요량이 400개, 구매가격은 단위당 10,000원, 연간 단위당 재고유지비는 구매가격의 10%이고, 1회 주문비용은 8,000원이다. 이 경우에 주문주기는? (단, 1년은 365일로 한다.)

① 63일

② 73일

③ 80일

④ 83일

⑤ 93일

39 갑회사의 5월 중 자재에 관한 거래 내역은 다음과 같다. 선입선출(FIFO) 방법으로 5월에 출고한 자재의 재료비를 구하면 얼마인가?

일 자	활동내역	개 수	단 가
5월 2일	매 입	50개	₩100
5월 10일	매 입	50개	₩120
5월 15일	출 고	60개	
5월 20일	매 입	50개	₩140
5월 24일	출 고	70개	

① ₩6,000

② ₩7,600

③ ₩9,000

④ ₩15,200

⑤ ₩18,000

40 (주)시대의 공장은 JIT(Just In Time)를 도입하고 있다. 공장 내부의 A 작업장에서 가공된 M 부품은 B 작업장으로 보내져 여기서 또 다른 공정을 거친다. B 작업장은 시간당 200개의 M 부품을 필요로 한다. 용기 하나에는 20개의 M 부품을 담을 수 있다. 용기의 1회 순회시간은 0.8시간이다. 물류담당자는 시스템 내에 다소의 불안요인이 있어 10%의 안전재고가 필요하다고 판단하였다. A 작업장과 B 작업장 간에 필요한 M 부품용기의 수는 최소 몇 개인가?

① 9   ② 10

③ 11   ④ 12

⑤ 13

물류관련법규

41 물류정책기본법령상 물류사업의 범위에 관한 설명으로 옳지 않은 것은?

① 화물자동차운송가맹사업은 육상화물운송업에 해당한다.

② 항만하역사업은 항만운송사업에 해당한다.

③ 파이프라인운송업은 물류서비스업에 해당한다.

④ 물류단지의 운영업은 물류터미널운영업에 해당한다.

⑤ 화물의 하역, 포장, 가공, 조립, 상표부착, 프로그램 설치, 품질검사 등 부가적인 물류업은 화물취급업에 해당한다.

42 다음은 물류정책기본법상 위반행위별 처분의 기준 중 일반기준에 해당하는 내용이다. 옳지 않은 것은?

① 위반행위가 둘 이상인 경우에는 그 중 무거운 처분기준에 따른다.

② 위반행위의 횟수에 따른 행정처분의 기준은 최근 6개월간 같은 위반행위로 행정처분을 받은 경우에 적용한다.

③ 처분이 사업정지인 경우에는 그 처분기준의 2분의 1의 범위에서 감경한다.

④ 처분이 등록취소인 경우에는 6개월의 사업정지처분으로 감경한다.

⑤ 행정처분 기준의 적용은 같은 위반행위에 대하여 최초로 행정처분을 한 날을 기준으로 한다.

43 물류정책기본법에 의거하여 국가물류통합정보센터의 설치·운영에 따른 국토교통부장관이 국가물류통합정보센터의 운영자로 지정할 수 있는 자로 적당하지 않은 것은?

① 중앙행정기관

② 대통령령으로 정하는 공공기관

③ 정부출연연구기관

④ 대통령령으로 정하는 기준과 자격을 갖춘 상법상의 주식회사

⑤ 물류 관련 분야에 관한 전문지식 및 경험이 풍부한 자

44 물류정책기본법령상 전자문서 및 물류정보에 관한 설명으로 옳은 것은?

① 국가물류통합정보센터운영자 또는 단위물류정보망 전담기관이 물류정보를 공개하려는 때에는 30일 이내에 서면으로 이해관계인의 동의를 받아야 한다.

② 국가물류통합정보센터운영자 또는 단위물류정보망 전담기관은 전자문서 및 물류정보를 2년 동안 보관하여야 한다.

③ 국가물류통합정보센터운영자 또는 단위물류정보망 전담기관이 전자문서 또는 물류 정보를 공개하려는 때에 미리 동의를 받아야 하는 이해관계인이란 공개하려는 전자문서 또는 물류정보에 대하여 직·간접적인 이해관계를 가진 자를 말한다.

④ 국가안전보장에 위해가 없고 기업의 영업비밀을 침해하지 않는 경우로서 관계 중앙행정기관 또는 지방자치단체가 행정목적상의 필요에 따라 신청하는 경우는 국가물류통합정보센터운영자 또는 단위물류정보망 전담기관과 물류 정보를 공개할 수 있는 사유에 해당하지 않는다.

⑤ 전자문서 또는 물류정보를 대통령령으로 정하는 기간 동안 보관하지 아니한 자는 3천만원 이하의 과태료에 처한다.

45 물류정책기본법령상 환경친화적 물류의 촉진에 관한 설명으로 옳지 않은 것은?

① 시·도지사가 환경친화적 물류의 촉진을 위한 지원을 하려는 경우에는 중복을 방지하기 위하여 미리 국토교통부장관 및 해양수산부장관과 협의하여야 한다.

② 국토교통부장관·해양수산부장관 또는 시·도지사는 물류기업 및 화주기업에 대하여 환경친화적인 운송수단으로의 전환을 권고하고 지원할 수 있다.

③ 해양수산부장관은 우수녹색물류실천기업에 지정증을 발급하고, 지정을 나타내는 표시를 정하여 우수녹색물류실천기업이 사용하게 할 수 있다.

④ 녹색물류협의기구는 위원장을 포함한 15명 이상 30명 이하의 위원으로 구성한다.

⑤ 녹색물류협의기구의 위원장은 위원 중에서 호선한다.

46 물류정책기본법상 물류관련협회에 관한 설명으로 옳지 않은 것은?

① 물류관련협회를 설립하려는 경우 해당 협회의 회원이 될 자격이 있는 기업 10개 이상이 발기인으로 정관을 작성하여 해당 협회의 회원이 될 자격이 있는 기업 20개 이상이 참여한 창립총회의 의결을 거쳐야 한다.

② 물류관련협회는 설립인가를 받아 설립등기를 함으로써 성립한다.

③ 물류관련협회의 설립인가 신청서 및 첨부서류는 국토교통부장관 또는 해양수산부장관에게 제출한다.

④ 물류관련협회는 해당 사업의 건전한 발전과 해당 사업자의 공동이익을 도모하는 사업을 수행한다.

⑤ 국토교통부장관 및 해양수산부장관은 물류관련협회의 발전을 위하여 필요한 경우에는 물류관련협회를 행정적·재정적으로 지원할 수 있다.

47 물류정책기본법에 의한 물류표준화에 대한 설명 중 틀린 것은?

① 물류표준화란 원활한 물류를 위하여 시설, 장비 및 포장의 종류·형상·치수·구조 등을 다양화하는 것을 말한다.

② 국토교통부장관은 물류표준의 보급을 촉진하기 위하여 필요한 경우에는 공공기관 등에게 물류표준에 맞는 장비를 제조·사용하게 할 수 있다.

③ 산업통상자원부장관은 물류기업 등에게 운임·하역료·보관료의 할인 및 우선구매 등의 우대조치를 할 것을 요청하거나 권고할 수 있다.

④ 국토교통부장관은 물류표준화에 관한 업무를 하는 경우에는 산업통상자원부장관에게 한국산업표준의 제정·개정 또는 폐지를 요청할 수 있다.

⑤ 국토교통부장관은 물류기업 및 화주기업의 물류비 산정기준 및 방법 등을 표준화하기 위하여 기업물류비 산정지침을 작성하여 고시하여야 한다.

48 국토교통부장관·해양수산부장관 또는 산업통상자원부장관이 물류기업의 육성을 위하여 조치할 수 있는 것은?

① 물류효율화에 필요한 자금의 원활한 조달을 위하여 필요한 지원
② 화물 및 화물수송수단에 대한 추적운행 정보 체계의 개발·운영지원
③ 컴퓨터·통신설비 등 전산설비의 설치 및 보안관리지원
④ 물류전산망의 기초조사·설계 및 구성지원
⑤ 전담사업자에 대한 필요한 지원

49 물류정책기본법령상 물류의 선진화 및 국제화에 관한 설명으로 옳지 않은 것은?

① 국토교통부장관·해양수산부장관 또는 시·도지사는 물류활동이 환경친화적으로 추진될 수 있도록 관련 시책을 마련하여야 한다.

② 국토교통부장관·해양수산부장관 또는 시·도지사는 물류기업이 기존 물류시설·장비·운송수단을 첨단물류시설 등으로 전환하거나 첨단물류시설 등을 새롭게 도입하는 경우에는 이에 필요한 행정적·재정적 지원을 할 수 없다.

③ 국토교통부장관 및 해양수산부장관은 범정부차원의 지원이 필요한 국가 간 물류협력체의 구성 또는 정부간 협정의 체결 등에 관하여는 미리 국가물류정책위원회의 심의를 거쳐야 한다.

④ 국토교통부장관 및 해양수산부장관은 물류기업 및 화주기업에 대하여 환경친화적인 운송수단으로의 전환을 권고하고 지원할 수 있다.

⑤ 국토교통부장관 및 해양수산부장관은 물류시설에 외국인투자기업 및 환적화물을 효과적으로 유치하기 위하여 필요한 경우 해당 물류시설관리자와 공동으로 투자유치 활동을 수행할 수 있다.

50 물류시설의 개발 및 운영에 관한 법률상 입주기업체협의회의 구성과 운영에 관한 설명으로 옳지 않은 것은?

① 입주기업체협의회는 일반회원과 특별회원으로 구성한다.
② 입주기업체협의회의 일반회원은 입주기업체의 대표자로 하고, 특별회원은 일반회원 외의 자 중에서 정하되 회원 자격은 입주기업체협의회의 정관으로 정하는 바에 따른다.
③ 입주기업체협의회는 그 구성 당시에 해당 물류단지 입주기업체의 75퍼센트 이상이 회원으로 가입되어 있어야 한다.
④ 입주기업체협의회는 매 사업연도 개시일부터 3개월 이내에 정기총회를 개최하여야 하며, 필요한 경우에는 임시 총회를 개최할 수 있다.
⑤ 입주기업체협의회의 회의는 정관에 다른 규정이 있는 경우를 제외하고는 회원 과반수의 출석과 출석회원 과반수 의 찬성으로 의결한다.

51 물류시설의 개발 및 운영에 관한 법령상 물류터미널사업에 관한 설명으로 옳지 않은 것은?

① 「항만법」 제2조 제5호의 항만시설 중 항만구역 안에 있는 화물하역시설 및 화물보관 처리 시설을 경영하는 사업 은 물류터미널사업에 해당한다.
② 「공항시설법」 제2조 제7호의 공항시설 중 공항구역 안에 있는 화물운송을 위한 시설과 그 부대시설 및 지원시설 을 경영하는 사업은 물류터미널사업에 해당하지 않는다.
③ 「철도사업법」 제2조 제8호에 따른 철도사업자가 그 사업에 사용하는 화물운송·하역 및 보관 시설을 경영하는 사업은 물류터미널사업에 해당하지 않는다.
④ "복합물류터미널사업"이란 두 종류 이상의 운송수단 간의 연계운송을 할 수 있는 규모 및 시설을 갖춘 물류터미널 사업을 말한다.
⑤ "물류터미널사업"이란 물류터미널을 경영하는 사업으로서 복합물류터미널사업과 일반물류터미널사업을 말한다.

52 물류시설의 개발 및 운영에 관한 법률상 물류단지 개발사업의 시행자가 개발한 토지·시설 등을 분양 또는 임대하는 경우 분양가격의 결정과 임대료 산정기준에 관한 설명으로 옳지 않은 것은?

① 대규모점포, 전문상가단지 등 판매를 목적으로 사용될 토지·시설 등의 분양가격은 생활대책에 필요하여 대체 공급하는 경우를 제외하고 감정평가 및 감정평가사에 관한 법률에 따른 감정평가액을 예정가격으로 하여 실시한 경쟁입찰에 따라 정할 수 있다.
② 임대하려는 토지·시설 등의 최초의 임대료는 감정평가 및 감정평가사에 관한 법률에 따라 산정한 개별공시지가 에 임대계약 체결일 현재 계약기간 1년의 정기예금이자율(지방은행을 제외한 시중은행의 어음대출 금리수준을 말함)을 곱한 금액으로 한다.
③ 시행자는 준공인가 전에 물류단지시설용지를 분양한 경우에는 해당 물류단지개발사업을 위하여 투입된 총사업비 및 적정이윤을 기준으로 준공인가 후에 분양가격을 정산할 수 있다.
④ 적정이윤은 산정한 조성원가에서 자본비용, 개발사업대행비용, 선수금을 각각 제외한 금액의 100분의 5를 초과 하지 아니하는 범위에서 해당 물류단지의 입주 수요와 지역 간 균형발전의 촉진 등 지역 여건을 고려하여 시행자 가 정한다.
⑤ 시행자는 지역여건 및 해당 물류단지시설용지 등의 분양실적 등을 감안하여 임대요율을 5퍼센트의 범위에서 늘리 거나 줄일 수 있다.

53 물류시설의 개발 및 운영에 관한 법률의 규정에 의한 물류단지개발사업에 있어서 환지의 방법 및 절차에 관한 설명으로 틀린 것은?

① 해당 사업이 완료된 후 대통령령으로 정하는 바에 따라 해당 토지소유자에게 환지하여 줄 수 있다.

② 종전의 토지가액과 환지가액과의 차액은 현금으로 정산하여야 한다.

③ 환지의 방법 및 절차는 물류단지개발계획에서 정하여야 한다.

④ 환지대상이 되는 종전 토지의 가액은 분양가격으로 한다.

⑤ 환지의 가액은 해당 물류단지의 물류단지시설용지의 분양가격을 기준으로 한다.

54 물류단지개발실시계획의 승인과 승인의 고시에 대한 설명으로 옳지 않은 것은?

① 시행자는 대통령령으로 정하는 바에 따라 물류단지개발실시계획을 수립하여 물류단지지정권자의 승인을 받아야 한다.

② 실시계획에는 개발한 토지·시설 등의 처분에 관한 사항이 포함되어야 한다.

③ 관계서류의 사본을 받은 시장·군수·구청장은 이를 14일 이상 일반인이 열람할 수 있도록 하여야 한다.

④ 물류단지지정권자가 실시계획을 승인하거나 승인한 사항을 변경승인할 때에는 관계 법률에 적합한지를 미리 시장·군수·구청장과 협의하여야 한다.

⑤ 물류단지지정권자는 실시계획을 승인하거나 승인한 사항을 변경·승인한 때에는 관보 또는 시·도의 공보에 고시한다.

55 물류시설의 개발 및 운영에 관한 법령상 복합물류터미널사업의 휴업·폐업에 대한 설명으로 옳지 않은 것은?

① 복합물류터미널사업자는 복합물류터미널사업의 전부를 휴업하려는 때에는 미리 국토교통부장관에게 신고하여야 한다.

② 복합물류터미널사업의 휴업기간은 1년을 초과할 수 없다.

③ 복합물류터미널사업자는 복합물류터미널사업의 일부를 폐업하려는 때에는 미리 국토교통부장관에게 신고하여야 한다.

④ 복합물류터미널사업자가 사업의 일부를 휴업하려는 때에는 미리 그 취지를 영업소나 그 밖에 일반 공중이 보기 쉬운 곳에 게시하여야 한다.

⑤ 복합물류터미널사업자인 법인이 합병 외의 사유로 해산한 경우에는 청산인(파산에 따라 해산한 경우에는 파산관제인을 말함)은 지체 없이 그 사실을 국토교통부장관에게 신고하여야 한다.

56 물류시설의 개발 및 운영에 관한 법령상 물류단지개발사업에 필요한 토지면적의 3분의 2 이상을 매입하여야 토지 등을 수용하거나 사용할 수 있는 물류단지개발사업의 시행자는?

① 국가 또는 지방자치단체
② 대통령령으로 정하는 공공기관
③ 「지방공기업법」에 따른 지방공사
④ 「민법」 또는 「상법」에 따라 설립된 법인
⑤ 특별법에 따라 설립된 법인

57 물류시설의 개발 및 운영에 관한 법률의 규정에 의한 물류단지개발사업에 있어 선수금과 관련된 다음 사항 중 틀린 것은?

① 물류단지지정권자는 시행자가 분양계약의 내용대로 사업을 이행하지 아니하거나 이행할 능력이 없다고 인정되는 경우에는 해당 물류단지의 준공 전에 보증서 등을 선수금의 환불을 위하여 사용할 수 있다.
② 시행자는 선수금은 대금의 전부 또는 일부를 미리 받을 수 없다.
③ 사업시행자가 선수금을 받고자 할 때에는 분양하려는 토지에 대한 소유권을 확보하고 당해 토지에 설정된 저당권을 말소하여야 한다.
④ 사업시행자가 선수금을 받고자 할 때에는 물류단지개발사업의 전체 공사진척률이 100분의 10 이상에 달하여야 한다.
⑤ 사업시행자가 선수금을 받은 후에는 그가 조성한 용지나 시설을 담보로 제공하여서는 아니 된다.

58 다음 중 화물자동차 운수사업법상 규정으로 틀린 것은?

① 운송사업자는 운임과 요금을 정하여 미리 국토교통부장관에게 신고하여야 한다.
② 보조 또는 융자받은 자는 그 자금을 보조 또는 융자받은 목적 외의 용도로 사용하여서는 아니 된다.
③ 허가·인가 등을 신청하거나 신고하려는 자는 국토교통부령 및 해당 지방자치단체의 조례로 정하는 수수료를 내야 한다.
④ 국토교통부장관 또는 시·도지사는 권한의 일부를 대통령령 또는 시·도의 조례로 정하는 바에 따라 협회·연합회, 한국교통안전공단 또는 대통령령으로 정하는 전문기관에 위탁할 수 있다.
⑤ 운임 및 요금에 관한 신고를 하지 아니한 자는 1년 이하의 징역 또는 1천만원 이하의 벌금에 처한다.

59 화물자동차 운수사업법령상 운송사업자(소유 대수가 2대 이상인 경우)의 직접 운송의무에 관한 설명 중 (   ) 안에 들어갈 내용으로 옳은 것은?

> • 일반화물자동차 운송사업자는 연간 운송계약화물의 (㉠) 이상을 직접 운송하여야 한다.
> • 일반화물자동차 운송사업자가 운송주선사업을 동시에 영위하는 경우에는 연간 운송계약 및 운송주선계약 화물의 (㉡) 이상을 직접 운송하여야 한다.

① ㉠ : 100분의 30, ㉡ : 100분의 30
② ㉠ : 100분의 30, ㉡ : 100분의 50
③ ㉠ : 100분의 50, ㉡ : 100분의 30
④ ㉠ : 100분의 50, ㉡ : 100분의 50
⑤ ㉠ : 100분의 50, ㉡ : 100분의 80

60 화물자동차 운수사업법령상 다수의 보험회사 또는 적재물배상책임 공제사업을 하는 자가 공동으로 적재물배상 책임보험 또는 공제를 체결할 수 있는 사유에 해당하는 것을 모두 고른 것은?

> ㄱ. 운송사업자의 화물자동차 운전자가 그 운송사업자의 사업용 화물자동차를 운전하여 과거 2년 동안 「도로교통법」에 따른 무면허운전 등의 금지를 2회 이상 위반한 경력이 있는 경우
> ㄴ. 운송사업자의 화물자동차 운전자가 그 운송사업자의 사업용 화물자동차를 운전하여 과거 2년 동안 「도로교통법」에 따른 술에 취한 상태에서의 운전금지를 1회 이상 위반한 경력이 있는 경우
> ㄷ. 운송사업자의 화물자동차 운전자가 그 운송사업자의 사업용 화물자동차를 운전하여 과거 2년 동안 「도로교통법」에 따른 사고발생 시 조치의무를 2회 이상 위반한 경력이 있는 경우
> ㄹ. 운송사업자의 화물자동차 운전자가 그 운송사업자의 사업용 화물자동차를 운전하여 과거 2년 동안 「도로교통법」에 따른 위험방지 등의 조치의무를 2회 이상 위반한 경력이 있는 경우
> ㅁ. 보험회사가 「보험업법」에 따라 허가를 받거나 신고한 적재물배상보험요율과 책임준비금 산출기준에 따라 손해배상책임을 담보하는 것이 현저히 곤란하다고 판단한 경우

① ㄱ, ㄴ, ㄷ
② ㄱ, ㄷ, ㄹ
③ ㄱ, ㄷ, ㅁ
④ ㄴ, ㄹ, ㅁ
⑤ ㄷ, ㄹ, ㅁ

61 화물자동차 운수사업법령상 화물운송사업 분쟁조정협의회의 심의·조정 사항에 해당하는 것을 모두 고른 것은?

> ㉠ 운송사업자와 위·수탁차주 간 금전지급에 관한 분쟁
> ㉡ 운송사업자와 위·수탁차주 간 차량의 소유권에 관한 분쟁
> ㉢ 운송사업자와 위·수탁차주 간 차량의 대폐차에 관한 분쟁
> ㉣ 운송사업자와 위·수탁차주 간 화물자동차 운송사업의 양도·양수에 관한 분쟁

① ㄱ, ㄴ
② ㄴ, ㄷ
③ ㄱ, ㄴ, ㄷ
④ ㄴ, ㄷ, ㄹ
⑤ ㄱ, ㄴ, ㄷ, ㄹ

62 화물자동차 운수사업법령상 화물자동차 운송사업자의 차고지 설치에 관한 설명으로 옳지 않은 것은?

① 운송사업자는 주사무소가 서울특별시에 있는 경우 경기도에 있는 공영차고지를 차고지로 이용하는 경우에는 서울특별시에 차고지를 설치하지 않아도 된다.
② 운송사업자는 주사무소가 용인시에 있는 경우 경기도에 있는 공동차고지를 차고지로 이용하는 경우에는 용인시에 차고지를 설치하지 않아도 된다.
③ 운송사업자는 주사무소가 포항시에 있는 경우 경상남도에 있는 공영차고지를 차고지로 이용하는 경우에는 포항시에 차고지를 설치하지 않아도 된다.
④ 운송사업자는 주사무소가 부산광역시에 있는 경우 경상북도에 있는 화물자동차 휴게소를 차고지로 이용하는 경우에는 부산광역시에 차고지를 설치하지 않아도 된다.
⑤ 운송사업자는 주사무소가 고양시에 있는 경우 서울특별시에 있는 화물터미널을 차고지로 이용하는 경우에는 고양시에 차고지를 설치하지 않아도 된다.

63 화물자동차 운수사업법에서 규정하고 있는 운송사업과 관련한 다음 사항 중 틀린 것은?

① 화물자동차 운송사업의 등록을 하고자 하는 자가 법인인 경우 법인의 임원 중 파산선고를 받고 복권되지 않은 자가 있는 경우는 등록결격사유에 해당되어 등록을 할 수가 없다.
② 운송사업자는 화물자동차의 운전자를 채용할 때에는 근무기간 등 운전경력증명서의 발급을 위하여 필요한 사항을 기록·관리하여야 한다.
③ 운송사업자는 화물자동차 운송사업의 효율적인 수행을 위하여 필요하면 그 경영의 일부를 타인에게 위탁할 수 있다.
④ 국토교통부장관은 운송사업자가 사업정지처분 또는 감차 조치 명령을 위반한 경우 그 허가를 취소하여야 한다.
⑤ 운송사업자는 화물자동차 운송사업의 휴업·폐업신고를 한 경우 자동차등록증과 자동차번호판을 국토교통부장관에게 반납하여야 한다.

64 화물자동차 운수사업법상 화물자동차 운송사업의 양도와 양수 및 상속에 관한 설명으로 옳은 것은?

① 화물자동차 운송사업을 양도·양수하려는 경우에는 국토교통부령으로 정하는 바에 따라 양수인은 시·도지사에게 신고하여야 한다.

② 운송사업자가 사망한 경우 상속인이 그 화물자동차 운송사업을 계속하려면 피상속인이 사망한 후 30일 이내에 시·도지사에게 신고하여야 한다.

③ 운송사업자인 법인이 서로 합병하려는 경우에는 국토교통부령으로 정하는 바에 따라 합병으로 존속하거나 신설되는 법인은 시·도지사에게 신고하여야 한다.

④ 운송사업자가 사망한 경우 상속인이 이 법령에 의한 신고를 하면 피상속인이 사망한 날부터 신고한 날까지 피상속인에 대한 화물자동차 운송사업의 허가는 상속인에 대한 허가로 본다.

⑤ 합병 이후에 존속되는 법인은 합병으로 소멸되는 법인의 운송사업자로서의 지위를 승계하지 못하고 신규로 설립된 법인만이 지위를 승계한다.

65 화물자동차운수사업법상 운송주선사업자의 준수사항이 아닌 것은?

① 운송주선사업자는 자기의 명의로 운송계약을 체결한 화물에 대하여 그 계약금액 중 일부를 제외한 나머지 금액으로 다른 운송주선사업자와 재계약하여 이를 운송하도록 하여서는 아니 된다.

② 화주로부터 중개 또는 대리를 의뢰받은 화물에 대하여 다른 운송주선사업자에게 수수료 등 대가를 받고 중개 또는 대리를 의뢰하여서는 아니 된다.

③ 화물운송질서의 확립 및 화주의 편의를 위하여 운송주선사업자가 지켜야 할 사항은 국토교통부령으로 정한다.

④ 운송주선사업자는 운송사업자에게 화물의 종류·무게 및 부피 등을 허위로 통보하여서는 아니 된다.

⑤ 적재물배상보험 등에 가입하지 아니한 상태로 화물자동차를 운행하거나 그 가입이 실효된 상태로 화물자동차를 운행하지 말아야 한다.

66 화물자동차운수사업법에 의한 자가용자동차의 유상운송허가요건에 해당되지 않는 것은?

① 국토교통부령으로 정하는 사유에 해당되는 경우로서 시·도지사의 허가를 받아 화물운송용으로 제공하거나 임대하는 경우

② 사업용화물자동차 운행이 불가능하여 이를 일시적으로 대처하기 위한 수송력공급이 긴급히 필요한 경우

③ 철도 등 화물운송수단의 운행이 불가능하여 이를 일시적으로 대체하기 위한 수송력공급이 긴급히 필요한 경우

④ 천재지변 또는 이에 준하는 비상사태로 인하여 수송력 공급을 긴급히 증가시킬 필요가 있는 경우

⑤ 중소기업협동조합의 규정에 의하여 설립된 협동조합이 그 사업을 위하여 화물자동차를 직접 소유·운영하는 경우

67 다음 중 항만운송사업법상 항만용역업과 관계가 없는 것은?

① 소독, 화물고정, 칠 등을 하는 행위

② 선박에서 사용하는 맑은 물을 공급하는 행위

③ 본선을 경비하는 행위나 본선의 이안 및 접안을 보조하기 위하여 줄잡이 역무를 제공하는 행위

④ 선박을 예인하거나 도선하는 행위

⑤ 통선으로 본선과 육지 간의 연락을 중계하는 행위

68 항만운송사업법에 의한 항만하역장비에 속하지 않는 것은?

① 트랙터 및 트레일러

② 파이프라인

③ 크레인(Crane)

④ 페이로더(Payloader)

⑤ 스트래들 캐리어(Straddle Carrier)

69 항만운송사업법령상 항만운송관련사업자의 등록취소 또는 사업정지 사유 중 반드시 등록을 취소하여야 하는 것으로 옳은 것을 모두 고른 것은?

ㄱ. 등록 또는 신고의 기준에 미달하게 된 경우
ㄴ. 부정한 방법으로 사업의 등록 또는 신고를 한 경우
ㄷ. 사업 수행 실적이 1년 이상 없는 경우
ㄹ. 사업정지명령을 위반하여 그 정지기간에 사업을 계속한 경우

① ㄱ, ㄴ

② ㄱ, ㄷ

③ ㄴ, ㄷ

④ ㄴ, ㄹ

⑤ ㄷ, ㄹ

70 항만운송사업법은 항만운송사업자에게 역무를 제공하는 자에 대한 항만운송 등에 관한 교육훈련을 실시하기 위하여 교육훈련기관 설립에 관하여 규정하고 있다. 다음 중 옳지 않은 것은?

① 교육훈련기관은 법인으로 한다.

② 교육훈련기관의 설립을 위해서는 해양수산부장관의 허가를 받아야 한다.

③ 교육훈련기관의 운영에 필요한 경비는 항만운송사업자 또는 항만운송관련사업자 등이 부담한다.

④ 해양수산부장관은 교육훈련기관의 업무·재산 또는 회계관리에 관하여 위법하거나 부당한 사항을 발견하였을 때에는 그 시정을 명할 수 있다.

⑤ 교육훈련기관에 관하여 항만운송사업법에 규정된 것을 제외하고는 민법 중 사단법인에 관한 규정을 준용한다.

71 유통산업발전법에서 사용되는 용어의 정의에 대한 설명 중 옳지 않은 것은?

① '공동집배송센터'란 여러 유통사업자 또는 제조업자가 공동으로 사용할 수 있도록 집배송시설 및 부대업무시설이 설치되어 있는 지역 및 시설물을 말한다.

② '집배송시설'이란 상품의 주문처리·재고관리·수송·보관·하역·포장·가공 등 집하(集荷) 및 배송에 관한 활동과 이를 유기적으로 조정하거나 지원하는 정보처리활동에 사용되는 기계·장치 등의 일련의 시설을 말한다.

③ '물류설비'란 화물의 수송·포장·하역·운반과 이를 관리하는 물류정보처리활동에 사용되는 물품·기계·장치 등의 설비를 말한다.

④ '유통표준코드'란 상품·상품포장·포장용기 또는 운반용기의 표면에 표준화된 체계에 따라 표기된 숫자와 바코드 등으로서 대통령령으로 정하는 것을 말한다.

⑤ '판매시점 정보관리시스템'이란 상품을 판매할 때 활용하는 시스템으로서 광학적 자동판독방식에 따라 상품의 판매·매입 또는 배송 등에 관한 정보가 수록된 것을 말한다.

72 유통산업발전법상 유통표준전자문서 및 유통정보의 보안 등 유통정보화에 대한 설명으로 틀린 것은?

① 누구든지 유통표준전자문서를 위작 또는 변작하거나 위작 또는 변작된 전자문서를 사용하거나 유통시켜서는 안 된다.

② 유통정보화서비스를 제공하는 자는 유통표준전자문서 또는 컴퓨터 등 정보처리조직의 파일에 기록된 유통정보를 공개하여서는 아니 된다.

③ 수사기관이 수사목적상 필요에 의하여 신청하는 정보 또는 법원이 제출을 명하는 정보는 언제든지 공개하여야 한다.

④ 유통정보화서비스를 제공하는 자는 유통표준전자문서를 3년 동안 보관하여야 한다.

⑤ 산업통상자원부장관은 유통정보화에 관한 시책을 세우기 위하여 필요하다고 인정되는 경우에는 과학기술정보통신부장관에게 유통정보화서비스를 제공하는 전기통신사업자에 관한 자료를 요청할 수 있다.

73 유통산업발전법상 공동집배송센터의 지정에 관한 설명 중 옳지 않은 것은?

① 시·도지사의 추천을 받아 부지 면적, 시설 면적 및 유통시설로의 접근성 등 산업통상자원부령으로 정하는 요건에 해당하는 지역 및 시설물을 공동집배송센터로 지정할 수 있다.

② 시·도지사는 공동집배송센터의 시설기준을 설정한다.

③ 시·도지사는 필요하다고 인정하는 경우에는 추천 사유서와 산업통상자원부령으로 정하는 서류를 산업통상자원부장관에게 제출하여야 한다.

④ 지정받은 공동집배송센터를 조성·운영하려는 자는 산업통상자원부장관의 변경지정을 받아야 한다.

⑤ 산업통상자원부장관은 공동집배송센터를 지정하였을 때에는 산업통상자원부령으로 정하는 바에 따라 고시하여야 한다.

74 다음 중 산업통상자원부장관, 중소벤처기업부장관 또는 지방자치단체의 장이 유통산업발전법에 따른 자금 등의 지원을 할 때 사업실적 등을 보고받을 수 있는 대상이 아닌 자는?

① 중소유통공동도매물류센터운영자
② 공동집배송센터사업시행자
③ 대한상공회의소
④ 한국생산성본부
⑤ 상점가진흥조합

75 유통산업발전법령상 유통업상생발전협의회가 특별자치시장·시장·군수·구청장에게 의견을 제시할 수 있는 사항으로 옳은 것을 모두 고른 것은?

> ㄱ. 대형유통기업과 지역중소유통업 간의 상생협력 촉진을 위한 지역별 시책의 수립에 관한 사항
> ㄴ. 대규모점포 등에 대한 영업시간의 제한 등에 관한 사항
> ㄷ. 대형유통기업과 중소유통기업 간의 상생협력촉진을 위한 협력 및 지원에 관한 사항
> ㄹ. 전통상업보존구역의 지정 등에 관한 사항
> ㅁ. 대형유통기업과 중소유통기업 간의 공동조사연구를 위한 협력 및 지원에 관한 사항

① ㄱ
② ㄱ, ㄴ
③ ㄱ, ㄴ, ㄷ
④ ㄱ, ㄴ, ㄷ, ㄹ
⑤ ㄱ, ㄴ, ㄷ, ㄹ, ㅁ

76 철도사업법상 철도사업의 운임·요금에 관한 다음 설명 중 타당하지 않은 것은?

① 철도사업자는 여객에 대한 운임·요금을 철도청장에게 신고하여야 하고, 이를 변경하려는 경우에도 같다.
② 철도사업자가 여객 운임·요금을 정하는 경우에는 원가와 버스 등 다른 교통수단의 여객 운임·요금과의 형평성 등을 고려하여야 한다.
③ 철도사업자가 여객에 대한 운임·요금을 정하는 경우에는 국토교통부장관이 지정·고시한 상한을 초과하여서는 아니 된다.
④ 철도사업자는 신고를 한 여객 운임·요금을 그 시행 1주일 이전에 인터넷 홈페이지, 관계역, 영업소 및 사업소 등 일반인이 잘 볼 수 있는 곳에 게시하여야 한다.
⑤ 국토교통부장관은 신고 또는 변경신고를 받은 날부터 3일 이내에 신고수리 여부를 신고인에게 통지하여야 한다.

77 철도사업법령상 우수 철도서비스인증에 관한 설명으로 옳지 않은 것은?

① 공정거래위원회는 철도사업자 간 경쟁을 제한하지 아니하는 범위에서 철도서비스의 질적 향상을 촉진하기 위하여 우수 철도서비스에 대한 인증을 할 수 있다.

② 인증을 받은 철도사업자는 우수서비스마크를 철도차량, 역 시설 또는 철도 용품 등에 붙이거나 인증 사실을 홍보할 수 있다.

③ 인증을 받은 자가 아니면 우수서비스마크 또는 이와 유사한 표지를 철도차량, 역 시설 또는 철도 용품 등에 붙이거나 인증 사실을 홍보하여서는 아니 된다.

④ 우수 철도서비스인증을 받은 철도사업자의 철도서비스의 제공 및 관리실태가 미흡한 경우 국토교통부장관은 이의 시정·보완을 요구할 수 있다.

⑤ 철도사업자의 신청에 의하여 우수 철도서비스인증을 하는 경우에는 그에 소요되는 비용은 당해 철도사업자가 부담한다.

78 철도사업법령상 전용철도의 등록 등에 관한 설명으로 옳지 않은 것은?

① 전용철도를 운영하려는 자는 국토교통부령으로 정하는 바에 따라 전용철도의 건설·운전·보안 및 운송에 관한 사항이 포함된 운영계획서를 첨부하여 국토교통부장관에게 등록하여야 한다.

② 전용철도운영자가 그 운영의 전부 또는 일부를 휴업 또는 폐업한 경우에는 1개월 이내에 국토교통부장관에게 신고하여야 한다.

③ 국토교통부장관은 등록기준을 적용할 때에 환경오염, 주변 여건 등 지역적 특성을 이유로 등록을 제한하거나 부담을 붙일 수 있다.

④ 철도사업법에 따라 전용철도의 등록이 취소된 후 그 취소일부터 1년이 지나지 아니한 자는 전용철도를 등록할 수 없다.

⑤ 전용철도의 운영을 양도·양수하려는 자는 국토교통부령으로 정하는 바에 따라 국토교통부장관에게 등록하여야 한다.

79 농수산물유통 및 가격안정에 관한 법률상 농산물의 포전매매에 관한 설명으로 옳지 않은 것은?

① 농림축산식품부장관이 정하는 채소류 등 저장성이 없는 농산물의 매매 시에 이용된다.

② 포전매매의 계약은 구두에 의한 방식으로 할 수 있다.

③ 포전매매의 계약은 특약이 없으면 매수인이 그 농산물을 반출 약정일부터 10일 이내에 반출하지 아니한 경우는 그 기간이 지난 날에 해제된 것으로 본다.

④ 농림축산식품부장관은 포전매매의 계약에 필요한 표준계약서를 정하여 보급하고 그 사용을 권장할 수 있으며, 계약당사자는 표준계약서에 준하여 계약하여야 한다.

⑤ 지방자치단체의 장은 특히 필요하다고 인정할 때에는 대상품목 등을 정하여 계약 당사자에게 포전매매계약의 내용을 신고하도록 할 수 있다.

80 농수산물유통 및 가격안정에 관한 법률상 종합유통센터의 설치에 관한 다음 설명 중 틀린 것은?

① 국가나 지방자치단체는 종합유통센터를 설치하여 생산자단체 또는 전문유통업체에 그 운영을 위탁할 수 없다.

② 국가나 지방자치단체는 종합유통센터를 설치하려는 자에게 부지 확보 또는 시설물 설치 등에 필요한 지원을 할 수 있다.

③ 농림축산식품부장관, 해양수산부장관 또는 지방자치단체의 장은 종합유통센터가 효율적으로 그 기능을 수행할 수 있도록 종합유통센터를 운영하는 자 또는 이를 이용하는 자에게 그 운영방법 및 출하 농어가에 대한 서비스의 개선 또는 이용방법의 준수 등 필요한 권고를 할 수 있다.

④ 농림축산식품부장관, 해양수산부장관 또는 지방자치단체의 장은 종합유통센터를 운영하는 자 및 지원을 받아 종합유통센터를 운영하는 자가 권고를 이행하지 아니하는 경우에는 일정한 기간을 정하여 운영방법 및 출하 농어가에 대한 서비스의 개선 등 필요한 조치를 할 것을 명할 수 있다.

⑤ 종합유통센터의 설치, 시설 및 운영에 관하여 필요한 사항은 농림축산식품부령 또는 해양수산부령으로 정한다.

우리는 삶의 모든 측면에서 항상 '내가 가치있는 사람일까?'
'내가 무슨 가치가 있을까?'라는 질문을 끊임없이 던지곤 합니다.
하지만 저는 우리가 날 때부터 가치있다 생각합니다.

– 오프라 윈프리 –

물류관리사 최종모의고사

제 4 회

교 시	과 목	시 간	문제형별
1교시	• 물류관리론 • 화물운송론 • 국제물류론	120분	A

교 시	과 목	시 간	문제형별
2교시	• 보관하역론 • 물류관련법규	80분	A

수 험 번 호		성 명	

물류관리사 최종모의고사

교 시	과 목	시 간	문제형별
1교시	• 물류관리론 • 화물운송론 • 국제물류론	120분	A

물류관리론

01 3자물류(3PL) 활용을 위한 물류아웃소싱에 관한 설명으로 옳지 않은 것은?

① 아웃소싱업체에 대하여 적극적이고 직접적인 지휘통제체계 구축이 필요하다.

② 화주기업은 물류아웃소싱을 통하여 핵심역량에 집중할 수 있어서 기업경쟁력 제고에 유리하다.

③ 화주기업은 고객 불만에 대한 신속한 대처가 곤란하고 사내에 물류전문지식 축적의 어려움을 겪을 수 있다.

④ 화주기업은 물류아웃소싱 이전에 자사의 물류비현황을 정확히 파악하는 것이 중요하다.

⑤ 물류아웃소싱의 주된 목적과 전략은 조직 전체의 전략과 일관성을 유지해야 한다.

02 다음 중 물류계획에 대한 설명으로 잘못된 것은?

① 계획 기간을 기준으로 장기, 중기, 단기로 구분한다.

② 운영계획은 단기계획에 속한다.

③ 장기계획은 설비 투자와 같이 장기간에 걸쳐 이루어지는 사업을 대상으로 한다.

④ 창고입지 결정, 수송수단 선택 등은 중기계획에 포함된다.

⑤ 주문처리, 주문품 발송 등은 단기계획에 속한다.

03 다음 중 물류조직에 대한 내용으로 옳지 않은 것은?

① 물류조직은 계획의 창조, 수행, 평가를 촉진하는 구조이다.

② 회사의 목표를 달성하기 위해 회사의 인적 자원을 할당하는 공식적 조직이다.

③ 일반적으로 물류부서의 통합이 분산보다 물류개선에 효율적이며, 제품이나 시장이 동질적인 경우 집중적 조직형태가 효율적이다.

④ 물류조직의 효과성에 영향을 미치는 주요 요인은 조직특성, 종업원특성, 환경특성, 관리방침 및 관행이 있다.

⑤ 물류조직은 분산형, 집중형, 독립부문형, 독립채산형 등의 형태로 발전되어 왔으며, 기업 내의 물류활동과 관련된 활동을 전문적으로 수행하기 위하여 책임과 권한을 체계화시킨 조직이다.

04 다음은 물류활동을 영역별로 설명한 것이다. ㉠~㉤에 해당하는 물류영역이 바르게 연결된 것은?

> ㉠ 판매로 인하여 완제품이 출고되어 고객에게 인도될 때까지의 물류활동
> ㉡ 원자재, 부품 등이 생산공정에 투입될 때부터 생산, 포장에 이르기까지의 물류활동
> ㉢ 제품의 가치를 살리거나 창출하기 위한 목적으로 소비지를 시작점으로 하여 최종 목적지에 이르기까지의 물류활동
> ㉣ 물자가 조달처로부터 운송되어 매입자의 창고 등에 보관, 관리되고 생산공정에 투입되기 직전까지의 물류활동
> ㉤ 판매된 제품 자체의 문제점이 발생하여 그 제품의 교환이나 반품을 위해 판매자에게 되돌아오는 물류활동

	㉠	㉡	㉢	㉣	㉤
①	조달	생산	회수	판매	반품
②	판매	생산	조달	반품	회수
③	판매	생산	회수	조달	반품
④	판매	조달	회수	생산	반품
⑤	판매	회수	생산	조달	반품

05 통합물류관리의 성공적인 수행을 위해서 필요한 사항으로 옳지 않은 것은?

① 최고경영자는 통합물류관리의 목표, 방법, 대상 등을 분명히 알려주어야 한다.
② 물류관리 담당자는 물류혁신과 관련된 전사적인 인사관리에 참여할 수 있어야 한다.
③ 전체적 효율화 및 부문간 유기적인 결합을 위한 통합물류정보시스템이 필요하다.
④ 각 부문별 관리자는 개별 부서의 성과를 극대화할 수 있도록 업무체계를 정비해야 한다.
⑤ 각 부서 활동에 대한 성과측정 내용과 방법이 전사적인 관점으로 개선되어야 한다.

06 제품수명주기와 고객서비스 전략에 관한 설명으로 옳지 않은 것은?

① 도입기 단계에서는 판매망이 소수의 지점에 집중되고 제품의 가용성은 제한된다.
② 성장기 단계에서는 비용절감을 위해 재고를 집중하여 통합 관리할 가능성이 크다.
③ 성장기 단계에서는 비용과 서비스간의 상충관계를 고려한 물류서비스 전략이 필요하다.
④ 성숙기 단계에서는 물류서비스의 차별화 전략이 필요하다.
⑤ 쇠퇴기 단계에서는 비용최소화 보다는 위험최소화 전략이 필요하다.

07 RFID(Radio Frequency Identification) 시스템에 관한 설명으로 옳지 않은 것은?

① 원거리 인식 및 여러 개의 정보를 동시에 판독하거나 수정할 수 있다.

② 장애물 투과기능도 지니고 있기 때문에 교통 분야에 적용도 가능하며 반영구적인 사용이 가능하다.

③ 태그에 대용량의 데이터를 반복적으로 저장할 수 있으며 데이터 인식속도도 타 매체에 비해 빠르다.

④ 바코드시스템과 마찬가지로 접촉하지 않으면 인식이 불가능하다.

⑤ 기존 바코드에 기록할 수 있는 가격, 제조일 등 정보 외에 다양한 정보를 인식할 수 있다.

08 GPS(Global Positioning System)에 관한 설명 중 옳지 않은 것은?

① 인공위성과 통신망을 이용한 위치측정시스템을 의미한다.

② GPS 수신기의 부착 없이 모든 수송수단의 위치를 파악할 수 있다.

③ 물류정보시스템에 응용함으로써 화물추적서비스 제공이 용이해 진다.

④ 차량용 네비게이터 외에도 항공교통, 해상교통 등에 활용될 수 있다.

⑤ GPS 수신기는 세 개 이상의 GPS 위성으로부터 송신된 신호를 수신하여 위성과 수신기의 위치를 결정한다.

09 다음 중 물류원가계산의 방식으로서 재무회계방식과 관리회계방식의 특징으로 가장 적절한 것은?

① 재무회계방식은 상세한 물류비의 파악이 곤란하기 때문에 구체적인 업무평가나 개선목표의 달성에 한계가 있다.

② 관리회계방식은 개략적인 물류비 총액 계산에 있어서 별도의 물류비 분류, 계산절차 등이 불필요하다.

③ 재무회계방식은 물류활동의 개선안과 개선항목을 보다 명확하게 파악하는 것이 가능하다.

④ 관리회계방식은 기업활동의 손익상태와 재무상태를 중심으로 회계제도의 범주에서 물류활동에 소비된 비용항목을 대상으로 1회계기간의 물류비 총액을 추정한다.

⑤ 관리회계방식은 간이기준이고, 재무회계방식은 일반기준이라 할 수 있다.

10 다음 화주기업의 수송부문 이산화탄소 추정 배출량(kg)은? (단, 이산화탄소배출량(kg) = 연료사용량(L) × 이산화탄소배출계수(kg-CO_2/L))

- 총 주행거리 = 30,000(km)
- 평균연비 = 5(km/L)
- 이산화탄소배출계수 = 0.002(kg-CO_2/L)

① 0.01

② 12

③ 60

④ 300

⑤ 6,000

11 21세기 물류 추세로 옳지 않은 것은?

① 세계를 연결하는 글로벌물류 추구
② 자사화물 중심의 수·배송물류 추구
③ 고품격 고객맞춤 서비스물류 지향
④ 3PL(3자물류) 또는 4PL(4자물류)로 발전
⑤ 환경친화 및 안전 지향적 물류로 발전

12 다음 중 사업부형 조직에 대한 내용으로 옳지 않은 것은?

① 각 사업부 단위 내에는 다시 라인이나 스탭형 조직이 존재한다.
② 기업의 경영규모가 커져 각 사업단위의 성과를 극대화하기 위한 조직으로 사업부 내의 물류관리 효율화 및 인재육성에 유리한 조직형태이다.
③ 기본적으로는 각 사업부가 이익 중심적이며, 독립채산제에 의해 운영되는 것이 일반적이다.
④ 권한이 사업부장에게 많이 이양된 분권조직이다.
⑤ 현장을 지나치게 의식하면 혁신적·창조적 아이디어나 계획이 어렵다.

13 유통경로의 조직형태 중 수직적 유통경로시스템에 대한 설명으로 옳지 않은 것은?

① 생산에서 소비에 이르기까지 유통과정의 흐름을 체계적으로 통합·조정하여 규모의 경제를 실현할 수 있도록 설계된 유통경로 형태이다.
② 수직적 유통경로시스템을 도입하는 이유는 유통비용의 절감과 날로 심화되는 업태 간의 경쟁에 효과적으로 대응하기 위해서다.
③ 대량생산으로 인한 대량판매를 위해 도·소매상을 자사의 판매망으로 구축하는 것이 목적이다.
④ 자원 및 원재료 등의 안정적 확보가 가능한 점이 특징이다.
⑤ 중앙 집중화된 파워에 의해 경로구성원들을 조정·통제하고 경로를 관리함에 따라 시장·기술변화 등의 유통환경 변화에 민감한 대응이 가능하다.

14 다음은 물류정보 및 물류정보시스템에 관련된 설명이다. 다음 중 가장 적절하지 않은 것은?

① 물류정보는 성수기와 비수기의 정보량에 차이가 크다.
② 사전에 설정된 설비, 시설활용 목표, 서비스 수준 목표, 그리고 실제 달성된 서비스 수준을 비교하여 물류활동의 참고자료로 이용할 수 있다.
③ 물류정보시스템은 리드타임 정보와 수요예측 정보를 제공하여 기업의 생산량을 예측하고 물류거점 입지를 결정하는데 중요한 정보로 활용된다.
④ 물류정보시스템을 통해 정보의 공유가 가능해짐으로써 생산계획과 조달계획을 조정할 수 있다.
⑤ 상품의 흐름과 물류정보의 흐름에는 충분한 시차가 필요하다.

15 포장 합리화에 관한 설명으로 옳지 않은 것은?

① 포장의 크기를 대형화할 수 있는지 여부를 결정해야 한다.

② 포장을 할 경우, 가능하면 비슷한 길이와 넓이를 가진 화물을 모아 포장 크기를 규격화시켜야 한다.

③ 내용물의 보호기능을 유지하는 범위에서 사양의 변경을 통한 비용절감이 이루어질 수 있도록 검토해야 한다.

④ 적정(適正) 포장 기준이 포장합리화의 절대적인 기준이 되어야 한다.

⑤ 물류활동에 필요한 장비나 기기 등을 운송, 보관, 하역기능과 유기적 연결이 가능하도록 해야 한다.

16 다음 중 기업의 물류조직에 대한 설명으로 잘못된 것은?

① 조직의 형태는 직능형 조직, 라인과 스탭형 조직, 사업부제형 조직, 그리드형 조직 등이 있다.

② 직능형 조직은 라인부문과 스탭부문이 미분화된 조직형태이다.

③ 사업부제형 조직은 기본적으로 상품별 사업부제와 지역별 사업부제의 두 가지 유형이 있으며, 라인과 스탭형 조직과 같은 집권조직에 비해 분권적인 조직이라는 특징이 있다.

④ 라인과 스탭형 조직은 사업부제형 조직의 결점을 보완하여 라인과 스탭의 기능을 분화하고 실제작업부문과 지원부문으로 분리한 조직으로서 직능형 조직 다음에 등장한 형태이다.

⑤ 그리드형 조직은 자사의 경영자와 모회사 물류본부의 지시를 받는 이중구조로 되어있다.

17 다음 중 EAN-14(표준물류식별코드)에 관한 설명으로 잘못된 것은?

① 물류식별코드는 0, 1~8, 9 등으로 표시된다.

② 표준물류바코드를 박스에 인쇄하기 위해 사용되는 바코드 심벌 명칭은 ITF-14이다.

③ 물류식별코드 외에 국가식별코드 3자리, 제조업체코드 6자리, 상품품목코드 3자리, 체크디지트 1자리 등으로 구성된다.

④ 업체 간 거래단위인 물류단위(Logistics Unit)로 주로 골판지박스에 사용된다.

⑤ 생산에서 소비자에 이르는 유통단계별 상품이동정보의 정확한 추적이 가능하다.

18 다음 중 유통경로에 대한 설명으로 옳지 않은 것은?

① 생산에서 최종 소비에 이르기까지의 전 과정을 유통경로라고 한다.

② 유통경로의 기능에는 제품 및 서비스의 전달, 커뮤니케이션, 금융 등이 있다.

③ 유통담당자들이 수행하는 유통경로 효율화는 기업물류비 절감에 직결된다.

④ 생산에서 소비에 이르기까지의 유통과정을 체계적으로 통합·조정하여 하나의 통합된 체계를 유지하는 것을 수평적 유통경로시스템이라 한다.

⑤ 제품에 대한 소유권을 보유하고 실질적인 위험을 감수하는 유통경로 구성원을 중심기능 구성원이라 하며, 이에는 도매 및 소매기관이 해당된다.

19 물류정보시스템의 도입효과로 옳지 않은 것은?

① 재고관리의 정확도 향상
② 영업부서 요청에 따른 초과재고 보유로 판매량 증가
③ 신속하고 정확한 재고정보 파악으로 생산·판매활동 조율
④ 효율적 수·배송 관리를 통한 운송비 절감
⑤ 수작업 최소화로 사무처리 합리화 가능

20 상업포장과 공업포장에 대한 설명으로 가장 옳지 않은 것은?

① 공업포장은 상품보호가 가장 중요하고 항상 보호를 최우선으로 한다.
② 상업포장은 구매자 또는 소비자와 직접 접촉한다는 것을 염두에 두어야 한다.
③ 상업포장은 판촉이 중요하고, 공업포장도 판촉을 고려하지만 절대적인 것은 아니다.
④ 상업포장은 상류활동이고 공업포장은 물류활동이다. 즉 상업포장은 물류수단이고 공업포장은 판촉수단의 하나이다.
⑤ 공업포장은 보호를 전제로 항상 최저비용을 추구하지만, 상업포장은 매출신장을 위해 비용상승도 감수한다.

21 기업물류비의 분류체계 중 기능별 물류비가 아닌 것은?

① 운송비
② 보관비
③ 포장비
④ 노무비
⑤ 물류정보·관리비

22 구매계약의 유형에 관한 설명으로 옳지 않은 것은?

① 일반경쟁방식은 불성실한 업체의 경쟁참가를 배제한다.
② 지명제한경쟁방식은 절차의 간소화로 경비절감이 가능하다.
③ 수의계약방식은 신용이 확실한 거래처의 선정이 가능하다.
④ 일반경쟁방식은 긴급한 경우, 소요시기에 맞추어 구매하기 어렵다.
⑤ 수의계약방식은 공정성이 결여될 수 있다.

23 물류표준화에 관한 설명으로 옳지 않은 것은?

① 화물유통장비와 포장의 규격, 구조 등을 통일하고 단순화하는 것으로 구성요소간 호환성과 연계성을 확보하는 유닛로드시스템을 구축하는 것이다.

② 물류의 시스템화를 전제로 하여 단순화·규격화 및 전문화를 통해 물류활동에 공통의 기준을 부여하는 것이다.

③ 기대효과로는 재료의 경량화, 적재효율의 향상, 작업의 기계화 및 표준화, 물류생산성의 향상 등이 있다.

④ 표준화의 주요 내용으로는 포장표준화, 수송용기 및 장비의 표준화, 보관시설의 표준화, 물류정보 및 시스템 표준화 등을 들 수 있다.

⑤ 물류활동의 효율화, 화물유통의 원활화, 수급의 합리화, 물류비 비중의 증대를 주요 목적으로 한다.

24 다음 중 일관파렛트화의 사회적 입장에서의 경제적 효과로 맞는 것은?

① 사회전반에 걸친 물류의 효율화 및 원활화

② 하역작업능률 향상

③ 효율적인 관리기능

④ 화물손상이나 도난감소

⑤ 포장간소화에 따른 포장비 절감

25 다음 중 국민경제적 관점에서의 물류의 역할이 아닌 것은?

① 수요자에게 고질의 서비스 제공

② 인구의 지역적 편중 억제

③ 상거래의 대형화 유발

④ 서비스의 고급화로 매출 신장 도모

⑤ 국민경제개발을 위한 투자기회 증대

26 다음 중 포장과 관련된 설명으로 잘못된 것은?

① 포장의 표준화는 하역작업의 능률을 향상시켜 유통의 합리화를 도모하는 것이다.

② 포장 설계시 고려해야 할 사항으로는 하역성, 표시성, 작업성, 경제성, 보호성 등이 있다.

③ 낱포장이란 파렛트 및 컨테이너 등을 사용하지 않고 포장화물 자체를 결속재료 등을 사용하여 단위화하는 것을 말한다.

④ 적정포장이란 상품의 품질보존, 취급상 편리성, 판매촉진 등을 만족시키는 가장 경제적인 포장을 말한다.

⑤ 포장은 내용물을 보호하고 취급을 편리하게 하여 판매를 촉진하는 물류의 시발점이라 할 수 있다.

27 물적 유통에 대한 설명 중 옳지 않은 것은?

① 물적 유통활동은 물자유통활동과 정보유통활동으로 분류할 수 있다.

② 물적 유통은 부문 중에서 수송 또는 보관업무만을 전문적으로 취급하는 업종이다.

③ 물류와 상류의 개념 구분이 시작된 것은 경제 구조가 대형화 · 광역화되면서 비롯되었다.

④ 물류의 예로는 서류의 이동, 금전의 이동, 정보의 이동 또는 최근의 택배, 창고와 저장서비스가 이에 속한다.

⑤ 물적 유통과정에서 발생하는 공해 문제와 폐기물 증대에 따른 회수 처리 문제가 부각됨에 따라 물적 유통 혁신에 따른 공해와 환경 문제가 중요한 과제가 되고 있다.

28 공급사슬의 유연성이나 신속성을 달성하는 방법으로 옳지 않은 것은?

① 비용절감   ② 직접 주문 방식 도입

③ 전략적 지연   ④ 파트너십 구축

⑤ 모듈러 디자인

29 디지털 경제 시대의 새로운 법칙들에 관한 설명 중 가장 옳지 않은 것은?

① 무어의 법칙 : 마이크로프로세서의 트랜지스터 수는 18개월마다 2배 증가하는 반면 비용은 증가하지 않는다.

② 길더의 법칙 : 광섬유의 대역폭은 12개월마다 3배로 증가한다.

③ 메칼프의 법칙 : 네트워크 가치는 사용자 수의 제곱에 비례한다.

④ 코스의 법칙 : 네트워크를 통한 거래비용의 감소로 기업내 조직의 복잡성과 기업규모(수)는 감소한다.

⑤ 가치사슬(Value Chain)을 지배하는 법칙 : 조직은 계속적으로 거래 비용이 많이 드는 쪽으로 변화한다.

30 물류센터를 운영하고 있는 A사는 2015년 다음과 같은 자산을 구입하였다. 이 회사는 감가상각방법으로 정액법을 채택하고 있다. A사가 3년 동안 매년 기록할 감가상각비는 얼마인가?

자 산	취득원가	잔존가치	내용연수
건 물	320백만원	20백만원	40년
기계장치	110백만원	10백만원	10년

① 17.5백만원/년   ② 18.5백만원/년

③ 19.5백만원/년   ④ 20.5백만원/년

⑤ 21.5백만원/년

31 물류합리화에 대한 다음 설명 중 그 내용이 옳지 않은 것은?

① 물류합리화는 운송, 보관, 하역, 포장 등 물류 하부기능을 통합하여 전체 흐름을 합리화하는 것이다.

② 물류합리화를 수행하기 위해서는 총비용적인 관점에서 접근하는 사고가 중요하다.

③ 물류합리화 방안으로는 물류조직 효율화와 물류시설 가동률 제고 등이 있다.

④ 물류합리화는 일반적으로 비용절감과 적정 서비스 수준 유지를 동시에 달성할 수 있어야 한다.

⑤ 물류합리화는 주로 질적 물류에서 양적 물류로의 전환을 의미한다.

32 물류 마케팅 전략에서 중요한 요소를 잘못 설명한 것은?

① 백화점, 할인점, 전철역 매점 등에서 팔 것인지의 유통전략

② 물류센터 설비투자비용이나 운송비 등의 가격전략

③ 가장 속도가 빠른 운송수단을 검토하는 유통전략

④ 어떤 상품을 거래할 것인지, 포장과 상표는 어떻게 할 것인지의 제품전략

⑤ 어디에 광고를 게재하고 어떤 브랜드로 차량홍보 할 것인지의 유통전략

33 수송 리드타임이 3주이고 1회 발주량이 70개일 때, ㉠~㉢에 적절한 값은? (단, 안전재고는 60개이다.)

구 분	수요 예측량	예정 입고량	현재 재고량	발주량
현 재			150	
1주	40		110	70
2주	50		60	
3주	45	80	95	70
4주	50		㉠	
5주	40		㉡	
6주	50		㉢	

① ㉠ : 45   ㉡ : 75   ㉢ : 95

② ㉠ : 45   ㉡ : 85   ㉢ : 135

③ ㉠ : 105   ㉡ : 65   ㉢ : 125

④ ㉠ : 115   ㉡ : 75   ㉢ : 95

⑤ ㉠ : 115   ㉡ : 135   ㉢ : 85

34 물류시스템에 관한 설명으로 옳지 않은 것은?

① 생산지에서 소비지까지 연계되도록 물류시스템을 구축한다.

② 물류시스템의 목적은 보다 적은 물류비로 효용 창출을 극대화하는 최적 물류시스템을 구성하는 것이다.

③ 물류시스템의 하부시스템으로는 운송시스템, 보관시스템, 하역시스템, 포장시스템, 정보시스템 등이 있다.

④ 물류시스템과 관련된 개별비용은 상충되지 않는다.

⑤ 물류시스템에서의 자원은 인적자원, 물적자원, 재무적 자원, 정보적 자원 등이다.

35 소스마킹(Source Marking)에 대한 설명으로 가장 옳지 않은 것은?

① 제품의 생산 및 포장단계에서 마킹된다.

② 유통업체에서 설정된 표준 코드체계이다.

③ 가공식품, 잡화 등 일반적으로 공장에서 제조되는 제품에 붙여진다.

④ 전세계적으로 사용이 가능하다.

⑤ 제조업체에서 포장지에 직접 인쇄하기 때문에 인쇄에 따른 추가비용이 거의 없다.

36 다음 중 재고관리의 물류상의 기능에 해당하는 것을 모두 고르면?

> ㉠ 생산확대기능 ㉡ 수급적합기능
> ㉢ 유통가공기능 ㉣ 경제적 발주기능
> ㉤ 수송합리화 기능

① ㉠, ㉡, ㉢, ㉣ ② ㉠, ㉡, ㉢, ㉤

③ ㉠, ㉢, ㉣, ㉤ ④ ㉡, ㉢, ㉣, ㉤

⑤ ㉠, ㉡, ㉢, ㉣, ㉤

37 골드렛에 의해 개발된 제약이론은 생산, 물류, 재무분야 등 경영전반에 걸쳐 시스템 개선에 활용되는 이론이다. 가장 거리가 먼 것은?

① 생산, 물류시스템을 관리하여 정보와 물질의 흐름을 모니터링하고 관리할 수 있는 기법인 DBR(Drum -Buffer-Rope)를 제시한다.

② 사고프로세스를 통해 목표와 제약을 명확하게 보이기 위해 문제의 핵심에 다가가 해결할 수 있도록 유도하는 방법을 제시해 준다.

③ 고객의 주문에 즉시 응답하고, 납품기일을 엄수할 수 있도록 지원하는 실행도구로 APS(Advanced Planning and Scheduling)를 제시하고 있다.

④ 성과평가시스템은 Throughput이라는 개념을 바탕으로 하여 현금흐름을 투명하게 제시해 줄 수 있도록 고안되었다.

⑤ 재고관리는 제조업체와 유통업체간의 제품정보를 공유하는 것을 통해 공동으로 재고관리를 하는 방법을 제시하고 있다.

38 컨테이너의 보안기술에 관한 설명으로 옳은 것은?

① 차량이나 선박 추적에 활용되는 물류정보기술이 컨테이너 추적에는 적용 불가능하다.

② 복층으로 적재된 컨테이너 내부의 화물정보를 모니터링하는 목적으로 사용되며, 인공위성을 이용한 방법이 보편화되어 있다.

③ RFID 기술은 나무, 직물, 플라스틱 등을 투과하지 못하므로 컨테이너 보안에 적용할 수 없다.

④ 전자봉인(e-seal)은 컨테이너의 개봉흔적이나 내부 침입의 여부를 전자적으로 감지하는 읽기 및 쓰기 겸용 장치이며, 재활용이 가능하다.

⑤ CSD(Container Security Device)는 컨테이너 내부 침입 유무와 화물파손 여부, 이동상황 등을 실시간으로 파악하는 물류보안 시스템이다.

39 ECR(Efficient Consumer Response)의 주요 전략요소에 대한 설명으로 옳지 않은 것은?

① 효율적인 반품 관리 : 물류센터의 신속한 반품 분류 작업

② 효율적인 재고 보충 : 연속적인 상품보충으로 유통효율화, 상품조달시스템 활용으로 시간과 비용 최적화

③ 효율적인 매장 진열 관리 : 진열대에서의 공간 활용을 통하여 상품구색 갖춤의 최적화, 재고 및 소비자 접점에서의 점포공간의 최적화

④ 효율적인 판매 촉진 : 소비자의 적극적 구매요인, 거래 및 소비자 판촉시스템의 효율성을 극대화

⑤ 효율적인 신제품 도입 및 소개 : 신상품 개발 및 상품소개의 효율성 극대화

40 공급사슬의 수익관리전략이 유용한 경우가 아닌 것은?

① 고가의 상품으로 가격이 변하지 않을 경우

② 상품이 쉽게 변질되거나 상품의 가치가 하락될 경우

③ 수요가 계절적이거나 특정 시기에 피크(peak)가 발생될 경우

④ 상품을 대량단위와 소량단위로 계약할 수 있을 경우

⑤ 상품의 가치가 다양한 시장세분화에 따라 달라질 경우

41 다음은 철도화차의 형태를 열거한 것으로 적합하지 않은 설명은?

① 컨테이너화차는 컨테이너를 운송하기에 적합하도록 평면의 철도화차 상단에 컨테이너를 고정할 수 있는 장치를 장착하고 있는 컨테이너전용화차를 말한다.

② 오픈탑 화차(Open Top Car)는 곤도라와 같이 생긴 화차로 주행장치와 그에 따른 부수장치를 Sub-Frame으로 고정시켜 놓은 대차가 없는 화차를 말한다.

③ 탱커화차(Tanker Car)는 원유 등과 같은 액체화물의 운반에 적합하도록 일체형으로 설계된 화차를 말한다.

④ 플랫화차(Flat Car)는 철도화차의 상단이 평면을 이루고 있는 화차로 기계부품, 전자장비 등과 같은 소중량 및 소용적화물 등을 운반하기에 적합하도록 설계된 화차를 말한다.

⑤ 이단적재화차(Double Stack Car)는 컨테이너화차의 일종으로 컨테이너를 2단으로 적재하여 운송할 수 있도록 설계된 화차를 말한다.

42 운송의 효율성을 향상시킬 수 있는 방안으로 옳지 않은 것은?

① 가동율 극대화
② 공차율 극대화
③ 수송의 대형화
④ 회전율 극대화
⑤ 영차율 극대화

43 선박의 톤수에 대한 설명으로 옳지 않은 것은?

① 총톤수 - 선박의 용적량으로 갑판 아래의 적량과 갑판 위의 밀폐된 장소의 적량의 합에서 선박의 안전과 위생에 사용되는 부분의 적량을 제외한 것을 톤수로 환산한 값

② 순톤수 - 화물 및 여객의 수용 등 직접 상행위에 사용되는 용적으로 총적량에서 선박의 운항에 직접 이용되는 부분의 적량을 공제한 순적량을 톤수로 환산한 것

③ 만재배수톤수 - 만재흘수선에 대응하는 선박의 배수중량

④ 경화배수톤수 - 선박건조 후 의장과 법정속구 및 비품을 갖춘 후에 보일러와 부속파이프 및 콘덴스에만 물을 넣은 상태를 경화상태라고 하는데 이 경우의 흘수에 대한 배수톤수

⑤ 재화중량톤수 - 선박이 적재할 수 있는 화물의 최소중량을 의미하며, 선박의 매매, 용선료 등의 기준이 되는 선박의 톤수

44 다음 중 항만시설에 대한 설명으로 틀린 것은?

① 안벽은 화물의 하역과 여객의 승하선이 직접 이루어지는 구조물로서 해안에 평행하여 해저에서 수직으로 구축된 벽이다.

② 잔교는 선박이 접안하여 화물의 하역과 여객의 승하선을 위하여 설치한 교량형 구조물이다.

③ 돌핀은 육안에서 떨어진 곳에 주상체를 설치하여 여기에 계선하도록 시설한 것으로 선박은 계선부표에 계류된다.

④ 방파제는 선박을 풍파로부터 보호하기 위해 항만 내에 시설한 구조물이다.

⑤ 해분(Basin)은 선박의 정박과 작업을 용이하게 하는 수역으로 도크(Dock)라고도 하며 조수간만이 없는 곳에 설치한다.

45 화물자동차운송의 장점으로 옳지 않은 것은?

① 근거리운송에 적합하다.

② 문전일관운송이 가능하다.

③ 비교적 간단한 포장으로 운송이 가능하다.

④ 단위포장으로 파렛트(Pallet)를 사용할 수 있다.

⑤ 대량화물운송에 적합하다.

46 공동수배송에 관한 설명으로 옳지 않은 것은?

① 혼재(Consoildation)배송은 차량의 적재율을 기준으로 배송하는 형태이다.

② 루트(Route)배송은 광범위한 지역에 대량화물을 요구하는 고객을 대상으로 할 때 유리하다.

③ 납품대행방식은 일반적으로 백화점, 할인점 등에서의 공동화 유형이다.

④ 노선집하공동방식은 각 노선사업자가 집화해온 노선화물의 집화부분을 공동화하는 방식이다.

⑤ 배송공동방식은 물류센터까지는 각 화주 또는 개개의 운송사업자가 화물을 운반하고 배송만을 공동으로 하는 방식이다.

47 랜드브리지(Land Bridge)에 관한 설명으로 옳지 않은 것은?

① 대륙과 대륙을 연결하는 데 있어서 항공운송이 교량(Bridge) 역할을 하는 운송시스템이다.

② 정기항로에 대항하는 운송시스템이다.

③ 운송시간의 단축 또는 운송비의 절감이 주요 목표이다.

④ 랜드브리지를 이용했을 경우 재고량을 감축시킬 수 있다.

⑤ 랜드브리지를 이용했을 경우 투하자본효율의 상승을 가져온다.

48 항공화물운송대리점의 업무에 해당하지 않는 것은?

① 수출입항공화물의 유치 및 계약체결
② 내륙운송주선
③ 항공운항 스케줄 관리
④ 수출입통관절차 대행
⑤ 항공화물 부보업무

49 컨테이너 운송에서 COFC방식에 관한 설명으로 옳은 것을 모두 고른 것은?

> ㉠ 철도운송과 도로운송을 결합한 운송시스템이다.
> ㉡ 화차에 컨테이너만을 적재하는 방식의 하나이다.
> ㉢ 화물을 적재한 트레일러(섀시)를 화차에 직접 적재하고 운행하는 시스템이다.
> ㉣ 컨테이너 2단 적재 운송방식이라고도 한다.

① ㉠, ㉡   ② ㉠, ㉢
③ ㉠, ㉣   ④ ㉡, ㉢
⑤ ㉡, ㉣

50 파렛트 풀 시스템(PPS ; Pallet Pool System)에 관한 설명으로 옳지 않은 것은?

① 파렛트 공동 사용을 통해 물류의 효율성을 높일 수 있다.
② 상품 규격과 파렛트 규격의 불일치가 있어서는 안 된다.
③ 포장비 절감이나 작업능률 향상의 경제적 효과가 있다.
④ 파렛트 풀 시스템화의 저해요인은 파렛트의 가격이 높고 계절적 융통에 관한 데이터가 미비하기 때문이다.
⑤ 파렛트 풀 시스템의 운영방식 중 개별 기업이 파렛트를 보유하지 않고 특정회사의 파렛트를 임대하여 사용하는
  방식은 RENTAL방식이다.

51 〈보기 1〉의 부정기선의 계약에 따른 운항형태에 대한 설명을 〈보기 2〉에서 찾아 모두 바르게 연결한 것은?

〈보기 1〉
ㄱ. 항해용선계약(Voyage Charter)
ㄴ. 선복용선계약(Lump Sum Charter)
ㄷ. 일대용선계약(Daily Charter)
ㄹ. 정기용선계약(Time Charter)
ㅁ. 나용선계약(Bare Boat Charter)

〈보기 2〉
a. 한 선박의 선복 전부를 하나의 선적으로 간주하여 운임액을 결정하는 용선계약
b. 한 항구에서 다른 항구까지 한 번의 항해를 위해 체결하는 운송계약
c. 하루 단위로 용선하는 용선계약
d. 선박만을 용선하여 인적 및 물적 요소 전체를 용선자가 부담하고 운항의 전 과정을 관리하는 계약
e. 모든 장비를 갖추고 선원이 승선해 있는 선박을 일정기간 정하여 사용하는 계약

① ㄱ - a, ㄴ - c, ㄷ - b, ㄹ - e, ㅁ - d
② ㄱ - a, ㄴ - b, ㄷ - c, ㄹ - e, ㅁ - d
③ ㄱ - b, ㄴ - a, ㄷ - c, ㄹ - e, ㅁ - d
④ ㄱ - b, ㄴ - c, ㄷ - a, ㄹ - d, ㅁ - e
⑤ ㄱ - b, ㄴ - c, ㄷ - e, ㄹ - a, ㅁ - d

52 다음은 컨테이너를 화차에 싣고 수송하는 방식에 대한 설명이다. 틀린 설명은?

① COFC방식은 대량의 컨테이너를 신속히 취급하기에 효율적인 방식이다.
② 플랙시 밴방식은 컨테이너가 화차에 특별히 설치된 회전판에 의하여 회전되어 트랙터에 직접 실리게 하는 방식이다.
③ 대량의 컨테이너를 신속히 처리하고자 할 때는 매달아 싣는 방식이 선택된다.
④ 캥거루방식은 화물적재 단위가 클 때 편리하게 이용할 수 있다.
⑤ TOFC방식은 화차 위에 고속도로용 트레일러를 함께 적재한 운송방식이다.

53 IATA의 운임결정에 대한 내용 중 잘못된 것은?

① IATA는 편의상 세계를 2등분하여 2개의 운송회의지역(TC ; Traffic Conference)으로 나누었다.
② 제1운송회의지역은 남북 아메리카 대륙으로 구성되어 있다.
③ 제2운송회의지역은 유럽, 중동, 아프리카로 구성되어 있다.
④ 각 지역 내의 운임을 협정하는 각 지역간별 회의를 개최하여 개별적으로 운임을 설정한다.
⑤ 회의 전체 합의를 얻을 수 없는 경우를 위해 보조지역협정이나 한정협정의 방식을 새로이 채용하였다.

54 일관파렛트의 전반적 내용 중 적절하지 못한 것은?

① 파렛트에 화물을 단위로 적재하여 최종목적지까지 일관수송될 때 효과가 극대화된다.

② 일관파렛트화 방식은 스위스 및 스웨덴에서 먼저 높은 비율로 보급되었으며, 특히 철도운송에 많이 사용하고 있다.

③ 일관파렛트화는 파렛트와 컨테이너의 규격화·표준화가 절대적으로 요구된다.

④ 파렛트화는 공파렛트의 회수, 보관, 정리 등 관리가 용이하다.

⑤ 파렛트 풀 시스템은 표준파렛트를 다량 보유하여 불특정 다수의 화주에게 파렛트를 공급 할 수 있다.

55 Charter Party B/L에 관한 설명으로 옳지 않은 것은?

① 용선계약시 발행된 선하증권을 말하며, 약식(Short Form)으로도 발행된다.

② 제3자에게 양도된 경우 선하증권의 내용보다 용선계약서의 내용이 우선한다.

③ 이면에는 용선계약서의 모든 내용이 편입된다는 문언이 포함되어 있다.

④ 신용장상에 특별한 허용명시가 없는 한 은행에서 수리되지는 않는다.

⑤ 신용장통일규칙(UCP 600)은 신용장에서 별도의 약정이 없는 한, 이 선하증권은 수리하지 않는다고 규정하고 있다.

56 항공운임에 관한 설명으로 옳지 않은 것은?

① 일반화물요율(GCR)은 최저운임, 기본요율, 중량단계별 할인요율로 구성된다.

② 특정품목할인요율(SCR)은 주로 해상운송화물을 항공운송으로 유치하기 위해 설정된 요율이다.

③ 종가운임(Vluation Charge)은 항공화물운송장에 화물의 실제가격이 기재된 경우에 부과된다.

④ 종가운임이 부과되면 항공운송인의 책임제한이 적용되지 않고, 화주는 항공화물운송장에 기재된 가격 전액을 배상받을 수 있다.

⑤ 단위탑재용기운임(BUC)은 용기의 형태별로 설정된 최저요금과 최고중량을 초과하는 경우 그 초과된 중량(kg)에 부과되는 최고중량 초과요율을 곱한 금액으로 산출한다.

57 다음 중 공동집배송을 시행하는 경우에 유의할 점으로 옳지 않은 것은?

① 배달선의 분포상황을 검토하여 배달선이 배송지역 내에 산재하는 경우가 좋다.

② 특성면에서 각기 다른 특성을 가져야만 공동화가 쉽게 달성된다.

③ 공동화의 목적은 시스템의 효율, 보관효율, 배송효율 및 하역효율을 향상시키는 것이다.

④ 사용기기나 설비가 같으면 작업효율이나 설비투자 효율면에서 공동화가 추진된다.

⑤ 일정구역 내에 동종 경쟁업체나 유사업체 및 화물내역이 유사한 이종업체가 있으면 좋다.

58 항공운송에 관한 설명으로 옳은 것을 모두 고른 것은?

> ㉠ 몬트리올협약상 제소기한은 3년이며, 중재에 의한 분쟁해결을 허용하고 있다.
> ㉡ IATA는 항공화물운송장의 표준양식을 제정하고 있다.
> ㉢ 바르샤바협약은 국제간 항공운송으로서 운송계약상 발송지 및 목적지가 모두 체약국에 있는 경우 적용된다.
> ㉣ 화주가 항공운송인(실제운송인)과 항공운송계약을 체결한 경우 운송계약 체결의 증거로서 항공운송인은 화주에게 House Air Waybill을 발행한다.
> ㉤ 항공화물운송장은 복수로 발행되며, 제1원본은 운송인용으로 송화인이 서명한다.

① ㉠, ㉡, ㉢
② ㉠, ㉢, ㉣
③ ㉡, ㉢, ㉤
④ ㉡, ㉣, ㉤
⑤ ㉢, ㉣, ㉤

59 선하증권에 관한 설명으로 옳지 않은 것은?

① 기명식 선하증권은 선하증권의 수화인란에 수화인의 성명이 기재되어 있는 선하증권을 말한다.
② 선하증권은 운송계약서는 아니지만 운송인과 송화인 간에 운송계약이 체결되었음을 추정하게 하는 증거증권의 기능을 가진다.
③ 기명식 선하증권은 화물의 전매나 유통이 자유롭다.
④ 지시식 선하증권은 선하증권의 수화인란에 수화인의 성명이 명시되어 있지 않고 'to order of'로 표시된 선하증권을 말한다.
⑤ 기명식 선하증권은 선하증권에 배서금지 문언이 없으면 배서양도는 가능하지만, 기명된 당사자만이 화물을 인수할 수 있다.

60 항만하역의 요율결정방법 중 품목별 요율결정방법에 대한 설명이 아닌 것은?

① 항만에서 가장 많이 적용되는 요율방법이다.
② 서비스 수혜자와 제공자 간의 협상에 따라 결정된다.
③ 하역회사의 비용과 적정 하역능력이 t당으로 정확히 산출된다.
④ 비용절감의 효과가 단기적이 되는 경우가 많다.
⑤ 품목별 톤당 부과방법은 간접비용 보상을 위해 요율에 일정률을 부과하는 것이 관례이다.

61 철도운송의 장점으로 옳지 않은 것은?

① 화차의 소재 관리가 용이하다.

② 대량화물을 원거리수송할 경우 화물자동차운송에 비해 저렴하고 경제적이다.

③ 궤도수송이기 때문에 사고율이 낮고 안전도가 높다.

④ 화물자동차에 비해 매연발생이 적다.

⑤ 기후 상황에 크게 영향을 받지 않으며 계획적인 운송이 가능하다.

62 정기선운임에 관한 설명으로 옳지 않은 것은?

① 하역비는 선주가 부담하는 Berth Term을 원칙으로 한다.

② Diversion Charge는 양륙항변경료를 말한다.

③ BAF(Bunker Adjustment Factor)는 유류할증료를 말한다.

④ 화물의 용적이나 중량이 일정기준 이하일 경우 최저운임(Minimum Rate)이 적용된다.

⑤ Freight Collect는 CIF 또는 CFR 조건의 매매계약에서 사용된다.

63 다음 그림에서 숫자는 인접한 노드 간의 용량을 의미한다. 현재 노드 간(c → d)의 용량은 7이다. 만약, 노드 간(c → d)의 용량이 7에서 2로 감소한다고 가정할 때, S에서 F까지의 최대 유량의 감소분은?

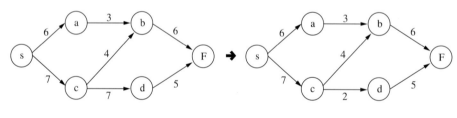

① 1 　　　　　　　　　　　　② 2

③ 3 　　　　　　　　　　　　④ 4

⑤ 5

64 다이어그램 배송방법에 대한 설명으로 적합한 것은?

① 차량 적재율을 기준으로 가장 적합한 배송방식을 결정한다.

② 비교적 광범위한 지역에서 소량의 화물을 주문하는 다수고객에게 배송할 때 유리하다.

③ 배송범위가 60km 이상인 경우 주로 적용한다.

④ 배송범위가 30km 이내, 배송빈도는 2회/일 또는 1.5회/일(30~60km)인 경우 주로 적용한다.

⑤ 배송범위를 몇 가지 경로로 구분한 후 1회/일 배송을 원칙으로 배송차량의 크기와 출발시간을 정한다.

65 다음은 용도에 따른 컨테이너 분류에 관한 설명이다. 무엇에 관한 내용인가?

> 목재, 승용차, 기계류 등과 같은 중량화물을 운송하기 위한 컨테이너로 지붕과 벽을 제거하고 기둥과 버팀대만 두어 전후좌우 및 쌍방에서 하역할 수 있는 특징을 갖고 있다.

① 천정개방형 컨테이너(Open Top Container)
② 행어 컨테이너(Hanger Container)
③ 탱크 컨테이너(Tank Container)
④ 솔리드 벌크 컨테이너(Solid Bulk Container)
⑤ 플랫 랙 컨테이너(Flat Rack Container)

66 우리나라 운송부문 합리화 방안 중 옳지 않은 것은?

① 도로 중심으로 이루어지는 운송을 철도와 연안운송으로 전환한다.
② 동일지역의 동종업종을 대상으로 화주들의 공동수배송을 유도한다.
③ 운송업체간 제휴나 M&A를 통하여 운송업체의 대형화를 유도한다.
④ 대형 화주기업들을 중심으로 자가 수송체계 구축을 유도한다.
⑤ 수도권과 주요 항만을 연결하는 컨테이너 정기 직행열차(Block Train)를 운행한다.

67 운송정보시스템의 구성요소 중 하나인 라우팅(Routing) 시스템을 성공적으로 구축·운영하기 위한 설명으로 옳지 않은 것은?

① 차량추적시스템과의 연계가 필요하다.
② 통계적 시뮬레이션 기법도 활용하는 것이 좋다.
③ 배송시간과 유효 배송처의 정보도 중요하다.
④ 라우팅 스케줄의 결과는 수정하여 적용할 수 있다.
⑤ 초기에 표준으로 구축된 데이터베이스는 수정해서는 안 된다.

68 화물자동차의 운송비용에 관한 설명으로 옳지 않은 것은?

① 거리가 증가할수록 ton-km 단위당 운송비용은 낮아진다.
② 변동비에는 차량수리비와 연료비가 포함된다.
③ 취급이 어렵거나 운송에 시간이 많이 소요되는 화물의 경우 운송비용이 높아진다.
④ 고정비에는 세금 및 공과금이 포함된다.
⑤ 1회 운송단위가 클수록 단위당 운송비용은 높아진다.

69 다음 설명 중 옳지 않은 것은?

① 사용되는 항공화물용 컨테이너와 이글루를 통칭하는 단위탑재용기를 ULD(Unit Load Device)라고 한다.

② 트레일러나 트럭에 의한 화물운송 도중 화물열차의 대차 위에 트레일러나 트럭을 화물과 함께 실어 운송하는 방법을 피시백방식이라고 한다.

③ 영국 국철이 개발한 정기적 급행 컨테이너 열차로서 대형 컨테이너를 적재하고 터미널 사이를 고속의 고정편성으로 정기적으로 운행하는 화물 컨테이너운송을 프레이트 라이너라고 한다.

④ 타인의 수요에 응하여 유상으로 수출입 등에 관한 서류와 그에 부수되는 견본품을 항공기를 이용하여 송달하는 사업을 상업서류송달업이라고 한다.

⑤ 화물의 항공운송에 있어서 항공운송인이 청구에 따라 송화인이 작성 또는 교부하는 항공운송화물에 관한 사항을 기재한 서류로 해상운송에 있어서의 선하증권에 해당하는 것을 항공운송장이라고 한다.

70 화물대를 기울여 적재물을 중력으로 내리는 적재함 구조의 전용특장차는?

① 덤프트럭(Dump Truck)

② 세미 트레일러 트럭(Semi-Trailer Truck)

③ 롤러컨베이어(Roller Conveyor) 장치차량

④ 롤러베드(Roller Bed) 장치차량

⑤ 파렛트 레일(Pallet Rail) 장치차량

71 단위적재(Unit Load) 운송시스템에 관한 설명으로 옳지 않은 것은?

① 파렛트시스템은 단거리 운송에 적합하고 컨테이너시스템은 장거리 운송에 주로 이용되고 있다.

② 컨테이너시스템은 수송용기로 개발되었기 때문에 수송수단 간의 중계를 원활하게 해주나 일관운송이 가능하지 않다.

③ 파렛트시스템은 일반적으로 정육면체 또는 직육면체의 화물을 적재하기는 편리하지만, 분립제나 액체화물의 경우에는 적재가 곤란하다.

④ 컨테이너시스템은 장척화물이나 초과중량 화물 등과 같이 컨테이너에 적입하기 곤란한 화물을 제외하고는 거의 모든 화물을 적입하여 운송할 수 있다.

⑤ 파렛트시스템은 파렛트 운송 및 하역에 필요한 기기인 포크리프트, 파렛트 로더, 승강장치 등이 필요하다.

72 다음은 수송시스템의 방법 중 밀크 런(Milk Run) 방식을 도식화 한 것이다. 밀크 런(Milk Run) 방식을 가장 잘 표현한 그림을 고르시오.

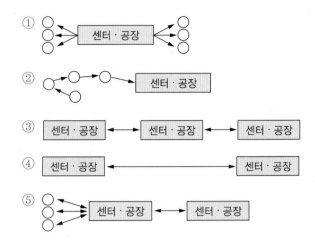

73 유통센터에서 납품처 A, B까지의 배송시간은 각각 45분, 55분이며, 납품처 A에서 납품처 B까지의 배송시간은 25분이다. 기존의 방식은 유통센터에서 납품처 A를 갔다 온 후 다시 납품처 B까지 갔다 오는 배송방식을 사용한다. 유통센터에서 납품처 A, B를 순차적으로 경유한 후 유통센터로 돌아오는 세이빙(Saving) 기법에 의한 배송 절약 시간은?

① 3시간 20분
② 3시간
③ 2시간 5분
④ 1시간 15분
⑤ 55분

74 최근 해상운송시장의 환경변화에 대한 다음의 설명 중 옳지 않은 것은?

① 정기선사들은 선박 운항상의 낭비요소인 공선항해(Ballast Voyage)율을 낮출 목적으로 전체 선대 중 겸용선의 비중을 점차 높이고 있다.
② 국제복합운송이 보편화되면서 정기선사들의 서비스영역이 점차적으로 확장되고 있다.
③ 세계일주서비스의 등장과 미국 신해운법의 제정 및 개정 등의 영향으로 전통적인 해운동맹은 그 위상이 두드러지게 약화되고 있다.
④ 해상운송에 관련된 국제조약이나 규칙 등에 화주측의 요구가 반영되는 폭이 점차 커지고 있다.
⑤ 운송수요의 변화와 조선기술의 비약적인 발달 등에 힘입어 일부 선박들은 운송효율화를 위해 고속화, 대형화되는 추세에 있다.

75 NVOCC(Non-Vessel Operation Common Carrier)에 관한 설명으로 옳지 않은 것은?

① 운송수단을 보유하지 않은 선박 운송인이다.
② VOCC에 대해서는 화주의 입장이 된다.
③ 화주에 대해서는 운송인의 기능을 수행한다.
④ 자기의 운임(TARIFF)에 따라 자기의 책임하에 해상운송을 인수하는 업자로서, 실제 운송은 선사에게 위탁한다.
⑤ NVOCC는 외항선사와 마찬가지로 미국연방해사위원회(FMC)의 감독을 받지 않는다.

76 컨테이너의 육상운송에 관한 설명 중 틀린 것은?

① COFC 서비스 형태는 TOFC에 비하여 철도 무개차에 미치는 하중이 트레일러와 섀시의 하중 만큼 줄어든다.
② 단지 컨테이너만을 트럭과 철도의 두 수단을 연계해서 수송하는 서비스를 COFC라 하며, 연계수송의 효율이 TOFC에 비하여 낮다고 할 수 있다.
③ TOFC 서비스에 의해 화주는 적정한 운임을 지불하고 장거리에 운송되는 화물에 대해서 Door to Door 서비스를 제공받는다.
④ TOFC 요율은 트럭운송요율보다 낮으며, 서비스의 범위는 확장된 것이라 할 수 있다.
⑤ TOFC는 장거리 운송에 있어 경제적인 철도의 장점과 트럭의 장점인 유연성과 편리성을 결합한 운송형태이다.

77 시대무역(주)은 플라즈마TV 핵심부품을 항공편으로 미국 뉴욕에 수출할 예정이다. 수출 시, 보험과 다른 수송비 등 여타조건은 무시하고 아래 사항만을 고려할 경우에 항공운임은 얼마인가?

- 플라즈마TV 핵심부품이 내장되고 포장된 상자의 무게는 40kg이다.
- 상기 상자의 용적은 가로 80cm, 세로 60cm, 높이 70cm인 직육면체이다.
- 항공운임은 중량 또는 부피 중 큰 것을 적용하기로 한다.
- 최저운임은 US $200이며
  50kg미만은   US $17/kg,
  50kg이상 ~ 60kg미만은   US $13/kg,
  60kg이상 ~ 80kg미만은   US $10/kg,
  80kg이상 ~ 100kg미만은   US $7/kg 이다.

① US $315
② US $334
③ US $680
④ US $720
⑤ US $728

78 항공운송의 특성에 관한 설명으로 옳지 않은 것은?

① 신속성을 요구하는 화주들에게는 타 운송수단에 비해 높은 운임에도 불구하고 활용된다.

② 일반적으로 중량에 비해 고가품이거나 귀중품들이 많이 이용되고 있다.

③ 장거리 지역을 단시간에 운송할 수 있으므로 재고비용이 높다.

④ 해상운송과 연계한 해·공 복합운송체계를 구축할 수 있다.

⑤ 화물의 중량, 부피 및 길이 등에 따라 운송의 제약이 심한 편이다.

79 복합운송에 대한 설명 중 틀린 것은?

① 복합운송은 반드시 이종운송수단의 결합에 의해 이루어져야 한다.

② 복합운송증권을 발행하며 단일의 복합운송운임률에 의해 운송된다.

③ 복합운송인은 반드시 운송 자체를 담당하는 실제운송인이어야 한다.

④ 대표적인 포워더형 복합운송인은 해상운송주선업자이다.

⑤ NVOCC는 무선박운송인을 뜻한다.

80 택배에 관한 설명으로 옳지 않은 것을 모두 고른 것은?

ㄱ. 지하철을 이용하여 사람이 직접 소량 화물을 운송할 수 없다.
ㄴ. 현금, 귀금속 등의 특수화물을 배송할 경우 100만원 이하의 벌금형에 처한다.
ㄷ. 집배센터는 화물을 대규모로 집하해야 하므로 포장 활동을 최우선 과제로 삼는다.

① ㄱ

② ㄱ, ㄴ

③ ㄱ, ㄷ

④ ㄴ, ㄷ

⑤ ㄱ, ㄴ, ㄷ

81 해운항만산업의 변화를 설명한 것으로 옳지 않은 것은?

① 선사간의 경쟁이 심화됨에 따라 선사간 전략적 제휴가 어려워지게 되었으며, 대신 선사를 소형화하여 화주들의 다양한 수요에 부응하고 경쟁에 신속하게 대응하려는 움직임은 커지고 있다.

② 미국의 신해운법(Shipping Act, 1984)이 제정되면서 운임동맹의 가격카르텔 기능이 약화되어 선사간 운임경쟁이 가속화되었다.

③ 세계 주요 선사들은 초대형선을 다투어 건조하여 선박건조비와 운항비의 단가를 낮추는 규모의 경제를 추구하게 되었다.

④ 각국 정부의 적극적인 지원에 따라 세계 도처의 여러 항만이 첨단화되고, 고생산화되는 현상이 나타나고 있다.

⑤ 부가가치 물류가 진전됨에 따라 화주, 선사, 항만, 항만배후지를 연계하는 공급사슬의 중요성이 부각되고 있다.

82 해상화물운송장(Sea Waybill ; SWB)에 대한 설명 중 옳지 않은 것은?

① 해상운송에서 화물 인도의 신속화, 서류분실에 따른 위험의 회피 및 사무의 합리화를 목적으로 선하증권의 대체로서 사용되는 운송서류이다.

② 계약상품의 인도 또는 적재를 입증하는 비유가 증권 서류이다.

③ 권리증권이므로 항해 중에 증권을 이전함으로써, 물품의 전매나 담보가 가능하다.

④ 해상화물운송장에 관한 국제규칙은 "CMI Uniform Rules for Sea Waybill 1990"이다.

⑤ 송화인에게 발행하는 서류이지만, 선하증권과 달리 운송품 인도청구권을 상징하지 않기 때문에 양도성이 없다.

83 국제해상운송 서비스의 특성으로 옳지 않은 것은?

① 해상운송은 대량수송에 적합하며 대체로 원거리수송에 이용된다.

② 적재되지 않은 컨테이너선의 미사용 선복이나, 용선되지 못하고 계선 중인 부정기선의 선복은 항만당국으로부터 보상받을 수 있다.

③ 서비스 제공과정에서 화주의 참여기회가 적다.

④ 타 운송수단에 비하여 단위거리 당 운송비가 저렴하다.

⑤ 수출지원 산업으로 국제무역을 촉진시키는 특성을 가진다.

84 용선계약의 종류에 관한 설명으로 옳은 것은?

① 항해용선 계약에서 용선자는 선복을 이용하고 선주는 운송행위를 한다.

② 기간용선 계약에서 용선자는 화주에 대해 전적으로 내항성 담보책임을 부담해야 한다.

③ 나용선 계약에서 선주의 비용부담항목에는 수선비와 보험료, 그리고 감가상각비가 포함된다.

④ 나용선 계약에서 선주는 선장을 지휘, 감독할 권리를 갖는다.

⑤ 나용선, 기간용선, 항해용선 계약 가운데 용선자의 비용부담이 가장 큰 계약형태는 항해용선 계약이다.

85 다음의 설명과 가장 관계가 깊은 운임제도는?

> 동맹선만을 이용하는 계약화주에게는 낮은 운임률을 적용하고, 비계약화주에게는 고운임률을 적용함으로써, 화주들에게 비동맹선 사용을 견제하는 운임제도이다.

① 경쟁대항선제

② 2중 운임제

③ 운임환급제

④ 성실환불제

⑤ 운임협정제

86 선하증권의 작성시 해당란의 기재요령에 대한 설명으로 옳지 않은 것은?

① Notify Party - 신용장 개설의뢰인, 즉 수입업자 또는 수입업자가 지정하는 대리인이 통지처(화물도착시 연락처)로 기재된다.

② Voyage No. - 선박의 운송횟수로 선박회사가 임의로 정한 일련번호가 기재되는데 1항차는 출발항에서 목적항을 거쳐 출발항에 회항하는 것을 원칙으로 한다.

③ B/L No. - 선사가 임의로 규정한 표시번호를 기재하며, 통상 선적항과 양화항의 알파벳 두 문자를 이용하고 번호는 일련번호를 쓴다.

④ Rate - Revenue ton당의 운임단가 및 CFS Charge, Wharfage, BAF, CAF의 Percent 등이 표시된다.

⑤ No. of Original B/L - Original B/L의 발행 통수를 기재하며, 통상 6통을 한 세트로 발행하는데 그 숫자에는 제한이 있다.

87 다음 괄호 안에 들어갈 용어를 올바르게 나열한 것은?

> 항해용선계약은 (㉠)선사가 선복의 전부 또는 일부를 사용하여 용선인(화주)에게 어떤 화물을 ○○항에서 ○○항까지 어떠한 조건으로 운송해 주기로 약정하는 것이며, (㉡)가 운항비, 연료비, 항비를 부담하고 하역비는 약정에 따라 선주 또는 화주가 부담하기도 한다.

	㉠	㉡
①	부정기	선 주
②	정 기	선 주
③	부정기	화 주
④	정 기	화 주
⑤	정 기	용선자

88 다음 설명 중 복합운송서류의 특징으로 옳지 않은 것은?

① 복합운송 전구간에 대하여 단일 복합운송업자가 주체가 되어 발행하는 단일 운송서류이다.
② 복합운송서류상 송화인은 복합운송인이며 수화인은 상대국의 복합운송인이다.
③ 선하증권과 달리 운송인뿐만 아니라 운송주선인도 발행할 수 있다.
④ 복합운송서류는 복합운송인이 본선적재가 이루어지기 전에 송화인으로부터 화물을 인수한 상태에서 발행된다.
⑤ 복합운송서류상 책임구간은 운송인이 송화인으로부터 화물을 인수한 지점으로부터 화물의 도착지점까지이다.

89 다음은 무선박운항업자(NVOCC)에 대한 설명이다. 틀린 것은?

① NVOCC는 Non-Vessel Ocean Carrier Company의 약자로서, 선박회사와는 경쟁관계에 있다.
② NVOCC의 출현 배경은 컨테이너에 의한 해륙일관수송에 있다.
③ NVOCC는 혼재(Consolidation)에 의해 소량 화물 화주에게도 규모의 경제 효과를 제공할 수 있게 된다.
④ NVOCC는 미국에서 발달된 포워더의 특수한 형태라 할 수 있다.
⑤ NVOCC는 선사에 비해 화주에게 선택의 폭이 넓은 운송서비스를 제공할 수 있다.

90 항공화물운임에 관한 설명으로 옳지 않은 것은?

① 요율의 적용시점은 항공화물운송장 발행일로 한다.

② 항공화물의 요율은 도어(Door)에서 도어(Door)까지의 운송구간을 대상으로 한다.

③ 항공화물의 요율은 출발지국의 현지통화로 설정하며, 출발지로부터 목적지까지 한 방향으로만 적용한다.

④ 미국출발 화물의 요율은 kg 또는 파운드(Ib)로 적용하되, 단위탑재용기요금의 경우에는 미국출발 화물도 kg당 요율로 설정한다.

⑤ 별도로 규정이 설정되어 있는 경우를 제외하고는 요율과 요금은 가장 낮은 것으로 적용한다.

91 글로벌 소싱에 관한 설명으로 옳지 않은 것은?

① 기업들은 글로벌 소싱을 활용하여 공급사슬을 확대할 수 있다.

② 구매가격을 낮추기 위하여 외국의 공급자로부터 자재와 부품을 구매할 수 있다.

③ 글로벌 소싱은 품질과 납기 등을 개선시킬 기회가 될 수 있다.

④ 해외공급자 파악, 선정, 평가 등의 추가적인 노력이 요구된다.

⑤ 정보통신기술의 발달로 글로벌 구매 시 국내 구매와 동일한 절차로 자재를 획득할 수 있다.

92 다음 중 복합운송인의 요건을 가장 올바르게 설명한 것은?

① 단일운송계약, 단일책임주체, 단일노선, 복합운송증권의 발행

② 단일운송계약, 단일노선, 복합운송증권의 발행

③ 복수운송계약, 단일운임, 단일노선, 복합운송증권의 발행

④ 단일운송계약, 단일책임주체, 단일운임, 복합운송증권의 발행

⑤ 복수운송계약, 단일책임주체, 단일운임, 복합운송증권의 발행

93 전자식 선하증권(Electronic B/L)에 대한 설명으로 옳지 않은 것은?

① 기존 무역절차를 인정하는 대신 선하증권 등 무역서류를 전자 문서화하고 이를 인증하는 시스템이다.

② 인터넷, 팩스를 이용한 선적요청 및 실물 수령이 이루어진다.

③ 선하증권의 위조·변조·분실위험을 원천적으로 방지하고 선하증권의 제조·보관·관리 및 유통비용을 절감할 수 있다.

④ 국제기구 및 각국이 추진하는 새로운 무역환경에 능동적으로 대처하고 이를 적극적으로 수용할 수 있다.

⑤ 1994년에는 범세계적으로 무역서류의 전자화를 통한 상업적 서비스를 제공하기 위하여 볼레로 프로젝트(Bolero project)가 출범하여 본격적으로 사용되기 시작하였다.

94 다음은 Incoterms 2020 중 어느 무역조건을 설명하는가?

> This term means that the seller delivers the goods to the buyer
> – when the goods are placed at the disposal of the buyer,
> – cleared for import,
> – on the arriving means of transport,
> – ready for unloading,
> – at the named place of destination or at the agreed point within that place, if any such point is agreed.

① EXW
② DPU
③ CIF
④ DDP
⑤ FOB

95 선하증권의 법정(필수) 기재사항이 아닌 것은?

① 운송물품의 거래가격
② 운송인의 표시
③ 선하증권의 발행지와 발행일자
④ 선적항 및 양륙항
⑤ 수통의 선하증권을 발행한 때에는 그 수

96 국제물류의 일반적인 국제화 단계를 나열한 것 중 가장 옳은 것은?

> ㉠ 기업의 현지생산을 위해 근거리운송 등의 효율화에 중점을 두는 단계
> ㉡ 국내에서 해외로 수출하는 단계로 물류효율화에 중점을 두는 단계
> ㉢ 글로벌 물류체계를 구축하여 종합물류서비스를 제공하는 단계
> ㉣ 현지 물류법인의 설립과 전문 물류기업에 위탁하여 운송서비스를 제공하는 단계

① ㉠ → ㉡ → ㉢ → ㉣
② ㉠ → ㉡ → ㉣ → ㉢
③ ㉡ → ㉠ → ㉢ → ㉣
④ ㉡ → ㉠ → ㉣ → ㉢
⑤ ㉡ → ㉣ → ㉠ → ㉢

97 국제물류의 복잡성이나 제약성을 극복하면서 장소적, 시간적, 공간적 효용을 창조할 수 있도록 뒷받침하고 있는 국제물류의 기능에 대한 설명 중 옳지 않은 것은?

① 보관기능은 집화된 화물의 혼재 및 분산, 화인(Shipping Mark) 등을 통해 내용물을 보호하고, 취급을 용이하게 하며, 판매를 촉진할 수 있는 기능을 말한다.

② 하역기능은 하역설비 등을 이용하여 수송화물을 적하 및 양하하는 것과 창고내의 입출고를 위한 설비기능이 중요한 요소가 된다.

③ 운송기능은 운송수단의 선택과 운송스케줄 관리, 운송중개인의 선정, 운송루트의 채택 등이 요구된다.

④ 계획기능은 전략적 목표하에서 어떤 시설의 설치, 다양한 수송수단의 루트 비교, 수송수단의 이용가능성 등이 잘 조화될 수 있도록 하는 것이다.

⑤ 행정 및 보관기능은 운송수단의 예약과 주문관리, 재고 및 화물이동 추적, 선적관련 서류작성, 국제세관에 관한 정보, 시장 정보제공, 특이상황을 포함한 활동보고 및 관리보고서 작성 등의 업무를 말한다.

98 클레임의 해결 방법에 대한 설명으로 옳지 않은 것은?

① 화해는 당사자끼리 해결하는 것으로 클레임 금액이 큰 경우에는 불가능하다.

② 조정은 양 당사자가 제3자를 조정인으로 선정하고 조정인이 제시하는 조정안을 당사자들이 수락함으로써 클레임을 해결하는 방법이다.

③ 중재는 당사자가 제3자를 중재인으로 선임하고 분쟁의 해결을 전적으로 중재인에게 맡겨 그 중재판정에 복종함으로써 해결하는 방법이다.

④ 소송은 법원의 판결에 의해서 강제적으로 해결하는 방법이므로 가장 공정하며, 가장 바람직한 해결 방법이다.

⑤ 클레임의 포기란 피해자가 가해자에게 클레임제기를 일방적으로 철회하는 것을 말한다.

99 국제간에 발생하는 클레임을 원만하게 해결하기 위하여 한 국가에서 내려진 중재판정을 다른 국가에서도 승인 및 집행할 수 있도록 1958년 체결된 국제협약은?

① Hague Rules

② York Antwerp Rules

③ Warsaw Convention

④ New York Convention

⑤ Incoterms

100 Incoterms® 2020에 규정되어 있는 규칙에 관한 설명으로 옳은 것은?

① EXW 규칙은 매도인이 물품의 수출통관을 하지 않고, 자신의 위험과 비용으로 물품을 운송수단에 적재하여 자신의 공장, 창고, 작업장, 영업장 및 기타 지정된 장소에서 매수인의 임의처분 상태로 물품을 인도하는 것을 의미한다.

② CIP 규칙은 매도인이 물품을 수출통관하여 지정장소에서 매도인 스스로 지정한 운송인에게 물품을 인도하여야 하며, 지정목적지까지 운송계약만을 체결하고 운송비(수송비)를 지급하여야 하는 것을 의미한다.

③ FCA 규칙은 매도인이 물품을 수출통관하여 지정장소에서 매도인에 의해 지정된 운송인에게 물품을 인도하는 것을 의미한다. 따라서 매수인은 지정장소에서 물품을 인도 받은 때부터 모든 위험과 비용을 부담하여야 한다.

④ DPU 규칙은 물품이 지정목적항 또는 지정목적지의 지정터미널에서 도착되는 운송수단에서 양하한 다음 매도인이 물품을 수입통관하여 매수인의 임의처분 상태로 물품을 인도하는 것을 의미한다.

⑤ DAP 규칙은 매도인이 물품을 지정목적지에 도착된 운송수단에서 양하하지 않은 채 매수인의 임의처분 상태로 인도하는 것을 의미한다.

101 한국의 내륙컨테이너기지(ICD)에서 수행하고 있지 않는 기능은?

① 통 관
② 혼 재
③ 보 관
④ 제 조
⑤ 철도운송

102 국제물류분쟁을 해결하는 방법 중 상사중재에 관한 설명으로 옳은 것은?

① 뉴욕협약에 가입된 국가 간에는 중재판정의 승인 및 집행을 보장받는다.
② 중재는 2심·3심에서 항소·상고가 가능하다.
③ 중재는 원칙적으로 공개적으로 진행된다.
④ 중재는 법원의 확정판결과 동일한 효력이 없다.
⑤ 중재는 소송에 비해 분쟁해결에 시간과 비용이 많이 든다.

103 선하증권과 항공화물운송장에 대한 설명으로 옳지 않은 것은?

① 항공화물운송장은 기명식이며, 선하증권은 무기명식이다.
② 항공화물운송장은 화물인수시에 발행하며, 선하증권은 선적 후에 발행된다.
③ 항공화물운송장은 양도성이 있고, 선하증권은 양도성이 없다.
④ 항공화물운송장은 송화인이 작성하는 것을 원칙으로 하며, 선하증권은 선박회사가 작성한다.
⑤ 항공화물운송장과 선하증권은 운송인과 송화인과의 사이에 운송계약이 성립되고 있음을 증빙하는 서류라는 점에서 동일하다.

104 국제운송서류에 관한 설명으로 옳지 않은 것은?

① M/R (Mate's Receipt) – 화물의 본선 반입 후 일등항해사가 선적지시서와 대조하면서 화물을 수취한 다음 화물수령의 증거로 발급하는 서류

② S/R(Shipping Request) – 화주가 선박회사에 제출하는 운송의뢰서

③ M/F(Manifest) – 선적완료 후 선사에 의해 발행되는 적재화물의 명세표

④ L/I(Letter of Indemnity) – 사고부선하증권을 발급받은 수출상이 무사고선하증권을 발급받기 위하여 거래은 행에 제출하는 책임각서

⑤ L/G(Letter of Guarantee) – 수입화물이 이미 도착했으나 선하증권 원본이 도착하지 않아 수입상이 발행은행 으로부터 발급받아 선사에 제출하여 화물을 미리 찾을 수 있는 서류

105 해상운임에 관한 설명으로 옳지 않은 것은?

① Heavy Lift Surcharge는 화물 한 단위가 일정한 중량을 초과할 때 기본운임에 할증하여 부과하는 운임이다.

② Freight All Kinds Rate는 컨테이너에 적입된 화물의 가액, 성질 등에 관계없이 부과하는 컨테이너당 운임이다.

③ Dead Freight는 실제 적재량을 계약한 화물량만큼 채우지 못할 경우 사용하지 않은 부분을 제외하고 부과하는 운임이다.

④ Pro Rate Freight는 선박이 항해 중 불가항력 등의 이유로 항해를 계속할 수 없을 때 중도에서 화물을 화주에게 인도하고 선주는 운송한 거리의 비율에 따라 부과하는 운임이다.

⑤ Optional Surcharge는 본선 출항시까지 화물의 양륙지를 정하지 못하거나 양륙항이 여러 개일 때 그 항구 수의 증가에 비례하여 부과되는 할증료이다.

106 컨테이너 운송과 관련된 국제협약이 옳게 연결된 것은?

> ㄱ. 1971년 관세협력위원회에 의하여 채택되었으며, 각종 운송기기에 의한 육·해·공의 모든 운송수단을 대상으로 하고 있다.
> ㄴ. 컨테이너 국제 운송시 컨테이너 취급, 적재 또는 수송 도중 일어나는 인명의 안전을 확보하기 위하여 컨테이너의 기준을 국제적으로 규정하기 위해 채택되었다.
> ㄷ. 1959년 유럽경제위원회가 도로운송차량에 의한 화물의 국제운송을 용이하게 하기 위한 목적으로 채택하였다.
> ㄹ. 컨테이너 자체가 국경을 통과함에 따라 당사국간의 관세 및 통관방법 등을 협약·시행할 필요성이 있어, 1956년 유럽경제위원회에 의해 채택되었다.

① ㄱ : CCC협약, ㄴ : TIR협약, ㄷ : ITI협약, ㄹ : CSC협약

② ㄱ : TIR협약, ㄴ : CCC협약, ㄷ : CSC협약, ㄹ : ITI협약

③ ㄱ : ITI협약, ㄴ : CSC협약, ㄷ : CCC협약, ㄹ : TIR협약

④ ㄱ : TIR협약, ㄴ : CSC협약, ㄷ : CCC협약, ㄹ : ITI협약

⑤ ㄱ : ITI협약, ㄴ : CSC협약, ㄷ : TIR협약, ㄹ : CCC협약

107 1978년 UN 해상물품운송조약의 일부 내용이다. 괄호 안에 들어갈 용어로 옳은 것은?

> (   ) means any person to whom the performance of the carriage of the goods, or of part of the carriage, has been entrusted by the carrier, and includes any other person to whom such performance has been entrusted.

① Carrier
② Actual Carrier
③ Shipper
④ Consignee
⑤ Notify Party

108 다음은 선급제도와 관련된 설명이다. 이 중 부적절한 것은?

① 선급제도가 최초로 발생한 것은 영국으로 오늘날 Lloyd's Register는 1834년경 탄생하였다.
② 선급제도는 선박의 감항성을 객관적이고도 전문적으로 판단하기 위해 만든 제도이다.
③ 선급의 보유는 법에 따라서 강제되며, 특히 해상보험에서는 선박의 보험자격을 인정하는 근거로 삼고 있다.
④ 주요 국가들이 상호 선급제도를 협력·발전시키기 위해 1968년 국제선급협회(IACS를) 창설하였다.
⑤ 우리나라도 최근 선급의 중요성을 인정, 1960년에 한국선급협회(KR)를 창설하였다.

109 다음 신용장에서 요구하는 해상보험에 관한 설명으로 옳지 않은 것은?

> Insurance policy or certificate in duplicate, endorsed in blank for 110% of invoice value. Insurance policies or certificates must be expressly stipulated that claims are payable in the currency of draft and must also indicate a claim settling agent in Korea. Insurance must include ICC(A/R) Institute War Clauses and Institute S.R.C.C. Clauses.

① 보험증권 또는 보험증명서는 2통을 발행하여야 한다.
② 보험금액은 매도인 소재국의 통화로 표시되어야 한다.
③ 보험금액은 송장금액의 110%로 부보되어야 한다.
④ 보험증권은 백지배서에 의해 양도될 수 있게 발행되어야 한다.
⑤ 보험의 담보조건은 협회적하약관(A/R)조건에 전쟁담보약관과 S.R.C.C. 담보약관을 포함하여야 한다.

110 해상운송 관련 국제규칙이 아닌 것은?

① 헤이그-비스비 규칙

② 함부르크 규칙

③ 로테르담 규칙

④ 헤이그 규칙

⑤ 몬트리올 규칙

111 최근 세계적으로 GDP 대비 컨테이너 해상물동량 증가세가 둔화되고 있는 원인으로 옳지 않은 것은?

① 서비스 중심으로 산업구조 변화

② 보호무역주의의 심화

③ 컨테이너화(Containerization)의 둔화

④ 3D 프린팅 기술의 도입

⑤ 생산의 오프쇼어링(Offshoring) 증가

112 다음 중 선박이 정박하여 하역작업 개시일부터 종료일까지 일요일이나 공휴일을 모두 포함한 일수를 정박기간으로 계산함으로써 용선자에게 가장 불리한 조건은?

① WWD SHEX unless used

② CQD

③ WWD SHEX

④ WWD

⑤ Running Laydays

113 컨테이너운송과 복합운송에 관한 설명으로 옳지 않은 것은?

① 복합운송은 하나의 운송수단에서 다른 운송수단으로 신속하게 환적할 수 있는 새로운 운송기술의 개발에 힘입어 활성화되었다.

② 컨테이너운송의 장점은 화물의 신속하고 안전한 환적이 가능하며, 하역의 기계화로 시간과 비용을 절감할 수 있다는 것이다.

③ 컨테이너운송과 복합운송을 동일시해도 무리가 없다.

④ 컨테이너운송은 일관운송을 제공하는 복합운송을 실현하는 데 적합하다.

⑤ 북미 및 시베리아 횡단철도와 해상운송을 연계하는 복합운송 경로의 개척에 힘입어 해륙복합운송이 발달하였다.

114 컨테이너터미널에서 사용되는 장비에 관한 설명으로 옳지 않은 것은?

① 스트래들캐리어 : 컨테이너를 양각 사이에 끼워 놓고 운송하거나 하역하는 장비로 완전자동화터미널에 적합한 장비이다.

② 야드트랙터 : 에이프런과 컨테이너 야드간 컨테이너의 이동을 위한 장비로 통상 야드 샤시와 결합하여 사용한다.

③ 트랜스퍼크레인 : 컨테이너 야드 내에서 컨테이너의 적재나 이동에 사용하는 장비로 RTGC와 RMGC가 대표적이다.

④ 포크리프트 : CFS에서 컨테이너에 화물을 적입·적출할 때 사용하는 장비이다.

⑤ 리치스태커 : 컨테이너를 적양하할 때 사용하고 이송작업도 가능한 장비이다.

115 국제항공에 관련한 사법관계를 규정한 조약 중 다음이 설명하는 것은?

> ICAO(International Civil Aviation Organization, 국제민간항공기구)는 회원국의 특별회의를 소집하여 미국의 탈퇴를 막고자 책임한도액을 인상하려고 하였으나 회원국 간의 의견차이로 합의에 도달하는 데 실패하였다. 따라서 IATA(International Air Transport Association ; 국제항공운송협회)가 미국정부와 직접 교섭은 하지 않고 미국을 출발, 고착, 경유하는 항공회사들의 회의에서 책임한도액 인상을 합의하게 되었다.

① Warsaw Convention

② Hague Protocol

③ Montreal Agreement

④ Guatemala Protocol

⑤ Guadalajara Convention

116 정기선 해상운임의 할증료에 해당하지 않는 것은?

① Pivot Charge

② Diversion Charge

③ Peak Season Surcharge

④ Bunker Adjustment Factor

⑤ Currency Adjustment Factor

117 Marine Insurance Act(1906)에서 해상손해에 관한 설명으로 옳지 않은 것은?

① 현실전손의 경우에는 위부의 통지를 할 필요가 없다.

② 보험의 목적물이 파괴되거나 또는 보험에 가입된 종류의 물품으로서 존재할 수 없을 정도로 손상을 입은 경우, 또는 피보험자가 회복할 수 없을 정도로 보험의 목적물의 점유를 박탈당하는 경우에는, 현실전손으로 간주한다.

③ 위부의 통지가 정당하게 행하여지는 경우에는, 피보험자의 권리는 보험자가 위부의 승낙을 거부한다는 사실로 인하여 피해를 입지 아니한다.

④ 추정전손이 있을 경우에는, 피보험자는 그 손해를 분손으로 처리할 수도 있고, 보험의 목적물을 보험자에게 위부하고 그 손해를 현실전손의 경우에 준하여 처리할 수도 있다.

⑤ 해상사업에 종사하는 선박이 행방불명되고, 상당한 기간이 경과한 후에도 그 선박에 대한 소식을 수취하지 못하는 경우에는 추정전손으로 추정할 수 있다.

118 항공화물운송장의 구성에 대한 설명으로 틀린 것은?

① 바르샤바 협약에 의거하여 항공화물운송장은 송화인이 원본 3통을 작성하여 화물과 함께 교부하여야 한다고 규정되어 있다.

② 제1의 원본에는 '운송인용'(녹색)이라 기재하고 송화인이 서명한다.

③ 제2의 원본에는 '수화인용'(적색)이라 기재하고 송화인 및 운송인이 서명하고 이 원본을 화물과 함께 송부한다.

④ 제3의 원본(청색)은 운송인이 서명하고 이 원본은 운송인이 화물을 인수한 후에 송화인에게 교부하도록 되어 있다.

⑤ 한 벌의 항공운송장은 원본 3통에 사본 9통으로 구성되어 있다.

119 국제복합운송에 있어서 포워더의 장점을 잘못 설명하고 있는 것은?

① 제3자가 개입하므로 비용을 줄일 수 있다.

② 포워더는 특정 영역에서 특화된 정보를 제공한다.

③ 포워더의 중개역할은 특히 수출자가 인도조건의 계약을 할 때 아주 중요하다.

④ 많은 수출업자들은 편리성을 들어 포워더를 이용하고 있다.

⑤ 대부분의 포워더는 실제의 물품이동은 물론 보관, 포장, 재포장, 분류, 검사 등을 포함하여 무역업자의 물품을 위해 광범위한 물적 시설의 제공 혹은 수배를 할 수 있다.

120 항공화물 지연(delay) 사고의 하나로, 화물이 하기되어야 할 지점을 지나서 내려진 경우를 뜻하는 용어는?

① shortshipped

② offloaded by error

③ overcarried

④ shortlanded

⑤ cross labelled

교 시	과 목	시 간	문제형별
2교시	• 보관하역론 • 물류관련법규	80분	A

보관하역론

01 다음 자동화창고에 대한 설명으로 옳지 않은 것은?

① 피킹설비 및 운반기기를 자동화하고 컴퓨터 제어방식을 통해 입출고 작업의 효율성 제고효과와 인력 절감 효과를 거둘 수 있다.

② 물품의 보관에 있어서는 고정 로케이션(Fixed Location) 방식을 채택하여 보관능력을 향상시킨다.

③ 컴퓨터에 의한 정보시스템과 입출고 시스템이 짝을 이루어 운영되는 시스템이므로 물품의 흐름에 중점을 두어 설계되어야 한다.

④ 자동화창고에서 처리할 물품들은 치수와 포장, 중량 등을 기준으로 단위화가 선행되어야 한다.

⑤ 적은 투자로 기존 건물을 개조하고 랙을 설치하여 제한적인 자동창고의 효과를 볼 수도 있다.

02 화주의 측면에서 자가창고와 비교하여 영업창고의 장점만 모두 고른 것은?

> ㄱ. 전문적 관리 운영이 가능하다.
> ㄴ. 설비투자가 불필요하다.
> ㄷ. 시설변경의 탄력성이 높다.
> ㄹ. 대고객 서비스를 치밀하게 할 수 있다.

① ㄱ, ㄴ

② ㄱ, ㄹ

③ ㄷ, ㄹ

④ ㄱ, ㄴ, ㄷ

⑤ ㄱ, ㄴ, ㄷ, ㄹ

03 제품의 물리적 성질에 근거한 보관 원칙으로 옳은 것을 모두 고른 것은?

> ㄱ. 통로대면의 원칙
> ㄴ. 회전대응의 원칙
> ㄷ. 높이쌓기의 원칙
> ㄹ. 형상특성의 원칙
> ㅁ. 중량특성의 원칙
> ㅂ. 위치표시의 원칙

① ㄱ, ㄴ   ② ㄴ, ㄷ
③ ㄷ, ㄹ   ④ ㄹ, ㅁ
⑤ ㅁ, ㅂ

04 보관에 대한 다음 설명 중 옳지 않은 것은?

① 물품의 생산과 소비의 시간적 간격을 극복하여 시간적 효용을 창출한다.
② 공장에서 대량으로 운송해온 제품을 보관함으로써 다수의 고객에게 소량 단위의 배송이 가능하게 한다.
③ 재화의 생산과 소비의 지리적 간격을 극복하는 역할을 한다.
④ 기업의 경제적 필요에 의해 이루어지는 물류 활동의 한 종류이다.
⑤ 물류 활동이 여러 Node를 Link로 연결하면서 이루어진다고 할 때 보관은 Node에서 수행되는 활동이다.

05 분산구매에 관한 설명으로 옳지 않은 것은?

① 구매절차가 간단한 구매에 유리하다.
② 사업장에서 자율적으로 구매한다.
③ 거래업자가 사업장으로부터 근거리일 경우 경비가 절감된다.
④ 사업장의 특수요구를 반영할 수 있다.
⑤ 긴급 수요가 발생할 때 신속히 대응할 수 없다.

06 하역의 개념 및 정의에 관한 설명으로 옳지 않은 것을 모두 고른 것은?

> ㄱ. 하역은 각종 운반수단에 화물을 싣고 내리는 것과 보관화물을 창고 내에서 운반하고, 쌓아 넣고, 꺼내고, 나누고, 상품 구색을 갖추는 등의 작업 및 이에 부수적인 작업을 총칭한다.
> ㄴ. 하역은 화물에 대한 시간적 효용과 장소적 효용의 창출을 지원하는 행위이다.
> ㄷ. 하역은 화물 또는 생산품의 이동, 운반, 제조공정 및 검사공정을 말한다.
> ㄹ. 하역은 생산에서 소비에 이르는 전 유통과정에서 행하여진다.
> ㅁ. 하역의 범위에 있어 협의의 하역은 사내하역만을 의미하나, 광의의 의미는 사외하역도 포함한다. 단, 수출기업의 수출품 선적을 위한 항만하역은 포함하지 않는다.

① ㄱ, ㄹ
② ㄴ, ㄷ
③ ㄷ, ㅁ
④ ㄱ, ㄴ, ㄷ
⑤ ㄱ, ㄴ, ㄷ, ㄹ

07 창고의 배치방법 중 집중형 배치방법의 장점에 해당되지 않는 것은?

① 관리공간이 한 곳에 집중되어 있으므로 정보 및 화물관리가 용이하다.
② 수요에 대처할 수 있는 품목들과 수량, 모두 구비 가능하다.
③ 배송센터 규모에 맞는 출하시설의 운영이 가능하다.
④ 창고규모에 비하여 적은 수의 관리요원으로 효율적인 창고운영관리가 가능하다.
⑤ 분산배치형에 비하여 창고의 크기가 작아도 되므로 창고 내에서 작업시 운반거리가 짧다.

08 자재소요량계획(MRP ; Material Requirements Planning)에서 A제품은 2개의 부품 X와 3개의 부품 Y로 조립된다. A제품의 총수요는 30개이고, 부품 X의 예정입고량이 10개이며 가용재고는 없고, 부품 Y의 예정입고량은 15개이고 가용재고가 5개일 때 부품 X와 부품 Y의 순 소요량이 몇 개인지 순서대로 옳게 나열한 것은?

① 50, 50
② 50, 60
③ 50, 70
④ 60, 70
⑤ 60, 90

09 창고의 레이아웃(Layout) 설계에서 고려해야 할 사항으로 옳지 않은 것은?

① 원칙Ⅰ : 물품, 통로, 운반기기 및 사람 등의 흐름 방향에 있어 항상 직진성에 중점을 두어야 한다.
② 원칙Ⅱ : 물품, 운반기기 및 사람의 역방향 흐름을 최소화해야 한다.
③ 원칙Ⅲ : 물품의 취급횟수를 줄여야 한다.
④ 원칙Ⅳ : 물품의 흐름과정에서 높낮이 차이의 크기와 횟수를 확대해야 한다.
⑤ 원칙Ⅴ : 화차, 운반기기, 랙, 통로입구 및 기둥간격의 모듈화와 디멘션(Dimension)의 관계를 구축한다.

10 보관물류의 기능에 대한 설명으로 옳지 않은 것은?

① 항상 거래선과의 접점에 존재한다.
② 운송과 배송 사이의 윤활유이다.
③ 생산과 판매와의 조정 또는 완충기능을 한다.
④ 집산, 분류, 구분, 조합 및 검사의 장소이다.
⑤ 보관은 물품의 신선도를 유지시킨다.

11 창고관리시스템(WMS)에 대한 설명으로 옳지 않은 것은?

① WMS를 활용하면 재고 정확도, 공간/설비 활용도가 높아진다.
② WMS 패키지(Package)를 도입하려면 세부 기능분석이 반드시 필요하다.
③ 물류센터의 대형화, 중앙집중화, 부가가치 기능 강화의 추세에 따라 WMS가 유통중심형 물류센터를 위한 차별화 전략의 핵심 요인으로 등장했다.
④ WMS를 활용하면 서류/전표 작업, 직간접 인건비는 증가하지만 제품 피킹 시간, 제품 망실, 설비비용 등은 감소한다.
⑤ 고객의 다양한 요구사항 때문에 WMS 패키지 시장의 성장은 예상보다 저조하나 ERP 패키지의 도입이 활발해지면서, 그 하위 시스템으로서 도입이 확대되고 있다.

12 다음 중 정성적 수요예측기법으로 옳은 것을 모두 고른 것은?

ㄱ. 회귀분석법	ㄴ. 투입산출모형
ㄷ. 판매원이용법	ㄹ. 전문가조사법
ㅁ. 수명주기유추법	ㅂ. 이동평균법

① ㄱ, ㄴ, ㄷ
② ㄱ, ㄴ, ㄹ
③ ㄱ, ㅁ, ㅂ
④ ㄴ, ㄹ, ㅂ
⑤ ㄷ, ㄹ, ㅁ

13 EOQ 모형과 EPQ 모형에 관한 설명으로 옳지 않은 것은?

① EOQ 모형에서 평균재고수준은 경제적 발주량의 절반과 같다.
② EOQ 모형에서 연간 발주비는 경제적 발주량에 반비례한다.
③ EOQ 모형에서 재주문점은 1일 수요량과 리드타임으로 구할 수 있다.
④ EPQ 모형에서 1일 수요량은 일정하고 확정적이며, 1일 생산량보다 많다.
⑤ EPQ 모형에서 1회 생산에 소요되는 준비비용은 생산수량과 관계없이 일정하다.

14 다음의 재고관리시스템에 관한 설명으로 옳지 않은 것은?

① 기준재고시스템은 주문의 횟수는 줄어들고 주문량은 다소 많아지게 되어 많은 안전재고를 갖게 된다는 약점을 가지고 있는 시스템이다.

② Two-Bin시스템은 고가이고, 사용빈도가 낮은 ABC분석의 C급 품목에 대하여 효과적으로 관리하는 재고관리기법이다.

③ JIT는 필요한 부품을 필요한 수량만큼 필요한 시기에 생산하여 낭비 요소를 제거한다.

④ MRP는 제품생산에 필요한 원자재, 부분품, 공산품, 조립품 등의 소요량 및 소요시기를 역산해서 조달계획을 수립한다.

⑤ MRP Ⅱ는 재고관리, 생산현장관리, 자재소요관리 등의 생산자원계획과 통제과정에 있는 여러 기능들이 하나의 단일시스템에 통합되어 생산관련 자원투입의 최적화를 추구한다.

15 파렛트 풀 시스템(Pallet Pool System)에 관한 설명으로 옳지 않은 것은?

① 파렛트 풀 시스템은 수송 및 하역효율 향상에 기여한다.

② 파렛트 풀 시스템의 운영방식은 즉시교환방식과 대차결제방식, 그리고 리스·렌탈방식 등이 있다.

③ 교환방식 풀 시스템은 이용자가 가까운 데포(Depot)에서 파렛트를 빌려서 사용하는 방식이다.

④ 파렛트 풀 시스템 하에서는 약정된 내륙 데포(Depot)에 공 파렛트를 반환하면 회수가 완료되는 시스템을 채택하고 있다.

⑤ 파렛트 풀 시스템을 통해 지역간 수급을 해결하고 계절적 수요에 효과적으로 대응할 수 있다.

16 항공화물 탑재용기에 관한 설명으로 옳지 않은 것은?

① 항공파렛트는 1인치 이하의 알루미늄 합금으로 만들어진 평판이다.

② 항공파렛트는 화물을 특정 항공기의 내부모양과 일치하도록 탑재 후 망(net)이나 띠(strap)로 묶을 수 있도록 고안된 장비이다.

③ 항공컨테이너는 별도의 보조장비 없이 항공기 화물실에 탑재 및 고정이 가능하도록 제작된 용기이다.

④ 항공컨테이너는 탑재된 화물의 하중을 견딜 수 있는 강도로 제작되고 기체에 손상을 주지 않아야 한다.

⑤ 항공컨테이너와 해상컨테이너는 호환 탑재가 가능하다.

17 공급체인관리(SCM ; Supply Chain Management)에서 채찍효과(Bullwhip Effect)에 대한 생성요인 및 대처방안으로 옳지 않은 것은?

① 공급체인(Supply Chain) 전반에 걸쳐 수요정보를 중앙집중화 하여 체계적으로 관리함으로써 불확실성을 제거한다.

② 리드타임(Lead Time)이 길어지면 수요와 공급의 변동폭의 증감정도가 축소된다.

③ 제품을 생산하고 공급하는 데 소요되는 리드타임과 주문처리에 소요되는 정보 리드타임을 단축시킨다.

④ 공급처관리의 효율성을 중시하여 일괄적으로 주문하는 경우 발생한다.

⑤ 공급체인 전체의 관점이 아니라 개별기업 관점에서 의사결정을 수행하게 되면 공급체인 전체의 왜곡현상을 발생시킨다.

18 하역작업에 관한 설명으로 옳은 것을 모두 고른 것은?

> ㄱ. 상·하차작업(Loading & Unloading) : 운송수단에 화물을 싣고 내리는 작업을 말한다.
> ㄴ. 래싱작업(Lashing) : 운송수단에 실린 화물의 손상 방지를 위해 화물 밑이나 틈에 완충재를 끼우는 작업을 말한다.
> ㄷ. 적재작업(Stacking) : 보관시설로 이동하여 정해진 위치와 형태로 쌓는 작업을 말한다.
> ㄹ. 배닝작업(Vanning) : 운송수단에 실린 화물이 움직이지 않도록 줄로 묶는 작업을 말한다.

① ㄱ, ㄴ   ② ㄱ, ㄷ
③ ㄱ, ㄹ   ④ ㄴ, ㄷ
⑤ ㄴ, ㄹ

19 재고관리 및 통제에 관한 설명으로 옳지 않은 것은?

① 정량발주법은 현재의 재고상태를 파악하여 재고량이 재주문점에 도달하면 미리 설정된 일정량을 주문하는 시스템이다.
② 정기발주법은 주기적으로 재고를 파악하고, 일정한 기간을 두고 정기적으로 발주하는 방식으로 재주문점의 결정이 필요없다.
③ 안전재고는 수요의 변동, 수요의 지연, 공급의 불확실성 등으로 품절이 발생하여 계속적인 공급중단 사태를 방지하기 위한 예비목적의 재고량이다.
④ 수요 변동폭이 넓으면 안전재고 수준을 낮추고, 수요 변동폭이 좁으면 안전재고 수준을 높게 책정한다.
⑤ 재고관리시스템의 구성요소는 수요, 재고 관련 비용, 조달기간, 경영적 제약조건, 서비스율과 조직의 환경 등이다.

20 다음 항만하역장비의 설명으로 올바르게 짝지어진 것은?

> ㉠ 항만 CY에서 주로 공컨테이너의 야적, 차량적재, 단거리 이송에 사용되며, 마스트에 스프레더 등을 장착하여 사용한다.
> ㉡ 컨테이너 터미널 내에서 컨테이너를 양각 사이에 두고 하역을 담당하는 운전기계로서 컨테이너를 상하로 들고 내릴 수 있다.

① ㉠ 스트래들 캐리어(Straddle Carrier)   ㉡ 탑 핸들러(Top Handler)
② ㉠ 탑 핸들러(Top Handler)   ㉡ 컨테이너 크레인(Container Crane)
③ ㉠ 스트래들 캐리어(Straddle Carrier)   ㉡ 스태커 크레인(Stacker Crane)
④ ㉠ 탑 핸들러(Top Handler)   ㉡ 스트래들 캐리어(Straddle Carrier)
⑤ ㉠ 탑 핸들러(Top Handler)   ㉡ 트랜스퍼 크레인(Transfer Crane)

21 유닛로드 시스템(Unit Load System)에 관한 설명으로 옳지 않은 것은?

① 화물을 일정한 표준의 중량 또는 체적으로 단위화시켜 일괄적으로 기계를 이용하여 하역, 수송하는 시스템이다.

② 하역작업의 기계화 및 작업화, 화물파손방지, 적재의 신속화, 차량회전율의 향상 등을 가능하게 하는 물류비 절감의 최적방법이다.

③ 호환성이 증대되어 다른 회사와 공동으로 파렛트를 사용하는 등 시스템 연계성을 높일 수 있다.

④ 유닛로드 시스템의 3원칙은 기계화의 원칙, 표준화의 원칙, 하역의 최소원칙이다.

⑤ 국제교역 시 일관수송을 위해 표준 파렛트인 T-11형(1,100mm×1,100mm)만을 사용하여야 한다.

22 다음은 오더피킹의 방식과 그 내용을 설명한 것이다. 잘못 설명된 것은?

① 존(Zone) 피킹 방식 : 여러 명의 작업자가 각기 자기가 담당하는 선반의 범위를 정해 두고 해당 범위에 속하는 선반의 물품만을 피킹하는 방식

② 총량 피킹 방식 : 일정 기간의 주문전표를 한데 모아서 피킹하는 방식

③ 일괄 오더피킹 방식 : 여러 건의 주문전표를 모아서 한 번에 피킹하는 방식

④ 릴레이 방식 : 각 보관 장소를 순회하면서 필요한 물품을 피킹하는 방식

⑤ 1인1건 방식 : 1인의 작업자가 1건의 주문전표에서 필요한 물품을 피킹하는 방식

23 포장기법에 관한 설명으로 옳지 않은 것은?

① 방수 포장은 내용물에 빗물이나 바닷물 등이 들어오는 것을 방지하는 포장기법이다.

② 방습 포장은 유통과정에서 습기가 상품에 스며드는 것을 방지하는 것으로 의약품, 건조식품, 섬유제품, 피혁 및 금속제품 등에 활용된다.

③ 방청 포장은 금속표면의 녹이나 부식을 방지하기 위한 포장기법이며 일반적으로 방청제 도포나 가연성 플라스틱 도포가 사용된다.

④ 가스치환 포장은 식품의 산화가 우려되는 제품에서 산소의 사용비율을 최대한 높이기 위해 질소, 탄산가스 등을 배제하는 포장기법이다.

⑤ 완충 포장은 유통과정에서 물품이 진동이나 충격에 의해 파손되는 것을 방지하고, 외부의 힘이 물체에 직접 가해지지 않도록 외부 압력을 완화시키는 포장기법이다.

24 A기업이 판매하는 상품 B의 지난해 연간 매출액은 120억원, 순이익률은 8%, 연간 재고유지비용은 매출액의 2%, 연간 평균재고금액은 재고유지비용의 10배였다. 지난해 상품 B의 재고회전율은?

① 1 ② 2

③ 5 ④ 8

⑤ 10

25 창고 운영형태별 장단점에 관한 설명으로 옳지 않은 것은?

① 자가창고는 기계화 설비를 도입하여 생력화하는 데에 유리하다.

② 자가창고는 계절적 수요변동에 탄력적으로 대응할 수 있다.

③ 영업창고를 이용하면 비용지출이 명확해지는 장점이 있다.

④ 영업창고를 이용하면 입지선정이 용이하다.

⑤ 리스창고를 이용하면 낮은 임대요율로 보관공간을 확보할 수 있지만 보관장소를 탄력적으로 운용하는 것이 어렵다.

26 창고관리에 관한 다음 설명 중 가장 잘못된 것은?

① 온라인 제어방식은 컴퓨터와 하역기기가 일체가 되어 직접 정보를 교환하여 자동으로 운전하는 제어방식이다.

② 오프라인 제어방식은 컴퓨터에 의해 처리된 입출고카드 및 테이프 등을 판독장치로 판독시킴으로써 하역기기를 작동하는 제어방식을 말한다.

③ 기계화창고와 자동화창고의 차이점은 그 시스템이 정보처리시스템과 일체화되어 있는 지 여부에 따라 구분된다.

④ 랙의 적재하중에 따라 경량급(150kg 이하), 중간급(500kg 이하), 중량급(500kg 초과)으로 분류된다.

⑤ 기계화창고 단순 기계장치에 의해 운영되는 창고로 스태커크레인 및 제어시스템 등을 포함한다.

27 다음 중 재고를 줄이기 위한 기법과 직접적인 관련이 있는 것을 모두 고르면?

㉠ BSC(Balanced Score Card)
㉡ JIT(Just In Time)
㉢ MRP(Material Requirement Planning)
㉣ SCM(Supply Chain Management)
㉤ DRP(Distribution Requirement Planning)

① ㉠, ㉡, ㉢, ㉣ ② ㉠, ㉢, ㉣, ㉤

③ ㉠, ㉡, ㉢, ㉤ ④ ㉡, ㉢, ㉣. ㉤

⑤ ㉠, ㉡, ㉢, ㉣, ㉤

28 운반하역기기의 선정시 고려해야 할 사항을 설명한 것이다. 거리가 먼 것은?

① 화물특성이란 화물의 종류를 가리키며, 포장되지 않은 물품의 경우에는 입자의 분포, 비중, 성상 등을 염두에 두어야 하며, 포장물의 경우에는 형상, 크기, 중량 등을 감안하여 하역기기를 선택해야 한다.

② 작업특성이란 작업의 성질에 따라 작업량, 계절변동의 유동성, 취급품목 종류, 운반거리 및 범위, 운송기기 종류, 로트의 대소에 따른 수배송 특성을 포함한 모든 요인을 전제로 하여 이에 부합한 하역기기를 선택해야 한다.

③ 작업환경 특성은 해당 작업장이 전용인가, 공용인가, 자사소유인가, 임대인가 등 작업장의 구조와 여건 같은 각종 요인을 포함한다.

④ 하역기기의 특성은 안전성, 신뢰성, 성능, 탄력성, 기동성, 생에너지성, 소음, 공해 등의 특성을 포함한다.

⑤ 하역기기의 채산성(경제성)은 상기의 모든 요소를 감안하고 최종적으로 검토하는 것으로, 비교 결정이 용이하도록 복수의 대체안보다는 채산성이 높은 한 가지 안을 고려하여 신중히 검토해야 한다.

29 창고에 대한 설명으로 옳지 않은 것은?

① 창고시스템을 결정하는 요인에는 물품의 형태, 크기, 중량, 출하건수 등이 포함된다.

② 창고는 물품의 감실 또는 손상을 방지하기 위한 구축물/공작물을 시설한 토지 또는 수면에 물품을 보관하는 시설이다.

③ 수요와 공급의 조정을 원활히 하여 생산활동, 판매활동, 소비활동에 기여하는 시설이다.

④ 소비지로 배송에 있어서 상품의 저장점(Stock Point)으로서의 배송센터 기능 및 수요예측 기능을 겸비하고 있다.

⑤ 최근 물류시스템이 발전하고 소비자 중심의 물류가 중시되면서 창고의 저장기능보다 유통기능이 더욱 중시되는 추세이다.

30 ICD(Inland Container Depot)에 관한 설명으로 옳지 않은 것은?

① ICD는 주로 항만터미널과 내륙운송수단과의 연계가 편리한 지역에 위치한다.

② ICD는 장치보관기능, 수출입 통관기능과 선박의 적하 및 양하기능을 수행함으로써 육상운송 수단과의 연계를 지원한다.

③ ICD는 항만지역에 비해 창고·보관시설용 토지 취득이 쉽고 시설비가 절감되어 보관료가 저렴하다.

④ ICD는 공적권한과 공공설비를 갖추고 있다.

⑤ ICD는 운송거점으로서 대량운송 실현과 공차율 감소를 통해 운송을 합리화하고 신속한 통관을 지원한다.

31 (주)시대의 생산관리팀 김대리는 영업관리팀으로부터 B제품의 연간 판매계획량 10,000개를 통보받았다. 수주대비 서비스율 100%를 달성하기 위해 작업공정을 분석한 결과 연간 생산 가능일수가 200일이고 일일생산가능량은 150개 였다. 이러한 작업공정 분석기준으로 생산계획표를 수립한 후 생산비용을 검토해본 결과, 재고 유지비율은 10%로 생산 준비비용은 개당 50원, 단가는 500원 이었다. 이 경우 경제적인 생산량(EPQ ; Economic Production Quantity)을 계산하면 대략 얼마인가?

① 140

② 174

③ 220

④ 350

⑤ 540

32 소매상 B기업의 A제품에 대한 연간 판매량은 10,000개이다. A제품을 도매상에 발주하면 6일 후에 도착한다고 한다. 이 기업의 연간 영업가능일은 100일이고 안전재고로 200개를 보유하고 있어야 한다면 재주문점(Reorder Point)은 몇 개인가?

① 600

② 650

③ 700

④ 750

⑤ 800

33 제품상자의 크기가 가로 25cm, 세로 50cm, 높이 20cm이다. 이를 T-11형 표준규격 파렛트에 평면적을 최대한 많이 활용하여 적재할 수 있는 파렛트 적재방법과 적재율은 약 얼마인가? (단, 적재율은 소수점 첫째 자리에서 반올림한다.)

① 핀휠 적재, 75%

② 핀휠 적재, 78%

③ 스플릿 적재, 81%

④ 스플릿 적재, 83%

⑤ 블록 적재, 85%

34 A업체는 경제적주문량(EOQ ; Economic Order Quantity)모형을 이용하여 아래와 같은 조건으로 발주량을 결정하고자 한다. 연간 수요량이 170% 증가하고 연간 단위당 재고유지비용이 10% 감소한다고 할 때, 증감하기 전과 비교하면 EOQ는 얼마나 변동되는가? ($\sqrt{2}$ = 1.414, $\sqrt{3}$ = 1.732, $\sqrt{5}$ = 2.236이며, 계산한 값은 소수점 첫째자리에서 반올림함)

• 연간 수요량 : 3,000개
• 1회 주문비용 : 100원
• 연간 단위당 재고유지비용 : 50원

① 14% 증가

② 17% 증가

③ 22% 증가

④ 62% 증가

⑤ 73% 증가

35 다음 작업조건의 물류센터에서 필요한 출하도크의 길이는? (단, 소수점 첫째자리에서 반올림하시오.)

1일 평균 출고 물동량	10,000박스
트럭 1대당 도크의 점유길이	3.0m
트럭 1대당 유효 적재량	250박스
출고회전수(계획 출고)	2회전

① 30m ② 36m

③ 40m ④ 52m

⑤ 60m

36 하역 합리화의 기본 및 보조 원칙에 대한 설명이다. 옳지 않은 것은?

① 경제성의 원칙은 불필요한 하역작업을 줄이고 가장 경제적인 하역횟수로 하역이 이루어지도록 하는 원칙이다.

② 인터페이스의 원칙은 하역작업의 여러 공정 간의 계면 또는 접점이 원활히 연계되도록 하는 것을 뜻한다.

③ 기계화의 원칙은 인력작업을 기계작업으로 대체하여 하역작업의 효율성과 경제성을 추구하는 원칙이다.

④ 단순화의 원칙은 복잡한 시설과 관리체계를 단순화함으로써 작업의 이해와 인식을 용이하게 하고 효율을 향상시킬 수 있다.

⑤ 활성화의 원칙은 운반활성지수를 최대화하는 원칙으로 지표와 접점이 작을수록 활성지수는 높아진다.

37 다음은 무인반송차의 제어방식을 설명한 것이다. 옳지 않은 것은?

① 광학식 인도방식 – 주행로의 바닥에 테이프를 부착하거나 페인트로 선을 그려 운반기기가 테이프나 페인트를 광학센서로 식별하여 주행하는 방식

② 자기 인도방식 – 인도용 동선이 주행로 바닥에 매설되어 있어 저주파가 흐르는 동선을 운반기기가 탐지용 코일로 탐지하여 주행하는 방식

③ 무선 제어방식 – 작동지시용 카드를 기기에 삽입하면 내장된 컴퓨터가 카드의 정보를 해독하여 제어하는 방식

④ 전기스위치 – 셀렉터 랙에 꽂은 자기 셀렉터의 내용에 따라서 코일박스가 분기관을 개폐하여 카드의 선행을 결정하는 방식

⑤ 레이저 스캐닝 방식 – 바코드라벨을 스캐너로 판독하여 컴퓨터에 정보를 전달하여 제어하는 방식

38 자동차 부품을 생산하는 A 회사는 자동차 회사의 파업으로 1억 원 상당의 부품을 3개월 동안 납품하지 못하고 보관하고 있었다. 그동안 보관하는 데 소요된 창고 면적은 100m²이고 보관비용으로 월 50,000원/m²을 지출했다. 이 제품의 연간 진부화 비용은 제품가격의 4%이고 금리 또한 연 4%이다. 여기에 제시되지 않은 비용은 무시하고 3개월 동안의 재고유지비를 산출하면 얼마인가?

① 45,000,000원
② 35,000,000원
③ 25,000,000원
④ 17,000,000원
⑤ 18,000,000원

39 포장화물 화인에 대한 다음 설명 중 필수기재사항이 아닌 것은?

① 주화인(Main Mark) – 특정한 기호(Symbol)를 표시하고 그 안에 수입상 상호 등 약자를 표시한다.
② 목적지표시(Port Mark) – 화물이 운송과정에서 잘못 전달되는 것을 방지하기 위한 필수적인 화인으로써 복수항로의 경우 "New York via Seatle" 등으로 표시한다.
③ 화물번호(Case Number) – 상업송장(Commercial Invoice), 적화목록(Manifest ; MF), 기타 운송서류와 대조하여 식별, 확인하기 위하여 포장 겉면에 표시하는 일련번호를 말한다.
④ 원산지표시(Origin) – 생산국을 외장의 맨 아래에 표시한다.
⑤ 중량표시(Weight Mark) – 운임계산, 통관, 하역작업 등을 용이하게 할 수 있도록 순중량과 총중량을 표시한다.

40 다음은 연간 처리물동량 1만 톤 기준, 물류시설 A, B, C 세 곳의 연간 고정비와 변동비의 소요 예산이다. 물류시설 입지선정에 관한 설명으로 옳은 것은?

구 분		A	B	C
고정비	연간 자본비	5,000,000원	4,800,000원	4,900,000원
	연간 연료비	250,000원	270,000원	300,000원
	연간 용수비	50,000원	60,000원	55,000원
	연간 세금	250,000원	400,000원	400,000원
변동비	단위당 하역비	520,000원	500,000원	500,000원
	단위당 재고비	850,000원	900,000원	800,000원
	단위당 운송비	420,000원	350,000원	400,000원

① 연간 처리물동량 1만 톤일 때, 총비용면에서 가장 경제적인 물류시설은 C이다.
② 연간 처리물동량 2만 톤일 때, 총비용면에서 가장 경제적인 물류시설은 B이다.
③ 연간 처리물동량 3만 톤일 때, 총비용면에서 가장 경제적인 물류시설은 A이다.
④ 연간 처리물동량이 증가할수록, 총비용면에서 가장 경제적인 물류시설은 A이다.
⑤ 연간 처리물동량이 1만 톤일 때는 고정비만 비교하여 물류시설 입지를 선정한다.

41 물류정책기본법에서 규정하고 있는 국가물류기본계획에 관한 설명이다. 이 중에서 틀린 것은?

① 국토교통부장관 및 해양수산부장관은 국가물류정책의 기본방향을 설정하는 10년 단위의 국가물류기본계획을 5년마다 공동으로 수립하여야 한다.

② 국토교통부장관 및 해양수산부장관은 국가물류기본계획을 수립하거나 변경하려는 경우에는 시·도지사의 심의를 거쳐야 한다.

③ 국토교통부장관 및 해양수산부장관은 국가물류기본계획을 시행하기 위하여 연도별 시행계획을 매년 공동으로 수립하여야 한다.

④ 국가물류기본계획은 국토기본법에 따라 수립된 국토종합계획 및 국가통합교통체계효율화법에 따라 수립된 국가기간교통망계획과 조화를 이루어야 한다.

⑤ 국가물류기본계획에는 물류보안 및 환경친화적 물류활동의 촉진·지원에 관한 사항이 포함되어야 한다.

42 물류정책기본법령상 물류공동화 및 자동화 촉진에 관한 설명으로 옳지 않은 것은?

① 물류공동화를 추진하는 물류관련 단체에게 예산의 범위에서 필요한 자금을 지원할 수 있는 기관은 국토교통부장관·해양수산부장관에 한한다.

② 국토교통부장관은 화주기업이 물류공동화를 추진하는 경우 물류 관련 단체와 공동으로 추진하도록 권고할 수 있다.

③ 해양수산부장관은 물류공동화를 확산하기 위하여 필요한 경우 시범사업을 선정하여 운영할 수 있다.

④ 국토교통부장관은 물류공동화를 확산하기 위하여 필요한 경우 시범지역을 지정할 수 있다.

⑤ 국토교통부장관은 물류기업이 물류자동화를 위하여 물류시설을 교체하려는 경우에 필요한 자금을 지원할 수 있다.

43 물류정책기본법령상 국토교통부장관이 행정적·재정적 지원을 할 수 있도록 명시되어 있는 경우가 아닌 것은?

① 물류기업의 물류보안 관련 시설·장비의 개발·도입

② 녹색물류협의기구의 업무 수행활동

③ 민·관 합동 물류지원센터의 효율적 운영

④ 물류관련사업자의 경영지도사 고용

⑤ 물류기업의 환경친화적인 운송수단 또는 포장재료의 사용

44 물류정책기본법에서 규정하고 있는 국제물류주선업에 대한 설명으로 옳지 않은 것은?

① 국제물류주선업을 경영하려는 자는 국토교통부령으로 정하는 바에 따라 시·도지사에게 등록하여야 한다.

② 국제물류주선업자는 선박·항공기·철도차량 또는 자동차 중에서 2가지 이상의 운송수단을 반드시 소유해야 한다.

③ 국제물류주선업자는 등록기준에 관한 사항을 3년이 경과할 때마다 국토교통부령으로 정하는 바에 따라 신고하여야 한다.

④ 국가는 국제물류주선업의 육성을 위하여 필요하다고 인정하는 경우에는 국제물류주선업자에게 그 사업에 필요한 소요자금의 융자 등 필요한 지원을 할 수 있다.

⑤ 시·도지사는 국제물류주선업자의 휴업·폐업 사실을 확인하기 위하여 필요한 경우에는 관할 세무관서의 장에게 대통령령으로 정하는 바에 따라 휴업·폐업에 관한 과세정보의 제공을 요청할 수 있다.

45 물류정책기본법령상 등록, 인증, 자격 및 지정의 취소에 관한 설명으로 옳지 않은 것은?

① 국토교통부장관 또는 해양수산부장관은 다른 사람에게 자기의 성명 또는 상호를 사용하여 영업을 하게 하거나 등록증을 대여한 때에는 그 등록을 취소할 수 있다.

② 국토교통부장관 또는 해양수산부장관은 인증우수물류기업이 거짓이나 그 밖의 부정한 방법으로 인증을 받은 때에는 그 인증을 취소하여야 한다.

③ 국토교통부장관 또는 해양수산부장관은 인증우수물류기업이 다른 사람에게 자기의 성명 또는 상호를 사용하여 영업을 하게 하거나 인증서를 대여한 때에는 그 인증을 취소할 수 있다.

④ 국토교통부장관 및 해양수산부장관은 심사대행기관이 고의 또는 중대한 과실로 인증 기준 및 절차를 위반한 경우에는 지정을 취소하여야 한다.

⑤ 국토교통부장관 또는 해양수산부장관은 소관 인증우수물류기업이 다른 사람에게 자기 성명을 사용하여 인증요건을 심사하게 하거나 인증요건의 유지여부를 점검하게 한 때에는 그 지정을 취소하여야 한다.

46 물류정책기본법령상 국토교통부장관 또는 해양수산부장관이 필요한 경비의 전부 또는 일부를 지원할 수 있는 물류인력의 역량강화를 위한 교육·연수 사업 수행기관으로 명시되어 있는 기관이 아닌 것은?

① 물류지원센터
② 대한무역투자진흥공사법에 따른 대한무역투자진흥공사
③ 국제물류주선업자의 사내연수원
④ 한국해양수산연수원법에 따른 한국해양수산연수원
⑤ 물류관련협회가 설립한 교육·훈련기관

47 물류정책기본법령상 국토교통부장관의 권한 중에서 시·도지사에게 위임된 사항으로 잘못 열거된 것은?

① 위험물질 운송차량 단말장치의 장착 및 개선명령
② 해외 기술정보 등 보유 기술정보의 제공 업무
③ 위험물질 운송차량의 운행중지명령
④ 단말장치를 장착하지 아니한 자에게 과태료의 부과·징수
⑤ 운송계획정보를 입력하지 아니하거나 거짓으로 입력한 자에게 과태료의 부과·징수

48 물류정책기본법령상 취소처분을 하기 위하여 청문을 실시하여야 하는 경우로 옳은 것을 모두 고른 것은?

> ㉠ 우수녹색물류실천기업의 지정취소
> ㉡ 물류관련협회에 대한 설립인가 취소
> ㉢ 인증우수물류기업에 대한 인증 취소
> ㉣ 국제물류주선업자에 대한 등록 취소
> ㉤ 물류관리사 자격의 취소

① ㉠, ㉡, ㉢, ㉣
② ㉡, ㉢, ㉣, ㉤
③ ㉠, ㉡, ㉣, ㉤
④ ㉠, ㉡, ㉢, ㉤
⑤ ㉠, ㉢, ㉣, ㉤

49 물류정책기본법상 물류관련협회에 관한 설명으로 가장 옳은 것은?

① 물류관련협회를 설립하려는 경우 해당 협회의 회원 1/5 이상이 발기인으로 정관을 작성하여 해당 협회의 회원 1/3 이상이 참여한 창립총회의 의결을 거쳐야 한다.
② 물류관련협회는 국토교통부장관의 설립인가를 받음으로써 성립한다.
③ 물류관련협회의 설립인가 신청서에는 정관을 증명하는 서류를 첨부하여야 한다.
④ 물류관련협회의 업무 및 정관에 필요한 사항은 국토교통부령으로 정한다.
⑤ 해당 사업의 진흥·발전에 필요한 통계의 작성·관리와 외국자료의 수집·조사·연구사업은 물류관련협회의 업무에 속한다.

50 물류시설의 개발 및 운영에 관한 법률상 물류터미널의 범위에 속하는 것은?

① 유통산업발전법에 따른 집배송시설
② 철도사업법에 따른 철도사업자가 그 사업에 사용하는 화물운송·하역 및 보관시설
③ 공항시설법에 의한 공항시설 중 공항구역 안에 있는 화물의 운송을 위한 시설
④ 항만법에 의한 항만시설 중 항만구역 안에 있는 화물보관·처리시설
⑤ 물류시설의 개발 및 운영에 관한 법률에 따른 화물의 포장에 필요한 기능을 갖춘 시설물

51 물류시설개발종합계획의 수립절차로 옳은 것은?

① 소관별 계획 제출 → 계획안 작성 → 의견청취 → 협의 → 심의 → 관보 고시
② 소관별 계획 제출 → 의견청취 → 협의 → 계획안 작성 → 심의 → 관보 고시
③ 소관별 계획 제출 → 협의 → 심의 → 계획안 작성 → 의견청취 → 관보 고시
④ 소관별 계획 제출 → 계획안 작성 → 협의 → 의견청취 → 심의 → 관보 고시
⑤ 소관별 계획 제출 → 의견청취 → 협의 → 심의 → 계획안 작성 → 관보 고시

52 물류시설의 개발 및 운영에 관한 법령상 복합물류터미널사업의 등록의 결격사유에 해당하지 않는 것은?

① 「물류시설의 개발 및 운영에 관한 법률」을 위반하여 벌금형 이상을 선고받은 후 2년이 지나지 아니한 자
② 복합물류터미널사업 등록의 취소처분을 받은 후 2년이 지나지 아니한 자
③ 법인으로서 그 임원 중에 파산선고를 받고 복권되지 아니한 자가 있는 경우
④ 법인으로서 그 임원 중에 「물류시설의 개발 및 운영에 관한 법률」을 위반하여 선고유예를 받은 자가 있는 경우
⑤ 법인으로서 그 임원 중에 「물류시설의 개발 및 운영에 관한 법률」을 위반하여 금고 이상의 실형을 선고받고 그 집행이 종료(집행이 종료된 것으로 보는 경우를 포함한다)되거나 집행이 면제된 날부터 2년이 지나지 아니한 자가 있는 경우

53 물류시설의 개발 및 운영에 관한 법률에 의한 물류단지개발사업으로 개발된 토지·시설 등의 분양에 관한 설명 중 틀린 것은?

① 시행자는 물류단지개발사업에 따라 개발한 토지·시설 등을 분양 또는 임대하여야 한다.
② 100분의 5를 초과하지 아니하는 범위에서 분양가격의 적정 이윤은 조성원가에서 자본비용 등을 각각 제외한 금액의 시행자가 정한다.
③ 물류단지시설용지의 분양가 결정시 조성원가에 포함되는 조성비는 용지매입비, 지장물 등 보상비, 조사비, 등기비 및 그 부대비용을 뜻한다.
④ 산업재해보상보험법에 따른 보험료도 그 밖의 비용으로 포함된다.
⑤ 물류단지시설용지 외의 용도로 공급하는 시설 등의 분양가격은 감정평가 및 감정평가사에 관한 법률에 따른 감정평가액을 기준으로 결정한다.

54 물류시설의 개발 및 운영에 관한 법률에 의한 일반물류단지개발계획에 포함되어야 하는 사항이 아닌 것은?

① 일반물류단지개발사업의 시행자
② 일반물류단지의 명칭·위치 및 면적
③ 지원시설계획
④ 토지이용계획 및 주요 기반시설계획
⑤ 수용하거나 사용할 토지, 건축물, 그 밖의 물건이나 권리가 있는 경우에는 그 세부목록

55 물류시설의 개발 및 운영에 관한 법령상 물류터미널사업자가 국토의 계획 및 이용에 관한 법률에 따른 도시·군계획 시설에 해당하는 물류터미널을 건설하는 경우에 관한 설명으로 옳지 않은 것은?

① 물류터미널사업자는 필요한 토지·건축물 또는 토지에 정착한 물건을 수용할 수 있으나, 소유권 외의 권리는 수용할 수 없다.

② 물류터미널사업자는 물류터미널의 건설을 위하여 필요한 때에는 다른 사람의 토지에 출입하거나 이를 일시 사용 할 수 있으며, 나무, 토석, 그 밖의 장애물을 변경하거나 제거할 수 있다.

③ 국가 또는 지방자치단체는 그 소유의 재산이 물류터미널을 건설하기 위한 부지 안에 있더라도, 이 재산을 물류터 미널사업자에게 수의계약으로 매각할 수 있다.

④ 물류터미널을 건설하기 위한 부지 안에 있는 국가 또는 지방자치단체 소유의 토지로서 물류터미널 건설사업에 필요한 토지는 해당 물류터미널 건설사업 목적이 아닌 다른 목적으로 매각할 수 없다.

⑤ 물류터미널사업자는 물류터미널의 건설을 위한 이주대책에 관한 업무를 위탁하여 시행할 수 있다.

56 물류시설의 개발 및 운영에 관한 법령상 복합물류터미널사업자의 등록을 반드시 취소하여야 하는 경우가 아닌 것은?

① 거짓이나 그 밖의 부정한 방법으로 등록을 한 때

② 복합물류터미널사업 등록의 취소처분을 받은 후 2년이 지나지 아니한 자에 해당하게 된 때

③ 다른 사람에게 자기의 성명 또는 상호를 사용하여 사업을 하게 하거나 등록증을 대여한 때

④ 사업정지명령을 위반하여 그 사업정지기간 중에 영업을 한 때

⑤ 사업의 전부 또는 일부를 휴업한 후 정당한 사유 없이 신고한 휴업기간이 지난 후에도 사업을 재개하지 아니 한 때

57 물류시설의 개발 및 운영에 관한 법령상 이행강제금 등에 관한 설명으로 옳지 않은 것은?

① 물류단지지정권자는 이행강제금을 부과하기 전에 이행강제금을 부과하고 징수한다는 뜻을 미리 문서로 알려야 한다.

② 물류단지지정권자는 의무를 이행하지 아니한 자에 대하여 의무이행기간이 끝난 날부터 6개월이 경과한 기간까지 그 의무를 이행할 것을 명하여야 한다.

③ 부과할 수 있는 이행강제금은 해당 토지·시설 등 재산가액의 100분의 30에 해당하는 금액이다.

④ 물류단지지정권자는 매년 1회 그 의무가 이행될 때까지 반복하여 이행강제금을 부과하고 징수할 수 있다.

⑤ 물류단지지정권자는 물류단지시설 등의 건설공사 착수 등 의무가 있는 자가 그 의무를 이행한 경우에는 새로운 이행강제금의 부과를 중지하되, 이미 부과된 이행강제금은 징수하여야 한다.

58 화물자동차 운수사업법에서 사용하는 용어의 정의 중 틀린 것은?

① "화물자동차 운수사업"이란 화물자동차 운송사업, 화물자동차 운송주선사업 및 화물자동차 운송가맹사업을 말한다.

② "화물자동차 운송사업"이란 다른 사람의 요구에 응하여 화물자동차를 사용하여 화물을 유상으로 운송하는 사업을 말한다.

③ "화물자동차 운송주선사업"이란 다른 사람의 요구에 응하여 유상으로 화물운송계약을 중개·대리하거나 화물자동차 운송사업 또는 화물자동차 운송가맹사업을 경영하는 자의 화물 운송수단을 이용하여 자기 명의와 계산으로 화물을 운송하는 사업을 말한다.

④ "화물자동차 운송가맹사업"이란 다른 사람의 요구에 응하여 자기 화물자동차를 사용하여 유상으로 화물을 운송하거나 화물정보망을 통하여 소속 화물자동차 운송가맹점에 의뢰하여 화물을 운송하게 하는 사업을 말한다.

⑤ "공영차고지"란 주사무소 외의 장소에서 운송사업자 또는 운송가맹사업자가 화물자동차를 배치하여 당해 지역의 화물을 운송하거나 운송주선사업자가 화물의 운송을 주선하는 곳을 말한다.

59 화물자동차 운수사업법령상 화물자동차 운송사업의 허가 취소, 정지, 감차에 관한 설명이다. (   )에 들어갈 내용으로 옳게 나열한 것은?

> 국토교통부장관은 운송사업자가 허가를 받은 후 (ㄱ)간의 운송실적이 국토교통부장관이 매년 고시하는 화물자동차의 종류별 연평균 운송매출액의 합계액의 100분의 (ㄴ) 이상에 해당하는 운송매출액에 미달한 경우에는 그 허가를 취소하거나 (ㄷ) 이내의 기간을 정하여 그 사업의 전부 또는 일부의 정지를 명령하거나 감차 조치를 명할 수 있다.

① ㄱ : 3개월　　ㄴ : 5　　ㄷ : 6개월
② ㄱ : 6개월　　ㄴ : 5　　ㄷ : 3개월
③ ㄱ : 6개월　　ㄴ : 5　　ㄷ : 6개월
④ ㄱ : 6개월　　ㄴ : 10　　ㄷ : 6개월
⑤ ㄱ : 6개월　　ㄴ : 15　　ㄷ : 6개월

60 화물자동차 운수사업법령상 화물자동차 운송가맹사업의 허가기준에 관한 설명으로 옳지 않은 것은? (단, 감경은 고려하지 않음)

① 운송가맹점이 소유하는 화물자동차 대수를 포함하여 화물자동차가 50대 이상이고, 8개 이상의 시·도에 각각 5대 이상 분포되어야 한다.

② 운송사업자가 화물자동차 운송가맹사업 허가를 신청하는 경우 운송사업자 지위에서 보유하고 있던 화물자동차 운송사업용 화물자동차는 화물자동차 운송가맹사업의 허가기준 대수로 겸용할 수 있다.

③ 주사무실 및 영업소는 영업에 필요한 면적이어야 한다.

④ 화물자동차를 직접 소유하는 경우 최저보유차고면적은 화물자동차 1대당 그 화물자동차의 길이와 너비를 곱한 면적이다.

⑤ 운송가맹사업자와 운송가맹점이 물량배정 여부, 공차 위치 등을 확인할 수 있고, 운임 지급 등의 결제시스템이 구축되어 있는 화물운송전산망을 갖추어야 한다.

61 화물자동차 운수사업법상의 관할관청에 대한 설명 중 틀린 것은?

① 화물자동차 운수사업은 주사무소 소재지를 관할하는 시·도지사가 관장한다.
② 화물자동차 운송가맹사업은 주사무소 소재지를 관할하는 시·도지사가 관장한다.
③ 화물자동차 운수사업의 영업소 및 영업소에 배치된 화물자동차는 그 소재지를 관할하는 시·도지사가 관장한다.
④ 화물자동차 운수사업의 화물취급소는 그 소재지를 관할하는 시·도지사가 관장한다.
⑤ 화물운송 종사자격의 취소 또는 효력정지 처분은 처분 대상자의 주소지를 관할하는 시·도지사가 관장한다.

62 화물자동차 운수사업법령상 내용으로 옳은 것은?

① 구난형(救難型) 특수자동차를 사용하여 고장차량·사고차량 등을 운송하는 운송사업자 또는 운송가맹사업자는 운임과 요금을 정하여 미리 국토교통부장관에게 신고하여야 한다.
② 화물의 멸실(滅失)·훼손(毀損) 또는 인도(引渡)의 지연으로 발생한 운송사업자의 손해배상 책임에 관하여는 민법을 준용한다.
③ 화물이 인도기한이 지난 후 1개월 이내에 인도되지 아니하면 그 화물은 멸실된 것으로 본다.
④ 국토교통부장관은 화주가 분쟁조정을 요청하면 1개월 내에 그 사실을 확인하고 손해내용을 조사한 후 조정안을 작성하여야 한다.
⑤ 국토교통부장관은 분쟁조정 업무를 소비자기본법에 따른 한국소비자원 또는 소비자단체에 위탁하여야 한다.

63 화물자동차 운수사업법령상 국토교통부장관이 안전운행의 확보, 운송질서의 확립 및 화주의 편의를 도모하기 위하여 운송가맹사업자에게 명할 수 있는 사항과 가장 거리가 먼 것은?

① 운송약관의 변경
② 화주의 안전을 위한 조치
③ 화물자동차의 구조변경 및 운송시설의 개선
④ 적재물배상보험 등과 운송가맹사업자가 의무적으로 가입하여야 하는 보험·공제의 가입
⑤ 정보공개서의 제공의무 등, 가맹금의 반환, 가맹계약서의 기재사항 등, 가맹계약의 갱신 등의 통지

64 화물자동차 운수사업법령상 사업자단체에 관한 설명으로 옳지 않은 것은?

① 공제조합을 설립하려면 공제조합의 조합원 자격이 있는 자의 10분의 1 이상이 발기하여야 한다.
② 파산선고를 받고 복권된 사람은 공제조합의 운영위원회의 위원이 될 수 없다.
③ 운송사업자로 구성된 협회, 운송주선사업자로 구성된 협회 및 운송가맹사업자로 구성된 협회는 각각 연합회를 설립할 수 있다.
④ 연합회가 공제사업을 하는 경우의 공제조합 운영위원회 위원은 시·도별 협회의 대표 전원을 포함하여 37명 이내로 한다.
⑤ 공제조합이 조합에 고용된 자의 업무상 재해로 인한 손실을 보상하기 위한 공제사업을 하려면 공제규정을 정하여 국토교통부장관의 인가를 받아야 한다.

65 화물자동차 운수사업법상 업무개시 명령에 관한 설명으로 옳지 않은 것은?

① 국토교통부장관은 운송사업자나 운수종사자가 정당한 사유 없이 집단으로 화물운송을 거부하여 화물운송에 커다 란 지장을 주어 국가경제에 매우 심각한 위기를 초래하거나 초래할 우려가 있다고 인정할 만한 상당한 이유가 있으면 그 운송사업자 또는 운송종사자에게 업무개시를 명할 수 있다.

② 국토교통부장관은 운송사업자 또는 운수종사자에게 업무개시를 명하려면 국무회의의 심의를 거쳐야 한다.

③ 국토교통부장관은 업무개시를 명한 때에는 구체적 이유 및 향후 대책을 국회 소관 상임위원회에 보고하여야 한다.

④ 국토교통부장관은 화물운송 종사자격을 취득한 자가 정당한 사유없이 업무개시 명령을 거부하면 그 자격을 취소 하여야 한다.

⑤ 운송사업자 또는 운수종사자가 정당한 사유 없이 업무개시명령을 거부하면 3년 이하의 징역 또는 3천만원 이하의 벌금에 처한다.

66 화물자동차 운수사업법령상 화물자동차 운전자의 채용 및 교통안전의 기록·관리에 관한 설명으로 옳지 않은 것은?

① 운송사업자는 폐업을 하게 되었을 때에는 화물자동차 운전자의 경력에 관한 기록 등 관련 서류를 교통안전공단에 이관하여야 한다.

② 운송사업자는 화물자동차의 운전자를 채용할 때에는 근무기간 등 운전경력증명서의 발급을 위하여 필요한 사항 을 기록·관리하여야 한다.

③ 한국교통안전공단은 화물자동차 운전자의 교통사고 및 교통법규 위반사항의 기록·관리를 위하여 국토교통부장 관이 정하여 고시하는 바에 따라 화물자동차 운전자의 교통안전 관리전산망을 구축·운영할 수 있다.

④ 국토교통부장관은 화물자동차 운수사업의 운전업무종사자격을 갖추지 아니한 사람이 운송사업자의 화물을 운송 하다가 발생한 인명사상사고에 대하여는 해당 시·도지사 및 사업자단체에게 그 내용을 제공하여야 한다.

⑤ 운송사업자는 화물자동차 운전자를 채용하거나 채용된 화물자동차 운전자가 퇴직하였을 때에는 그 명단을 화물 자동차 운수사업법에 따라 설립된 협회에 제출하여야 한다.

67 항만운송사업법상 항만운송사업자 또는 항만운송관련사업자가 미등록 항만에서 일시적 영업행위를 하는 경우 그 설명이 타당하지 않은 것은?

① 항만운송관련사업자는 대통령령으로 정하는 부득이한 사유로 미등록 항만에서 일시적으로 영업행위를 하려는 경우에는 미리 관리청에 신고하여야 한다.

② 일시적 영업행위의 신고를 하고자 하는 때에는 영업기간 등을 명시할 필요는 없다.

③ 사업의 성질상 해당 항만의 사업자가 그 사업을 수행할 수 없는 경우 일시적으로 영업행위를 하려는 경우에는 미리 관리청에 신고하여야 한다.

④ 등록을 하지 아니한 항만에서 일시적으로 영업행위를 하기 위하여 신고한 항만운송사업자 또는 항만운송관련사 업자는 그 신고한 내용에 맞게 영업행위를 하여야 한다.

⑤ 같은 사업을 하는 사업자가 해당 항만에 없거나 행정처분 등으로 일시적으로 사업을 할 수 없게 된 경우 일시적으 로 영업행위를 하려는 경우에는 미리 관리청에 신고하여야 한다.

68 항만운송사업법령상 항만운송사업에 관한 다음 항목 중 틀린 것은?

① 항만에서 부선을 이용하여 운송될 화물을 하역장에서 내가는 행위도 항만운송사업에 해당한다.

② 지정구간에서 뗏목을 예인선(曳引船)으로 끌고 항해하는 행위도 항만운송사업에 해당한다.

③ 항만에서 화물을 하역장에서 싣거나 내리거나 보관하는 행위도 항만운송사업에 해당한다.

④ 해상여객운송사업자가 여객선을 이용하여 하는 여객운송에 수반되는 화물 운송을 하는 행위도 항만운송사업에 해당한다.

⑤ 선적화물에 관련된 증명·조사·감정을 하는 일도 항만운송사업에 해당한다.

69 항만운송사업법령상 항만운송관련사업의 등록 및 신고기준에 관한 설명으로 옳은 것은? (단, 감경은 고려하지 않음)

① 1급지에서 항만용역업을 영위하기 위하여는 1억원 이상의 자본금과 20톤 이상의 통선 및 100톤 이상의 급수선을 필요로 한다.

② 2급지에서 선박연료공급업을 영위하기 위해서는 5천만원 이상의 자본금과 총톤수 30톤 이상의 연료공급선을 필요로 한다.

③ 1급지에서 컨테이너 수리업을 영위하기 위해서는 5천만원 이상의 자본금과 총면적 $50m^2$ 이상의 공구창고 또는 공장을 필요로 한다.

④ 2급지에서 선용품공급업을 영위하기 위해서는 3천만원 이상의 자본금과 자동차 1대 이상이 필요하다.

⑤ 3급지에서 선박연료공급업을 영위하기 위해서는 1억원 이상의 자본금과 총톤수 10톤 이상의 연료공급선이 필요하다.

70 유통산업발전법상 용어의 정의로 틀린 것은?

① "대규모 상가단지"란 같은 업종을 경영하는 여러 도매업자 또는 소매업자가 일정 지역에 점포 및 부대시설 등을 집단으로 설치하여 만든 상가단지를 말한다.

② "임시시장"이란 다수의 수요자와 공급자가 일정한 기간 동안 상품을 매매하거나 용역을 제공하는 일정한 장소를 말한다.

③ "무점포판매"란 상시 운영되는 매장을 가진 점포를 두지 아니하고 상품을 판매하는 것으로 산업통상자원부령으로 정하는 것을 말한다.

④ "체인사업"이란 같은 업종의 여러 소매점포를 직영하거나 같은 업종의 여러 소매점포에 대하여 계속적으로 경영을 지도하고 상품·원재료 또는 용역을 공급하는 사업을 말한다.

⑤ "도매배송서비스"란 집배송시설을 이용하여 자기의 계산으로 매입한 상품을 도매하거나 위탁받은 상품을 화물자동차 운수사업법에 따른 허가를 받은 자가 수수료를 받고 도매점포 또는 소매점포에 공급하는 것을 말한다.

71 유통산업발전법상 대규모점포와 관련된 분쟁의 조정에 관한 설명으로 옳지 않은 것은?

① 분쟁의 조정신청을 받은 위원회는 신청을 받은 날부터 30일 이내에 이를 심사하여 조정안을 작성하여야 한다.

② 조정신청을 받은 시·도의 위원회는 조정신청을 받은 날부터 30일 이내에 이를 심사하여 조정안을 작성하여야 하며 부득이한 사정이 있는 경우에는 위원회의 의결로 그 기간을 연장할 수 있다

③ 시(특별자치시는 제외)·군·구의 위원회의 조정안에 불복하는 자는 조정안을 제시받은 날부터 15일 이내에 시·도의 위원회에 조정을 신청할 수 있다.

④ 조정안을 제시받은 당사자는 그 제시를 받은 날부터 15일 이내에 그 수락 여부를 위원회에 통보하여야 한다.

⑤ 유통분쟁조정위원회는 유통분쟁조정신청을 받은 경우 신청일부터 3일 이내에 신청인 외의 관련 당사자에게 분쟁의 조정신청에 관한 사실과 그 내용을 통보하여야 한다.

72 유통산업발전법령상 시·도지사가 유통산업발전 기본계획 및 시행계획에 따라 수립·시행하는 지역별 시행계획에 포함되어야 할 사항이 아닌 것은?

① 지역유통산업 발전의 기본방향

② 지역유통산업의 종류별 발전 방안

③ 지역유통기능의 효율화·고도화 방안

④ 유통전문인력·부지 및 시설 등의 수급 방안

⑤ 대규모점포와 지역 중소유통기업 및 중소제조업체 사이의 건전한 상거래질서의 유지 방안

73 유통산업발전법령상 행위주체의 연결이 옳은 것은?

① 전통상업보존구역의 지정 – 특별자치시장·시장·군수·구청장

② 유통연수기관의 지정 – 중소기업청장

③ 유통산업의 실태조사 – 시장·군수·구청장

④ 공동집배송센터의 지정 – 시장·군수·구청장

⑤ 대규모점포 등에 대한 영업시간의 제한 – 국토교통부장관

74 유통산업발전법에 의한 공동집배송센터의 시설 및 운영기준이 아닌 것은?

① 집배송시설의 연면적이 공동집배송센터의 전체 연면적의 100분의 50 이상이어야 한다.

② 집배송시설의 기능을 원활히 하기 위해 설치되는 소매점 및 휴게음식점은 주요시설에 속한다.

③ 공동집배송센터 내 집배송시설에는 보관 및 하역시설을 갖추어야 한다.

④ 공동집배송센터 내 집배송시설에는 정보 및 주문처리시설을 갖추어야 한다.

⑤ 공동집배송센터 사업자는 공동집배송센터 내 공공시설·지원시설 및 공동시설의 설치·운영의 업무를 수행한다.

75 유통산업발전법령상 유통산업의 경쟁력 강화를 위한 제도에 관한 설명으로 옳지 않은 것은?

① 중소유통공동도매물류센터의 건립에 대한 행정적·재정적 지원 대상자는 중소기업기본법에 따른 중소기업자 중 대통령령으로 정하는 소매업자 100인 또는 도매업자 50인 이상의 자에 해당한다.

② 지방자치단체의 장은 중소유통공동도매물류센터를 건립하여 중소유통기업자단체에 그 운영을 위탁할 수 있다.

③ 지방자치단체가 중소유통공동도매물류센터를 건립하여 운영을 위탁하는 경우에는 당해 센터의 매출액의 1천분의 5 이내에서 시설 및 장비의 이용료를 징수할 수 있다.

④ 상점가진흥조합은 조합원의 자격이 있는 자의 3분의 2 이상의 동의를 받아 결성한다.

⑤ 상점가진흥조합의 구역은 다른 상점가진흥조합의 구역과 중복되어서는 아니된다.

76 철도사업법상 점용허가의 신청 및 점용허가 기간에 있어서 옳지 않은 것은?

① 점용허가는 철도사업자와 철도사업자가 출자·보조 또는 출연한 사업을 경영하는 자에게만 하며, 시설물의 종류와 경영하려는 사업이 철도사업에 지장을 주지 아니하여야 한다.

② 점용허가를 받은 자가 점용허가기간의 연장을 받기 위하여 다시 점용허가를 신청하고자 하는 때에는 종전의 점용허가기간 만료예정일 3월 전까지 점용허가신청서를 국토교통부장관에게 제출하여야 한다.

③ 철골조·철근콘크리트조·석조 또는 이와 유사한 견고한 건물의 축조를 목적으로 하는 경우의 점용허가기간은 30년이다.

④ 건물의 축조를 목적으로 하는 경우의 점용허가기간은 15년이다.

⑤ 건물, 그 밖의 시설물을 설치하는 경우 그 공사에 소요되는 기간은 이를 점용허가기간에 산입한다.

77 철도사업법령상 국토교통부장관이 철도사업자의 면허를 반드시 취소하여야 하는 경우는?

① 철도사업자가 면허받은 사항을 정당한 사유 없이 시행하지 아니한 경우

② 거짓이나 그 밖의 부정한 방법으로 철도사업의 면허를 받은 경우

③ 철도사업자가 고의 또는 중대한 과실에 의한 1회 철도사고로 사망자 5명 이상이 발생하게 된 경우

④ 철도사업자가 사업 경영의 불확실 또는 자산상태의 현저한 불량이나 그 밖의 사유로 사업을 계속하는 것이 적합하지 아니할 경우

⑤ 철도사업자가 국토교통부장관이 철도사업의 질서를 확립하기 위하여 면허에 붙인 부담을 위반한 경우

78 철도사업법령상 사업계획을 변경하려는 철도사업자가 국토교통부장관의 인가를 받아야 하는 중요사항을 변경하는 경우에 해당하지 않는 것은?

① 철도사업약관을 변경하는 경우
② 철도이용수요가 적어 수지균형의 확보가 극히 곤란한 벽지 노선으로서 공익서비스비용의 보상에 관한 계약이 체결된 노선의 철도운송서비스의 종류를 변경하거나 다른 종류의 철도운송서비스를 추가하는 경우
③ 여객열차의 운행구간을 변경하는 경우
④ 사업용 철도노선별로 여객열차의 정차역을 신설 또는 폐지하는 경우
⑤ 사업용 철도노선별로 여객열차의 정차역을 10분의 2 이상 변경하는 경우

79 농수산물도매시장 개설자의 의무가 아닌 것은?

① 상품성 향상을 위한 규격화 촉진
② 도매시장 시설의 확충
③ 도매시장 시설의 정비·개선과 합리적인 관리
④ 포장 개선 및 선도(鮮度) 유지의 촉진
⑤ 공정한 거래질서의 확립과 환경 개선

80 농수산물 유통 및 가격안정에 관한 법령상 농수산물집하장의 설치·운영에 관한 설명으로 옳지 않은 것은?

① 생산자단체는 농수산물을 대량 소비지에 직접 출하할 수 있는 유통체제를 확립하기 위하여 필요한 경우에는 농수산물집하장을 설치·운영할 수 있다.
② 국가와 지방자치단체는 농수산물집하장의 효과적인 운영과 생산자의 출하편의를 도모할 수 있도록 그 입지 선정과 도로망의 개설에 협조하여야 한다.
③ 생산자단체가 운영하고 있는 농수산물집하장 중 공판장의 시설기준을 갖춘 집하장을 공판장으로 운영하고자 하는 경우 시·도지사에게 등록하여야 한다.
④ 생산자관련단체가 농수산물집하장을 설치·운영하려는 경우에는 농수산물의 출하 및 판매를 위하여 필요한 적정 시설을 갖추어야 한다.
⑤ 농업협동조합중앙회·산림조합중앙회·수산업협동조합중앙회의 장 및 농협경제지주회사의 대표이사는 농수산물집하장의 설치와 운영에 필요한 기준을 정하여야 한다.

우리 인생의 가장 큰 영광은
절대 넘어지지 않는 데 있는 것이 아니라
넘어질 때마다 일어서는 데 있다.

- 넬슨 만델라 -

물류관리사 최종모의고사

제 5 회

교 시	과 목	시 간	문제형별
1교시	• 물류관리론 • 화물운송론 • 국제물류론	120분	A

교 시	과 목	시 간	문제형별
2교시	• 보관하역론 • 물류관련법규	80분	A

수 험 번 호		성 명	

물류관리사 최종모의고사

교 시	과 목	시 간	문제형별
1교시	• 물류관리론 • 화물운송론 • 국제물류론	120분	A

물류관리론

01 제약이론(TOC ; Theory of Constraints)에 관한 설명으로 옳지 않은 것은?

① 산출회계(Throughput Accounting)는 재고를 자산으로 평가한다.

② 골드랫(E.M. Goldratt)이 TOC이론을 제안하였다.

③ TOC는 SCM에 응용할 수 있다.

④ TOC는 제약을 찾아 집중적으로 개선하는 경영이론이다.

⑤ DBR은 Drum, Buffer, Rope를 의미한다.

02 다음은 물류의 기본적 기능을 설명한 것이다. 각각의 설명에 해당하는 물류의 기능이 바르게 연결된 것은?

> ㉠ 생산과 소비의 시간적 거리를 조정하는 기능
> ㉡ 생산과 소비의 품질적 거리를 조정하는 기능
> ㉢ 생산과 소비의 수량적 거리를 조정하는 기능
> ㉣ 생산과 소비의 장소적 거리를 조정하는 기능

① ㉠ 보관, ㉡ 집하・배송, ㉢ 가공・조립・포장, ㉣ 수송

② ㉠ 가공・조립・포장, ㉡ 수송, ㉢ 집하・배송, ㉣ 보관

③ ㉠ 보관, ㉡ 가공・조립・포장, ㉢ 집하・배송, ㉣ 수송

④ ㉠ 보관, ㉡ 가공・조립・포장, ㉢ 수송, ㉣ 집하・배송

⑤ ㉠ 집하・배송, ㉡ 보관, ㉢ 가공・조립・포장, ㉣ 수송

03 물류원가 계산과 물류채산 분석을 비교한 것으로 옳지 않은 것은?

회계내용/종류	물류원가 계산	물류채산 분석
① 계산기간	예산기간(월별, 분기별 등)	개선안의 전(全) (특정)기간
② 계산방식	항상 일정	상황에 따라 상이
③ 계산의 필요성	임시적으로 계산	반복적으로 계산
④ 원가의 종류	표준원가, 실제원가	미래원가, 실제원가 등
⑤ 할인의 여부	비할인계산	할인계산

04 물류정보시스템에 관한 설명으로 옳은 것은?

① ISBN(International Standard Book Number)은 출판물의 효율화를 위한 표시 제도로 음성, 영상 등 무형의 자료를 제외한 종이에 인쇄된 대부분의 출판물에 고유번호를 부여하는 것이다.

② GPS(Global Positioning System)는 인공위성으로 신호를 보낼 수는 없고 인공위성에서 보내는 신호를 받을 수만 있다.

③ POS(Point of Sales)시스템의 단점은 바코드를 사용하여 상품의 정보를 읽어야 하므로 인건비가 상승한다.

④ ASP(Application Service Provider)는 지능형교통시스템(ITS)의 일종으로 교통여건, 도로상황 등 각종 교통정보를 운전자에게 신속하고 정확하게 제공한다.

⑤ 전자문서교환(Electronic Data Interchange)은 인쇄된 문서를 자동화된 시스템을 통해 서로 교환하는 시스템으로 사무처리 비용 및 인건비 감소 등의 효과가 있다.

05 CPFR(Collaborative Planning Forecasting & Replenishment)에 관한 설명으로 옳지 않은 것은?

① 결품으로 인한 고객만족도 저하현상에 대응하기 위한 안정적인 재고관리의 수단이다.

② 수요예측이나 판매계획 정보를 유통업체와 제조업체가 공유하여, 생산-유통 전 과정의 자원 및 시간의 활용을 극대화하는 비즈니스 모델이다.

③ 유통업체인 Wal-Mart와 Warner-Lambert 사 사이에 처음 시도되었다.

④ 유통비용 절감 및 고객서비스 향상을 위하여 출하 데이터를 근거로 재고를 즉시 보충하는 유통시스템이다.

⑤ 생산 및 수요예측에 대하여 제조업체와 유통업체가 공동으로 책임을 진다.

06 스마이키(E.W. Smykey)가 제창한 물류의 원칙인 7R원칙에 해당하지 않는 것은?

① Right Safety
② Right Quality
③ Right Time
④ Right Place
⑤ Right Impression

07 발주단말기를 이용한 데이터 직접 전송으로 즉시 납품이 가능한 자동발주시스템(EOS ; Electronic Ordering System)에 관한 설명으로 옳지 않은 것은?

① 발주시간 단축, 발주오류 감소로 발주작업 효율성 제고가 가능하다.
② EOS 도입 이후, 오납이나 결품이 발생할 가능성이 큰 것이 단점이다.
③ EOS를 도입한 점포는 한정된 매장 공간에 보다 많은 종류의 상품을 진열할 수 있다.
④ EOS를 도입한 소매점의 경우 상품코드에 의한 정확한 발주가 가능하다.
⑤ EOS를 위한 발주작업의 표준화 및 매뉴얼화는 신속한 발주체계 확립에 기여할 수 있다.

08 물류비의 분류에 관한 설명으로 옳지 않은 것은?

① 기능별 물류비는 운송비, 보관비, 포장비, 하역비 등으로 구분한다.
② 지급형태별 물류비는 조달, 생산, 판매 물류비 등으로 구분한다.
③ 세목별 물류비는 재료비, 노무비, 경비, 이자 등으로 구분한다.
④ 관리항목별 물류비는 제품별, 지역별, 고객별 등으로 구분한다.
⑤ 조업도별 물류비는 고정비와 변동비로 구분한다.

09 다음 중 물류시스템 설계에 있어서의 기본원리에 대한 설명으로 가장 옳지 않은 것은?

① 거점집약화를 하면 거점비용은 감소하지만 서비스 수준도 내려간다.
② 서비스 수준을 유지한 채 소량화하면 비용은 올라간다.
③ 재고의 아이템과 수량을 줄이면 비용은 감소하고 서비스 수준도 내려간다.
④ 상품을 로트화 하면 비용은 감소하지만 서비스 수준은 올라간다.
⑤ 서비스 수준을 유지한 채로 거점을 줄이면 비용이 증가한다.

10 다음은 제품수명주기에 따른 고객서비스 전략에 대한 설명으로 가장 옳지 않은 것은?

① 도입기에는 제품인지와 사용구매를 유도하기 위한 강력한 판촉을 하여야 한다.
② 성장기에는 시장이 급속하게 성장하므로 가능한 한 점포 수를 늘려야 한다.
③ 성장기에는 판매량의 절대적 크기는 증가하지만 증가율은 감소하므로 공격적 마케팅을 실시한다.
④ 성숙기에는 제품을 방어하기 위해 신시장 개발(개척), 제품개선, 마케팅믹스 수정 등의 적극적인 전략이 요구된다.
⑤ 쇠퇴기에는 비용 최소화보다는 위험 최소화가 보다 중요한 물류시스템 운영 목표가 된다.

11 물류합리화를 적극적으로 실행하여야 하는 이유로 옳지 않은 것은?

① 다품종 소량생산 체제가 가속화되고 있으며, 고객요구의 다양화, 물류서비스의 차별화가 요구되고 있다.

② 물류비는 기업별 사업환경여건 및 개선 노력에 따라 상당부분 감소하고 있지만 여전히 높은 비중을 차지하고 있다.

③ 마케팅 비용 및 생산비 절감만으로는 기업 전반의 비용절감을 통한 이윤추구에 한계가 있다.

④ 기술혁신에 의해 기본적인 물류영역의 발전이 가속화되고 있으며, 정보측면에서도 발전속도가 매우 빠르다.

⑤ 기업간 경쟁력을 확보하기 위해서는 물류측면의 우위가 있어야 하며, 통합물류기능을 분산 배치하여야 한다.

12 물류공동화를 위한 전제조건으로 옳지 않은 것은?

① 일관 파렛트화 추진 및 업계의 통일전표 사용

② 자사 물류시스템과 외부 물류시스템의 연계

③ 물류서비스 내용의 명확화 및 표준화

④ 자사만의 독자적인 물류비 적용 기준의 확립

⑤ 통일된 외장표시 및 표준 물류 심벌(symbol) 사용

13 표준 바코드에 관한 설명으로 옳지 않은 것은?

① EAN-8은 7자리의 회사 및 제품코드와 1자리의 체크코드로 구성되며 매우 작은 물품의 식별에 사용된다.

② EAN-13은 공급사슬에서 거래되는 일반 품목에 사용되며 소매점의 POS(Point Of Sales)에서 물품 인식의 기본 구조가 된다.

③ EAN-14는 박스, 파렛트, 컨테이너 등 동일 상품의 물류 단위를 인식하는데 사용된다.

④ EAN-128은 제조일자, 유효기간, 배치번호 등을 표시할 수 있으며 외부 포장에는 사용할 수 없다.

⑤ ITF-14는 주로 골판지 상자에 사용되는 국제표준물류바코드로서 생산공장, 물류센터, 유통센터 등의 입·출하 시점에서 판독된다.

14 다음 중 역물류(Reverse Logistics)의 대상이 아닌 것은?

① 사용수명이 다하여 폐기되는 제품

② 제품의 판매 후 반품되는 제품

③ 제품의 이상으로 리콜대상인 제품

④ 센터에서 다른 센터로 이송되는 정상 제품

⑤ 사용하지 않거나 팔리지 않고 유통과정에서 너무 오래 보관된 제품

15 주문처리시간에 영향을 미치는 요소에 관한 설명으로 옳은 것은?

① 주문처리 우선순위는 주문처리시간에 영향을 미치지 않는다.

② 순차처리(Sequential Processing)방식은 병렬처리(Parallel Processing)방식에 비해 총 주문처리시간이 단축될 수 있다.

③ 주문을 모아서 일괄처리하면 주문처리비용 및 주문처리시간을 단축시킬 수 있다.

④ 주문처리에서 오류가 발생하면 확인 및 재처리로 인해 주문처리시간이 증가하므로 오더필링(Order Filling)의 오류 발생을 줄이기 위해 노력해야 한다.

⑤ 물류정보시스템을 활용하여 주문처리시간을 줄이면 초기 투자비용이 적게 든다.

16 공급사슬관리의 솔루션은 SCP(Supply Chain Planning)와 SCE(Supply Chain Execution)로 구분할 수 있다. 다음 중 SCP 및 SCE에 관한 설명으로 옳지 않은 것은?

① SCP는 가변적인 수요에 대하여 균형 잡힌 공급을 유지할 수 있는 최적화된 계획을 구현하는 시스템이다.

② SCE는 공급사슬 내에 있는 상품의 물리적인 상태나 자재 관리, 그리고 관련된 모든 당사자들의 재원 정보 등을 관리하는 시스템이다.

③ SCE는 ERP(Enterprise Resource Planning)로부터 계획을 위한 기준정보를 제공받아 통합계획을 수립한 후 지역별 개별계획을 수립하여 ERP쪽으로 전달한다.

④ SCE의 주요 솔루션으로는 창고관리시스템(Warehouse Management System), 운송관리 시스템(Transportation Management System) 등이 있다.

⑤ SCP의 영역은 계절적 소비 패턴 등의 통계적 기법을 이용한 수요예측을 포함하고 있다.

17 다음 각 용어에 대한 설명으로 바르지 않은 것은?

① 조달물류비는 원재료의 조달에서 구매자에게 납입할 때까지의 물류에 소요된 비용이다.

② 생산물류비는 원재료 입하 후 생산 공정에서 가공을 실시하여 제품으로 완성될 때까지의 물류에 소요된 비용이다.

③ 판매물류비는 고객에게 판매된 제품을 반품하는 가운데 물류에 소요된 비용이다.

④ 사내물류비는 완성된 제품에 포장수송을 하는 시점에서부터 고객에게 판매가 최종적으로 확정될 때까지의 물류에 소요된 비용이다.

⑤ 폐기물류비는 제품 및 포장비 또는 운송용 용기, 자재 등을 폐기하기 위해서 물류에 소요된 비용이다.

18 유통경로(Distribution Channel)에 관한 설명으로 옳지 않은 것은?

① 유통경로는 제품이나 서비스가 생산자에서 소비자에 이르기까지 거치게 되는 통로 또는 단계를 말한다.

② 유통경로는 시간적, 장소적 효용뿐만 아니라 소유적, 형태적 효용도 창출한다.

③ 유통경로는 탄력성이 있어서 다른 마케팅 믹스 요소와 마찬가지로 한 번 결정되면 다른 유통경로로의 전환이 어렵다.

④ 유통경로는 생산자의 직영점과 같이 소유권의 이전 없이 판매활동만을 수행하는 형태도 있다.

⑤ 유통경로에서 중간상의 개입으로 교환과정의 촉진, 제품구색의 불일치 완화, 제품가격의 하락 효과를 가져온다.

19 수송 리드타임이 3주이고 1회 발주량이 70개 일 때, (　　)에 들어갈 값은? (단, 안전재고는 55개이다.)

구 분	수요예측량	예정입고량	재고량	발주량
현 재	-	-	150개	70개
1주	40개			
2주	50개			
3주	50개			
4주	50개		(　　)개	

① 60

② 70

③ 80

④ 90

⑤ 100

20 물류표준화에 관한 설명으로 옳지 않은 것은?

① 단순화, 규격화, 전문화를 통해 물류활동에 공통의 기준을 부여하는 것이다.

② 물동량의 흐름이 증대됨에 따라 운송수단의 단일화를 이루기 위해 필요하다.

③ 유닛로드시스템의 구축을 위해서 물류활동간 접점에서의 표준화가 중요하다.

④ 보관, 운송, 하역 등 기능별 최적화 입장에서 통합적이고 총체적인 효율성과 비용을 고려하여야 한다.

⑤ 국제환경변화에 대응하기 위해서는 국제표준화와 연계되는 물류표준화가 요구된다.

21 다음 중 e-Marketplace의 발전단계를 가장 올바르게 열거한 것은?

① 조달프로세스의 개선 → 상품/MRO 조달 확대 → 새로운 비즈니스모델의 구축 → 공급체인의 통합화

② 공급체인의 통합화 → 조달프로세스의 개선 → 상품/MRO 조달 확대 → 새로운 비즈니스모델의 구축

③ 상품/MRO 조달 확대 → 조달프로세스의 개선 → 공급체인의 통합화 → 새로운 비즈니스모델의 구축

④ 새로운 비즈니스모델의 구축 → 조달프로세스의 개선 → 공급체인의 통합화 → 상품/MRO 조달 확대

⑤ 상품/MRO 조달 확대 → 새로운 비즈니스모델의 구축 → 공급체인의 통합화 → 조달프로세스의 개선

22 물류자회사를 만들었을 때 모회사에서 본 장점에 관한 설명으로 옳지 않은 것은?

① 모회사에서 추구하는 핵심사업에 역량을 집중할 수 있는 여건 확립

② 물류시설, 인원, 장비 등을 물류자회사 소속으로 분리하여 운영하면 물류관리 책임 및 물류비 관리의 다원화 실현

③ 고임금의 물류관련 종업원을 자회사로 전환시켜 임금수준을 조절할 수 있는 완충지대 역할을 수행

④ 모회사의 물류전략을 잘 이해하고 실천할 수 있는 물류자회사를 설립하여 전체적인 비용을 낮추면서 효과적인 서비스를 제공

⑤ 외부 물류기업에 의뢰하기 보다는 물류자회사를 설립하여 운영한다면 현금유출 축소 및 물류, 판매관련 정보수집이 신속하고 용이

23 최근에 급속히 성장하고 있는 무점포 소매상(Non-store Retailer)에 관한 설명으로 옳지 않은 것은?

① 인터넷 사용의 증가와 정보기술의 발달로 무점포 소매상 간의 경쟁이 심화되고 있다.

② 시간과 장소의 제한을 받지 않고 이용할 수 있다.

③ 판매자와 소비자 간에 쌍방향 커뮤니케이션에 의한 1대1 마케팅도 가능하다.

④ 물리적 공간의 제약을 받지 않고 전 세계를 대상으로 다양한 상품의 매매가 가능하다.

⑤ 대표적인 형태는 카탈로그 쇼룸(Catalog Showrooms)이다.

24 제4자 물류에 관한 설명으로 옳지 않은 것은?

① 단순 아웃소싱에 비해 공식적이고 구속력이 있는 협약이다.

② 상호 보완관계에 있는 IT 업체, 운송업체 등 타 물류업체와 연합하여 서비스를 제공한다.

③ 물류비 절감과 서비스 증대에 주력하는 전략으로서 실질적인 물류효율화 달성에 용이하다.

④ 제4자 물류서비스 제공자는 아웃소싱과 인소싱의 장점을 통합한 형태로 최대한의 경영성과를 얻기 위한 조직이다.

⑤ 제4자 물류서비스 제공자는 공급사슬 전체를 관리하고 운영하며 다양한 기업을 파트너로 참여시킨다.

25 MRO(Maintenance, Repair & Operation) 사업은 기업의 각종 용품의 구입 및 관리를 전문업체에 위탁함으로써 직접 구매하고 관리하는 데 따른 비효율성과 인적 낭비를 제거하려는 것이다. 다음 중 전자상거래를 이용한 MRO 사업의 성공 요건으로 가장 거리가 먼 것은?

① 공급업체별 통합된 데이터베이스의 구축

② 시스템의 확장성 및 통합성 확보

③ 계획 구매에 대한 효과적인 대응

④ 철저한 공급업체의 관리

⑤ MRO 자재에 대한 토탈 서비스의 제공

26 C물류기업의 물류비 계산을 위한 자료이다. 제품 A와 제품 B의 운송비 비율은? (단, 운송비 배부기준은 거리× 중량을 사용함)

지 역	제 품	거 리	중 량
가	A	100km	200톤
	B		300톤
나	A	300km	200톤
	B		100톤

① 3 : 2

② 2 : 3

③ 4 : 3

④ 3 : 4

⑤ 1 : 1

27 JIT(Just In Time) 시스템의 운영 특성에 관한 설명으로 옳지 않은 것은?

① 생산소요시간 감소 및 각 공정 간 작업부하의 균일화를 위해 소롯트(lot)가 요구된다.

② 재고를 최소로 유지하기 위해서는 불량 없는 품질관리가 중요하다.

③ 공급되는 부품의 품질, 수량, 납품시기 측면에서 공급업체와의 신뢰성 구축과 긴밀한 협조체제가 요구된다.

④ 원활한 활동을 위해 노동력의 유연성과 팀워크가 요구된다.

⑤ 재고수준이 일정할 필요가 없으며 상황에 따라 변하는 예측수요 등에 바탕을 둔 재고관리가 요구된다.

28 6-시그마(6-σ)에 관한 설명으로 옳지 않은 것은?

① 시그마는 통계학에서 표준편차를 의미한다.

② 6-시그마 수준은 같은 실험을 100만회 시행했을 때 6회 정도 오류가 나는 수준이다.

③ 6-시그마는 모토롤라의 해리(M.Harry)가 창안하였다.

④ DMAIC란 정의(Define), 측정(Measure), 분석(Analyze), 개선(Improve), 관리(Control)를 의미한다.

⑤ 6-시그마는 제조 부문뿐만 아니라 서비스 부문에도 적용할 수 있다.

29 포장(Packaging)에 관한 설명으로 옳지 않은 것은?

① 물품의 유통과정에 있어서 그 물품의 가치 및 상태를 보호하기 위해 적합한 재료 또는 용기 등으로 물품을 포장하는 방법이나 상태를 말한다.

② 물류의 규격화·표준화의 관점에서 중추적인 역할을 담당하고 있다.

③ 화물의 이동성·보호성을 높이는 등 물류프로세스 상에서 중요한 역할을 수행하고 있다.

④ 물류의 마지막 단계로서 생산과 마케팅을 연결하는 기능을 지니고 있다.

⑤ 물품정보의 전달 및 물품의 판매를 촉진함과 동시에 재료와 형태면에서 포장의 사회적 공익성과 함께 환경에 적합해야 한다.

30 다음 중 물류예산관리에 대한 내용으로 바르지 않은 것은?

① 물류예산의 편성은 물류관리자들을 중심으로 한 상향식 예산제도에 의거하여 물류관리를 실시하는 데 있어서 물류담당자들의 자발적인 동기를 부여한다.

② 물류예산의 설정은 객관적·통계적인 자료에 의거하여 과거의 실적을 기준으로 한 합리적인 물류활동으로부터 미래의 상황변동을 고려한 과학적인 방법에 의한 편성으로 물류활동에 대한 업적평가와 차기계획의 수립을 위한 정보를 제공한다.

③ 물류예산제도에 의거하여 물류관리를 실시하는 경우에는 관련된 물류분야의 비용지출을 상호 합리적으로 조정하여 집행한다.

④ 물류예산제도에 의하여 물류관리를 실시하는 경우, 물류비 지출의 적절한 통제가 불가능하다.

⑤ 정확하고 구체적인 물류정책이나 물류관리의 방침에 의하여 설정한다.

31 (주)시대상사의 컴퓨터 판매량은 매월 1,000대이고 EOQ(경제적 주문모형) 공식에 의거하여 계산한 결과 1회 주문량은 1,200대이다. 연간 주문횟수, 평균재고량, 컴퓨터재고의 평균흐름시간의 순으로 올바르게 계산한 것은?

① 10회, 200대, 0.2년
② 10회, 600대, 0.05년
③ 12회, 200대, 0.5년
④ 12회, 200대, 0.2년
⑤ 10회, 400대, 0.4년

32 구매방법의 유형에 관한 설명으로 옳지 않은 것은?

① 본사집중구매는 전문지식을 통한 구매가 가능하다.

② 현장분산구매는 구입단가가 저렴하다.

③ 일괄구매주문(Blanket Order)을 통해 조달비용을 절감할 수 있다.

④ 예측구매는 자금의 사장화 및 보관비용이 증가한다.

⑤ 상용기성품(COTS ; Commercial Off the Shelf) 구매를 통해 개발비용을 절감할 수 있다.

33 고객관계관리(Customer Relationship Management)에 관한 설명으로 옳지 않은 것은?

① 고객이 원하는 제품을 만들고 마케팅 전략을 개발하는 것으로 신규고객 창출보다는 기존고객의 관리에 초점을 맞추고 있다.

② 고객관계관리는 단계별로 고객관계 형성, 고객관계 유지, 고객관계 강화로 구성된다.

③ 우수고객을 어떻게 파악하고 획득하며, 유지시켜 고객의 평생가치를 높일 수 있는가에 대한 분석이 필요하다.

④ 고객관련 데이터를 어떻게 획득하고 축적하며, 분석하고 서비스 할 것인가에 관한 고객 전략수립과 인프라 구축에 대한 이해가 필요하다.

⑤ 고객을 분류하여 각기 다른 부분에 속하는 고객에게 차별화된 제품과 서비스를 제공해서는 안 된다.

34 수요의 정성적 예측방법 중 제품과 서비스에 대하여 고객의 심리, 선호도, 구매동기 등을 조사하는 기법은?

① 인과모형법
② 시장조사법
③ 지수평활법
④ 회귀분석법
⑤ 시계열분석법

35 환경친화적인 물류관리를 위한 온실가스 감축 관리목록 작성시, 사업자는 직접 소유·통제하는 배출원으로부터 나오는 온실가스 정보를 직접배출과 간접배출로 구분할 수 있다. 다음 중 직접적인 온실가스배출과 거리가 먼 것은?

① 전력, 스팀 등 사업자가 구매하여 배출한 온실가스배출
② 차량, 선박, 항공기 등 이동수단의 연료 연소로 인한 이동연소배출
③ 공정시설의 화학적 생산활동으로 인한 공정배출
④ 저장시설, 관의 파손 등에 의한 탈루배출
⑤ 보일러, 난로 등 고정 설비에서의 연료 연소로 인한 고정연소배출

36 다음 물류 용어에 관한 설명으로 옳지 않은 것은?

① CAO(Computer Assisted Ordering) - 판매시점에서 정보가 전달되어 소매업체가 일일이 주문하지 않아도 자동으로 발주되는 시스템이다.
② OCT(Order Cycle Time) - 고객의 주문발주에서부터 제품을 인수하여 창고에 수령할 때까지 소요된 시간을 말한다.
③ VAN(Value Added Network) - 다자 간 또는 제3자 네트워크로 알려진 부가가치 통신망을 말한다.
④ DPS(Digital Picking System) - 상품의 포장에 태그를 부착하거나 인쇄하여 상품에 대한 정보를 저장한다.
⑤ TQM(Total Quality Management) - 고객의 주문을 보다 정확하게 충족시키기 위하여 기업의 총체적 품질경영 노력을 지원하는 시스템이다.

37 다음은 2021년도 K기업이 지출한 물류비 내역이다. 이 중에서 자가물류비와 위탁물류비는 각각 얼마인가?

• 노무비 13,000만원	• 전기료 300만원
• 지급운임 400만원	• 이자 250만원
• 재료비 3,700만원	• 지불포장비 80만원
• 수수료 90만원	• 가스수도료 300만원
• 세금 90만원	• 상/하차 용역비 550만원

① 자가물류비 : 17,000만원, 위탁물류비 : 1,760만원
② 자가물류비 : 17,300만원, 위탁물류비 : 1,460만원
③ 자가물류비 : 17,640만원, 위탁물류비 : 1,120만원
④ 자가물류비 : 17,730만원, 위탁물류비 : 1,030만원
⑤ 자가물류비 : 17,550만원, 위탁물류비 : 1,210만원

38 녹색물류(Green Logistics)는 기업의 지속가능 경영에 매우 중요한 요인이 되고 있다. 다음 중 녹색물류를 수행하기 위한 기업의 활동으로 적절하지 않은 것은?

① 과도한 단납기 및 소량납품의 물류조건을 개선한다.
② 수・배송의 유연성을 높이기 위해서 공동배송 시스템을 적극 활용한다.
③ 수송포장의 합리화를 위해서 화주와 물류기업 간의 협력을 강화한다.
④ 철도・항공수송 위주에서 트럭 등의 소량 화물수송수단의 활용도를 높인다.
⑤ 제품의 설계단계에서부터 포장표준화, 포장재료의 재활용을 고려한다.

39 효율적 공급사슬(Efficient Supply Chain)의 특징을 모두 고른 것은?

ㄱ. 속도, 유연성에 근거한 공급자 선정
ㄴ. 저비용을 위한 재고 최소화
ㄷ. 제품분화를 지연시킬 수 있는 모듈화 확보
ㄹ. 높은 가동률을 통한 낮은 비용
ㅁ. 리드타임을 적극적으로 단축

① ㄱ, ㄴ   ② ㄱ, ㅁ
③ ㄴ, ㄹ   ④ ㄱ, ㄷ, ㄹ
⑤ ㄴ, ㄷ, ㅁ

40 물류센터(Logistics Center)에 대한 설명으로 가장 거리가 먼 것은?

① 물류센터의 위치(입지)는 화물의 흐름을 잘 고려하여 결정해야 하며, 이를 위해 일반적으로 화물(Product), 질적 요인(Quality), 경로(Route), 서비스와 시간(Service and Time)의 5가지 중요한 요소(PQRST)를 분석한다.
② 물류센터는 배송시간과 배송비용의 절감을 위해 상품의 수요가 많은 지역에 있어야 하고, 상품의 대량보관 보다 효율적인 물류배분에 초점을 맞추어 위치를 선정해야 한다.
③ 일정지역에서는 집하 후 물류센터에서 분류하여 해당지역의 물류센터들로 수송하고, 일정지역에서는 물류센터에서 분류작업 없이 해당지역의 물류센터로 바로 직송하는 방식을 Hub & Spoke방식과 Point-to-Point방식의 혼합방식이라고 한다.
④ 물류시스템은 크게 물류경로(Link ; 수배송)와 물류거점(Node ; 연결점)으로 구성되어 있고, 고객 서비스, 고객 주문사이클, 수요예측 등은 직접적인 구성요소이다. 물류거점은 철도역, 항만, 트럭터미널 등 사회간접자본으로 정비되어 있다.
⑤ 물류센터 내에서 분류시스템(Sorting system)이란 상품을 유형별로 분류하는 작업을 말한다. 이는 물건의 크기와 수량에 따라 분류할 수도 있고, 고객별로 분류할 수도 있다.

41 물류센터기지를 선정할 때의 검토사항에 대한 설명 중 틀린 것은?

① 지가의 검토 - 도시 주변에 가격이 저렴한 유휴지를 물색하고 용지의 이용도와 관계법을 검토한다.

② 교통 사정의 검토 - 지반의 강약, 출수위험, 창고용도, 오염도 등을 검토한다.

③ 사회적 환경 - 영업창고의 허가 여부, 소음, 교통문제 등을 검토한다.

④ 정보입지조건의 검토 - 사무처리나 하역기기의 자동화, 정보통신기기의 원활화 등을 검토한다.

⑤ 고객의 분포 - 고객의 밀집도, 수요규모를 검토한다.

42 화물자동차 적재관리시스템(Vanning Management System)과 관련된 내용이 아닌 것은?

① 적재계획은 운송화물의 중량과 부피 중 하나를 고려한다.

② 다양한 차량을 이용할 수 있을 때에는 가장 적절한 규모의 차량을 이용한다.

③ 축중 제한을 초과하지 않도록 전체적인 적재화물의 중량을 통제한다.

④ 주문관리시스템(Order Management System)과 연동되는 것이 효율적이다.

⑤ 편하중에 의한 축중 제한이 발생하지 않도록 적재위치를 고려한다.

43 운행경로와 일정계획의 원칙에 해당하지 않는 것은?

① 가장 근접해 있는 지점들의 물량을 함께 싣는다.

② 운행경로는 차고에서 가장 먼 지점부터 만들어 간다.

③ 차량경로상의 운행순서는 눈물방울 형태로 이루어진다.

④ 픽업과 배송은 각 기능의 효율성을 고려하여 별도로 이루어져야 한다.

⑤ 가장 효율적인 경로는 이용 가능한 가장 큰 차량을 사용하여 만들어진다.

44 다음 중 일반화물에 대한 설명으로 옳지 않은 것은?

① 일반화물은 살화물과 달리 대량화물이며, 저가품목이 대부분이다.

② 단위화의 대표적인 수송방식은 컨테이너 용기를 이용한 것이다.

③ 운송요금은 고정되어 있다.

④ 시장변동에 크게 의존하지 않는 성격을 가지고 있다.

⑤ 일반화물에는 유류, 주류, 약액류 등의 액체화물도 포함된다.

45 다음 수송문제의 모형에서 공급지 1~3의 공급량은 각각 300, 500, 200이고, 수요지 1~4의 수요량은 각각 200, 400, 100, 300이다. 공급지에서 수요지 간의 1단위 수송비용이 그림과 같을 때 제약 조건식으로 옳지 않은 것은? (단, X_{ij}에서 X는 물량, i는 공급지, j는 수요지를 나타냄)

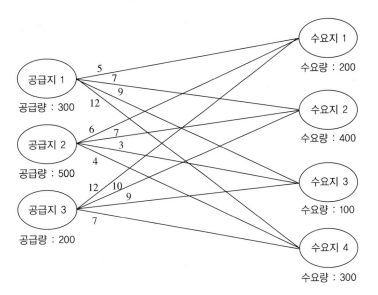

① $X_{11} + X_{21} + X_{31} = 200$

② $X_{14} + X_{24} + X_{34} = 400$

③ $X_{11} + X_{12} + X_{13} + X_{14} = 300$

④ $X_{21} + X_{22} + X_{23} + X_{24} = 500$

⑤ $X_{31} + X_{32} + X_{33} + X_{34} = 200$

46 화물자동차 운임 결정에 영향을 주는 요소에 관한 설명으로 옳지 않은 것은?

① 화물의 취급이 어려울수록 운임은 증가한다.

② 밀도가 높은 화물은 동일한 용적을 갖는 적재용기에 많이 적재하게 되어 밀도가 높을수록 단위무게당 운임은 감소한다.

③ 적재율이 떨어지면 운송량이 적어져 단위 당 운임은 증가한다.

④ 운송화물의 파손, 분실, 부패, 폭발 등 사고발생 가능성에 따라 운임은 변동된다.

⑤ 한 번에 운송되는 화물의 단위가 클수록 대형차량을 이용하게 되며, 이 때 단위 당 부담하는 고정비 및 일반관리비는 증가한다.

47 트럭운송이 철도운송보다 비용이 절감되는 운송구간은 몇 Km까지인가? (단, 수송비는 Ton-Km 당 수송비이며, Chatban 공식에 따른다.)

트럭운송	철도운송
수송비 : 2,000원	수송비 : 1,900원 포장비 : 6,000원 상하차비 : 4,000원 배송비 : 16,000원

① 180Km   ② 200Km

③ 220Km   ④ 240Km

⑤ 260Km

48 ICD에서의 1일 컨테이너 처리 물량이 20피트형 500개, 40피트형 400개, 10피트형 300개일 때, 월 25일간 작업할 경우 연간 컨테이너 처리 물량은 몇 TEU인가?

① 225,000 TEU   ② 245,000 TEU

③ 345,000 TEU   ④ 435,000 TEU

⑤ 550,000 TEU

49 국내의 철도운송에 관한 설명으로 옳지 않은 것은?

① 철도에 의한 경부간 컨테이너 화물운송은 주로 야간에 이루어진다.

② 철도운송은 시간절감과 수송력 제고를 위해 Block Train과 Double Stack Train을 운행하고 있다.

③ 철도노선의 궤간은 폭에 따라 표준궤, 광궤, 협궤 등으로 구분되며, 이 중 우리나라에서는 표준궤를 이용하고 있다.

④ 경부간 컨테이너 철도운송을 위해 의왕과 양산에 내륙컨테이너기지를 두고 있다.

⑤ 국내 화물운송 시장에서 철도운송은 도로운송에 비하여 수송분담률이 낮다.

50 정기선 운임의 종류 중 추가할증료에 해당하는 것을 모두 고르면?

> ㉠ 통화할증료   ㉡ 유류할증료
> ㉢ 환적할증료   ㉣ 외항추가운임
> ㉤ 초과중량할증료

① ㉠, ㉡   ② ㉡, ㉢

③ ㉠, ㉡, ㉢   ④ ㉡, ㉢, ㉣

④ ㉢, ㉣, ㉤

51 다음 내용이 설명하고 있는 운송수단은?

> 트랙터와 트레일러가 완전히 분리되어 있고 트랙터 자체도 보디를 가지고 있는 트레일러를 말한다. 이 트레일러는 자체의 바퀴에서 적재한 하중을 모두 부담하는 형태로 견인차량도 화물을 적재하고 운행할 수 있다.

① 폴 트레일러 트럭(Pole-trailer Truck)
② 풀 트레일러 트럭(Full-trailer Truck)
③ 세미 트레일러 트럭(Semi-trailer Truck)
④ 모터 트럭(Motor Truck)
⑤ 더블 트레일러 트럭(Double-trailer Truck)

52 일반화물선에 대한 선체 주요부분의 명칭과 기능을 설명한 것으로 잘못된 것은?

① Bilges는 나무조각, 고무주머니 등으로 화물사이에 끼워 화물손상을 방지하기 위한 재료를 말한다.
② Peak Tank는 선수나 선미에 위치하며 통상 Ballast를 실어 배의 균형을 잡는 역할을 한다.
③ Hatch Way는 선실 내에 화물을 적재하거나 양하하기 위한 구멍을 말한다.
④ 갑판의 수는 그 선박이 주로 수송할 화물과 항로에 따라 결정된다.
⑤ 용골은 선저중심부를 배머리에서 끝까지 관통하는 선박의 척추에 해당하는 중요재이다.

53 다음은 B기업의 2019년도 화물자동차 운행실적이다. 실차율, 적재율, 가동률이 모두 옳은 것은? (단, 소수점 둘째 자리에서 반올림)

> • 누적 주행거리 : 60,000km
> • 실제 적재 주행거리 : 52,000km
> • 실제 가동 차량 수 : 300대
> • 누적 실제 차량 수 : 360대
> • 트럭의 적재가능 총 중량 : 15톤
> • 트럭의 적재 중량 : 12톤
> • 트럭의 회전율 : 5회

	실차율	적재율	가동률
①	83.3%	80.0%	86.7%
②	83.3%	86.7%	80.0%
③	86.7%	60.0%	83.3%
④	86.7%	80.0%	83.3%
⑤	86.7%	86.7%	80.0%

54 항공화물과 해상화물의 특성을 비교한 것이다. 잘못된 것은?

① 화물의 포장 면에서 항공은 99% 이상이 Carton Box를 사용하나 선박은 Wooden Box를 사용한다.

② 항공운송은 해상운송에 비해 운송기간이 훨씬 짧으며 정시성 서비스를 최우선으로 고려하고 있다.

③ 항공화물의 보험료율이 해상화물보다 높다.

④ Total Cost 개념으로 볼 때 항공화물이 해상화물보다 경쟁력이 있는 품목이 많다.

⑤ 선박에 의한 해상운송시 파도, 태풍 등에 기인한 충격에 의하여 화물의 파손율이 높고 습기가 많은 바다를 장기간 항해하기 때문에 원형의 변질과 해수에 의한 침식, 또는 부식성이 높다.

55 다음은 어떠한 공동 수배송시스템에 관한 설명인가?

> 정시루트 배송시스템으로 집배구역 내에서 차량의 효율적인 이용을 도모하기 위해 배송처의 거리, 수량, 지정시간, 도로상황 등을 감안하여 여러 곳의 배송처를 묶어서 정시에 정해진 루트로 배송하는 형태이다.

① 다이어그램(Diagram)배송시스템

② 스왑바디(Swap Body) 시스템

③ 혼합배송시스템

④ 납품대행시스템

⑤ 크로스 도킹(Cross-docking)시스템

56 다음 표에서 최소비용법(Least cost Method 혹은 Minimum Cell Cost Method)에 의한 최초 가능해의 총 운송비용은 얼마인가? (톤당 비용은 수요지와 공급지간 단위수송비용임)

공급지＼수요지	수요지 1	수요지 2	공급량
공급지 1	10원/톤	5원/톤	700톤
공급지 2	8원/톤	15원/톤	500톤
공급지 3	6원/톤	10원/톤	300톤
수요량	700톤	800톤	1500톤

① 16,000원

② 15,000원

③ 12,100원

④ 10,000원

⑤ 11,200원

57 해운정책에 관한 설명으로 옳지 않은 것은?

① 카보타지(Cabotage)는 해운자유주의 정책의 근본 개념이라 할 수 있으며 공공단체, 정부 또는 대리인의 개입 없이 상선은 운임시장에 의해 운항되는 정책이다.

② 해운자유화의 의의는 선박에 게양되는 국기에 상관없이 해상운송의 자유 및 공정한 경쟁원칙을 적용하는 데 있다.

③ 해운자유주의 정책에서 화주는 국적선이든 외국적선이든 간에 운송인 선정의 자유를 갖는다.

④ 해운보호주의는 외부경쟁으로부터 국내 해운산업을 보호하기 위한 정책이다.

⑤ 해운의 국가통제란 정부가 직접 해운에 개입하는 것을 말하며, 계획조선제도가 대표적인 예이다.

58 화물자동차의 운송형태에 관한 설명으로 적합하지 않은 것은?

① 집배운송은 터미널이나 철도역, 항만 등과 같이 화물의 집결지 또는 결절점(Node)으로 운송되거나 결절점에서 최종 수요지까지 배송하는 것이다.

② 간선운송은 소량의 화물을 취급하는 소매거점과 최종 수요지 간의 운송을 말한다.

③ 자가운송은 화주가 직접 차량을 구입하고 그 차량을 이용하여 자신의 화물을 운송하는 것이다.

④ 지선운송은 물류거점과 소도시 또는 물류센터, 공장 등까지 운송하는 것이다.

⑤ 노선운송은 정해진 노선과 계획에 따라 운송하는 것이다.

59 일반화물요율(General Cargo Rates)에 대한 설명 중 적합하지 않은 것은?

① 일반화물요율은 최저운임, 기본요율(Normal Rate), 중량단계별 할인요율 등으로 분류된다.

② 화물의 중량운임이나 부피운임이 최저운임보다 낮을 경우 최저운임이 적용되며, 요율표에 M으로 표시되어 있다.

③ 항공운송을 이용할 가능성이 높은 품목에 대하여는 낮은 요율을 적용한다.

④ 중량단계별 할인요율은 중량이 높아짐에 따라 kg당 요율을 더 낮게 설정한다.

⑤ 기본요율은 45kg 미만의 화물에 적용되는 요율로서 모든 화물요율의 기준이 된다.

60 복합물류터미널에 관해 바르게 설명한 것은?

① 제조업자가 산지에서 상품을 집하하여 보관, 가공 또는 포장하고 이를 수요자에게 배송하며 관련 유통정보를 종합하여 분석처리하기 위한 시설이다.

② 화물의 집화, 하역, 분류, 외부포장, 보관 또는 통관에 필요한 시설을 갖춘 화물유통의 중심이 되는 장소로서 2종류 이상의 운송수단간 연계를 할 수 있는 시설이다.

③ 유통시설과 지원시설을 집단적으로 설치·육성하기 위하여 지정·개발하는 일단의 토지이다.

④ 운영주체가 유통업자 및 제조업자로서 소규모 유통단지 기능을 하면서 자기화물의 재고조절기능을 할 수 있다.

⑤ 창고 및 유통가공시설, 정보센터 및 도매시장의 기능이 강조되는 시설이다.

61 다음과 같은 네트워크에서 노드 S로부터 G까지 모든 노드들에 원유를 공급할 수 있는 가장 짧은 길이의 송유관 네트워크를 구축하고자 할 때, 송유관의 총 길이는 얼마인가? (단, 숫자는 두 노드 상의 거리이며, 단위는 km임)

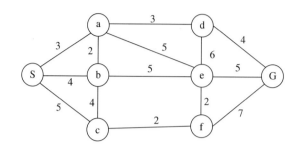

① 18km

③ 20km

⑤ 22km

② 19km

④ 21km

62 철도운송 서비스 형태에 관한 설명으로 옳지 않은 것은?

① Block Train : 스위칭 야드(Switching Yard)를 이용하지 않고 철도화물역 또는 터미널 간을 직행 운행하는 방식이다.

② Shuttle Train : 철도역 또는 터미널에서의 화차조성비용을 줄이기 위해 화차의 수와 타입이 고정되며 출발지 → 목적지 → 출발지를 연결하는 루프형 구간에서 서비스를 제공하는 방식이다.

③ Single-Wagon Train : 복수의 중간역 또는 터미널을 거치면서 운행하는 방식이다.

④ Train Ferry : 중·단거리 수송이나 소규모 터미널에서 이용할 수 있는 소형 열차서비스 방식이다.

⑤ Y-Shuttle Train : 한 개의 중간터미널을 거치는 것을 제외하고는 셔틀트레인(Shuttle Train)과 같은 형태의 서비스를 제공하는 방식이다.

63 컨테이너 적입도(CLP ; Container Load Plan)의 사용용도로 옳지 않은 것은?

① CLP는 본선비치용 화물적부 서류이다.

② CLP는 CY와 CFS 간의 화물수도증명서이다.

③ CLP는 선사가 화물의 수취증으로 발행하는 서류이다.

④ CLP는 선적지의 세관제출 화물반입계의 대용이다.

⑤ CLP는 양륙지에서 컨테이너로부터 화물을 인출할 때 보세운송신고서 및 적출 작업 자료로 사용된다.

64 화물자동차의 영차율 향상을 위한 방법이 아닌 것은?

① 에어스포일러(Air Spoiler)의 활용

② 기업 간 운송제휴

③ 화물운송정보시스템의 활용

④ 화물자동차운송가맹사업자의 활용

⑤ 복화물량의 확보

65 컨테이너 터미널의 주요 시설 중 본선의 하역작업, 컨테이너 야드 내의 컨테이너 배치가 본부의 계획이나 지시대로 이루어지도록 통제·감독하는 기능을 갖고 있는 시설은?

① Marshalling Yard

② Control Center

③ CFS

④ Maintenance Shop

⑤ Gate

66 혼재운송에 대한 설명으로 틀린 것은?

① 컨테이너 단위 화물을 소량 화물로 분배하여 운송한다.

② 혼재운송의 종류는 수화인, 운송주선인, 송화인 혼재운송이 있다.

③ 혼재운송은 프레이트 포워더 업체의 대표적인 서비스 형태이다.

④ 혼재운송은 LCL Rate와 Box Rate와의 차액에서 발생하는 운임을 절감할 수 있다.

⑤ 혼재업자는 선적항 및 목적항에서 화물취급용 장비와 CFS, 보세창고, 컨테이너 등을 구비하여야 한다.

67 철도운송, 트럭운송, 해상운송, 파이프라인운송, 항공운송과 같은 화물운송수단을 비교한 다음 설명 중 가장 적절하지 않은 것은?

① 신뢰도 측면에서는 철도운송이 가장 우수하고 해상운송이 가장 불리하다.

② 운송빈도 측면에서는 파이프라인운송이 가장 우수하고 해상운송이 가장 불리하다.

③ 고정비용은 파이프라인운송과 철도운송이 높으며, 변동비용은 항공운송이 높다.

④ 신속성 측면에서는 항공운송이 가장 우수하고 파이프라인운송이 가장 불리하다.

⑤ 각종 O/D(Origin/Destination)별 운송수단의 가용도(availability) 측면에서는 트럭운송이 가장 우수하고 파이프라인운송이 가장 불리하다.

68 항공화물운송장(AWB)과 선하증권(B/L)을 비교 설명한 것으로 옳지 않은 것은?

① 항공화물운송장은 단순한 화물운송장이고 선하증권은 유가증권의 성격을 가진다.
② 항공화물운송장은 송화인이 작성하는 것이 원칙이고 선하증권은 통상 운송인이 작성한다.
③ 항공화물운송장의 발행시기는 화물인도시점이고 선하증권은 선적 후에 발행한다.
④ 항공화물운송장은 유통이 가능하지만 선하증권은 유통이 불가능하다.
⑤ 항공화물운송장은 수화인을 기명식으로 기재하여 발행되고 선하증권은 통상 지시식으로 발행된다.

69 다음 중 소화물 일관운송서비스제도의 도입으로 기대되는 효과로 볼 수 없는 것은?

① 고객의 편의성 및 요구에 충실할 수 있다.
② 고가·소량화물의 안전운송이라는 사회적 요구에 부응할 수 있다.
③ 물량 및 중량에 관계없이 고객의 요구에 따라 문전 서비스도 가능하다.
④ 낙후된 운송체계를 자극하여 운송체제 발전에 동기를 부여한다.
⑤ 송화주의 문전에서 집하하여 수화주의 문전까지 배달된다.

70 택배 표준약관(공정거래위원회 표준약관 제10026호)의 운송물의 수탁거절 사유로 옳지 않은 것은?

① 고객이 제7조 제2항의 규정에 의한 청구나 승낙을 거절하여 운송에 적합한 포장이 되지 않은 경우
② 고객이 제9조 제1항의 규정에 의한 확인을 거절하거나 운송물의 종류와 수량이 운송장에 기재된 것과 다른 경우
③ 운송물 1포장의 가액이 300만원을 초과하는 경우
④ 운송물의 인도예정일(시)에 운송이 가능한 경우
⑤ 운송물이 현금, 카드, 어음, 수표, 유가증권 등 현금화가 가능한 물건인 경우

71 국제물류주선업자의 기능으로 옳은 것을 모두 고른 것은?

> ㄱ. 선박의 감항능력 유지
> ㄴ. 혼재화물 취급업무
> ㄷ. 컨테이너야드 관리
> ㄹ. 운송계약의 체결과 선복의 예약
> ㅁ. 운송서류 작성

① ㄱ, ㄴ, ㄷ   ② ㄱ, ㄷ, ㅁ
③ ㄴ, ㄷ, ㄹ   ④ ㄴ, ㄹ, ㅁ
⑤ ㄷ, ㄹ, ㅁ

72 공동수배송의 유형에 관한 설명으로 옳지 않은 것은?

① 배송공동형 : 배송은 공동화하고 화물 거점시설까지의 운송은 개별 화주가 행하는 것
② 집화·배송공동형 : 집화와 배송을 공동화하는 것
③ 노선집화 공동형 : 노선의 집화망을 공동화하여 화주가 지정한 노선업자에게 화물을 넘기는 것
④ 공동납품 대행형 : 운송업체의 주도로 공동화하는 것으로 가공, 포장, 납품 등의 작업을 대행하는 것
⑤ 공동수주 공동배송형 : 운송업체가 협동조합을 설립하여 공동수주 및 공동배송을 하는 것

73 다음 무선박운항업자(NVOCC)에 대한 설명 중 틀린 것은?

① NVOCC는 Non-Vessel Owning Common Carrier의 약자이다.
② 무선박운항업자의 출현 배경은 파렛트에 의한 해륙일관수송에 있다.
③ 무선박운항업자(NVOCC)는 포워드의 한 형태라 할 수 있다.
④ NVOCC는 선사에 비해 화주에게 선택의 폭이 넓은 운송서비스를 제공할 수 있다.
⑤ NVOCC는 혼재(Consolidation)에 의해 소량화물 화주에게도 스케일 메리트의 일부를 제공할 수 있다.

74 차고 및 A, B, C 간의 거리는 다음 표와 같다. 차고에서 출발하여 A, B, C 3개의 수요지를 각각 1대의 차량이 방문하는 경우에 비해, 1대의 차량으로 3개의 수요지를 모두 방문하고 차고지로 되돌아오는 경우, 수송 거리가 최대 몇 km 감소되는가?

구 분	A	B	C
차 고	10	13	12
A	–	5	10
B	–	–	7

① 30
② 32
③ 34
④ 36
⑤ 38

75 A 기업은 자사 컨테이너 트럭과 외주를 이용하여 B 지점에서 C 지점까지 월 평균 1,600TEU의 물량을 수송하는 서비스를 제공하고 있다. 아래의 운송조건에서 40feet용 트럭의 1일 평균 필요 외주 대수는?

> • 1일 차량가동횟수 : 1일 2회
> • 보유차량 대수 : 40feet 컨테이너 트럭 11대
> • 차량 월 평균 가동일 수 : 25일

① 2대   ② 3대
③ 4대   ④ 5대
⑤ 6대

76 택배 표준약관(공정거래위원회 표준약관 제10026호)에 관한 내용으로 옳은 것은?

① 고객이 운송장에 손해배상한도액을 기재하지 않았을 경우 한도액은 50만원이 적용되고, 운송물의 가액에 따라 할증요금을 지급하는 경우에는 각 운송가액 구간별 평균가액이 적용된다.

② 운송물이 포장당 50만원을 초과하거나 운송상 특별한 주의를 요하는 것일 때는 따로 추가 요금을 청구할 수 있다.

③ 운송장에 인도예정일의 기재가 없는 경우에는 운송장에 기재된 운송물의 수탁일로부터 인도예정 장소에 따라 일반 지역 1일, 도서, 산간벽지 3일로 한다.

④ 운송물의 멸실, 현저한 훼손 또는 연착이 천재지변 기타 불가항력적인 사유 또는 고객의 책임 없는 사유로 인한 것인 때에는 사업자는 운임을 청구하지 못하고 통지·최고·운송물의 처분 등에 소요되는 비용을 청구한다.

⑤ 운송물의 일부 멸실 또는 훼손에 대한 사업자의 손해배상책임은 수화인이 운송물을 수령한 날로부터 21일 이내에 그 일부 멸실 또는 훼손에 대한 사실을 사업자에게 통지를 발송하지 아니하면 소멸한다.

77 모달 시프트(Modal Shift)는 수송수단을 바꾸는 것으로서 간선화물수송에 있어 트럭으로부터 선박으로 수송수단을 전환하는 것이 그 한 예인데, 이 경우의 모달 시프트에 관한 설명 중 가장 옳지 않은 것은?

① Modal Shift 정책은 도로운송위주의 고비용 물류체계를 개선하기 위한 시책이다.

② 정부의 사회간접자본 투자 예산배정과정에서 항만에 대한 투자를 늘려야 할 것이다.

③ 물류비용을 최소화하기 위해 기존 도로운송을 연안운송으로 완전히 전환해야 한다.

④ 부산항을 비롯한 국내항만에 외항모선과 연안선이 동시 접안할 수 있는 방안이 고려되어야 한다.

⑤ 성공적인 Modal Shift를 위해서는 고속 경제선의 확보가 필요하다.

78 서울에서 대전까지 편도운송을 하는 SD사의 화물차량 운행상황은 아래와 같다. 만약, 적재효율을 기존의 1,000 상자에서 1,500 상자로 높여 운행 횟수를 줄이고자 한다면. SD사가 얻을 수 있는 월 수송비절감액은?

> • 월 운행일수 : 25일
> • 차량 운행대수 : 5대
> • 1대당 1일 운행횟수 : 3회
> • 1대당 1회 수송비 : 100,000원

① 12,000,000원
② 12,500,000원
③ 15,000,000원
④ 16,000,000원
⑤ 17,500,000원

79 선주가 속한 국가의 엄격한 요구조건과 의무부과를 피하기 위하여 자국이 아닌 파나마, 온두라스 등과 같은 국가의 선박 국적을 취하는 제도는?

① 톤세제도
② 제2치적제도
③ 편의치적제도
④ 선급제도
⑤ 공인경제운영인제도

80 다음은 한국산업표준(KS T 0001)에서 정의하는 다양한 물류용어에 대한 정의이다. 해당하는 용어가 가장 올바르지 않은 것은?

① 배송 – 화물을 물류 거점에서 화물 수취인에게 보내는 것을 말한다.
② 수송 – 화물을 자동차, 선박, 항공기, 철도, 기타의 기관에 의해 어떤 지점에서 다른 지점으로 이동시키는 것을 말한다.
③ 복합일관수송 – 수송 단위 물품을 재포장하지 않고 철도차량, 트럭, 선박, 항공기 등 다른 수송 기관을 조합하여 수송하는 것을 말한다.
④ 집하 – 화물을 발송지에 있는 물류 거점에 모으는 것을 말한다.
⑤ 일관수송 – 물류 효율화의 목적으로 화물을 발송지에서 해체하고 개별적으로 수송하는 것으로 파렛트와 컨테이너를 사용한다.

81 국제물류계획의 수립에 있어서 일반적인 전략이 아닌 것은?

① 통제 불가능한 요인보다 통제 가능한 요인에 대한 적극적인 전략을 수립해야 한다.

② 해상운송체제보다 복합운송체제의 구축이 더 중요하다.

③ 각국의 조세, 보조금, 정부규제, 수송수단 보유현황 등을 조사해야 한다.

④ 물류표준화와 공동화를 통하여 비용절감을 추구한다.

⑤ 단위운송비를 낮추기 위하여 수송단위의 대형화를 추구한다.

82 일반화물선에서 사용되는 용어에 관한 설명으로 옳지 않은 것은?

① Hatch Way는 선창 내에 화물을 적재하거나 양하하기 위한 통로로 사용된다.

② Bulk Head는 선박의 수직 칸막이로서 선박의 한 부분에 손상이 발생하여 침수될 경우 다른 부분의 침수를 방지하는 역할을 한다.

③ Double Bottom은 선저의 이중구조를 말하는 것으로 좌초시의 안전을 위한 장치이다.

④ Shaft Tunnel은 엔진과 프로펠러를 연결하는 프로펠러 축을 보호하기 위해 만든 터널이다.

⑤ 선미방향에서 선수방향을 바라보면서 왼쪽을 Starboard Side라 하고 오른쪽을 Port Side라 한다.

83 다음 박스 안에 설명된 해상손해에 해당하는 것은 다음 중 어느 것인가?

> • 해상손해 중 비용손해에 해당한다.
> • 구조자가 구조계약과는 상관없이 해상법상으로 회수할 수 있는 비용을 말한다.

① 충돌손해배상책임　　　　　　② 단독해손

③ 구조료　　　　　　　　　　　④ 추정전손

⑤ 공동해손

84 주요국의 글로벌 물류정책으로 옳지 않은 것은?

① 중국은 일대일로 계획을 통해 해상과 육상 실크로드를 구축하여 유라시아 국가들과의 경제협력을 추진하고 있다.

② 일본은 컨테이너 해운산업 구조조정을 위하여 국영 해운기업의 인수합병을 실행하였다.

③ 한국은 인천국제공항 확장과 배후단지를 개발하여 동북아 허브공항 육성전략을 실행하였다.

④ 아랍에미리트는 DPW(Dubai Port World)를 설립하고 M&A를 통한 글로벌 터미널 운영전략을 실행하였다.

⑤ 싱가포르는 국영기업인 PSA(Port of Singapore Authority)를 통해 해외 항만개발 사업을 실행하고 있다.

85 다음 중 복합운송의 특징으로 옳지 않은 것은?

① 복합운송은 반드시 두 가지 이상 서로 다른 운송방식에 의하여 이행되어야 한다.

② 복합운송에 있어서 위험부담의 분기점은 송화인의 물품을 도착지의 항만에 양하하는 시점이 된다.

③ 복합운송의 발달은 국제적 규칙·조약의 제정을 촉진시킨다.

④ 복합운송은 인건비와 설비투자비의 단계적 인상에도 불구하고 하부구조와 운송수단의 이용을 용이하게 한다.

⑤ 복합운송은 복합운송인이 화주에 대하여 전운송구간을 포괄하는 유가증권인 복합운송서류를 발행하여야 한다.

86 다음 중 Incoterms 2020의 주요 특징에 대한 설명으로 옳지 않은 것은?

① FCA 조건이 해상으로 쓰일 때 선적선하증권(On board B/L)이 요구되는 경우가 많아 이를 첨부할 것을 요구할 수 있다는 내용이 추가되었다.

② 운송·수출통관·비용조항에 보안관련 의무를 삽입하였다.

③ DAT 조건을 DPU로 변경하고, 순서는 DPU, DAP, DDP 순으로 재정렬하였다.

④ 2010년 버전에 비해 인도(A2/B2)와 위험이전(A3/B3)의 중요성이 부각되고, 비용에 관한 규정을 A9/B9 항목에 정리하였다.

⑤ CIF는 2010 버전과 마찬가지로 최소담보조건(C)이 유지되고, CIP는 최대담보조건(A)으로 변경되었다.

87 해상운송방식 중 정기선운송에 대한 설명으로 틀린 것은?

① 재래정기화물에는 합판·철강제품·시멘트 등이 포함된다.

② 일정한 기간별로 배선함에 따라 적기에 수출입상품을 운송하는 기능을 지닌다.

③ 해운동맹과 같은 카르텔 조직이 없는 자유로운 경쟁시장을 형성하고 있다.

④ 운송하는 화물의 종류로는 통상 재래정기화물과 컨테이너화물로 구분할 수 있다.

⑤ 선박을 정해진 일정에 따라 지정된 항로를 통하여 규칙적으로 운항하는 것을 의미한다.

88 제3자의 위험으로 정상적인 해상보험증권(Marine Insurance Poliy)에서 부보되지 않는 위험에 대한 담보를 확보하기 위하여 선주 상호 간에 의해 설립된 것은?

① International Shipping Federation

② Lloyd's Register of Shipping

③ International Chamber of Shipping

④ TT Club

⑤ P&I Club

89 다음은 Incoterms 2020의 일부 내용이다. 괄호 안에 들어갈 용어로 옳은 것은?

> (　　　　　　) means that the seller delivers the goods – and transfers risk – to the buyer when the goods, once unloaded from the arriving means of transport, are placed at the disposal of the buyer at a named place of destination or at the agreed point within that place, if any such point is agreed.

① Delivered Duty Paid

② Carriage and Insurance Paid to

③ Delivered Duty Paid

④ Delivered at Place Unloaded

⑤ Carriage Paid To

90 철도에 의한 컨테이너 운송방식이 아닌 것은?

① COFC

② TOFC

③ Double stack train

④ Rail car service

⑤ Semi-trailer combination

91 수출입과 관련된 물류거점에 관한 설명으로 옳지 않은 것은?

① ODCY : 부두 내 CY의 부족현상을 보완하기 위해 부두에서 떨어진 곳에 설치된 컨테이너장치장으로서, 수출입 컨테이너 화물의 장치, 보관 및 통관 등의 업무가 이루어지는 장소이다.

② 보세구역 : 효율적인 화물관리와 관세행정의 필요성을 고려하여 세관장이 지정하거나 특허한 장소로서, 사내창고나 물류센터에서 출고된 수출품의 선적을 위해 거치게 되는 장소이다. 그러나 수입품의 통관을 위해 외국물품을 장치하는 장소는 아니다.

③ CY : 컨테이너를 인수·인도하고 보관하는 장소로서, 넓게는 Marshalling Yard, Apron, CFS 등을 포함하는 컨테이너터미널의 의미로도 사용되지만 좁게는 컨테이너터미널의 일부 공간을 의미하기도 한다.

④ CFS : 수출하는 LCL화물을 집하하여 FCL화물로 만들거나, 수입하는 혼재화물을 컨테이너에서 적출하는 등의 화물취급 작업을 하는 장소를 말한다.

⑤ ICD : 항만 내에서 이루어져야 할 본선 선적 및 양하작업과 마샬링 기능을 제외한 장치보관기능, 집하분류기능, 통관기능을 가지는 내륙의 특정구역으로서, 선사 및 대리점, 포워더, 하역회사, 관세사, 트럭회사, 포장회사 등이 입주하여 물류 관련 활동을 수행할 수 있는 장소를 말한다.

92 다음 내용과 관련있는 국제조약은?

> • 미국이 항공운송 사고시 운송인의 책임한도액이 너무 적다는 이유로 바르샤바 조약을 탈퇴함
> • IATA가 미국 정부와 직접교섭은 하지 않고 미국을 출발, 도착, 경유하는 항공회사들 간의 회의에서 운송인의 책임한도액을 인상하기로 합의
> • 항공운송인이 과실시 여객보상 책임한도를 소송비용 포함시 1인당 US $75,000로 규정함

① Montreal Agreement

② Guadalajara Convention

③ Hague Protocol

④ Guatemala Agreement

⑤ Warsaw Convention

93 다음 신용장에서 지시하는 선하증권의 내용으로 옳지 않은 것은?

> Full set of clean on board ocean bills of lading made out to order of the shipper, blank endorsed, marked freight prepaid, notify accountee.

① "Full set"이란 선박회사가 각각 서명하여 발행한 선하증권의 전통을 말한다.
② 화물에 대한 하자사항이 기재되지 않은 무고장부 선하증권이다.
③ 선하증권의 consignee란에 "to order of the shipper"라고 기재한다.
④ 운임지급조건은 FCA, FOB, FAS 중 하나인 경우이다.
⑤ 화물이 목적지에 도착한 후 운송인이 accountee에게 화물도착을 알린다.

94 항공화물 운임에 관한 설명으로 옳지 않은 것은?

① CCR은 특정 품목에 대하여 적용하는 할인 또는 할증운임률이다.
② GCR은 기본이 되는 요율로서 최저운임, 기본요율, 중량단계별 할인요율로 구성된다.
③ SCR은 특정의 대형화물에 대해서 운송구간 및 최대중량을 지정하여 적용하는 할인운임이다.
④ BUC는 항공사가 송화인 또는 대리점에 컨테이너나 파렛트 단위로 판매시 적용되는 요금이다.
⑤ Valuation Charge는 화물의 가격을 기준으로 일정률을 운임으로 부과하는 방식을 말한다.

95 다음 항공화물운송 중 발생한 손해에 대한 통보기한 및 제소기한을 올바르게 설명한 것은?

① 화물운송 지연시 클레임(Claim)은 화물을 인도받을 정당한 권리를 가진 자가 그 화물을 처분할 수 있는 날로부터 14일 이내

② 화물손상의 경우 클레임(Claim)은 화물을 인수한 날로부터 14일 이내

③ 화물의 손해에 대한 제소는 목적지 공항에 도착한 날로부터, 항공기가 도착되었어야 할 날로부터 또는 운송이 중지된 날로부터 2년 이내에 제기

④ 화물의 전부분실에 대한 클레임(Claim)은 항공운송장(AWB) 발행일로부터 30일 이내

⑤ 화물의 일부손실의 경우 클레임(Claim)은 발견 즉시 또는 화물을 인수한 날로부터 10일 이내

96 항공화물운송에 관한 설명으로 옳지 않은 것은?

① 혼합화물(Mixed Cargo)은 House Air Waybill에 의하여 각 품목마다 각기 다른 요율이 적용되는 성질을 가진 여러가지 품목들로 구성된 화물을 말한다.

② 항공화물혼재업자는 자체운송약관과 항공운송운임요율(Tariff)과 운송약관을 가지고 있다.

③ 혼합화물에는 중량에 의한 할인요율이 적용될 수 있다.

④ 혼재화물 운송시 혼재업자용 House Air Waybill을 이용하여 송화인과 운송계약을 체결한다.

⑤ 혼재화물 운송시 Master Air Waybill상에서 출발지의 혼재업자가 송화인이 되고 도착지의 혼재업자가 수화인이 된다.

97 TSR(Trans Siberian Railway)에 관한 설명으로 옳지 않은 것은?

① 이 서비스를 이용할 경우 부산에서 로테르담까지의 운송거리가 수에즈운하를 경유하는 올 워터 서비스(All Water Service)에 비해 단축될 수 있다.

② 우즈베키스탄, 투르크메니스탄 등 항만이 없는 내륙국가와의 국제운송에도 유용하다.

③ SLB(Siberian Land Bridge)라고도 불리며, 한국을 비롯한 극동지역과 유럽대륙간의 Sea & Air 복합운송시스템이다.

④ 극동지역과 유럽간의 대외교역 불균형에 따른 컨테이너 수급문제와 동절기의 결빙문제가 발전에 걸림돌이 되고 있다.

⑤ 러시아 철도의 궤도 폭과 유럽 철도의 궤도 폭이 달라 환적해야 하는 불편이 있다.

98 다음의 문장이 나타내고 있는 내용은?

> "Transport documents must be presented within 7 days after the date of issuance but within the validity of this credit"

① S/D(Shipping Date) - 선적일
② ETA(Expected Time of Arrival) - 도착예정일
③ E/D(Expiry Date) - 유효기일
④ ETR(Estimated Time of Readiness) - 하역준비완료 예정시각
⑤ ETD(Expected of Departure) - 출항예정일

99 다음은 무엇에 대한 설명인가?

> 항만이나 공항이 아닌 내륙시설로서 공적(公的) 권한을 지니고 있으며, 고정설비를 갖추고 여러 내륙운송수단에 의해 미통관된 상태에서 이송된 다양한 화물의 일시적 저장과 취급에 대한 서비스를 제공하고, 세관통제 하에 수출 및 연계 운송을 위하여 일시적인 장치, 창고보관, 재수출, 보세운송 등을 담당하는 기관 및 기업들이 있는 장소를 말한다.

① Container Freight Station
② Inland Container Depot
③ Off-dock Container Yard
④ Container Terminal
⑤ Container Transit Station

100 (   )에 들어갈 클레임 해결 방법은?

> (   )은/는 분쟁의 자치적 해결방법 중의 하나로 중재절차에 의한 판정을 거치지 않고, 당사자 합의 하에 조정인을 개입시켜 분쟁을 해결하는 방식이다.

① 소 송   ② 중 재
③ 조 정   ④ 화 해
⑤ 청구권의 포기

101 용선계약에 관한 설명으로 옳지 않은 것은?

① Dead Freight는 용선자가 실적재량을 계약물량 만큼 채우지 못할 경우 그 부족분에 대하여 지급하는 운임으로 부적운임이라고도 한다.

② Bare Boat Charter는 선주가 선원의 승선수배와 선체보험료, 항만비용, 항해비용, 수선비 등의 비용을 부담한다.

③ Voyage Charter는 어느 항구에서 어느 항구까지의 일항차 또는 수개항차에 걸쳐 용선자(charterer)인 화주와 선박회사 사이에 체결되는 운송계약을 말한다.

④ Time Charter에서 용선자는 주로 화물운송에 관련된 연료비, 화물 관련 제비용, 하역비용, 입출항 항비 등을 부담한다.

⑤ 용선계약서에도 일정 종류의 위험, 우발사고 또는 태만에 대한 책임으로부터 선주를 면책(Exception)하게 하는 조항이 있다.

102 다음은 실제 정박기간이 5일이고, US $2,000의 조출료가 발생한 항해용선계약이다. (㉠), (㉡)에 해당하는 내용은?

- 계약(약정) 정박기간 : (㉠) 일
- 체선료 : US $4,000/일
- 조출료 : 체선료의 1/2
- 정박기간의 시작 : (㉡) 발부 후 일정한 시간이 경과한 이후 개시
- 정박기간의 종료 : 적·양하 작업이 완료된 때

① ㉠ 4일, ㉡ N/R(Notice of Readiness)

② ㉠ 4일, ㉡ M/R(Mate's Receipt)

③ ㉠ 6일, ㉡ N/R(Notice of Readiness)

④ ㉠ 5일, ㉡ M/R(Mate's Receipt)

⑤ ㉠ 6일, ㉡ M/R(Mate's Receipt)

103 US $500,000 상당의 어떤 물품을 CIF New York 조건으로 수출할 경우, 신용장에 특별히 부보금액에 대한 명시가 없다면 매도인이 부보하여야 할 보험 금액은?

① US $500,000

② US $550,000

③ US $600,000

④ US $650,000

⑤ US $450,000

104 Incoterms 2020에서 정하고 있는 거래조건 중 매도인의 비용부담이 가장 적은 것과 가장 큰 것이 순서대로 나열된 것은?

① DDP, EXW

② CFR, DPU

③ EXW, CPT

④ EXW, DDP

⑤ CFR, CPT

105 다음에서 설명하는 해운동맹의 화주 유치수단은?

> 동맹선에만 전적으로 선적한다는 계약을 동맹과 체결한 동맹화주에게는 표정운임률(Tariff Rate)보다 낮은 운임률을 적용하고, 이러한 계약을 체결하지 아니한 일반화주에게는 표정운임률을 적용하는 방식

① Fidelity Rebate System

② Contract Rate System

③ Service Contract

④ Department Store Deal Arrangement

⑤ Deferred Rebate System

106 "한국상사"는 미국의 "Hi-Tech"사와 LCD제품 수출계약을 체결하였다. "한국상사"는 "Hi-Tech"사의 주문량에 대응하기 위하여 다음과 같은 조건으로 재주문점(Reorder Point)을 설정하고자 한다. 이 경우 재주문점 수량을 구하시오 (소수점 이하는 버림).

> − Terms and Conditions −
> 1. Forecast per week : 200 Units
> 2. Mean Absolute Deviation(MAD) : 50 Units
> 3. Lead Time : 1 Week
> 4. Service Level(95%) : 1.65
> 5. σ Parameter : 1.25
> * Assumption : Demand and Supply lead time are constant and reliable

① 303

② 304

③ 305

④ 306

⑤ 307

107 한국, 일본 등 극동지역에서 파나마운하를 통과하여 미국 동부지역으로 해상운송한 후 미국 내륙지점까지 운송하는 복합운송방식은?

① Reversed Interior Point Intermodal

② Overland Common Point

③ Canada Land Bridge

④ American Land Bridge

⑤ Mini Land Bridge

108 일반거래조건협정서(Agreement on General Terms and Conditions of Business)에서 설명하고 있는 다음 조항은?

> Neither shall be liable for failure to perform its part of this agreement when such failure is due to fire, flood, strikes, labour troubles or other industrial disturbances, inevitable accidents, war(declared or undeclared), embargoes, blockades, legal restrictions, riots, insurrections, or any cause beyond the control of the parties.

① Claim Clause

② Force Majeure Clause

③ Governing Law Clause

④ Arbitration Clause

⑤ Infringement Clause

109 A회사는 신발 1,000상자를 LCL 화물로 미국 LA까지 해상운송으로 수출할 예정이다. 다음과 같은 조건일 때 화물의 운임은?

> • 상자 1개의 무게는 30kg
> • 부피는 가로 50cm, 세로 60cm, 높이 40cm
> • 중량톤의 경우 US $100/1,000kg
> • 용적톤의 경우 US $50/CBM
> • CAF : +2%
> • BAF : +5%

① US $3,000

② US $3,210

③ US $6,000

④ US $6,420

⑤ US $9,630

110 신용장에 관한 설명으로 옳지 않은 것은?

① 연지급신용장은 비배서신용장(Non-Notation Credit)이며, 환어음 발행을 요구하지 않는다.

② 인수신용장은 일반적으로 개설은행이 수출국 현지의 예치환거래은행으로부터 인수편의를 제공받을 때 사용된다.

③ 매입신용장이란 신용장에 의해서 발행되는 어음이 매입될 것을 전제로 하여 어음발행인은 물론 어음의 배서인 및 선의의 소지인에게도 지급을 확약하고 있는 신용장을 말한다.

④ 회전신용장이란 일정한 기간 동안 일정한 금액이 자동적으로 갱신되어 사용할 수 있는 신용장을 말한다.

⑤ 선대신용장은 수입상으로 하여금 일정 금액을 은행으로부터 미리 지급받을 수 있도록 하는 방식의 신용장이다.

111 다음 중 빈칸에 공통으로 들어갈 적당한 말을 고르시오.

> (   ) consolidates and dispenses containers that originate at or are bound to inland points. The need for these firms arose from the inability of shippers to find outbound turnaround traffic after unloading inbound containers at inland points. The shippers and receivers of international shipments gain from the shipping expertise (   ) possess and from the expanded and simplified import and export opportunities. The ocean carrier gains from the increased market area made possible by (   ) solicitation services.

① NVOCC

② Customs Broker

③ Export Agent

④ Inventory Holder

⑤ Inbound Manufacturer

112 (주)시대상사는 다음과 해상보험 계약을 체결하였다. 이에 관한 설명으로 옳지 않은 것은?

> • 보험계약자 : 대한해운(주)
> • 보험 목적물 : 선체 및 부속품
> • 보험기간 : 2013.8.20 ~ 2014.8.19
> • 보험가입액 : 140억원
> • 보험가액 : 150억원
> • 보험료 : 보험금액의 0.5%

① 보험료는 7천만원이다.

② 보험자의 최고 보상 한도액은 140억원이다.

③ 보험 목적물의 가치는 150억원이다.

④ 보험 가입액과 보험가액이 일치하지 않으므로 일부보험이다.

⑤ 보험 목적물이 선체 및 부속품이므로 적하보험이다.

113 서울소재 A회사가 미국 시카고 소재 B회사로부터 TV부품을 수입(미국 시카고 소재 B회사 발송 → 뉴욕항 선적 → 부산항 입항 → 서울 도착)하면서 지불한 운임 및 부대비의 세부 내용은 다음과 같다. 이때 관세 납부시 과세대상금액은?

- 미국 내륙의 트럭 운송료 : US $3,000
- 뉴욕항 창고보관료 및 화물취급료 : US $300
- 뉴욕에서 부산까지 해상운임 : US $10,000
- 뉴욕에서 부산까지 적하보험료 : US $100
- 부산항 창고보관료 : US $200
- 부산에서 서울까지의 트럭 운송료 : US $500

---

① US $13,000   ② US $13,300

③ US $13,400   ④ US $13,900

⑤ US $14,100

114 물품을 미국의 A로부터 수입하면서 매수인 B가 지불한 금액이 다음과 같다. 이 경우 수입물품에 부과되는 관세의 과세가격은? (단, 무역거래규칙은 CFR이다.)

- A에게 지불한 금액 US $100,000 (송품장에 표시된 금액)
- 신용장 발행과 관련하여 B의 거래은행에 지불한 수수료 US $2,000
- 국내 보험업자에게 지불한 해당 수입물품의 보험료 US $1,000
- 해당 수입물품의 구매와 관련하여 독일의 특허권자 C에게 지불한 금액 US $5,000

---

① US $100,000   ② US $101,000

③ US $102,000   ④ US $106,000

⑤ US $108,000

115 해상보험에 관한 다음의 설명 중 틀린 것은?

① 보험요율의 산정에 영향을 미치는 요소는 보험조건, 항해구간(출발지, 도착지), 선박의 등급 등이다.

② 추정전손(Constructive Total Loss)은 선박의 수리비가 수리후의 선박가액을 초과하지 않는 경우 발생한다.

③ 위부(Abandonment)란 추정전손을 처리하기 위하여 피보험자가 보험목적물에 대해 갖는 일체의 권리를 보험자에게 이전하는 것이다.

④ 해상보험의 보상원칙은 보험금액을 한도로 실제 발생한 손해액을 보상하는 실손보상이 원칙이다.

⑤ 분손은 손해부담자의 범위에 따라 단독해손과 공동해손으로 구분된다.

116 다음 (   )에 들어갈 용어로 적합한 것은?

> There is a (   ) act when, and only when, any extraordinary sacrifice or expenditure is intentionally and reasonably made or incurred for the common safety for the purpose of preserving from peril the property involved in a common maritime adventure.

① subrogation

② general average

③ abandonment

④ particular average

⑤ with average

117 항공화물운송장(AWB)과 선하증권(B/L)을 비교·설명한 것 중 틀린 것은?

① 선하증권은 통상적으로 기명식으로 발행되고, 항공화물운송장은 거래의 신속성을 위해 지시식으로 발행된다.

② 선하증권은 대개 유통성 유가증권이고, 항공화물운송장은 비유통성증권으로 발행된다.

③ 법률적으로 항공화물운송장은 송화인이 작성하여 항공사에게 교부하는 형식을 취하고 있는데 반하여, 선하증권은 선박회사가 작성하여 송화인에게 교부한다.

④ 항공화물운송장은 선하증권과 같이 송화인과 운송인 사이에 운송계약이 체결되었다는 증거서류이다.

⑤ 선하증권이 대개 선적식으로 발행되는데 반하여 항공화물운송장은 수취식으로 발행된다.

118 운송서류의 정당한 수화인(consignee)에 관한 설명으로 옳지 않은 것은?

① 지시식 선하증권 중 "to order"로 발행된 경우 신용장 매입은행이 배서한 선하증권 원본소지인

② 기명식 선하증권으로 발행된 경우 consignee 란에 기재되어 있는 자

③ 지시식 선하증권 중 "to order of shipper"로 발행된 경우 shipper가 배서한 선하증권 원본 소지인

④ 지시식 선하증권 중 "to the order of D bank"로 발행된 경우 D은행이 지시한 자

⑤ 지시식 선하증권 중 "to the order of ABC"로 발행된 경우 ABC가 배서한 선하증권 원본 소지인

119 무역계약 시 포함되는 거래조건에 관한 설명으로 옳지 않은 것은?

① 품질조건 중 Sea-Damaged Terms(SD)는 곡물거래에 사용되는 것으로, 원칙적으로는 선적품질결정방법이지만, 운송 중 해수에 의한 물품의 손해는 매도인이 부담하기로 하는 조건이다.

② 과부족용인조건(More or Less Clause)이란 Bulk Cargo에서와 같이 운송 중 수량의 변화가 예상되는 물품에 대해 약정된 허용 범위 내에서 과부족을 인정하는 조건이다.

③ Incoterms® 2020에는 "단일 또는 복수의 운송방식용 규칙"군과 "해상 및 내륙수로운송용 규칙"군으로 나뉘어 총 13개의 규칙이 있다.

④ 무역대금의 결제에서 COD, D/P방식은 은행이 대금의 지급을 보증하지 않는다.

⑤ 선적일자와 관련하여 선하증권에 선적일이 표시되지 않고 발행일만 표시된 경우에는 선하증권 발행일이 선적일자로 간주된다.

120 다음 괄호 안에 들어갈 용어는?

> Where the subject-matter insured is destroyed, or so damaged as to cease to be a thing of the kind insured, or where the assured is irretrievably deprived thereof, there is a(n) (   ).

① expense loss

② particular average

③ general average

④ constructive total loss

⑤ actual total loss

보관하역론

01 하역의 원칙과 그에 관한 설명으로 옳지 않은 것을 모두 고른 것은?

> ㄱ. 최소취급의 원칙 : 취급하는 화물유형을 최소화하여 특정 화물만 집중 관리한다.
> ㄴ. 이동거리 및 시간의 최소화 원칙 : 하역 이동거리를 최소화하여 비용을 절감한다.
> ㄷ. 호환성의 원칙 : 하역작업 공정 간의 연계를 원활하게 한다.
> ㄹ. 활성화의 원칙 : 운반활성지수를 최소화하는 원칙으로 지표와 접점이 작을수록 활성지수는 낮아지며, 하역작업의 효율이 증가한다.
> ㅁ. 취급균형의 원칙 : 하역작업의 공정능력을 파악하여 작업흐름을 비평준화 함으로써 효과를 극대화한다.

① ㄱ, ㄴ, ㄷ   ② ㄱ, ㄷ, ㄹ
③ ㄱ, ㄹ, ㅁ   ④ ㄴ, ㄷ, ㄹ
⑤ ㄴ, ㄹ, ㅁ

02 다음의 설명에 모두 해당하는 물류시설은?

> • 두 종류 이상의 운송수단 간의 연계운송을 할 수 있는 규모 및 시설을 갖추고 있다.
> • 수송기능 중심의 물류시설로서 화물취급장 또는 집배송시설 등을 보유하고 있다.
> • 해당 지역 운송망의 중심에 위치하여 다른 교통수단과 연계가 용이하다.

① 복합물류터미널
② 물류센터
③ 공동집배송단지
④ 중계센터
⑤ 데포(Depot)

03 포크리프트의 설명으로 옳지 않은 것은?

① 카운터 밸런스(Counter Balance)형 포크리프트는 가장 일반적인 형식으로 포크 등 승강 및 적재장치를 차체 전반부에 장착한 형식이다.

② 스트래들 리치(Straddle Reach)형 포크리프트는 차체 전방에 주행 차륜을 부착한 2개의 아우트리거 (Outrigger)를 가지고 있으며, 차체 후방에는 카운트 웨이트가 있어 포크리프트의 안정성을 유지한다.

③ 사이드 포크(Side Fork)형 포크리프트는 승강 및 적재장치를 차체 측면에 설치한 차량이다.

④ 피킹(Picking) 포크리프트는 랙 창고에 사용되며 포크면의 높이에 운전대를 설치하여 임의의 높이에서 작업자가 작업을 할 수 있다.

⑤ 피킹(Picking) 포크리프트는 좁은 통로에서 사용가능하며 포크가 180도 회전할 수 있다.

04 물류거점 계획을 위한 기본조건에 관한 설명으로 옳지 않은 것은?

① 물류거점 계획을 수립하기 위한 전제조건은 크게 입지선정과 규모결정으로 나눌 수 있다.

② 수요조건은 고객의 분포, 잠재고객의 예측, 매출신장 유무, 배송가능지역 등을 고려한다.

③ 법적 규제 조건은 토지의 이용문제(기존 토지와 신규 취득), 지가, 소요자금 내 가능한 용지 취득의 범위 등을 고려한다.

④ 배송서비스 조건은 고객에 대한 도착시간, 배송빈도, 리드타임, 거리 등을 고려한다.

⑤ 운송조건은 각종 운송거점 및 영업용 운송사업자 사업장과의 근접도 등을 고려한다.

05 보관설비에 대한 다음 설명 중 옳지 않은 것은?

① 평치보관은 특별한 자동화 설비가 필요없다는 장점을 가지고 있으나, 공간 활용률이 낮아진다는 단점도 가지고 있다.

② 보관 물품의 선입선출을 위하여 플로우 랙(Flow-Through Rack)을 운용할 수 있다.

③ 타이어, 유리 등과 같이 형태가 특수한 물품이나 조심스럽게 다루어야 하는 물품은 캔틸레버 랙(Cantilever Rack)에 보관하여야 한다.

④ 창고 내의 공간 활용도를 높이기 위하여 모바일 랙(Mobile Rack)을 사용하는 것이 유리하다.

⑤ 상품을 대량으로 취급하는 경우 건물의 층고에 여유가 있으면 하이스택 랙(High-stack Rack)을 설치하는 것이 바람직하다.

06 A회사의 공장과 수요지의 수요량과 좌표가 다음과 같을 때, 무게중심법에 의한 최적의 신규 물류센터 입지는? (단, 계산한 값은 소수점 첫째자리에서 반올림함)

> 1) 수요량
>   • 수요지 1 : 35톤/월
>   • 수요지 2 : 15톤/월
>   • 수요지 3 : 20톤/월
>
> 2) X, Y좌표
>
> | 구 분 | X좌표 | Y좌표 |
> |---|---|---|
> | 수요지 1 | 6 | 4 |
> | 수요지 2 | 3 | 5 |
> | 수요지 3 | 2 | 3 |
> | 공 장 | 4 | 6 |

① X : 3, Y : 4
② X : 4, Y : 5
③ X : 4, Y : 6
④ X : 5, Y : 5
⑤ X : 6, Y : 4

07 다음 중 운반하역기기에 대한 설명으로 옳은 것은?

① 도크 레벨러(Dock Leveller)는 유압장치로 링크기를 장치하여 하대를 승강시키는 장치를 말한다.
② 도크 보드(Dock Board)는 화물차와 창고입구에 하역이 용이하도록 연결하는 하대를 말한다.
③ 파렛타이저는 컨테이너나 상자 등의 자재를 미리 정해진 형태대로 쌓거나, 파렛트 위에 쌓인 자재들을 자동적으로 푸는 장비를 말한다.
④ 테이블 리프트(Table Lift)는 트럭, 컨테이너하대 위로 파렛타이즈 된 화물을 이동시키는 기구를 말한다.
⑤ 파렛트 로더(Pallet Loader)는 독 보드를 고정하고 유압장치 또는 철판을 이용하여 하대의 높이를 조정하는 장치를 말한다.

08 물류센터의 업무에 관한 설명으로 옳지 않은 것은?

① 입고는 입고제품의 수량 및 상태이상 유무에 대한 검수 등을 포함한다.
② 보관은 입고구역으로부터 검수된 제품을 파렛트 랙에 저장하는 것이며, 보관위치는 출고를 고려하여 정한다.
③ 피킹은 출고지시에 따라 파렛트, 박스, 낱개 단위별로 이루어지며 일괄피킹, 순차피킹 등의 방법이 있다.
④ 분류는 피킹된 제품을 배송처 별로 구분하는 활동으로 자동컨베이어, DPS(Digital Picking System), 분류자동화 기기 등의 설비를 이용한다.
⑤ 유통가공은 물류센터 업무의 최종단계로, 가격표 부착, 바코드 부착, 포장 등의 작업을 수행한다.

09 다음은 창고자동화에 대한 설명이다. 옳지 않은 것은?

① 트럭운송 중계지의 보관거점으로서 도시 중심지역에 터미널창고를 설립하여야 한다.

② 공산품 화물운송 수요의 증가나 운송품목의 다양화에 대비하기 위해서는 일관자동창고 정보시스템이 필요하다.

③ 수도권에서 공산품 유통창고는 도시주변 및 간선도로 근접지역에 건설되어야 한다.

④ 철도화물운송에 있어서는 운송수요의 증가에 대비하여 역터미널창고의 대폭적인 확대정비가 필요하다.

⑤ 복잡한 재고관리체제의 불합리성 극복과 관리의 원활화를 위하여 창고자동화의 도입이 요구되고 있다.

10 다음은 무엇에 관한 설명인가?

> 공급처에서 물류 거점으로 입하된 상품을 격납 및 인출 과정을 거치지 않고 환적 등의 작업을 통하여 수요처로 즉시 출하하는 시스템이다. 이를 위해서는 공급처의 출하정보 사전 입수 체계와 물류 거점으로의 적시 입하 체계를 갖추어야 한다.

① 직접선적(Direct Shipment)

② 크로스 도킹(Cross Docking)

③ 창고 자동화(Warehouse Automation)

④ 판매시점관리(Point-of-Sale Management)

⑤ EDI(Electronic Data Interchange)

11 다음 표와 같이 과거 실적치가 주어졌을 때, 가중이동평균법(Weighted Moving Average)으로 예측한 5월의 수요량은? (단, 2월 가중치는 0.2, 3월 가중치는 0.3, 4월가중치는 0.5이며, 소수점 첫째 자리에서 반올림 하시오.)

월	1	2	3	4	5
실수요량	150	170	160	180	?

① 166

② 172

③ 174

④ 178

⑤ 182

12 항공용 단위탑재 수송용기에 관한 설명이다. ( ) 안에 들어갈 용어로 옳은 것은?

> (ㄱ)은 항공기 화물실 윤곽(Contour)에 맞게 제작되어 화물실 공간을 최대한 활용할 수 있도록 제작되어 있으며, (ㄴ)은 밑바닥이 없는 형태로 항공기 내부구조에 맞게 알루미늄과 유리섬유(Fiberglass)로 만들어진 항공화물을 넣는 특수한 덮개이다.

① ㄱ : Certified Aircraft Container   ㄴ : Cattle Pen

② ㄱ : Igloo   ㄴ : GOH(Garment On Hanger)

③ ㄱ : Certified Aircraft Container   ㄴ : Igloo

④ ㄱ : Cattle Pen   ㄴ : Igloo

⑤ ㄱ : Certified Aircraft Container   ㄴ : GOH

13 파렛트의 적재방법 중에서 동일한 단에서는 물품을 가로·세로로 조합해 쌓으며, 다음 단에서는 방향을 180° 바꾸어 교대로 겹쳐 쌓는 방법은?

① 블록(Block)형 적재

② 벽돌(Brick)형 적재

③ 핀휠(Pinwheel) 적재

④ 스프리트(Split) 적재

⑤ 교호(Alternative)열 적재

14 다음 중 일관파렛트화의 장점만을 나열한 것은?

> ㉠ 작업능률의 향상
> ㉡ 포장의 간소화
> ㉢ 하역의 기계화
> ㉣ 생산성의 향상
> ㉤ 화물의 손상방지

① ㉠, ㉡, ㉢, ㉣   ② ㉠, ㉢, ㉣, ㉤

③ ㉠, ㉡, ㉣, ㉤   ④ ㉠, ㉡, ㉢, ㉤

⑤ ㉠, ㉡, ㉢, ㉣, ㉤

15 물류거점의 수와 관련된 주요 비용은 재고유지비용, 수배송비용 및 관리비용 등이다. 이들의 상관관계에 대한 다음 설명 중 옳지 않은 것은?

> ㉠ 물류센터의 수가 늘어나면 재고유지비용은 증가한다.
> ㉡ 물류센터의 수가 늘어나면 수송비용은 증가한다.
> ㉢ 물류센터의 수가 늘어나면 배송비용은 증가한다.
> ㉣ 물류센터의 수가 늘어나면 시설투자비용은 증가한다.
> ㉤ 물류센터의 수가 늘어나면 관리비용은 증가한다.
> ㉥ 물류센터의 수가 늘어나면 안전재고의 합은 증가한다.
> ㉦ 물류센터의 수가 늘어날수록 총비용은 증가하다가 감소한다.

① ㉠과 ㉥
② ㉡과 ㉢
③ ㉤과 ㉦
④ ㉢과 ㉦
⑤ ㉥과 ㉦

16 A창고는 처리실적이 지속적으로 저조하였으나, 최근 창고시스템의 고질적인 결함을 개선하면서 처리실적이 급격하게 증가하였다. 이 경우 차기 처리실적을 예측하기 위한 가장 적합한 수요예측방법은?

① 지수평활법
② 회귀분석법
③ 투입산출모형
④ 단순이동평균법
⑤ 수명주기예측법

17 다음 중 재고회전율에 대한 설명으로 옳지 않은 것은?

① 재고회전율은 순 매출을 평균재고로 나눈 값이다.
② 월평균재고는 각월의 재고합계를 총 개월 수로 나눈 값이다.
③ 재고회전율이 빠르면 빠를수록 수익성은 향상되며 따라서 자금흐름 또한 원활하게 된다.
④ 회전율의 크고 작음은 곧 마진율의 '폭'과도 상당히 밀접한 관계를 갖는다.
⑤ 빠른 재고회전율은 판매가격의 인하를 촉진시킬 뿐만 아니라 상품의 가치를 하락시킬 위험이 높다.

18 다음 내용과 관련 있는 컨베이어 분류방식은?

> 자동분류 컨베이어 방식 중 암(Arm)을 이용하여 컨베이어가 흐르는 방향에 대해서 직각 방향으로 화물을 밀어내는 방식이며, 구조가 간단해서 어떤 컨베이어와도 연결이 용이한 분류 방식이다.

① 푸셔(Pusher) 방식
② 크로스벨트(Cross-Belt) 방식
③ 다이버터(Diverter) 방식
④ 슬라이딩슈(Sliding-Shoe) 방식
⑤ 경사트레이(Tilted Tray) 방식

19 다음이 설명하는 물류시설의 민간투자사업 방식이 올바르게 연결된 것은?

> ㄱ. 민간 사업자가 도로, 철도, 항만 등의 공공 물류시설 건설 후, 소유권을 먼저 국가 또는 지방자치단체에 이전하고 일정기간 그 시설물을 운영한 수익으로 투자비를 회수하는 투자방식
> ㄴ. 민간 사업자가 도로, 철도, 항만 등의 공공 물류시설 건설 후, 소유권을 먼저 국가 또는 지방자치단체에 이전하고 일정기간 국가 또는 지방자치단체로부터 임대료를 받아 투자비를 회수하는 투자방식

① ㄱ : BTL(Build Transfer Lease)
　 ㄴ : BTO(Build Transfer Operate)
② ㄱ : BTO(Build Transfer Operate)
　 ㄴ : BOO(Build Own Operate)
③ ㄱ : BOT(Build Operate Transfer)
　 ㄴ : BTL(Build Transfer Lease)
④ ㄱ : BOO(Build Own Operate)
　 ㄴ : BTL(Build Transfer Lease)
⑤ ㄱ : BTO(Build Transfer Operate)
　 ㄴ : BTL(Build Transfer Lease)

20 다음에서 설명하고 있는 자동화창고 장비는 무엇인가?

> 입체 자동화창고의 대표적인 운반기기 중에서 랙에 화물을 입출고하는 기기의 일종으로, 하단에 주행레일이 있고 상단에 가이드레일이 있는 통로 안에서 주행장치로 이동하며, 승강장치와 포크장치를 이용하여 입출고 작업을 하는 장비이다.

① 트레버서(Traverser)
② 무인 반송차(AGV)
③ 스태커 크레인(Stacker Crane)
④ 컨베이어(Conveyer)
⑤ 셀(Cell)

21 A제품의 조달기간은 3주였으나 외부상황의 변동에 따라 조달기간이 12주로 변경되었고, 수요의 표준편차가 2배로 확대되었다면 A제품의 안전재고의 변화량은? (단, 다른 조건은 동일하다.)

① 기존의 2배 증가
② 기존의 3배 증가
③ 기존의 4배 증가
④ 기존의 8배 증가
⑤ 기존의 16배 증가

22 창고 내 로케이션(Location) 관리에 관한 설명으로 옳지 않은 것은?

① 로케이션(Location) : 배치된 지역 및 위치에 주소를 부여하는 것을 말한다.
② 고정 로케이션(Fixed Location) : 선반 번호별로 보관하는 품목의 위치를 고정하여 보관하는 방법이다.
③ 프리 로케이션(Free Location) : 품목과 보관하는 랙 상호간에 특별한 연관관계를 정하지 않는 보관방법이다.
④ 고정 로케이션(Fixed Location) : 수작업으로 관리하는 경우가 많고, 선반 꼬리표 방식과 병행해서 사용하는 경우도 있다.
⑤ 구역 로케이션(Zone Location) : 특정 품목군을 일정한 범위 내로 한정하여 보관하고, 그 범위 내에서 특정 위치를 고정하는 방법이다.

23 항만하역에 관한 설명으로 옳지 않은 것은?

① 항만하역이란 항만에서 항만운송면허사업자가 화주나 선박운항업자로부터 위탁을 받아 선박에 의해 운송된 화물을 선박으로부터 인수받아 화주에게 인도하는 과정을 총칭한다.

② 환적작업(Transhipment)은 한 선박에서 다른 선박으로 화물을 옮겨 싣는 것을 말한다.

③ 본선작업으로는 본선내의 화물을 내리는 적하와 본선에 화물을 올리는 양하가 있다.

④ 육상에서는 운반차량을 이용한 상차, 하차, 출고상차, 하차입고 등의 작업이 있다.

⑤ 스프레더(Spreader)란 컨테이너 크레인, 트랜스퍼 크레인 등의 권상용 블록(Block) 하부에 부착되어 컨테이너를 집어 올려 하역하는 설비를 말한다.

24 하역 및 보관의 합리화 방안 중 하나는 RFID(Radio Frequency Identification) 시스템을 도입하여 관리의 효율화를 기하는 것이다. 다음 중 RFID 시스템에 관한 설명으로 옳지 않은 것은?

① RFID 시스템은 보통 판독 및 해독 기능을 하는 판독기(RF Reader), 고유 정보를 내장한 전파 식별 태그(RFID Tag) 그리고 데이터 처리 장치 및 운용소프트웨어로 구성된다.

② RFID 시스템은 태그(Tag)의 동력 유무에 따라 능동형(Active) RFID와 수동형(Passive) RFID로 구분되기도 한다.

③ RFID 시스템은 라디오 주파수(Radio Frequency)를 이용하여 송수신하기 때문에 바코드 시스템에 비해 원거리에서도 사용가능하다는 장점이 있다.

④ RFID 시스템은 바코드 시스템에 비해 다양한 많은 양의 정보를 기록할 수 있다는 장점이 있다.

⑤ RFID 시스템은 정보의 보안성이 뛰어나다는 장점이 있다.

25 포장에 관한 설명으로 옳지 않은 것은?

① 한국산업표준(KS)은 낱포장, 속포장, 겉포장으로 분류한다.

② 낱포장은 물건 개개의 포장으로 상품가치를 높이거나 보호하기 위함이다.

③ 속포장은 수분, 습기, 광열 및 충격을 방지하기 위함이다.

④ 형태별로 공업포장과 상업포장으로 분류한다.

⑤ 1차 포장은 포장재료가 내용제품과 직접 접촉하는 경우로 소비자포장이라고도 한다.

26 컨테이너 하역 방식에 관한 설명으로 옳지 않은 것은?

① 트랜스테이너 방식은 컨테이너선에서 야드 샤시에 탑재된 컨테이너를 마샬링 야드에 이동시켜 트랜스퍼 크레인에 의해 장치하는 방식이다.

② 스트래들 캐리어 방식은 컨테이너를 2~3단으로 적재할 수 있고 토지의 효율성이 높고 작업량의 탄력성을 가진다. 다만, 장비와 컨테이너의 파손율이 높다는 단점이 있다.

③ 스트래들 캐리어 방식은 컨테이너를 컨테이너선에서 크레인으로 에이프론에 직접 내리고 스트래들 캐리어로 운반하는 방식이다.

④ 샤시방식이란 육상 및 선상에서 크레인으로 컨테이너선에 직접 직상차하는 하역방식이다.

⑤ 혼합방식은 적은 면적의 컨테이너 야드를 가진 터미널에 가장 적합하며 일정한 방향으로 이동하기 때문에 전산화에 의한 완전자동화가 가능하나, 물량이 증대될 때 대기시간이 길어진다는 단점이 있다.

27 파렛트에 관한 설명으로 옳지 않은 것은?

① 파렛트는 국제표준규격이 정해져 있다.

② 파렛트는 물류합리화의 시발점이 되고 있다.

③ 파렛트를 물류활동의 모든 과정에 사용하여 작업효율을 향상시키는 것을 일관파렛트화(Palletization)라고 한다.

④ 파렛트는 단위적재시스템의 대표적인 용기로 운송, 보관, 하역 등의 효율을 증대시키는 데 적합하다.

⑤ 우리나라 국가표준(KS) 운송용 파렛트에는 T-11형이 있으며, 이는 미국과 유럽의 표준 파렛트와도 동일한 규격이다.

28 다음 표는 물류센터 하역작업의 연속된 5개 공정별 작업시간이다. 공정개선 후 공정효율(Balance Efficiency)을 80%로 만들기 위해서는 애로공정의 작업시간을 몇 분 줄여야 하는가? (단, 소수점 첫째자리에서 반올림 하시오.)

공정명	A	B	C	D	E
작업시간(분)	13	10	16	11	10

① 4분 ② 5분

③ 6분 ④ 7분

⑤ 8분

29 투빈시스템(Two Bin System)에 관한 설명으로 옳지 않은 것은?

① 투빈시스템을 사용하기 위해서는 한 가지 품목에 대하여 두 개의 저장공간이 필요하다.

② 조달기간이 짧은 저가 품목에 대하여 많이 사용하는 방법이다.

③ 주문량이 중심이 되므로 Q시스템이라고도 부르며, 계속적인 재고수준 조사를 통하여 리드타임 기간의 수요변동에 대비해야 한다.

④ 부품의 재고관리에 많이 사용되는 기법으로 선입선출(FIFO)을 지킬 수 있는 가능성이 높아진다.

⑤ 흐름랙(Flow Rack)을 사용하면 통로공간의 낭비를 줄일 수 있어 공간효율성이 뛰어나며, 저장 및 반출 작업을 단순화시킬 수 있다.

30 다음 중 물류센터의 구분과 기능에 대한 설명으로 옳지 않은 것은?

① 배송센터는 대형할인점의 중앙배송센터와 같이 보관과 함께 입고된 제품을 취합·분류하여 배송하는 기능을 수행한다.

② 중계센터는 보관보다는 크로스도킹(Cross Docking) 기능에 충실하다.

③ 보관센터는 보관이 주요 목적이며 항만의 CY, 일반 임대 창고 등이 있다.

④ 보관센터의 입고와 출고의 단위는 큰 차이가 있다.

⑤ 배송센터의 활동으로 오더피킹(Order Picking)이 가장 많은 인력과 비용이 소모된다.

31 A창고의 1일 제품출하량은 정규분포를 따르며, 그 평균수요는 200개, 표준편차는 10개이다. 이 때 제품주문 후 창고에 보충되기 위한 조달기간은 9일이다. A창고에서의 서비스율을 95%로 유지하고자할 때 재주문점은? (단, Z(0.90) = 1.282, Z(0.95) = 1.645이며, 소수점 이하는 올림)

① 1,350개

② 1,380개

③ 1,480개

④ 1,660개

⑤ 1,849개

32 보세구역에 관한 설명으로 옳지 않은 것은?

① 보세구역은 '세금이 보류된 구역'으로 수출입화물의 관세를 지불하지 않고 운영되는 특별지역이다.

② 보세장치장은 '항만법'에 근거하며, 외국화물을 취급하는 장소이다.

③ 보세창고는 외국물품을 장치하기 위한 구역으로 세관장의 허가를 받은 경우에는 통관되지 않은 내국물품도 장치가 가능하다.

④ 보세장치장에서는 특정무역상을 위해 외국화물을 양륙하여 반출, 반입, 장치할 수 있다.

⑤ 보세구역은 수출입화물의 집화, 분류, 보관, 운송을 위해 세관장이 지정하거나 특허한 장소이다.

33 다음 중 재고와 관련하여 발생되는 대표적인 비용을 모두 고르면?

> ㉠ 구매비용
> ㉡ 발주비용
> ㉢ 판매비용
> ㉣ 재고유지비용
> ㉤ 품절비용

① ㉠, ㉡, ㉢, ㉣
② ㉠, ㉢, ㉣, ㉤
③ ㉠, ㉡, ㉣, ㉤
④ ㉠, ㉡, ㉢, ㉤
⑤ ㉡, ㉢, ㉣, ㉤

34 보관시스템의 주요 형태에 관한 설명으로 옳지 않은 것은?

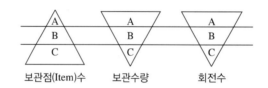

① A-A-A 형태는 보관점(Item)수는 적지만 보관수량이 많고 회전수가 큰 맥주, 청량음료, 시멘트 등 입출고가 빠른 물품으로 보관설비는 플로우 랙과 주행대차를 많이 이용하며 단시간에 대량처리가 가능한 형태이다.
② A-C-A 형태는 회전수만 높은 제품으로 보관기능이 미약하기 때문에 중간 공정이나 출고라인에서 피킹하는 제품에 적합한 형태이다.
③ C-A-A 형태는 보관점(Item)수와 보관수량이 많고 회전수가 높아 관리가 매우 복잡한 형태로 고층 랙, 모노레일 및 스태커 크레인 등의 조합과 함께 컴퓨터 컨트롤 방식을 채용 하면 운용효율을 높일 수 있다.
④ C-C-A 형태는 보관점(Item)수는 많지만 보관수량이 적고 이동이 많은 형태로 주로 고층랙을 이용하며 개별출고방식에서 오더 피킹머신과 수동으로 피킹하기도 하는 형태이다.
⑤ C-C-C 형태는 보관점(Item)수, 보관수량은 많지만 회전수가 적어 자동화 창고의 고층랙에 모노레일 및 스태커 크레인 등을 이용하거나 파렛트 직접 쌓기 및 시프터와 로더가 한조가 되는 기능의 하이쉬프트 방식을 이용하는 형태이다.

35 파렛트 풀(Pallet Pool)에 관한 설명으로 옳지 않은 것은?

① 파렛트의 장거리 회송이 필요하다.
② 파렛트의 규격 표준화가 필요하다.
③ 물류합리화와 물류비 절감이 가능하다.
④ 지역적, 계절적 수요에 대응이 가능하다.
⑤ 파렛트 규격에 맞는 포장규격의 변경이 필요하다.

36 다음의 내용에 맞는 물류기기는?

> • 랙에 화물을 입·출고시키는 주행장치, 승강장치, 포크장치로 구분된 창고 입·출고기기이다.
> • 수동, 반자동, 자동식으로 입·출고작업을 수행한다.
> • 아래에 주행레일이 있고 위에 가이드레일이 있는 통로 안에서 주행장치로 주행하며, 승강 및 포크장치를 이용한다.

① 오버헤드 크레인(Overhead Crane)
② 트레버서(Traverser)
③ 스태커 크레인(Stacker Crane)
④ 데릭(Derrick)
⑤ 갠트리 크레인(Gantry Crane)

37 A물류센터의 입고 시 지게차는 도크에서 파렛트를 적재하여 보관지역으로 이동한 후 파렛트를 하역하고 다시 도크로 돌아온다. 이때 적재와 하역에 각각 2분씩 걸리며, 도크에서 보관지역까지의 거리는 100m이고 지게차의 평균속도는 25m/분이다. 지게차는 하루에 10시간 작업하며 가동률은 0.85이다. 하루에 100대의 트럭이 도크에 도착하고 트럭당 10개의 파렛트를 하역한다면 당일 도착 트럭의 짐을 모두 처리하기 위해서는 최소 몇 대의 지게차가 필요한가?

① 10대   ② 15대
③ 20대   ④ 25대
⑤ 30대

38 다음과 같은 조건에서 제품을 보관하기 위해 필요한 창고의 바닥 면적(m^2)은?

> • 파렛트 적재 단수 : 1단
> • 파렛트당 제품 적재수량 : 200 Box
> • 제품 수량 : 100,000 Box
> • 파렛트의 면적 : $1.2m^2$
> • 창고 적재율 : 30%

① 500   ② 600

③ 750   ④ 1,000

⑤ 2,000

39 다음 중 재고 및 재고관리에 대한 설명으로 옳지 않은 것은?

① 재고란 생산을 용이하게 하거나 고객으로부터의 수요를 만족시키기 위하여 유지하는 것이다.
② 재고조사는 정기적으로 실시하는 것이 일반적이다.
③ 재고가 과소한 경우 서비스율이 높아지고 데드스톡이 발생한다.
④ 재고관리의 수급 적합 기능은 품절로 인한 판매기회의 상실을 방지한다.
⑤ 수요·공급변동 등으로 인한 품절현상을 방지하기 위한 재고의 수준을 결정할 때 이윤, 경쟁성, 보관거점 수, 고객서비스 수준 등을 고려한다.

40 다음의 화물 취급표시가 의미하는 것은?

① Stacking Limitation
② Protect from Heat
③ Unstable
④ Center of Gravity
⑤ Do Not Roll

41 물류정책기본법에서 규정하고 있는 국가물류기본계획 등에 관한 내용을 설명한 것이다. 다음 중 적당하지 않은 것은?

① 국토교통부장관 또는 해양수산부장관은 시·도지사에게 국가물류기본계획의 수립·변경을 위해 필요한 자료의 제출을 요청할 수 있다.

② 국가물류기본계획에는 국제물류의 촉진·지원에 관한 사항이 포함되어야 한다.

③ 국토교통부장관은 국가물류기본계획을 수립하거나 변경한 때에는 이를 관보에 고시하고, 물류기업 및 관계 중앙행정기관의 장에게 통보하여야 한다.

④ 국토교통부장관 및 해양수산부장관은 국가물류정책의 기본방향을 설정하는 10년 단위의 국가물류기본계획을 5년마다 공동으로 수립하여야 한다.

⑤ 국토교통부장관 및 해양수산부장관은 국가물류기본계획을 수립하거나 대통령령으로 정하는 중요한 사항을 변경하려는 경우에는 관계 중앙행정기관의 장 및 시·도지사와 협의한 후 국가물류정책위원회의 심의를 거쳐야 한다.

42 물류정책기본법상 물류표준화에 관한 설명으로 옳지 않은 것은?

① 정부는 물류표준에 적합한 장비 등의 보급을 위하여 관계행정기관, 정부투자기관 또는 물류기업에게 필요한 소요자금의 융자 등 재정지원을 할 수 있다.

② 국토교통부장관 또는 해양수산부장관은 물류표준화에 관한 업무를 효과적으로 추진하기 위하여 필요하다고 인정하는 경우에는 산업통상자원부장관에게 한국산업표준의 제정·개정 또는 폐지를 요청할 수 있다.

③ 국토교통부장관·해양수산부장관 또는 산업통상자원부장관은 물류표준의 보급을 촉진하기 위하여 필요한 경우에는 관계 행정기관, 공공기관, 물류기업, 물류에 관련된 장비의 사용자 및 제조업자에게 물류표준장비를 제조·사용하게 하거나 물류표준에 맞는 규격으로 포장을 하도록 요청하거나 권고할 수 있다.

④ 국토교통부장관은 물류기업 및 화주기업이 기업물류비 산정지침에 따라 물류비를 관리하도록 권고할 수 있다.

⑤ 국토교통부장관은 해양수산부장관 및 산업통상자원부장관과 협의하여 기업물류비 산정지침에 따라 물류비를 계산·관리하는 물류기업 및 화주기업에 대하여는 필요한 행정적·재정적 지원을 할 수 있다.

43 물류정책기본법령상 물류표준화에 관한 설명으로 옳지 않은 것은?

① 국토교통부장관은 물류표준화에 관한 업무를 효과적으로 추진하기 위하여 필요하다고 인정하는 경우에는 산업통상자원부장관에게 「산업표준화법」에 따른 한국산업표준의 제정·개정 또는 폐지를 요청할 수 있다.

② 국토교통부장관·해양수산부장관 또는 산업통상자원부장관은 물류기업 등에게 물류표준장비의 사용자에 대하여 우선구매 등의 우대조치를 할 것을 요청할 수 있다.

③ 국토교통부장관은 화주기업이 기업물류비 산정지침에 따라 물류비를 관리하도록 권고할 수 있다.

④ 물류회계의 표준화를 위한 기업물류비 산정지침에는 물류비 관련 용어 및 개념에 대한 정의가 포함되어야 한다.

⑤ 국토교통부장관은 해양수산부장관 및 시·도지사와 협의하여 기업물류비 산정지침을 작성하여 고시하여야 한다.

44　물류정책기본법령상 국가물류기본계획에 포함되어야 하는 사항이 아닌 것은?

① 지역 물류산업의 경쟁력 강화에 관한 사항
② 국내외 물류환경의 변화와 전망
③ 연계물류체계의 구축과 개선에 관한 사항
④ 국가물류정책의 목표와 전략 및 단계별 추진계획
⑤ 물류표준화·공동화 등 물류체계의 효율화에 관한 사항

45　물류정책기본법령상 물류관리사에 관한 설명으로 옳지 않은 것은?

① 물류관리사는 물류활동과 관련하여 전문지식이 필요한 사항에 대하여 계획·조사·연구·진단 및 평가 또는 이에 관한 상담·자문, 그 밖에 물류관리에 필요한 직무를 수행한다.
② 물류관리사 자격시험은 필기의 방식으로 실시하고, 선택형을 원칙으로 하되 기입형을 가미할 수 있다.
③ 물류관리사가 그 자격을 부정한 방법으로 취득한 때에는 국토교통부장관은 그 자격을 취소하여야 한다.
④ 물류관리사가 다른 사람에게 자기의 성명을 사용하여 영업을 하게 한 때에는 국토교통부장관은 그 자격을 취소할 수 있다.
⑤ 국토교통부장관은 물류관리사를 고용한 물류관련 사업자에 대하여 다른 사업자보다 우선하여 재정적 지원을 하려는 경우 미리 시·도지사와 협의하여야 한다.

46　물류정책기본법에 규정된 물류정보화와 관계된 사항을 설명한 것이다. 다음 중 틀린 것은?

① 누구든지 단위물류정보망 또는 전자문서를 위작 또는 변작하거나 위작 또는 변작된 전자문서를 행사하여서는 아니 된다.
② 누구든지 국가물류종합정보센터에서 처리·보관 또는 전송되는 물류정보를 훼손하거나 그 비밀을 침해·도용 또는 누설하여서는 아니 된다.
③ 국가물류통합정보센터운영자는 전자문서 및 정보처리장치의 파일에 기록되어 있는 물류정보를 2년 동안 보관하여야 한다.
④ 누구든지 전자문서 및 물류정보의 보안에 필요한 보호조치를 강구하여야 한다.
⑤ 누구든지 불법 또는 부당한 방법으로 보호조치를 침해하거나 훼손하여서는 아니 된다.

47 물류정책기본법상 내용으로 옳지 않은 것은?

① 국토교통부장관은 물류기업에 대하여 물류정보화에 관련된 설비 또는 프로그램의 개발·운용비용의 일부를 지원할 수 있다.

② 물류기업 및 화주기업은 국토교통부장관이 고시한 기업물류비 산정지침에 따라 반드시 물류비를 관리하여야 한다.

③ 국토교통부장관은 물류정보화를 통한 물류체계의 효율화를 위하여 필요한 시책을 강구하여야 한다.

④ 국토교통부장관은 국가물류통합데이터베이스를 구축하고 물류정보를 가공·축적·제공하기 위한 통합정보체계를 갖추기 위하여 국가물류통합정보센터를 설치·운영할 수 있다.

⑤ 국토교통부장관은 정부출연연구기관을 국가물류통합정보센터의 운영자로 지정할 수 있다.

48 물류정책기본법상 국토교통부장관·해양수산부장관 또는 시·도지사가 물류기업 또는 화주기업에게 행정적·재정적 지원을 할 수 있는 환경친화적 물류활동으로 옳지 않은 것은?

① 물류자원을 절약하고 재활용하는 활동으로서 국토교통부장관 및 해양수산부장관이 정하여 고시하는 사항

② 환경친화적인 운송수송수단 또는 포장재료의 사용

③ 물류활동에 따른 폐기물을 이용한 재활용 업종 신설

④ 기존 물류시설·장비·운송수단을 환경친화적인 물류시설·장비·운송수단으로의 변경

⑤ 환경친화적인 물류시스템의 도입 및 개발

49 물류정책기본법령상 국제물류주선업자의 규정위반에 관한 제재의 내용으로 옳지 않은 것은?

① 국제물류주선업 사업의 승계 신고 지연기간이 90일 이상이고 3차 위반 시에는 150만원의 과태료

② 변경등록을 하지 아니하고 등록한 사항을 변경한 때에는 200만원 이하의 과태료

③ 국제물류주선업의 등록을 하지 아니하고 국제물류주선업을 경영한 자에는 1년 이하의 징역 또는 1천만원 이하의 벌금

④ 사업정지처분에 갈음하는 경우에는 1천만원의 과징금

⑤ 국제물류주선업의 등록에 따른 권리·의무의 승계를 신고하지 아니한 때에는 100만원 이하의 과태료

50 물류시설의 개발 및 운영에 관한 법령상 물류터미널에 관한 설명으로 옳지 않은 것은?

① 가공·조립시설이 있는 물류시설이 물류터미널에 해당하기 위해서는 그 가공·조립시설의 전체 바닥면적 합계가 물류터미널의 전체 바닥면적 합계의 4분의 1 이하이어야 한다.

② 민법에 따라 설립된 법인도 복합물류터미널사업을 경영하기 위하여 등록을 할 수 있다.

③ 철도사업법에 따른 철도사업자가 그 사업에 사용하는 화물운송·하역 및 보관 시설을 경영하는 사업은 물류터미널사업에 해당한다.

④ 복합물류터미널사업을 경영하려는 법인은 그 임원 중에 파산선고를 받고 복권되지 아니한 자가 있는 경우 등록을 할 수 없다.

⑤ 물류시설의 개발 및 운영에 관한 법률을 위반하여 벌금형 이상을 선고받은 후 2년이 지나지 아니한 자는 복합물류터미널 사업의 등록을 할 수 없다.

51 물류시설의 개발 및 운영에 관한 법률상 물류단지개발사업의 위탁시행에 관한 다음 내용 중 틀린 것은?

① 시행자는 국가·지방자치단체 또는 대통령으로 정하는 공공기관에 위탁하여 시행할 수 있다.

② 물류단지개발사업 중 항만, 용수시설, 그 밖에 대통령으로 정하는 공공시설의 건설과 공유수면의 매립에 관한 사항을 위탁하여 시행할 수 있다.

③ 공공시설에는 공공폐수처리시설·폐기물처리시설·집단에너지공급시설 등도 포함한다.

④ 위험부담, 비용의 지급방법과 자금의 관리, 시행기간 등은 위탁시 협의해야 할 사항에 포함된다.

⑤ 물류단지개발사업의 시행자로 한국토지주택공사, 한국도로공사, 한국철도공사 등이 포함된다.

52 물류시설의 개발 및 운영에 관한 법률상의 내용으로 괄호 안에 알맞은 것은?

> 물류단지개발사업 시행자가 개발한 토지·시설 등을 물류단지시설용지로 분양하는 경우 그 분양가격은 조성원가에 적정이윤을 합한 금액으로 한다. 적정이윤은 조성원가에서 자본비용, 개발사업대행비용, 선수금을 각각 제외한 금액의 (㉠)을(를) 초과하지 아니하는 범위에서 시행자가 정한다. 준공인가 전에 물류단지시설용지를 분양한 경우에 선수금을 낸 자에 대하여 정산을 하는 경우 선수금 납부일부터 정산일까지의 시중은행의 (㉡) 만기 정기예금 이자율에 해당하는 금액을 정산금에서 빼야 한다.

	㉠	㉡		㉠	㉡
①	100분의 3	1년	②	100분의 5	1년
③	100분의 5	2년	④	100분의 10	2년
⑤	100분의 10	3년			

53 물류시설의 개발 및 운영에 관한 법령상 물류터미널 개발의 지원에 관한 설명으로 옳은 것은?

① 국가 또는 지방자치단체는 물류터미널사업자가 물류터미널의 건설을 수행하는 경우에는 지분의 50% 이상을 확보하는 조건으로 소요자금의 일부를 지원할 수 있다.

② 국가 또는 지방자치단체는 물류터미널사업자가 설치한 물류터미널의 원활한 운영에 필요한 도로·철도·용수시설 등 대통령령으로 정하는 기반시설의 설치 또는 개량에 필요한 예산을 지원할 수 있다.

③ 국가 또는 지방자치단체는 물류터미널사업자가 물류터미널의 위치를 변경하고자 할 때 소요자금 전부의 예치를 조건으로 부지의 확보를 위한 행정지원을 할 수 있다.

④ 지방자치단체는 물류터미널사업자가 설치한 물류터미널의 원활한 운영에 필요한 도로·철도·용수시설 등 기반시설의 설치 또는 개량에 필요한 예산을 전액 부담하여야 한다.

⑤ 국토교통부장관은 사업의 필요에 의하여 부지확보 및 도시·군계획시설을 설치할 수 있다.

54 물류시설의 개발 및 운영에 관한 법률에 의한 물류단지개발사업으로 새로 설치되는 공공시설의 귀속 및 양도에 관한 내용으로 틀린 것은?

① 물류단지지정권자는 공공시설의 귀속에 관한 사항이 포함된 실시계획을 승인하려는 때에는 물류단지심의위원회의 심의를 거쳐야 한다.

② 새로 설치된 공공시설은 그 시설을 관리할 국가 또는 지방자치단체에 무상으로 귀속된다.

③ 시행자가 물류단지개발사업의 시행으로 새로 설치한 공공시설은 그 시설을 관리할 국가 또는 지방자치단체에 무상으로 귀속된다.

④ 물류단지개발사업의 시행으로 인하여 용도가 폐지되는 국가 또는 지방자치단체 소유의 재산은 국유재산법 및 공유재산 및 물품관리법에도 불구하고 새로 설치한 공공시설의 설치비용에 상당하는 범위에서 그 시행자에게 무상으로 양도할 수 있다.

⑤ 시행자는 국가 또는 지방자치단체에 귀속될 공공시설과 시행자에게 귀속되거나 양도될 재산의 종류와 토지의 세부목록을 그 물류단지개발사업의 준공 전에 관리청에 통지하여야 한다.

55 물류시설의 개발 및 운영에 관한 법률에 의한 사업시행자는 공공시설의 설치나 보존에 필요한 비용을 충당하기 위해 그 비용의 범위 내에서 시설부담금을 납부하게 할 수 있다. 시설부담금에 대한 설명 중 틀린 것은?

① 공공시설의 설치나 기존의 공원 및 녹지의 보존에 필요한 비용에 충당하기 위하여 그 비용의 범위에서 존치시설의 소유자에게 시설부담금을 납부하게 할 수 있다.

② 용수공급시설·하수도시설·전기통신시설 등에 대해 시설부담금을 납부하게 할 수 있다.

③ 공공시설의 설치비용은 용지비, 용지부담금, 조성비, 기반시설 설치비, 직접인건비, 이주대책비, 판매비, 일반관리비, 자본비용 및 그 밖의 비용을 합산한 금액으로 한다.

④ 공공시설이 특정한 시행자만의 사용을 위해 설치될 경우에 공공시설을 사용할 해당 시행자에게 그 설치비용의 전부 또는 일부를 부담하게 할 수 있다.

⑤ 존치시설의 소유자에게 시설부담금을 내게 하려는 경우에는 국토교통부령으로 정하는 바에 따라 시설물별로 시설부담금을 면제할 수 있다.

56 물류시설의 개발 및 운영에 관한 법률에 의한 물류단지개발사업에 포함되지 않는 사업은?

① 물류단지시설 및 지원시설의 용지조성사업
② 도로·철도·궤도·항만·공항시설 등의 건설사업
③ 전기·가스·용수 등의 공급시설과 전기통신설비의 건설사업
④ 물류단지 종사자의 주거공간 확보를 위한 주택지의 조성사업
⑤ 하수도·폐기물처리시설, 그 밖의 환경오염 방지시설 등의 건설사업

57 물류시설의 개발 및 운영에 관한 법률의 규정에 의한 물류단지개발사업을 통해 조성된 토지·시설의 분양가격을 결정하는 방법에 대한 다음 설명 중 틀린 것은?

① 분양가격은 조성원가에 적정이윤을 합한 금액으로 한다.
② 천재지변으로 인한 피해액은 분양가격에 포함되지 않는다.
③ 시행자가 필요하다고 인정하는 경우에는 분양가격을 그 이하의 금액(공유재산인 경우에는 공유재산 및 물품관리법에 따른 금액)으로 할 수 있다.
④ 조성원가는 용지비, 용지부담금, 조성비, 기반시설 설치비, 직접인건비, 이주대책비, 판매비, 일반관리비, 자본비용 및 그 밖의 비용을 포함한다.
⑤ 시행자는 준공인가 전에 물류단지시설용지를 분양한 경우에는 해당 물류단지개발사업을 위하여 투입된 총사업비 및 적정이윤을 기준으로 준공인가 후에 분양가격을 정산할 수 있다.

58 물류시설의 개발 및 운영에 관한 법률에 의한 물류단지지정의 해제와 관련된 내용으로 옳지 않은 것은?

① 물류단지로 지정·고시된 날부터 3년 이내에 물류단지개발실시계획의 승인신청을 하지 아니하면 물류단지의 지정이 해제된 것으로 본다.
② 물류단지의 지정이 해제된 경우 물류단지지정권자는 관계 중앙행정기관의 장과 시·도지사에게 통보한다.
③ 물류단지의 해제는 고시하여야 하며, 여기에는 물류단지지정의 해제사유, 국토의 계획 및 이용에 관한 법률에 의한 용도지역의 환원여부 등이 포함되어야 한다.
④ 물류단지 지정을 해제하고자 할 때에는 관계 행정기관의 장과 협의하여야 한다.
⑤ 물류단지의 개발이 완료되어 물류단지의 지정이 해제된 경우에는 변경·결정되기 전의 용도지역으로 환원되지 아니한다.

59 화물자동차 운수사업법상 화물자동차 운송사업의 상속, 양도·양수 등에 관한 설명으로 옳은 것은?

① 화물자동차 운송사업을 양도·양수하는 경우 양수인은 국토교통부장관으로부터 허가를 얻어야 한다.

② 운송사업자인 법인이 운송사업자가 아닌 법인을 흡수 합병하는 경우 합병으로 존속하는 법인은 국토교통부장관에게 신고하여야 한다.

③ 국토교통부장관은 화물자동차의 지역 간 수급균형과 화물운송시장의 안정과 질서유지를 위하여 국토교통부령으로 정하는 바에 따라 화물자동차 운송사업의 양도·양수와 합병을 제한할 수 있다.

④ 운송사업자가 사망한 경우 상속인이 그 화물자동차 운송사업을 계속하려면 사망한 후 90일 이내에 국토교통부장관으로부터 허가를 얻어야 한다.

⑤ 상속인이 피상속인의 화물자동차 운송사업을 다른 사람에게 양도하기 위해서는 상속인이 국토교통부장관으로부터 허가를 얻어야 한다.

60 화물자동차 운수사업법령상 화물자동차 운송주선사업에 관한 설명으로 옳지 않은 것은?

① 화물자동차 운송가맹사업의 허가를 받은 자는 화물자동차 운송주선사업의 허가를 받을 필요가 없다.

② 화물자동차 운송주선사업의 허가를 받은 자는 2년마다 허가기준에 관한 사항을 국토교통부장관에게 신고하여야 한다.

③ 화물자동차 운송주선사업 허가신청서에는 주사무소·영업소 및 화물취급소의 명칭·위치 및 규모를 적은 서류를 첨부하여야 한다.

④ 운송주선사업자는 주사무소 외의 장소에서 상주하여 영업하려면 국토교통부령으로 정하는 바에 따라 국토교통부장관의 허가를 받아 영업소를 설치하여야 한다.

⑤ 관할관청은 화물자동차 운송주선사업 허가증을 발급하였을 때에는 그 사실을 협회에 통지하고 화물자동차 운송주선사업 허가대장에 기록하여 관리하여야 한다.

61 화물자동차 운수사업법상 권한의 위임과 위탁에 대한 설명 중 틀린 것은?

① 국토교통부장관은 이 법에 따른 권한의 일부를 대통령령이 정하는 바에 따라 시·도지사에게 위임할 수 있다.

② 시·도지사는 국토교통부장관으로부터 위임받은 권한의 일부를 시장·군수 또는 구청장에게 재위임할 수 있다.

③ 국토교통부장관은 권한의 일부를 대통령령이 정하는 바에 따라 협회·연합회 또는 대통령령이 정하는 전문기관에 위탁할 수 있다.

④ 시·도지사가 업무를 위탁하는 경우에는 미리 국토교통부장관의 허가를 받아야 한다.

⑤ 권한이 위탁된 경우에는 해당 수탁기관이 정하는 수수료를 그 수탁기관에 내야 하며, 수수료는 위탁업무의 종류별로 국토교통부령으로 정하는 기준에 따라 수탁기관이 자율적으로 정한다.

62 화물자동차 운수사업법령상 화물자동차 운송가맹사업 및 화물정보망에 관한 설명으로 옳지 않은 것은?

① 허가를 받은 운송가맹사업자는 중요한 허가사항을 변경하려면 국토교통부장관에 대하여 신고하여야 한다.

② 운송가맹사업자는 화물자동차 운송가맹사업의 원활한 수행을 위하여 화물의 원활한 운송을 위한 화물정보망의 설치·운영을 성실히 이행하여야 한다.

③ 국토교통부장관은 안전운행의 확보, 운송질서의 확립 및 화주의 편의를 도모하기 위하여 필요하다고 인정하면 운송가맹사업자에게 화물자동차의 구조변경 및 운송시설의 개선을 명할 수 있다.

④ 운송사업자가 다른 운송사업자나 다른 운송사업자에게 소속된 위·수탁차주에게 화물운송을 위탁하는 경우에는 운송가맹사업자의 화물정보망이나 인증 받은 화물정보망을 이용할 수 있다.

⑤ 운송주선사업자가 운송사업자나 위·수탁차주에게 화물운송을 위탁하는 경우에는 운송가맹사업자의 화물정보망을 이용할 수 있다.

63 화물자동차 운수사업법령상 화물자동차 운송사업의 양도·양수, 합병 및 상속에 관한 설명으로 옳은 것을 모두 고른 것은?

> ㄱ. 국토교통부장관은 화물자동차의 지역 간 수급균형과 화물운송시장의 안정과 질서유지를 위하여 화물자동차 운송사업의 양도·양수와 합병을 제한할 수 있다.
> ㄴ. 화물자동차 운송사업의 상속인이 상속신고를 하면 피상속인이 사망한 날부터 신고한 날까지 피상속인에 대한 화물자동차 운송사업의 허가는 상속인에 대한 허가로 본다.
> ㄷ. 화물자동차 운송사업을 양도·양수하려는 경우에는 국토교통부령으로 정하는 바에 따라 양도인은 국토교통부장관에게 신고하여야 한다.
> ㄹ. 운송사업자인 법인들이 서로 합병하는 경우, 합병으로 설립되거나 존속되는 법인은 합병으로 소멸되는 법인의 운송사업자로서의 지위를 승계한다.

① ㄱ, ㄴ   ② ㄱ, ㄷ
③ ㄴ, ㄷ   ④ ㄴ, ㄹ
⑤ ㄷ, ㄹ

64 화물자동차 운수사업법상 운수사업자단체에 대한 설명 중 틀린 것은?

① 운수사업자는 국토교통부장관의 인가를 받아 화물자동차 운송사업, 화물자동차 운송주선사업 및 화물자동차 운송가맹사업의 종류별 또는 시·도 별로 협회를 설립할 수 있다.

② 협회를 설립하려면 해당 협회의 회원 자격이 있는 자의 5분의 1 이상이 발기하고, 회원 자격이 있는 자의 3분의 1 이상의 동의를 받아 창립총회에서 정관을 작성한 후 국토교통부장관에게 인가를 신청하여야 한다.

③ 회원의 자격, 임원의 정수(定數) 및 선출방법, 그 밖에 협회의 운영에 필요한 사항은 조례로 정한다.

④ 정관을 변경하려면 국토교통부장관의 인가를 받아야 한다.

⑤ 협회는 화물자동차 운수사업의 진흥 및 발전에 필요한 통계의 작성 및 관리, 외국 자료의 수집·조사 및 연구사업을 한다.

65 화물자동차 운수사업법상 운송주선사업자가 발급하는 화물위탁증에 포함되는 사항이 아닌 것은?

① 위·수탁자의 성명 및 연락처
② 화주의 성명 및 연락처
③ 화물의 출발지 및 도착지
④ 화물의 출발일시
⑤ 운 임

66 화물자동차 운수사업법령상 화물자동차 휴게소 건설사업의 시행에 관한 설명으로 옳지 않은 것은?

① 사업시행자는 화물자동차 휴게소 건설에 관한 계획을 수립한 때에는 이를 공고하고, 관계 서류의 사본을 20일 이상 일반인이 열람할 수 있도록 하여야 한다.
② 사업시행자는 승인받은 건설계획 중 전체 사업시행면적의 100분의 30의 면적감소에 따른 변경을 하려면 해당 승인권자의 변경승인을 받아야 한다.
③ 「지방공기업법」에 따른 지방공사가 사업시행자인 경우에 사업시행자는 화물자동차 휴게소 건설에 관한 계획에 대하여 공고 및 열람을 마친 후 국토교통부장관의 승인을 받아야 한다.
④ 사업시행자는 승인받은 건설계획 중 「공간정보의 구축 및 관리 등에 관한 법률」 제45조 제2호에 따른 지적확정측량의 결과에 따른 부지 면적의 변경을 하려면 해당 승인권자의 변경승인을 받지 않아도 된다.
⑤ 사업시행자가 전체 사업을 분할하여 시행하는 경우 전체 사업면적이 변경되지 않으면 해당 분할사업에서의 면적의 변경은 해당 승인권자의 변경승인을 받지 않아도 된다.

67 화물자동차 운수사업법령상 공제조합의 재무건전성에 관한 설명으로 옳지 않은 것은?

① 공제조합은 공제금 지급능력과 경영의 건전성을 확보하기 위하여 자본의 적정성, 자산의 건전성 그리고 유동성의 확보에 관한 사항들에 관하여 대통령령으로 정하는 재무건전성 기준을 지켜야 한다.
② "지급여력기준금액"이란 공제사업을 운영함에 따라 발생하게 되는 위험을 국토교통부장관이 정하는 방법에 따라 금액으로 환산한 것을 말한다.
③ 공제조합은 지급여력금액을 지급여력기준금액으로 나눈 비율을 100분의 50 이상으로 유지하는 재무건전성 기준을 준수하여야 한다.
④ 공제조합은 구상채권 등 보유자산의 건전성을 정기적으로 분류하고 대손충당금을 적립하는 재무건전성 기준을 준수하여야 한다.
⑤ 국토교통부장관이 공제조합에 대하여 자본금의 증액을 명하거나 주식 등 위험자산의 소유를 제한하는 조치를 하려는 경우에는 해당 조치가 공제계약자의 보호를 위하여 적정한지 여부 등을 고려하여야 한다.

68 항만운송사업법상 운임 및 요금에 관한 설명으로 옳지 않은 것은?

① 항만하역사업의 등록을 한 자는 해양수산부령이 정하는 바에 따라 운임과 요금을 정하여 관리청의 인가를 받아야 한다.

② 항만하역사업의 등록을 한 자가 인가를 받은 운임과 요금을 변경하고자 할 때에는 해양수산부령이 정하는 바에 따라 운임과 요금을 정하여 관리청의 인가를 받아야 한다.

③ 컨테이너 전용 부두에서 취급하는 컨테이너 화물에 대하여는 해양수산부령이 정하는 바에 따라 그 운임과 요금을 정하여 관리청의 인가를 받아야 한다.

④ 관리청은 제2항에 따른 신고를 받은 경우 신고를 받은 날부터 30일 이내에, 제3항에 따른 신고를 받은 경우 신고를 받은 날부터 14일 이내에 신고수리 여부를 신고인에게 통지하여야 한다.

⑤ 관리청이 정한 기간 내에 신고수리 여부 또는 민원 처리 관련 법령에 따른 처리기간의 연장을 신고인에게 통지하지 아니하면 그 기간(민원 처리 관련 법령에 따라 처리기간이 연장 또는 재연장된 경우에는 해당 처리기간을 말한다)이 끝난 날의 다음 날에 신고를 수리한 것으로 본다.

69 항만운송사업법상 항만운송관련 사업의 등록 또는 신고를 한 자의 등록 또는 신고에 따른 권리·의무를 승계하는 자가 아닌 것은?

① 법인인 항만운송사업자가 합병한 경우 합병으로 설립되는 법인

② 법인인 항만운송사업자가 합병한 경우 합병 후 존속하는 법인

③ 항만운송사업자가 그 사업을 양도한 경우 그 양수인

④ 자연인인 항만운송관련 사업자가 폐업한 후 그의 직계비속

⑤ 항만운송사업자가 사망한 경우 그 상속인

70 항만운송사업법상 항만하역사업의 등록기준에 관한 설명 중 틀린 항목은?

① 사업자가 개인인 경우에는 자본금을 갈음하여 재산평가액을 적용한다.

② 부산항 및 인천항의 시설평가액은 5억원 이상이다.

③ 해당 항만하역사업자가 1년 이상 전용하여 사용할 수 있는 시설이어야 한다.

④ 관리청은 지방해양수산청장이 보유하는 하역장비를 전용 사용하는 자에 대해서는 그 사용기간 동안 해양수산부령으로 정하는 하역장비 중 그 전용하여 사용하는 하역장비의 평가액에 상당하는 하역장비의 확보를 유예할 수 있다.

⑤ 관리청은 물동량 감소 등 특수한 사정이 있다고 인정되는 3급지 항만에 대하여는 항만별로 그 사정이 존속하는 기간 동안 해당 등록기준에서 정한 시설기준을 2분의 1의 범위에서 완화할 수 있다.

71 유통산업발전법상 '전통상업보존구역'에 점포를 개설하는 절차에 관한 설명 중 가장 옳지 않은 것은?

① 전통상업보존구역에 대규모점포나 준대규모점포를 개설하려는 자에게만 적용되는 절차이다.

② 해당 유형의 점포를 전통상업보존구역에 개설하고자 하는 자는 영업을 개시하기 전에 산업통상자원부령으로 정하는 바에 따라 특별자치시장·시장·군수·구청장에게 등록하여야 한다. 등록한 내용을 변경하고자 하는 경우에도 또한 같다.

③ 특별자치시장·시장·군수·구청장은 개설등록 또는 점포의 소재지의 변경등록을 하고자 하는 대규모점포 및 준대규모점포의 위치가 전통상업보존구역에 있을 때에는 등록을 제한하거나 조건을 붙일 수 있다.

④ 점포의 위치가 전통상업보존구역에 있을 때 등록을 제한하거나 조건을 붙이는 경우 등록 제한 또는 조건에 관한 세부 사항은 시장·군수·구청장이 정한다.

⑤ 특별자치시장·시장·군수·구청장은 전통시장이나 전통상점가의 경계로부터 1킬로미터 이내의 범위에서 해당 지방자치단체의 조례로 정하는 지역을 전통상업보존구역으로 지정할 수 있다.

72 유통산업발전법령상 공동집배송센터개발촉진지구에 관한 설명으로 옳지 않은 것은?

① 시·도지사는 집배송시설의 집단적 설치를 촉진하고 집배송시설의 효율적 배치를 위하여 공동집배송센터 개발촉진지구의 지정을 산업통상자원부장관에게 요청할 수 있다

② 산업통상자원부장관은 촉진지구를 지정하려면 미리 관계 중앙행정기관의 장과 협의하여야 한다.

③ 외국인투자촉진법에 따른 외국인투자지역에 대해서도 촉진지구를 지정할 수 있다.

④ 촉진지구로 지정되기 위한 요건의 하나로서, 부지의 면적은 10만 제곱미터 이상이어야 한다.

⑤ 촉진지구 안의 집배송시설을 공동집배송센터로 지정하기 위해서는 시·도지사의 지정추천이 있어야 한다.

73 유통산업발전법령상 대규모점포 등에 관한 설명으로 옳은 것은?

① 특별자치시장·시장·군수·구청장은 대규모점포 등 개설자가 정당한 사유 없이 1년 이내에 영업을 시작하지 아니한 경우에는 그 등록을 취소하여야 한다.

② 대규모점포로서 전문점은 용역의 제공장소를 포함하여 매장면적의 합계가 3천 제곱미터 이상이어야 한다.

③ 형법을 위반하여 징역형의 집행유예선고를 받고 그 유예기간 중에 있는 자는 대규모점포의 등록을 할 수 없다.

④ 대규모점포의 개설자가 당해 점포를 무상으로 양도한 경우에는 양수인은 그 대규모점포개설자의 지위를 승계하지 못한다.

⑤ 개설등록을 하고자 하는 대규모점포의 위치가 전문상가단지에 있을 때에는 등록을 제한하거나 조건을 붙일 수 있다.

74 유통산업발전법령상 공동집배송센터의 지정 등에 설명으로 옳지 않은 것은?

① 공동집배송센터의 지정을 받고자 하는 자는 산업통상자원부장관에게 지정추천을 신청하여야 한다.

② 공동집배송센터의 지정을 받아 운영하는 사업자가 지정받은 공동집배송센터사업자를 변경하고자 하는 때에는 산업통상자원부장관의 변경지정을 받아야 한다.

③ 정보 및 주문처리시설은 공동집배송센터가 갖추어야 하는 주요시설에 해당한다.

④ 공동집배송센터의 지정을 받은 날부터 정당한 사유없이 3년 이내에 시공을 하지 아니하는 경우에는 그 지정을 취소할 수 있다.

⑤ 공동집배송센터사업자와 신탁계약을 체결한 신탁업자는 공동집배송센터사업자의 지위를 승계한다.

75 유통산업발전법령상 과태료 부과의 대상에 해당하는 자는?

① 변작된 전자문서를 사용하거나 유통시킨 자

② 부정한 방법으로 대규모점포 등의 개설등록을 한 자

③ 대규모점포 등 개설자의 업무를 수행하지 아니한 자

④ 유통표준전자문서를 의무기간 동안 보관하지 아니한 자

⑤ 법령에 위반하여 컴퓨터 등 정보처리조직의 파일에 기록된 유통정보를 공개한 자

76 철도사업법상 철도사업자가 사업계획을 변경하려는 경우에는 원칙적으로 국토교통부장관에게 신고하여야 하지만 예외적으로 인가를 받아야 하는 경우가 있다. 다음 중 해당되지 않는 것은?

① 여객열차의 운행구간을 변경하는 경우

② 철도운송서비스의 종류를 변경하는 경우

③ 다른 종류의 철도운송서비스를 추가하는 경우

④ 사업용 철도노선별로 여객열차의 운행횟수를 10분의 1 이상 변경하는 경우

⑤ 사업용 철도노선별로 여객열차의 정차역을 신설 또는 폐지하거나 10분의 1 이상 변경하는 경우

77 철도사업법령상 공동운수협정 및 양도·양수 또는 합병에 관한 설명으로 옳지 않은 것은?

① 철도사업자는 다른 철도사업자와 공동경영에 관한 계약이나 그 밖의 운수에 관한 협정을 체결하려는 경우에는 국토교통부령으로 정하는 바에 따라 국토교통부장관에게 신고하여야 한다.

② 철도사업자는 그 철도사업을 양도·양수하려는 경우에는 국토교통부장관의 인가를 받아야 한다.

③ 철도사업자는 다른 철도사업자 또는 철도사업 외의 사업을 경영하려는 자와 합병하려는 경우에는 국토교통부장관의 인가를 받아야 한다.

④ 전용철도의 운영을 양도·양수하려는 자는 국토교통부령으로 정하는 바에 따라 국토교통부장관에게 신고하여야 한다.

⑤ 전용철도의 등록을 한 법인이 합병하려는 경우에는 국토교통부령으로 정하는 바에 따라 국토교통부장관에게 신고하여야 한다.

78 철도사업법령상 철도사업에 관한 설명으로 옳지 않은 것은?

① 철도사업자가 운임·요금을 변경하려는 경우에는 국토교통부장관에게 신고하여야 한다.

② 철도사업자가 여객열차의 운행구간을 변경하려는 경우에는 국토교통부장관의 인가를 받아야 한다.

③ 철도사업자가 당해 철도사업을 양도·양수하려는 경우에는 국토교통부장관의 허가를 받아야 한다.

④ 철도사업자가 그 사업의 일부를 폐업하려는 경우에는 국토교통부장관의 허가를 받아야 한다.

⑤ 철도사업자가 철도사업약관을 변경하려는 경우에는 국토교통부장관에게 신고하여야 한다.

79 농수산물 유통 및 가격안정에 관한 법령상 농산물의 생산조정 및 출하조절에 관한 설명으로 옳지 않은 것은?

① 주산지는 시·도지사가 지정한다.

② 농림축산식품부장관 또는 해양수산부장관은 예시가격을 결정할 때에는 해당 농산물의 농림업관측, 주요 곡물의 국제곡물관측 또는 수산업관측 결과, 예상 경영비, 지역별 예상 생산량 및 예상 수급상황 등을 고려하여야 한다.

③ 해양수산부장관은 해양수산부령으로 정하는 주요 농수산물의 수급조절과 가격안정을 위하여 해당 수산물의 종자 입식 시기 이전에 예시가격을 예시할 수 있다.

④ 농림축산식품부장관은 비축용 농산물을 도매시장 및 공판장에서 수매하여야 한다.

⑤ 농림축산식품부장관은 비축용 농산물을 수입하는 경우 국제가격의 급격한 변동에 대비하여야 할 필요가 있다고 인정할 때에는 선물거래를 할 수 있다.

80 농수산물유통 및 가격안정에 관한 법률상 규정된 내용으로 옳지 않은 것은?

① 대한민국 양허표상의 시장접근물량에 적용되는 양허세율로 수입하는 농산물 중 다른 법률로서 달리 정하지 아니한 농산물을 수입하려는 자는 농림축산식품부장관의 추천을 받아야 한다.

② 농수산물 도매시장 개설자의 의무에는 상품성 향상을 위한 규격화, 포장개선 및 선도유지의 촉진이 포함된다.

③ 생산자단체는 해당 농수산물의 자율적인 수급조절과 품질향상을 위하여 생산조정 또는 출하조절을 위한 협약을 체결할 수 있다.

④ 농림축산식품부장관은 채소류 등 저장성이 없는 농산물의 가격안정을 위하여 필요하다고 인정할 때에는 그 생산자 또는 생산자단체로부터 농산물가격안정기금으로 해당 농수산물을 수매할 수 있다.

⑤ 농림축산식품부장관은 농산물의 수급안정을 위하여 가격의 등락 폭이 큰 주요 농산물에 대하여 매년 기상정보, 생산면적, 작황, 재고물량, 소비동향, 해외시장 정보 등을 조사하여 이를 분석하는 농림업관측을 실시하고 그 결과를 공표하여야 한다.

팀에는 내가 없지만 팀의 승리에는 내가 있다.
(Team이란 단어에는 I자가 없지만 win이란 단어에는 있다.)
There is no "i" in team but there is in win

- 마이클 조던 -

PART 2

정답 및 해설

SD에듀와 함께, 합격을 향해 떠나는 여행

제1회 최종모의고사 정답 및 해설

1교시(120문항)

물류관리론

01	02	03	04	05	06	07	08	09	10
②	②	③	①	②	③	①	②	⑤	⑤
11	12	13	14	15	16	17	18	19	20
①	①	②	①	④	④	③	②	④	⑤
21	22	23	24	25	26	27	28	29	30
③	①	⑤	⑤	①	③	②	②	④	③
31	32	33	34	35	36	37	38	39	40
③	④	②	⑤	①	⑤	④	③	①	①

01 생산물류는 자재창고의 출고작업에서부터 생산 공정으로의 운반, 하역, 창고에 입고 작업까지를 말한다.

02 재고보유 비율을 높이면 재고유지비용은 증가하지만 수송비용은 감소한다.

03 물류정보시스템의 구성요소
- 재고관리 모듈 : 재고계획, 재고배치 등
- 주문처리 모듈 : 주문관리, 출하처리 등
- 수·배송관리 모듈 : 수·배송 계획, 화물추적, 배차계획, 출하계획 등
- 창고관리 모듈 : 작업관리, 입출고기록, 랙관리 등
- 물류정보관리 모듈 : 물류모델의 구성, 시뮬레이션, 물류예산편성, 물류비 실적 집계, 평가 및 분석 등

04 물류는 경제재를 공급자로부터 수요자에게 전달하기까지 시간적·공간적 격차를 물리적으로 극복하면서 궁극적으로 그 경제재의 효용가치를 증대시키는 것을 목표로 하고 있다. 즉 재화와 용역을 그 효용가치가 낮은 장소로부터 높은 장소로 이동시켜 효용가치의 차이를 극복하는 활동이라 할 수 있다.

05 물류서비스와 물류비용 사이에는 상충관계(Trade-Off)가 존재하므로 서비스 수준을 높이게 되면 총 매출이 증가하더라도 물류비용도 함께 증가한다. 따라서 이익을 최대로 하는 수준에서 서비스 수준을 정할 필요가 있으므로 서비스수준이 높다고 이익이 최대가 되는 것은 아니다.

06 물류는 마케팅믹스의 4P 중 유통(Place)과 가장 밀접한 관계가 있다.

07 전술적 계획은 목적달성을 위해 사용되는 자원에 관한 구체적인 계획으로, 의사결정이 확실하고 일상적이다. 반면에 전략적 계획은 기업전체의 목적과 자원에 관한 포괄적인 계획으로, 의사결정이 불확실하고 혁신적이다.

08 문제의 지문은 POS시스템에 대한 설명으로 관련된 특징은 ①·③·④·⑤이다.
②는 첨단화물운송시스템(CVO ; Commercial Vehicle Operation)에 대한 설명이다.

09 중간상이 생산자와 소비자 사이에 개입함에 따라 생산자의 재고를 일부 부담하게 되므로 생산자의 재고부담이 감소하게 된다.

10 수량적 기능은 생산과 소비의 수량적 거리를 조정하는 기능으로, 생산자의 생산단위 수량과 소비자의 소비단위 수량간 불일치는 집하·중계·배송기능 등을 통해 조정할 수 있다.

11 라인활동은 2차적인 업무 활동이 아니라 생산 및 판매와 직결된다.

12 ABC 재고관리
통계적 방법에 의하여 관리대상을 A, B, C그룹으로 나누고, A그룹을 최중점 관리대상으로 선정하여 관리함으로써 관리 효과를 높이려는 분석방법을 의미한다.
- A그룹 : 품목비율 20%, 금액비율 80%
- B그룹 : 품목비율 30%, 금액비율 15%
- C그룹 : 품목비율 50%, 금액비율 5%

13
- 연간재고유지비용
  = 창고보관비용(500원) + 재고의 매입가격(50,000원)에 대한 이자(0.04)
  = 500 + 50,000 × 0.04 = 2,500원
- EOQ = $\sqrt{\dfrac{2 \times 6,000 \times 75,000}{2,500}}$ = 600
  평균재고수준은 경제적 주문량의 절반과 같으므로

- 평균재고 = 600/2 = 300
- ∴ 연간재고부담이자 = 평균재고 × 매입가격 × 이자율

  = 300 × 50,000 × 0.04

  = 600,000원

14 전자상거래 확대, 특히 B2C의 확대는 주문횟수를 급격히 증가시켜 물류의 중요성이 더욱 부각되고 있다.

15 수요의 급격한 변동, 글로벌화 전략, 아웃소싱 전략 등은 공급사슬 취약성의 증가 요인이 된다. 따라서 공급사슬 내에 있는 각 조직체들의 협력체계 구축을 통해 공급사슬 전체의 최적화를 추구할 수 있다.

16 순물류는 동종제품의 포장형태가 균일하고, 가격이 동일하다.

17 물류공동화는 자사와 타사의 물류시스템이 공유되는 것으로 자사의 물류시스템을 타사의 물류시스템과 연계시켜 하나의 시스템으로 운영하는 것이다. 물류공동화는 사람, 물자, 자금, 시간 등 물류자원을 최대로 활용함으로써 비용절감을 도모하고, 고객에 대한 서비스 향상, 외부불경제(대기오염, 소음, 교통체증 등)에 대한 문제의 최소화를 도모하기 위해 운영된다.

18 소비자 니즈의 다양화에 따라 제품수명주기는 점점 단축되고 있는 추세이다.

19 7R
- 좋은 제품을(Right Commodity)
- 적당한 가격으로(Right Price)
- 좋은 품질로(Right Quality)
- 정량을(Right Quantity)
- 좋은 인상으로(Right Impression)
- 적시에(Right Time)
- 적당한 장소로(Right Place)

20 선박의 레이더, 차량의 네비게이션, 핸드폰의 송수신 기능 등에 사용되는 것은 GPS(Global Positioning System)이다.

21 최근 물류관리의 목표는 단순비용절감 뿐만 아니라 물류활동을 통한 부가가치를 창출하는 것으로 전환해 가고 있다.

22 물류합리화의 필요성
- 다품종 소량생산 체제의 가속화와 고객요구의 다양화에 대한 대응
- 물류원가 증대에 대한 대응
- 물류유통의 급속한 증대, 수출물량의 증대, GDP의 급격한 성장으로 인해 복잡하고 글로벌화 되는 고객의 물류 서비스 요구에 대응
- 기술혁신에 의한 기본적인 물류영역 발전의 가속화와 물류거점의 집약화, 정보측면에서도 발전 속도가 매우 빠른 산업계의 변화 요구에 대응

23 물류 아웃소싱은 물류활동의 일부 또는 전부를 외부 물류 전문업자에게 위탁하여 수행하도록 하는 물류 전략이므로 고객불만에 대한 신속한 대처능력이 저하될 수 있다.

24 ⑤는 제품수명주기 단계 중 성숙기 전략의 특성이다.

25 지속적인 상품보충(CRP ; Continuous Replenishment Program)은 실제 판매된 판매데이터와 예측된 수요를 근거로 하여 상품을 보충시키는 방식(Pull 방식)이다.

26 최근 유통 산업의 현황은 크게 변화하고 있는 실정이다. 하이퍼마켓과 슈퍼센터, 카테고리킬러 등 파워 소매상을 중심으로 인수·합병이 활발히 이루어지고 있으며, 이들의 강력한 교섭력은 재래시장과 중소 소매상은 물론 제조업체까지 크게 위협하고 있다.

※ 유통채널의 진화 과정
- 전통시장 단계 : 제조업체와 소매업체 모두 소규모 형태이고, 특정 시장 안에서 차지하고 있는 업체별 점유율도 매우 낮은 수준의 시장
- 제조업체 우위 단계 : 특히 소비재 시장의 경우에 미국 등 선진국 시장에서는 1960년대 초까지, 한국의 경우는 1980년대 후반까지의 시장
- 소매업체 성장과 제조업체 국제화가 동시에 또는 연이어 나타나는 단계
- 제조업의 국제화가 진전됨에 따라 각 시장의 소매업체들도 연합하여 제조업체의 세력과 균형을 이루게 되면서 소매업체가 국제화되는 단계

27 구매관리는 마케팅, 생산, 엔지니어링, 재무 등의 다른 기능들과 함께 수립되고 종합적으로 다루어진다.

28 각 공급체인의 개별적인 고유 의사결정 능력을 높이게 되면 제조업자, 유통업자, 고객 사이에서 제품의 거래와 관련된 정보의 불일치가 발생할 수 있어 채찍효과가 증가하는 원인이 된다. 따라서 공급망 전반에 걸쳐 수요정보를 중앙집중화하고 상호 공유하여 불확실성을 최소화해야 채찍효과를 감소시킬 수 있다.

29 역물류(Reverse Logistics)는 물류활동을 통해 소비자에게 전달된 제품이 더 이상 필요하지 않는 상황이 발생하였을 때 그 제품을 회수하여 상태에 따라 최적의 처리를 수행하는 프로세스이다. 따라서, 폐기물의 관리·처리를 위한 기술 및 제반활동(반품, 재사용, 재활용, 대체)에 관련된 것들을 포함한다.

30 직접노무비, 재료비, 생산량 등의 재무적 수치를 배부기준으로 이용하는 것은 전통적 원가계산 방식이다.

31 하이퍼마켓(HM ; Hyper Market)
유럽, 특히 프랑스를 중심으로 발달한 소매업태로, 대형화된 슈퍼마켓에 기존의 할인점 및 창고소매업 방식을 접목시켜 가격을 저가로 책정하여 판매하는 유통업태이다. 주로 교외에 입지하며 넓은 주차장, 넓은 매장, 셀프서비스 중심, 폭넓은 상품구색, 할인판매를 주된 특징으로 한다.

32 6-시그마 기법
- 통계적 척도로서 모든 프로세스의 품질수준이 6σ를 달성하여 불량률을 3.4PPM(parts per million : 제품 백만 개당 불량품수) 또는 결함 발생 수 3.4DPMO(defects per million opportunities) 이하로 하고자 하는 기업의 품질경영전략이다.
- 효율적인 품질문화 정착을 위한 기업의 경영철학으로서 종업원들이 일하는 자세·생각하는 습관·품질 등을 중요시하는 올바른 기업문화의 조성을 의미한다.
- 품질경영을 위한 기업전략으로서 모든 프로세스는 6σ라는 품질수준의 목표를 가지고 있으며, 혁신적인 품질개선이 요구되므로 품질이 향상되고 비용이 절감되어 고객만족과 회사 발전이 실현된다.
- 6-시그마의 방침결정은 경영진의 상의하달로 이루어진다.
- 6-시그마 기법을 수행하면 재고의 감소, WIP(Work in Process)감소, Lead Time 감소, Cycle Time의 단축으로 Total Cycle Time을 감소시키는 효과가 있다.

33 ① AEO : 세관에서 일정 기준을 충족하는 수출기업의 통관절차 등의 간소화 제도
③ C-TPAT : 민간업체가 보안관리시스템을 설립·운용 시 미국 정부가 해당 업체의 화물운송 통관절차에 혜택을 부여하는 시스템
④ ISPS Code : 국제선박 및 항만시설 보안규칙
⑤ STP : 시장을 세분화하고 목표 시장을 정해서 차별적 위치를 정하는 것

34 파렛트 규격이 표준화되면 수송장비의 적재함 크기를 표준화할 수 있고, 포장단위치수의 표준화와 운반·하역장비의 표준화, 창고 및 보관시설의 표준화를 이룰 수 있다. 또한 이에 수반되는 각종 거래단위도 함께 표준화되어 운임 및 부대비용이 감소한다.

35 유통가공비는 기능별 물류비 분류 항목에 해당한다.

36 ㄱ. 지연전략 : 제품 생산공정을 전공정과 후공정으로 나누고, 마지막까지 최대한 전공정을 지연시키는 전략으로 최종 제품의 조립 시점을 최대한 고객 가까이 가져감으로써 주문에 맞는 제품을 만드는 생산 리드타임을 단축하여, 시장 변화에 반응하는 능력을 키운다.
ㄴ. 혼재 : 소량화물을 다수의 화주로부터 집하하여 이것을 모아서 대량화물로 만드는 것
ㄷ. 표준화 : 재고를 증가시키는 상품 다양성을 피하는 것

37 지수평활법에 의한 예측치
$C = (\alpha \times 전기의 실적치) + \{(1 - \alpha) \times 전기의 예측치\}$
$(C = 수요예측치,\ \alpha = 평활상수)$
평활상수 α는 0.4이므로
$C = (0.4 \times 15,000) + \{(1 - 0.4) \times 16,500\} = 15,900$

38 파렛트 풀 시스템은 파렛트의 규격과 척도 등을 표준화하고 상호 교환성이 있도록 한 후, 이를 서로 풀로 연결하여 사용함으로써 각 기업의 물류합리화를 달성하여 물류비를 절감하려는 제도이다.

39 제약이론(TOC)
모든 기업은 보다 높은 수준의 성과를 얻어낼 수 없도록 제약하는 자원이 반드시 하나 이상 존재하는데, 기업 스스로 이러한 제약자원을 파악하고 개선해야만 기업의 성과를 향상시킬 수 있다는 이론이다. 즉 TOC는 "지속적으로 돈을 번다"는 조직의 목표를 달성하는 데 제약이 되는 요인을 찾아 집중적으로 개선함으로써 단기적으로는 가시적인 경영개선 성과를, 장기적으로는 시스템의 전체적 최적화를 달성하는 프로세스 중심의 경영혁신 기법이다.

40 CRM은 기존고객 및 잠재고객을 대상으로 한 고객유지 및 이탈방지 전략이다.

41	42	43	44	45	46	47	48	49	50
②	⑤	①	①	④	①	⑤	①	④	③
51	52	53	54	55	56	57	58	59	60
②	④	②	⑤	⑤	②	③	①	③	③
61	62	63	64	65	66	67	68	69	70
①	③	④	②	①	⑤	②	③	①	⑤
71	72	73	74	75	76	77	78	79	80
②	⑤	②	①	④	④	③	①	②	④

41 화물정보망은 인공위성을 통한 위치추적시스템(GPS) 및 휴대폰을 이용하여 화물 및 차량에 대한 위치를 실시간으로 추적·관리하고, 각종 물류관련 서비스를 정보 수요자에게 제공해 주는 정보관리시스템으로 공산품 생산의 감소와는 관련이 없다. 화물정보망은 공차율의 감소, 운송시장의 투명성 제공, 운송효율의 제고 등의 역할을 수행하고 있다.

42 해상운송은 세계를 무대로 하므로 운송산업 중 가장 국제성이 높은 산업이지만 반드시 국제 간에만 이루어지는 것은 아니다.

43 운송수요의 탄력성은 운송비 절감, 즉 운임의 영향을 가장 많이 받으며, 운임의 수준이 높은 경우 화물의 대체성 여부를 검토하게 된다.

44 운송비는 특히 화물의 밀도, 적재성, 크기 등에 의해 영향을 받으므로, 고정비보다 변동비 비중이 높다.

45 파이프라인운송은 이용제품이 한정적이고 운송경로에 대한 제약이 크기 때문에 다른 운송수단과 연계하여 활용하는 데 한계가 있다.

46 화물자동차는 단거리 운송에 적합하고, 경제적이며 운임은 탄력적으로 계산이 가능하다.

47 최근 운송시장은 물류보안 및 환경 관련 규제가 강화되고 있다.

48 최저주문단위제를 실시하여 배송 주문량 및 주문 횟수를 평준화 또는 최적화할 수 있도록 해야 한다.

49 선적절차
- 구두로 선적예약(Space Booking)
- 선적요청서(S/R ; Shipping Request) 제출
- 화물선적거래서(Booking Note) 작성
- 화물인수예약명세서(Booking List) 송부
- 기기수도증(E/R) 교환
- 화주에게 인수증, 즉 부두수취증(D/R ; Dock Receipt) 발급
- 선하증권(B/L ; Bill of Lading)을 화주에게 발행

50 수출입신고 이행은 화주(소유자) 혹은 수출입통관을 전문으로 하는 관세사, 통관법인 또는 관세사법인이 세관에 수출입신고를 할 수 있다.

51 나용선계약은 선주에게서 선박만을 용선하고, 용선자는 선장 등을 비롯하여 인적 및 물적 요소 전체를 부담하며 운항 전부에 걸친 관리를 하는 용선계약이다. 또한 일정한 기간을 정해서 용선하는 기간용선계약의 하나로서, 다른 말로 선박임대차계약(Demise Charter)이라고도 한다.

52 다수의 국가에서는 현지통화 대신에 U.S. Dollar로 요율을 설정하는데 여기에는 한국, 브라질, 필리핀 등 40여 나라가 포함된다.

53 Birdy Back System은 컨테이너를 항공기에 싣고 운송하는 방식이다.

※ Piggy-back System
컨테이너 운송방식을 말하는 용어로서, 컨테이너를 적재한 트레일러(trailer)를 철도의 무개화차에 실어 수송하는 방식을 말한다. 일종의 TOFC(Trailer On Flat Car)의 수송방식이며, 컨테이너를 배에 싣고 운송하면 "Fish-back", 항공기에 싣고 운송하면 "Birdy-back"이라고 불린다.

54 지게차는 트럭이나 화차 등 육상 운송장비에 컨테이너나 화물을 양·적하하는 하역장비이다. 컨테이너터미널에서 컨테이너선에 양·적하하는 하역장비로는 갠트리 크레인(Gantry Crane), 윈치 크레인(Winch Crane), 포크 리프트/탑 핸들러(Fork Lifter/Top Handler), 스트래들 캐리어(Straddle Carrier) 등이 있다.

55 전장(Length Over All ; LOA)은 선체에 고정이 되어 있는 모든 돌출물을 포함한 배의 맨 앞부분에서 맨 끝까지의 수평거리로서 접안(Berthing) 및 입거(Docking) 등 조선상 사용된다.

56 대량화물의 장거리 운송에 적합하며 운임이 저렴하고 매우 탄력적이다.

57 ① 철도화물 운임에는 기본운임, 최저기본운임, 할인운임, 할증운임이 있다.
② 철도화물 운임체계는 화차취급운임, 컨테이너취급운임, 혼재운임으로 구분하여 운영하고 있다.
④ 일반화물의 최저기본운임은 사용화차의 최대 적재중량에 대한 100km에 해당하는 운임이다.
⑤ 1km 미만의 거리와 1톤 미만의 일반화물은 반올림하여 계산한다.

58 첨단 물류설비를 공동구매하여 다수의 기업이 공동으로 사용하게 되면 물류비용을 절감할 수 있을 뿐만 아니라 물류서비스 이용비용도 축소할 수 있다.

59 NVOCC(Non-vessel Operating Common Carrier, 무선박운송인)
선박을 보유하지 않고 운송업을 하는 해상 운송인이다. 해상운송용 선박을 직접 운항하지 않는 보통운송인으로서 화주의 역할을 한다고 규정하여 그 지위를 인정하고, 운송인의 자격으로 실 화주로부터 화물을 집화하기 위해서는 사전에 자신의 운임표를 신고해야 한다. 또한 무선박운송인은 화주의 자격으로 운임동맹 및 비동맹선사와 대량화물특혜운임 및 우대운송계약도 가능하다.

60 FIO는 화물의 본선 적하 및 양하와 관련된 모든 비용과 위험부담을 화주가 부담한다.

61 복합운송은 복합운송인이 전 운송구간에 걸쳐 화주에게 단일책임을 져야 한다. 즉 복합운송인은 자기의 명의와 계산으로 송화인을 상대로 복합운송계약을 체결한 계약당사자이다.

62 ① CLB : 캐나다 항만까지 해상운송을 한 뒤 철도운송을 통해 육로운송을 하고 다시 해상운송을 통해 유럽의 항만까지 운송하는 복합운송형태
② ALB : 극동의 주요 항만에서 북미 서안의 주요 항만까지 해상운송하며, 북미 서안에서 철도를 이용하여 미대륙을 횡단하고, 북미 동부 또는 남부항에서 다시 대서양을 해상 운송으로 횡단하여 유럽지역 항만 또는 유럽 내륙까지 일관 수송하는 운송형태
④ SLB : 시베리아를 육상 가교로 하여 한국, 일본, 극동, 동남아, 호주 등과 유럽대륙, 스칸디나비아반도를 복합운송형태로 연결하는 복합운송형태
⑤ IPI : 미국내륙지점으로부터 최소한 2개의 운송수단을 이용한 복합운송형태

63 ① 탱크 컨테이너 : 화학약품 등 액체화물 수송
② 히티드 컨테이너 : 냉결방지나 보온이 필요한 화물수송
③ 행거 컨테이너 : 양복 등의 피복류
⑤ 오픈 탑 컨테이너 : 트럭이나 중장비, 목재류

64 항공화물운송장은 항공화물운송을 위한 가장 기본적인 서류로 송화인과 운송인(혼재업자도 계약운송인에 포함) 사이에 화물의 운송계약이 체결되었다는 것을 나타내는 증거서류이다.

65 ①은 국제해운연맹(ISF)에 대한 설명이다.

66 운영효율성 지표 계산
• 적재율 : 트럭의 1회 운행당 평균 용적/트럭의 기준용적
= 9/12 = 0.75 × 100% = 75%
• 실차율 : 누적 실제 주행거리/누적 주행거리
= 42,000/60,000 = 0.7 × 100% = 70%
• 가동률 : 실제가동 영업일수/표준 영업일수
= 210일/350일 = 0.6 × 100% = 60%

67 출발지 ⓞ에서 최종목적지 ⓓ까지의 최단경로는 ⓞ → ① → ④ → ⑤ → ⓓ이다.

68 ③은 리스·렌탈 방식에 대한 설명이다.

69 파이프라인 수송은 안전성이 높다.

70 Freight All Kinds Rate는 화물의 종류나 이용과 관계없이 중량과 용적에 따라 동일하게 부과되는 운임이다.

71 배차되는 각 트럭의 용량은 총수요보다는 작고 특정고객의 수요보다는 커야 한다.

72 경제효용거리의 한계(km)는 '톤당 철도발착비+배송비+하역비+포장비'를 '화물자동차의 톤·km당 수송비－철도의 톤·km당 수송비'로 나누어 구할 수 있다.
따라서, 25,000/(2,500 － 2,000) = 50km이다.

73 1. 최소비용법
가장 비용이 저렴한 칸부터 차례로 할당해 나간다.
총운송비용 = (5 × 100) + (10 × 200) + (11 × 200) + (20 × 100) = 6,700
2. 보겔추정법
기회비용이 가장 큰 칸부터 차례로 할당해 나간다.
총운송비용 = (5 × 100) + (11 × 200) + (16 × 100) + (10 × 100) + (13 × 100) = 6,600

3. 총운송비용의 차이
6,700 − 6,600 = 100

74 물류터미널이란 화물의 집하·하역 및 이와 관련된 분류·포장·보관·가공·조립 또는 통관 등에 필요한 기능을 갖춘 시설물을 말하며, 소매시장의 기능은 없다.

75 도로 중심의 운송체계는 온실가스 배출량이 상대적으로 많고 교통혼잡 등을 유발하기 때문에 저탄소 녹색경제 실현과 사회적 비용 절감 등을 위하여 Modal Shift(화물운송의 방식을 트럭에서 철도·해운 등으로 전환하는 것)를 추진하고 있다.

76 고정 다이어그램은 과거 통계 또는 경험에 의존하여 주된 배송경로와 시각을 정해 두고 적시배달을 중시하는 배송시스템이다.
변동 다이어그램은 계획시점에서의 물동량, 가용차량 수, 도로사정 등의 정보를 감안하여 컴퓨터로 가장 경제적인 배송경로를 도출해서 적재 및 운송지시를 내리는 배송시스템이다.

77 ULS는 협동일관운송을 가능하게 한다. 즉 협동일관수송의 전형적인 수송시스템으로서 하역작업의 기계화 및 작업화, 화물파손방지, 적재의 신속화, 차량회전율의 향상 등을 가능하게 하는 물류비 절감의 최적방법이다.

78 주간보다 야간 차량 운행을 활성화하고 수송체계를 다변화한다.

79 ㄷ. 송화인의 요청에 따라 운송인이 물품을 직접 집하, 포장까지 수행하는 운송서비스체계
ㄹ. 문전(Door)에서 문전(Door)까지 일관된 운송서비스체계

80 ① '택배사업자'라 함은 택배를 영업으로 하며, 상호가 운송장에 기재된 운송사업자를 말한다.
② '택배'라 함은 고객의 요청에 따라 운송물을 고객(송화인)의 주택, 사무실 또는 기타의 장소에서 수탁하여 고객(수화인)의 주택, 사무실 또는 기타의 장소까지 운송하여 인도하는 것을 말한다.
③ '운송장'이라 함은 사업자와 고객(송화인) 간의 택배계약의 성립과 내용을 증명하기 위하여 사업자의 청구에 의하여 고객(송화인)이 발행한 문서를 말한다.
⑤ '인도'라 함은 사업자가 고객(수화인)에게 운송장에 기재된 운송물을 넘겨주는 것을 말한다.

국제물류론

81	82	83	84	85	86	87	88	89	90
④	⑤	②	⑤	⑤	④	④	②	②	④
91	92	93	94	95	96	97	98	99	100
①	①	⑤	③	④	③	③	①	③	①
101	102	103	104	105	106	107	108	109	110
③	⑤	③	③	④	⑤	①	②	⑤	④
111	112	113	114	115	116	117	118	119	120
①	②	②	⑤	③	③	①	①	③	①

81 국내물류에 비해 국제물류는 운송과정에서의 손실위험이 더 크기 때문에 위험요소가 더 많다.

82 100여년 이상 지속돼온 해운동맹은 2000년대 들어 운임 상승 담합, 동맹 미가입 선사에 대한 진입 장벽 등 여러 가지 폐단이 지적되면서 해체 필요성이 제기되고 있다.

83 물류비 10%(6억 달러) 절감하면 그 만큼 순이익이 증가하므로 수출증대효과는
500 : 25 = x : 6
∴ x = 120억 달러

84 선하증권은 운송화물을 대표하는 대표증권이며, 선하증권의 소지인은 화물의 인도를 청구할 수 있기 때문에 채권효력을 갖는 채권증권이다.

85 ① ISF : 선원문제에 관한 선주의 권익보호와 자문을 위해 1909년 창설된 민간기구
② FIATA : 국가별 대리점협회와 개별 대리점으로 구성된 기구로서 1926년 비엔나에서 국제적인 대리업의 확장에 따른 제반 문제점을 다루기 위해 설립
③ BIMCO : 순수한 민간단체로 국제해운의 경제적 상업 개입 협조에 주력하고, 발틱해와 백해지역 선주들의 이익을 위하여 창설
④ CMI : 해상법(海商法)·해사관련 관습·관행 및 해상실무의 통일화에 기여하기 위하여 1897년 벨기에 앤트워프에서 창설된 민간국제기구

86 Incoterms® 2020

구 분	정형거래조건
복합운송조건	• EXW(공장인도조건) • FCA(운송인인도조건) • CPT(운송비지급인도조건) • CIP(운송비 · 보험료지급인도조건) • DPU(도착지양하인도조건) • DAP(목적지인도조건) • DDP(관세지급인도조건)
해상운송조건	• FAS(선측인도조건) • FOB(본선인도조건) • CFR(운임포함조건) • CIF(운임보험료포함조건)

87 컨테이너 보험의 특수성을 고려하여 보험증권의 유통성을 제한하고 있다.

88 항공화물운송장(Air waybill, Air consignment note)
항공화물 운송을 위한 가장 기본적인 서류로서 해상운송에서의 선하증권(B/L)과 같은 기본적인 증권이다. 이것은 송화인과 항공사간에 화물운송 계약체결을 증명하는 서류, 관세에 대한 신고서, 항공회사에 대한 지도서, 운임요금청구서와 화물의 수령서 등의 기능을 갖고 있다. 항공화물운송장은 화주가 작성하여 항공회사 또는 대리점에 제출하는 것이 원칙이나 일반적으로 화주가 제출한 운송지시서와 상업송장에 의거하여 항공화물대리점이 운송장을 작성하여 화물을 인수한 후 발행하고 있는 실정이다.

※ 항공화물운송장(AWB)과 선하증권 (B/L)의 비교

항공화물운송장(AWB)	선하증권 (B/L)
유가증권이 아닌 단순한 화물운송장, 즉 수화인에게 화물이 인도되는 순간 효력이 없어짐	유가증권
비유통성 non-negotiable	유통성 negotiable
기명식	지시식(무기명식)
수취식, 창고에서 수취하고 발행	선적식, 본선적재 후 발행
송화인이 작성	선사가 작성

89 편의치적국들은 선박의 운항 및 안전기준 등의 규제 등에 대해서 전통적 해운국과 상당한 차이를 보이며, 특히 선사에 대한 통제능력이나 행정기구 등의 결여 등으로 부적격선 혹은 기준미달선의 증가를 가져올 수 있다.

90 Order B/L(지시식 선하증권)은 B/L의 수화인란에 특정의 수화인명이 기재되지 않고, 단순히 "to order", "to order of shipper", "to order of…bank"와 같이 지시인(Order)만 기재하여 유통을 목적으로 한 선하증권이다.

91 CFS-CY 방식은 다수의 송화인으로부터 소량화물(LCL)을 CFS에서 인도받아 컨테이너에 혼재(Consolidation)하여 만재화물(FCL)을 만들고 선적항 및 양륙항을 거쳐 단일의 수화인의 공장 또는 창고까지 운송하는 방식이다.

92 용적 및 장척할증료(Bulky/Lengthy Surcharge)
• 화물의 부피가 너무 크거나 길이가 너무 긴 화물에 부과되는 할증료
• 용적물과 장척물이 일정한도 이상인 경우에 일정률의 할증을 부과하는 운임

93 Groupage B/L은 여러 개의 소량화물을 모아 한 그룹으로 만들어 선적할 때 발행되는 선하증권이다.

94 보복관세의 부과대상(관세법 제63조)
교역상대국이 우리나라의 수출물품 등에 대하여 관세 또는 무역에 관한 국제협정이나 양자 간의 협정 등에 규정된 우리나라의 권익을 부인하거나 제한하는 경우 또는 그 밖에 우리나라에 대하여 부당하거나 차별적인 조치를 하는 경우에 해당하는 행위를 하여 우리나라의 무역이익이 침해되는 경우에는 그 나라로부터 수입되는 물품에 대하여 피해상당액의 범위에서 관세(보복관세)를 부과할 수 있다.

95 유가증권은 항공화물의 품목분류요율(Commodity Classification Rate) 중 할증요금 적용품목에 해당된다.

96 CIF가격은 도착항까지 운임과 보험료를 부담하므로 FOB Busan 가격에 뉴욕항까지의 해상운송비와 적하보험료를 더하면 된다.
US $100,000 + US $1,500 + US $200 = US $101,700

97 "about"은 금액, 수량 또는 단가에 관하여 10%를 초과하지 않는 범위 내이므로 최소 9,000MT를 인도해야 한다.

98 해외직접구매의 확산으로 직구배송 대행서비스 등 국내 물류기업들의 국제운송 부분의 물동량과 매출액이 증가하는 추세이다.

99 CFS Charge는 LCL(Less than Container Load) 화물을 운송하는 경우 소량화물의 적입 또는 분류작업을 할 때 발생하는 비용(하역료, 검수료, 화물정리비, 보관료 등)이다.

100 이 협의는 모든 국제운송 승객, 수하물 혹은 짐(persons, baggage or cargo)으로 비행기에 의해 운송되는 것으로서 보상에 대해 적용한다. 공중 운송을 수행하는 비행기에 의해 운반되는 무료 운송에도 동일하게 적용된다(equally to gratuitous carriage).

101 세관의 통제항 수출 및 연계운송을 위하여 일시적 장치·창고보관의 기능을 수행한다.

102 Abandonment(위부)란 선박의 행방불명 등 추정전손(Constructive Total Loss)이 발생한 경우 피보험자가 현실전손(Actual Total Loss)에 준하여 보험금액 전액의 청구권리를 취득하기 위하여 피보험자가 선박, 상품 등 보험목적물과 이에 부수되는 모든 권리를 보험자에게 이전하고 보험금액의 전액을 청구하는 행위를 말한다. Abandonment(위부)는 전손의 경우에만 적용되지만 Subrogation(대위)은 전손과 분손에 대하여 모두 적용된다.

103 Gross Weight, Measurement란에는 검측된 중량과 용적이 명기된다.

104 ①·⑤는 수출자의 이익, ②·④는 운송업자의 이익을 설명한 것이다.

105 손해발생구간이 확인된 경우에는 국내법이나 국제조약을 적용하고, 그렇지 않은 경우에는 해상구간에서 발생된 것으로 간주하여 헤이그규칙이나 기본 책임을 적용한다.

106 B9는 'Allocation of costs(비용배분)'이다. 'Notices(통지)'는 B10에 해당한다.

107 WNA : The Winter North Atlantic Load Line

108 신용장(L/C)에서 항공운송서류가 갖추어야 할 요건
• 운송인의 명칭을 표시하고 운송인 또는 운송인을 대리하는 기명대리인에 의하여 서명되어야 한다.
• 물품이 운송을 위하여 수리되었다는 것을 표시하여야 한다.
• 발행일을 표시하여야 한다.
• 신용장에 기재된 출발공항과 도착공항을 표시하여야 한다.
• 비록 신용장이 원본 전통(Full Set)을 규정하더라도 송화인 또는 선적인용 원본이어야 한다.
• 운송조건을 포함하거나 또는 운송조건을 포함하는 다른 출처를 언급하여야 한다. 운송조건의 내용은 심사되지 않는다.

109 Delivery Order(D/O, 화물인도지시서)는 선박회사 또는 그 대리인이 화물의 인도를 지시하기 위하여 본선의 선장 앞으로 발행하는 서류이다. 수입자가 은행에서 교부받은 운송서류와 기타 선적서류를 선박회사에 제시하면 적하목록이나 운임표 등이 정확한지 대조하고, 운임 후 지급인 경우에는 운임을 정산한 후 발급하게 된다.

① 컨테이너 내부적부도
② 선복계약서
③ 부두수취증(D/R)
④ 본선수취증(M/R)

110 선박의 화재 및 폭발로 입은 손해는 보상된다.

111 [해석]
환적은 신용장에 기재된 발송지, 수탁지 또는 선적지로부터 최종목적지까지의 운송 도중에 하나의 운송수단으로부터 양하되어 다른 운송수단으로 재적재되는 것을 의미한다(운송방법이 다른지 여부는 상관하지 않는다).

112 이행거절(Renunciation, Repudiation)
계약당사자의 일방이 계약에 의해 정해진 이행시기가 도래하여도 자기의 의무를 이행할 의사가 없거나 이행하는 것이 불가능함을 적극적이고 명확하게 무조건적인 의사표명을 하는 것으로, 이러한 이행거절이 있으면 상대방은 현재 본질적인 계약위반이 있는 것으로 보아 이행하기를 기다리지 않고 바로 계약을 해제하여 손해배상을 청구할 수 있다.

113 보세공장
보세구역의 하나로, 외국물품 또는 외국물품과 내국물품을 원료·재료로 하여 제조·가공 기타 이와 유사한 작업을 하는 구역이다. 보세공장은 수출을 위한 가공무역을 관세제도를 통해 조장함으로써 국제수지의 개선과 고용증대, 국내 생산시설의 가동률을 효율적으로 높이기 위하여 설정한 것으로, 일반 공장과는 달리 관세면에서 유리한 특전이 부여된다.

114 "정부간 수출계약"이란 외국 정부의 요청이 있을 경우 정부간 수출계약 전담기관(대한무역투자진흥공사)이 대통령령으로 정하는 절차에 따라 국내 기업을 대신하여 또는 국내 기업과 함께 계약의 당사자가 되어 외국 정부에 물품등(방위산업물자 등은 제외)을 유상(有償)으로 수출하기 위하여 외국 정부와 체결하는 수출계약을 말한다(대외무역법 제2조 제4호).

115 CBM = $0.6 \times 0.5 \times 0.5 \times 100 = 15$
$10,000/15 < 1,000$이므로 용적화물로 계산한다.
∴ $15\text{CBM} \times 100 = \text{US } \$1,500$

116 ㉠·㉡ : 추심결제방식
- **지급인도조건(D/P ; Documents against payment)**
  선적서류 인수와 동시에 물품대금 지급이 이루어지는 방식
- **인수인도조건(D/A ; Documents against Acceptance)**
  선적서류를 인수하고 일정 기간 후에 물품대금을 지급하는 방식

117 정기용선계약(Time Charter)은 일정 용선기간에 따라 용선자가 용선주에게 용선료를 용선 개시 전에 미리 선지급하는 계약형태로, 용선주는 선박과 설비 및 용구를 갖추고 선원을 승선시킨 상태에서 일정기간에 걸쳐 용선자에게 임차하며, 용선자는 다른 화주로부터 받은 운임과 용선료의 차액을 이윤으로 얻는다.
② 나용선계약(Bareboat Charter)
③ 항해용선계약(Voyage Charter)
④ 일일용선계약(Daily Charter)
⑤ 총괄운임용선계약(Lump Sum Charter)

118 SOLAS(Safety Of Life At Sea Convention, 국제해상 인명 안전협약)
바다에서 인명의 안전을 도모하기 위해 국제해사기구(IMO ; International Maritime Organization)에서 정한 국제협약이다. 1948년 발효된 이 협약은 국제항로를 항해하는 선박의 구조 및 구명, 소방 등에 대한 원칙과 규칙을 정하고 있다.

119 부지약관(Unknown Clause)

> 이 증권 전면에 나와 있는 기호, 번호, 명세, 품질, 수량, 치수, 중량, 부피, 성질, 종류, 가액 및 기타 물품의 명세는 상인이 신고한 대로이며, 운송인은 그것의 정확성에 대해서 책임을 지지 않는다. 상인은 그가 신고한 상세명세가 정확하다는 것을 운송인에게 담보하며, 그것의 부정확성으로 인하여 발생하는 모든 멸실, 손해, 비용, 책임, 벌과금, 과태료에 대해서 운송인에게 보상한다.

120
- 관세 = (1,000만 + 200만 + 50만) × 0.08 = 100만 달러
- 부가가치세 = (1,000만 + 200만 + 100만 + 50만) × 0.1 = 135만 달러

보관하역론

01	02	03	04	05	06	07	08	09	10
⑤	①	④	②	③	②	①	⑤	④	②
11	12	13	14	15	16	17	18	19	20
②	④	③	①	④	⑤	③	③	①	①
21	22	23	24	25	26	27	28	29	30
⑤	④	①	④	⑤	③	②	②	③	②
31	32	33	34	35	36	37	38	39	40
③	⑤	③	④	④	④	②	④	⑤	④

01 장소적 효용을 창출시키는 기능은 운송의 기능이다.

02
② 하이스택 랙
③ 적층 랙
④ 슬라이딩 랙
⑤ 회전 랙

03 영업창고는 입지선정이 용이하지만 시설변경이 어렵다(비탄력적).

04 급별보관(Class-based Storage) 방식은 지정위치보관의 대표적 유형이며, 일반적으로 물품관리의 용이성을 고려하여 보관위치를 결정하는 것은 임의위치보관 방식이다.

05 다이버터(Diverter) 소팅 컨베이어는 외부에 설치된 암(Arm)을 회전시켜 반송 경로상에 가이드벽을 만들어 단위화물을 이동시키는 컨베이어 방식이다.

06 저장창고는 곡물 등 분립체를 사일로에 저장하는 형태로 살물(Bulk Cargo) 형태의 수송이 증가함에 따라 사일로 보관이 증가하고 있다.

07 파렛트 크로스 도킹(Pallet Cross Docking)
한 종류의 상품이 적재된 파렛트별로 입고되고 소매점포로 직접 배송되는 형태로 가장 단순한 형태의 크로스도킹이며, 양이 아주 많은 상품에 적합하다.

08 에이프런 컨베이어(Apron Conveyor)는 여러 줄의 체인에 에이프런을 겹쳐서 연속적으로 부착한 체인 컨베이어이다. 컨베이어는 화물을 연속적으로 운반하는 기계로서, 비교적 간단한 하역작업이나 짧은 거리의 이동, 고정된 장소에서 컨베이어 양단에서의 하역의 기계화 및 자동화를 포함할 수 있는 경우에 채용되고 있다.

09 배송센터 구축의 이점
- 수송비 절감
- 배송서비스율 향상
- 상물분리 실시
- 교차수송 방지
- 납품작업 합리화

10 포장은 낱개 단위로 인력작업 할 때 보다 간소화할 수 있으므로 포장비가 절감된다.

11 포장 표준화의 4대 요소
- 포장재료의 표준화
- 포장기법의 표준화
- 포장치수의 표준화
- 포장강도의 표준화

12 365일 ÷ 5일 = 73일
73일 × 130개 = 9,490개

13 창고의 입지 결정사항
화물(Material or Product), 수량(Quantity), 경로(Route), 서비스(Service), 시간(Time)

14 유통창고는 창고의 기능과 운수의 기능을 겸비하여 물품이 유통·보관되는 창고로 상품을 원활하게 배급하기 위해 소비지역에 두는 저장창고이기 때문에 최종재가 주요 대상 화물이다.

15 안전재고량
평균수요량 × 리드타임 − ($\sqrt{\text{표준편차}}$ × 리드타임 × 서비스수준)
= 5 × 3 − (1.414 × 3 × 0.95)
= 15 − 4.03 = 10.97 ≒ 11

16
- 안전재고 = 안전계수 × 수요의 표준편차 × $\sqrt{\text{조달기간}}$
- 재주문점(ROP) = (리드타임 × 일 평균소요량) + 안전재고
- 기존 안전재고 = 2 × 1 × $\sqrt{2}$ = 2.828
- 기존 재주문점 = (2 × 4) + 2.828 = 10.828
- 새로운 안전재고 = 2 × 2 × $\sqrt{2}$ = 5.656
- 새로운 재주문점 = (2 × 8) + 5.656 = 21.656
따라서 새로운 재주문점 21.656은 기존 재주문점 10.828에 비해 10.828만큼 증가했으므로 100% 증가

17 ① 먼저 보관한 물품을 먼저 출고하는 것
② 보관할 물품의 장소를 회전정도에 따라 정하는 것으로 입·출하빈도의 정도에 따라 보관장소를 결정하는 것
④ 물품의 입·출고를 용이하게 하고 효율적으로 보관하기 위해서는 통로면에 보관하는 것
⑤ 보관품의 장소와 선반번호 등의 위치를 표시함으로써 업무의 효율화를 증대시킬 수 있다는 원칙

18 ① 대규모의 물류단지에 복합터미널과 같이 자동화된 시설을 갖추고 운영되는 거대하고 방대한 단지로 다품종 대량의 물품을 공급받아 분류, 보관, 포장, 유통가공, 정보처리 등을 수행하여 다수의 수요자에게 적기에 배송하기 위한 시설이다.
② LCL 화물을 모아서 FCL 화물로 만드는 LCL 화물 정거장을 말한다.
④ 두 종류 이상의 운송수단 간의 연계운송을 할 수 있는 규모 및 시설을 갖추고 있으며 수송기능 중심의 물류시설로서 화물취급장 또는 집배송시설 등을 보유하고 있다.
⑤ SP(스톡포인트)보다 작은 국내용 2차 창고, 또는 수출상품을 집화, 분류, 수송하기 위한 내륙 CFS를 데포라 하며 단말배송소라고도 한다.

19 ① 최대취급의 원칙(×) → 최소취급의 원칙(○)

20 속도가 한정되어 있기 때문에 하역작업에 시간이 걸린다는 단점이 있다.

21
- 1일 작업차량수 = 25,000/250 = 100대
- 일일 필요작업시간 = 100대 × 4시간 = 400시간
- 일일 처리하기 위한 도크 수
  = (400시간/8시간) × (1 + 안전계수)
  = 50 × 1.16 = 58개

22 ④는 하차에 대한 설명이다. 상차는 선내작업이 완료된 화물의 고리를 푼 다음 운반용구 위에 운반가능한 상태로 적재하기까지 작업을 말한다.

23 단위적재시스템은 화물을 일정한 표준의 중량이나 부피로 단위화하여 기계적인 힘으로 일괄하역하거나 수송하는 물류시스템으로 제품의 종류가 다양해짐에 따라 그 중요성이 점차 증가하고 있다.

24 ④는 직진성의 원칙에 대한 설명이다.

25
① 여러 사람의 피커가 제각기 자기가 분담하는 품종이나 작업범위를 정해놓고, 피킹전표 중에서 자기가 담당하는 종류만을 피킹하여 다음 피커에게 넘겨주는 피킹방법
② 일정량의 주문전표를 모아 한꺼번에 피킹하는 방법
③ 1인 피커가 한 오더의 주문전표에서 요구하는 모든 물품을 피킹하는 방법
④ 고객별로 분류하는 방법

26
TMS(Transportation Management System)는 배송 중인 차량의 지리적 위치 추적 및 소요시간 등을 관리하는 운송관리시스템이다.

27
운반활성지수를 최대화해야 한다(바닥 0 → 컨테이너 4).

28
업체 간 이동시 회수가 곤란하다.

29
적재율 = $\dfrac{(40 \times 35 \times 7)}{(110 \times 110)} \times 100 ≒ 81\%$

30 **적정포장의 조건**
• 내용물의 보호 또는 품질보전이 적절한 것
• 포장재료 및 용기가 안전한 것
• 내용량이 적절하고 소매의 매매단위로서 편리한 것
• 내용품의 표시 또는 설명이 적절한 것
• 상품 이외의 공간용적이 필요 이상으로 커지지 않은 것
• 포장량이 내용품에 상응하여 적절한 것
• 자원 절약 및 폐기처리상 적당한 것

31
분할계열치수는 실제물동량의 평면 치수인 NULS(Net Unit Load Size ; 1,100 × 1,100mm)를 기준으로 한 방법이며, 배수계열치수가 PVS(Plan View Size : 1,140 × 1,140mm)를 기준으로 한 치수를 의미한다.

32
• Section : 단위탑재 수송용기(ULD)를 탑재할 수 없는 공간의 세부적 구분
• Bay : 단위탑재 수송용기(ULD)를 탑재할 수 있는 공간의 세부적 구분

33
브라운깁슨(Brown and Gibson)법은 양적 요인과 질적 요인을 고려하여 다수의 입지를 결정하는 기법이다. 즉 입지에 영향을 주는 인자들을 필수적 요인, 객관적 요인, 주관적 요인 등으로 고려하여 다수의 입지를 결정하는 기법이다.

34
쉬링크(Shrink) 포장은 열수축성 플라스틱 필름을 파렛트 화물에 씌우고 쉬링크 터널을 통과시킬 때 가열하여 필름을 수축시켜서 파렛트와 밀착시키는 방법이다.

35
공업포장은 상품의 파손을 방지하고, 물류비를 절감하는 데 초점을 두고 있다.

36 **MRP의 주요 입력요소**
• 주 일정계획[Master Production Schedule(MPS)] : 개별 완제품 또는 제품모델별로 기간별 생산종료시점과 수량을 기술해 놓은 것을 말한다.
• 자재명세서[Bill Of Materials(BOM)] : 완제품의 한 단위를 생산하는 데 필요한 부품의 품명 및 수량 그리고 각 부품과의 상하관계를 단계별로 나타낸 기록표이다.
• 재고기록철(Inventory Record File) : 재고기록철에 있는 전형적인 데이터의 구성요소들은 품목번호, 품목명, 단계부호, 리드타임, 표준원가, 발주량, 주문비용, 주문량결정법, 안전재고량, 현재보유재고량, 재고할당량 등이다.

37
WMS는 다른 물류시스템과의 효율적인 연계 및 ERP와의 연계 등의 효과가 있다.

38
모빌 랙(Mobile Rack)은 창고 등에서 보관을 효율적으로 하기 위한 보관설비이다.
① (공항에서 하물을 운반하는)회전식 원형 컨베이어
② 배송을 도와주는 키바로봇
③ 작은 제품 및 부품을 컨테이너와 카드보드 박스 장치에 보관하는 자동화 보관 및 회수시스템

39
자원분배계획(DRP)은 상하위 유통센터 간의 정보공유를 바탕으로 네트워크에 대한 공급을 결정하는 푸시시스템 방식이다.
※ 자원분배계획(DRP)
공급사슬상의 주문량을 위한 경영기법으로 안전재고, 특정기간의 고객수요정보, 특정기간 동안 생산계획서, 최소 안전재고량, 취급 재고량 등을 기반으로 전체 공급사슬을 통제·관리하고자 한다.

40 **JIT와 MRP의 비교**

	JIT	MRP
재고개념	주문이나 요구에 대한 소요개념	계획에 대한 소요 개념
목 표	낭비 제거	계획 수행
전 략	Pull 시스템	Push 시스템
생산계획	안정된 MPS 필요	변경이 잦은 MPS 수용
자재소요	간 판	자재소요계획
재고수준	최소한의 재고	조달기간 중 재고

41	42	43	44	45	46	47	48	49	50
④	②	②	⑤	③	④	①	②	①	③
51	52	53	54	55	56	57	58	59	60
④	①	②	③	④	①	②	④	①	①
61	62	63	64	65	66	67	68	69	70
②	③	②	⑤	③	③	④	①	④	①
71	72	73	74	75	76	77	78	79	80
④	②	⑤	⑤	③	④	④	③	①	①

41
- 물류표준 : 산업표준화법 제12조에 따른 한국산업표준 중 물류활동과 관련된 것
- 물류표준화 : 원활한 물류를 위하여 시설 및 장비의 종류·형상·치수 및 구조, 포장의 종류·형상·치수·구조 및 방법, 물류용어·물류회계 및 물류 관련 전자문서 등 물류체계의 효율화에 필요한 사항을 물류표준으로 통일하고 단순화하는 것

42
국토교통부장관 및 해양수산부장관은 국가물류기본계획의 수립·변경을 위한 관련 기초 자료의 제출을 요청할 수 있는 자는 관계 중앙행정기관의 장, 시·도지사, 물류기업 및 물류정책기본법에 따라 지원을 받는 기업·단체 등이다(물류정책기본법 제11조 제3항).

43
국토교통부장관 또는 해양수산부장관은 다음 각 호의 자에게 "물류현황조사"에 필요한 자료의 제출을 요청하거나 그 일부에 대하여 직접 조사하도록 요청할 수 있다. 이 경우 협조를 요청받은 자는 특별한 사정이 없으면 요청에 따라야 한다(물류정책기본법 제7조 제2항).
- 관계 중앙행정기관의 장
- 특별시장·광역시장·특별자치시장·도지사 및 특별자치도지사
- 물류기업 및 이 법에 따라 지원을 받는 기업·단체 등

44
국가물류통합정보센터운영자 또는 단위물류정보망 전담기관은 대통령령으로 정하는 경우를 제외하고는 전자문서 또는 물류정보를 공개하여서는 아니 된다(물류정책기본법 제34조 제1항).

45
국가물류정책위원회의 위원장은 국토교통부장관이 되고, 위원은 다음 각 호의 자가 된다(물류정책기본법 제18조 제2항).
- 기획재정부, 교육부, 과학기술정보통신부, 외교부, 농림축산식품부, 산업통상자원부, 고용노동부, 국토교통부, 해양수산부, 중소벤처기업부, 국가정보원 및 관세청의 고위공무원단에 속하는 공무원 또는 이에 상당하는 공무원 중에서 해당 기관의 장이 지명하는 자 각 1명
- 물류 관련 분야에 관한 전문지식 및 경험이 풍부한 자 중에서 위원장이 위촉하는 10명 이내의 자

46
④ 물류정책기본법 제8조 제2항
① 국토교통부장관 또는 해양수산부장관이 조사할 수 있다(물류정책기본법 제7조 제1항).
②「국가통합교통체계효율화법」에 따른 국가교통조사와 중복되지 않도록 하여야 한다(물류정책기본법 제7조 제1항).
③ 협조를 요청받은 자는 특별한 사정이 없으면 요청에 따라야 한다(물류정책기본법 제7조 제2항).
⑤ 시·도지사는 지역물류에 관한 정책 또는 계획의 수립·변경을 위하여 필요한 경우에는 해당 행정구역의 물동량 현황과 이동경로, 물류시설·장비의 현황과 이용실태, 물류산업의 현황 등에 관하여 조사할 수 있다(물류정책기본법 제9조 제1항).

47
등록이 취소(피성년후견인 또는 피한정후견인에 해당하여 등록이 취소된 경우는 제외한다)된 후 2년이 지나지 아니한 자는 국제물류주선업의 등록을 할 수 없다(물류정책기본법 제44조 제5호).
② 물류정책기본법 제43조 제1항
③ 물류정책기본법 제45조 제2항
④ 물류정책기본법 제46조
⑤ 물류정책기본법 제47조 제1항 제1호

48
국토교통부장관·해양수산부장관 또는 시·도지사는 대통령령으로 정하는 물류분야의 기능인력 및 전문인력을 양성하기 위하여 다음 각 호의 사업을 할 수 있다(물류정책 기본법 제50조 제1항).
- 화주기업 및 물류기업에 종사하는 물류인력의 역량강화를 위한 교육·연수
- 물류체계 효율화 및 국제물류 활성화를 위한 선진기법, 교육프로그램 및 교육교재의 개발·보급
- 외국 물류대학의 국내유치활동 지원 및 국내대학과 외국대학 간의 물류교육 프로그램의 공동 개발활동 지원
- 물류시설의 운영과 물류장비의 조작을 담당하는 기능인력의 양성·교육
- 그 밖에 신규 물류인력 양성, 물류관리사 재교육 또는 외국인 물류인력 교육을 위하여 필요한 사업

49
물류정보화 시책(물류정책기본법 시행령 제19조)
국토교통부장관·해양수산부장관·산업통상자원부장관 또는 관세청장은 물류정보화를 통한 물류체계의 효율화 시책을 강구할 때에는 다음의 사항이 포함되도록 하여야 한다.
- 물류정보의 표준에 관한 사항
- 물류분야 정보통신기술의 도입 및 확산에 관한 사항
- 물류정보의 연계 및 공동활용에 관한 사항

- 물류정보의 보안에 관한 사항
- 그 밖에 물류효율의 향상을 위하여 필요한 사항

50 국가물류통합정보센터운영자 또는 단위물류정보망 전담기관은 전자문서 및 정보처리장치의 파일에 기록되어 있는 물류정보를 대통령령으로 정하는 기간(2년) 동안 보관하여야 한다(물류정책기본법 제33조 제3항, 시행령 제25조).
① 물류정책기본법 제33조 제1항
② 물류정책기본법 제33조 제2항
④ 물류정책기본법 제33조 제4항
⑤ 물류정책기본법 제33조 제5항

51 물류단지개발사업의 시행자로 지정받을 수 있는 자는 다음의 자로 한다(물류시설의 개발 및 운영에 관한 법률 제27조 제2항).
1. 국가 또는 지방자치단체
2. 대통령령으로 정하는 공공기관
3. 「지방공기업법」에 따른 지방공사
4. 특별법에 따라 설립된 법인
5. 「민법」 또는 「상법」에 따라 설립된 법인

52 "물류터미널"이란 화물의 집화·하역 및 이와 관련된 분류·포장·보관·가공·조립 또는 통관 등에 필요한 기능을 갖춘 시설물을 말한다(물류시설의 개발 및 운영에 관한 법률 제2조 제2호).
② 물류시설의 개발 및 운영에 관한 법률 제2조 제3호
③ 물류시설의 개발 및 운영에 관한 법률 제2조 제4호
④ 물류시설의 개발 및 운영에 관한 법률 제2조 제5호
⑤ 물류시설의 개발 및 운영에 관한 법률 제2조 제6호

53 ① 국토교통부장관의 허가(×) → 시장·군수·구청장의 허가(○)
③ 허가받은 사항을 변경하려는 때에도 신고가 아닌 허가를 받아야 한다.
④ 국토교통부장관(×) → 시장·군수·구청장(○)
⑤ 「국가통합교통체계효율화법」(×) → 「국토의 계획 및 이용에 관한 법률」 제57조부터 제60조까지 및 제62조를 준용(○)

54 유통산업발전법에 따른 집배송시설 및 공동집배송센터는 물류터미널사업에서 제외된다(물류시설의 개발 및 운영에 관한 법률 제2조 제3호 라목).

55 국가나 지방자치단체가 보조 또는 융자할 수 있는 비용의 종목은 다음 각 호와 같다(물류시설의 개발 및 운영에 관한 법률 시행령 제28조).

- 물류단지의 간선도로의 건설비
- 물류단지의 녹지의 건설비
- 이주대책사업비
- 물류단지시설용지와 지원시설용지의 조성비 및 매입비
- 용수공급시설·하수도 및 공공폐수처리시설의 건설비
- 문화재 조사비

56 ① 국가 또는 지방자치단체는 물류창고업자가 물류창고업의 경영합리화를 위한 사항으로서 국제동향 조사·연구를 하는 경우 자금의 일부를 보조 또는 융자할 수 있다(법 제21조의7, 규칙 제13조의10).
② 법 제21조의2 제5항
③ 법 제21조의8 제1항
④ 법 제21조의7, 규칙 제13조의10
⑤ 법 제21조의2 제2항, 영 제12조의3

57 **공사계획의 변경에 관한 인가를 받아야 하는 경우(물류시설의 개발 및 운영에 관한 법률 시행령 제5조 제2항)**
- 공사의 기간을 변경하는 경우
- 물류터미널의 부지 면적을 변경하는 경우(부지 면적의 10분의 1 이상을 변경하는 경우만 해당한다)
- 물류터미널 안의 건축물의 연면적(하나의 건축물의 각 층의 바닥면적의 합계를 말한다)을 변경하는 경우(연면적의 10분의 1 이상을 변경하는 경우만 해당한다)
- 물류터미널 안의 공공시설 중 도로·철도·광장·녹지나 그 밖에 국토교통부령으로 정하는 시설을 변경하는 경우

58 물류단지로 지정되는 지역에 수용하거나 사용할 토지, 건축물, 그 밖의 물건이나 권리가 있는 경우에는 고시내용에 그 토지 등의 세부목록을 포함시켜야 한다(물류시설의 개발 및 운영에 관한 법률 제23조 제2항).
① 물류시설의 개발 및 운영에 관한 법률 제22조 제1항
② 물류시설의 개발 및 운영에 관한 법률 제22조 제2항
③ 물류시설의 개발 및 운영에 관한 법률 제22조 제3항
⑤ 물류시설의 개발 및 운영에 관한 법률 제22조 제4항

59 물류단지지정권자는 시행자에게 도로, 공원, 녹지, 그 밖에 대통령령으로 정하는 공공시설을 설치하게 하거나 기존의 공원 및 녹지를 보존하게 할 수 있다(물류시설의 개발 및 운영에 관한 법률 제44조 제1항).
② 물류시설의 개발 및 운영에 관한 법률 제44조 제2항
③ 물류시설의 개발 및 운영에 관한 법률 시행령 제34조 제2항
④ 물류시설의 개발 및 운영에 관한 법률 시행령 제34조 제4항
⑤ 물류시설의 개발 및 운영에 관한 법률 시행령 제34조 제6항

60 국토교통부장관은 물류시설의 합리적 개발·배치 및 물류체계의 효율화 등을 위하여 물류시설의 개발에 관한 종합계획을 5년 단위로 수립하여야 한다(물류시설의 개발 및 운영에 관한 법률 제4조 제1항).
② 물류시설의 개발 및 운영에 관한 법률 제5조 제1항
③ 물류시설의 개발 및 운영에 관한 법률 제4조 제3항 제9호
④ 물류시설의 개발 및 운영에 관한 법률 시행령 제3조 제2항
⑤ 물류시설의 개발 및 운영에 관한 법률 제4조 제2항 제1호

61 운송사업자는 화물자동차 운수사업을 양도·양수하는 경우에는 양도·양수에 소요되는 비용을 위·수탁차주에게 부담시켜서는 아니 된다(화물자동차 운수사업법 제11조 제14항).

62 ③ 운송가맹사업자로부터 화물운송을 위탁받은 운송사업자(운송가맹점인 운송사업자만 해당)는 해당 운송사업자에게 소속된 차량으로 직접 화물을 운송하여야 한다(법 제11조의2 제3항).

63 화물자동차 운수사업의 허가사항이 변경된 경우는 감차만을 말한다(화물자동차 운수사업법 제37조 제1호).

64 화물자동차 운전자의 연령·운전경력 등의 요건(화물자동차 운수사업법 시행규칙 제18조)
• 화물자동차를 운전하기에 적합한 운전면허를 가지고 있을 것
• 20세 이상일 것
• 운전경력이 2년 이상일 것. 다만, 여객자동차 운수사업용 자동차 또는 화물자동차 운수사업용 자동차를 운전한 경력이 있는 경우에는 그 운전경력이 1년 이상이어야 한다.

65 개선명령을 받고 이를 이행하지 아니한 경우 증차를 수반하는 허가사항을 변경할 수 없다(화물자동차 운수사업법 제3조 제8항).
① 화물자동차 운수사업법 제3조 제1항
② 화물자동차 운수사업법 제3조 제2항
④ 화물자동차 운수사업법 제3조 제8항 제2호
⑤ 화물자동차 운수사업법 제4조 제5호

66 과징금의 용도(화물자동차 운수사업법 제21조 제4항)
• 화물터미널의 건설과 확충
• 공동차고지(사업자단체, 운송사업자 또는 운송가맹사업자가 운송사업자 또는 운송가맹사업자에게 공동으로 제공하기 위하여 설치하거나 임차한 차고지를 말한다)의 건설과 확충

• 경영개선이나 그 밖에 화물에 대한 정보제공사업 등 화물자동차 운수사업의 발전을 위하여 필요한 사업
• 신고포상금의 지급

67 화물의 기준 및 대상차량(법 제2조 제3호 후단, 규칙 제3조의2)
1. 화주(貨主) 1명당 화물의 중량이 20킬로그램 이상일 것
2. 화주 1명당 화물의 용적이 4만 세제곱센티미터 이상일 것
3. 화물이 다음의 어느 하나에 해당하는 물품일 것
   • 불결하거나 악취가 나는 농산물·수산물 또는 축산물
   • 혐오감을 주는 동물 또는 식물
   • 기계·기구류 등 공산품
   • 합판·각목 등 건축기자재
   • 폭발성·인화성 또는 부식성 물품

68 항만운송사업이란 영리를 목적으로 하는지 여부에 관계없이 항만운송을 하는 사업을 말한다(항만운송사업법 제2조 제2항).

69 항만운송사업법 제3조, 제4조
① 선적화물을 싣거나 내릴 때 그 화물의 용적 또는 중량을 계산하거나 증명하는 일을 하는 사업은 검량사업이다.
② 선적화물을 싣거나 내릴 때 그 화물의 개수를 계산하거나 그 화물의 인도·인수를 증명하는 일을 하는 사업은 검수사업이다.
③ 항만운송사업을 하려는 자는 사업의 종류별로 관리청에 등록하여야 한다.
⑤ 감정사업과 검량사업은 사업의 종류별로 관리청에 등록하여야 한다.

70 관리청은 물동량 감소·항만 조건 등의 특수한 사정이 있다고 인정되는 3급지 항만에 대하여는 항만별로 그 사정이 존속하는 기간 동안 해당 등록기준에서 정한 시설기준을 2분의 1의 범위에서 완화할 수 있다(항만운송사업법 시행령 제4조 별표 1).

71 등록의 취소(항만운송사업법 제26조의5 제1항)
관리청은 항만운송관련사업자가 다음 각 호의 어느 하나에 해당하면 그 등록을 취소하거나 6개월 이내의 기간을 정하여 그 사업의 전부 또는 일부의 정지를 명할 수 있다. 다만, 제3호 또는 제5호에 해당하는 경우에는 그 등록을 취소하여야 한다.
1. 항만운송사업자 또는 그 대표자가 관세법에 규정된 죄 중 어느 하나의 죄를 범하여 공소가 제기되거나 통고처분을 받은 경우

1의2. 변경신고를 하지 아니하고 장비를 추가하거나 그 밖
에 사업계획 중 해양수산부령으로 정하는 사항을 변경
한 경우
2. 등록 또는 신고의 기준에 미달하게 된 경우
3. 부정한 방법으로 사업의 등록 또는 신고를 한 경우
4. 사업 수행 실적이 1년 이상 없는 경우
5. 사업정지명령을 위반하여 그 정지기간에 사업을 계속
한 경우

72 **유통산업발전기본계획에 포함되어야 하는 사항(유통산업
발전법 제5조 제2항)**
• 유통산업발전의 기본방향
• 유통산업의 국내외 여건 변화 전망
• 유통산업의 현황 및 평가
• 유통산업의 지역별·종류별 발전 방안
• 산업별·지역별 유통기능의 효율화·고도화 방안
• 유통전문인력·부지 및 시설 등의 수급 변화에 대한 전망
• 중소유통기업의 구조개선 및 경쟁력 강화 방안
• 대규모점포와 중소유통기업 및 중소제조업체 사이의 건
전한 상거래질서의 유지 방안
• 그 밖에 유통산업의 규제완화 및 제도개선 등 유통산업
의 발전을 촉진하기 위하여 필요한 사항

73 대규모점포 및 준대규모점포("대규모점포 등"이라 한다)
의 개설등록을 하려는 자는 대규모점포 등 개설등록신청
서에 다음의 서류를 첨부하여 특별자치시장·시장·군수
또는 구청장에게 제출하여야 한다(유통산업발전법 시행규
칙 제5조 제1항).
1. 사업계획서
2. 상권영향평가서
3. 지역협력계획서(지역 상권 및 경제를 활성화하거나 전
통시장 및 중소상인과 상생협력을 강화하는 등의 지역
협력을 위한 사업계획서를 말한다)
4. 대지 또는 건축물의 소유권 또는 그 사용에 관한 권리
를 증명하는 서류(토지 등기사항증명서 및 건물 등기
사항증명서 외의 서류를 말한다)

74 위원회의 위원장은 위원 중에서 호선한다(유통산업발전법
제36조 제3항).
① 유통산업발전법 제36조 제1항
② 유통산업발전법 제36조 제1항 제1호
③ 유통산업발전법 제36조 제1항 제3호
④ 유통산업발전법 제36조 제2항

75 **무점포판매의 유형(유통산업발전법 시행규칙 제2조)**
• 방문판매 및 가정 내 진열판매
• 다단계판매
• 전화권유판매

• 카탈로그판매
• 텔레비전홈쇼핑
• 인터넷 멀티미디어 방송(IPTV)을 통한 상거래
• 인터넷쇼핑몰 또는 사이버몰 등 전자상거래
• 온라인 오픈마켓 등 전자상거래중개
• 이동통신기기를 이용한 판매
• 자동판매기를 통한 판매

76 유통·물류기업 간 기업정보시스템의 연동을 위한 시스템
의 구축 및 보급을 위한 시책을 시행하기 위해서 미래창조
과학부장관과 협의하여야 한다는 내용은 없다(유통산업발
전법 제21조).

77 국토교통부장관은 여객운임의 상한을 지정하려면 미리 기
획재정부장관과 협의하여야 한다(철도사업법 제9조 제3항).
① 철도사업법 제9조 제1항
② ·③ 철도사업법 제9조 제2항
⑤ 철도사업법 제9조 제5항

78 철도사업자는 철도사업 외의 사업을 경영하는 경우에는
철도사업에 관한 회계와 철도사업 외의 사업에 관한 회계
를 구분하여 경리하여야 한다(철도사업법 제32조 제1항).
① 철도사업법 제23조
② 철도사업법 제20조 제1항
④ ·⑤ 철도사업법 시행규칙 제15조 관련 별표3

79 **유통기구정비기본방침에 포함되어야 하는 사항(농수산물
유통 및 가격안정에 관한 법률 제62조)**
• 시설기준에 미달하거나 거래물량에 비하여 시설이 부족
하다고 인정되는 도매시장·공판장 및 민영도매시장의
시설 정비에 관한 사항
• 도매시장·공판장 및 민영도매시장 시설의 바꿈 및 이
전에 관한 사항
• 중도매인 및 경매사의 가격조작 방지에 관한 사항
• 생산자와 소비자 보호를 위한 유통기구의 봉사(奉仕) 경
쟁체제의 확립과 유통 경로의 단축에 관한 사항
• 운영 실적이 부진하거나 휴업 중인 도매시장의 정비 및
도매시장법인이나 시장도매인의 교체에 관한 사항
• 소매상의 시설 개선에 관한 사항

80 **도매시장법인 또는 시장도매인이 공시하여야 할 내용(농
수산물유통 및 가격안정에 관한 법률 시행규칙 제34조
의2 제1항)**
• 거래일자별·품목별 반입량 및 가격정보
• 주주 및 임원의 현황과 그 변동사항
• 겸영사업을 하는 경우 그 사업내용
• 직전 회계연도의 재무제표

1교시(120문항)

물류관리론

01	02	03	04	05	06	07	08	09	10
①	④	②	④	②	④	④	③	③	④
11	12	13	14	15	16	17	18	19	20
②	⑤	⑤	③	④	③	③	①	②	④
21	22	23	24	25	26	27	28	29	30
④	①	③	③	①	③	⑤	⑤	⑤	②
31	32	33	34	35	36	37	38	39	40
③	⑤	③	①	⑤	⑤	②	③	③	⑤

01 물류의 기본적 기능에는 장소적 기능, 시간적 기능, 수량적 기능, 가격적 기능, 품질적 기능, 인격적 기능 등이 있다.

02 기업의 물류합리화 추진 목적인 고객 서비스의 향상과 물류비의 절감을 달성하기 위해서는 공동목표 달성이라는 인식 아래 적절한 협력관계가 유지되어야 한다. 총 비용 접근법에 의하여 기업은 고객의 서비스 수준을 미리 정해 놓고 이에 상응하는 최저 총 비용 물류시스템을 구축하는 방법과 비용을 제한해 놓고 고객서비스를 최대한으로 확대하는 방법 등을 들 수 있다. 최적의 서비스 수준 선택과 물류비의 효율화는 물류 전체를 하나의 시스템으로 관리하여 상충관계에서 발생하는 문제점을 극복할 수 있는 방법이다.

03 EPC(전자상품코드)
인터넷을 기반으로 RFID 기술을 활용하기 위한 네트워크 표준코드로 RFID 태그에는 상품식별코드인 EPC 코드와 같은 최소한의 정보만 저장하고, 상품 관련 상세 정보는 인터넷을 통해 검색해 활용하는 방식이다. 기존의 바코드와 다른 점은 동일한 상품이라도 모든 개체를 개별적으로 식별할 수 있는 일련번호가 추가되어 상품 추적과 상품 이동 상태를 매우 정확히 포착할 수 있고, 동시에 데이터 처리 효율을 높일 수 있다는 것이다.

04 전체적으로 수직적 조직이기 때문에 수평적인 제휴와 교류가 쉽지 않다.

05 회수물류란 제품회수, 리사이클링, 폐기물 처리, 재활용 등 회수과정 전반에 걸친 물류시스템을 말한다.

06 중소기업들은 물류비 절감과 경쟁력 향상을 위해 공동 물류체계를 구축하고 있는 추세이다. 중소기업의 물류개선을 위해서는 물류 공동화가 가장 효과적인 수단이며 특히 중소기업이 밀집되어 있는 산업단지를 중심으로 물류공동화를 추진하는 것이 효과적이다.

07 제품의 수명주기가 점점 짧아지고 차별화된 제품생산의 요구가 증대하고 있다.

08 운송규제의 강화는 물류서비스의 비용을 증가시킬 수 있는 요인이다.

09 B2B 거래는 기업과 기업 간의 전자 상거래를 의미하는 것으로 부품이나 원료, 기계 등 생산 자재를 제공하고 제공받는 것을 말한다.

10 제품의 가치를 무게에 대한 비율로 나타내면 물류시스템을 계획하는 데 있어 명확한 비용의 상쇄 관계를 파악할 수 있다. 가치−무게비율이 낮은 제품의 경우 보관비용은 낮지만 수송비용은 판매가격에 비해 아주 높다. 재고유지비용은 제품가치에 의해 결정된다. 가치−무게 비율이 높은 제품들은 보관비용은 높은 반면 수송비용은 낮다. 이때 물류비용곡선은 U자 형태로 나타난다. 따라서 가치−무게 비율이 낮은 제품을 주로 취급하는 기업은 수송요율을 낮추는 데 주력하게 된다.

11 물류의 5대 기능은 수송, 보관, 하역, 포장, 정보이고, 6대 기능은 여기에 유통가공기능이 포함된다.

12 조달 및 판매에 있어서 가격정책이 변경되면 물류네트워크를 다시 계획할 필요가 있다.

13 매출액 대비 이익 = 200억원 × 0.02 = 4억원
물류비 = 200억원 × 0.09 = 18억원
물류비 절감액 = 18억원 × 0.1 = 1.8억원
매출액 증가액을 x라 하면,
200억원 : 4억원 = x : 1.8억원

$$x = \frac{200억원 \times 1.8억원}{4억원} = 90억원$$

14 효율적인 물류표준화를 위해서는 개별기업 단위의 표준화 이전에 국가단위의 표준화가 선행될 필요가 있다.

15 물류시스템의 설계는 기업전체의 계획, 설계라는 맥락에서 파악되어야 한다.

16 물류정보시스템화의 2가지 목적은 고객 서비스의 향상과 물류비의 절약이다.

17 시각적 관리는 JIT 기법의 특징이다.

18 POS(Point Of Sales)는 매장에서 발생하는 판매시점의 모든 정보를 실시간으로 수집, 처리하여 각 부문별 정보를 종합, 분석, 평가할 수 있는 시스템을 말한다.

19 공동 수·배송은 주변의 교통혼잡을 완화시킬 수 있다.

20 녹색물류는 물류와 관련된 기업들이 녹색성장의 관점에서 지속가능한 성장을 위해 취하고자 하는 전략으로 제조기업은 마케팅 및 대외 이미지 제고를 위해, 물류기업은 비용절감 및 차량 효율화를 위해 녹색물류 도입을 추진한다.

21 "기업물류비 산정기준"에 의한 물류비 산정 목적
- 경영관리자와 각 부문에 대해서 필요한 물류원가 자료를 제공해준다.
- 물류예산 편성과 예산통제를 위해 필요한 원가 자료를 제공한다.
- 물류의 기본계획을 설정케 하고, 이에 필요한 원가정보를 제공한다.
- 가격계산에 필요한 물류비의 자료를 제공하고 문제점을 발견할 수 있게 해준다.

22 ⑪은 물류업체 관점에서의 장점에 대한 내용이다.

23 컨테이너 회수 및 보관장소 관리가 용이하지 않다.

※ **컨테이너화의 단점**
- 이용화물에 제한
- 관련시설 확보에 따른 대규모 자본 필요
- 컨테이너 및 제 설비 관리에 고도의 전문지식과 기술 필요
- 하역시설이 갖추어진 항구에만 입항가능

24 ISO 14001은 안전에 관한 인증규격이며, ISO 28000이 물류보안경영인증시스템이다.

25 SCM(Supply Chain Management)은 계획부문(SCP ; Supply Chain Planning)과 실행부문(SCE ; Supply Chain Execution)으로 나눌 수 있다.
- 공급사슬 계획은 각 부서별 계획, 판매 계획, 생산 계획, 구매 계획, 재고 계획 간의 일관성을 확보하고, 전체 공급사슬 관점에서 실행 가능하고 최적화된 계획을 수립·공유하는 것을 목적으로 하는 SCM 솔루션이다.
- 공급사슬 실행은 주문 처리나 물류 관리에 SCM을 실행하기 위한 솔루션으로 SCP를 통해 수립된 모든 계획을 실제로 실행하고, 재계획을 위해 실행 결과를 다시 SCP 솔루션으로 피드백(Feed Back)해 주는 SCM의 백본 시스템(Backbone System)이다.
  - 주문관리시스템(Order Management System)
  - 창고관리시스템(Warehouse Management System)
  - 운송관리시스템(Transportation Management System)
  - 재고관리시스템(Supply Chain Inventory System)
  - 국제거래시스템(International Trade System)

26 고객의 범위는 내·외부고객을 모두 포함한다.

27 **채찍효과의 개선방안**
- 공급자 재고관리 등 공급체인 구성원 간에 전략적 관계를 강화한다.
- 공급업체 전반에 걸쳐 수요에 대한 정보를 집중화하고 공유한다.
- 제품의 공급 리드타임을 감축시킬 수 있는 방안을 연구한다.
- 최종소비자의 수요변동폭을 감소시킬 수 있는 방안을 연구한다.

28 ① 직능형 물류조직은 물류조직이 다른 관련조직 속에 포함된 형태로 기업 전체적인 관점에서 물류정책, 물류 전략, 물류계획의 수립이 어렵다.
② 라인·스태프형 물류조직은 라인부문(현장)의 물류업무 실시기능과 스태프부문(관리)의 물류 지원기능을 분리한 조직이다.
③ 사업부형 물류조직은 라인·스태프형 조직이 확대되어 생긴 조직으로 각 사업단위의 사업성을 극대화하기 위해 생긴 조직이다.
④ 그리드형 물류조직은 모회사와 자회사 간의 권한이양이라는 형태로 다국적 기업에서 많이 볼 수 있는 조직 형태이다.

29 드릴다운(Drill-Down) 기능은 중역정보시스템(EIS ; Executive Information System)에 제공되어야 하는 기능이다.

※ **드릴다운(Drill-Down)**
특정 항목에 대한 세부 사항을 더 자세하게 볼 수 있도록 하는 기법

30 규모의 경제가 아니라 범위의 경제를 실현하기 위해 다각화를 추구한다.

※ **범위의 경제성**
상이한 제품들에 공통적으로 투입되는 생산요소가 존재할 때, 동시 생산을 함으로써 별개의 기업들이 각각의 상이한 제품들을 생산할 때의 비용보다 적은 시너지 효과를 가져온다.

31 세계교역량의 급격한 감소(×) → 세계교역량의 급격한 증가(○)

32 제약이론은 취약한 활동요인(제약요소)의 효율성을 제고함으로써 프로세스를 개선하여 기업의 성과를 극대화하고자 하는 관리기법이다.

33 물류관리의 경우 공급선의 수가 다수여서 경쟁이 유발되며, 공급사슬관리의 경우 소수여서 쌍방 간의 조정이 증가한다.

34 IoT
인터넷을 기반으로 모든 사물을 연결하여 사람과 사물, 사물과 사물 간의 정보를 상호 소통하는 지능형 기술 및 서비스를 말한다.

35 대량고객화(Mass Customization)는 대량생산(Mass Production)과 맞춤화(Customization)가 결합된 용어로 맞춤화된 상품과 서비스를 대량생산을 통해 비용을 낮춰 경쟁력을 창출하는 새로운 생산·마케팅 방식이다.
① 크로스도킹(Cross Docking)은 미국의 Wal-mart에서 도입하여 실행한 공급사슬관리 기법이다.
② 채찍효과(Bullwhip Effect)를 감소시키기 위해서는 단순 계약 관계의 구축보다는 공급사슬내 각 주체 간의 전략적 파트너십 구축이 도움이 된다.
③ CRM(Customer Relationship Management)은 소비자들을 자신의 고객으로 만들고, 이를 장기간 유지하고자 하는 경영방식이다.
솔루션의 운영을 통하여 공급자와 구매기업의 비즈니스 프로세스가 통합되어 모든 공급자들과 장기적인 협업관계 형성을 목표로 하는 것은 공급자관계관리(SRM ; Supplier Relationship Management)이다.
④ CPFR(Collaborative Planning Forecasting and Replenishment)은 협력적 계획, 보충 및 예측시스템으로 판매/재고 데이터를 이용해 유통업체와 공급업체(제조업체)가 상호 협력하여 공동으로 수요를 예측하고 계획하며 상품을 보충하는 업무 프로세스이다.
공장에서 제품을 완성하는 대신 시장 가까이로 제품의 완성을 지연시켜 소비자가 원하는 다양한 수요를 만족시키는 것은 전략적 지연(Postponement)이다.

36 델파이(Delphi)법은 전문가의 경험적 지식을 통한 문제해결 및 미래예측을 위한 기법이다. 각 전문가들에게 개별적으로 설문서와 그 종합된 결과를 전달·회수하는 과정을 거듭함으로써 독립적이고 동등한 입장에서 의견을 접근해 나가는 기법이다. 설문서의 응답자는 철저하게 익명성이 보장되므로 외부적인 영향력으로 결론이 왜곡되거나 표현이 제한되는 예가 적다.

37 주문전달(Order Transmittal)은 주문을 주고 받는 판매원, 우편, 통신, 전자송달에 사용되는 방법이다. 적재서류 준비, 재고기록 갱신, 신용장 처리작업, 주문 확인 등의 활동은 '주문처리(Order Processing)'를 의미한다.

38 ③은 e-Catalog(전자카달로그)에 대한 설명이다.

39 백오더(Back-order)는 주문을 받았지만 주문한 제품이 없어 일단 목록에는 올려 두고 후에 해당 제품이 입고되면 그 때 보내 주는 방식이다.

40 공급사슬관리는 재고 수준을 최소화시킴으로서 재고량을 감소시키는 것을 목표로 한다.

화물운송론

41	42	43	44	45	46	47	48	49	50
①	⑤	①	④	④	③	①	⑤	④	①
51	52	53	54	55	56	57	58	59	60
①	⑤	⑤	①	④	⑤	④	⑤	①	③
61	62	63	64	65	66	67	68	69	70
②	⑤	②	⑤	①	⑤	⑤	①	③	②
71	72	73	74	75	76	77	78	79	80
①	①	②	②	①	④	③	②	②	①

41 물류정보기술의 발달에 따라 수주정보, 재고정보의 파악 등 모든 정보의 사전처리가 가능해지면서 재고를 적정량으로 조절할 수 있게 되었고, 대량 정보 처리도 가능해지면서 수송, 배송, 창고관리, 수발주 등 모든 영역에서 대량의 물량을 처리할 수 있게 되었다.

42 무차별운임은 화물의 가치에 관계없이 용적이나 중량에 근거하여 부과되는 운임이다. 즉, 적입된 화물에 관계없이 컨테이너 1개당 얼마로 운영되는 운임체계이다.

43 BT(BT/BT : Berth Term & Berth Term, Liner Term)
벌크화물 선적시 가장 많이 이용되는 운임조건으로서, 선적항과 목적항의 선내 하역비를 운송인이 모두 부담하여 운임에 포함시킨다. 따라서 Berth Term 조건에서 운송인의 책임은 부두에서 화물을 화주로부터 넘겨받은 시점부터 시작하여 목적항 선측에서 수화주에게 화물을 인도한 시점에서 끝난다.

44 운송수단의 선택기준은 화물의 종류, 화물의 중량 및 용적, 운송경로, 운송거리, 운송일수, 운송비용, 납기, 기후환경 등이다.

45 ㄴ. 최저운임은 요율표에 "M"으로 표시되고, 기본요율은 요율표에 "N"으로 표시된다.
ㅁ. 특정품목할인 요율은 최저중량이 제한받도록 되어 있다. 예를 들면 서울발 동경행 수산물에 적용되는 SCR 0300은 최저중량이 100kg으로 설정되어 있어, 100kg 이상의 상기 품목에 한해서만 SCR 0300이 적용될 수 있도록 되어 있다.

46 Greenlane 해상화물보안법(GMCSA)의 주요 내용
• 합당한 신분증 소지자 외 화물과 컨테이너에 대한 접근 제한
• 선적전 선적화물에 관한 사전정보 제출
• 모든 컨테이너에 대한 추적시스템 구축
• 수출입계약시 담보면제를 포함한 패키지 인센티브를 제공하는 Trusted Account 도입 검토
• 운송 도중 컨테이너 침입을 감지할 수 있는 감지장치 개발

47 운행 경로는 데포(Depot)에서 가장 먼 지점부터 만들어간다.

48 기종별 규격의 비표준화로 항공운송용 단위탑재용기(ULD ; Unit Load Device)의 기종 간 호환성이 낮다.

49 재화중량톤수를 말하며, 순재화중량톤수는 재화중량톤수에서 청수, 식량, 연료 및 선용품과 선원, 승객 및 이들의 소지품을 제외한 중량이다.

50 항공운임은 해상운임의 약 20배로 비탄력적이다.

51 ② 보닛 트럭(cab-behind-engine truck)에 대한 설명이다.
③ 픽업(pickup)에 대한 설명이다.
④ 믹서 자동차(truck mixer, agitator)에 대한 설명이다.
⑤ 지게차(fork lift truck)에 대한 설명이다.

52 Tractor는 운송도중 고장이 발생하더라도 다른 견인차량으로 교체하여 운송이 가능하기 때문에 운송지연이 감소된다.

53 물류터미널에 전시장으로서의 성격을 가미하여 판매확대를 위한 유통 전진기지의 역할을 기대할 수는 있으나 대부분 도매시장으로서의 기능을 담당하며, 소매시장의 기능은 담당하지 않는다.

54 유닛로드 시스템은 포장의 간소화로 포장비용의 절감이 가능하다.

55 컨테이너는 해상운송뿐만 아니라 육상운송과 항공운송에서도 사용할 수 있도록 고안된 운송용기이다.

56 복합운송에서 위험부담의 분기점은 송화인이 물품을 내륙운송인에게 인도하는 시점이 된다.

57 Fishy-Back 방식
도로운송과 해상운송의 장점을 활용해 트럭과 선박을 혼합 이용한 수송 방법으로 수송비 절감, 수송시간 단축, 수송 능률 증대 등의 이익이 생긴다.

58 20ft 컨테이너 1개를 1TEU라 하며, TEU를 컨테이너 물동량 산출 단위로 이용한다.

59 공동수배송은 화주가 물품을 개별 수송하는 방식에서 화주 또는 트럭사업자가 공동으로 물품을 통합적재 수송방식으로 바꾸어 수송물류비용 절감, 차량적재 효율의 향상을 도모하는 시스템이다. 따라서 공동수배송에 참여하는 기업들은 집하, 분류, 배송측면에서 시너지 효과를 기대할 수 있다.

※ **공동수배송의 장점**
• 참여기업에 대한 서비스 수준을 균등하게 유지할 수 있다.
• 참여기업의 운임부담을 경감할 수 있다.
• 참여기업에 대한 통합된 수배송을 제공할 수 있다.
• 다양한 거래처에 대한 공동수배송을 실시함으로써 물동량의 계절적 수요변동에 대한 차량운영의 탄력성을 확보할 수 있다.

60 ㉠ 운임이 저렴하고 안정성이 높은 운송은 철도운송이다.
㉤ 철도운송이 상대적으로 기후에 영향을 적게 받는다.

61 • 출발지에서 'S-A' 구간에 보낼 수 있는 최대 운송량은 3이고 'A-D', 'D-F' 구간의 최대 운송량은 2이므로 최종 'D-F' 수송량은 2이다.
• 'S-B' 구간에 보낼 수 있는 최대 운송량은 4이고 'B-C', 'B-E' 구간에 각각 1씩 수송가능하므로 'E-F' 구간은 수송가능한 운송량은 3이지만 받을 수 있는 최대 운송량은 2가 된다.
• 'S-A', 'S-B' 구간의 최대 수송량이 'C-F' 수송량 1보다 크고 수송가능하므로 'C-F' 구간의 최대 수송량은 1이 된다.
따라서, 각각을 합하면 '2 + 2 + 1 = 5'톤이다.

62 파이프라인의 처리량의 증가와 파이프라인의 직경의 크기가 커짐에 따라 톤·마일당 비용이 감소한다.

63 자동차운송의 경제적 효용거리(km) = D / (T − R)
D : 톤당 철도운송 부대비용(철도 발착비 + 배송비 + 화차 하역비 등)
T : 자동차운송비
R : 철도운송비
∴ 자동차운송의 경제적 효용거리(km)
= 53,000원 / (8,000원 − 7,500원) = 106km
즉 A기업은 106km 이상 구간에서 철도운송이 유리하다.

64 • Shipping Request(선적요청서, 선복요청서, 운송신청) : UN/EDIFACT(행정, 상업 및 운송부문의 전자문서교환표준) 및 KEDIfact(한국의 전자문서교환표준)에 의한 선적요청 전자문서(SHPREQ)로 화주가 선적을 담당하는 선사 또는 포워더에게 선적예약을 하기 위한 전자문서
• Mate's Receipt(본선수취증) : 기재된 상태대로 화물을 수령하였음을 인정하는 증서로 본선에 적재한 화물을 수취했다는 증거로 일등항해사가 화주에게 발급하는 서류
• Dock Receipt(부두수취증) : 거래선의 본선수취증(Mate's Receipt : M/R)에 해당하는 서류로서 컨테이너 운항선사가 화물의 수령증으로 발행하는 서류
• Arrival Notice(화물도착통지서) : 화물이 도착지에 도착하면 운송회사가 통지처로 기재된 자에게 화물의 도착을 통지하게 되는데, 이때의 통지서를 가리킨다. 통지를 받은 수입자는 이 통지서를 받은 후, 화물의 하역과 통관준비를 하게 된다. 통지서에는 선하증권번호, 화물명세, 중량과 도착일자 등이 기재된다.

65 **항공화물의 운송절차**
수출과 관련된 운송절차의 순서는 '운송장 접수 → 화물반입 및 접수 → 장치 통관 → 적재 → 탑재' 순이다.

66 고정다이어그램은 과거 통계치에 의존하여 배송스케줄을 설정하고, 적시배달을 중시하는 배송시스템으로 배송범위가 협소하며 빈도가 많은 경우에 유리하다.

67 착불화물의 경우에도 운송장을 증빙으로 제시하여 수화인에게 요금을 청구할 수 있다.

※ 운송장의 기능
• 계약서 기능
• 화물인수증 기능
• 운송요금 영수증 기능
• 정보처리 기본자료
• 배달에 대한 증빙
• 수입금 관리자료
• 행선지 분류정보 제공

68 Gross Terms Charter는 선주가 항해비용을 포함해서 항만비용, 하역비용 등을 책임지는 것으로 용선료에 모든 비용이 포함되는 경우이다.

69 S − b − c − d − F : 10 + 3 + 2 + 10 = 25km

70 화물의 입·출고 빈도 ABC 분석은 창고관리시스템(WMS ; Warehouse Management System)과 관련이 있다.
※ 운송관리시스템(TMS)은 화물 운송 때 수반되는 자료와 정보를 신속하게 수집하여 이를 효율적으로 관리하는 동시에, 수주 기능에서 입력한 정보를 기초로 비용이 가장 적은 수송 경로와 수송 수단을 제공하는 시스템이다. TMS는 공급 배송망 전반에 걸친 재고 및 운반비 절감, 대응력 개선, 공급업체와 필요 부서 간의 정확한 정시 납품 보장 등을 실현하고 최적의 운송계획 및 이행 기능은 유입·유출 물류와 재고 보충 등의 운송제약 조건을 고려해 운송을 계획, 최적화하는 동시에 이행 기능을 이용해 계획을 수행한다.

71 통행교차모형은 화물발생량을 산출한 후 시간 및 비용을 고려한 효율적 교통배분이나 수송수단별 분담률 등을 산출할 때 사용한다.

72 **평균적재율** : 화물차량의 적재능력대비 운행 당 운송중량의 비율을 말한다.
평균적재율 = [{(150 × 7) + (200 × 8) + (100 × 4) + (300 × 10) + (300 × 10) + (100 × 7) + (150 × 5)} / {(12 × 1,300)}] × 100 = 67.3%

73 프레이트 포워더의 책임한도는 본 FBL(Forwarder's B/L)에 의거한 복합운송계약 운임의 2배 상당액을 초과하지 않는다.

74 한국산업표준(KS T2033)에서 정하고 있는 '아시아 일관수송용 평파렛트'의 크기에 해당되는 것은 1,100mm × 1,100mm, 1,200mm × 1,000mm이다.

75 슬라이딩도어(Sliding Door) 차량

② 지붕 없이 적재함이 달려 있는 픽업트럭(Pick-up Truck)
③ 개폐식 셔터가 장착된 차량
④ 물품의 적재·하역시 측면에서의 작업을 효율적으로 할 수 있는 다기능 차량
⑤ 목재를 비롯한 기둥, 파이프 등 장척물을 운반하는 트레일러

76 ① 지역 또는 운송거리에 관계없이 단일한 운임이 적용되는 것
② 거리에 비례해 지불하는 거리당 운임
③ 운송거리가 증가할수록 운송단가가 감소되는 형태의 운임
⑤ 화주 또는 운송자의 수요에 의해 특정 수송서비스의 가치가 결정되는 운임

77 수·배송시스템의 설계순서
화물의 특성 파악 → 수·배송시스템의 질적 목표 설정 → 출하부문의 특성 파악 → 수요처별 특성 파악 → 수요처별 운행여건 파악 → 차종 판단 → 배차운영계획 → 귀로운행 계획

78 ⓒ Hague Rules : 선하증권에 관한 통일조약
ⓐ Warsaw Convention : 국제항공에 있어서 사법관계를 규정한 조약
ⓔ CMR 조약 : 국제도로물품운송조약
ⓑ CIM 조약 : 국제철도물건운송조약

79 북서코너법
P1 → D1 : 10kg
P1 → D2 : 5kg
P2 → D2 : 10kg
P2 → D3 : 2kg
P3 → D3 : 5kg
∴ 총 수송비 = (10 × 20,000) + (5 × 40,000) + (10 × 20,000) + (2 × 100,000) + (5 × 40,000)
= 1,000,000원

80 시계열분석은 과거 시계열 자료의 패턴이 미래에도 지속적으로 유지된다는 가정 하에서, 현재까지 수집된 자료들을 분석하여 미래에 대해 예측하는 것으로 시계열자료가 생성된 시스템 또는 확률과정을 모형화하여 시스템 또는 확률과정을 이해하고 제어할 수 있도록 한다(장기예측).

81	82	83	84	85	86	87	88	89	90
③	②	①	③	②	④	④	④	②	③
91	92	93	94	95	96	97	98	99	100
⑤	③	②	①	④	①	⑤	③	③	④
101	102	103	104	105	106	107	108	109	110
③	③	②	④	⑤	③	②	①	④	③
111	112	113	114	115	116	117	118	119	120
⑤	⑤	①	④	④	②	②	①	①	②

81 ① 제품의 수명주기가 단축됨에 따라 신속한 국제운송이 요구되고 있다.
② 환경친화적 물류관리를 위하여 세계적으로 환경오염의 피해를 최소화하려는 그린물류의 중요성이 증대되어 규제가 강화되고 있다.
④ 기업들은 SCM을 통해 고객 수요에 따른 생산을 효율적 재고를 바탕으로 실행하여 빠른 고객대응을 추구하게 되었다.
⑤ e-Logistics의 활용으로 운송, 보관, 포장, 하역, 재고관리 등 다양한 부가가치 물류서비스를 구현하여 오프라인의 시간적 차이를 줄임으로써 물류 가시성이 높아지고 있다.

82 JIT(1950년대) → CIM(1970년대 초반) → CALS(1987년) → SCM(1990년대 초반)

83 ② CVO(Commercial Vehicle Operation) : 첨단화물운송시스템
③ KROIS(Korean Railroad Operating Information System) : 철도운영정보시스템
④ ITS(Intelligent Transportation Systems) : 지능형 교통 시스템
⑤ KL-NET : 종합물류정보전산망

84 CIF(Cost, Insurance and Freight)는 운임, 보험료 포함조건으로 그 다음에 '지정목적항'이 표시된다.

85 DDP(관세지급반입인도조건)는 수출업자가 가장 많은 비용과 의무를 부담하는 조건이다.

86 정기용선계약(Time Charter)이란 선박에 화물을 적재할 수 있는 설비 및 용구를 갖추고 선원을 승선시켜 일정기간 해상을 운항할 수 있는 선박을 용선자가 선주로부터 용선하는 계약으로서, 그 용선기간에 따라 용선자가 선주에게 용선료를 지급한다. 용선자는 용선료 외에 연료비, 입항세, 운항비 등을 등을 부담한다.

87 GENCON Charter Party에 명시된 체선료 조항

> 선적/양하 항에서의 체선료는 칸 20에 기록된 비율, 그리고 방식으로 하루 또는 하루에 대해 차지하는 부분의 비율로 용선자가 지불한다. 체선료는 하루의 단위로 계산되고 선주의 송장에 근거하여 지불한다. 체선료가 위와 같이 지불되지 않을 시 선주는 용선자에게 <u>96시간의 연속시간</u>을 주고, 그 미지급을 수정하여 서면으로 알린다. 만약 체선료가 이 한도 기간의 만기 날짜에 지불되지 않고, 또 만약 본선이 선적항에 있다면 선주는 용선 계약을 언제든지 중지시키고 그것으로 인해 <u>발생한 어떤 손실에 대해 소송을 제기할 권한</u>을 가진다.

88 CPT조건은 자기의 위험 및 비용부담으로 수출통관절차를 밟아야 한다.

89 최근 선박대형화로 인해 비용절감과 수송시간 단축을 위한 주요 거점항만 및 공항을 중심으로 Hub & Spoke 운송시스템 구축이 증가하고 있다.

90 수입화물을 선박회사로부터 수령하기 위해서는 선하증권을 제시하여야 하는데 선적 서류의 작성, 은행의 매입 및 발송과정에 시간이 걸려 수입화물은 도착하였으나 선적서류가 내도하지 않은 경우 수입상은 경제적 손실을 입을 수 있다. 이러한 경우에 수입상의 요청에 의해 선적서류 도착 전에 수입상이 수입물품을 인도받음에 따라 발생하는 모든 문제를 개설은행이 책임지며, 차후에 선적서류가 도착하면 선박회사에 선하증권을 제출할 것을 보증하는 보증서를 발행하게 되는데 이를 수입화물선취보증서(Letter of Guarantee ; L/G)라 한다.

91 복합운송인은 무과실을 입증하지 못하면 배상책임을 면할 수 없다.

92 ① · ④ : 청약은 유효기간내에 청약해야 한다.
② · ⑤ : 청약의 조건과 일치해야 한다.

93 Hague Ruels는 운송인의 권리와 책임을 정의하고 있는 국제규약으로서 항해과실에 대하여는 운송인 면책 규정, 상업과실에 대하여는 면책특약 무효에 관한 내용을 포함한다.

94 전손(Total Loss)은 추정전손(Constructive Total Loss)과 현실전손(Actual Total Loss)이 있다.

95 복합운송증권은 발행인의 특별한 제한이 없어 FIATA B/L에 한해서는 운송주선업자도 가능하다. 국제운송주선인협회연맹 복합운송선하증권(FIATA FBL)은 복합운송선하증권양식을 이용하며, FIATA운송주선인 화물운송증권과 FIATA운송주선인화물수령증은 비유통성서류로 신용장에 별도 허용시 수리 가능하다.

96 알선은 공정한 제3자가 당사자의 일방 또는 쌍방의 요청에 의하여 사건에 개입, 원만한 타협이 이루어지도록 협조하는 방법이다.

97 ㄹ. 항공화물운송은 여객운송과 달리 화물 대부분이 야간에 집중되는 경향이 있다.
ㅁ. 항공화물은 고정화주가 많기 때문에 여객에 비해 계절에 대한 변동이 적다.

98 선적절차
1. 선적예약 : Shipping Schedule 입수 후 선사에 S/R(Shipping Request : 선적요청서)을 제출하여 Space Booking(선적예약)을 함
2. 보세운송 : 수출면허 후 수출통관된 물품을 선사가 지정한 장소까지 보세운송함
3. 화물인도 · 선적 및 B/L발행
   ① 재래식 화물
      • 선사에 물품인도 : E/P 제시
      • 본선적재 지시 : S/O(Shipping Order : 선적지시서) 발급
      • 본선적재 완료 : M/R(Mate's Receipt : 본선수취증 또는 선장수령증) 발급
      • B/L(Bill of Lading : 선하증권) 발행 : Shipped B/L(선적선하증권)
   ② 컨테이너 화물
      • 선서에 물품인도 : E/P 제시
      • 부두에서 물품인수 : D/R(Dock Receipt : 부두인수증) 발급
      • B/L 발행 : Received B/L(수취선하증권)
      • 본선적재
      • Received B/L에 On Board Notation(본선적재 표시) : On Board B/L(본선적재선하증권)

99 THC(Terminal Handling Charge)는 화물이 컨테이너터미널에 입고된 순간부터 본선의 선측까지, 반대로 본선 선측에서 CY의 게이트를 통과하기까지 화물의 이동 비용을 의미하는 터미널화물처리비이고, Wharfage는 해운항만청 고시에 의해 부과되는 부두사용료로 이 두 가지 비용은 해상운임 중 부대비용에 해당된다.

ㄱ. BUC(Bulk Unitization Charge) : 항공운송 운임요율에 해당하는 단위탑재용기요금으로 파렛트, 컨테이너 등 단위탑재용기별 중량을 기준으로 요금을 미리 정해놓고 부과하는 방식이다.

ㄷ. BAF(Bunker Adjustment Factor) : 해상운임 중 할증운임에 해당하는 것으로 유류가격의 인상으로 발생하는 손실을 보전하기 위한 유류할증료를 의미한다.

ㅁ. PSS(Peak Season Surcharge) : 성수기 물량 증가로 컨테이너 수급불균형 및 항만의 혼잡 심화에 따른 비용 상승에 대한 할증료이다.

100 피보험이익

보험사고의 발생에 의하여 손해를 입을 우려가 있는 이익을 말한다. 손해보험은 보험목적물(재물)에 대한 손해를 피보험자에게 보상하는 것이기 때문에, 계약이 성립하기 위해서는 손해를 입을 우려가 있는 이익의 존재가 필요한데, 이 때 보험목적물에 손해가 발생함으로써 피보험자에게도 손해가 발생하는 이해관계를 가리켜 피보험이익이라고 한다.

101 파손화물보상장(L/I ; Letter of Indemnity)

선사는 화주가 하자가 있는 화물을 선적할 경우 고장부 선하증권(Foul B/L)을 발행하게 되는데, 은행은 Foul B/L을 수리하지 않기 때문에 화주는 이러한 하자로 인하여 생기는 화물의 손상에 대해서는 화주가 책임을 지며, 도착항에서 선박회사가 수화인으로부터 손해의 배상을 요구받아도 선박회사는 면책된다는 뜻을 기재한 보상장을 제시하고, 무사고 선하증권(Clean B/L)의 교부를 받는 방법이 있다. 즉, 화주(수출업자)가 실제로는 Foul B/L임에도 불구하고 Clean B/L로 바꾸어 받을 경우, 선박회사에게 제시하는 보상장을 L/I라 한다.

102 Shipment on or about ~ 은 전후 5일로 해석한다.

103 Restricted L/C(제한 신용장)

신용장상에 환어음의 매입은행이 특정은행으로 지정되어 있는 신용장

104 ① 유류할증료는 BAF이고 CAF는 통화할증료이다.
② 1TEU란 길이 20피트, 높이 8피트, 폭 8피트짜리 컨테이너 1개를 말한다.
③ TCR은 중국대륙횡단철도 서비스이다.
⑤ ETD는 예상출발시간이다.

105 이전의 인코텀즈 규칙에서는 협회적하약관(ICC)에 따라 두 조건 모두 최소담보조건(C)으로 통일되어 있었는데, 이를 개정하여 CIF는 전과 마찬가지인 최소담보조건(C)이 유지되고, CIP는 최대담보조건(A)으로 변경되었다.

106 CQD(관습적 조속하역)는 당해 항구의 관습적 하역방법 및 하역능력에 따라 가능한 한 빨리 하역을 하는 것을 약정하는 조건이다.

107 Consolidation

운송화물이 LCL화물일 경우 국제운송주선업자가 소량의 단위화물을 여러 화주로부터 인수받아 이를 동일한 목적지별로 분류하고 혼재하여 FCL화물로 만들어 선박회사에게 전달하는 과정이다.

108 ② DDP는 수출업자의 부담이 가장 큰 조건이다.
③ CIF의 경우 운임과 보험료는 가격 조건 속에 포함된다.
④ FOB는 무역 거래에서 많이 이용되는 조건으로 본선인도가격 조건을 뜻한다.
⑤ CFR은 상품이 선적항의 본선상에 인도될 때 매도인의 인도의무는 완료되나 매도인은 목적항까지의 운임(비용)을 부담한다.

109 (DAP)에서는 해당되는 경우에 매도인이 물품의 수출통관을 하여야 한다. 그러나 매도인은 물품의 수입을 위한 또는 인도 후 제3국 통과를 위한 통관을 하거나 수입관세를 납부하거나 수입통관절차를 수행할 의무가 없다. 만일 이러한 시나리오를 피하기 위하여 물품의 수입통관을 하고 수입관세나 세금을 납부하고 수입통관절차를 수행하는 것을 매도인이 하도록 하고자 하는 경우에 당사자들은 (DDP)를 사용하는 것을 고려할 수 있다.

110 국제해사위원회(CMI)에서 1990년 6월 채택한 해상화물운송장에 관한 통일규칙(Uniforms Rules for Sea Waybills 1990)이 존재한다.

111 ⑤는 내륙컨테이너기지(ICD ; Inland Container Depot)에 대한 설명이다.

112 Refrigerating Machinery(냉동기관약관)는 기타 특별약관에 속하며, 주로 육류 및 생선 등이 운송 동안에 냉동기의 고장·파열에 연유해서 생기는 모든 멸실이나 손상을 담보한다.

113 Freight Collect(후불운임)
• 양륙지에서 매수인이 화물을 수령할 때 지급
• FOB계약에서는 후불운임이 지급되고 양륙지에서 화물인도지시서(D/O ; Delivery Order) 발급일, 즉 운임지급일의 환율을 적용

114 DDP조건은 매도인이 수출통관 및 수입통관을 부담하는 조건이다.

115 "운임포함인도(CFR)"는 매도인이 물품을 매수인에게 다음과 같이 인도하는 것을 의미한다.
- 선박에 적재함
- 또는 이미 그렇게 인도된 물품을 조달함

물품의 멸실 또는 훼손의 위험은 물품이 선박에 적재된 때 이전하고, 그에 따라 매도인은 명시된 수량의 물품이 실제로 목적지에 양호한 상태로 도착하는지를 불문하고 또는 사실 물품이 전혀 도착하지 않더라도 그의 물품인도의무를 이행한 것으로 된다.

116 운송인이 여객 또는 화물의 운임수탁시 개별 고객 또는 운송인과 건별로 개별계약을 체결한다는 것은 현실적으로 불가능하므로 항공운송인은 국제항공운송협회의 표준약관을 준용하여 각국 항공법의 요구에 따라 고객과의 운송계약내용이 되는 운송약관을 설정, 정부의 허가를 얻어 시행·운용하게 된다.

117 지체료(Detention Charge)
화주가 컨테이너 또는 트레일러를 대여받았을 때 규정된 시간(Free Time)내에 반환을 못할 경우 벌과금으로 지불해야 하는 비용이며, Free Time은 동맹 또는 선사에 따라 각기 다르다.

118 ICC(C)는 ICC(B)에서 열거된 위험 가운데 지진, 화산의 분화, 낙뢰·갑판유실, 선박, 부선, 선창, 운송용구, 컨테이너, 지게차 또는 보관장소에 해수 또는 호수, 강물의 유입, 추락손 등은 담보되지 않는다.

119 협회기간약관(ITC-hulls)상의 담보위험
- 해상, 강, 호수 또는 기타 항해 가능한 수면에서의 고유 위험
- 화재·폭발
- 선박 외부로부터 침입한 자에 의한 폭력을 수반한 도난
- 투하
- 해적행위
- 핵장치나 원자로의 고장 또는 사고
- 항공기 등과의 접촉
- 지진·화산의 분화 또는 낙뢰
- 적하 또는 연료의 선적·양하 또는 이동 중의 사고
- 기관의 파열, 차축의 파손 또는 기관이나 선체의 잠재하자
- 선장·고급선원·보통선원 또는 도선자의 과실
- 수리자 또는 용선자의 과실
- 선장·고급선원·보통선원의 악행

120 항공화물운송대리점과 항공운송주선인의 비교

구 분	항공화물운송 대리점	항공운송주선인
활동영역	주로 FCL 화물 취급	LCL 화물 취급
운임요율표	항공사 운임률표 사용	자체 운임률표 사용
화주에 대한 책임	항공사 책임	항공운송주선인 책임
운송약관	항공사의 약관 사용	항공운송주선인의 자체 약관 사용
수화인	매 건당 수화인이 있음	항공운송주선업자가 수화인
수수료	집하운임(IATA)의 5% 수수료와 기타	집하운임(IATA)의 5% 수수료 이외에 수취운임과 지급운임과의 차액
항공화물운송장	항공사 Master Air Waybill 발행	자체 House Air Waybill 발행

2교시(80문항)

보관하역론

01	02	03	04	05	06	07	08	09	10
②	②	⑤	④	④	⑤	①	③	③	①
11	12	13	14	15	16	17	18	19	20
③	④	①	②	①	⑤	③	④	⑤	②
21	22	23	24	25	26	27	28	29	30
③	④	②	③	②	②	②	①	①	②
31	32	33	34	35	36	37	38	39	40
⑤	③	④	①	④	②	④	④	⑤	⑤

01 보세창고
보세장치장과 마찬가지로 외국물품을 장치하기 위한 구역으로 세관장의 허가를 받은 경우에는 통관을 하지 않은 국내물품도 장치할 수 있다. 특허기간은 10년 내로 하며 부패할 염려가 있는 물품 또는 생동물이나 식물은 장치할 수 없다. 보세창고의 물품장치기간은 외국물품과 내국물품 모두 1년의 범위에서 관세청장이 정하는 기간이다. 다만, 외국물품의 경우 세관장이 필요하다고 인정하는 경우에는 1년의 범위에서 그 기간을 연장할 수 있다.

02 포장디자인은 표면디자인에만 국한되는 것이 아니라 좋은 아이디어로 제품을 쓰기 쉽고 편리하도록 만드는 기능적인 포장도 포함된다.

03 하역은 보관을 위한 입출고, 적재·적하, 물품나누기 등의 활동을 말하며 수송과 보관을 연결시켜주는 기능을 한다.

04 데릭(Derrick)
상단이 지지된 마스트를 가지며 마스트 또는 붐(Boom) 위 끝에서 화물을 달아올리는 지브붙이 크레인이다.

05 ④ 공간 활용도와 가용 공간이 증가한다.

06 창고배치형식
- I형 : 원 코멘드 방식
- L형 : 물건의 입하 측에서 물건을 내놓고 싶을 때 이용되는 형식
- U형 : 입구로 출구부의 플랫홈과 접수부를 같이 이용할 때 편리

07 제시된 그림에 해당하는 유형은 대량재고와 대량출고의 경우이다. 재고량의 종류가 많아질 때 피킹의 순회거리를 짧게 하기 위해 동일품목은 가능한 한 정면폭을 좁게 그리고 깊게 적치하는 형태로 빼내기가 어려워지면 플로우 랙을 사용하기도 한다.

08 ① 각 대안별로 관리비용을 산출하고, 총비용이 최소가 되는 대안을 선택하여 입지를 결정하는 방법이다.
② 각 수요처에서 배송센터까지의 거리와 운송량에 대하여 운송수량(단위 : ton) × 거리(km) 총계가 가장 적은 곳에 배송센터를 설치하는 방법이다.
④ 두 지점 간의 물자 이동이 직선거리를 따라 이루어진다면, 단일 물류센터의 최적입지는 입지를 나타내는 좌표에 대한 두 개의 방정식을 통해서 구할 수 있는데, 이것을 최적 무게중심법이라고 한다.
⑤ 변수들 간의 상관관계를 고려하여 서로 유사한 변수들끼리 묶어주는 방법이다.

09 통로를 대폭 절약할 수 있는 모빌 랙은 한정된 공간을 최대로 사용할 수 있다. 특히 다품종 소량의 보관에 적합한 형태로 상면면적률, 용적률의 효율이 높고, 임의적인 입출고나 신속도도 원만하다.

10 ② 낙하물에 의해 작업자에 부딪칠 수 있으므로 컨베이어 바닥공간에 임의로 근로자가 출입하지 못하도록 방호울을 설치한다.

③ 특정 지점 간의 화물을 연속적으로 이동시킬 때 사용하므로 장소 이동이 유연하지 못하다.
④ 경량물 및 중량물의 운반에 널리 사용된다.
⑤ 공정별 배치보다는 제품별 배치(라인별 배치)에서 이용된다.

11 CMI(CO-Managed Inventory)
공급자 재고관리(VMI ; Vender Managed Inventory)와 비슷하나 CMI의 경우에는 제조업체와 유통업체 상호간 제품정보를 공유하고 공동으로 재고관리를 하는 것이다. 즉, VMI는 제조업체가 발주확정 후 바로 상품배송이 이루어지는 것에 비하여, CMI는 제조업체가 발주권고를 유통업체에게 보내어 상호 합의 후 발주확정이 이루어진다.

12 자가창고는 수요변동에 탄력적으로 대응하기 어렵다.

13 플로우 랙(Flow Rack)은 적입과 인출이 반대방향에서 이루어지는 선입선출이 효율적인 랙이다. 플로우 랙에는 제품의 이동을 원만하게 하기 위해 중력식 롤러 컨베이어를 사용하는 것이 대부분이다.

14 연간 최적 발주횟수 = 연간수요량 / EOQ

$$EOQ = \sqrt{\frac{2 \times 1회\ 주문비용 \times 연간수요량}{연간\ 단위당\ 재고유지비}}$$

$$= \sqrt{\frac{2 \times 20 \times 400}{50 \times 0.2}} = 40$$

연간 최적 발주횟수 = 400 / 40 = 10

15 트랜스포터는 항공화물의 하역장비 중 하나로, 하역작업이 완료된 단위적재기를 터미널에서 항공기까지 수평이동에 사용하는 장비로서 파렛트를 올려놓은 차량에 엔진을 장착하여 자주식으로 운행되는 차량이다.

16 ① 포크 및 이것을 상하시키는 마스트를 차체 전방에 갖추고 차체 후방에 카운터 웨이트를 설치한 포크 리프트
② 차체 전방으로 뻗어 나온 주행 가능한 아우트리거에 의해 차체의 안정을 유지하고, 또한 포크가 양쪽의 아우트리거 사이에 내려지는 형태의 포크 리프트
③ 차체 전방으로 뻗어 나온 주행 가능한 아우트리거에 의해 차체의 안정을 유지하고, 또한 포크가 아우트리거 위로 뻗어있는 형태의 포크 리프트
④ 포크 및 이것을 상하시키는 마스트를 차체 옆쪽에 갖춘 포크 리프트

17 ③은 컨베이어 하역의 장점에 해당된다.

18 ① TOFC 방식은 화물을 실은 대형 트레일러를 바로 화차에 실어 철도로 수송하는 방법이다.
② 피기백 방식은 트레일러나 트럭에 의한 화물 운송도중 화물열차의 대차 위에 트레일러나 트럭을 화물과 함께 실어 운송하는 방법으로 화물적재 단위가 클 경우 편리하다.
③ TOFC(Trailer On Flat Car) 방식의 일종이다.
⑤ COFC 방식은 컨테이너만을 화차에 싣는 방식으로 대량의 컨테이너를 신속히 취급한다.

19 • 최대 보유량
= 주문량 7,000상자 + 보유재고량 3,000상자
= 10,000상자₩
• 리드타임기간 동안 총 소요량
= 2주 × 1,000상자 = 2,000상자
따라서,
보관공간 = 최대 보유량 − 리드타임기간 중 총 소요량
= 10,000상자 − 2,000상자 = 8,000상자

20 적재하중 기준 랙의 구분
• 중량급랙 : 한 선반당 적재하중이 500kg을 초과하는 랙
• 중간급랙 : 한 선반당 적재하중이 500kg 이하인 랙
• 경량급랙 : 한 선반당 적재하중이 150kg 이하인 랙

21 Lashing(래싱)은 컨테이너를 고정시키는 것과 화물을 컨테이너에 고정시키는 것을 말하는데 래싱용 고리를 이용하여 로프, 밴드 또는 그물 등을 사용한다.

22 물류센터의 주요기능은 입출고, 검수, 보관, 반품처리, 유통가공이며, 제품의 설계 및 제조 기능은 포함하지 않는다.

23 물류센터를 한 곳에 집중해 설치할 경우 거점 간의 수송업무가 감소한다.

24 • 지게차의 1일 처리량 = 12파렛트/시간 × 10시간 × 0.80
= 96파렛트
• 지게차의 연간 처리량 = 96파렛트/일 × 300일
= 28,800파렛트
• 필요한 지게차 수 = 500,000파렛트/28,800파렛트
= 17.36대

25 공급망 전반에 걸쳐 있는 수요정보를 공유함으로써 안전재고를 줄인다.

※ 채찍효과(Bullwhip Effect)에 관한 대처방안
• 전략적 파트너십의 구축
• 수요정보의 공유를 통한 안전재고 감소
• 소비자 수요의 변동폭에 대한 사전 조정
• 정보기술전략의 수립과 운용에 있어서 공동대응 등

26 정기발주법은 발주간격이 일정하고, 수요예측이 특히 필요하다.

27 20ft 컨테이너의 최대 길이 × 너비 = 5,896mm × 2,348mm 이므로
최대 길이 = 5매, 최대 너비 = 2매 적재할 수 있다.
5매 × 2매 = 10매
40ft 컨테이너의 최대 길이 × 너비 = 12,034mm × 2,348mm 이므로
최대 길이 = 10매, 최대 너비 = 2매 적재할 수 있다.
10매 × 2매 = 20매
따라서, 10매 + 20매 = 30매

28 포장화물은 형상, 크기, 중량 등을 감안하고, 비포장 화물의 경우에는 입자의 분포, 비중, 성장 등 화물의 특성을 고려하여 하역기기를 선정한다.

29 경제적 주문량(EOQ)의 가정
• 연간수요는 알려져 있다.
• 단위기간당 사용률은 일정하다.
• 조달기간은 일정하며 알려져 있다.
• 주문량은 일시에 조달된다.
• 수량할인은 허용하지 않는다.
• 하나의 품목에 대해서만 고려한다.

30 재고유지비용
재고를 보유함으로써 발생하는 유지비용(이자, 창고료, 보험료, 세금, 진부화비용 등)

31 ① 운반거리(이동거리)를 최소화해야 한다.
② 운반활성화 지수를 최대화하여야 한다.
③ 화물을 유닛화하여 파렛트 및 컨테이너와 조합하여 운반해야 한다.
④ 인력작업을 기계화작업으로 대체함으로서 효율성을 높여야 한다.

32 대량화물을 운송하는 부정기선의 경우 하역노임은 화주가 부담한다.

33 ㄱ. JIT 시스템은 다양한 기술의 융통성 있는 노동력이 필수적이다.
ㅁ. JIT 시스템은 효과적으로 Pull시스템을 구현한다.

34 테이블의 주문량은 테이블 순소요량 180개에 현재고량 20개를 합하여 총소요량 200개이다.

35 ① 4년간 이동평균법

$$= \frac{46.9 + 45.5 + 45.2 + 44.4}{4} = 45.5$$

② 5년간 이동평균법

$$= \frac{43.1 + 46.9 + 45.5 + 45.2 + 44.4}{5} = 45.02$$

③ 3년간 가중이동평균법

$$= (0.1 \times 45.5) + (0.3 \times 45.2) + (0.6 \times 44.4)$$
$$= 44.75$$

④ 평활상수(α) 0.2인 지수평활법

$$= 46.6 + 0.2(44.4 - 46.6) = 46.16$$

⑤ 평활상수(α) 0.4인 지수평활법

$$= 46.6 + 0.4(44.4 - 46.6) = 45.72$$

따라서 평활상수(α) 0.2인 지수평활법이 46.16으로 2018년 실적치 49.0에 가장 근접한 예측치를 제시하였다.

※ **지수평활법**

차기예측치 = 당기 판매예측치 + α(당기 판매실적치 − 당기 판매예측치)

36 ㄴ. 창고 수가 증가할 때 배송비는 지속적으로 감소한다.
ㄹ. 창고고정비는 창고 수에 비례하여 증가한다.

37 연간 파렛트 처리량

$$= 2 \times \frac{60 \times 10}{6} \times 300 = 60,000$$

연간 재고회전율 $= \frac{60,000}{10,000} = 6$회

38 작업의 80%는 이중명령으로 수행하므로
이중명령의 수행시간 = 10건 × 0.8 × 5분 = 40분
작업의 20%는 단일명령으로 수행되므로
단일명령의 수행시간 = 10건 × 0.2 × 3분 × 2 = 12분
총작업시간 = 40분 + 12분 = 52분
∴ 평균 가동률 = 52분 / 60분 = 86.66% ≒ 86.7%

39 드라이브 인 랙(Drive-in Rack)은 소품종 다량 또는 로트(Lot)단위로 입출고될 수 있는 화물과 계절적인 수요가 있는 화물의 보관에 적합한 방식이다.

40 고회전율 물품은 고정로케이션(Fixed Location)이 좋고, 저회전율 물품은 프리로케이션(Free Location)이 좋다.

물류관련법규

41	42	43	44	45	46	47	48	49	50
③	③	①	②	⑤	④	①	②	③	①
51	52	53	54	55	56	57	58	59	60
④	③	④	③	⑤	①	③	⑤	⑤	⑤
61	62	63	64	65	66	67	68	69	70
④	①	③	④	⑤	①	②	④	③	
71	72	73	74	75	76	77	78	79	80
④	②	①	④	④	①	⑤	⑤	④	⑤

41 "제3자물류"란 화주가 그와 대통령령으로 정하는 특수관계에 있지 아니한 물류기업에 물류활동의 일부 또는 전부를 위탁하는 것을 말한다(물류정책기본법 제2조 제1항 제10호).
① 물류정책기본법 제2조 제1항 제2호
② 물류정책기본법 제2조 제1항 제3호
④ 물류정책기본법 제2조 제1항 제11호
⑤ 물류정책기본법 제2조 제1항 제13호

42 국토교통부장관 또는 해양수산부장관은 물류현황조사를 효율적으로 수행하기 위하여 필요한 경우에는 물류현황조사의 전부 또는 일부를 전문기관으로 하여금 수행하게 할 수 있다(물류정책기본법 제7조 제3항).
① · ② · ④ 물류정책기본법 제7조 제1항
⑤ 물류정책기본법 제7조 제4항

43 지역물류정책위원회의 심의를 거쳐야 하는 것은 지역물류기본계획이다(물류정책기본법 제15조 제2항).
② 물류정책기본법 제11조 제1항
③ 물류정책기본법 제11조 제5항
④ 물류정책기본법 제13조 제1항
⑤ 물류정책기본법 제11조 제2항 제2의2호

44 국토교통부장관은 해양수산부장관 및 산업통상자원부장관과 협의하여 전자문서로 업무를 처리하는 물류기업에 대하여 물류관련기관으로 하여금 해당 화물의 우선처리·요금할인 등 우대조치를 할 것을 요청할 수 있다(물류정책기본법 제35조 제2항).
① 물류정책기본법 제32조 제2항
③ 물류정책기본법 시행령 제26조 제2항
④ 물류정책기본법 제33조 제4항
⑤ 물류정책기본법 제34조 제1항

45 국제물류주선업 등록의 결격사유(물류정책기본법 제44조)

1. 피성년후견인 또는 피한정후견인

2. 이 법, 화물자동차 운수사업법, 항공사업법, 항공안전법, 공항시설법 또는 해운법을 위반하여 금고 이상의 실형을 선고받고 그 집행이 종료(집행이 종료된 것으로 보는 경우를 포함한다)되거나 집행이 면제된 날부터 2년이 지나지 아니한 자

3. 이 법, 화물자동차 운수사업법, 항공사업법, 항공안전법, 공항시설법 또는 해운법을 위반하여 금고 이상의 형의 집행유예를 선고받고 그 유예기간 중에 있는 자

4. 이 법, 화물자동차 운수사업법, 항공사업법, 항공안전법, 공항시설법 또는 해운법을 위반하여 벌금형을 선고받고 2년이 지나지 아니한 자

5. 등록이 취소(이 조 제1호에 해당하여 등록이 취소된 경우는 제외한다)된 후 2년이 지나지 아니한 자

6. 법인으로서 대표자가 제1호부터 제5호까지의 어느 하나에 해당하는 경우

7. 법인으로서 대표자가 아닌 임원 중에 제2호부터 제5호까지의 어느 하나에 해당하는 사람이 있는 경우

46 시·도지사는 국제물류주선업자의 휴업·폐업 사실을 확인하기 위하여 필요한 경우에는 관할 세무관서의 장에게 대통령령으로 정하는 바에 따라 휴업·폐업에 관한 과세정보의 제공을 요청할 수 있다(물류정책기본법 제46조).
① · ② 물류정책기본법 제45조 제1항
③ 물류정책기본법 제45조 제2항
⑤ 물류정책기본법 제46조

47 국가물류기본계획의 중요한 사항의 변경(물류정책기본법 시행령 제5조)
국가물류정책위원회의 심의를 거쳐야 하는 "중요한 사항"이란 다음의 어느 하나에 해당하는 사항을 말한다. 다만, 제2호부터 제4호까지의 사항이 국토기본법에 따른 국토종합계획, 국가통합교통체계효율화법에 따른 국가기간교통망계획이나 물류시설의 개발 및 운영에 관한 법률에 따른 물류시설개발종합계획 등 국가물류기본계획과 관련된 다른 계획의 변경으로 인한 사항을 반영하는 내용일 경우는 제외한다.

1. 국가물류정책의 목표와 주요 추진전략에 관한 사항
2. 물류시설·장비의 투자 우선 순위에 관한 사항
3. 국제물류의 촉진·지원에 관한 기본적인 사항
4. 그 밖에 국가물류정책위원회의 심의가 필요하다고 인정하는 사항

48 기업물류비 산정지침에 포함되어야 할 사항(물류정책기본법 시행령 제18조)
• 물류비 관련 용어 및 개념에 대한 정의
• 영역별·기능별 및 자가·위탁별 물류비의 분류
• 물류비의 계산기준 및 계산방법
• 물류비 계산서의 표준서식

49 국토교통부장관 및 해양수산부장관은 심사대행기관을 지도·감독하고, 그 운영비의 일부를 지원할 수 있다(물류정책기본법 제40조 제5항).

50 국토교통부장관 및 해양수산부장관은 물류기업의 육성과 물류산업 발전을 위하여 소관 물류기업을 각각 우수물류기업으로 인증할 수 있다(물류정책기본법 제38조 제1항).

51 물류단지의 개발이 완료되어 물류단지의 지정이 해제된 경우에는 변경·결정되기 전의 용도지역으로 환원되지 아니한다(물류시설의 개발 및 운영에 관한 법률 제26조 제4항).

52 물류단지개발지침(물류시설의 개발 및 운영에 관한 법률 시행령 제15조 제1항)
• 물류단지의 계획적·체계적 개발에 관한 사항
• 물류단지의 지정·개발·지원에 관한 사항
• 환경영향평가법에 따른 전략환경영향평가, 소규모 환경영향평가 및 환경영향평가 등 환경보전에 관한 사항
• 지역 간의 균형발전을 위하여 고려할 사항
• 문화재의 보존을 위하여 고려할 사항
• 토지가격의 안정을 위하여 필요한 사항
• 분양가격의 결정에 관한 사항
• 토지·시설 등의 공급에 관한 사항

53 경작을 위한 토지의 형질변경은 허가를 받지 아니하고 할 수 있다(물류시설의 개발 및 운영에 관한 법률 시행령 제18조 제3항 제2호).

※ 시장·군수·구청장의 허가를 받아야 하는 행위(물류시설의 개발 및 운영에 관한 법률 시행령 제18조 제1항)
• 건축물의 건축 등 : 건축물(가설건축물을 포함한다)의 건축, 대수선 또는 용도변경
• 공작물의 설치 : 인공을 가하여 제작한 시설물의 설치
• 토지의 형질변경 : 절토·성토·정지·포장 등의 방법으로 토지의 형상을 변경하는 행위, 토지의 굴착 또는 공유수면의 매립
• 토석의 채취 : 흙·모래·자갈·바위 등의 토석을 채취하는 행위
• 토지분할
• 물건을 쌓아놓는 행위 : 이동이 쉽지 아니한 물건을 1개월 이상 쌓아놓는 행위
• 죽목의 벌채 및 식재

54 부지면적은 3만 3천제곱미터 이상이어야 한다(물류시설
의 개발 및 운영에 관한 법률 제7조 제4항 제2호).
① 물류시설의 개발 및 운영에 관한 법률 제7조 제1항
② 물류시설의 개발 및 운영에 관한 법률 제7조 제4항
제3호
④ 물류시설의 개발 및 운영에 관한 법률 제7조 제2항
제2호
⑤ 물류시설의 개발 및 운영에 관한 법률 제8조 제2호

55 ⑤ 물류시설의 개발 및 운영에 관한 법률 제21조의8 제3항
① 국토교통부장관(×) → 국토교통부와 해양수산부의 공
동부령(○)
② 산업통상자원부장관(×) → 국토교통부장관(○)
③ 산업통상자원부장관(×) → 국토교통부장관 또는 해양
수산부장관(○)
④ 전부가 아닌 일부를 보조 또는 융자할 수 있다.

56 ① 물류시설의 개발 및 운영에 관한 법률 시행령 제2조
제3항 제2호
②·③·④·⑤ 일반물류단지시설에 해당한다(물류시설
의 개발 및 운영에 관한 법률 제2조 제7호).

57 공공시설이 특정한 시행자만 사용하기 위한 용도로 설치
되는 경우에는 공공시설의 위치, 설치목적, 이용상황, 지
역여건 등을 종합적으로 고려하여 공공시설을 사용할 해
당 시행자에게 그 설치비용의 전부 또는 일부를 부담하
게 할 수 있다(물류시설의 개발 및 운영에 관한 법률 시
행령 제34조 제4항).
① 물류시설의 개발 및 운영에 관한 법률 제44조 제1항
② 물류시설의 개발 및 운영에 관한 법률 제44조 제2항
④ 물류시설의 개발 및 운영에 관한 법률 시행령 제34조
제5항
⑤ 물류시설의 개발 및 운영에 관한 법률 시행령 제34조
제3항

58 **물류시설의 개발 및 운영에 관한 법률 시행령 제25조**
① 전체공급면적의 3분의 2이상의 토지를 소유한 자(×)
→ 최소공급면적 이상의 토지를 소유한 자(○)
② 물류단지시설용지의 공시지가(×) → 물류단지시설용
지의 분양가격(○)
③ 환지면적은 지역여건 및 물류단지의 수급 상황 등을
고려하여 그 면적을 늘리거나 줄일 수 있다.
④ 국채로 정산(×) → 현금으로 정산(○)

59 국토교통부장관은 운송사업자가 정당한 사유없이 업무개
시 명령을 이행하지 아니하는 경우 그 허가를 취소하거나
6개월 이내의 기간을 정하여 그 사업의 전부 또는 일부의
정지를 명령하거나 감차 조치를 명할 수 있다(화물자동차
운수사업법 제19조 제1항).

60 사업자 준수사항에 대한 지도활동은 교통안전공단이 아닌
연합회가 위탁, 시행한다(화물자동차운수사업법 시행령
제15조 제2항).

61 화물자동차 운송사업과 화물자동차 운송가맹사업에 이용
되지 아니하고 자가용으로 사용되는 화물자동차로서 대통
령령으로 정하는 화물자동차로 사용하려는 자는 국토교통
부령으로 정하는 사항을 시·도지사에게 신고하여야 한
다. 신고한 사항을 변경하려는 때에도 또한 같다(화물자동
차운수사업법 제55조 제1항).

62 화물이 인도기한이 지난 후 3개월 이내에 인도되지 아니
하면 그 화물은 멸실된 것으로 본다(화물자동차 운수사업
법 제7조 제2항).
② 화물자동차 운수사업법 제7조 제3항
③ 화물자동차 운수사업법 제7조 제4항
④ 화물자동차 운수사업법 제7조 제5항
⑤ 화물자동차 운수사업법 제7조 제6항

63 원가계산서는 행정기관에 등록을 한 원가계산기관 또는
공인회계사가 작성한 것을 말한다(화물자동차운수사업법
시행규칙 제15조 제2항).
① 화물자동차 운수사업법 시행규칙 제16조 제4항
② 화물자동차 운수사업법 시행규칙 제16조 제3항 제1호
④ 화물자동차 운수사업법 시행규칙 제15조 제3항
⑤ 화물자동차 운수사업법 시행규칙 제16조 제1항

64 **운임 및 요금을 신고하여야 하는 운송사업자 또는 운송가
맹사업자(화물자동차운수사업법 시행령 제4조)**
• 구난형(救難型) 특수자동차를 사용하여 고장차량·사
고차량 등을 운송하는 운송사업자 또는 운송가맹사업자
• 밴형 화물자동차를 사용하여 화주와 화물을 함께 운송하
는 운송사업자 및 운송가맹사업자

65 영농조합법인이 소유하는 자가용 화물자동차에 대한 유상
운송 허가기간은 3년 이내로 하여야 한다(화물자동차 운
수사업법 시행규칙 제51조 제2항).

66 선박에서 사용하는 맑은 물을 공급하는 행위를 하는 사업
은 항만용역업이다(항만운송사업법 시행령 제2조 제1
호 라목).

67 1년 이하의 징역 또는 1천만원 이하의 벌금(항만운송사업법 제30조)

- 등록을 하지 아니하고 항만운송사업을 한 자
- 다른 사람에게 자기의 성명을 사용하여 검수사 등의 업무를 하게 하거나 검수사 등의 자격증을 양도・대여한 사람, 다른 사람의 검수사 등의 자격증을 양수・대여받은 사람 또는 다른 사람의 검수사 등의 자격증의 양도・양수 또는 대여를 알선한 사람
- 등록 또는 신고를 하지 아니하고 항만운송관련사업을 한 자

68 항만운송사업자가 정당한 사유 없이 운임 및 요금을 인가・신고된 운임 및 요금과 다르게 받은 경우 행정처분(항만운송사업법 시행령 별표 5 참조)

- 1차 위반 : 사업정지 1개월
- 2차 위반 : 사업정지 6개월
- 3차 위반 : 등록취소

69 체인사업자는 직영하거나 체인에 가입되어 있는 점포(체인점포)의 경영을 개선하기 위하여 다음의 사항을 추진하여야 한다(유통산업발전법 제16조 제1항).

- 체인점포의 시설 현대화
- 체인점포에 대한 원재료・상품 또는 용역 등의 원활한 공급
- 체인점포에 대한 점포관리・품질관리・판매촉진 등 경영활동 및 영업활동에 관한 지도
- 체인점포 종사자에 대한 유통교육・훈련의 실시
- 체인사업자와 체인점포 간의 유통정보시스템의 구축
- 집배송시설의 설치 및 공동물류사업의 추진
- 공동브랜드 또는 자기부착상표의 개발・보급
- 유통관리사의 고용촉진
- 그 밖에 중소벤처기업부장관이 체인사업의 경영개선을 위하여 필요하다고 인정하는 사항

70 상점가진흥조합에 대한 지원(유통산업발전법 제19조)

지방자치단체의 장은 상점가진흥조합이 다음의 사업을 하는 경우에는 예산의 범위 안에서 필요한 자금을 지원할 수 있다.

- 점포시설의 표준화 및 현대화
- 상품의 매매・보관・수송・검사 등을 위한 공동시설의 설치
- 주차장・휴게소 등 공공시설의 설치
- 조합원의 판매촉진을 위한 공동사업
- 가격표시 등 상거래질서의 확립
- 조합원과 그 종사자의 자질향상을 위한 연수사업 및 정보제공
- 그 밖에 지방자치단체의 장이 상점가 진흥을 위하여 필요하다고 인정하는 사업

71 산업통상자원부장관은 시・도지사로부터 지정요청을 받은 지역이 지정요건에 적합하다고 인정하여 촉진지구로 지정한 경우에는 다음의 사항을 고시하여야 한다(유통산업발전법 시행규칙 제24조 제3항).
1. 촉진지구의 명칭・위치 및 면적
2. 촉진지구의 개발주체 및 개발방식
3. 센터의 배치계획 및 주요시설의 설치계획 등

72 유통산업발전법령상 청문을 필요로 하는 처분(유통산업발전법 제44조)

- 대규모점포 등 개설등록의 취소
- 지정유통연수기관의 취소
- 유통관리사 자격의 취소
- 공동집배송센터 지정의 취소

73 공동집배송센터의 지정을 받으려는 자는 산업통상자원부령으로 정하는 바에 따라 공동집배송센터의 조성・운영에 관한 사업계획을 첨부하여 시・도지사에게 공동집배송센터 지정추천을 신청하여야 한다(유통산업발전법 제29조 제2항).
② 유통산업발전법 제29조 제5항
③ 유통산업발전법 제29조 제3항
④ 유통산업발전법 제29조 제4항
⑤ 유통산업발전법 제32조 제2항

74 유통산업의 국제화 촉진(유통산업발전법 제25조)

산업통상자원부장관은 유통사업자 또는 유통사업자단체가 다음 각 호의 사업을 추진하는 경우에는 예산의 범위에서 필요한 경비의 전부 또는 일부를 지원할 수 있다.

- 유통 관련 정보・기술・인력의 국제교류
- 유통 관련 국제 표준화・공동조사・연구・기술협력
- 유통 관련 국제학술대회・국제박람회 등의 개최
- 해외유통시장의 조사・분석 및 수집정보의 체계적인 유통
- 해외유통시장에 공동으로 진출하기 위한 공동구매・공동판매망의 구축 등 공동협력사업
- 그 밖에 유통산업의 국제화를 위하여 필요하다고 인정되는 사업

75 중소유통공동소매물류센터의 설립・운영(×)
→ 중소유통공동도매물류센터의 설립・운영(○)
① 유통산업발전법 제15조 제3항
② 유통산업발전법 제15조 제1항, 제2항
③ 유통산업발전법 제15조 제4항
⑤ 유통산업발전법 제15조 제1항

76 전용철도란 다른 사람의 수요에 따른 영업을 목적으로 하지 아니하고 자신의 수요에 따라 특수목적을 수행하기 위하여 설치하거나 운영하는 철도를 말한다(철도사업법 제2조 제5호).

77 사업계획을 변경하려는 경우에 있어서 국토교통부장관의 인가를 받아야 하는 중요한 변경 사항에 해당한다(철도사업법 제12조 제1항).
①·②·③·④ 사업계획의 변경을 제한할 수 있는 사항(철도사업법 제12조 제2항)

78 과징금을 부과하는 위반행위의 종류, 과징금의 부과기준·징수방법 등 필요한 사항은 대통령령으로 정한다(철도사업법 제17조 제2항).
① 철도사업법 제17조 제1항
② 철도사업법 제17조 제5항
③ 철도사업법 제17조 제3항
④ 철도사업법 제17조 제4항 제2호

79 하역전문업체에 위탁할 경우 농림축산식품부장관에게 등록하여야 한다는 규정이 없다(농수산물 유통 및 가격안정에 관한 법률 제40조).
①·③ 농수산물 유통 및 가격안정에 관한 법률 제40조 제1항
② 농수산물 유통 및 가격안정에 관한 법률 제40조 제4항
⑤ 농수산물 유통 및 가격안정에 관한 법률 제40조 제2항

80 도매시장 개설자가 거래 관계자의 편익과 소비자 보호를 위하여 이행하여야 하는 사항은 다음과 같다(농수산물 유통 및 가격안정에 관한 법률 제20조 제1항).
• 도매시장 시설의 정비·개선과 합리적인 관리
• 경쟁 촉진과 공정한 거래질서의 확립 및 환경 개선
• 상품성 향상을 위한 규격화, 포장 개선 및 선도(鮮度) 유지의 촉진

물류관리론

01	02	03	04	05	06	07	08	09	10
②	⑤	⑤	⑤	④	②	④	④	②	①
11	12	13	14	15	16	17	18	19	20
③	④	③	③	④	⑤	④	②	③	③
21	22	23	24	25	26	27	28	29	30
③	⑤	⑤	②	②	③	②	④	①	⑤
31	32	33	34	35	36	37	38	39	40
⑤	⑤	④	④	⑤	④	③	④	⑤	④

01 **물류의 기능**

장소적 기능, 시간적 기능, 수량적 기능, 품질적 기능, 가격적 기능, 인격적 기능이 있으며, 생산자와 소비자 간의 소득 격차를 조정하는 것은 아니다.

02 QR은 제조업자와 공급업자가 협력하여 소비자에게 적절한 수량·시기·가격을 제공하는 것을 목표로하여 소비자의 니즈에 대응하는 시스템(신속대응)이다.

03 **물류비의 비목별 계산과정**

제1단계	물류비 계산 욕구의 명확화	• 물류비 계산목표 확인 • 물류비 계산대상 결정 • 물류비 계산범위 설정
제2단계	물류비 자료의 식별과 입수	• 물류비 계산대상별 자료 식별 • 물류비관련 회계자료(세목별) 　수집 • 물류기회원가 관련자료 입수
제3단계	물류비 배부기준의 선정	• 물류비 배부기준 결정(영역별 　배부기준 / 기능별 배부기준) • 물류비 배부방법
제4단계	물류비 배부와 집계	• 영역별 집계 • 기능별 집계 • 지급형태별 집계 • 관리항목별 집계
제5단계	물류비 계산의 보고	• 물류비 보고서 작성 • 문제점과 대책 제시 • 물류비 정보의 활용 및 피드백

04 **지수평활법**

최근 데이터에 가장 큰 가중치가 주어지고 시간이 지남에 따라 가중치가 기하학적으로 감소되는 가중치 이동 평균 예측 기법의 하나이다. 데이터들이 시간의 지수함수에 따라 가중치를 가지므로 지수평활법이라고 한다. 이 기법은 가장 최근의 예측 데이터와 주요 판매 데이터 간의 차이에 적합한 평활 상수를 사용함으로써 과거의 데이터를 유지할 필요성을 갖지 않는다. 이러한 접근 방법은 어떤 추세를 갖지 않거나 계절적인 패턴을 나타내는 데이터 또는 추세와 계절성을 모두 갖는 데이터에 사용될 수 있다.

05 EDI는 전자문서교환시스템을 말하며, 제한되고 지리적으로 인접한 구역인 건물, 연구소, 공장, 학교 등 일정한 지역 내에 사용되는 고속통신망은 LAN이다.

06 **물류시스템의 구축순서**

시스템의 목표설정 → 적용범위 설정 → 구축조직 구성 → 업무현상 분석 → 시스템 구축 및 평가

07 최근에는 스마트폰 내 QR코드, 바코드를 이용한 결제시스템이 사용되고 있다.

08 SCOR(Supply Chain Operations Reference)은 공급사슬의 활동을 계획, 구매, 제조, 배송, 반품의 범주로 구분하여 활동 주체들의 업무프로세스 연계 정도를 분석하는 기법이다.
① 한 기업의 실제 경제적 이익을 계산하기 위한 재무적 성과측정 방법
② 고객이 인식하는 가치 및 경쟁사와의 상대적 경쟁력을 나타내는 고객부가가치
③ 고객생애가치
⑤ 재무측정지표와 운영측정지표 모두를 균형있게 고려한 새로운 성과측정시스템

09 시장이나 기술의 변화에 대해서 기민한 대응이 곤란하다.

10 QR은 주로 패션 및 섬유관련 제조, 유통업체가 유통과정에서 상호 밀접하게 협력하는 시스템으로, 개별업체의 효율성보다는 생산에서 판매에 이르는 전체의 효율성 향상을 통해 소비자에게는 더 나은 서비스를, 생산 및 유통업체는 비용과 재고의 감축을 통해 효율성을 높이는 데 활용된다.

11 차량의 대형화, 루트설정에 의한 혼재화로 인해 배송비용이 감소하여 물류비용이 감소하는 반면 서비스 수준도 감소하게 된다.

12 역사적 유추법은 신제품의 경우와 같이 과거 자료가 없을 때 이와 비슷한 기존 제품이 과거에 시장에서 어떻게 도입기, 성장기, 성숙기를 거치면서 수요가 성장해 갔느냐에 입각하여 수요를 유추하여 보는 기법이다.

13 소매 아코디언 이론은 소매점의 진화과정을 소매점에서 취급하는 상품믹스로 설명한다. 즉 상품을 어떻게 갖추었는지(구색)에 따라 소매점의 발전과정을 설명한다.
소매점은 다양한 상품 구색을 갖춘 점포로 시작하여 시간이 경과함에 따라 점차 전문화된 한정된 상품 계열을 취급하는 소매점 형태로 진화하며, 이는 다시 다양하고 전문적인 제품 계열을 취급하는 소매점으로 진화해 간다고 한다. 그 진화과정은 상품믹스의 확대 → 축소 → 확대 과정이 아코디언과 유사하여 이름 붙여진 이론이다.

14 ① 물류표준화의 대상은 치수, 재질, 강도 등이며 치수의 표준화·통일화가 선행되어야 수송, 보관, 하역 등 물류의 제반기능 및 단계에서 일관된 연결 작업이 가능해진다.
② 화물유통과 관련된 각종 운송수단 및 기기·시설의 치수, 강도, 재질 등은 국가 전체적인 효율성의 차원에서 표준화가 요구된다.
④ 국제화 및 시장개방으로 인해 국제표준화와 연계되는 물류표준화가 요구되고 있다.
⑤ 국가표준화가 성행되어야만 보급이 용이하고 낭비를 예방할 수 있다.

15 물류에서는 상업포장보다는 공업포장이 중심이 되어야 한다.

16 90억짜리 물류센터의 10년 후 잔존가치는 60억원이고, 연이자율은 0.03이므로 60억 × 0.03 = 1.8억원이다. 잔존가치와 투자비용의 시간가치를 고려하지 않으므로 1.8억원이 연간 시설부담이자에 해당한다.

17 친환경적 물류시스템이란 다양한 물류시스템 활동을 통하여 발생하는 폐기물의 양을 최소화할 수 있도록 감량화(제품 및 포장재료 감량화)와 대체화 방안을 실시하고, 역물류시스템을 통하여 폐기물을 다시 회수하여 자원의 재사용, 재활용을 통하여 부가가치를 재창출하는 활동을 의미한다.

18 **수직적 마케팅시스템의 장·단점**

장 점	• 거래비용의 절감 • 공급안정으로 기업에 필수적인 자원이나 원재료 확보를 가능케 한다는 점 • 기술적인 능력으로의 수직통합이 혁신적인 기술적 능력의 보유를 용이하게 하는 점 • 높은 진입장벽의 구실을 한다는 점
단 점	• 막대한 자본이 소요 • 생산규모의 불균형 • 시장상황 변화에 대해 기민한 대응이 곤란 • 전문화의 상실로 인한 문제 등

19 성숙기에는 제품이 일반화되고 수요증대에 맞추어 가격은 하향 조정되기 시작하며, 수익은 평준화되다가 감소하기 시작하는 단계이다.

20 **물류합리화의 유형**
• 생지능(省知能)형 : 물류합리화가 단순히 인력에서 기계로 대체되는 단계에서 인간의 지적 판단에 따라 결정되는 단계로 이행하는 것을 말하며, 인공지능형이라고 할 수 있다.
• 생력(省力)형 : 인력의 절감을 목적으로 하는 유형으로서 인력을 기계로 대체하는 것을 목적으로 한다.
• 비용(費用)절감형 : 물류 전반뿐만 아니라 전사적 수준에서의 합리화에 기반을 두고 있다.

21 국내는 물론 전세계적으로 국제표준으로 사용되는 상품 바코드는 크게 표준형 13자리 또는 단축형 8자리로 구성된다. 표준형의 경우, 1990년대 까지는 국내에서 KAN(Korean Article Number)의 약자를 사용하여 KAN-13으로 불렀으나, 2000년 전후반부터는 EAN-13으로 불리다가, 2005년 전세계 코드관리기관인 EAN과 UCC의 통합으로 GS1(Global Standards One)이라 통합 명칭이 사용되어 최근 국내에서는 GS-13으로 바코드 명칭을 부르고 있다.

22 ① 생산물류에 대한 설명이다.
② 사내물류에 대한 설명이다.
③ 판매물류에 대한 설명이다.
④ 조달물류에 대한 설명이다.

23 • 매출액 : 200억
• 물류비 : 200억 × 0.1 = 20억
• 영업이익 : 200억 × 0.06 = 12억
• 이익증가액 : 12억 × 0.1 = 1억 2천
• 물류비를 줄이는 방법 → $\dfrac{1억\ 2천}{20억} \times 100 = 6\%$

24 • 매출액을 증가시키는 방법

→ 200억 : 12억 = x : 13억 2천

(13억 2천 = 영업이익 12억 + 이익증가액 1억 2천)

따라서 12x = 200 × 13.2 = 2640, x = 220억 이므

로 $\dfrac{220억 - 200억}{200억} \times 100 = 10\%$

24 판매에 관한 정보는 대형 유통업자가 보유하고 있으므로 제조업자에 비해 정보력을 발휘할 수 있다.

25 **고객서비스 측정요소**

거래 전 요소	거래 시 요소	거래 후 요소
• 목표 배송일 • 재고 가용성 • 고객 문의에 대한 반응시간	• 주문이행 비율 • 정시 배달 • 미배송 잔량 • 선적 지연 • 제품의 대체	• 최초 방문 수리율 • 고객 불만 • 회수 및 클레임

26 가시성(Visibility)은 물류공급망상의 거점들로부터 수집된 정보를 기반해 실시간으로 재고현황, 주문, 화물추적 등 모든 활동들에 대한 정보를 파악하는 것을 의미한다. 가시성은 물류기업, 3PL기업의 핵심서비스로 인식되고 있으며 점차 그 중요성이 커지고 있다. 최근에는 생산거점과 시장의 다변화에 따라 글로벌 물류이동에 대한 실시간 가시성 확보가 중요한 문제로 대두되고 있다.

27 물류합리화는 물류비용과 고객서비스 간의 상충문제로, 이 두 부문 간의 최적화를 구하는 수준에서 서비스가 결정되어야 한다.

28 첨단 물류기기의 공동 구입에 따른 각 기업별 비용이 절감된다.

29 **물류관리와 생산운영관리의 상호작용 영역**
- 생산계획
- 공장입지
- 구 매

물류관리와 마케팅의 상호작용 영역
- 고객서비스표준
- 가격결정
- 포 장
- 판매점입지

30 한 번에 많은 양을 주문하면 Fantom 수요가 발생하여 더욱 채찍효과를 증폭시킨다.

31 ① VAN에 대한 설명이다.
② ECR은 효율적으로 소비자에 대응하는 전략이다.
③ TQM에 대한 설명이다.
④ POS에 대한 설명이다.

32 **고객서비스의 구성요소**

거래 전 요소	• 우수한 고객서비스의 제공 환경 • 고객 서비스 지침을 사전에 제공
거래 중 요소	• 재고수준 설정 • 수송수단 선택 • 주문처리절차 확립
거래 후 요소	• 결함이 있는 제품으로부터 소비자 보호 • 포장용기 회수·반품 • 소비자 불만, 클레임 처리

33 손익분기점 판매량
= 고정비/(단위당 판매가 − 단위당 변동비)
= 고정비/단위당 공헌이익

※ **손익분기점**

손익분기점 = 고정비 ÷ $\left(1 - \dfrac{변동비}{매출액}\right)$

34 통합물류관리를 위해서는 한 기업의 물류활동에 국한되는 것이 아니라 물류산업 전체의 물류흐름에 대한 접근을 필요로 하기 때문에 사내표준화보다는 전체 산업간 표준화에 우선을 두어야 한다.

35 **파렛트 풀 시스템(Pallet Pool System)의 운영방식**

즉시교환방식	• 유럽 각국에서 채용되고 있는 국유철도를 중심으로 운영하고 있다. • 장점 : 즉시교환사용의 원칙으로 파렛트의 분실 우려가 없다. • 단점 : 당사자들은 언제나 교환할 수 있는 파렛트를 준비해야 하고, 파렛트의 정비 상태를 꾸준히 관리해야 한다.
리스방식	• 호주와 우리나라에서 주로 사용하는 방식이다. • 장점 : 교환을 위해 동질동수의 파렛트를 준비할 필요가 없다. • 단 점 − 파렛트를 인도하며 반환한 렌탈료의 계산 등 사무처리가 필요하다. − 하주의 편재 등에 의해 파렛트가 쌓이는 곳이 발생한다. − 렌탈회사 데포에서 하주까지의 공 파렛트 수송이 필요하다.

대차결제방식	• 즉시교환방식의 단점을 보완하기 위하여 1968년 스웨덴의 파렛트 풀 회사에서 개발한 방식이다. • 국유철도역에서 파렛트를 즉시 교환할 필요는 없고, 파렛트 화물이 도착한 날로부터 3일 이내에 반환하면 된다. • 소정일수를 초과한 반환과 분실을 정해진 변상금을 지불하게 되어 있다.

36 서비스 매트릭스

Schmenner는 고객과의 접촉정도와 주문화, 그리고 노동 집약 형태에 의해 서비스를 4가지로 분류한 서비스 매트릭스를 개발하였다.

※ **서비스 매트릭스에서 중점관리사항(전략적 요소)**

노동집약도가 낮은 서비스 업체	• 토지, 설비, 기기와 같은 자본재 의사결정 • 새로운 테크놀러지에 대한 의사결정 • 비수기와 성수기 수요에 대한 의사결정
노동집약도가 높은 서비스 업체	• 고용에 대한 의사결정 • 교육, 훈련에 대한 의사결정 • 직무수행방법과 통제에 관한 의사결정 • 인력자원에 대한 스케줄링에 관한 의사결정 • 복지후생에 대한 의사결정
고객과의 접촉과 주문화 정도가 낮은 서비스 업체	• 마케팅 • 서비스의 표준화 • 서비스 시설
고객과의 접촉과 주문화 정도가 높은 서비스 업체	• 일관된 서비스 품질 유지 • 종업원의 충성심 • 소비자와 접촉할 때 종업원의 임무

37 연기-투기이론(Postponement-Speculation Perspective)은 경로구성원들 중 누가 재고보유에 따른 위험을 감수하느냐에 의해 경로구조가 결정되는 것이다. 고객이 요구하는 시점까지 최종제품의 생산·공급을 가능한 한 연기시킴으로써 경로효율성을 확보할 수 있다.

38 A = (50 × 200) + (300 × 200) = 70,000
B = (50 × 300) + (300 × 50) + 30,000
A : B = 7 : 3이므로
총 1억원 중
A = 7,000만원
B = 3,000만원

39 QR은 주로 패션·섬유관련 분야의 대응시스템이다.
※ **QR(Quick Response, 신속대응)**
• QR시스템은 제품 제조에서 소비자에게 전달되기까지의 제조 과정을 단축시키고, 소비자의 욕구 및 수요에 적합

한 제품을 공급함으로써 제품 공급 사슬의 효율성을 극대화 하는 시스템으로 시장 수요에 신속하게 대응하여 기업의 경쟁력을 향상시키는 것을 말한다.
• QR은 생산에서 유통까지의 전과정을 IT를 이용하여 표준화된 전자거래체제를 구축하고 공급사슬내 생산·유통·판매·조달정보의 공유를 통해 재고부담·물류비용 등 불필요한 낭비요소를 제거하여 시장환경변화와 고객니즈에 즉각 대응하여 생산자·소비자 모두 만족도를 높이는 경영전략이다.
• QR의 목표는 공급체인의 길이를 단축시키고 물류의 속도를 높임으로써 달성된다.
• QR은 재고가 쌓이고 반응시간이 길어지는 요인을 제거하는 것으로 공급체인상에 존재하는 긴 준비시간과 교체시간, 병목현상, 과다한 재고, 비효율적인 작업 등을 찾아내어 제거하는 것이다.

40 식별코드는 거래의 메시지 속에서 데이터베이스에 접근할 수 있고, 취급하는 상품을 명확하게 식별할 수 있는 키(key)이다. 데이터 구조는 전 세계적으로 고유한 식별을 보장하기 위해 사용되며, 식별코드 자체에는 아무런 의미도 담겨 있지 않다.

화물운송론

41	42	43	44	45	46	47	48	49	50
①	⑤	③	③	①	③	①	④	⑤	①
51	52	53	54	55	56	57	58	59	60
③	⑤	③	①	③	①	⑤	④	③	⑤
61	62	63	64	65	66	67	68	69	70
①	④	①	①	①	③	②	①	①	②
71	72	73	74	75	76	77	78	79	80
③	⑤	②	①	③	④	④	④	①	⑤

41 LCL화물의 수출 흐름
화주가 직접 컨테이너 프레이트 스테이션(CFS)에 화물을 운송하거나 내륙 데포(Inland Depot)에 화물을 운송한다.
• 화주로부터 CFS나 내륙 데포까지 운송신청 접수
• 트럭회사와는 화주와의 운송 계약에 따라 발송지에서 화물을 싣고 CFS나 내륙 데포까지 운송
• 트럭회사는 CFS나 데포까지 일반 트럭이나 트레일러로 운송
• 내륙 데포에 도착한 다음에는 화물의 행선지별로 분류하여 공컨테이너에 적입한 후 FCL 화물과 동일한 절차 수행

42 Short Shipped(SSPD)란 적하목록에 기재된 화물이 선적되지 않은 경우를 말한다.

43 재화중량톤수(Dead Weight Tonnage)는 선박의 매매, 용선료의 적용기준이 되는 톤수로 선박이 적재할 수 있는 화물의 최대 중량이다.
① 총톤수(Gross Tonnage)는 선체외판으로 둘러싸인 선체의 총용적에서 상갑판 상부에 있는 추진, 항해, 안전, 위생에 관계되는 공간을 차감한 것을 톤수로 표시한 것이다.
② 순톤수(Net Tonnage)는 총톤수에서 선원실, 해도실, 기관실, 밸러스트탱크 등을 빼고, 직접 화물과 여객의 수송에 제공되는 용적을 표시한 톤수이다.
④ 배수톤수(Displacement Tonnage)는 선박이 최대로 적재하고 안전하게 운항할 수 있는 만재흘수에서 수면 아래에 잠기는 부분의 용적에 상당하는 물의 중량과 같다.
⑤ 재화용적톤수(Measurement Tonnage)는 선박의 크기를 적재할 수 있는 화물의 용적으로 나타내는 톤수로, 일반적으로 40ft^{3}을 1톤으로 환산하여 톤수를 산정한다.

44 ① 화물의 양하·적하, 컨테이너의 접수, 컨테이너 크레인의 설치 및 주행, 트레일러 등의 운행이 이루어지는 장소로 안벽과 마샬링야드 사이에 위치
② 본선 하역작업 및 마샬링 야드와 CY 내에 컨테이너가 계획대로 배치되도록 지휘·감독하는 건물
④ 1인의 화주가 1개의 컨테이너를 가득 채울 수가 없는 소화물을 인수하여 컨테이너에 채워 넣거나 내장화물을 컨테이너로부터 꺼내는 작업을 하는 장소(컨테이너화물장치장)
⑤ 적재된 컨테이너를 인수, 인도, 보관하고 공컨테이너도 보관할 수 있는 장소

45 운송비용 중 연료비와 수리비는 변동비 항목에 포함된다. 감가상각비, 보험료, 제세공과금은 고정비성 경비에 포함된다.

46 일관운송체제는 철도보다 자동차가 더 용이하다.

47 운하톤수는 중량톤에 속하지 않는다. 중량톤에는 배수톤수, 경화배수톤수, 재화중량톤수가 있다.

48 상업서류송달업(Courier)은 외국의 상업서류송달업체(DHL, Federal Express Corporation, United Parcel Service)와 계약을 체결하여 상업서류 등을 신속하게 발송 또는 배달하는 업이다.

49 실적신고 내용
• 운송의뢰자 정보 : 사업자등록번호(운수사업자 한정)
• 계약 정보 : 계약월, 계약금액
• 배차 정보 : 차량등록번호, 운송완료월, 운송료, 배차횟수
• 위수탁계약 정보(의뢰받은 화물을 재위탁한 경우) : 위탁받은 운송업체의 사업자등록번호, 계약월, 계약금액, 화물정보망 이용여부

50 Ballast
선박에 화물을 적재하지 않은 채 공선(空船)으로 운항하는 경우 프로펠러가 수면에 떠올라 그 효율이 떨어지거나 심한 손상을 입게 되는 등 안전항해에 큰 지장을 초래할 우려가 있으므로 이를 방지하여 선박이 일정한 흘수(吃水)를 유지할 수 있도록 하며, 선내에 화물이 불균형하게 적재된 경우 복원성(復原性)을 잃지 않도록 하기 위한 것이다. 일반적으로 바닷물(海水)을 밸러스트 탱크(Ballast Tank)에 채우는 Water Ballast를 사용하나 이로써 충분하지 않을 경우에는 모래 등을 적재하는 Solid Ballast가 사용된다.
② 얕은 바다에서 배를 정박시킬 때 사용하는 계선구이다.
③ 해양관측 또는 어로 작업에 사용되는 장비로 선외에서 물체를 끌거나 달아 올릴 때 그 물체가 선체에 부딪치는 일없이 작업하기 편리하게 회전할 수 있게 되어 있다.
④ 선박의 만곡부 외판에 직각으로 판재를 붙여서 그 저항으로 횡동요를 경감시킬 수 있는데, 이 목적으로 붙인 판재를 말한다.
⑤ 선박용 하역장비의 일종이다.

51 항공화물의 수입 절차
• 출발지로부터 도착지에 대한 전문 접수
• 항공기가 도착 후 기내 검역 후 운항 또는 객실 승무원으로부터 운송장, 출발지 출항 허가, 적하목록 등을 인수 후 세관에 적하목록, 기용품 목록 등을 제출하여 입항 허가를 취득
• 허가취득 후 운송장과 적하목록을 대조하여 수입금지품목, 안보위해품 여부 확인 및 작업지시
• 세관 감독하에 운송장상에 목적지 또는 화주의 요청에 따라 창고배정
• 창고배정 완료 후 분류배정 적하목록에 의거 실화물을 배정 창고에 입고

52 수·배송시스템 설계 시 고려 요소
• 리드타임
• 차량의 적재율
• 차량의 회전율
• 차량운행 대수

- 운송수단의 선택
- 수·배송 범위 및 운송경로
- 수·배송 비율

53 장래 고객의 예측은 물류센터 입지선정시 고려해야 할 요인 중 고객분포 조건에 해당한다.

※ **물류센터 입지결정에 영향을 미치는 주된 요인**
- 고객의 분포 : 밀집도, 수요 규모 등
- 공급처 상황 : 공급처의 위치와 공급 능력
- 물류센터의 역할 : 광역물류센터, 지역배송센터, 거점 (Depot)
- 물류센터의 기능 : 입출고, 검수, 보관, 반품처리, 유통가공
- 투자 비용 : 토지 가격, 건축비, 설비비
- 운용 비용 : 수송비, 보관비, 하역비, 재고유지비, 관리비
- 고객서비스 수준 : 납기, 배송 빈도, 주문 단위 등
- 운송 경로, 운송 수단, 운영 주체 등
- 교통의 편리성 : 고속도로와의 관계, 진입로 등
- 관계 법규 : 화물유통촉진법 등의 물류 관련 법규
- 인력 확보 여건 : 인력 수급 실태, 임금, 편의시설, 교통 등

54 인플레이션에 따른 영향이 감소된다.

55 거점 1에서 거점 2로 최소비용 15의 도로 선택
거점 2에서는 이미 거점 1과 비용 15의 도로로 연결하였으므로 거점 5로 최소비용 30의 도로 선택
거점 3에서는 거점 1로 최소비용 50의 도로 선택
거점 4에서는 거점 6으로 최소비용 30의 도로 선택
거점 5에서는 거점 2와 최소비용 30의 도로로 이미 연결되었고,
거점 6에서도 거점 4와 최소비용 30의 도로로 이미 연결되었으므로
모든 거점이 연결되기 위해서는 나머지 연결되지 않은 도로 중에서 최소비용 45에 해당하는 거점 4와 거점 2를 연결하는 도로를 선택하면 모든 거점을 최소비용으로 직접 또는 경유하여 갈 수 있다.
따라서 15 + 30 + 50 + 30 + 45 = 170

56 운송시간은 항공운송, 차급화물트럭, 소량화물트럭, 철도 순으로 빠르다.

57
- $y = \dfrac{t}{m-r}$, $y = \dfrac{119,000}{1,500 - 650} = 140km$
- y : 화물자동차의 경제효용거리의 한계(km)
- t : 톤당 철도 운송비와 하역비
- m : 화물자동차의 톤·km당 운송비
- r : 철도의 톤·km당 운송비

58 ④는 자가용운송의 특성이다. 즉 자가용운송은 화물파손이나 도난의 방지, 상거래상의 관계 개선, 작업의 기동성 그리고 수송에 대한 수요와 공급의 일반적인 관계에 영향을 받지 않고 항상 안정된 수송능력을 유지할 수 있다.

59 소화물일관수송은 고객위주의 서비스를 제공하는 운송체계이다.

60 최적수송경로 모형에 대해 단일 위험도를 사용하는 것은 수송시 중요하게 고려하는 노출의 최소화, 비용의 최소화, 거리의 최소화들에 대한 사항을 포함하지 못한다. 그러므로 향후 최적수송경로 분석에 있어, 기존의 위험도만을 고려한 단일 목적모형이 아닌 위험도와 통행시간을 고려한 다목적 최적수송경로모형을 구축해야 한다. 다목적 최적수송경로모형은 통행시간을 최소화하고 위험도를 최소화하여, 불필요하게 발생하는 사회적 손실을 방지하고 동시에 위험물 수송에 대한 안정성을 확보할 수 있는 경로를 제공하는 것이다.

61 컨테이너안전협정(CSI ; Container Security Initiative)
미국 세관 직원이 주요 항만에 주재하며 미국행 컨테이너에 대한 보안 검색을 수행하도록 합의한 협정이다. 검사 대상 컨테이너 선별은 우리나라 선사가 미국 관세청으로 선적 24시간 전에 전자적으로 제출하는 선적 정보를 토대로 미국 적하목록 선별 시스템인 ATS(Automated Targeting System)를 이용한 분석을 통해 우범 컨테이너를 선별하여 검사를 실시한다. 우리나라의 경우 한·미 컨테이너안전협정에 따라 대미 컨테이너 수출 화물에 대해 선적 전 보안 검색을 실시하고 있는데 부산항에서 미세관요원이 상주하여 활동 중이다.

62 물류단지시설은 화물의 운송·집화·하역·분류·포장·가공·조립·통관·보관·판매·정보처리 등을 수행한다.

63 Valuation Charge(종가운임)
화물운송에 있어 사고발생시 항공사의 최대배상한도액을 초과하는 금액을 항공사로부터 배상받고자 할 때 운송장상에 그 화물의 가격을 신고하고 종가요금을 지불한 경우 실손해액을 배상받을 수 있는 운임이다.

64 ② 정기선운송은 컨테이너화물을 운송하고, 부정기선운송은 벌크화물을 운송한다.
③ 정기선운송인은 공공 일반운송인의 역할을, 부정기선운송인은 사적 계약운송인의 역할을 수행한다.
④ 정기선운송 운임은 공표운임(Tariff)에 의해 결정되고, 부정기선운송 운임은 수요와 공급에 의해 결정된다.
⑤ 정기선운송의 운임조건은 Berth term이고, 부정기선은 FI, FO, FIO 등이 있다.

65 ①은 벌크 화물에 대한 설명이다.

66 컨테이너 자체가 보관창고역할과 화물의 포장역할을 하지만 화물을 개별 포장할 필요가 없어지는 것은 아니다.

67 ① 육상의 조선소에서 건조된 선박을 수상에 처음으로 띄우는 일이다.
③ 선적화물의 적하, 양하 이동시에 그 화물의 개수의 계산 또는 수도(受渡)의 사실을 입회 확인하여 공증적 증명을 발행하는 것으로 선박의 검수를 의미한다.
④ 수면에 떠 있는 부유물질 또는 쓰레기를 채집하는 선박이다.
⑤ 외항선박에 공급되는 연료유의 양을 의미하는 것으로 현행 국내관행은 외국국적의 선박과 항공기용 연료공급을 모두 벙커링으로 분류한다.

68 **용선계약(C/P)**
선박의 전부 또는 일부를 화주가 단독으로 전용(대절)하는 계약으로 대량 운송의 경우에 유리하다.

69 축간거리(Wheel Base)는 앞차축(앞바퀴) 중심부와 뒷차축(뒷바퀴) 중심부 사이의 거리, 즉 차축 중심 간의 거리를 말하며, 화물운송의 운임 결정과 관련이 없다.
② 기본적으로 화물운송임은 거리에 따라 증가한다.
③ 운송되는 화물의 크기란 화물 낱개의 크기를 말하는 것이 아니라 운송의뢰되는 화물의 Lot사이즈를 말한다. Lot의 사이즈가 클수록 운송차량의 크기도 커지고, 대형차량일수록 운송임단가가 낮아지게 된다.
④ 밀도란 화물조직의 치밀함을 말하는 것으로서 일정한 부피에 대한 중량의 상대적 개념이다. 밀도가 낮으면 동일한 공간에 적은 양(중량기준)의 화물을 적재하기 때문에 밀도가 높은 동일한 중량의 화물에 비하여 높은 운송임을 지불해야 한다.
⑤ 적재성이란 화물이 차량에 얼마나 적재하기 용이하냐를 나타내는 특성으로서 적재성이 나쁜 화물은 그렇지 않은 화물에 비하여 높은 운송임을 지불해야 한다.

70 공로 및 철도운송에 적합하다.

71 ① Milk Run 시스템은 우유회사가 매일 축산 농가를 돌며 원유를 수거해온 데서 비롯된 방식으로 일명 '실시간 조달체계'라고 불린다. 즉 구입처가 여러 거래처를 돌면서 원재료를 모으는 물류시스템이다.
② Point to Point 시스템은 배달화물이 각 영업점의 터미널에 도착하면 다시 배달영업점별로 분류하여 지선차량을 이용하여 운송하는 시스템이다.

④ 절충형 혼합식 네트워크 방식은 Hub & Spoke 시스템과 Point to Point 시스템을 혼합운영하는 시스템이다.
⑤ 프레이트 라이너(Freight Liner) 방식은 영국국철이 개발한 정기적 급행 컨테이너 수송방식을 말한다.

72 선적지시서(S/O)에 대한 설명이다.
화물인도지시서(Delivery Order ; DO)는 선사 또는 대리점이 수화인으로부터 선하증권을 받아 대조 후, 본선이나 터미널에 화물인도를 지시하는 서류이다.

73 배송날짜가 다른 경우에는 경유지를 엄격하게 구분한다.

74 복합운송은 물품의 수령지에서부터 인도에 이르는 전운송구간 또는 전운송기간에 걸쳐 화주에 대하여 책임을 지는 단일책임원칙을 따르고 있다. 즉, 각 운송구간별로 별도의 책임을 각각 화주에게 보장하는 것이 아니라 전운송구간에 대한 책임을 보장하는 것이다(단일책임원칙).

75 • 최소비용법
  X → C : 200톤
  Y → B : 300톤
  Z → B : 100톤
  Z → A : 300톤
  ∴ (10 × 200) + (30 × 300) + (40 × 100) + (60 × 300) = 33,000원
• 북서코너법
  X → A : 200톤
  Y → A : 100톤
  Y → B : 200톤
  Z → B : 200톤
  Z → C : 200톤
∴ (20 × 200) + (40 × 100) + (30 × 200) + (40 × 200) + (50 × 200) = 34,000원
총 운송비용의 차 = 34,000원 − 33,000원 = 1,000원

76 **통운요금**
발송료, 도착표 및 특별의뢰사항에 대한 제반요금으로 구성되어 있으며, 정형 대량운송이나 일관파렛트화의 경우에는 할인제도가 있다.

77 • 1 → F : 7명
• 2 → F : 11명
• 4 → F : 8명
∴ 최대승객수 = 7 + 11 + 8 = 26명

78 ㉠ 품목분류요율은 몇 가지 특정 품목에만 적용된다.
㉢ 중량단계별 할인요율은 중량이 높아짐에 따라 kg당 요율이 더 낮게 설정되어 있다.

79 ㉣ 선박에 부과되는 세금은 선주가 부담하고, 화물에 부과되는 세금은 용선자가 부담한다.

80 피기백(Piggy Back)은 화주문전에서 철도역까지 운송한 화물을 트럭으로부터 하차하지 않고 트럭(또는 트레일러)과 함께 화차에 적재하여 목적지까지 운송한 후 화물을 적재한 차체를 특수장치 및 경사로 등을 이용하여 하차한 후 곧바로 수화인의 문전까지 운송하는 방식을 말한다.
① 철도의 일정구간을 정기적으로 고속운행하는 열차를 편성하여 운송하는 방식은 'Freight Liner'이다.
② TOFC(Trailer On Flat Car)은 Piggy Back방식이라고도 하며, 화차에 컨테이너뿐만 아니라 트럭(또는 트레일러)과 함께 적재하는 방식이다.
③ 트레일러 바퀴가 화차에 접지되는 부분을 경사진 요철 형태로 만들어 적재높이가 낮아지도록 하여 운송하는 방식은 'Kangaroo'이다.
④ 화차 위에 컨테이너를 적재한 트레일러를 적재한 채로 운송을 한 후 목적지에 도착하여 트레일러를 견인장비로 견인, 하차한 후 트랙터와 연결하여 운송하는 방식은 'TOFC'이다.
COFC(Container on Flat Car)는 컨테이너를 철도의 화차대(Flat Car), 즉 컨테이너 전용 화차에 적재하여 수송하는 방식이다.

국제물류론

81	82	83	84	85	86	87	88	89	90
⑤	③	④	②	④	⑤	④	⑤	④	④
91	92	93	94	95	96	97	98	99	100
①	⑤	①	②	①	④	⑤	③	③	⑤
101	102	103	104	105	106	107	108	109	110
④	④	②	④	①	④	①	⑤	③	①
111	112	113	114	115	116	117	118	119	120
②	④	③	③	①	②	④	④	⑤	⑤

81 한국선급협회는 국제적으로 인정받는 국내유일의 선급단체로서 해상에서의 인명과 재산의 안전을 도모하고 조선해운 및 해양에 관한 기술진흥을 목적으로 1960년 6월 창립된 비영리 사단법인이다.

82 Lump Sum Freight(선복운임)
화물의 운송량에 관계없이 선복 또는 항해를 단위로 하여 포괄적으로 계산하는 경우에 지급되는 운임을 선복운임이라 한다. 선복운임의 경우에는 선복의 전부 또는 일부에 운송품이 미선적되지 않더라도 용선자는 계약된 운임전액을 지급하여야 한다. 또한 선복이 계약톤수에 미달하거나 적재능력이 보장되지 않을 경우에는 용선자는 선주에게 부족분의 운임에 대한 감액을 청구할 수 있다. 이 방식은 잡화 등과 같이 수량산정이 곤란한 화물의 경우에도 선적부족으로 운임을 받지 못하는 우려가 없기 때문에 선주에게 극히 유리한 계산방법이다.
① 부적운임(공적운임) : 용선할 때 일정량의 운송화물을 계약하였는데 화주가 그 계약수량을 선적하지 못하였을 때 선적하지 않은 화물량에 대해 지급하는 운임으로 일종의 위약배상금이다.
② 선불운임 : CFR, CFI 등의 거래조건에서 수출업자가 미리 운임을 지급하는 것이다.
④ 반송운임 : 목적항에 화물이 도착하였으나 화물인수를 거절한 경우 반송에 부과되는 운임, 또는 원래의 목적지가 아닌 변경된 목적지로 운송해야 할 때 지불하는 추가운임이다.
⑤ 비례운임 : 선박이 항해 중 불가항력, 기타 원인에 의하여 항해의 계속이 불가능하게 되어 운송계약의 일부만을 이행하고 화물을 인도한 경우에 그때까지 행한 운송비율에 따라 선주가 취득하는 운임으로, 항로상당액운임(Distance Freight)이라고도 한다.

83 IATA의 위험품목
• 폭발성 물질(Explosives)
• 가스(Gases : 가연성 불연성 독성 가스)
• 인화성 액체(Flammable Liquids)
• 인화성 고체(Flammable Solids)
• 과산화물(Oxidizing Substances and Organic Pero-xides)
• 독극물(Toxic Substances)
• 방사성 물질(Radioactive Material)
• 부식성 물질(Corrosives)
• 기타 위험 품목(Miscellaneous Dangerous Goods)

84 ① ACI는 국제공항협회로 1991년 1월 1일 국제공항운영협의회와 공항협의조정위원회, 국제민간공항협회 등 공항관련 3개 단체를 통해 설립되었으며, 전 세계 공항의 안전과 발전, 공항 간 협력을 위해 결성된 비영리 단체이다.
③ IATA는 세계항공운송에 관한 각종 절차와 규정을 심의하고 제정·결정하는 순수 민간의 국제협력단체로, 캐나다 몬트리올과 스위스 제네바에 본부를 두고 있다.
④ FAI는 항공 스포츠를 통한 각국의 정치·인종 초월, 인류 이해·친선 도모, 참된 국제 정신 고양 등을 목적으로 설립된 항공단체이다.

⑤ ICAO는 국제민간항공기구로 국제민간항공의 평화적이고 건전한 발전을 도모하기 위해 1947년 4월에 발족된 국제연합(UN) 전문기구이며, 시카고협약 가입 시 자동적으로 ICAO 회원국이 된다.

85 Hamburg Rules(1978)가 제정된 배경은 종래의 관련 규칙이 선박을 소유한 선진국 선주에게 유리하고, 개도국 화주에게 불리하다는 주장과 관련이 있다. 즉 1924년에 제정된 선하증권에 관한 통일조약(Hague Rules, 1924)이 개도국 측의 요구로 1978년 3월에 Hamburg에서 Container조항 등에 대한 대폭적인 개정이 이루어졌다.

86 Master Lease
건물을 통째로 임대·관리하는 사업방식으로, 업체는 건물을 장기임대하고 이를 재임대해 수익을 얻는다. 계약기간 동안 임차인 유치와 건물 관리는 모두 업체의 책임이며, 임대수입은 건물주와 분배한다. 건물주의 경우 마스터리스 방식으로 아무것도 하지 않고도 안정적인 수입을 올릴 수 있으며, 전문적인 개발업체에 건물과 임차인 관리를 맡길 수 있어 유용하다. 또한 계약 종료 이후에는 건축물의 리모델링 등으로 인한 건물가치 상승 등의 효과도 누릴 수 있다.

87 복합운송증권의 발행인은 특별한 제한이 없고, 운송주선업자도 가능하다.

88 우리나라로 해상수입되는 화물의 경우 적재항에서 화물이 선박에 적재되기 24시간 전까지 적하목록을 선박 입항예정지 세관장에게 전자문서로 제출하여야 한다. 다만, 중국, 일본, 대만, 홍콩, 러시아 극동지역 등의 경우에는 적재항에서 선박이 출항하기 전까지, 벌크화물의 경우에는 선박이 입항하기 4시간 전까지 제출하여야 한다.

89 • Sea waybill : 물품이 운송서류보다 먼저 도착지에 도착하는 경우를 대비하여 도착지에서 제시할 필요가 없는 선하증권을 말한다.
• Surrender B/L : 서류의 지연으로 인해 화물 인수 지연이나 추가비용이 발생하는 수입자의 불편함을 덜어주기 위해 발행하는 것으로 수출자는 선박회사에서 원본B/L을 발급받아야 하나 실제 발급을 받지 않고 송화인이 배서하여 운송인에게 반환함으로써 B/L의 유통성이 소멸하는 선하증권이다.

90 해상화물운송장은 권리증권이 아니기 때문에 항해 중에 증권 이전을 통한 물품의 전매가 불가능하다. 반면에 권리증권인 선하증권은 지시식으로 발행되어 배서에 의한 타인 양도가 가능하므로 전매가 가능하다.

91 선박의 감항능력 결여로 발생한 경우 운송인은 항해 개시 시에 선박의 감항능력을 갖추기 위해 상당한 주의를 다하였음을 입증한 경우에 책임을 지지 않는다.

92 CLP(Container Load Plan, 컨테이너내적부표)
컨테이너에 채워진 화물의 명세, 정보, 인도의 형태를 기재한 것으로서 만재(FCL : Full Container Load) 화물의 경우는 화주 또는 그 대리인이, 혼재(LCL : Less than Container Load) 화물의 경우에는 CFS Operator가 컨테이너 1개마다 작성한다. 화물이 화주, 검수인 또는 CFS Operator에 의해 Container에 적입되어 이들에 의해 CLP가 작성되면 CY Operator에 전해진다.

93 항공화물운송장(AWB ; Air Way Bill)은 항공회사가 화물을 항공으로 운송하는 경우에 발행하는 화물수취증으로서 해상운송의 선하증권(B/L)과 달리 유가증권이 아니다.

94 기본운임(Pivot Charge)을 초과하는 무게이므로 초과중량요율(Over Pivot Charge)을 곱한 운임에 기본운임을 가산하여 계산한다.
즉, US $8,700 + (50kg × 4) = US $8,900

95 수출선적절차
선적요청서(Shipping Request) → 선적예약서(Booking List) → 기기수도증(EIR) 접수 → 봉인(Sealing) → 부두수취증(D/R) 발급 → 적부도(Stowage Plan) 작성 → On Board B/L 발급

96 추심의뢰은행을 말한다.

97 (ㄱ) 항해용선 : 부정기선 부문에서는 운송계약이 전세운송의 형태로 이루어지는데 이를 항해용선계약이라고 부른다.
(ㄴ) 기간용선 : 선박용선에서 일정기간을 정하여 용선하는 계약이다.
(ㄷ) 개품운송계약 : 운송인이 불특정 다수의 화주로부터 소량 화물의 운송을 위탁받아 이들 화물을 혼재하여 운송하는 것으로 정기선의 화물운송에서 일반적으로 이용한다.

98 FOB(Free on Board, 본선인도조건)
"본선인도"는 물품을 지정된 선적항이나 매수인에 의해 지정된 선박의 본선상에서 매도인이 인도하거나 또는 이미 인도된 물품을 조달하면 된다. 물품이 본선상에 인도될 때 물품에 대한 손상 또는 멸실의 모든 위험은 매수인에게 이전되고, 매수인은 그 시점 이후부터 물품에 대한 모든 비용을 부담한다.

99 Foul B/L

선박회사가 화물을 인수할 당시에 포장상태가 불완전하였거나 수량이 부족하였을 경우 등의 사실을 증권상에 기재했을 때의 선하증권을 사고부 선하증권(Foul or Dirty B/L), 또는 고장부 선하증권이라고 한다.

100 선적기일에 Immediate Shipment나 Prompt Shipment 등을 사용할 경우 이를 무시하며, 그럼에도 불구하고 이러한 표현을 사용할 경우에는 선적기일이 명시되지 않은 것으로 간주한다.

101 • 몬트리올 협정(Montreal Agreement) : 국제항공운송협회는 여객의 책임한도에 불만을 가진 미국 정부와 1966년 5월 4일 몬트리올에서 협정을 가졌으며, 몬트리올 협정은 모든 국제운송 승객, 수하물 또는 짐으로 비행기에 의해 운송되는 것에 대한 보상을 포함하여 공중운송을 수행하는 비행기에 의해 운반되는 무료 운송에 대한 보상에도 동일하게 적용된다.
• 과다라하라 협약(Guadalajala Convention) : 운송인의 종류로는 여객·화주와 운송계약을 체결한 계약운송인과 실제로 운송의 일부 또는 전부를 담당하는 실제 운송인으로 구분하고, 실제 운송인이 운송을 담당을 하는 경우 누구에게 협약을 적용하는가에 대하여 1961년 맥시코의 과다라하라에서 개최된 외교회의에서 '계약담당자가 아닌 운송인이 이행한 국제항공운송과 관련 일부규칙의 통일을 위한 바르샤바조약을 보충협약'으로 채택하였다.

102 관세자유지역의 기능에는, 기본기능으로 물류기능, 물류촉진기능, 생산기능, 제품조정기능, 거래기능, 거래촉진기능, 정보전달기능 등이 포함되며, 부수기능으로는 업무지원 및 공공서비스 기능, 교류기능, 위락기능, 인재양성기능 등을 수행함으로써 이를 뒷받침한다.

103 ICC(A)는 일반면책위험(피보험자의 고의적 비행에 의한 손해, 보험목적물의 통상적 손해, 포장부적합으로 인한 손해, 보험목적물의 고유의 하자 또는 성질에 의한 손해, 지연으로 인한 손해), 선박 및 운송용구의 불내항 및 부적합면책, 전쟁위험(War Risk), 동맹파업위험(Strikes Risk)면책을 제외하고는 피보험목적물의 멸실, 손상이나 비용일체를 담보하는 포괄담보방식을 취한다. 따라서 전쟁/동맹파업, 소요 및 폭동위험을 담보하려면 추가보험료(Additional Premium)를 납부하여야 한다.

104 수출국보다는 수입국의 환경적 요인이 우선적으로 고려되어야 한다.

105 ALB(American Land Bridge)

ALB는 1967년 아랍과 이스라엘의 전쟁으로 수에즈운하가 봉쇄되면서 그 동안 수에즈운하를 경유하여 극동/유럽항로와 경쟁하는 새로운 운송방법으로 각광을 받았다. 이 운송루트는 극동지역의 항만으로부터 북미 서안의 주요 항만까지 선박을 통한 해상운송을 한 뒤에 철도운송으로 연계하여 북미 동안/남동부 항만으로 운송하고, 그 후에 다시 해상운송으로 유럽지역 항만내지 유럽내륙까지 운송하는 복합일관운송방식을 말한다.
② Siberian Land Bridge, 시베리아를 교각처럼 활용하여 운송하는 복합운송 방법을 말한다. 대륙을 횡단하는 철도를 이용하여 바다와 바다를 연결, 운송비를 절감하고 운송시간을 단축시키는 랜드브리지의 일종으로, 시베리아철도를 이용하여 동아시아·동남아시아·오세아니아 등과 유럽대륙·스칸디나비아반도를 복합운송 형태로 연결한다.
③ Trans China Railroad, 중국대륙관통철도로서 중국의 연운항 서안 난주 우름치 알라산쿠(Alaraw Shankou)를 잇는 총연장 4,018km의 철도이다. 시베리아횡단철도와 연결되어 극동~유럽을 잇는 철도망을 형성하고 있다.
④ Canadian Land Bridge, CLB는 ALB와 같은 형태로 캐나다의 밴쿠버(Vancouver) 또는 시애틀(Seattle)까지 해상운송을 한 뒤에 그 곳에서 캐나다의 두 철도회사를 이용하여 몬트리얼(Montreal)까지 육로로 운송하고, 그 곳에서 다시 대서양의 해상운송에 접속하여 유럽의 각 항만까지 운송하는 방식을 말한다.
⑤ Mini Land Bridge, ALB의 개설과 병행하여 1972년에 개시된 이 운송로는 1980년대 중반부터 뉴욕항로, 걸프(Gulf)만 항로 등의 전구간 해상운송(All water service)의 가장 강력한 경쟁자로 부각되고 있다. 이 복합운송이 ALB와 다른 점은 ALB는 해상운송–육상운송–해상운송의 과정을 거치는 데 비하여 MLB는 해상운송–육상운송의 과정만으로 항만 배후지까지 커버하는 형태가 되었다

106 NVOCC는 운송수단을 직접 보유하지 않은 계약운송인형 국제복합운송업자를 말한다. 해상운송에 있어서 자기 스스로 선박을 직접 운항하지 않으면서 해상운송인에 대해서는 화주의 입장이 되는 것이다.

107 국제소화물일관운송이란 소화물을 항공기를 이용하여 화주 문전에서 문전까지 배달하는 운송시스템으로서 이는 항공기에 의한 간선운송과 자동차에 의한 집배의 연계에 의해 행해지는 국제복합운송의 한 형태이다.
② 대부분의 화물이 고가 귀중품이 아닌 대중가격의 상품이다.
③ 미화 US $600 이하일 경우 간이수입신고를 한다.
④·⑤ 운임구조는 문전운송 운임(항공표와 시내 밴 트럭운임)이다.

108 직송시스템은 파업이나 예기치 못한 사태로 공급이 중단 될 때에는 이에 대한 대응이 어렵다.

109 해제권이나 대체물청구권을 유지하는 예외
매수인이 물품을 실질적으로 반환할 수 없는 경우에도 다음 세 가지 예외의 경우에는 매수인이 여전히 해제권이나 대체물청구권을 행사할 수 있다.
- 물품을 실질적으로 동일한 상태대로 반환할 수 없게 된 사유가 매수인의 작위 또는 부작위에 기인하지 않은 경우이다. 매수인의 작위 또는 부작위에서 과실은 요구되지 않는다. 따라서 매도인에 의하거나 자연현상에 의해 반환할 수 없게 된 경우에는 매수인은 해제권을 상실하지 않는다. 또 제3자에 의해 물품이 멸실, 훼손되어 반환할 수 없는 경우에도 매수인은 해제권을 상실하지 않는다.
- 물품의 전부 또는 일부가 규정된 검사의 결과로 멸실 또는 훼손된 경우이다. 이때 검사는 정상적으로 행해졌어야 한다.
- 물품의 전부 또는 일부가 정상적인 거래에 의하여 매각되거나 또는 정상적인 사용으로 소비 또는 변형된 경우이다. 그러나 이때에 물품의 계약부적합을 매수인이 몰랐거나 알 수도 없었어야 한다. 만약 검사를 통해 알 수 있었는데도 하자를 모르고 물품을 매각, 소비, 변형하였다면 매수인은 해제권과 대체물청구권을 잃는다.

110 ㉠ Hamburg Rules(1978) : 해상화물운송에 관한 UN 협약
㉡ UNCTAD/ICC Rules(1992) : 복합운송증권규칙
㉢ Montreal Convention(1999) : 국제항공운송에 있어서의 일부규칙의 통일에 관한 조약

111 Currency(운임이 적용되는 화폐단위), Amount of Insurance(보험금액), Declared Value for Carriage(송화인의 운송 신고가격)는 AWB의 전면약관에는 표기되어 있으나 B/L 전면약관에는 없는 기재항목이다.

112 이종책임체계(Network Liability System)
손해발생구간이 확인된 경우와 그렇지 않은 경우를 나누어서 각각 다른 책임체계를 적용하는 방법이다. 손해발생구간이 밝혀지지 않은 경우, 즉 손해발생구간 불명손해(Concealed Damage)에 대해서는 그 손해가 해상구간에서 발생한 것으로 추정하여 헤이그 규칙을 적용 또는 별도로 정해진 기본책임(Basic Liability)을 적용한다. 손해발생구간이 확인된 경우에는 손해발생구간에 적용될 국내법이나 국제조약을 적용한다. 만일 손해가 항공구간에서 발생했으면 바르샤바 조약을, 해상구간에서 발생했으면 헤이그 규칙을 각각 적용하게 된다.

113
- Salvage charges(구조비) : 구조계약의 유무에 관계없이 구조업자가 해상법 하에서 취득할 수 있는 비용으로 부보가액을 초과하여 별도 보상되지 않는다.
- particular charges(특별비용) : 공동해손비용 및 구조비 이외의 보험 목적물의 아전과 보전을 위해 지출된 비용이다.

114 EWX조건은 물품을 인수하는 데 드는 비용과 위험을 매수인이 부담한다.

115 DAP(도착장소인도)란 매도인이 지정목적지에 도착한 운송수단으로부터 물품을 양륙되지 않은 상태로 매수인의 임의처분하에 인도하는 것을 말한다. 매도인은 지정목적지까지 물품 운송에 있어서 발생하는 모든 위험을 부담하여야 한다.

116 선박의 국적은 사람과 마찬가지로 단일 국적이 원칙이라 할 수 있다. 국제연합의 해양법협약은 2개국 이상의 국기를 선택적으로 계양하고 항해하는 선박은 어느 국적을 주장할 수 없고, 무국적선으로 간주할 수 있다고 규정함으로써 선박의 이중국적을 금지하고 있다.

117 중재를 통해 분쟁을 해결하기 위해서는 분쟁발생 전이나 분쟁발생 후에 쌍방의 서면으로 된 중재합의가 있어야 한다.

118 ㉡ 순톤수로서 순수하게 여객 및 화물이 사용하는 장소의 용적을 의미한다.
㉢ 적재할 수 있는 화물의 중량을 의미하는 것은 재화중량톤수이다.
㉤ 배수톤수에 대한 설명이다.

119 ㉠ 배선협정은 정기항로에 배치하는 선박의 수를 제한하는 협정으로 대내적 수단에 해당된다.

120 ① 선박과 항만시설에 대한 국제보안코드로서 주요 내용은 선박 보안, 회사의 의무, 당사국 정부의 책임, 항만시설 보안, 선박의 심사 및 증서 발급에 관한 사항 등이 있다.
② · ③ 2002년부터 미국 관세청이 국토안보정책의 일환으로 컨테이너 보안협정인 CSI(Container Security Initiative)를 추진해 왔으며, 테러방지를 위한 민관협력프로그램인 C-TPAT(Customs-Trade Partnership Against Terrorism)를 시행하고 있다.
④ 물류보안경영시스템

보관하역론

01	02	03	04	05	06	07	08	09	10
③	⑤	③	⑤	③	④	②	①	⑤	⑤
11	12	13	14	15	16	17	18	19	20
②	④	③	①	①	⑤	④	③	②	⑤
21	22	23	24	25	26	27	28	29	30
⑤	②	②	⑤	②	④	⑤	③	③	①
31	32	33	34	35	36	37	38	39	40
③	②	⑤	②	④	①	③	②	④	①

01 리스창고는 기업이 보관공간을 리스하는 것으로 영업창고의 단기적 임대와 자가창고의 장기적 계약 사이의 중간적인 형태의 창고이다.

02 배송센터를 구축할 경우 상물(商物) 분리가 실시되는 이점이 있다. 기업활동을 활성화시키기 위해서는 상류와 물류의 흐름을 분리시켜 지점이나 영업소 등에서 처리하고 있던 물류 활동은 배송센터나 공장의 직배송 등을 통하여 수행하는 것이 효과적이다.

03 드라이브 인 랙(Drive In Rack)은 지게차가 랙 내부에 진입할 수 있고, 보관장소와 통로를 겸하기 때문에 통로 면적이 좁아져 보관 효율적인 면에서는 가장 경제적인 랙이다.

04 안전재고량 = 안전계수 × 수요의 표준편차 × $\sqrt{조달기간}$ 에서 납품소요기간의 분산이 작아지면 부품공급업자와 생산 공장 사이의 안전재고량은 감소한다.

05
• 워키형(Walkie Type) : 작업자의 탑승설비가 없으며, 작업자가 지게차를 가동시킨 상태에서 걸어 다니며 작업을 하게 된다. 주로 소형 작업장에서 이용된다.
• 리치형(Reach Type) : 차체 전방으로 튀어 나온 아웃리거에 의해 차체의 안정을 유지하고, 그 아웃트리거 안을 포크가 전후방으로 움직이면서 하역작업을 하도록 되어 있는 장비이다. 주로 랙 창고의 하역작업에 사용된다.
• 카운터바란스형(Counter Balance Type) : 포크 및 마스트를 차체전방에 장착하고 차체후방에는 차체의 안정을 유지하기 위해 카운터바란스를 장착한 것으로 지게차의 가장 일반적인 형태이다.

06 회귀방정식

$\hat{y} = a + bx$
• x값이 주어졌을 때 y값에 대한 최적의 추정
• $a = \overline{Y} - b\overline{X} = (x - \overline{X}) + \overline{Y}$
• $b = \dfrac{\sum(x_i - \overline{X})(y_i - \overline{Y})}{\sum(x_i - \overline{X})^2} = r\dfrac{S_y}{S_x}$

$\overline{X}, \overline{Y}$: 표본평균, S_x, S_y : 표준편차, r : 상관관계

문제에서 인구수와 보관량의 회귀식은 $y = 0.9886x - 0.8295$ 이므로 위의 회귀방정식에 대입하여 풀면,

$a = -0.8295, \ b = 0.9886$

$-0.8295 = \overline{Y} - 0.9886\overline{X}$

A지역 인구수의 평균 $\overline{X} = 5.33$

B제품 보관량의 평균 $\overline{Y} = \dfrac{39 + y}{10}$ (← y : 2019년 B제품 보관량)

따라서 $-0.8295 = \dfrac{39 + y}{10} - (0.9886 \times 5.33)$

$\dfrac{39 + y}{10} = (0.9886 \times 5.33) - 0.8295$

$\quad\quad\quad = 5.27 - 0.8295$

$\quad\quad\quad = 4.4405$

$39 + y = 44.4$

$y = 5.4$

07 풀(Pull)형 재고보충방식이다.

08 분산구매의 장점이다.

※ **집중구매의 장점**
• 대량구매로의 가격, 거래조건이 유리해진다.
• 본사, 사업소(공장)에서 사용하는 공통자재의 표준화, 단순화가 이루어지기 쉽고, 재고량을 절감하는 데 도움이 된다.
• 수입자재 등 절차가 복잡한 구매에 유리하다.
• 구입절차를 통일하기 쉽다.
• 구매기술의 개발과 적용이 쉬워지고 유리한 구매를 하기 쉽다.
• 구입품의 발주, 독촉, 감사, 수입, 지급 등의 일련의 구매업무를 정리하여 한꺼번에 할 수 있기 때문에 구매비용이 절감된다.

09 **선입선출(FIFO ; First In, First Out)의 원칙**
먼저 들어온 물품이 먼저 나가는 원칙으로 일반적으로 상품의 라이프 사이클이 짧은 상품과 관련이 있다.

10 리치 형(Reach type)은 마스트 또는 포크가 전후로 이동할 수 있는 지게차이다.

11

$$EOQ = \sqrt{\frac{2 \times 1회\ 주문비용 \times 연간수요량}{연간\ 단위당\ 재고유지비용}}$$

$$= \sqrt{\frac{2 \times 10 \times 4,000}{2}} = 200$$

- 연간 주문비용 = (연간 수요량/EOQ) × 주문비용
  = (4,000/200) × 10 = 200원
- 연간 재고유지비용 = 평균재고 × 연간 단위당 재고유지
  비용 = 200/2 × 2 = 200원
- 평균재고 = EOQ/2 + 안전재고
- ∴ 연간 최소총비용 = 연간 재고유지비용 + 연간 주문비
  용 = 200 + 200 = 400원

12 무게중심법의 계산은 X축과 Y축을 나누어 계산하면 된다.

- X좌표 = $\dfrac{(20 \times 30 + 20 \times 20 + 40 \times 10 + 80 \times 60)}{(30 + 20 + 10 + 60)}$

  = 51.67

- Y좌표 = $\dfrac{(80 \times 30 + 40 \times 20 + 20 \times 10 + 60 \times 60)}{(30 + 20 + 10 + 60)}$

  = 58.33

13 회전 랙(Carousel Rack)

- 피킹 시 피커를 고정하고 랙 자체가 회전하는 형태를 말한다.
- 사람은 고정되어 있고 물품이 피커의 장소로 이동하여 피킹하는 형태의 랙이다.
- 수평 또는 수직으로 순환하여 소정의 입출고 장소로 이동이 가능하다.

14 성장에 대한 대응책이다.

15 이용자가 교환을 위한 동질·동수의 파렛트를 준비해 놓을 필요가 없는 것은 렌탈방식의 장점에 해당한다.

16 ①·②·④ 단위화의 원칙
③ 활성화의 원칙

17 조달기간이 길고 불확실성이 클수록 높은 수준의 재고가 필요하다(안전재고).

18 범용성과 융통성의 지양 → 범용성과 융통성의 지향

19 표준품은 랙(Rack)에 보관하고 비표준품은 그 형상에 맞게 보관기기나 설비를 사용하여 보관한다.

20 PERT/CPM 기법은 전체 프로젝트의 진도를 효율적으로 관리할 수 있는 네트워크 계획 및 통제기법이다. PERT/CPM 기법은 각 작업의 소요기간과 착수, 종료시점 등 시간적인 측면의 관리와 작업 비용의 시간적 측면인 예산편성 및 조정 그리고 현황보고의 기능을 갖추고 있다.

21 일반적으로 $p_1 \times d_1 > p_2 \times d_2$ 를 만족해야 한다. 여기서, p_1 = 장비와 카운터 웨이트 무게, p_2 = 짐의 무게, d_1 = 장비의 무게중심과 전륜차 축 사이의 거리, d_2 = 짐의 무게중심과 전륜차 축 사이의 거리를 의미한다.

22 하차 출고에 대한 설명이다.

23 항공화물의 컨테이너화는 인력에서 기계로, 개별탑재에서 단위탑재로, 단순운송관리에서 물류관리로, 운송시스템 자체에 큰 변화를 가져오게 되었다.

24 유니트로드시스템은 화물을 일정한 표준의 중량 또는 체적으로 단위화시켜 일괄해서 기계를 이용하여 하역, 수송하는 시스템으로 낱포장과는 관련이 없다.

25 ㄷ. MRP는 제품의 생산수량 및 일정을 토대로 그 제품 생산에 필요한 원자재, 부분품, 공산품, 조립품 등의 소요량 및 소요시기를 역산해서 일종의 자재조달계획을 수립한 후 일정관리를 겸하여 효율적인 재고관리를 모색하는 시스템으로 직장 개선풍토를 위한 5S와는 관련이 없다.
ㄹ. 로트크기를 최소화하고 극소량의 재고를 유지하는 JIT시스템의 특성에 대한 설명이다.

26 국내포장은 개별포장에 중점을 두기 때문에 판촉 위주의 포장이 중요시된다.

27 리스렌탈(호주방식)으로 파렛트 풀 회사에서 일정 규격의 파렛트를 필요에 따라 임대해 준다.

28 Lift on-Lift off(LO-LO 방식)
적하·양하에 있어서 기중기(Crane)나 데릭(Derrick)만으로 하역작업을 하는 방식(수직하역방식)이다.

29
- 1대당 이중명령 50%, 단일명령 50%로 작업하며, 단일명령작업시간 4분, 이중명령 6분이다.
- 단일명령 + 이중명령 = 4분 + 6분 = 10분이므로, 단일명령과 이중명령으로 처리할 수 있는 횟수는 1시간당 6회이다.
- 총 10개 통로로 6회 × 10개 = 60회의 명령을 처리할 수 있으므로, 파렛트 처리개수는 60회 × (1작업 + 2작업) = 60 × 3개 작업 = 180개이다.

30
- A-C-A : 회전수만 높은 제품으로 보관기능이 미약하므로 주로 임시출고 – 피킹 – 재출고에 많이 이용된다.
- A-A-A : 품목수는 적지만 수량이 많으므로 보관설비는 플로우 랙이나 주행대차를 이용한 대차 랙을 많이 이용한다.
- C-A-A : 고층랙과 모노레일 스태커 크레인의 조합을 통해 리모트 컨트롤과 컴퓨터 컨트롤 방식을 사용하고 있다.

31 오더피킹은 단순한 정적인 예비저장작업에서 활동적 저장작업으로 변하고 있다.

32 ABC분석법은 재고자산의 품목이 다양할 경우 이를 효율적으로 관리하기 위하여 재고의 가치나 중요도에 따라 재고자산의 품목을 분류하고 차별적으로 관리하는 방법으로 분류기준은 파레토 분석에 의한다. 즉 재고 품목을 연간사용금액에 따라 A, B, C 세품목으로 분류할 때 중점관리대상은 가치가 크고 사용량이 적은 A 품목이 된다.

품목	내용	사용량 비율
A	가치는 크지만 사용량이 적은 품목	10~20%
B	가치와 사용이 중간에 속하는 품목	20~40%
C	가치는 적지만 사용량이 많은 품목	40~60%

33 플로우(Flow) 컨베이어
밀폐된 도랑 속에 특수한 모양의 어태치먼트를 부착한 체인에 의하여 가루 입자 사이에 마찰을 이용하여 연속된 흐름으로 하여 운반하는 체인 컨베이어로, 통상의 방법으로는 운반이 곤란한 물질을 운반하는 특수 체인 컨베이어이다.

34 투빈 시스템(Two-Bin System)
재고를 2개의 용기(Bin)에 나누어 놓고 한 용기의 재고를 모두 사용하면 주문을 하고, 조달기간 동안에는 다른 용기의 재고를 사용하는 과정을 차례로 반복하는 재고관리기법으로 소매점이나 백화점에서 많이 사용된다. 즉, 정량발주시스템의 변형으로 발주량은 정량이며 발주주기는 부정기적이다.

35 주의표시(Care Mark)는 화물 취급상의 주의할 점 등을 표시한 것으로 측면에 표시하기 때문에 사이드 마크라고도 한다. 종류는 다양하며, 내용 물품의 특성에 따라 적합한 주의표지를 선택하여 표기한다.

36 크로스도킹은 창고나 물류센터에서 수령한 상품을 창고에서 재고로 보관하는 것이 아니라 즉시 배송할 준비를 하는 물류시스템으로, 1일 처리량이 많을 때 유리하다.

37
$$\frac{156.6 + 154.0 + 152.1 + 158.6}{4} = \frac{621.3}{4} = 155.325$$

38 연간 단위당 재고유지비 = 10,000 × 0.1 = 1,000
$$EOQ = \sqrt{\frac{2 \times 8,000 \times 400}{1,000}} = 80$$
연간 최적주문횟수 = 400 / EOQ = 400 / 80 = 5
주기 = 365 / 5 = 73일

39 5월 15일 출고 60개 이므로,
(50개 × ₩100) + (10개 × ₩120) = ₩6200
5월 24일 출고 70개 이므로,
(40개 × ₩120) + (30개 × ₩140) = ₩9,000
∴ ₩6,200 + ₩9,000 = ₩15,200

40 1회 순회시간이 0.8시간이므로 필요부품 M은
0.8 × 200 = 160개
안전재고가 10%(= 200 × 0.1 = 20) 필요하므로
필요한 M부품 용기수는 (160 + 20) / 20 = 9개

물류관련법규

41	42	43	44	45	46	47	48	49	50
③	②	⑤	②	③	①	①	①	②	④
51	52	53	54	55	56	57	58	59	60
①	②	④	④	②	④	②	⑤	③	③
61	62	63	64	65	66	67	68	69	70
⑤	④	④	④	⑤	⑤	④	②	④	②
71	72	73	74	75	76	77	78	79	80
④	③	②	⑤	⑤	①	①	⑤	②	①

41 파이프라인운송업은 화물운송업에 해당한다.
※ 물류서비스업의 분류(물류정책기본법시행령 별표 1)
화물취급업(하역업 포함), 화물주선업, 물류장비임대업, 물류정보처리업, 물류컨설팅업, 해운부대사업, 항만운송관련업, 항만운송사업

42 위반행위의 횟수에 따른 행정처분의 기준은 최근 1년간 같은 위반행위로 행정처분을 받은 경우에 적용한다(물류정책기본법 시행규칙 별표 2).

43 국토교통부장관은 다음의 어느 하나에 해당하는 자를 국가물류통합정보센터의 운영자로 지정할 수 있다(물류정책기본법 제30조의2 제2항).
- 중앙행정기관
- 대통령령으로 정하는 공공기관
- 정부출연연구기관
- 물류관련협회
- 그 밖에 자본금 2억원 이상, 업무능력 등 대통령령으로 정하는 기준과 자격을 갖춘 상법상의 주식회사

44 ① 30일 이내 → 60일 이내
③ 직·간접적인 이해관계를 가진 자 → 직접적인 이해관계를 가진 자
④ 국가안전보장에 위해가 없고 기업의 영업비밀을 침해하지 않는 경우로서 관계 중앙행정기관 또는 지방자치단체가 행정목적상의 필요에 따라 신청하는 경우 정보를 공개할 수 있다.
⑤ 3천만원 이하의 과태료 → 1년 이하의 징역 또는 1천만원 이하의 벌금

45 우수녹색물류실천기업에 지정증을 발급하는 기관은 국토교통부장관이다(물류정책기본법 제60조의4 제1항).

46 물류관련협회를 설립하려는 경우에는 해당 협회의 회원이 될 자격이 있는 기업 100개 이상이 발기인으로 정관을 작성하여 해당 협회의 회원이 될 자격이 있는 기업 200개 이상이 참여한 창립총회의 의결을 거친 후 소관에 따라 국토교통부장관 또는 해양수산부장관의 설립인가를 받아야 한다(물류정책기본법 제55조 제2항).
② 물류정책기본법 제55조 제3항
③ 물류정책기본법 시행령 제42조
④ 물류정책기본법 시행령 제43조 제1호
⑤ 물류정책기본법 제55조 제6항

47 물류표준화란 원활한 물류를 위하여 시설, 장비 및 포장의 종류·형상·치수·구조 등을 통일하고 단순화하는 것을 말한다(물류정책기본법 제2조 제1항 제7호).
② 물류정책기본법 제24조 제2항
③ 물류정책기본법 제25조 제1항
④ 물류정책기본법 제24조 제1항
⑤ 물류정책기본법 제26조 제1항

48 국토교통부장관·해양수산부장관 또는 산업통상자원부장관은 물류기업의 육성을 위하여 다음의 조치를 할 수 있다(물류정책기본법 제36조 제2항).
- 물류정책기본법 또는 물류정책기본법 시행령(제27조)으로 정하는 물류 관련 법률에 따라 국가 또는 지방자치단체의 지원을 받는 물류시설에의 우선 입주를 위한 지원

- 물류시설·장비의 확충, 물류표준화·정보화 등 물류효율화에 필요한 자금의 원활한 조달을 위하여 필요한 지원

49 국토교통부장관·해양수산부장관 또는 시·도지사는 물류기업이 기존 물류시설·장비·운송수단을 첨단물류시설 등으로 전환하거나 첨단물류시설 등을 새롭게 도입하는 경우에는 이에 필요한 행정적·재정적 지원을 할 수 있다(물류정책기본법 제57조 제2항).

50 입주기업체협의회는 매 사업연도 개시일부터 2개월 이내에 정기총회를 개최하여야 하며, 필요한 경우에는 임시총회를 개최할 수 있다(물류시설의 개발 및 운영에 관한 법률 시행령 제43조의2 제4항).
① 물류시설의 개발 및 운영에 관한 법률 시행령 제43조의2 제2항
② 물류시설의 개발 및 운영에 관한 법률 시행령 제43조의2 제3항
③ 물류시설의 개발 및 운영에 관한 법률 시행령 제43조의2 제1항
⑤ 물류시설의 개발 및 운영에 관한 법률 시행령 제43조의2 제5항

51 「항만법」 제2조 제5호의 항만시설 중 항만구역 안에 있는 화물하역시설 및 화물보관 처리 시설을 경영하는 사업은 제외한다(물류시설의 개발 및 운영에 관한 법률 제2조 제3호).

52 임대하려는 토지·시설 등의 최초의 임대료는 산정한 분양가격에 국토교통부령으로 정하는 임대요율(공급공고일 또는 공급통지일 현재 계약기간 1년의 정기예금이자율)을 곱한 금액으로 한다(물류시설의 개발 및 운영에 관한 법률 시행령 제40조 제1호).
① 물류시설의 개발 및 운영에 관한 법률 시행령 제39조 제2항
③ 물류시설의 개발 및 운영에 관한 법률 시행령 제39조 제5항
④ 물류시설의 개발 및 운영에 관한 법률 시행령 제39조 제4항
⑤ 물류시설의 개발 및 운영에 관한 법률 시행규칙 제25조

53 환지의 대상이 되는 종전 토지의 가액은 보상공고 시 시행자가 제시한 협의를 위한 보상금액으로 하고, 환지의 가액은 해당 물류단지의 물류단지시설용지의 분양가격을 기준으로 한다(물류시설의 개발 및 운영에 관한 법률 시행령 제25조 제4항 제1호).
① 물류시설의 개발 및 운영에 관한 법률 제34조 제1항
② 물류시설의 개발 및 운영에 관한 법률 시행령 제25조 제4항 제3호

③ 물류시설의 개발 및 운영에 관한 법률 시행령 제25조 제4항

⑤ 물류시설의 개발 및 운영에 관한 법률 시행령 제25조 제4항 제1호

54 물류단지지정권자가 실시계획을 승인하거나 승인한 사항을 변경승인할 때에는 관계 법률에 적합한지를 미리 소관 행정기관의 장과 협의하여야 한다(물류시설의 개발 및 운영에 관한 법률 제28조 제3항).
① 물류시설의 개발 및 운영에 관한 법률 제28조 제1항
② 물류시설의 개발 및 운영에 관한 법률 제28조 제2항
③ 물류시설의 개발 및 운영에 관한 법률 제29조 제2항
⑤ 물류시설의 개발 및 운영에 관한 법률 제29조 제1항

55 복합물류터미널사업의 휴업기간은 6개월을 초과할 수 없다(물류시설의 개발 및 운영에 관한 법률 제15조 제3항).

56 「민법」 또는 「상법」에 따라 설립된 법인의 시행자인 경우에는 사업대상 토지면적의 3분의 2 이상을 매입하여야 토지 등을 수용하거나 사용할 수 있다(물류시설의 개발 및 운영에 관한 법률 제32조 제1항).

57 시행자는 그가 조성하는 용지를 분양·임대받거나 시설을 이용하려는 자로부터 대통령령으로 정하는 바에 따라 대금의 전부 또는 일부를 미리 받을 수 있다(물류시설의 개발 및 운영에 관한 법률 제43조).
① 물류시설의 개발 및 운영에 관한 법률 시행령 제33조 제3항
③ 물류시설의 개발 및 운영에 관한 법률 시행령 제33조 제1항 제2호 나목
④ 물류시설의 개발 및 운영에 관한 법률 시행령 제33조 제1항
⑤ 물류시설의 개발 및 운영에 관한 법률 시행령 제33조 제2항

58 운임 및 요금에 관한 신고를 하지 아니한 자는 500만원 이하의 과태료를 부과한다(화물자동차 운수사업법 제70조 제2항).
① 화물자동차 운수사업법 제5조 제1항
② 화물자동차 운수사업법 제44조 제1항
③ 화물자동차 운수사업법 제65조 제1항
④ 화물자동차 운수사업법 제64조 제1항

59 • 일반화물자동차 운송사업자는 연간 운송계약 화물의 100분의 50 이상을 직접 운송하여야 한다(화물자동차 운수사업법 시행규칙 제21조의5 제1항).

• 일반화물자동차 운송사업자가 운송주선사업을 동시에 영위하는 경우에는 연간 운송계약 및 운송주선계약 화물의 100분의 30 이상을 직접 운송하여야 한다(화물자동차 운수사업법 시행규칙 제21조의5 제3항).

60 **책임보험계약 등을 공동으로 체결할 수 있는 경우**
(화물자동차 운수사업법 시행규칙 제41조의14)
1. 운송사업자의 화물자동차 운전자가 그 운송사업자의 사업용 화물자동차를 운전하여 과거 2년 동안 다음의 어느 하나에 해당하는 사항을 2회 이상 위반한 경력이 있는 경우
   가. 「도로교통법」에 따른 무면허운전 등의 금지(ㄱ)
   나. 「도로교통법」에 따른 술에 취한 상태에서의 운전 금지
   다. 「도로교통법」에 따른 사고발생 시 조치의무(ㄷ)
2. 보험회사가 「보험업법」에 따라 허가를 받거나 신고한 적재물배상보험요율과 책임준비금 산출기준에 따라 손해배상책임을 담보하는 것이 현저히 곤란하다고 판단한 경우(ㅁ)

61 **화물운송사업 분쟁조정협의회**(화물자동차 운수사업법 시행령 제9조의9 제1항)
시·도지사가 설치하는 화물운송사업 분쟁조정협의회는 다음의 사항을 심의·조정한다.
• 운송사업자와 경영의 일부를 위탁받은 사람 간(위·수탁차주라고 한다) 금전지급에 관한 분쟁
• 운송사업자와 위·수탁차주 간 차량의 소유권에 관한 분쟁
• 운송사업자와 위·수탁차주 간 차량의 대폐차에 관한 분쟁
• 운송사업자와 위·수탁차주 간 화물자동차 운송사업의 양도·양수에 관한 분쟁
• 그 밖에 분쟁의 성격·빈도 및 중요성 등을 고려하여 국토교통부장관이 정하여 고시하는 사항에 관한 분쟁

62 운송사업자는 주사무소가 부산광역시에 있는 경우에는 부산광역시와 맞닿은 특별시·광역시·특별자치시 또는 도에 있는 화물자동차 휴게소를 차고지로 이용하는 경우이어야 하므로, '경상북도에 있는 화물자동차 휴게소를 차고지로 이용하는 경우'가 틀린 내용이다(화물자동차 운수사업법 시행규칙 제5조 제1항).

63 국토교통부장관은 운송사업자가 사업정지처분 또는 감차 조치 명령을 위반한 경우 그 허가를 취소하거나 6개월 이내의 기간을 정하여 그 사업의 전부 또는 일부의 정지를 명령하거나 감차 조치를 명할 수 있다(화물자동차 운수사업법 제19조 제1항).

① 화물자동차 운수사업법 제4조 제2호
② 화물자동차 운수사업법 제10조 제1항
③ 화물자동차 운수사업법 제40조 제1항
⑤ 화물자동차 운수사업법 제20조 제1항

64 ④ 화물자동차 운수사업법 제17조 제4항
① 국토교통부장관에게 신고하여야 한다(화물자동차 운수사업법 제16조 제1항).
② 90일 이내에 국토교통부장관에게 신고하여야 한다(화물자동차 운수사업법 제17조 제1항).
③ 국토교통부장관에게 신고하여야 한다(화물자동차 운수사업법 제16조 제2항).
⑤ 합병으로 설립되거나 존속되는 법인은 합병으로 소멸되는 법인의 운송사업자로서의 지위를 승계한다(화물자동차 운수사업법 제16조 제6항).

65 ⑤ 운송사업자의 준수사항에 해당한다(화물자동차운수사업법 시행규칙 제21조).
①・②・③・④(화물자동차 운수사업법 제26조)

66 **유상운송의 허가사유(화물자동차운수사업법 시행규칙 제49조)**
• 천재지변이나 이에 준하는 비상사태로 인하여 수송력 공급을 긴급히 증가시킬 필요가 있는 경우
• 사업용 화물자동차・철도 등 화물운송수단의 운행이 불가능하여 이를 일시적으로 대체하기 위한 수송력 공급이 긴급히 필요한 경우
• 농어업경영체 육성 및 지원에 관한 법률 제16조에 따라 설립된 영농조합법인이 그 사업을 위하여 화물자동차를 직접 소유・운영하는 경우

67 **항만용역업(항만운송사업법 시행령 제2조 제1호)**
• 통선으로 본선과 육지 사이에서 사람이나 문서 등을 운송하는 행위
• 본선을 경비하는 행위나 본선의 이안 및 접안을 보조하기 위하여 줄잡이 역무를 제공하는 행위
• 선박의 청소(유창 청소는 제외한다), 오물 제거, 소독, 폐기물의 수집・운반, 화물 고정, 칠 등을 하는 행위
• 선박에서 사용하는 맑은 물을 공급하는 행위

68 **항만하역장비의 종류(항만운송사업법 시행규칙 별표 2)**
• 예인선 및 부선
• 기중기 및 기중기선
• 언로더(Unloader) 및 십 로더(Ship Loader)
• 지게차
• 페이로더(Payloader)
• 포크레인
• 불도저
• 스트래들 캐리어(Straddle Carrier)
• 컨베이어 벨트(Conveyor Belt)
• 트 럭
• 트랙터 및 트레일러
• 사일로(Silo)
• 굴착기
• 스태커 리클레이머(Stacker Reclaimer)
• 크레인(Crane)
• 야드-섀시(Yard-Chassis)
• 고무 방충재 등 해상 환적용 장비

69 관리청은 항만운송사업자가 다음의 어느 하나에 해당하면 그 등록을 취소하거나 6개월 이내의 기간을 정하여 그 항만운송사업의 정지를 명할 수 있다. 다만, 제5호 또는 제6호에 해당하는 경우에는 그 등록을 취소하여야 한다(항만운송사업법 제26조 제1항).
1. 정당한 사유 없이 운임 및 요금을 인가・신고된 운임 및 요금과 다르게 받은 경우
2. 등록기준에 미달하게 된 경우
3. 항만운송사업자 또는 그 대표자가 「관세법」 제269조부터 제271조까지에 규정된 죄 중 어느 하나의 죄를 범하여 공소가 제기되거나 통고처분을 받은 경우
4. 사업 수행 실적이 1년 이상 없는 경우
5. 부정한 방법으로 사업을 등록한 경우
6. 사업정지명령을 위반하여 그 정지기간에 사업을 계속한 경우

70 교육훈련기관은 해양수산부장관의 설립인가를 받아 그 주된 사무소의 소재지에서 설립등기를 함으로써 성립한다(항만운송사업법 제27조의4 제3항).
① 항만운송사업법 제27조의4 제2항
③ 항만운송사업법 제27조의4 제5항
④ 항만운송사업법 시행령 제20조
⑤ 항만운송사업법 제27조의4 제6항

71 "유통표준코드"란 상품・상품포장・포장용기 또는 운반용기의 표면에 표준화된 체계에 따라 표기된 숫자와 바코드 등으로서 산업통상자원부령으로 정하는 것을 말한다(유통산업발전법 제2조 제10호).

72 국가의 안전보장에 위해가 없고 타인의 비밀을 침해할 우려가 없는 정보라야 한다(유통산업발전법 제22조 제2항).
① 유통산업발전법 제22조 제1항
② 유통산업발전법 제22조 제2항
④ 유통산업발전법 제22조 제3항
⑤ 유통산업발전법 제21조 제2항

73 공동집배송센터사업자는 산업통상자원부령으로 정하는 시설기준 및 운영기준에 따라 공동집배송센터를 설치하고 운영하여야 한다(유통산업발전법 제29조 제7항).
① 유통산업발전법 제29조 제1항
③ 유통산업발전법 제29조 제3항
④ 유통산업발전법 제29조 제4항
⑤ 유통산업발전법 제29조 제6항

74 보고(유통산업발전법 제45조 제2항)
산업통상자원부장관, 중소벤처기업부장관 또는 지방자치단체의 장은 자금 등의 지원을 위하여 특히 필요하다고 인정하는 경우에는 다음에 해당하는 자에 대하여 사업실적 등 산업통상자원부령으로 정하는 사항을 보고하게 할 수 있다.
• 중소유통공동도매물류센터운영자 또는 공동집배송센터 사업시행자
• 유통사업자단체
• 유통연수기관
  – 대한상공회의소
  – 한국생산성본부
  – 유통인력 양성을 위한 대통령령으로 정하는 시설·인력 및 연수실적의 기준에 적합한 법인으로서 산업통상자원부장관이 지정하는 기관

75 유통산업발전법 시행규칙 제4조의3 제5항 참조
유통업상생발전협의회는 대형유통기업과 지역중소유통기업의 균형발전을 촉진하기 위하여 다음의 사항에 대해 특별자치시장·시장·군수·구청장에게 의견을 제시할 수 있다.
1. 대형유통기업과 지역중소유통기업 간의 상생협력촉진을 위한 지역별 시책의 수립에 관한 사항
2. 상권영향평가서 및 지역협력계획서 검토에 관한 사항
3. 대규모점포 등에 대한 영업시간의 제한 등에 관한 사항
4. 전통상업보존구역의 지정 등에 관한 사항
5. 그 밖에 대·중소유통기업 간의 상생협력촉진, 공동조사연구, 지역유통산업발전, 전통시장 또는 전통상점가 보존을 위한 협력 및 지원에 관한 사항

76 철도사업자는 여객에 대한 운임·요금을 국토교통부장관에게 신고하여야 한다. 이를 변경하려는 경우에도 같다(철도사업법 제9조 제1항).
②·③ 철도사업법 제9조 제2항
④ 철도사업법 제9조 제5항
⑤ 철도사업법 제9조 제4항

77 국토교통부장관이 주체가 된다. 즉 국토교통부장관은 공정거래위원회와 협의하여 철도사업자간 경쟁을 제한하지 아니하는 범위에서 철도서비스의 질적 향상을 촉진하기 위하여 우수 철도서비스에 대한 인증을 할 수 있다(철도사업법 제28조 제1항).

78 전용철도의 운영을 양도·양수하려는 자는 국토교통부령으로 정하는 바에 따라 국토교통부장관에게 신고하여야 한다(철도사업법 제36조 제1항).

79 농림축산식품부장관이 정하는 채소류 등 저장성이 없는 농산물의 포전매매(생산자가 수확하기 이전의 경작상태에서 면적단위 또는 수량단위로 매매하는 것을 말한다)의 계약은 서면에 의한 방식으로 하여야 한다(농수산물유통 및 가격안정에 관한 법률 제53조 제1항).
① 농수산물 유통 및 가격안정에 관한 법률 제53조 제1항
③ 농수산물 유통 및 가격안정에 관한 법률 제53조 제2항
④ 농수산물 유통 및 가격안정에 관한 법률 제53조 제3항
⑤ 농수산물 유통 및 가격안정에 관한 법률 제53조 제4항

80 국가나 지방자치단체는 종합유통센터를 설치하여 생산자단체 또는 전문유통업체에 그 운영을 위탁할 수 있다(농수산물유통 및 가격안정에 관한 법률 제69조 제1항).
② 농수산물 유통 및 가격안정에 관한 법률 제69조 제2항
③ 농수산물 유통 및 가격안정에 관한 법률 제69조 제3항
④ 농수산물 유통 및 가격안정에 관한 법률 제69조 제4항
⑤ 농수산물 유통 및 가격안정에 관한 법률 제69조 제5항

물류관리론

01	02	03	04	05	06	07	08	09	10
①	④	②	③	④	②	④	②	①	②
11	12	13	14	15	16	17	18	19	20
②	⑤	⑤	⑤	④	④	③	④	②	④
21	22	23	24	25	26	27	28	29	30
④	①	⑤	①	④	③	④	①	⑤	①
31	32	33	34	35	36	37	38	39	40
⑤	⑤	④	④	②	④	⑤	⑤	①	①

01 3자물류 활용을 위한 물류아웃소싱
- 기업의 비전문적인 물류업무를 외부의 전문 업체에게 아웃소싱하고 내부적인 역량을 핵심부문에 집중할 수 있다.
- 단점 : 통제의 상실, 물류업체 서비스 품질의 불확실성, 실제 비용의 측정 곤란, 기존의 사내 물류 인력의 실업, 정보의 유출, 물류업체 전문지식에 대한 평가 곤란, 협조관계의 추진에 따른 문제, 고객 불만에 대한 신속한 대처의 곤란, 사내에 전문지식 축적의 어려움
- 물류아웃소싱의 성공전략
  - 지출되는 물류비용을 정확히 파악하여 아웃소싱 시 비용절감효과를 측정
  - 아웃소싱 목적이 기업 전체의 전략과 일치
  - 적절한 인력관리로 사기저하 방지
  - 최고경영자의 관심과 지원 필요
  - 아웃소싱의 목표는 현재와 미래의 고객만족에 목표를 둠
- 물류전략을 기업의 전략과 일치시키기 위해 기업의 장단기 목표와 전략을 파악해야 한다.

02 창고입지 결정, 수송수단 선택 등은 장기계획에 포함된다.

03 회사의 목표를 달성하기 위해 회사의 인적 자원을 할당하는 공식적 혹은 비공식적 조직이다.

04 물류활동의 영역
- 판매물류 : 제품의 판매가 확정된 후 제품을 출고하여 소비자에게 전달하는 일체의 물류활동
- 조달물류 : 물류의 시발점으로서 원자재, 부품등을 외부 조달처에서 구매처인 생산업체 자재창고에 보관, 관리 후 생산에 투입되기 전까지의 모든 물류활동
- 생산물류 : 자재창고로부터 출고, 생산라인으로 운반, 하역 및 제품창고의 입고에 이르기까지의 물류활동
- 회수물류 : 상품의 생산에서 소비로 향하는 통상의 흐름과 반대의 흐름으로 이루어지는 물류활동
- 반품물류 : 판매된 제품이나 상품자체에 문제점(상품자체의 파손이나 이상)이 발생하여 상품의 교환이나 반품을 하는 물류활동
- 폐기물류 : 제품 및 포장용 또는 수송용 용기, 자재 등을 폐기하는 물류활동

05 통합물류관리는 물류문제에 대해 부문별 개별대처방식에서 장기적이고 전략적인 목표하에 부서를 통합적으로 관리한다.

06 성장기 단계에서는 제품의 판매량이 현저히 증가하고, 물류센터의 수와 재고수준을 정하는데 필요한 정보가 부족하여 물류계획을 수립하는데 어려움이 있다. 따라서 성장기에는 규모의 경제를 파악하여 비용과 서비스 간의 상충관계를 적극 고려하는 전략이 필요하다.

07 RFID는 자동인식 기술의 하나로써 데이터 입력 장치로 개발된 무선(RF : Radio Frequency)으로 인식하는 기술이다. 따라서 직접 접촉을 하지 않아도 자료를 인식할 수 있으며 인식방향에 관계없이 ID 및 정보 인식이 가능하다.

08 GPS 시스템은 GPS 수신기를 반드시 부착해야만 수송수단의 위치를 파악할 수 있다.

09 물류원가계산방식

기준 항목	일반기준 (관리회계방식)	간이기준 (재무회계방식)
기본적 관점	물류목표를 효과적으로 달성하기 위한 활동에 관여하는 인력, 자금, 시설 등의 계획 및 통제에 유용한 회계정보의 작성이 목적(기능별, 관리항목별의 업적평가나 계획수립이 가능)	기업활동의 손익상태(손익계산서)와 재무상태(대차대조표)를 중심으로 회계제도의 범주에서 물류활동에 소비된 비용항목을 대상으로 1회계기간의 물류비 총액 추정
계산 방식	물류활동의 관리 및 의사결정에 필요한 회계정보를 입수하기 위해 영역별, 기능별, 관리항목별로 구분하여 발생 비용을 집계	재무회계의 발생형태별 비용항목 중에 물류활동에 소비된 비용을 항목별로 배부기준을 근거로 해당 회계기간의 물류비로 추산
장 점	영역별, 기능별, 관리항목별 물류비계산을 필요한 시기, 장소에 따라 실시 가능하며, 물류활동의 개선안이 개선항목을 보다 명확하게 파악가능	개략적인 물류비 총액계산에 있어서 별도의 물류비 분류, 계산절차 등이 필요하지 않고, 전담조직이나 전문지식이 부족해도 계산 가능
단 점	상세한 물류비의 분류 및 계산을 위한 복잡한 사무절차 작업량이 많기 때문에 정보시스템 구축이 전제	상세한 물류비의 파악이 곤란하기 때문에 구체적인 업무평가나 개선목표의 수립이 곤란하며, 물류비 절감효과 측정에 한계

10 연료사용량(L)
= 총 주행거리 ÷ 평균연비
= 30,000km ÷ 5km/L = 6,000L
이산화탄소배출량(kg)
= 연료사용량(L) × 이산화탄소배출계수(kg-CO₂/L)
= 6,000L × 0.002kg - CO₂/L = 12kg

11 자사화물 중심의 수·배송물류(1자물류 또는 2자물류)는 3자물류 또는 4자물류로 발전하고 있다.

12 라인 & 스탭형 조직에 대한 내용이다.

13 수직적 유통경로시스템은 중앙 집중화된 파워로 인해 환경변화에 대한 대응이 신속하지 못하다는 단점을 가지고 있다.

14 정보의 흐름과 상품의 흐름에 동시성이 요구된다.

15 포장부문의 합리화 방안
• 기계화 및 자동화를 적극추진
• 생산성과 안정성 제고
• 표준화 완성으로 규격의 단순화 추진
• 과잉포장 배제
• 포장재의 근대화를 적극 추진
• 포장재의 재사용 추진
※ 포장합리화의 원칙
• 대량화·대형화의 원칙
• 집중화·집약화의 원칙
• 규격화·표준화의 원칙
• 재질변경의 원칙
• 사양변경의 원칙
• 시스템화·단위화의 원칙

16 라인과 스탭형 조직은 직능형 조직의 결점을 보완하기 위해 등장한 형태이다.

17 물류식별코드(1자리) 외에 국가식별코드 3자리, 제조업체코드 4자리, 상품품목코드 5자리, 체크디지트 1자리 등으로 구성된다.

18 수직적 유통경로(Vertical Marketing System)는 생산에서 소비에 이르기까지의 유통과정을 체계적으로 통합하고 조정하여 하나의 통합된 체제를 유지하는 것을 의미한다. 이는 중앙통제적 조직구조를 가지며 유통경로가 전문적으로 관리되고 규모의 경제를 실행할 수 있으며, 경로구성원 간의 조정을 기할 수 있는 시스템이다.

19 물류정보시스템의 도입효과
• 적정재고량에 따라 창고와 배송센터 등의 물류센터와 물류시설의 효율적 이용 가능
• 판매와 재고정보가 신속하게 집약되므로 생산과 판매에 대한 조정이 가능
• 재고부족이나 과다재고보유가 배제되므로 재고비 절감
• 배송관리에 컴퓨터를 적용하므로 효율적인 출하배송이 가능하게 되어 배송비 절감
• 수작업의 재고보고와 장부기록이 필요 없어 사무 처리의 합리화 가능

20 공업포장은 순수한 물류분야에 속한다. 내용상품의 보호는 물론 취급의 편리성에 대한 기능이 요구된다. 특히 공업포장에서는 상품의 수송, 보관, 출하 등에서 물리적 요인, 화학적 요인에 의해 물품이 변질되는 것을 방지해야 하는 문제가 상업포장보다 크게 발생되고 있다. 또한, 상업포장은 상품가치의 고양을 위한 판매촉진을 최우선으로 한다.

21 물류비의 분류체계

영역별	기능별
조달물류비 사내물류비 판매물류비 리버스물류비 (반품, 회수, 폐기)	운송비 보관비 포장비 하역비 (유통가공비 포함) 물류정보·관리비

지급형태별	세목별	조업도별
자가물류비 위탁물류비 (2PL, 3PL)	재료비 노무비 경 비 이 자	고정물류비 변동물류비

22 일반경쟁방식은 구매자가 공급자와 계약을 하기에 앞서 미리 일반인에게 구매 계획을 널리 알려 모든 공급 희망자들로 하여금 계약에 참가할 수 있도록 하여, 그 중 가장 유리한 조건을 제시한 공급 희망자를 선정하여 계약을 성립시키고자 하는 계약방식이다. 일반경쟁계약의 목적은 공급경쟁에의 참가자를 널리 일반에 구하고 기회균등을 확보하는 것은 물론, 차별과 공모결탁을 배제하려는 데 있다.
- 지명제한경쟁방식 : 물자를 구매함에 있어서 지명된 몇몇 특정인들로 하여금 경쟁 입찰케 하는 계약방식이다.
- 수의계약방식 : 경쟁에 붙이지 않고 계약내용을 이행할 자격을 가진 특정인과 계약을 체결하는 방식을 말한다. 따라서 수의계약은 특정한 업자와의 계약이 가장 유리하다고 판단될 때 적용되는 계약이므로 신용이 확실한 거래처의 선정이 가능하지만 공정성이 결여될 수 있다.

※ **지명제한경쟁방식의 장·단점**

장 점	• 경비가 절약되고 절차가 간편하다. • 책임소재를 명확히 밝힐 수 있다. • 계약이행의 확실성이 보장된다. • 질문 등에 대한 해답이 간단히 처리된다. • 경제성 확보가 어느 정도 가능하다.
단 점	• 계약에 있어 독단력 분위기를 조성한다. • 일반경쟁계약보다도 경제성 확보가 곤란하다. • 업자 간의 업무내용이 동일함으로써 업자 간에 담합할 기회가 많다.

23 물류비 비중의 증대가 아니라 '물류비 비중의 축소'가 맞다.

24 ②·③·④·⑤는 모두 화주의 입장에서의 경제적 효과이다.

25 개별기업적 관점에서의 물류의 역할이다.

26 낱포장
물건 개개의 포장을 말하며 물품의 상품가치를 높이거나 물품을 보호하기 위하여 적합한 재료 및 용기 등으로 물품을 포장하는 방법 및 포장한 상태

27 서류의 이동, 금전의 이동, 정보의 이동은 상적 유통의 예이다.

28 초기 공급사슬은 재고 감축을 통한 비용절감이 목표였으나, 최근에는 유연성 및 고객지향을 추구하는 전략으로 변경하고 있다. 따라서 고객의 개별적 요구에 대응하기 위해 기획·생산·판매·배송 등의 모든 기업활동의 과정에서 고객의 주문에 유연(flexibility)하고 신속(speed)하게 대응할 수 있는 시스템이 마련되어야 한다. 공급사슬의 유연성이나 신속성을 달성하는 방법은 다음과 같다.
- 모듈(module) 개념 도입
- 직접 주문 방식 도입(중간유통단계 생략)
- 전략적 지연
- JIT(Just In Time) 구매와 협력적 파트너십 구축
- 주문에 따른 실시간 생산 능력 확보
- 기계, 설비의 교체시간 단축
- 부품 및 작업자의 작업 준비시간 단축
- 수요의 조절능력 확보
- 전자결제 방식의 도입

29 가치사슬(Value Chain)을 지배하는 법칙
1975년 올리버 윌리엄슨(Oliver Williamson) 교수에 의하여 처음 제시된 거래비용 이론(Transaction Cost Theory)으로, 조직은 계속적으로 거래 비용이 적게 드는 쪽으로 변화한다는 이론이다.

30 정액법
1년 감가상각비 = (취득원가 − 잔존가치) / 내용연수
- 건물의 1년 감가상각비 = (320 − 20) / 40 = 7.5백만원/년
- 기계장치의 1년 감가상각비 = (110 − 10) / 10 = 10백만원/년
∴ 감가상각비 = 7.5백만원 + 10백만원
= 17.5백만원/년

31 물류합리화는 주로 양적 물류에서 질적 물류로의 전환을 의미한다.

32 마케팅 전략의 기본요소는 4P, 즉 '제품, 가격, 장소(유통), 촉진'이다.

33 ⊙ : 3주차의 95개의 재고량에서 수요예측량 50개를 처리하면 45개가 남는다. 여기에 1주차에 발주한 70개가 리드 타임이 3주이기 때문에 4주차에 들어오므로 수요예측량을 처리하고 남은 45개에 들어오는 70개를 더하면 115개가 된다. 즉, 1주차에 발주한 70개가 리드 타임 3주를 거쳐 4주차에 입고된다.

ⓛ : ⊙이 115개이므로, 이에 5주차의 수요 예측량 40개를 처리하면 115 − 40 = 75개

ⓒ : ⓛ이 75개이므로, 이에 6주차의 수요 예측량 50개를 처리하면 75 − 50 = 25개이다. 여기에 3주차에 발주한 70개가 리드 타임 3주를 거쳐 6주차에 들어오므로 25개에 70개를 더하면 95개가 된다.

34 물류시스템과 관련된 비용과 고객서비스는 상충(Trade-off) 관계에 있다.

35 소스마킹(Source Marking)은 제조업체 및 수출업자가 상품의 생산 및 포장단계에서 바코드를 포장지나 용기에 일괄적으로 인쇄하는 것을 말한다. 소스마킹은 주로 가공식품·잡화 등을 대상으로 실시하며, 인스토어마킹과는 달리 전세계적으로 사용되기 때문에 인쇄되는 바코드의 체계 및 형태도 국제적인 규격에 근거한 13자리의 숫자로 구성된 바코드로 인쇄해야 한다.

36 재고관리의 물류상의 기능으로는 ⓛ·ⓒ·ⓔ·ⓜ 이외에 생산의 계획·평준화 기능이 있다.

37 CMI(Co-Managed Inventory ; 공동재고관리)에 대한 설명이다.

38 컨테이너보안장치(CSD)는 2.4GHz 주파수 대역의 RFID 기술을 활용한 첨단 침입탐지 시스템이다. 도난·파손·복제를 방지하는 내부장착형으로 탈·부착 시에도 별도 도구가 필요 없는 편리성을 갖췄으며, 별도의 주파수 허가가 필요 없는 것이 장점이다. 또한, 온도, 빛, 습도, 충격, 방사능 검색, 폭발물 탐지, 약물 탐지 등 별도의 부가기능을 추가할 수 있다.

① · ③ 차량이나 선박 추적에 활용되는 물류정보기술이나 RFID 기술은 컨테이너보안에 적용 할 수 있다.

② 컨테이너 보안장치는 컨테이너 침입 여부를 확인하고 컨테이너 문의 개폐 상태 감지 및 컨테이너 이동상황에 대한 정보를 제공한다.

④ 전자봉인(e-seal)이 갖추어야 할 기본 요구조건은 읽기전용이며, 일회용이어야 한다.

39 ECR의 주요 전략요소
• 효율적인 매장 진열 관리
• 효율적인 재고 보충
• 효율적인 판매 촉진
• 효율적인 신제품 도입 및 소개

40 고가의 상품으로 가격이 변하지 않을 경우 고객의 수요도 비탄력적이어서 공급사슬의 수익관리전략으로 부적합하다.

화물운송론

41	42	43	44	45	46	47	48	49	50
④	②	⑤	⑤	⑤	②	①	③	⑤	②
51	52	53	54	55	56	57	58	59	60
③	④	①	④	②	⑤	②	③	③	③
61	62	63	64	65	66	67	68	69	70
①	⑤	②	④	⑤	④	⑤	⑤	②	①
71	72	73	74	75	76	77	78	79	80
②	②	④	①	⑤	②	⑤	③	③	⑤

41 플랫화차(Flat Car)는 철도화차의 상단이 평면을 이루고 있는 화차로 기계류, 건설장비 등과 같은 대(大)중량 및 대(大)용적화물, 장척화물 등을 운반하기에 적합하도록 설계된 화차를 말한다.

42 공차율을 최소화해야 물류비를 절감하고 운송의 효율성을 향상시킬 수 있다.

43 재화중량톤수는 선박이 적재할 수 있는 화물의 최대중량을 의미하며, 선박의 매매, 용선료 등의 기준이 되는 선박의 톤수를 말한다.

44 해분(Basin)은 조수간만이 심한 곳에 설치한다.

45 화물자동차운송은 근거리·소량운송의 경우 유리하며, 대량화물운송에 부적합하다.

46 루트(Route)배송은 광범위한 지역에 소량화물을 요구하는 고객을 대상으로 할 때 유리하다.

47 랜드브리지(Land Bridge) 방식은 정기항로에 대항하며, 운송수단의 단축(재고량의 감소), 운송비의 절감(전투자 자본효율의 상승) 등을 통하여 거리, 시간, 비용을 절약하는 시스템이다. 대륙횡단의 육상운송을 이용하여 바다와 바다를 연결하는 운송시스템이다.

48 항공운항 스케줄 관리는 항공화물운송사의 업무이다.

※ **항공화물운송대리점의 업무**
- 수출입항공화물의 유치 및 계약체결
- 운송을 위한 준비 : 항공화물 운송장 작성, 운송서류준비, 포장, 포장별 확인작업, 포장별 레이블(labelling) 작업
- 수출입통관절차 대행
- 내륙운송주선
- 기타 항공화물 부보업무

49
- TOFC방식 : 화차 위에 컨테이너와 고속도로용 트레일러를 동시에 적재하는 방식이다(ㄱ, ㄷ).
- COFC방식 : 화차에 컨테이너만을 적재하는 방식으로 컨테이너를 트레일러로부터 분리하여 직접 플랫카에 적재하는 방식이다(ㄴ, ㄹ).

50 상품 규격과 파렛트 규격의 불일치가 존재할 수 있다.

※ **파렛트 풀 시스템의 도입 시 장애**
- 유통의 패쇄성과 공공성의 결여
- 유통의 다단계와 물류시설의 미비
- 상품규격과 파렛트 규격의 불일치
- 물류기술의 다양화

51 ㄱ - b. 항해용선계약(Voyage Charter) : 한 항구에서 다른 항구까지 화물의 운송을 의뢰하는 화주와 선박회사 간의 용선계약을 말한다.
ㄴ - a. 선복용선계약(Lump Sum Charter) : 한 선박의 선복(ship's space) 전부를 한 번 선적(one shipment)으로 간주하여 운임액을 정하는 용선계약을 말한다. 선복용선계약에서는 운임을 적재수량과 관계없이 한 항해당 운임총액 얼마라고 포괄적으로 약정한다.
ㄷ - c. 일대용선계약(Daily Charter) : 계약지정 선적항에서 본선에 화물을 적재한 일부터 기산하여 계약지정 양륙항까지 운송하고 화물을 인도완료 할 때까지의 일시 사이에 1일(24시간)당 얼마로 용선요율을 정해서, 선복을 일대하는 계약을 말한다.
ㄹ - e. 정기용선계약(Time Charter) : 선주는 선원을 승무시키고 항해 장비를 갖추는 등 감항능력을 갖춘 선박을 용선자에게 일정기간 동안 항해에 사용할 것을 약정하고, 용선자는 이에 대하여 기간으로 정한 용선료를 지급할 것을 약정하는 계약을 말한다.

ㅁ - d. 나용선계약(Bare Boat Charter) : 선박임대차계약의 일종으로, 선주가 선박 자체만을 일정기간 용선자에게 대여하고 임차인인 용선자가 선장 이하 전 선원의 임면·지휘·감독을 담당함으로써 선박을 점유하는 계약을 말한다.

52 캥거루방식은 비교적 취급화물단위가 작은 유럽에서 많이 사용되고 있다.

53 IATA 3개의 운송회의지역
- 제1운송회의지역 : 남북아메리카 대륙으로 구성
- 제2운송회의지역 : 유럽, 중동, 아프리카로 각각 구성
- 제3운송회의지역 : 동남아시아, 오세아니아 지역으로 각각 구성

54 파렛트화는 공파렛트의 회수, 보관, 정리 등 관리가 복잡하다.

55 제3자에게 양도된 경우 용선계약서의 내용보다 선하증권의 내용이 우선한다.

56 단위탑재용기운임(BUC)은 용기의 형태별로 설정된 최저요금(Pivot Charge)과 최저중량(Pivot Weight)을 초과하는 경우 그 초과된 중량(kg)에 부과되는 최저중량 초과요율(Over Pivot Rate)을 곱한 금액으로 산출한다.

※ **항공운송의 일반화물요율(GCR ; General Commodity Rate)**
- 최저운임 : 한 건의 화물운송에 적용할 수 있는 가장 적은 운임
- 기본요율 : 모든 화물의 요금에 기준이 되는 요율
- 중량단계별 할인 요율 : 무게에 따라 다른 요율이 적용되는 요율

57 공동화는 특성면에서 공통성을 가져야만 쉽게 달성될 수 있다.

58 ㉠ 몬트리올협약상 제소기한은 2년이며, 중재에 의한 분쟁해결을 허용하고 있다.
㉣ House Air Waybill은 항공운송인이 아니라 항공화물대리점에서 발행하는 증서이다.

59 기명식 선하증권은 화물에 대한 권리가 기재된 수화인에게 귀속되기 때문에 화물의 전매나 유통에 제한을 받는다. 반면에 지시식 선하증권은 수화인의 성명이 명시되어 있지 않기 때문에 화물의 전매나 유통이 자유롭다.

60 순응정률방법에 대한 설명이다.

61 철도운송은 화차의 소재 관리가 어렵고, 적합차량을 적절한 시기에 배차하기 힘들다.

62 Freight Collect(후불운임)는 FOB 조건의 경우 수입업자가 화물의 도착지에서 운임을 지급하는 경우이다.

63 1. c→d 노드간 용량이 7일 때 S → F의 최대 유량
- S → a → b : 3이고
- S → c → b : 3이므로
- S → a → b → F : 6이 되고
- S → c → d → F : 4가 된다.
∴ S → F의 최대 유량 : 6 + 4 = 10

2. c→d 노드간 용량이 2로 감소할 때 S → F의 최대 유량
- S → a → b : 3이고
- S → c → b : 3이므로
- S → a → b → F : 6이 되고
- S → c → d → F : 2가 된다.
∴ S → F의 최대 유량 : 6 + 2 = 8
∴ S에서 F까지의 최대 유량의 감소분 = 10 − 8 = 2

64 다이어그램 배송방법은 시간 기준 및 운송경로 기준으로 하며, 비교적 배송범위가 협소하고 배송빈도가 높은 경우에 적용한다.

65 플랫 랙 컨테이너(Flat Rack)는 윗·옆면이 없고 바닥과 기둥만 있는 컨테이너로 높이 및 부피가 큰 비규격화 화물을 선적하여 왔으나, 선박마다 선적할 수 있는 공간(홀드 내 상단 및 갑판 일부)이 제한되어 있고, 선적 및 하역과 컨테이너 위에 추가 선적을 할 수 없는 단점이 있다.

66 대형 화주기업들을 중심으로 자가 수송체계 구축을 유도하는 것보다 제3자 물류업체에 의한 아웃소싱 체계로 전환하는 것이 바람직하다.

67 라우팅은 각 망에서, 즉, 각 메시지(정보의 전달에 사용되는 유한 길이의 문자, 숫자 또는 기호의 조합으로 통신선을 거쳐 보내지는 시작과 끝이 명확하게 규정된 데이터)에서 목적지까지 갈 수 있는 여러 경로 중 한 가지 경로를 설정해 주는 과정이다. 시스템의 라우팅 테이블은 다양한 도구로 구축할 수 있다. 초기에 대부분의 시스템은 자신의 네트워크 인터페이스와 자신이 연결되어 있는 네트워크를 나타내는 기본적인 라우팅 테이블을 구축한다. 이러한 기본적인 라우팅 테이블은 특정 네트워크와 호스트를 위한 중계 장비 또는 로컬이 아닌 모든 네트워크를 위한 '기본 경로'를 나타내는 엔트리를 수동으로 입력하여 보충될 수 있다. 또한 변경이 잦은 네트워크에서는 호스트의 라우팅 테이블을 자동으로 갱신하기 위해 라우팅 프로토콜을 사용할 수 있다.

68 1회 운송단위가 클수록 단위당 운송비용은 낮아진다.

69 피기백(Piggy-Back System) 방식(철도 + 도로수송)에 대한 설명이다.

70 덤프트럭(Dump Truck = Tipper = Dumper)은 화물대를 기울여 적재물을 중력으로 쉽게 미끄러지게 내리는 구조의 특별 장비차로 리어 덤프, 사이드 덤프 등이 있다.

71 컨테이너는 화물의 단위화(Unitization)를 목적으로 하는 운송도구로서 육·해·공을 통한 화물운송에 있어 경제성, 신속성, 안정성의 이점을 갖고 물류부문의 운송, 보관, 포장, 하역 등의 전 과정을 가장 합리적으로 일관운송할 수 있다.

72 밀크 런은 구입처를 돌면서 부품을 모으는 방식으로 필요할 때 필요한 양만큼 가져올 수 있기 때문에 재고와 트럭 대수를 줄일 수 있다.

73 세이빙(Saving) 기법

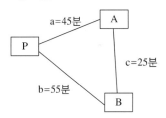

2(a+b) − (a+b+c) = a+b−c = 45분 + 55분 − 25분 = 75분(= 1시간 15분)

74 전세계 선대는 일반화물선, 겸용선 등과 같은 다목적 선박은 비중이 감소하고, 가스 운반선, 컨테이너선과 같은 전용선이 증가하고 있다.

※ 공선항해(Ballast Voyage)
항해용선의 경우 목적화물을 선적하기 위해 공선상태로 항해하는 것을 의미한다.

75 NVOCC는 외항선사와 마찬가지로 미국연방해사위원회(FMC)의 감독을 받는다.

76 COFC 방식은 컨테이너만을 화차에 싣는 방식으로 대량의 컨테이너를 신속히 취급하여 컨테이너 운송에 있어서 TOFC 방식보다 보편화되었다.

77 용적중량 = (80 × 70 × 60) ÷ 6000 = 56kg 이므로
56kg × 13US$/kg = US $728

78 신속한 운송으로 재고비용을 절감할 수 있다.

79 복합운송인은 반드시 운송 자체를 담당하는 실제운송인이
어야 하는 것은 아니며, 오히려 운송주선업자와 같이 운송
에서 화물 및 운송수단에 대한 수배자인 성격을 가진다.

80 ㄱ. 지하철을 이용하여 사람이 직접 소량 화물을 운송할
수 있다.
ㄴ. 현금, 귀금속 등의 특수화물의 인수를 거절할 수 있으
나 배송시 벌금형 규정은 없다.
ㄷ. 집배센터는 화물을 대규모로 집하해야 하는 조직이
아니며, 비교적 좁은 구역(구, 군 또는 그 이하의 구
역)의 집배 영업을 담당하는 조직이며, 전문적인 보관
및 분류 시설 없이 운영된다.

국제물류론

81	82	83	84	85	86	87	88	89	90
①	③	②	①	②	⑤	①	②	①	②
91	92	93	94	95	96	97	98	99	100
⑤	④	②	④	①	④	①	④	④	⑤
101	102	103	104	105	106	107	108	109	110
④	①	③	④	③	⑤	②	③	②	⑤
111	112	113	114	115	116	117	118	119	120
⑤	⑤	③	①	③	①	⑤	⑤	①	③

81 해운항만산업은 컨테이너화에 따른 항만의 대형화, 종합
화물 유통 기지화 등을 통한 경쟁이 더욱 치열해지고 있는
한편 부두 운영업이 고부가가치 자본 집약 산업으로 변모
함에 따라 업체의 대형화, 나아가 다국적 기업화까지 추진
되고 있다. 또한 항만의 경쟁력 강화를 위한 물류정보 시
스템 구축, 항만의 민영화, 항만 근로자의 상용화 및 하역
의 기계화·자동화도 적극 추진되고 있는 실정이다. 뿐만
아니라 선박의 대형화와 고속화에 따라 컨테이너 모선은
Hub Port에만 선택적으로 기항하여 기간 항로를 단축시
킴으로써 원가 절감 및 수송기간 단축을 도모하고 있다.

82 해상화물운송장은 해상운송인이 운송품의 수취를 증명하
고 운송인수조건을 알기 위한 목적으로 송화인에 대해서
발행하는 서류이지만 선하증권과 달리 운송물품인도청구
권을 상징하는 유가증권이 아니기 때문에 양도성이 없다.

83 적재되지 않은 컨테이너선의 미사용 선복이나, 용선되지
못하고 계선 중인 부정기선의 선복은 선주로부터 보상받
을 수 있다.

84 ② 기간용선 계약에서 용선자는 재용선자에 대하여 감항
담보책임이 없다.
③ 나용선 계약에서 선주의 비용부담항목에는 감가상각비
와 보험료가 포함된다. 수선비는 용선자가 부담한다.
④ 나용선계약에서 선박임차인, 나용선자가 운송주체 및
감독, 항해지휘권을 갖는다.
⑤ 항해 용선 계약에서 용선자의 비용부담항목은 없으며,
비용부담이 가장 큰 계약형태는 나용선 계약이다.

85 2중 운임제는 계약운임제라고도 하며 2중의 요율체계로써
화주의 비동맹선 사용을 견제하기 위한 운임제도이다.

86 No. of Original B/L
Original B/L의 발행 통수를 기재하며, 통상 3통을 한 세
트로 발행하는데 그 숫자에는 제한이 없다.

87 항해용선계약은 일정한 항로에서 항구까지 화물의 운송을
의뢰하는 화주와 선주인 선박회사 간의 계약(부정기선)으
로, 원칙적으로 1회의 항해를 단위로 한다. 이 계약에서
선주는 화주에게 운임조건만을 수취하고 그 외의 항해비
용 일체를 부담한다.

88 복합운송증권상 송화인은 화주이며, 수화인은 상대국의
화물수령자이다.

89 무선박운송인(Non-Vessel Operating Common Carrier)
Non Vessel Operation(Owning) Common Carrier의 약
자로서 선박을 갖추지 않은 운송인을 말한다. 1963년 미
국의 연방해사위원회(FMC)가 처음으로 규정하고, 1984년
미국 신해운법에서 기존의 포워더형 복합운송인을 법적으
로 확립한 해상운송인이다. 직접 선박을 소유하지는 않으
나 화주에 대해 일반적인 운송인으로서 운송계약을 맺으
며, 선박회사를 하도급인으로 하여 이용운송업을 한다.

90 항공화물의 요율은 공항에서 공항까지의 운송구간만을 대
상으로 한다. 부수적으로 발생되는 이적, 통관, 집화, 인
도, 창고, 보관 혹은 그와 유사한 서비스에 대한 요금은 별
도로 계산한다.

91 글로벌 소싱은 기업구매활동의 범위를 범세계적으로 확대
하고, 외부 조달비용 절감을 시도하는 구매전략으로, 정보
통신기술이 발달되었다 하더라도 글로벌 구매 시 통관절
차 등의 과정이 추가되기 때문에 국내 구매와 동일한 절차
로 자재를 획득할 수 없다.

92 **국제복합운송의 기본요건**

운송책임의 단일성, 복합운송증권발행, 단일운임, 운송방식의 다양성, 위험부담의 분기점, 컨테이너 운송의 보편화

93 종이 선하증권의 특징이다.

※ **전자식 선하증권(Electronic B/L)**

전자식 선하증권은 운송사(선사, 포워더)로부터 선하증권을 전자적으로 수신하여 그 소유권은 전자등록부로 관리하고 문서보관소에 보관함으로써 전자적 방식에 의한 B/L의 양도, 운송물 인도청구/상환 및 전자매입(e-Nego) 등 B/L의 전자적 유통 기반을 제공한다.

94 "관세지급인도(DDP)"는 다음과 같은 때 매도인이 매수인에게 물품을 인도하는 것을 의미한다.

– 물품이 지정목적지에서 또는 지정목적지 내의 어떠한 지점이 합의된 경우에는 그러한 지점에서,
– 수입통관 후,
– 도착운송수단에 실어둔 채,
– 양하 준비된 상태로,
– 매수인의 처분 하에 놓인 때,

매도인은 물품을 지정목적지까지 또는 지정목적지 내의 합의된 지점까지 가져가는 데 수반되는 모든 위험을 부담한다.

95 **선하증권의 법정기재사항**

관련사항	기재사항	
선적화물	• 운송품명 • 용 적 • 화물의 기호	• 중 량 • 개 수
계약당사자	• 송화인	• 수화인
수출품 선적	• 선적항 • 선박명과 국적 • 운송비	• 양륙항 • 선장명
선하증권 발행	• 선하증권의 작성 통수 • 선하증권 작성지 및 작성년월일	

96 **국제물류의 일반적인 국제화 단계**

판매거점 구축 ⇒ 생산거점 구축 ⇒ 생산·판매 다국적화 ⇒ 경영의 글로벌화

97 **보관기능**

국제물류에서의 창고는 수출지에서 수입지까지 화물운송에 필요한 수출자의 창고 및 공장창고, 내륙거점, 트럭 및 기차터미널, 항구 및 공항 등지의 보관기능이 우선된다. 즉, 국내물류상의 창고는 화물을 집하하고 이를 조립, 포장, 분류하여 배송하는 유통창고로서의 기능을 수행한다. 국제물류 상에 창고는 보세구역이나 보세구역 이외의 지역에서 화물을 일시 보관하여 운송하는 기능이 주가 되는 것이다.

98 소송(Litigation)은 국가기관인 법원의 판정에 의하여 분쟁을 강제적으로 해결하는 방법이다. 소송은 사건의 내용에 따라 민사소송, 형사소송, 행정소송 등으로 분류할 수가 있으나 클레임의 대부분은 민사소송이다. 이것은 화해나 알선, 조정 또는 중재에 의하여 분쟁을 해결할 수 없는 경우에 최후의 수단으로써 국가공권력의 발동에 의한 물리적인 힘에 의해 해결하는 방법이다.

99 1958년 6월 뉴욕의 UN본부에서 「외국중재판정의 승인 및 집행에 관한 UN 협약」(United Nations Convention on the Recognition and Enforcement of Foreign Arbitral Awards)이 체결되었으며, 이를 일반적으로 '뉴욕협약'이라 부른다.

100 ① EXW 규칙은 매도인이 수출통관절차를 이행하지 않고, 수집용 차량에 적재하지 않은 상태로 매도인의 구내 또는 기타 지정된 장소(작업장, 공장, 창고 등)에서 물품을 매수인의 임의처분상태로 놓아두었을 때, 매도인이 인도하는 것이다.
② CIP 규칙은 매도인이 보험계약 체결 및 목적지까지 발생되는 모든 비용을 부담하는 것이다.
③ FCA 규칙에서는 매도인이 수출통관된 상품을 지정된 장소에서 매수인에 의하여 지정된 운송인에게 인도할 때 매도인의 위험과 비용의 분기점은 종료된다.
④ DPU 규칙은 목적국의 지정 목적지에서 물품이 운송수단에서 양하된 상태로 매수인의 처분 하에 물품을 놓아두거나 그렇게 인도된 물품을 조달한 때 위험이 매수인에게 이전되는 것이다.

101 **내륙컨테이너기지(ICD)**

컨테이너 화물을 운송하는 운송경로의 내륙접점에 위치하여, 컨테이너의 집배, 컨테이너 화물의 적부 및 컨테이너 화물의 인출기능을 지닌 터미널을 말한다. 내륙 터미널은 단시간 내에 가장 확실하게 가까운 컨테이너 처리항으로 운송계획을 수립할 수 있는 기능을 가지고 있기 때문에 이곳에서 통관, 컨테이너 화물의 집배, 인수, 인도, 컨테이너 회수, 일시보관, 점검, 수리 컨테이너의 출입 및 컨테이너 소화물 등 혼재화물의 중개작업 등이 이루어진다.

102 ② 중재는 단심제로서 항소·상고가 불가능하다.
③ 중재는 원칙적으로 비공개적으로 진행된다.
④ 중재는 법원의 확정판결과 효력이 같고, 외국에서도 그 집행이 보장된다.
⑤ 중재는 소송에 비해 분쟁해결에 비용이 적게 든다.

103 항공화물운송장과 선하증권의 차이점

항공화물운송장(AWB)	선하증권(B/L)
유가증권이 아닌 단순한 화물운송장	유가증권
비유통성	유통성
기명식	지시식(무기명식)
수취식 (창고에서 수취하고 발행)	선적식 (본선 선적후 발행)
송화인이 작성	선사가 작성

104 선적시 화물에 하자가 있을 경우 Foul B/L이 발급되는데, 은행은 Foul B/L을 수리하지 않기 때문에 화주는 이러한 하자로 인하여 생기는 화물의 손상에 대해서는 화주가 책임을 지며, 도착항에서 선박회사가 수화인으로부터 손해의 배상을 요구받아도 선박회사는 면책된다는 뜻을 기재한 보상장을 제시하여 Clean B/L의 교부를 받는 수가 있다. 즉, 화주(수출업자)가 실제로는 고장부 선하증권(Foul B/L)임에도 불구하고 무고장 선하증권(Clean B/L)으로 바꾸어 받을 경우, 선박회사에게 제시하는 보상장을 파손화물보상장(L/I ; Letter of Indemnity)이라고 한다.

105 Dead Freight(부적운임)는 부정기선 운임 종류 중 하나로 기존 계약 당시에 선적하기로 했던 화물량(톤수 기준)보다 실제 선적량이 적을 경우 용선자인 화주가 그 부족 분에 대해서도 모두 지불하는 운임을 말한다.

106 • ITI협약 : 관세협력위원회가 1971년 육·해·공을 포함하는 국제운송에 관련된 통관조약인 'Custom Convention on the International Transit of Goods'를 채택하였으며, TIR협약이 컨테이너 도로운송에만 적용되는데 비하여 이 협약은 육·해·공의 모든 수송수단까지를 포함한다.
   • CSC협약 : UN이 IMO(국제해사기구)와 협동으로 1972년에 채택한 '안전한 컨테이너를 위한 국제협약(International Convention for Safe Containers)'으로 CSC협약의 목적은 컨테이너의 취급, 적취 및 수송에 있어서 컨테이너의 구조상의 안전요건을 국제적으로 공통화하는 것이다.
   • TIR협약 : CCC협약이 컨테이너 자체의 수출입에 관한 관세법상의 특례를 설정한 협약인데 반하여, TIR통관협약은 컨테이너 속에 내장된 화물이 특정 국가를 통하여 도로운송차량으로 목적지까지 수송함에 따른 관세법상의 특례를 규정한 협약이다.
   • CCC협약 : 1956년 유럽경제위원회의 채택으로 생겨난 것으로 컨테이너 자체가 관세선, 즉 국경을 통과할 때 관세 및 통관방법 등을 협약해야 할 필요성으로 만들어진 협약이다.

107 Actual Carrier(실제 운송인)은 운송계약을 체결한 운송인의 의뢰에 의거하여 물품을 운송하거나 운송의 일부를 수행하는 사람을 의미한다.

108 선급의 보유는 법에 따라서 강제되는 것은 아니지만, 오랜 역사 속에서 세계적인 권위가 부여되었고 특히 해상보험에서는 선박의 보험자격을 인정하는 근거로 삼고 있다.

109 ② 보험금액은 환어음 표시통화로 지급될 수 있다고 표시되어야 한다.
   [해석]
   인보이스 금액의 110%에 해당하는 보험증권 또는 보험증명서 2부, 백지배서, 보험금은 환어음 표시통화로 지급될 수 있다고 표시되어야 하고 한국에서 보험금을 정산(지급)할 대리점도 지정하여야 한다. 보험은 협회적하약관(A/R)조건에 전쟁담보약관과 S.R.C.C. 담보약관을 포함해야한다.

110 몬트리올 규칙
   1955년 헤이그 의정서에 대하여 여객의 책임한도에 미국은 불만을 표시하고 탈퇴 후(1965년 11월 15일), 국제민간항공기구인 ICAO는 바르샤바조약과 개정조약에서의 여객에 대한 책임한도에 관한 특별회의를 가졌으며, 이에 따라 국제항공운송협회(IATA)는 미국정부와의 협의로 1966년 5월 04일 몬트리올에서 협정을 갖게 되었다.
   ① 1924년 헤이그 규칙이 채택된 이래 상당한 세월이 지남으로써, 그 사이에 국제 해상 물건의 운송은 눈부시게 발전하였고, 그와 동시에 헤이그 규칙은 국제 해상 물건 운송에 완전히 정착되었다. 그러나 다른 한편 컨테이너 운송의 출현, 인플레이션으로 인한 통화가치의 큰 변동 등으로, 헤이그 규칙의 일부는 시대의 요청에 부응하지 못하게 되었다. 이 같은 사정으로 1968년 2월 23일에 헤이그 규칙의 일부를 개정하는 규칙이 성립되었는데, 이를 헤이그-비스비 규칙이라고 한다.
   ② 선진 해운국 중심의 헤이그 규칙 내지 헤이그-비스비 규칙을 폐지하고 화주국인 개발도상국의 이익을 충분히 반영하려는 의도에서 UNCTAD(UN 무역개발회의)를 중심으로 하여 1978년 3월에 성립되어 1992년 11월 1일에 발효된 규칙이다.
   ③ 국제해상물건운송계약에 관한 UNCITRAL(United Nations Convention on Contracts for the International Carriage of Goods Wholly or Partly by Sea) 조약이다.
   ④ 1921년 국제법협회가 채택한 해상 물품운송상의 면책약관규칙이다.

111 오프쇼어링은 보다 싼 인건비나 저렴한 판매시장을 노리기 위해 해외로 생산기지를 옮기는 것이므로 생산의 오프쇼어링 증가는 해상물동량 증가세를 가속화시키는 원인이라 할 수 있다.

112 Running Laydays

정박이 하역기간의 개시로부터 하역이 끝날 때까지 소요된 모든 경과일수를 휴일이나 기후, 불가항력 등에 관계없이 정박기간으로 산입하는 방법을 말한다.

113 복합운송은 적어도 두 가지 이상의 서로 다른 운송수단에 의해 운송되는 것을 말하며, 컨테이너운송은 컨테이너라는 하나의 용기에 적재시켜 운송하는 방식으로 각각은 다른 개념을 내포하고 있다. 복합운송은 컨테이너를 이용하여 '문전인수로부터 문전인도까지(Door to Door)'의 일관운송을 가능하게 하였다.

114 스트래들캐리어는 컨테이너 야적장에서 컨테이너를 양각 사이에 끼우고 운반하는 차량으로서 기동성이 좋은 대형 하역기기이며 화물의 환적 장소에서만 사용되는 특수 차량이다.

115 몬트리올 협정

1996년 5월 16일에 체결한 미국 취항 항공회사 간의 협정이며 다음과 같은 내용을 운송약관에 포함시키도록 약정하고 있다.

• 여객에 대한 항공운송인의 책임한도액을 소송비용 포함 1인당 US $75,000 또는 소송비용 제외 1인당 US $58,000로 한다.
• 항공운송인은 바르샤바조약 제20조의 무과실항변권을 포함한다.
• 미국을 출발지 또는 도착지, 예정기항지로 하는 국제운송에서만 작용한다.

116 Pivot Charge는 항공화물운임체계로 해당 운송 구간의 각 용기형태별로 설정된 최저요금이다.

117 선박의 행방불명은 선박의 현실전손에 해당한다.

118 한 벌의 항공운송장은 원본 3통에 사본 6통으로 구성되어 있다. 사본 6통 중 1통은 항공회사의 화물인도증명서 및 운송계약이행의 증거서류로서 물품인도시 수화인이 서명하고 인도항공회사에 반환하는 것(황색)이며, 나머지 5통은 모두 백색으로 도착지 공항의 세관통관업무용, 도착지공항의 항공회사간 운임청산용, 발행대리점 보관용으로 이용된다.

119 제3자가 개입하기 때문에 무역업자로서는 그들 자신이 행하기보다 중개인을 이용하는 것이 더 많은 비용이 든다.

120 overcarried

항공화물 사고 중 지연의 한 원인으로 예정된 목적지 또는 경유지가 아닌 다른 곳으로 운송되거나 운송준비상태가 완료되지 않은 상태에서 잘못 운송된 화물이나 서류를 말한다.

2교시(80문항)

보관하역론

01	02	03	04	05	06	07	08	09	10
②	①	④	③	⑤	③	⑤	③	④	⑤
11	12	13	14	15	16	17	18	19	20
④	⑤	④	②	③	⑤	②	②	④	④
21	22	23	24	25	26	27	28	29	30
⑤	④	④	③	②	⑤	④	⑤	④	②
31	32	33	34	35	36	37	38	39	40
②	⑤	④	⑤	⑤	②	③	④	⑤	②

01 물품의 보관에 있어서는 프리로케이션(Free Location) 방식을 채택하여 보관능력을 향상시킨다.

※ 프리로케이션(Free Location)
보관품목과 보관장소를 대응하지 않고 보관품목을 그 특성에 따라 보관하는 방법

02 영업창고의 장·단점

장점	• 전문적 관리 운영이 가능하다. • 설비투자가 불필요하다. • 코스트를 명확히 알 수 있다. • 입지선정이 용이하다. • 재해가 발생할 경우 보험에 의한 보상이 확실하다. • 비수기에도 창고의 공간을 효율적으로 활용할 수 있다.
단점	• 충분한 고객서비스를 제공하기 어렵다. • 시설변경이 용이하지 않다. • 자사 특유의 설비기기를 사용하기 힘들다 • 시간에 대한 탄력성이 적다. • 토탈 시스템의 관점에서 취약점이 있다. • 임대이기 때문에 자기자산이 되지 않는다.

03
• 형상특성의 원칙 : 형상에 따라 보관방법을 변경하며 형상특성에 부응하여 보관하는 것
• 중량특성의 원칙 : 중량에 따라 보관장소나 높낮이를 결정해야 한다는 것

04 재화의 생산과 소비의 시간적 간격을 극복하는 역할을 한다.

05 분산구매는 본사 외의 여러 군데 사업장에서 개별 구매하는 방법으로, 긴급 수요가 발생할 때 신속히 대응할 수 있다.

06 ㄷ. 하역은 저장과 이동을 포함하는 물(物) 또는 생산품의 이동, 운반을 말하며, 제조공정 및 검사공정은 포함하지 않는다.
ㅁ. 광의의 하역에는 항만, 공항 및 철도터미널 등의 하역까지도 포함된다.

07 분산배치형에 비하여 창고가 대형화되어, 창고 내에서 작업시 운반거리가 길어진다.

08 A제품은 2개의 부품 X와 3개의 부품 Y로 조립되므로
부품 X의 총소요량은 30×2 = 60개
부품 Y의 총소요량은 30×3 = 90개
그런데 부품 X의 예정입고량이 10개 이므로,
X의 순 소요량 = 60 - 10 = 50개
마찬가지로,
Y의 순 소요량 = 90 - 15 - 5 = 70개

09 창고 레이아웃(Layout)의 기본원칙은 직진성의 원칙, 역행교차 회피의 원칙, 물품 취급횟수 감소의 원칙, 물품이동 간 고저간격의 축소 원칙, 모듈화의 원칙이다.

10 **보관물류의 기능**
• 보관은 고객서비스의 최전선이다. 보관 또는 재고는 항상 거래선과의 접점에 존재한다.
• 운송과 배송 사이의 윤활유이다.
• 생산과 판매와의 조정 또는 완충기능을 한다.
• 집산, 분류, 구분, 조합 및 검사의 장소이다.

11 WMS를 활용하면 서류/전표 작업, 직간접 인건비, 제품 피킹 시간, 제품 망실, 설비비용 등은 감소한다.

12 정성적 방법은 과거 시장자료가 존재하지 않거나 존재하더라도 이에 대한 수리적 모형화가 불가능한 상황에서, 일반 소비자의 선호도 혹은 전문가의 지식과 의견을 바탕으로 미래의 수요를 예측하는 기법이다.
ㄱ, ㄴ, ㅂ : 정량적 수요예측기법

13 EPQ모형은 수요량과 생산량이 일정한 확정적 모델이며, 수요량은 생산량보다 작다.

14 Two-Bin시스템은 가격이 저렴하고 사용빈도가 높으며, 조달기간이 짧은 자재에 대해 주로 적용된다. ABC 분석의 C급 품목에 대하여 효과적인 관리방법으로 인식되고 있는 재고관리기법이다.

15 이용자가 소재하는 가까운 데포(Depot)에서 공급되는 파렛트를 빌리는 방식은 리스-렌탈 방식 풀 시스템이다.

16 항공컨테이너와 해상컨테이너는 호환 탑재가 불가능하다.

17 채찍효과(Bullwhip Effect)는 공급 망에 있어서 소비자수요의 작은 변동이 제조업체에 전달될 때 확대되는 현상으로, 리드타임(Lead Time)이 길어지면 수요와 공급의 변동폭의 증감 정도가 확대된다.

18 ㄴ. 래싱작업(Lashing) : 운송기기에 실려진 화물을 움직이지 않도록 줄로 묶는 작업이다.
ㄹ. 배닝작업(Vanning) : 컨테이너에 물품을 실어 넣는 작업이다.

19 수요 변동폭이 넓으면 안전재고 수준을 높이고, 수요 변동폭이 좁으면 안전재고 수준을 낮게 책정한다.

20 • 탑 핸들러(Top Handler) : 카운터 밸런스형의 일종으로 컨테이너 모서리 쇠를 잡는 스프레더(Spreader)와 승강 마스트를 갖추고 주로 공컨테이너를 하역하는 데 사용하는 대형 지게차이다.
• 스트래들 캐리어(Straddle Carrier) : 컨테이너 터미널 내에서 컨테이너를 양각 사이에 두고 하역을 담당하는 운전기계로서 컨테이너를 상하로 들고 내릴 수 있다. 기동성이 아주 양호하여 사방으로 자유롭게 움직일 수 있으며, 컨테이너 야드 내에 쌓아놓은 Van을 자유롭게 이동시킬 수 있다.
• 컨테이너 크레인(Container Crane) : 안벽을 따라 설치된 레일 위를 주행하면서 컨테이너를 선박에 적재하거나 하역하는 데 사용되는 장비이다.
• 스태커 크레인(Staker Crane) : 랙에 화물을 입출고 시키는 크레인의 일종으로 밑에 주행레일이 있고 위에 가이드레일이 있는 통로 안에서 주행장치로 주행하며 승강장치와 포크장치를 이용하여 입출고작업을 한다.
• 트랜스퍼 크레인(Transfer Crane) : 컨테이너 야드에 설치되어 야드에 운반된 컨테이너를 적재 또는 반출하는 데 사용되는 장비이다.

21 그동안 T11(1,100×1,100mm)만을 일관수송용 파렛트로 지정하여 사용을 장려하여 왔으나, 급변하는 국내외 물류환경 변화에 유연하게 대처하는데 한계가 있어 T11 외에 T12(1,200×1,00mm)까지 확대하기로 하였다.

22 릴레이 방식

여러 사람의 피커가 제각기 자기가 분담하는 품종이나 단위공간의 작업범위를 정해 두고, 피킹전표 중에서 자기가 담당하는 종류만을 피킹하여 다음 피커에게 릴레이식으로 넘겨주는 방식

23 가스치환 포장은 식품의 산화가 우려되는 제품에서 산소의 사용비율을 최대한 낮추거나 배제하기 위해 질소, 탄산가스 등으로 치환시키는 포장기법이다.

24 재고회전율 = 총매출액/평균재고액

재고유지비용 = 120억원 × 0.02 = 2억4천만원

평균재고액 = 2억4천만원 × 10 = 24억

∴ 재고회전율 = 120/24 = 5

25 자가창고는 계절적 요소에 따라 탄력적으로 이용하는 것이 어렵다.

26 기계화 창고는 자동창고시스템에서 스태커크레인 및 제어시스템 등을 제외한 단순 기계장치에 의해 운영되는 창고로 전동 모바일 랙(Mobile Rack), 구동플로우 랙(Flow Rack) 등을 사용한다. 기계화 창고는 랙(Rack)시설을 하고 지게차 및 크레인 또는 컨베이어 등에 의해서 운영된다.

27 ㉠ Balanced Score Card(균형성과표)는 과거의 성과에 대한 재무적인 측정지표에 추가하여 미래성과를 창출하는 동안에 대한 측정지표인 고객, 공급자, 종업원, 프로세스 및 혁신에 대한 지표를 통하여 미래가치를 창출하도록 관리하는 경영관리시스템이다.

28 채산성(경제성)은 한 가지 대안보다는 복수의 대체안을 작성·비교하여 기기를 선정하여야 한다.

29 창고는 생산과 소비 사이의 시간적 불일치 해소, 물품의 수급 조절로 가격안정 도모, 물품의 집산·저장·분류·검품·포장 등의 기능을 한다. 수요예측 기능에는 관여하지 않는다.

30 ICD(Inland Container Depot)

공장단지와 수출지 항만과의 사이를 연결하여 화물의 유통을 신속·원활히 하기 위한 대규모 물류단지인 내륙통관기지로서의 ICD는 항만 내에서 이루어져야 할 본선작업과 마샬링기능을 제외한 장치보관기능, 집하분류기능, 수출 컨테이너화물에 대한 통관기능 등 전통적인 항만의 기능과 서비스 일부를 수행함으로써 신속한 화물유통을 가능하게 하고 있다.

31
$$EPQ = EOQ \times \sqrt{\frac{생산율}{생산율 - 수요율}}$$
$$= \sqrt{\frac{(2 \times 10,000 \times 50)}{(0.1 \times 500)}} \times \sqrt{\frac{30,000}{30,000 - 10,000}}$$
$$\fallingdotseq 173.95$$

32 재주문점 = 조달기간 동안의 평균수요 + 안전재고

조달기간 동안의 평균수요 = 평균수요 × 조달기간

= (10,000개 / 100일) × 6 = 600

∴ 재주문점 = 600 + 200 = 800

33
- 스플릿 적재(Split Pattern) : 벽돌적재의 일종이나 물품 사이에 공간을 두고 쌓는 방식이다. T-11형 파렛트의 표준규격은 1,100×1,100mm 이므로 제품 8개를 평면으로 적재할 수 있다.
  (250 × 500mm) × 8 = 1,000,000mm²
- 적재율 = (1,000 × 1,000mm) / (1,100 × 1,100mm)
  = 0.826 ≒ 83%

※ [참고]
- 핀홀(핀휠) 적재(Pinhole or Pinhwheel Pattern) : 중간에 둔 공간을 중심으로 풍차 모양으로 둘러쌓되 단간에는 교대로 방향을 바꾸어 겹쳐 쌓는 방식
- 블록 적재(Block Pattern) : 가장 단순한 쌓기 방식으로 아래에서 위까지 같아지게 쌓는 방식

34
$$EOQ = \sqrt{\frac{2 \times 1회 주문비용 \times 연간 수요량}{연간 단위당 재고유지비}}$$

증감 전 EOQ
$$= \sqrt{\frac{2 \times 100 \times 3,000}{50}} = \sqrt{12,000} = 109.5$$

증감 후 EOQ
$$= \sqrt{\frac{2 \times 100 \times (3,000 + 3,000 \times 1.7)}{50 - (50 \times 0.1)}}$$
$$= \sqrt{\frac{1,620,000}{45}} = \sqrt{36,000} = 189.7$$

189.7 - 109.5 = 80.2 만큼 EOQ가 증가하였으므로,

$$\frac{80.2}{109.5} \times 100 = 73.2 \fallingdotseq 73\% 증가하였다.$$

35
- 일일 필요한 도크 수 : 10,000박스 / 250박스 = 40대
- 출고 회전수 : 40대 /2회전 = 20대
- 출하 도크 길이 : 20대 × 3.0m = 60m

36 인터페이스의 원칙은 하역작업의 여러 공정 간의 접점을 원활히 소통하도록 하는 것을 뜻한다.

37 무선 제어방식

작업원이 목소리 또는 스위치로 지시하는 방식

38 재고유지비 = (100 × 50,000 × 3) + (100,000,000 × 2 × 0.04 / 12 × 3) = 17,000,000원

39 중량표시(Weight Mark), 부화인(Counter Mark), 주의 표시(Care Mark) 등은 화인의 임의기재사항이다.

40 손익분기 도표법

일정한 물동량, 즉 입고량 또는 출고량을 전제로 하여 고정비와 변동비의 합을 비교하여 물동량에 따른 총비용이 최소가 되는 대안을 선택한다.

구 분		A	B	C
고정비	연간 자본비	5,000,000원	4,800,000원	4,900,000원
	연간 연료비	250,000원	270,000원	300,000원
	연간 용수비	50,000원	60,000원	55,000원
	연간 세금	250,000원	400,000원	400,000원
	소 계	5,550,000원	5,530,000원	5,655,000원
변동비	단위당 하역비	520,000원	500,000원	500,000원
	단위당 재고비	850,000원	900,000원	800,000원
	단위당 운송비	420,000원	350,000원	400,000원
	소 계	1,790,000원	1,750,000원	1,700,000원

- A의 총 비용 = 5,550,000원 + 1,790,000원
  = 7,340,000원
- B의 총 비용 = 5,530,000원 + 1,750,000원
  = 7,280,000원
- C의 총 비용 = 5,655,000원 + 1,700,000원
  = 7,355,000원

일정한 물동량을 전제로 할 때 고정비와 변동비의 합은 B 시설이 최소이므로 가장 경제적인 물류시설은 B이다.

물류관련법규

41	42	43	44	45	46	47	48	49	50
②	①	④	②	⑤	③	②	⑤	⑤	⑤
51	52	53	54	55	56	57	58	59	60
①	④	③	③	①	⑤	③	⑤	③	②
61	62	63	64	65	66	67	68	69	70
②	①	②	②	④	①	②	④	②	①
71	72	73	74	75	76	77	78	79	80
①	⑤	①	②	①	⑤	②	①	②	③

41 국토교통부장관 및 해양수산부장관은 국가물류기본계획을 수립하거나 대통령령으로 정하는 중요한 사항을 변경하려는 경우에는 관계 중앙행정기관의 장 및 시·도지사와 협의한 후 국가물류정책위원회의 심의를 거쳐야 한다(물류정책기본법 제11조 제4항).
① 물류정책기본법 제11조 제1항
③ 물류정책기본법 제13조 제1항
④ 물류정책기본법 제12조 제1항
⑤ 물류정책기본법 제11조 제2항

42 물류공동화를 추진하는 물류기업이나 화주기업 또는 물류관련 단체에 대하여 예산의 범위에서 필요한 자금을 지원할 수 있는 기관은 국토교통부장관·해양수산부장관·산업통상자원부장관 또는 시·도지사이다(물류정책기본법 제23조 제1항).

43 경영지도사가 아니라 물류관리사의 고용사업자에 대한 행정적, 재정적 지원을 할 수 있도록 하고 있다(물류정책기본법 제54조).

44 국제물류주선업자는 선박·항공기·철도차량 또는 자동차 중에서 2가지 이상의 운송수단을 반드시 소유해야 하는 것은 아니다.
① 물류정책기본법 제43조 제1항
③ 물류정책기본법 제43조 제4항
④ 물류정책기본법 제49조
⑤ 물류정책기본법 제46조

45 국토교통부장관 또는 해양수산부장관은 소관 인증우수물류기업이 다음 각 호의 어느 하나에 해당하는 경우에는 그 인증을 취소할 수 있다. 다만, 1.에 해당하는 때에는 인증을 취소하여야 한다(물류정책기본법 제39조).
1. 거짓이나 그 밖의 부정한 방법으로 인증을 받은 경우
2. 물류사업으로 인하여 공정거래위원회로부터 시정조치 또는 과징금 부과 처분을 받은 경우

3. 우수물류기업의 인증요건을 유지하는지에 대한 점검을 정당한 사유 없이 3회 이상 거부한 경우
4. 우수물류기업의 인증기준에 맞지 아니하게 된 경우
5. 다른 사람에게 자기의 성명 또는 상호를 사용하여 영업을 하게 하거나 인증서를 대여한 때

46 **물류연수기관(물류정책기본법 시행규칙 제11조)**
- 물류관련협회 또는 물류관련협회가 설립한 교육·훈련기관
- 물류지원센터
- 화물자동차운수사업자가 설립한 협회 또는 연합회와 화물자동차운수사업자가 설립한 협회 또는 연합회가 설립한 교육·훈련기관
- 대한무역투자진흥공사법에 따른 대한무역투자진흥공사
- 민법에 따라 설립된 물류와 관련된 비영리법인
- 그 밖에 국토교통부장관 및 해양수산부장관이 지정·고시하는 기관
- 한국해양수산연수원법에 따른 한국해양수산연수원
- 항만운송사업법에 따라 해양수산부장관의 설립인가를 받아 설립된 교육훈련기관

47 국토교통부장관 또는 해양수산부장관은 해외 기술정보 등 보유 기술정보의 제공 업무를 기술평가기관 또는 해양수산과학기술진흥원에 위탁한다(물류정책기본법 시행령 제51조 제2항 제3호).
국토교통부장관은 다음의 권한을 시·도지사에게 위임한다(물류정책기본법 시행령 제51조 제1항).
- 위험물질 운송차량 단말장치의 장착 및 개선명령
- 위험물질 운송차량의 운행중지명령
- 단말장치를 장착하지 아니한 자, 단말장치를 점검·관리하지 아니하거나 단말장치의 작동을 유지하지 아니한 자, 운송계획정보를 입력하지 아니하거나 거짓으로 입력한 자의 규정에 따른 과태료의 부과·징수

48 국토교통부장관, 해양수산부장관, 시·도지사 및 행정기관이 취소처분을 하려는 경우 청문실시 대상(물류정책기본법 제68조)
- 단위물류정보망 전담기관에 대한 지정의 취소
- 국가물류통합정보센터운영자에 대한 지정의 취소
- 인증우수물류기업에 대한 인증의 취소
- 심사대행기관 지정의 취소
- 국제물류주선업자에 대한 등록의 취소
- 물류관리사 자격의 취소
- 우수녹색물류실천기업의 지정취소
- 지정심사대행기관의 지정취소

49 ⑤ 물류정책기본법 시행령 제43조
① 물류관련협회를 설립하려는 경우에는 해당 협회의 회원이 될 자격이 있는 기업 100개 이상이 발기인으로 정관을 작성하여 해당 협회의 회원이 될 자격이 있는 기업 200개 이상이 참여한 창립총회의 의결을 거친 후 소관에 따라 국토교통부장관 또는 해양수산부장관의 설립인가를 받아야 한다(물류정책기본법 제55조 제2항).
② 물류관련협회는 설립인가를 받아 설립등기를 함으로써 성립한다(물류정책기본법 제55조 제3항).
③ 설립인가 신청서에 정관, 발기인의 명부 및 이력서, 회원의 명부, 사업계획서 및 예산의 수입지출계획서, 창립총회 회의록의 서류를 첨부하여 소관에 따라 국토교통부장관 또는 해양수산부장관에게 제출하여야 한다(물류정책기본법 시행령 제42조).
④ 물류관련협회의 업무 및 정관 등에 필요한 사항은 대통령령으로 정한다(물류정책기본법 제55조 제7항).

50 **물류터미널의 범위(물류시설의 개발 및 운영에 관한 법률 제2조 제2호, 제3호)**
- 물류터미널 : 화물의 집화·하역 및 이와 관련된 분류·포장·보관·가공·조립 또는 통관 등에 필요한 기능을 갖춘 시설물을 말한다. 다만, 가공·조립시설은 대통령령으로 정하는 규모 이하의 것이어야 한다.
- 물류터미널사업 : 물류터미널을 경영하는 사업으로서 복합물류터미널 사업과 일반물류터미널사업을 말한다. 다만, 다음의 시설물을 경영하는 사업은 제외한다.
  - 항만법에 의한 항만시설 중 항만구역 안에 있는 화물하역시설 및 화물보관·처리시설
  - 공항시설법에 의한 공항시설 중 공항구역 안에 있는 화물운송을 위한 시설과 그 부대시설 및 지원시설
  - 철도사업법에 따른 철도사업자가 그 사업에 사용하는 화물운송·하역 및 보관시설
  - 유통산업발전법에 의한 집배송시설 및 공동집배송센터

51 **물류시설개발종합계획의 수립절차(물류시설의 개발 및 운영에 관한 법률 제5조)**
소관별 계획 제출(관계 행정기관장) → 물류시설개발종합계획안 작성(국토교통부장관) → 의견청취(시·도지사) → 협의(관계 중앙행정기관장) → 심의(물류시설분과위원회) → 관보 고시

52 **등록의 결격사유(법 제8조)**

다음의 어느 하나에 해당하는 자는 복합물류터미널사업의 등록을 할 수 없다.

1. 물류시설의 개발 및 운영에 관한 법률을 위반하여 벌금형 이상을 선고받은 후 2년이 지나지 아니한 자
2. 복합물류터미널사업 등록이 취소(3. 가목에 해당하여 등록이 취소된 경우는 제외)된 후 2년이 지나지 아니한 자
3. 법인으로서 그 임원 중에 1. 또는 다음의 어느 하나에 해당하는 자가 있는 경우(물류시설의 개발 및 운영에 관한 법률 제8조)
   가. 피성년후견인 또는 파산선고를 받고 복권되지 아니한 자
   나. 이 법을 위반하여 금고 이상의 실형을 선고받고 그 집행이 종료(집행이 종료된 것으로 보는 경우를 포함한다)되거나 집행이 면제된 날부터 2년이 지나지 아니한 자
   다. 이 법을 위반하여 금고 이상의 형의 집행유예를 선고받고 그 유예기간 중에 있는 자

53 용지매입비, 지장물 등 보상비, 조사비, 등기비 및 그 부대비용은 용지비를 말한다. 조성비는 해당 물류단지 조성에 들어간 직접비로서 조성공사비·설계비 및 그 부대비용을 말한다(물류시설의 개발 및 운영에 관한 법률 시행령 별표 2).

54 **일반물류단지개발계획 포함사항(물류시설의 개발 및 운영에 관한 법률 제22조 제5항)**

- 일반물류단지의 명칭·위치 및 면적
- 일반물류단지의 지정목적
- 일반물류단지개발사업의 시행자
- 일반물류단지개발사업의 시행기간 및 시행방법
- 토지이용계획 및 주요 기반시설계획
- 주요 유치시설 및 그 설치기준에 관한 사항
- 재원조달계획
- 수용하거나 사용할 토지, 건축물, 그 밖의 물건이나 권리가 있는 경우에는 그 세부목록
- 그 밖에 대통령령으로 정하는 사항

55 소유권 외의 권리, 광업권·어업권·양식업권 및 물의 사용에 관한 권리를 수용하거나 사용할 수 있다(물류시설의 개발 및 운영에 관한 법률 제10조 제1항).

② 물류시설의 개발 및 운영에 관한 법률 제12조 제1항
③ 물류시설의 개발 및 운영에 관한 법률 제13조 제2항
④ 물류시설의 개발 및 운영에 관한 법률 제13조 제1항
⑤ 물류시설의 개발 및 운영에 관한 법률 제11조

56 사업의 전부 또는 일부를 휴업한 후 정당한 사유 없이 신고한 휴업기간이 지난 후에도 사업을 재개하지 아니한 때는 그 등록을 취소하거나 6개월 이내의 기간을 정하여 사업의 정지를 명할 수 있다(물류시설의 개발 및 운영에 관한 법률 제17조 제1항).

57 물류단지지정권자는 의무를 이행하지 아니한 자에 대하여 국토교통부령으로 정하는 기한(의무이행기간이 끝난 날부터 6개월이 경과한 날)까지 그 의무를 이행할 것을 명하여야 하며, 그 기한까지 의무를 이행하지 아니하면 해당 토지·시설 등 재산가액「감정평가 및 감정평가사에 관한 법률」에 따른 감정평가법인 등의 감정평가액을 말한다)의 100분의 20에 해당하는 금액의 이행강제금을 부과할 수 있다(물류시설의 개발 및 운영에 관한 법률 제50조의3 제1항).

58 영업소에 대한 설명이다.

공영차고지란 화물자동차 운수사업에 제공되는 차고지로서 특별시장·광역시장·특별자치시장·도지사·특별자치도지사(이하 시·도지사), 시장·군수·구청장(자치구의 구청장), 「공공기관의 운영에 관한 법률」에 따른 공공기관, 「지방공기업법」에 따른 지방공사의 어느 하나에 해당하는 자가 설치하는 것을 말한다(화물자동차 운수사업법 제2조 제9호).

59 **화물자동차 운수사업법 제19조 제1의2호, 화물자동차 운수사업법 시행규칙 제28조의2**

국토교통부장관은 운송사업자가 허가를 받은 후 (6개월)간의 운송실적이 국토교통부장관이 매년 고시하는 연간 시장평균운송매출액(화물자동차의 종류별 연평균 운송매출액의 합계액을 말한다)의 (100분의 5) 이상에 해당하는 운송매출액에 미달한 경우 그 허가를 취소하거나 (6개월) 이내의 기간을 정하여 그 사업의 전부 또는 일부의 정지를 명령하거나 감차 조치를 명할 수 있다.

60 운송사업자가 화물자동차 운송가맹사업 허가를 신청하는 경우 운송사업자의 지위에서 보유하고 있던 화물자동차 운송사업용 화물자동차는 화물자동차 운송가맹사업의 허가기준 대수로 겸용할 수 없다(화물자동차 운수사업법 시행규칙 별표 5 화물자동차 운송가맹사업의 허가기준).

61 화물자동차 운수사업은 주사무소(법인이 아닌 경우에는 주소지를 말하되, 주소지 외의 장소에 사업장·공동사업장 또는 사무실을 마련하여 화물자동차운수사업을 경영하는 경우에는 그 사업장·공동사업장 또는 사무실을 주사무소로 본다) 소재지를 관할하는 시·도지사가 관장한다(화물자동차 운수사업법 시행규칙 제4조 제1항).
① 화물자동차 운수사업법 시행규칙 제4조 제1항
③·④ 화물자동차 운수사업법 시행규칙 제4조 제2항
⑤ 화물자동차 운수사업법 시행규칙 제4조 제4항

62 ① 화물자동차 운수사업법 시행령 제4조
② 상법 제135조를 준용한다(화물자동차 운수사업법 제7조 제1항).
③ 3개월 이내에 인도되지 아니하면 그 화물은 멸실된 것으로 본다(화물자동차 운수사업법 제7조 제2항).
④ 분쟁조정을 요청하면 지체 없이 확인하고 조사한 후 조정안을 작성하여야 한다(화물자동차 운수사업법 제7조 제4항).
⑤ 위탁할 수 있다(화물자동차 운수사업법 제7조 제6항).

63 국토교통부장관은 안전운행의 확보, 운송질서의 확립 및 화주의 편의를 도모하기 위하여 필요하다고 인정하면 운송가맹사업자에게 다음의 사항을 명할 수 있다(화물자동차 운수사업법 제31조).
• 운송약관의 변경
• 화물자동차의 구조변경 및 운송시설의 개선
• 화물의 안전운송을 위한 조치
• 정보공개서의 제공의무 등, 가맹금의 반환, 가맹계약서의 기재사항 등, 가맹계약의 갱신 등의 통지
• 적재물배상보험 등과 운송가맹사업자가 의무적으로 가입하여야 하는 보험·공제의 가입
• 그 밖에 화물자동차 운송가맹사업의 개선을 위하여 필요한 사항으로서 대통령령으로 정하는 사항

64 ② 파산선고를 받고 복권되지 않은 사람은 운영위원회의 위원의 결격사유에 해당한다(법 제51조의5 제1항 제2호).
① 법 제51조의3 제1항
③ 법 제50조 제1항
④ 법 제51조의4 제2항
⑤ 법 제51조의6 제2항

65 국토교통부장관은 화물운송 종사자격을 취득한 자가 정당한 사유없이 업무개시 명령을 거부하면 그 자격을 취소하거나 6개월 이내의 기간을 정하여 그 자격의 효력을 정지시킬 수 있다(화물자동차 운수사업법 제23조 제1항 제3호).
① 화물자동차 운수사업법 제14조 제1항
② 화물자동차 운수사업법 제14조 제2항
③ 화물자동차 운수사업법 제14조 제3항
⑤ 화물자동차 운수사업법 제66조의2

66 운송사업자는 폐업을 하게 되었을 때에는 화물자동차 운전자의 경력에 관한 기록 등 관련 서류를 협회에 이관하여야 한다(화물자동차 운수사업법 시행규칙 제19조 제3항).

67 항만운송사업자 또는 항만운송관련사업자가 등록하지 아니한 항만에 일시적 영업행위의 신고를 할 때에는 해양수산부령으로 정하는 바에 따라 영업기간 등을 구체적으로 밝힌 서면으로 하여야 한다(항만운송사업법 시행령 제14조 제2항).
① 항만운송사업법 제27조의2
③ 항만운송사업법 시행령 제14조 제1항 제2호
④ 항만운송사업법 시행령 제14조 제3항
⑤ 항만운송사업법 시행령 제14조 제1항 제1호

68 해운법에 따른 해상여객운송사업자가 여객선을 이용하여 하는 여객운송에 수반되는 화물 운송은 항만운송사업에서 제외한다(항만운송사업법 제2조 제5호 나목).

69 항만운송사업법 시행령 제12조 관련 별표 6
① 1억원 이상의 자본금과 20톤 이상의 통선 및 50톤 이상의 급수선을 필요로 한다.
③ 5천만원 이상의 자본금과 총면적 $30m^2$ 이상의 공구창고 또는 공장을 필요로 한다.
④ 5천만원 이상의 자본금과 자동차 1대 이상이 필요하다.
⑤ 5천만원 이상의 자본금과 총톤수 10톤 이상의 연료공급선을 필요로 한다.

70 전문상가단지를 말한다.(유통산업발전법 제2조 제8호)
② 유통산업발전법 제2조 제5호
③ 유통산업발전법 제2조 제9호
④ 유통산업발전법 제2조 제6호
⑤ 유통산업발전법 제2조 제14호

71 분쟁의 조정신청을 받은 유통분쟁조정위원회는 조정신청을 받은 날부터 60일 이내에 조정안을 작성하여야 하며 부득이한 사정이 있는 경우에는 위원회의 의결로 그 기간을 연장할 수 있다(유통산업발전법 제37조 제2항).
② 유통산업발전법 제37조 제4항
③ 유통산업발전법 제37조 제3항
④ 유통산업발전법 제39조 제2항
⑤ 유통산업발전법 시행령 제16조 제1항

72 **지역별 시행계획의 포함사항(법 제7조)**
1. 지역유통산업 발전의 기본방향
2. 지역유통산업의 여건 변화 전망
3. 지역유통산업의 현황 및 평가
4. 지역유통산업의 종류별 발전 방안
5. 지역유통기능의 효율화·고도화 방안
6. 유통전문인력·부지 및 시설 등의 수급 방안
7. 지역중소유통기업의 구조개선 및 경쟁력 강화 방안
8. 그 밖에 지역유통산업의 규제완화 및 제도개선 등 지역
유통산업의 발전을 촉진하기 위하여 필요한 사항

73 ① 전통상업보존구역의 지정은 특별자치시장·시장·군
수·구청장이다(유통산업발전법 제13조의3 제1항).
② 유통연수기관의 지정은 산업통상자원부장관이다(유통
산업발전법 제23조 제4항).
③ 유통산업의 실태조사는 산업통상자원부장관이다(유통
산업발전법 제7조의4 제1항).
④ 공동집배송센터의 지정은 산업통상자원부장관이다(유
통산업발전법 제29조 제1항).
⑤ 대규모점포 등에 대한 영업시간의 제한 – 특별자치
시장·시장·군수·구청장(유통산업발전법 제12조의
2 제1항)

74 집배송시설의 기능을 원활히 하기 위해 설치되는 소매점
및 휴게음식점은 부대시설이다(유통산업발전법 시행규칙
별표 6).
①·③·④ 유통산업발전법 시행규칙 별표 6
⑤ 유통산업발전법 시행규칙 별표 7

75 산업통상자원부장관, 중소벤처기업부장관 또는 지방자치
단체의 장은 중소기업기본법에 따른 중소기업자 중 대통령
령으로 정하는 소매업자 50인 또는 도매업자 10인 이상의
자("중소유통기업자단체")가 공동으로 중소유통기업의 경
쟁력 향상을 위하여 물류센터("중소유통공동도매물류센
터")를 건립하거나 운영하는 경우에는 필요한 행정적·재
정적 지원을 할 수 있다(유통산업발전법 제17조의2 제1항).

76 건물, 그밖의 시설물을 설치하는 경우 그 공사에 소요되는
기간은 이를 산입하지 아니한다(철도사업법 시행령 제13
조 제2항 단서).
① 철도사업법 제42조 제2항
② 철도사업법 시행규칙 제28조 제2항
③ 철도사업법 시행령 제13조 제2항 제1호
④ 철도사업법 시행령 제13조 제2항 제2호

77 거짓이나 그 밖의 부정한 방법으로 철도사업의 면허를 받
은 경우 또는 철도사업자의 임원 중 어느 하나의 결격사유
에 해당하게 된 사람이 있는 경우(다만, 3개월 이내에 그
임원을 바꾸어 임명한 경우에는 예외로 한다.)에는 철도사
업자의 면허를 반드시 취소하여야 한다(철도사업법 제16
조 제1항).

78 **사업계획의 중요한 사항의 변경(철도사업법 시행령 제5조)**
1. 철도이용수요가 적어 수지균형의 확보가 극히 곤란한
벽지 노선으로서 공익서비스비용의 보상에 관한 계약
이 체결된 노선의 철도운송서비스(철도여객운송서비
스 또는 철도화물운송서비스를 말한다)의 종류를 변경
하거나 다른 종류의 철도운송서비스를 추가하는 경우
2. 운행구간의 변경(여객열차의 경우에 한한다)
3. 사업용 철도노선별로 여객열차의 정차역을 신설 또는
폐지하거나 10분의 2 이상 변경하는 경우
4. 사업용 철도노선별로 10분의 1 이상의 운행횟수의 변
경(여객열차의 경우에 한한다). 다만, 공휴일·방학기
간 그 밖의 수송수요와 열차운행계획상의 수송력과 현
저한 차이가 있는 경우로서 3월 이내의 기간동안 운행
횟수를 변경하는 경우를 제외한다.

79 **도매시장 개설자의 의무(농수산물 유통 및 가격안정에 관
한 법률 제20조 제1항)**
• 도매시장 시설의 정비·개선과 합리적인 관리
• 경쟁 촉진과 공정한 거래질서의 확립 및 환경 개선
• 상품성 향상을 위한 규격화, 포장 개선 및 선도(鮮度)
유지의 촉진

80 생산자단체 또는 공익법인은 운영하고 있는 농수산물집하
장 중 공판장의 시설기준을 갖춘 집하장을 시·도지사의
승인을 받아 공판장으로 운영할 수 있다(농수산물 유통 및
가격안정에 관한 법률 제50조 제3항).

물류관리론

01	02	03	04	05	06	07	08	09	10
①	③	③	②	④	①	②	②	④	③
11	12	13	14	15	16	17	18	19	20
⑤	④	④	④	④	③	③	⑤	⑤	②
21	22	23	24	25	26	27	28	29	30
③	②	⑤	①	③	④	⑤	②	④	④
31	32	33	34	35	36	37	38	39	40
②	②	⑤	②	①	④	③	④	③	①

01 제약조건이론은 기업활동의 새로운 성과측정방법인 throughput accounting(현금창출회계)을 제안하였다. 이는 제약조건이론에 기초해 현금창출공헌이익, 재고자산, 운영비용, 세 가지의 상호관계에 의해 기업전체 성과를 결정하는 회계기법이다. 구성요소는 현금창출공헌이익(Throughput), 재고(Inventory), 운영비용(Operating Expense), 투자수익률(ROI) 등 4가지이다.

현금창출공헌이익 (Throughput)	• 기업이 판매를 통해 벌어들인 이익을 의미한다. • 현금창출공헌이익 = 매출액 – 재료비 • 변동원가계산의 공헌이익과 유사하지만 직접노무비가 차감되지 않는 점에서 차이가 있다.
재고 (Inventory)	• 판매하고자 하는 물품을 생산, 구매하는 데 투자한 총액이다. • 판매를 목적으로 보유하는 기존 재고자산과는 차이가 있다. • 건물, 대지, 설비 등과 같은 유형자산 및 기존 재고자산을 포함한 개념이다. • 기존회계의 투자액 개념이다.
운영비용 (Operating Expense)	• 재고를 현금창출공헌이익으로 전환하는 데 발생하는 총비용이다. • 노무비, 제조간접비, 판매비, 관리비 등을 모두 포함한다.
투자수익률 (ROI)	• 투자수익률(ROI)은 다음과 같이 계산한다. ROI = (현금창출공헌이익–운영비용)/재고 • Throughput Accounting 세 가지 구성요소의 종합평가지표이다.

02 ㉠ 보관은 생산과 소비의 시간적 격차를 조정한다.
㉡ 가공·조립·포장은 품질적 격차를 조정한다.
㉢ 집하와 배송은 수량적 격차를 조정한다.
㉣ 수송은 장소적 격차를 조정한다.

03 물류원가 계산과 물류채산 분석의 비교

회계내용/종류	물류원가 계산	물류채산 분석
계산기간	예산기간 (월별, 분기별 등)	개선안의 전(소) (특정)기간
계산방식	항상 일정	상황에 따라 상이
계산의 필요성	반복적으로 계산	임시적으로 계산
원가의 종류	표준원가, 실제원가	미래원가, 실제원가 등
할인의 여부	비할인계산	할인계산
계산목적	물류업적의 평가	물류의 의사결정
계산의 대상	물류업무 전반	특정의 계선안
원가의 범위	전부원가를 사용	차액원가만 대상

04 ① ISBN(International Standard Book Number)은 출판물의 효율화를 위한 표시 제도로 음성, 영상 등 무형의 자료를 포함하여 종이에 인쇄된 대부분의 출판물에 고유번호를 부여하는 것이다.
③ POS(Point of Sales)시스템의 도입으로 수작업으로 인한 오류를 방지하고 계산원에 대한 교육시간을 단축시켜 인력을 절감할 수 있다.
④ 지능형교통시스템(ITS)의 일종으로 교통여건, 도로상황 등 각종 교통정보를 운전자에게 신속하고 정확하게 제공하는 것은 ATIS(Advanced Traveler Information System)이다.
ASP(Application Service Provider)는 기업 운영에 필요한 각종 소프트웨어를 인터넷을 통하여 제공하는 새로운 방식의 비즈니스를 말한다.
⑤ 전자문서교환(Electronic Data Interchange)은 인쇄된 문서를 자동화된 시스템을 통해 서로 교환하는 시스템이 아니라, 기업 간에 데이터를 효율적으로 교환하기 위해 지정한 데이터와 문서의 표준화 시스템이다.

05 CPFR(Collaborative Planning Forecasting & Replenishment)

- 협업설계예측 및 보충이라고 하며, 유통업체와 제조업체가 정보교환협업을 통해 One-Number 수요예측과 효율적 공급계획을 달성하기 위한 기업 간의 Work Flow이다.
- 소매업자 및 도매업자와 제조업자가 고객서비스를 향상시키고, 업자들 간에 유통 총공급망에서의 정보 흐름을 가속화하여 재고를 감소시키는 경영전략이자 기술이다.
- 모든 참여자들은 그들이 원할 때 적정한 원자재 및 완제품을 가질 수 있도록 계획 수립 및 수요예측을 하고자 하는 기법이다.

06 7R원칙

Right Commodity, Right Quality, Right Price, Right Impression, Right Quantity, Right Time, Right Place

07 EOS를 도입한 소매점의 경우 정확한 발주로 오납과 결품을 방지할 수 있고, 진열량의 적정화로 효율적 공간활용이 가능하다. 또한 발주작업의 표준화로 누구나 신속·정확하게 발주할 수 있으며, 발주시간 단축, 발주오류 감소로 발주작업의 효율성 제고가 가능하다.

08 지급형태별 물류비는 자가 물류비와 위탁 물류비 등으로 구분한다.

09 상품을 로트화 하면 비용이 감소하고 서비스 수준도 내려간다.

10 판매량의 절대적 크기는 증가하지만 증가율은 감소하며, 가장 높은 매출을 실현하는 단계는 '성숙기'이다.

11 통합물류기능을 분산해서는 안 된다. 즉 기업 내의 물류활동인 조달물류, 생산물류, 판매물류를 연결하여 하나로 통합해야 한다.

12 물류공동화는 개별기업 자체의 독자적인 물류운영의 한계를 극복하기 위해 필요하다.

13 일반적으로 바코드는 외부 포장에 사용함으로써 자료의 데이터 처리를 보다 신속하고 정확하게 처리할 수 있다.

14 역물류는 일반적으로 물류의 흐름이 고객에게서 제조사를 거쳐 공급사에게까지 흐르는 일반물류 흐름과의 반대방향으로 반품, 폐기, 회수물류 등이 포함된다.

15 ① 주문처리 우선순위는 주문처리시간에 영향을 미친다.
② 병렬처리(Parallel Processing)방식은 순차처리 (Sequential Processing)방식에 비해 총 주문처리시간이 단축될 수 있다.
③ 주문을 모아서 일괄처리하면 주문처리비용은 줄일 수 있으나, 주문처리시간이 늘어날 수 있다.
⑤ 물류정보시스템을 활용한다면 초기 투자비용이 증가하지만 주문처리시간을 줄일 수 있다.

16 SCP에 대한 설명이다.

17 판매물류비는 고객에게 판매를 확정하고 출하해서 인도할 때까지의 물류에 소요된 비용이다.

18 중간상의 개입으로 제품가격이 상승하게 된다. 이러한 가격의 상승은 중간상이 창출하는 효용의 가치를 생각하면 상쇄할 수 있을 것이다.

19 수송 리드타임이 3주이므로 3주차에 70개가 입고된다.

구 분	수요 예측량	예정 입고량	재고량	발주량
현 재	–	–	150개	70개
1주	40개		150개 – 40개 = 110개	70개
2주	50개		110개 – 50개 = 60개	
3주	50개	70개	(60개 + 70개) – 50개 = 80개	
4주	50개	70개	(80개 + 70개) – 50개 = (100)개	

20 물류표준화란 운송, 보관, 하역, 포장, 정보 등과 같은 물동량 취급단위를 표준화 또는 규격화하고 여기에 이용되는 기기, 용기, 설비 등의 규격이나 강도, 재질 등을 통일시키는 것을 말하며, 운송수단을 단일화하는 것은 아니다.

21 e-마켓플레이스의 발전과정

- 1단계 : 강력한 구매자나 판매자를 중심으로 e-마켓플레이스 형성
- 2단계 : 중개자를 중심으로 다수의 구매자와 판매자가 참여하는 e-마켓플레이스 등장
- 3단계 : 각 공급단계별로 e-마켓플레이스 구축
- 4단계 : 공급체인상의 모든 업체들이 참여하는 B2B e-마켓플레이스와 소비자를 대상으로 완성품을 판매하는 B2C 쇼핑몰 존재
- 5단계 : 공급체인상의 모든 기업과 소비자가 참여하는 B2B2C 형태의 e-마켓플레이스 구축

22 **물류자회사를 만들었을 때 모회사 관점의 장점**
- 인력활용 및 순환이 가능
- 물류관리 책임 소재 분명
- 자회사의 전문성 활용 가능
- 탄력적인 임금정책
- 모회사의 물류정책을 자사에 반영
- 물류전문기업 육성 및 인재양성
- 규모의 경제를 통한 물류합리화

※ 자회사 관점의 장·단점

장 점	• 자회사만의 독립된 물류경영 가능 • 독자적인 물류시스템 구축 가능 • 경영책임 및 권한이 명확해짐 • 물류업무 확대로 추가적인 수익창출 • 물류요율이 명확하고 객관화됨
단 점	• 물류전략이 상충될 수 있음 • 의사소통의 어려움 • 자회사의 독립성 결여 가능성 • 자회사의 생산성 저하 우려 • 자회사 관리를 위한 모회사의 별도의 스태프 조직이 필요

23 카탈로그 쇼룸(Catalog Showrooms)은 무점포 소매상과 유사한 형태지만 대형 쇼핑센터와 인접한 곳에 단독 출점하여 상품 쇼룸과 카탈로그를 비치해 두고 소비자가 구입 신청에 필요한 사항을 기입하여 제출하면 계산 후 상품을 수령하는 셀프서비스 방식의 소매업이다. 전국적인 상표를 카탈로그와 할인판매의 장점을 접목하여 판매하며 주요 취급품목은 보석, 가방, 카메라 등이다.

24 제3자 물류에 대한 설명이다.
제4자 물류는 제3자 물류에 전문성을 극대화하기 위해 물류회사, 컨설팅회사, IT회사가 컨소시엄을 구성하여 물류비 절감과 서비스 증대에 주력하는 전략이다.

25 계획 구매에 대한 효과적인 대응(×) → 비계획 구매에 대한 효과적인 대응(○)

26

지 역	제 품	거 리	중 량	운송비 배부기준
가	A	100km	200톤	20,000
	B		300톤	30,000
나	A	300km	200톤	60,000
	B		100톤	30,000

제품 A의 운송비 = 20,000 + 60,000 = 80,000
제품 B의 운송비 = 30,000 + 30,000 = 60,000
제품 A와 제품 B의 운송비 비율 = 80,000 : 60,000
= 4 : 3

27 JIT는 적기공급생산으로 재고를 쌓아두지 않고서도 필요한 때 적기에 제품을 공급하는 생산방식이다. 즉 팔릴 물건을 팔릴 때에 팔릴 만큼만 생산하여 파는 방식으로 다품종 소량생산 체제의 구축 요구에 부응, 적은 비용으로 품질을 유지하여 적시에 제품을 인도하기 위한 생산 방식이다. JIT방식은 고부가가치 제품을 생산하는 제조기업들에 특히 유용한 도구이며, 이 방식을 성공적으로 도입해 활용하기 위해서는 협력사 및 고객들과의 원활한 커뮤니케이션과 협력이 필수적이다.

※ JIT방식 도입으로 얻을 수 있는 효과
- 리드타임 감소
- 공정개선
- 생산로트 최소화
- 안전재고 감소
- 간반 시스템
- 설비조정시간 감소
- 생산조직 구조의 개선
- 중앙 집중적인 계획과 조정에 의한 효율성 제고

28 6-시그마는 제품 혹은 프로세스 100만 개 중 허용되는 불량 또는 오류 수가 3.4개로, 거의 제로 수준으로 제품공정을 혁신하자는 것이다.

29 포장(Packaging)은 물류의 첫 단계로 물품의 생산에서 소비에 이르기까지 수송, 보관, 하역, 판매, 사용 등의 제반 과정에 있어서 물품의 품질, 가치를 보호 및 보전하고 물품의 취급을 편리하게 하며, 당해 물품 정보의 전달 및 판매를 촉진하는 역할을 담당하고 있다.

30 물류예산제도에 의하여 물류관리를 실시하는 경우, 물류비 지출의 적절한 통제가 가능하다.

31 연간 주문횟수 = (1,000대 × 12) / 1,200대 = 10회
평균재고량 = 1,200대 / 2 = 600대
$I = R \times T$
여기서, I : 평균재고
R : 평균흐름(= 12,000대 / 년)
T : 평균흐름시간
$$T = \frac{I}{R} = \frac{600}{12,000} = 0.05년$$

32 집중구매는 많은 양의 재화를 한꺼번에 구입할 수 있으므로 분산구매보다 싸게 살 수 있다. 재화가격의 계절적 변동이나 시장의 주기적 변동을 이용함으로써 가격이 가장 쌀 때 구입할 수 있기 때문에 집중구매를 할 경우에 분산구매보다 예산의 절약을 기할 수가 있다.

33 동일하지 않은 고객을 분류하여 각기 다른 부분에 속하는 고객에게 차별화된 제품과 서비스를 제공하여야 한다.

34 시장조사법은 정성적 예측방법 중 가장 계량적이고 객관적인 방법으로 수요의 크기 뿐만 아니라 고객의 심리, 선호도, 구매동기 등 질적 정보 확인이 가능하다.
　① 인과모형법은 정량적 예측방법으로 수요에 영향을 주는 환경요인을 파악하고, 수요와 요인들 간의 인과관계를 파악함으로써 미래의 수요를 예측하는 기법이다.
　③ 지수평활법은 정량적 예측방법으로 최근의 실적치에 가장 큰 가중치를 부여하여 단기적인 예측을 하는 기법이다.
　④ 회귀분석법은 정량적 예측방법으로 변수 간의 인과관계를 알아보기 위한 인과모형법의 한 방법이다.
　⑤ 시계열분석법은 정량적 예측방법으로 시계열 데이터로부터 추세나 경향을 파악하여 장래 수요를 예측하는 기법이다.

35 전력, 스팀 등 외부 에너지 사용에 의한 것은 간접배출에 해당된다.

36 RFID에 대한 설명이다.
DPS는 무인창고에서 오더정보에 의해 상품을 꺼내오는 시스템을 말한다.

37 **물류비의 지급형태별 분류**
　• 자가물류비 : 자사의 설비나 인력을 사용하여 물류활동을 수행함으로써 소비된 비용으로 재료비, 노무비, 경비, 이자의 항목으로 구분한다.
　따라서 자가물류비 = 노무비 + 전기료 + 이자 + 재료비 + 가스수도료 + 세금 = 13,000만원 + 300만원 + 250만원 + 3,700만원 + 300만원 + 90만원 = 17,640만원
　• 위탁물류비 : 물류활동의 일부 또는 전부를 타사에 위탁하여 수행함으로써 소비된 비용으로 물류자회사 지급분과 물류전문업체 지급분으로 구분한다.
　따라서 위탁물류비 = 지급운임 + 지불포장비 + 수수료 + 상/하차 용역비 = 400만원 + 80만원 + 90만원 + 550만원 = 1,120만원

38 트럭수송 위주에서 철도 등의 대량 화물수송수단의 활용도를 높인다.

39 효율적 공급사슬은 가장 낮은 가격에 효율적으로 대응하는 전략이므로 ㄴ, ㄹ이 옳다.

※ 효율적 공급사슬과 반응적 공급사슬

구 분	효율적 공급사슬	반응적 공급사슬
전략적 유형	최저원가로 수요충족	수요에 대한 신속반응
제품 전략	기능적 제품, 비용최소화	혁신적 제품, 모듈러 디자인
가격 전략	가격이 주요 경쟁 무기, 저마진	가격이 주요 경쟁 무기 아님, 고마진
생산 전략	재고생산, 대량생산, 표준화	주문조립, 주문생산, 고객화
여유생산능력	낮음, 높은 설비이용률	높음, 유연성
재고 전략	낮음, 높은 재고회전율	신속한 납기, 충분한 재고
리드타임 전략	비용이 증가되지 않은 한 단축	적극적인 단축
공급업체 선정 전략	저가격, 일관된 품질, 적기공급	속도, 유연성, 고품질
운송 전략	저비용 수단	신축성, 대응성이 높은 수단

40 물류센터 입지(위치)의 5가지 중요한 요소(PQRST)는 Product, Quantity, Route, Service & Time으로 구성되어 있다.

화물운송론

41	42	43	44	45	46	47	48	49	50
②	①	④	①	②	⑤	⑤	④	②	①
51	52	53	54	55	56	57	58	59	60
②	①	④	③	①	④	①	③	③	②
61	62	63	64	65	66	67	68	69	70
③	④	③	①	②	①	①	④	③	④
71	72	73	74	75	76	77	78	79	80
④	④	②	④	④	②	③	②	③	⑤

41 물리적인 토지의 특성을 검토한 것이며, 교통사정의 검토는 도시 내 또는 도시간 도로교통 등 교통소통과 애로를 검사하는 것이다.

42 **적재관리시스템**

출하되는 화물의 양(중량 및 부피)에 따라 적정한 크기의 차량선택과 한 대의 차량에 몇 개의 배송처의 화물을 적재할 것인지를 계산하고 화물의 형상 및 중량에 따라 적재함의 어떤 부분에 어떤 화물을 적재해야 가장 효율적인 적재가 될 것인지를 시뮬레이션을 통하여 알려주는 시스템을 말한다.

43 픽업과 배송은 함께 이루어져야 한다.

44 일반화물은 한 선박에 적재하기에 충분하지 못한 소량화물이며, 고가품목이 일반적이다.

45 $X_{14} + X_{24} + X_{34} = 300$

※ 제약조건

공급제약조건	• 공급지 1 : $X_{11} + X_{12} + X_{13} + X_{14} = 300$
	• 공급지 2 : $X_{21} + X_{22} + X_{23} + X_{24} = 500$
	• 공급지 3 : $X_{31} + X_{32} + X_{33} + X_{34} = 200$
수요제약조건	• 수요지 1 : $X_{11} + X_{21} + X_{31} = 200$
	• 수요지 2 : $X_{12} + X_{22} + X_{32} = 400$
	• 수요지 3 : $X_{13} + X_{23} + X_{33} = 100$
	• 수요지 4 : $X_{14} + X_{24} + X_{34} = 300$

46 한 번에 운송되는 화물의 단위가 클수록 대형차량을 이용하게 되며, 이 때 단위 당 부담하는 고정비 및 일반관리비는 감소한다.

47 **화물자동차의 철도에 대한 경쟁가능거리**

$$y = \frac{t}{m-r} = \frac{6,000 + 4,000 + 16,000}{2,000 - 1,900} = \frac{26,000}{100}$$
$$= 260$$

• y : 화물자동차의 경제효용거리의 한계(km)
• t : 톤당 철도 운송비와 하역비
• m : 화물자동차의 톤·km당 운송비
• r : 철도의 톤·km당 운송비

48 TEU(Twenty-foot Equivalent Unit)는 20ft 표준 컨테이너의 크기를 기준으로 하므로 20ft 컨테이너로 환산한다.
1일 처리물량은 20ft 500개
40ft는 20ft의 2배이므로 400 × 2 = 800개
10ft는 20ft의 1/2배 300 × 1/2 = 150개
따라서, 1일 처리량은 500 + 800 + 150 = 1,450개
연간 처리물량은 1,450개 × 25일 × 12월 = 435,000개

49 블록트레인(Block Train)은 현재 운행 중이나 Double Stack Train(이단적열차, DST)은 컨테이너를 철도화차에 2단으로 적재하여 수송하는 열차로 도입을 추진 중에 있다.

50 • 추가할증료(Surcharge) : 유류할증료, 통화할증료, 혼합항할증료, 수에즈운하할증료, 특별운항할증료
• 추가운임(Additional Charge) : 외항추가운임, 선택항추가운임, 항구변경료, 환적할증료, 초과중량할증료, 장척할증료, 전쟁위험할증료

51 ① 폴 트레일러 트럭(Pole-trailer Truck) : 파이프나 H형강 등 장척물의 수송이 주목적이며, 풀 트레일러를 연결하여 적재함과 턴테이블이 적재물을 고정시켜 수송한다.
③ 세미 트레일러(Semi-Trailer) : 트레일러의 일부 하중을 트랙터가 부담하는 것으로 가장 일반적인 것이다. 즉, 트레일러의 바퀴가 뒤쪽에만 설치되어 있고 앞쪽은 트랙터의 커플러에 연결되어 커플러를 통해서 하중이 트랙터에 전달되는 구조로 되어 있다.
④ 모터트럭(Motor Truck) : 트랙터에 트레일러가 완전히 붙어 있는 화물자동차를 말한다.
⑤ 더블 트레일러(Double-Trailer) : 주로 미국에서 이용되고 있으며 세미 트레일러를 2량 연결한 것이다.

52 Dunnage에 대한 설명이다. Bilges는 각 칸막이 방마다 만들어진 폐수·기름 등의 폐기물로 펌프를 이용해 이를 퍼낼 수 있도록 되어 있다.

53 • 실차율(영차율) = 적재 주행거리/총주행거리
= 52,000km/60,000km = 86.7%
• 적재율 = 평균 적재 중량/최대 적재 중량
= 12톤/15톤 = 80.0%
• 가동률 = 실제 가동 차량 수/누적 실제차량 수
= 300대/360대 = 83.3%

54 항공화물의 보험료율이 해상화물보다 낮다.

55 **다이어그램 배송시스템**

시간과 루트를 기준으로 하며 비교적 배송범위가 좁고 배송빈도가 높은 경우에 적용하는 방법으로 고객에 대한 도착시간을 정시화하여 순회 서비스를 제공한다.

56 비용이 작은 셀부터 우선적으로 할당하면,
공급지 1 → 수요지 2 : 700톤
공급지 2 → 수요지 2 : 100톤
공급지 2 → 수요지 1 : 400톤
공급지 3 → 수요지 1 : 300톤
∴ $(5 \times 700) + (15 \times 100) + (8 \times 400) + (6 \times 300)$
= 10,000원

57 카보타지(Cabotage)는 국가 내에서 여객 및 화물을 운송하는 권리를 외국선박에는 주지 않고 자국 선박이 독점하는 국제관례를 의미하며, 해운자유주의 정책의 싱대적 개념이라 할 수 있다. 우리나라에서는 선박법 제6조에서 국내 각 항간의 운송을 한국적 선박으로 제한하고 있다.

58 간선운송이란 터미널에 집화한 화물을 배달할 지역(광역단위) 별로 분류하여 배달할 또는 중계할 터미널로 운송하는 것을 말한다.

59 특정품목할인요율(SCR)에 대한 설명이다.

60 "복합물류터미널"이란 두 종류 이상의 운송수단 간의 연계운송을 할 수 있는 규모 및 시설을 갖추고, 집화(集貨)·하역(荷役) 및 이와 관련된 분류·포장·보관·가공·조립 또는 통관 등에 필요한 기능을 갖춘 시설물을 말한다.

61 모든 노드에 원유를 공급하는 송유관의 최단 경로는
• $S - a - b - c - f - e = 3 + 2 + 4 + 2 + 2$
$\quad\quad\quad\quad\quad\quad\quad\quad\quad\quad = 13km$
• $a - d - G = 3 + 4 = 7km$
위 두 경로를 합하면, 13km + 7km = 20km이다.

62 Train Ferry(열차 페리)
열차 페리는 해상운송이 가지는 저렴성과 철도운송이 육상에서 가지는 대량성 및 저렴성을 효과적으로 접목시킨 복합 일괄운송방식이다. 약 550km 이하의 근거리 해상과 장거리 육상 철도와의 연결에 효율이 높은 수송시스템이다. 열차 페리가 운항하기 위해서는 철도, 항만, 선박시스템이 서로 유기적으로 결합하여야 한다.

63 컨테이너 적입도
컨테이너에 적입된 화물의 명세서를 말한다. 화물이 화주, 검수인 또는 CFS 오퍼레이터에 의해 컨테이너에 적입되어, 이들에 의해 CLP가 작성되면 CY 오퍼레이터에 전해진다. 이는 유일하게 매 컨테이너마다 화물의 명세를 밝힌 중요한 서류이다.

64 영차율 향상 방안
• 기업 간 운송제휴 : 복화화물을 확보하는 방법으로, 발지와 착지 간에 위치한 운송업체 간에 공차운행을 방지하기 위하여 상호 물량교환운송에 관한 협정을 체결하고 자차의 운행정보를 상대운회사에 제공하여 복화차량으로 이용할 수 있게 한다.
• 화물운송정보시스템 활용 : 화물차량에 운송물량에 대한 정보를 제공하고, 화주에게는 공차정보를 제공한다.
• 화물자동차운송가맹사업자의 활용 : 지역별로 다양한 운송주선업체와 협정 또는 계약을 체결하고 복화물량을 확보하는 것이 필요하다.
• 물량확보 : 지역별 영업소를 운영하여 복화화물을 확보해야 한다.

65 ① 컨테이너를 정렬시켜 놓은 넓은 공간
③ 컨테이너 화물기지
④ 정비공장
⑤ 문

66 혼재운송은 소량화물(LCL Cargo)을 집하하여 컨테이너 단위화물(FCL Cargo)로 만들어 운송하는 형태이다.

67 수송시간의 변화성은 철도가 가장 크고 항공운송이 가장 작다. 그러나 수송시간의 변화성을 평균수송시간에서 차지하는 비율로 나타내면 항공운송이 가장 신뢰성이 낮고, 화물트럭운송이 가장 신뢰성이 높다.

68 항공화물운송장(AWB ; Air Waybill)은 항공회사가 화물을 항공으로 운송하는 경우에 발행하는 화물수취증으로서 해상운송에서의 선하증권(B/L)에 해당되며, 항공운송장 또는 항공화물수취증이라고도 부른다. AWB의 기본적인 성격은 선하증권과 같으나 선하증권이 화물의 수취를 증명하는 동시에 유가증권적인 성격을 가지고 유통이 가능한 반면, 항공화물운송장은 화물의 수취를 증명하는 영수증에 불과하며 유통이 불가능하다는 점에서 차이가 있다.

69 소화물 일관운송서비스제도는 고객의 요청에 따라 운송업자가 직접 송화주의 문전에서 집하하여 수화주의 문전까지 배달하는 것을 원칙으로 하여 그와 관련된 화물의 포장, 운송계약 등 부대서비스도 동시에 이루어진다. 소화물 일관운송서비스제도는 취급화물의 개당 중량이 30kg 이하로 제한되어 있다.

70 운송물의 인도예정일(시)에 따른 운송이 불가능한 경우 운송물의 수탁거절 사유에 해당한다.

71 국제물류주선업자의 주요 업무는 운송계약의 체결과 선복의 예약, 운송서류 작성, 통관수속, 혼재화물 취급업무, 환적업무, 기타 운송서비스 등이다.

ㄱ. 선박의 감항능력, 즉 선박이 안전하게 항해를 감내할 수 있는 능력을 유지하는 것은 해상운송인의 의무이다.

ㄷ. 컨테이너야드는 주로 선사가 관리한다.

72 공동납품 대행형은 화주의 주도로 공동화하는 것으로 가공, 포장, 납품 등의 작업을 대행한다.

73 무선박운항업자의 출현배경은 컨테이너에 의한 해륙일관수송에 있다.

74 차고에서 출발하여 A, B, C 3개의 수요지를 각각 1대의 차량이 방문하는 경우의 수송거리는 (10 + 13 + 12) × 2 = 70, 1대의 차량으로 3개의 수요지를 모두 방문하고 차고지로 되돌아오는 경우의 수송거리는 10 + 5 + 7 + 12 = 34

따라서 70 − 34 = 36 이므로 수송거리가 최대 36km 감소된다.

75 1일 40feet 컨테이너 트럭의 적재량 = 2 × 40 = 80
월평균 40feet 컨테이너 트럭의 적재량
= 25 × 80 = 2,000
월평균 트럭소요 대수 = 1,600 × 20 ÷ 2,000 = 16
(*1TEU = 20feet)
따라서 평균 외주 대수 = 16 − 11 = 5

76 ② 택배 표준약관 제6조 제3항

① 고객이 운송장에 손해배상한도액을 기재하지 않았을 경우 한도액은 50만원이 적용되고, 운송물의 가액에 따라 할증요금을 지급하는 경우에는 각 운송가액 구간별 최고가액이 적용된다.

③ 운송장에 인도예정일의 기재가 없는 경우에는 운송장에 기재된 운송물의 수탁일로부터 인도예정 장소에 따라 일반 지역 2일, 도서, 산간벽지 3일로 한다.

④ 운송물의 멸실, 현저한 훼손 또는 연착이 운송물의 성질이나 하자 또는 고객의 과실로 인한 것인 때에는, 사업자는 운임의 전액을 비롯하여 통지·최고·운송물의 처분 등에 소용되는 비용을 청구할 수 있다.

⑤ 운송물의 일부 멸실 또는 훼손에 대한 사업자의 손해배상책임은 수화인이 운송물을 수령한 날로부터 14일 이내에 그 일부 멸실 또는 훼손에 대한 사실을 사업자에게 통지를 발송하지 아니하면 소멸한다.

77 Modal Shift

기존에 이용하고 있는 운송수단을 보다 효율성이 높은 운송수단으로 교체하는 것을 의미하여, 현재는 주로 운송비용을 절감하기 위한 한 방편으로 활용된다.

78 현재의 운행비용 = 25일 × 5대 × 3회 × 100,000
= 37,500,000원
운송대수는 15대
물량은 기존의 1일 운송량은 15대 × 1,000상자
= 15,000상자
차량 적재율이 1,000상자에서 1,500상자로 늘어나므로
15,000상자 / 1,500상자 = 10대의 운행으로 가능
개선된 운행비용 = 25일 × 10대 × 100,000
= 25,000,000원
따라서 그 차액은 37,500,000 − 25,000,000
= 12,500,000원

79 편의치적제도

인건비 절약 등을 위해 선주가 소유하게 된 선박을 자국에 등록하지 않고 제3국에 치적하는 것을 말한다. 미국 일본 등 주로 선진 해운국 선주들이 행하고 있으며 파나마, 리베리아, 싱가포르, 필리핀, 바하마 등이 편의치적국들이다.

① tonnag tax system 해운업체의 소득을 계산할 때, 실제 영업상 이익이 아닌 선박의 톤수와 운항일수를 기준으로 산출한 "추정이익"을 적용, 세금 납부규모를 예측 가능하게 하는 제도

② 한 나라의 특정지역을 지정, 그 곳에 등록한 외항선박에 대하여 편의치적에 준하는 세제 및 선원고용상 특례를 부여하는 제도

④ 국가마다 선박이 다른 법규에 의해 제조되므로 선박의 감항성(seaworthiness)이 전문기관에 의해 전문적으로 판단되도록 하는 제도

⑤ 무역공급망의 경제운영주체 중 세관이 정한 안정성 기준을 충족하는 업체를 지정해 통관간소화 등의 혜택을 부여하는 제도

80 일관수송은 물류 효율화의 목적으로 화물을 발송지에서 도착지까지 해체하지 않고 연계하여 수송하는 것으로 파렛트와 컨테이너를 사용한다.

81	82	83	84	85	86	87	88	89	90
①	⑤	③	②	②	③	③	⑤	④	⑤
91	92	93	94	95	96	97	98	99	100
②	①	④	③	②	①	③	③	②	③
101	102	103	104	105	106	107	108	109	110
②	③	②	④	②	①	①	②	④	⑤
111	112	113	114	115	116	117	118	119	120
①	⑤	③	④	②	②	①	①	③	⑤

81 통제 불가능한 요인에 대한 적응전략도 수립해야 한다.

82 선미방향에서 선수방향을 바라보면서 오른쪽을 Starboard Side라 하고, 왼쪽을 Port Side라 한다.

83 구조료(Salvage Charge)
- 해난에 봉착한 재산에 발생할 가능성이 있는 손해를 방지하기 위하여 계약에 기하지 아니하고 구조한자에게 해상법에 의하여 지불하는 보수를 말한다.
- 피보험 위험으로 인하여 발생하는 손해를 방지하기 위하여 지출한 구조료는 피보험위험으로 인한 손해로서 회수할 수 있다.
- 피보험자 그의 대리인 또는 그들에 의해 보수를 받고 고용된 자가 피보험위험을 피하기 위하여 행한 구조의 성격을 띤 노무의 비용은 구조료에 포함되지 않으며, 구조료는 그 지출된 사정에 따라 구조료 또는 공동해손비용으로서 회수할 수 있다.

84 일본의 해운조선 합리화 심의위원회는 민간 대학교수를 위원장으로 해운, 조선, 금융, 정부부처, 종합상사, 선원노조 등의 대표자들로 구성되어 있는데, 이 심의위에서 구조조정을 주도하면서 12개의 선사를 6개로 합병하고 민간 금융기관들과 연결된 종합상사, 조선소 등을 포함시키는 통합정책을 실행하였다.

85 복합운송서류의 책임구간은 송화인으로부터 화물을 인수한 지점으로부터 최종도착지점까지이다.

86 DAT(Delivered at Terminal)는 터미널에서 양하·인도해주는 조건이었고, DAP(Delivered at Place)는 지정된 장소까지 가져다주지만 짐을 내리지 않고 인도하는 조건으로, 이 두 조건을 명확히 구분하여 사용하는 사람도 적을뿐더러 헷갈리는 조건이라고 판단해 DAT 조건을 DPU(Delivered at Place Unloaded)로 변경하고, 순서는 DAP, DPU, DDP 순으로 재정렬하였다.

87 부정기선운송방식에 대한 설명이다.

88 P&I Club(Protection & Indemnity Club) 선주책임 상호보험

89 "도착지양하인도"는 기명된 목적지 또는 그 장소 내의 합의된 지점(만약에 그러한 지점이 합의된다면)에서, 물품이 도착운송수단으로부터 양하된 채로 매수인의 처분 하에 놓인 때 매도인이 매수인에게 물품을 인도 - 위험을 이전 - 하는 것을 의미한다.

90 세미 트레일러 방식(Semi-Trailer Combination)은 육상에 의한 컨테이너 운송방식이다.

91 보세구역
통관되기 전의 외국화물을 설치하거나 가공·제조·전시 등을 할 수 있는 장소이다. 지정장치장 및 세관검사장 등의 지정보세구역과 보세장치장·보세창고·보세공장·보세전시장·보세건설장 및 보세판매장 등의 특허보세구역 등으로 구분된다. 세관장의 허가를 받아야 하며, 이 구역 안에 설치되는 외국화물에 대해 관세부과가 유예되는 것이 특징이다.

92 Montreal Agreement
- 1966년 IATA와 미국 정부가 캐나다 몬트리올에서 채택한 협정으로 미국을 출발지나 도착지, 기항지로 하는 국제운송에서 적용됨
- 여객에 대한 책임한도를 소송비 및 제비용을 포함하는 경우에는 US \$75,000, 소송비 및 제비용에 대한 별도 규정을 두고 있는 국가에서는 US \$58,000으로 규정

93 선적자의 요청에 의해 만들어지고, 공란 배서, 운임선불 표시, 지급자가 표기된 선하증권'에 대한 내용이다.
"freight"은 운임지급에 관한 사항으로 계약조건이 CFR, CIF, CIP, CPT 중 하나인 경우에는 "Freight Paid" 혹은 "Freight Prepaid"로, FCA, FOB, FAS 중 하나인 경우에는 "Freight Collect"로 기재한다.

94 SCR은 특정의 대형화물에 대해서 운송구간 및 최저중량을 지정하여 적용하는 할인운임이다. 특정구간에 동일품목이 계속적으로 반복하여 운송되는 품목이거나 육상이나 해상운송과의 경쟁성을 감안하여 항공운송을 이용할 가능성이 많은 품목에 대하여 적용하기 위하여 설정된 할인요율이다.

95 **손해발생 통보기한**

화물의 분실, 손상 또는 지연의 경우에는 그 화물을 인도
받을 정당한 권리를 가진 자가 다음의 기준에 따라 운송인
에게 배상청구 명세를 서면으로 제출하여야 한다.
- 손상 또는 일부 분실의 경우, 발견 즉시 그리고 화물을
  인수한 날로부터 14일 이내
- 지연의 경우, 화물을 인도받을 권리를 가진 자가 그 화
  물을 처분할 수 있는 날로부터 21일 이내
- 전부분실을 포함한 인도불능의 경우 운송장 발행일로부
  터 120일 이내
- 사람의 사망 또는 상해에 대한 손해발생의 통보를 제외
  하고는 위에서 정하는 이외의 모든 손해 발생의 통보는
  운송장 발생일로부터 270일 이내

※ 책임에 대하여 소를 제기할 수 있는 권리는 목적지 공
  항에 도착한 날로부터, 항공기가 도착되었어야 할 날
  로부터 또는 운송이 중지된 날로부터 2년 이내에 이루
  어지지 않는 한 소멸된다.

96 혼합화물(Mixed Cargo)은 Master Air Waybill에 의하여
각 품목마다 각기 다른 요율이 적용되는 성질을 가진 여러
가지 품목들로 구성된 화물을 말한다.

97 **시베리아 대륙횡단철도망(TSR ; Trains Siberian Railway)**
극동지역의 주요항구와 러시아의 컨테이너 전용항구인 보
스토치니 간의 해상운송경로와 시베리아 대륙 철도망 및
유럽 또는 서남아시아의 내륙운송로가 연결된 복합운송경
로이다.

98 **유효기일(Expiry Date)**

모든 신용장(취소가능 또는 취소불능)에는 선적을 위한 최
종 기일이 명시되어 있을지라도 지급·인수 또는 매입을
위하여 서류를 제시하여야 할 최종 기일이 명시되어야
한다.

※ **신용장상의 유효기일 표시**
- "drafts must be presented for payment/
  negotiation on or before xx"
- "drafts must be presented for negotiation not later
  than xx"
- "this credit expires on xx"
- "drafts drawn under this credit must be negotiated
  by a bank not later than xx"
- "this credit expires on xx for negotiation in xx"
- "this credit is valid until xx with xxx"

99 ICD의 기능은 컨테이너의 통관, 운송수단 간의 컨테이너
교환, 컨테이너 또는 화물의 일시장치 보관, 컨테이너에의
화물적입 및 적출, LCL의 혼재, 컨테이너의 배치, 컨테이
너의 정비 및 수리 등이 있다.

100 ① 국가공권력(사법재판)에 의한 분쟁해결 방법
② 당사자 간의 중재합의로 그 분쟁을 중재인에게 맡기
  고, 중재인의 판단에 양당사자가 절대 복종함으로써
  최종적으로 해결하는 방법
④ 당사자 간의 자주적인 교섭과 양보로 분쟁을 해결하는
  방법
⑤ 피해자가 상대방에게 청구권을 행사하지 않는 경우로
  서 상대방이 사전 또는 즉각적으로 손해배상 제의를
  통해 해결하는 방법

101 Bare Boat Charter(나용선계약)은 용선자가 선박 이외의
선장, 선원, 장비 및 소모품에 대하여 모든 책임을 진다.

102 실제 정박기간과 조출료를 바탕으로 계약(약정) 정박기간
을 구할 수 있다. 조출료는 체선료의 1/2이므로 'US
$4,000/일 × 1/2 = US $2,000/일'이 된다. 문제에서 조
출료가 발생한 금액이 'US $2,000'이므로 조출일은 1일이
나오며 실제 정박기간 5일을 합한 6일이 계약(약정) 정박
기간이다. 정박기간의 시작은 N/R(Notice of Readiness
; 하역준비완료통지서)이 발부된 후 일정한 시간이 경과
한 이후에 개시된다.

103 UCP600에서는 신용장에 달리 명시가 되어 있지 아니한
경우 CIF(운임보험료포함인도조건) 또는 CIP(운임보험료
지급인도조건) 금액의 110%를 규정하고 있다.
즉 US $500,000 × 1.1 = US $550,000

104 • EXW(Ex Works, 공장인도조건) : 매도인에 대한 최소
  한의 의무를 나타내며, 매수인은 매도인의 영업소로부
  터 물품을 인수하는데 수반되는 모든 비용과 위험을 부
  담하여야 한다.
• DDP(Delivered Duty Paid, 관세지급인도조건) : 매도
  인은 목적지에 도착할 때까지 모든 운송비용과 위험을
  부담하고 수입통관에 대한 의무도 가진다. DDP는 매도
  인에 대한 최대 의무를 나타내는 것으로 매도인에게 가
  장 많은 비용과 위험이 부과된다.

105 **Contract Rate System(계약운임제)**

해상운송계약에서 저운임률을 적용하는 제도로서 해운동
맹에 가맹한 동맹선만을 상용하겠다고 동맹 측과 계약을
체결한 화주에 대해서는 저렴한 계약운임률을 적용하고,
반대로 이와 같은 계약을 체결하지 않은 임시 화주에 대해
서는 비계약운임률을 적용하여 비싼 운임을 지불하게 하
는 제도이다.
① 운임할려제 : 일정기간 동안 화물 전체를 동맹선에만
  선적한 해운동맹 가입 화주에 대해 그간 지급한 운임
  의 일정한 비율을 할인해 주는 제도이다.

③ 서비스계약 : 화물운송에서 운송시간, 일정한 운임률 등 서비스 수준을 명확하게 약속하는 계약으로 화주는 계약기간 동안 선사와 약정한 화물을 선사 측에 싣고, 선사는 그에 대한 반대급부로 특별 할인운임을 제공하는 계약을 말한다.

⑤ 운임거치 할인제 : 화주가 일정기간(보통 6개월 단위로 계산)중 비동맹선사를 전혀 이용하지 않고, 오직 동맹선사만 이용할 경우에는 동맹으로부터 그 기간 내에 지불한 운임 중 약 10%를 환불받을 자격을 갖게 되며, 계속하여 다음 일정기간에도 동맹선사만 성실하게 이용한 화주에 대해서는 지불 거치한 전체 운임의 약 10%를 환불해 주는 제도이다.

106 재주문점(ROP)

= 조달기간 동안의 평균수요량 + 안전재고

= 200 + (50 × 1.25 × 1.65) = 303.125

107

② 극동에서 미주대륙으로 운송되는 화물에 공통운임이 부과되는 지역으로서 로키산맥 동쪽지역을 말한다.

③ 1979년 일본의 포워더에 의해 개발된 운송루트로 포워더 주도형의 서비스이다.

④ 1972년에 Seatrain사가 유럽·북미행 화물의 루트로 개발한 것으로 극동·일본에서 유럽행 화물을 운반한다.

⑤ 1972년, Seatrain이 찰스톤을 경유해 유럽에서 캘리포니아로의 수송을 개시하였고, 이 수송의 귀항로를 이용해서 극동에서 미국 동쪽 해안으로 화물을 운반한 것이 미국과 극동 간의 복합운수송의 발단이 되었다.

108 일반 거래조건 협정서(Agreement on General Terms and Conditions of Business)

무역계약이 성립되고 본격적인 거래가 이루어지게 되면 일회성이 아닌 장기적·반복적인 거래관계가 지속되는 경우가 많다. 이러한 경우에 매번 개별거래 내용의 주요부분은 변경될 수 있으나 일반적이고 기본적인 사항은 지속적·반복적으로 동일하게 이루어지는 경우가 많다. 이러한 경우 당사자 간의 합의에 의하여 계약의 일반적, 기본적 사항을 정하여 문서화하고 서로 서명하고 교환한다면 업무의 간소화는 물론이고 장차 발생할 수 있는 분쟁의 가능성을 줄이게 되는데 이를 위해서 필요한 것이 일반거래 조건 협정서이다.

※ FORCE MAJEURE(불가항력조항)

Sellers shall not be responsible for any delay in shipment due directly or indirectly to force majeure, such as fires, floods, earthquakes, tempests, strikes, lockouts, wars, riots, civil commotions, hostilities, blockades, requisition of vessels, embargoes, and to any other causes beyond the control of sellers. in the event of any of these accidents or contingencies which prevent shipment within the stipulated time, sellers shall inform buyers of its occurrence of existence and furnish a certificate substantiated by the Korea Chamber of Commerce and Industry.

[해석]

매도인은 불가항력 즉 화재, 홍수, 지진, 파업, 직장폐쇄, 전쟁, 소요, 적대행위, 등등에 의해 선적지연이 있는 경우 책임을 지지 않는다. 이러한 사고나 규정된 시간 내에 선적을 방해하는 경우가 있는 경우, 매도인은 매수인에게 이러한 사실을 알려야 하며, 한국의 상공회의소에 의해서 증명된 증명서를 첨부해야 한다.

109

$0.5m \times 0.6m \times 0.4m = 0.12CBM$

해상화물의 경우 1CBM은 1,000kg으로 계산하기 때문에, 0.12CBM은 120kg이 되며 이때 상자 1개의 무게인 100kg보다 크므로 0.12CBM이 적용된다.

신발이 1,000상자이므로

$0.12CBM \times 1,000$상자 $= 120CBM$

120CBM을 기준으로 운임, CAF, BAF를 계산하면

• 운임 : $120CBM \times US \$50/CBM = US \$6,000$

• CAF : $US \$6,000 \times 2\% = US \$120$

• BAF : $US \$6,000 \times 5\% = US \$300$

따라서, 화물의 운임 = US $6,000(운임) + US $120 (CAF) + US $300(BAF) = US $6,420

110

선대신용장은 수출업자가 해당상품의 선적 전에 대금을 선지급받을 수 있도록 수권하고 있는 신용장으로 그 선대받은 대전이 수출상품의 포장이나 집하에 사용되는 신용장으로, 발행은행이 매입은행으로 하여금 수출업자에게 선적 전에 일정한 조건으로 수출대금을 선대할 수 있도록 수권하는 문언을 신용상에 기재하고 그 선대금의 상환을 확인한 신용장을 말한다.

111

NVOCC는 Non Vessel Operation(Owning) Common Carrier의 약어이다. NVOCC(무선박운항업자)란 미국내 복합운송 시스템에서 시작된 개념으로 스스로 선박을 소유하거나 운항하지는 않지만, FMC에 신고한 자기의 운임(Tariff)에 따라 자신의 책임하에 해상운송을 인수하는 업자로서, 실제 운송은 선사에게 위탁한다. 1984년 신해운법(제3조 17항)에 의하면 NVOCC 란 "해상운송에 있어서 자기 스스로 선박을 직접 운항하지 않으면서 해상운송인에 대해서는 화주의 입장이 되는 것"이라 정의하고 있다.

112 적하보험은 화물을 대상으로 하는 보험인데 문제의 보기에서는 보험 목적물이 선체 및 부속품이므로 옳지 않다.
① 보험료는 '보험가입액 140억원 × 0.5% = 7천만원'이 된다.
②·③ 보험자의 최고 보상 한도액은 보험가입액을 기준으로 하고 보험 목적물의 가치, 즉 재산 평가액은 보험가액을 기준으로 한다.
④ 보험가입금액 < 보험가액이므로 일부보험이다.

113 관세를 납부할 때 과세대상금액은 통관직전을 기준하므로 통관 이후인 부산항 창고보관료와 부산에서 서울까지의 트럭 운송료는 제외된다.
따라서,
과세대상금액 = US $3,000 + US $300 + US $10,000 + US $100 = US $13,400

114 CFR 조건에서 수출자와 수입자의 부담비용

구 분	비 용
수출자	FOB가격 + 적하보험료
수입자	물품대금 + 적하보험료 + 수입지 창고료 + 세금 + 수입지 내륙운송비

115 추정전손(Constructive Total Loss)은 선박의 수리비가 수리후의 선박가액을 초과하는 경우 발생한다.

116 공동해손(General Average)
공동의 해상 항해와 관련된 재산을 위험으로부터 보존할 목적으로 이례적인 희생이나 비용지출이 공동의 안전을 위해 의도적이고 합리적으로 행해지거나 비롯된 경우에 한해 공동해손 행위가 있다.

117 항공화물운송장 – 기명식, 선하증권 – 지시식(무기명식)

118 지시식 선하증권은 선하증권의 수화인(consignee)란에 수화주의 상호대신 "Order", "Order of Shipper" 또는 "Order of ABC Bank" 등과 같이 적힌 선하증권으로서 배서(Endorsement)에 의해 양도가 가능한 선하증권을 일컫는다. "to order"는 공란배서(백지배서)를 하라는 지시이며 "to order"로 발행된 경우 수화인(수입상)이 양륙지에서 화물을 인수하기 위해서는 Shipper(수출상)가 배서한 선하증권이 있어야 한다. 은행으로서도 Shipper의 배서가 있는 선하증권이면 담보로서 확보할 수 있으므로 매입(Negotiation)에 응하게 된다.

119 Incoterms® 2020은 운송수단에 따라 복합운송조건과 해상운송조건 두 개의 유형으로 분류하며, 무역계약의 패턴을 크게 11가지로 정형화한 것이다.

120 보험에 가입된 종류의 물건으로서 존재할 수 없을 정도로 손상을 입은 경우 또는 그 점유가 박탈되어 회복할 수 없는 경우를 현실 전손(actual total loss)이라고 한다.

2교시(80문항)

보관하역론

01	02	03	04	05	06	07	08	09	10
③	①	②	③	③	②	②	⑤	①	②
11	12	13	14	15	16	17	18	19	20
②	③	②	④	④	①	⑤	①	⑤	③
21	22	23	24	25	26	27	28	29	30
③	⑤	③	⑤	④	⑤	⑤	⑤	③	④
31	32	33	34	35	36	37	38	39	40
⑤	②	③	⑤	①	③	⑤	⑤	③	④

01 ㄱ. 최소취급의 원칙 : 하역작업의 필요를 근본적으로 최소화한다는 원칙으로, 물품을 임시로 방치해둠으로 인해 나중에 다시 재이동을 해야 하거나, 로케이션관리를 잘못하여 물품을 재정돈 하기 위해 이동하는 등 불필요한 물품의 취급을 최소화하는 원칙이다.
ㄹ. 활성화의 원칙 : 운반활성지수를 최대화하는 원칙으로 지표와 접점이 작을수록 활성지수는 높아진다.
ㅁ. 취급균형의 원칙 : 하역작업의 어느 한 과정에 지나친 작업부하가 걸리거나 병목현상이 생기지 않도록 전 과정에 작업량을 고르게 배분해야 한다는 원칙이다.

02 복합물류터미널은 2가지 이상 운송수단(도로, 철도, 항만, 공항)간 연계운송을 할 수 있는 규모 및 시설을 갖추고 있다. 현재 군포, 양산, 장성, 중부, 칠곡 복합물류터미널 등 총 5곳이 운영 중에 있다.

03 차체 후방에 카운터 웨이트를 설치한 포크리프트는 카운터 밸런스형 포크리프트이다. 스트래들 리치(Straddle Reach)형 포크리프트는 차체 전방으로 뻗어 나온 주행이 가능한 아웃트리거로 차체의 안정을 유지한다.

04 '용지조건'에 해당한다.

05 타이어, 유리 등과 같이 형태가 특수한 물품이나 조심스럽게 다루어야 하는 물품은 특수 랙에 보관하여야 한다.

06

$$X = \frac{(35 \times 6) + (15 \times 3) + (20 \times 2) + (70 \times 4)}{35 + 15 + 20 + 70}$$

$$= \frac{575}{140} = 4.1 \fallingdotseq 4$$

$$Y = \frac{(35 \times 4) + (15 \times 5) + (20 \times 3) + (70 \times 6)}{35 + 15 + 20 + 70}$$

$$= \frac{695}{140} = 4.9 \fallingdotseq 5$$

07
① 테이블리프트(Table Lift)
③ 파렛트 위에 쌓인 자재들을 자동적으로 푸는 장비는 디파렛타이저
④ 파렛트 로더(Pallet Loader)
⑤ 도크 레벨러(Dock Leveller)

08 입하에서 시작되어 보관, 피킹, 분류한 후 마지막으로 가는 최종단계는 출하업무이다.

09 터미널 창고는 도시 주변 인터체인지 지역에 설립하여야 한다.

10 크로스도킹은 창고나 물류센터로 입고되는 상품을 보관하는 것이 아니라, 곧바로 소매점포에 배송하는 물류시스템이다. 보관 및 피킹(Picking, 필요한 상품을 꺼내는 것) 작업 등을 제거함으로써 물류비용을 절감할 수 있다.

11 가중이동평균법으로 예측한 5월의 수요량
= (170 × 0.2) + (160 × 0.3) + (180 × 0.5) = 172

12 **항공용 단위탑재 수송용기(Unit Load Device, ULD)**
• Pallet : 알루미늄 합금으로 제작된 평판으로 Pallet 위에 화물을 특정 항공기의 내부모양과 일치하도록 적재 작업한 후 Net으로 Tie-Down 할 수 있도록 고안한 장비이다.
• Certified Aircraft Container : 항공기내의 화물실에 탑재 및 고정이 가능하도록 제작된 Container로서 재질은 적재된 화물의 하중을 충분히 견딜 수 있는 강도를 가지고 있으면서도 항공기의 기체에는 손상을 주지 않는 것을 사용한다.
• Igloo : Non-Structural Igloo는 Open-Front 형태로 밑바닥이 없이 Fiber-Glass 또는 알루미늄 등의 재질로 만들어지는 것으로 항공기의 내부형태와 일치시켜서 윗면의 모서리 부분이 둥근 형태로 되어 있다. Structural Igloo는 Non-Structural Igloo를 Pallet에 고정시켜 놓은 것으로서 적재된 화물을 Net없이 고정시킬 수 있도록 제작되었다.

13
① 물건을 홀수단과 짝수단 모두 같은 방향으로 적재하는 패턴으로 봉적재라고도 한다. 이 방법은 각각의 종1열이 독립한 '봉'이 되어 나열한 것과 같은 것으로 상단의 붕괴가 쉽게 나타난다.
③ 파렛트 중앙부에 공간을 만드는 형태로 이 공간을 감싸듯 풍차형으로 화물을 적재하는 패턴이다. 홀수단과 짝수단의 방향을 바꾸어 적재한다.
④ 벽돌 적재를 하는 경우에 화물과 파렛트의 치수가 일치하지 않는 경우 물건 사이에 부분적으로 공간을 만드는 패턴이다.
⑤ 한단에는 블록형 적재와 같은 모양과 방향으로 물건을 나열하고, 다음 단에는 90°방향을 바꾸어 홀수단과 짝수단을 교차적으로 적재하는 것이다.

14 **일관파렛트화의 장점**
작업능률의 향상, 하역의 기계화, 포장의 간소화, 물류비 절감, 화물의 손상방지 등

15 ⓒ 물류센터의 수가 늘어나면 배송비용은 감소한다.
ⓐ 물류센터의 수가 늘어날수록 총비용은 감소하다가 증가한다.

16 지수평활법은 미래의 매출액 등을 예측하기 위해 쓰이는 정량적 예측기법 중 하나로 가장 최근의 예측 데이터와 주요 판매 데이터 간의 차이에 적합한 평활 상수를 사용함으로써 과거의 데이터를 유지할 필요성을 갖지 않는다. 즉, 과거 수요 측정값을 최근 실적으로 수정해서 이것을 새로운 수요 추정값으로 하려는 것이다.

17 재고회전율이 높으면 매출액이 증대되고 유지비용을 절감할 수 있어 판매가격의 인하를 촉진시킬 수 있으나, 상품의 가치를 하락시키지는 않는다.

18 **푸셔(Pusher) 방식**
화물을 컨베이어에 흐르는 방향에 대해서 직각으로 암(Arm)으로 밀어내는 방식으로 구조가 간단해서 어떤 컨베이어와도 조합할 수 있다.
② 많은 처리량을 매우 정확하게 분류하는 자동 컨베이어 방식
③ 화물이 진행하는 방향에 대해 컨베이어 위에 비스듬히 놓인 암(Arm)을 이용하여 물품을 분류하는 방식
④ 반송면에 튀어나온 기구를 넣어 단위화물을 함께 이동시키면서 압출하는 소팅 컨베이어 방식
⑤ 트레이 또는 버켓을 기울이거나 바닥면을 열어 떨어뜨려 분류하는 방식

19 • BTO(Build Transfer Operate) : 건설(Build) → 이전(Transfer) → 운영(Operate) 방식으로 진행되는 수익형 민간투자사업방식을 말한다. 민간 사업자가 직접 시설을 건설해 정부, 지방자치단체 등에 기부채납하는 대신 일정기간 사업을 위탁경영해 투자금을 회수하는 방식으로 민간자본은 일정기간 사회기반시설의 운영권을 갖고, 소유권은 정부나 지자체가 갖는 것이다.

• BTL(Build Transfer Lease) : 사회기반시설의 준공(Build)과 동시에 당해 시설의 소유권은 국가 또는 지방자치단체에 귀속(Transfer)되나, 사업시행자에게 시설 관리운영권(사용권)을 인정하여 그 시설 관리운영권을 국가 또는 지방자치단체 등이 협약에서 정한 기간 동안 다시 임차(Lease)하여 사용·수익하는 방식이다.

20 스태커 크레인(Stacker Crane)은 주행장치, 승강장치, 포크장치로 구분된 입체창고의 대표적인 운반기기이다.
① 스태커 크레인을 횡으로 이동시키는 장치
② 화물을 지정 입출고대까지 이동시키는 자동주행 장치
④ 화물의 연속이동장치
⑤ 랙 속에 화물이 저장되는 단위 공간

21 안전재고 = 안전계수 × 수요의 표준편차 × $\sqrt{조달기간}$
조달기간이 4배 증가하고, 수요의 표준편차가 2배로 확대되었으므로,
안전재고 = $2 \times \sqrt{4}$ = 4배(증가)

22 구역 로케이션(Zone Location) : 일정 품목군에 대하여 일정한 보관구역을 설정하지만 그 범위 내에서는 Free Location을 채택하는 방법으로서, 일반적으로 널리 이용되고 있다.

23 본선작업이란 항만 내에서 화물(컨테이너)을 선박에 적하하거나 선박으로부터 양하하는 것을 말한다.
• 적하(Loading) : 부선 또는 부두 위의 화물(컨테이너)을 선박에 적재하기까지의 작업
• 양하(Discharging) : 선박에 적재된 화물(컨테이너)을 부선 또는 부두 위에 내려 놓는 작업

24 RFID 시스템은 정보의 보안을 보장할 수 없다. 즉, 무선 전송 시 데이터의 절충, 데이터의 저장, 데이터 저장소의 물리적인 보안에 관하여 보안의 문제가 생길 수 있다.

25 기능별로 공업포장(수송포장)과 상업포장(판매포장)으로 분류한다.

26 트랜스테이너 방식의 설명이다.

27 미국과 유럽 등에서는 T-12형 표준파렛트를 많이 사용하고 있다.

28 공정효율(%) = $\dfrac{전체\ 작업공정시간\ 합계}{애로공정시간 \times 공정수} \times 100$

개선 전 공정효율(%) = $\dfrac{60}{16 \times 5} \times 100 = 75\%$

개선 후 공정효율(%) = $\dfrac{x}{13 \times 5} \times 100 = 80\%$

x = 52분
∴ 60분 − 52분 = 8분

29 투빈시스템(Two Bin System)
상자 2개에 부품을 보관하여 놓은 상태에서 어느 한 상자에서 계속 부품을 꺼내어 사용하다가 해당 상자의 부품을 모두 사용하고 나면 발주를 하여 부품이 모두 소진된 상자를 채우는 재고관리기법이다. 주로 재고수준을 조사할 필요없는 저가품에 적용된다.

30 보관센터는 보관이 주요 목적이며 입고와 출고의 단위에 큰 차이가 없다.

31 재주문점(ROP) = (조달기간 × 1일 평균수요) + 안전재고
안전재고 = 안전계수 × 수요의 표준편차 × $\sqrt{조달기간}$
= $1.645 \times 10 \times \sqrt{9}$ = 49.35
∴ 재주문점(ROP) = (9 × 200) + 49.35
≒ 1,849.35

32 보세구역은 외국물건 또는 일정한 내국물건에 대하여 관세법에 의하여 관세의 부과가 유보되는 지역이며, 보세장치장은 이러한 보세구역의 하나로 통관하려고 하는 물품을 장치하기 위한 구역을 말한다. 통관목적이 아닌 물품은 원칙적으로 장치되지 않는 곳으로서 그 장치기간이 비교적 짧다.

33 재고와 관련하여 발생되는 대표적인 비용에는 발주(준비)비용, 생산(구매)비용, 재고유지비용, 품절비용 등이 있다.

34 C-A-C 형태에 대한 설명이다.
C-C-C 형태는 관리가 어려운 방식으로 파렛트를 직접 쌓는 것이 유리하며, 이동식 랙 시스템을 주로 이용한다.

35 파렛트의 장거리 회송이 불필요하여 회수운반비를 절감할 수 있다.

36
① 야드에 교량형식의 구조물에 Crane을 설치하여 컨테이너를 적·양하하는 장비
② 스태커 크레인을 횡으로 이동시킨 장치
④ 상단이 지지된 마스트를 가지며 마스트 또는 붐(Boom) 위 끝에서 화물을 달아올리는 지브붙이 크레인
⑤ 레일 위를 주행하는 다리를 가진 거어더에 트롤리 또는 지브붙이 크레인을 가진 크레인

37
적재 2분, 하역 2분, 이동거리 편도 4분, 왕복 8분, 따라서 지게차 한 대가 파렛트 하나를 처리하는 시간은 총 12분이다. 시간당으로 계산하면 5개/시간이다.
지게차 1대당 8시간의 작업을 수행하고 가동률이 80%이므로
1일 파렛트 처리량 = 10시간 × 0.8 × 5개/시간 = 40
하루작업 파렛트량은 100 × 10 = 1,000개이므로,
필요한 지게차 대수 = 1,000 / 40 = 25대

38
필요한 파렛트 개수 = $\dfrac{100,000}{200}$ = 500

파렛트의 면적이 1.2m²이고 창고 적재율이 30%이므로,

창고의 바닥 면적 = $\dfrac{1.2 \times 500}{0.3}$ = 2,000m²

39 **재고과다의 경우에 나타나는 현상**
• 서비스율이 높아진다.
• 데드 스톡이 발생하여 자금운용에 악영향을 준다.
• 상품의 부패, 변질, 훼손이 발생하기 쉽다.
• 재고유지 비용이 많이 든다.
• 품절, 절품률이 감소한다.

40
Center of Gravity(무게중심 위치) : 화물의 무게중심 위치를 표시한다. 표지는 표시보기와 같이 무게중심의 위치가 쉽게 보이도록 필요한 면에 표시한다.

① Stacking Limitation(위 쌓기 제한) :

② Protect from Heat(직사일광 열차폐) :

③ Unstable(불안정) :

⑤ Do Not Roll(굴림 금지) :

41	42	43	44	45	46	47	48	49	50
③	①	⑤	①	⑤	④	②	③	⑤	③
51	52	53	54	55	56	57	58	59	60
⑤	②	②	①	⑤	④	②	①	③	②
61	62	63	64	65	66	67	68	69	70
④	①	①	③	④	③	③	③	④	②
71	72	73	74	75	76	77	78	79	80
④	⑤	①	①	③	⑤	①	③	④	③

41
국토교통부장관은 국가물류기본계획을 수립하거나 변경한 때에는 이를 관보에 고시하고, 관계 중앙행정기관의 장 및 시·도지사에게 통보하여야 한다(물류정책기본법 제11조 제5항).
① 물류정책기본법 제11조 제3항 제2호
② 물류정책기본법 제11조 제2항 제9호
④ 물류정책기본법 제11조 제1항
⑤ 물류정책기본법 제11조 제4항

42
국토교통부장관·해양수산부장관 또는 산업통상자원부장관은 물류표준장비의 보급 확대를 위하여 물류기업, 물류표준장비의 사용자 또는 물류표준에 맞는 규격으로 재화를 포장하는 자 등에 대하여 소요자금의 융자 등 필요한 재정지원을 할 수 있다(물류정책기본법 제25조 제2항).

43
국토교통부장관은 해양수산부장관 및 산업통상자원부장관과 협의하여 물류기업 및 화주기업의 물류비 산정기준 및 방법 등을 표준화하기 위하여 대통령령으로 정하는 기준에 따라 기업물류비 산정지침을 작성하여 고시하여야 한다(물류정책기본법 제26조 제1항).

44 **국가물류기본계획의 포함사항(물류정책기본법 제11조)**
• 국내외 물류환경의 변화와 전망
• 국가물류정책의 목표와 전략 및 단계별 추진계획
• 국가물류정보화사업에 관한 사항
• 운송·보관·하역·포장 등 물류기능별 물류정책 및 도로·철도·해운·항공 등 운송수단별 물류정책의 종합·조정에 관한 사항
• 물류시설·장비의 수급·배치 및 투자 우선순위에 관한 사항
• 연계물류체계의 구축과 개선에 관한 사항
• 물류표준화·공동화 등 물류체계의 효율화에 관한 사항
• 물류보안에 관한 사항
• 물류산업의 경쟁력 강화에 관한 사항
• 물류인력의 양성 및 물류기술의 개발에 관한 사항
• 국제물류의 촉진·지원에 관한 사항

45 국토교통부장관 또는 시·도지사는 물류관리사를 고용한 물류관련 사업자에 대하여 다른 사업자보다 우선하여 행정적·재정적 지원을 할 수 있으며, 시·도지사는 지원을 하려는 경우에는 중복을 방지하기 위하여 미리 국토교통부장관과 협의하여야 한다(법 제54조).

46 국가물류통합정보센터운영자 또는 단위물류정보망 전담기관은 전자문서 및 물류정보의 보안에 필요한 보호조치를 강구하여야 한다(물류정책기본법 제33조 제4항).
① 물류정책기본법 제33조 제1항
② 물류정책기본법 제33조 제2항
③ 물류정책기본법 제33조 제3항
⑤ 물류정책기본법 제33조 제5항

47 국토교통부장관은 물류기업 및 화주기업이 기업물류비 산정지침에 따라 물류비를 관리하도록 권고할 수 있다(물류정책기본법 제26조 제2항).
① 물류정책기본법 제27조 제2항
③ 물류정책기본법 제27조 제1항
④ 물류정책기본법 제30조의2 제1항
⑤ 물류정책기본법 제30조의2 제2항 제3호

48 물류활동에 따른 폐기물 감량이 환경친화적 물류활동에 해당한다(물류정책기본법 시행령 제47조 제2호).
① 물류정책기본법 시행령 제47조 제3호
② 물류정책기본법 제59조 제2항 제1호
④ 물류정책기본법 제59조 제2항 제2호
⑤ 물류정책기본법 시행령 제47조 제1호

49 국제물류주선업의 등록에 따른 권리·의무의 승계를 신고하지 아니한 때에는 200만원 이하의 과태료를 부과한다(물류정책기본법 제73조 제1항 제2호).

50 철도사업법에 따른 철도사업자가 그 사업에 사용하는 화물운송·하역 및 보관 시설을 경영하는 사업은 물류터미널 사업에서 제외된다(물류시설의 개발 및 운영에 관한 법률 제2조 3호).

51 **물류단지개발사업의 시행자(물류시설의 개발 및 운영에 관한 법률 시행령 제20조 제2항)**
• 한국토지주택공사법에 따른 한국토지주택공사
• 한국도로공사법에 따른 한국도로공사
• 한국수자원공사법에 따른 한국수자원공사
• 한국농어촌공사 및 농지관리기금법에 따른 한국농어촌공사

• 항만공사법에 따른 항만공사
① 물류시설의 개발 및 운영에 관한 법률 제31조 제1항
② 물류시설의 개발 및 운영에 관한 법률 제31조 제1항
③ 물류시설의 개발 및 운영에 관한 법률 시행령 제24조 제1항
④ 물류시설의 개발 및 운영에 관한 법률 시행령 제24조 제2항

52 • 적정이윤은 산정한 조성원가에서 자본비용, 개발사업대행비용, 선수금을 각각 제외한 금액의 100분의 5를 초과하지 아니하는 범위에서 해당 물류단지의 입주수요와 지역 간 균형발전의 촉진 등 지역여건을 고려하여 시행자가 정한다(물류시설의 개발 및 운영에 관한 법률 시행령 제39조 제4항).
• 선수금을 낸 자에 대하여 정산을 하는 경우에는 선수금 납부일부터 정산일까지의 시중은행의 1년 만기 정기예금 이자율에 해당하는 금액을 정산금에서 빼야 한다(물류시설의 개발 및 운영에 관한 법률 시행령 제39조 제6항).

53 ② 물류시설의 개발 및 운영에 관한 법률 제20조 제2항
① 지분의 50% 이상을 확보하는 조건이 부적절하다.
③ 소요자금 전부의 예치 조건이 부적절하다.
④ 전액 부담하는 것이 아니라 필요한 예산을 지원할 수 있다.
⑤ 국토교통부장관은 시·도지사에게 부지의 확보 및 도시·군계획시설의 설치 등에 관한 협조를 요청할 수 있다(물류시설의 개발 및 운영에 관한 법률 제20조 제3항).

54 공공시설의 귀속 및 양도에 관한 사항이 포함된 실시계획을 승인하려는 때에는 미리 그 관리청의 의견을 들어야 한다(물류시설의 개발 및 운영에 관한 법률 제36조 제3항).
② 물류시설의 개발 및 운영에 관한 법률 제36조 제1항
③ 물류시설의 개발 및 운영에 관한 법률 제36조 제2항
④ 물류시설의 개발 및 운영에 관한 법률 제36조 제2항
⑤ 물류시설의 개발 및 운영에 관한 법률 제36조 제4항

55 존치시설의 소유자에게 시설부담금을 내게 하려는 경우에는 국토교통부령으로 정하는 바에 따라 시설물별로 시설부담금을 감액할 수 있다(물류시설의 개발 및 운영에 관한 법률 시행령 제34조 제5항).
① 물류시설의 개발 및 운영에 관한 법률 제44조 제2항
② 물류시설의 개발 및 운영에 관한 법률 시행령 제34조 제1항 제3호
③ 물류시설의 개발 및 운영에 관한 법률 시행령 제34조 제2항
④ 물류시설의 개발 및 운영에 관한 법률 시행령 제34조 제4항

• 환경친화적 물류활동의 촉진·지원에 관한 사항
• 그 밖에 물류체계의 개선을 위하여 필요한 사항

56 물류단지개발사업(물류시설의 개발 및 운영에 관한 법률 제2조 제9호)
- 물류단지시설 및 지원시설의 용지조성사업과 건축사업
- 도로·철도·궤도·항만 또는 공항 시설 등의 건설사업
- 전기·가스·용수 등의 공급시설과 전기통신설비의 건설사업
- 하수도, 폐기물처리시설, 그 밖의 환경오염방지시설 등의 건설사업
- 그 밖에 위 사업에 딸린 사업

57 산업재해보상보험법에 따른 보험료 및 천재지변으로 인하여 발생하는 피해액 등 물류단지개발사업과 관련하여 발생하는 비용도 포함된다(물류시설의 개발 및 운영에 관한 법률 시행령 별표 2).
① 물류시설의 개발 및 운영에 관한 법률 시행령 제39조 제1항
③ 물류시설의 개발 및 운영에 관한 법률 시행령 제39조 제1항
④ 물류시설의 개발 및 운영에 관한 법률 시행령 제39조 제3항
⑤ 물류시설의 개발 및 운영에 관한 법률 시행령 제39조 제5항

58 물류단지로 지정·고시된 날부터 5년 이내에 그 물류단지의 전부 또는 일부에 대하여 제28조에 따른 물류단지개발실시계획의 승인을 신청하지 아니하면 그 기간이 지난 다음 날 해당 지역에 대한 물류단지의 지정이 해제된 것으로 본다(물류시설의 개발 및 운영에 관한 법률 제26조 제1항).
② 물류시설의 개발 및 운영에 관한 법률 제26조 제3항
③ 물류시설의 개발 및 운영에 관한 법률 시행령 제19조 제3항 제3호, 제4호
④ 물류시설의 개발 및 운영에 관한 법률 시행령 제19조 제2항
⑤ 물류시설의 개발 및 운영에 관한 법률 제26조 제4항

59 ③ 화물자동차 운수사업법 제16조 제5항
① 화물자동차 운송사업을 양도·양수하려는 경우에는 양수인은 국토교통부장관에게 신고하여야 한다(화물자동차 운수사업법 제16조 제1항).
② 운송사업자인 법인이 운송사업자가 아닌 법인을 흡수 합병하는 경우는 신고 제외사항이다(화물자동차 운수사업법 제16조 제2항).
④ 상속인이 그 화물자동차 운송사업을 계속하려면 피상속인이 사망한 후 90일 이내에 국토교통부장관에게 신고하여야 한다(화물자동차 운수사업법 제17조 제1항).
⑤ 양수인의 지위를 얻은 상속인이 양도를 하기 위해서는 국토교통부장관에게 신고하여야 한다(화물자동차 운수사업법 제16조 제1항).

60 화물자동차 운송주선사업의 허가를 받은 자는 일정기간마다 허가기준에 관한 사항을 국토교통부장관에게 신고할 필요는 없으며, 변경사항에 대해서만 변경신고를 하면 된다(화물자동차 운수사업법 제24조 제2항).

61 시·도지사가 업무를 위탁하는 경우에는 미리 국토교통부장관의 승인을 받아야 한다(화물자동차 운수사업법 제64조 제1항).
① 화물자동차 운수사업법 제63조 제1항
② 화물자동차 운수사업법 제63조 제2항
③ 화물자동차 운수사업법 제64조 제1항
⑤ 화물자동차 운수사업법 제65조 제1항, 제2항

62 허가를 받은 운송가맹사업자는 허가사항을 변경하려면 국토교통부령으로 정하는 바에 따라 국토교통부장관의 변경 허가를 받아야 한다. 다만, 대통령령으로 정하는 경미한 사항을 변경하려면 국토교통부령으로 정하는 바에 따라 국토교통부장관에게 신고하여야 한다(화물자동차 운수사업법 제29조 제2항).

63 ㄷ. 화물자동차 운송사업을 양도·양수하려는 경우에는 국토교통부령으로 정하는 바에 따라 양수인은 국토교통부장관에게 신고하여야 한다(화물자동차 운수사업법 제16조 제1항).
ㄹ. 운송사업자인 법인의 합병 신고가 있으면, 합병으로 설립되거나 존속되는 법인은 합병으로 소멸되는 법인의 운송사업자로서의 지위를 승계한다(화물자동차 운수사업법 제16조 제6항).

64 회원의 자격, 임원의 정수(定數) 및 선출방법, 그 밖에 협회의 운영에 필요한 사항은 정관으로 정한다(화물자동차 운수사업법 제48조 제6항).

65 화물위탁증의 발급(화물자동차 운수사업법 시행규칙 제21조의4 제1항)
"화물적재요청자와 화물의 종류·중량 및 운임 등 국토교통부령으로 정하는 사항"이란 다음의 사항을 말한다.
1. 위탁자·수탁자의 성명 및 연락처
2. 화주의 성명 및 연락처
3. 관련 운송사업자, 운송주선사업자 또는 운송가맹사업자의 성명 및 연락처
4. 화물적재요청자(수탁자에게 화물의 적재에 관하여 제5호의 사항을 요청한 자를 말한다)
5. 적재요청사항(적재를 요청한 화물의 종류, 중량 및 부피를 말하며, 부피를 기재할 때에는 화물의 길이·너비 및 높이를 각각 기재하여야 한다)
6. 화물의 출발지 및 도착지
7. 운 임

8. 화물자동차와 관련된 다음의 정보
  가. 유형(「자동차관리법 시행규칙」 별표1 제2호에 따른 유형을 말한다)
  나. 최대적재량
  다. 자동차등록번호

66 사업시행자는 공고 및 열람을 마친 후 그 건설계획에 대하여 시·도지사의 승인을 받아야 한다(화물자동차 운수사업법 제46조의3 제6항).

67 공제조합이 준수하여야 하는 재무건전성 기준으로 지급여력비율은 100분의 100 이상을 유지해야 한다(화물자동차 운수사업법 시행령 제11조의6 제2항 제1호).

68 컨테이너 전용 부두에서 취급하는 컨테이너 화물에 대하여는 해양수산부령이 정하는 바에 따라 그 운임과 요금을 정하여 관리청에 신고하여야 한다(항만운송사업법 제10조 제2항, 규칙 제15조의2 제2항).
① · ② 항만운송사업법 제10조 제1항
④ 항만운송사업법 제10조 제4항
⑤ 항만운송사업법 제10조 제5항

69 권리·의무의 승계(항만운송사업법 제23조 제1항)
• 항만운송사업자가 사망한 경우 그 상속인
• 항만운송사업자가 그 사업을 양도한 경우 그 양수인
• 법인인 항만운송사업자가 합병한 경우 합병 후 존속하는 법인이나 합병으로 설립되는 법인

70 1급지인 부산항 및 인천항의 시설평가액은 10억원 이상이다(항만운송사업법 시행령 별표 1).

71 등록 제한 및 조건에 관한 세부 사항은 해당 지방자치단체의 조례로 정한다(유통산업발전법 제8조 제4항).

72 촉진지구안의 집배송시설을 공동집배송센터로 지정하기 위해서는 시·도지사의 지정추천이 없어도 된다. 즉 산업통상자원부장관은 시·도지사가 요청한 지역이 산업통상자원부령으로 정하는 요건에 적합하다고 판단하는 경우에는 촉진지구로 지정하고, 그 내용을 산업통상자원부령으로 정하는 바에 따라 고시하여야 한다(유통산업발전법 제35조 제2항).

73 ① 유통산업발전법 제11조 제1항 제1호
② 대규모점포로서 전문점은 용역의 제공장소를 제외한 매장면적의 합계가 3천 제곱미터 이상인 점포의 집단이다(유통산업발전법 별표).

③ 유통산업발전법을 위반하여 징역형의 집행유예선고를 받고 그 유예기간 중에 있는 자는 등록할 수 없다(유통산업발전법 제10조 제4호).
④ 대규모점포의 개설자가 당해 점포를 양도한 경우에는 그 양수인은 개설자의 지위를 승계한다(유통산업발전법 제13조 제1항 제2호).
⑤ 개설등록 또는 변경등록을 하려는 대규모점포 등의 위치가 전통상업보존구역에 있을 때에는 등록을 제한하거나 조건을 붙일 수 있다(유통산업발전법 제8조 제3항).

74 산업통상자원부장관은 물류공동화를 촉진하기 위하여 필요한 경우에는 시·도지사의 추천을 받아 부지 면적, 시설 면적 및 유통시설로의 접근성 등 산업통상자원부령으로 정하는 요건에 해당하는 지역 및 시설물을 공동집배송센터로 지정할 수 있다(유통산업발전법 제29조 제1항).
② 유통산업발전법 제29조 제4항
③ 유통산업발전법 시행규칙 제23조 제1항 관련[별표6]
④ 유통산업발전법 제33조 제2항 제2호
⑤ 유통산업발전법 제32조 제2항

75 대규모점포 등 개설자의 업무를 수행하지 아니한 자는 500만원 이하의 과태료를 부과한다(유통산업발전법 제52조 제3항 제2호).
① 10년 이하의 징역 또는 1억원 이하의 벌금에 처한다(유통산업발전법 제49조 제1항).
② 1년 이하의 징역 또는 3천만원 이하의 벌금에 처한다(유통산업발전법 제49조 제2항).
④ 1년 이하의 징역 또는 1천만원 이하의 벌금에 처한다(유통산업발전법 제49조 제3항).
⑤ 1천만원 이하의 벌금에 처한다(유통산업발전법 제50조).

76 철도사업자는 사업계획을 변경하려는 경우에는 국토교통부장관에게 신고하여야 한다. 다만, 대통령령으로 정하는 중요 사항을 변경하려는 경우에는 국토교통부장관의 인가를 받아야 한다(철도사업법 제12조 제1항).
※ **사업계획의 중요한 사항의 변경(철도사업법 시행령 제5조)**
• 철도이용수요가 적어 수지균형의 확보가 극히 곤란한 벽지 노선으로서 공익서비스비용의 보상에 관한 계약이 체결된 노선의 철도운송서비스(철도여객운송서비스 또는 철도화물운송서비스를 말한다)의 종류를 변경하거나 다른 종류의 철도운송서비스를 추가하는 경우
• 운행구간의 변경(여객열차의 경우에 한한다)
• 사업용 철도노선별로 여객열차의 정차역을 신설 또는 폐지하거나 10의 2 이상 변경하는 경우

- 사업용 철도노선별로 10분의 1 이상의 운행횟수의 변경
  (여객열차의 경우에 한한다). 다만, 공휴일·방학기간
  등 수송수요와 열차운행계획상의 수송력과 현저한 차이
  가 있는 경우로서 3월 이내의 기간 동안 운행횟수를 변
  경하는 경우를 제외한다.

77 철도사업자는 다른 철도사업자와 공동경영에 관한 계약이
나 그 밖의 운수에 관한 협정을 체결하거나 변경하려는 경
우에는 국토교통부령으로 정하는 바에 따라 국토교통부장
관의 인가를 받아야 한다(철도사업법 제13조 제1항).

78 철도사업자가 당해 철도사업을 양도·양수하려는 경우에
는 국토교통부장관의 인가를 받아야 한다(철도사업법 제
14조 제1항).

79 비축용 농산물은 생산자 및 생산자단체로부터 수매하여야
한다. 다만, 가격안정을 위하여 특히 필요하다고 인정할 때
에는 도매시장 또는 공판장에서 수매하거나 수입할 수 있다
(농수산물 유통 및 가격안정에 관한 법률 제13조 제2항).

80 주요 농수산물의 생산자, 산지유통인, 저장업자, 도매업
자·소매업자 및 소비자 등("생산자 등"이라 한다)의 대표
는 해당 농수산물의 자율적인 수급조절과 품질향상을 위
하여 생산조정 또는 출하조절을 위한 협약(이하 "유통협
약"이라 한다)을 체결할 수 있다(농수산물 유통 및 가격안
정에 관한 법률 제10조 제1항).
① 농수산물유통 및 가격안정에 관한 법률 제15조 제1항
② 농수산물 유통 및 가격안정에 관한 법률 제20조 제1항
   제3호
④ 농수산물 유통 및 가격안정에 관한 법률 제9조 제1항
⑤ 농수산물 유통 및 가격안정에 관한 법률 제5조 제1항

훌륭한 가정만한 학교가 없고, 덕이 있는 부모만한 스승은 없다.

- 마하트마 간디 -

교육은 우리 자신의 무지를 점차 발견해 가는 과정이다.

- 윌 듀란트 -

물류관리사 기출동형 최종모의고사

개정20판1쇄 발행	2024년 05월 10일 (인쇄 2024년 04월 26일)
초 판 발 행	2003년 05월 10일 (인쇄 2003년 03월 14일)
발 행 인	박영일
책 임 편 집	이해욱
편 저	SD물류관리연구소
편 집 진 행	김준일 · 이보영
표지디자인	김도연
편집디자인	김경원 · 하한우
발 행 처	(주)시대고시기획
출 판 등 록	제10-1521호
주 소	서울시 마포구 큰우물로 75 [도화동 538 성지 B/D] 9F
전 화	1600-3600
팩 스	02-701-8823
홈 페 이 지	www.sdedu.co.kr
I S B N	979-11-383-5502-5 (13320)
정 가	22,000원

물류관리사

합격을 꿈꾸는 수험생에게

물류관리사 자격시험의 합격을 위해 정성을 다해 만든 물류관리사 도서들을
꿈을 향해 도전하는 수험생 여러분들께 드립니다.

P.S. 단계별 교재를 선택하기 위한 팁!

한권으로 끝내기

이론 파악으로
기본다지기

시험의 중요개념과
핵심이론을 파악하고
기초를 잡고 싶은 수험생

시험에 출제되는 핵심이론
부터 적중예상문제와 최근
에 시행된 기출문제까지 한
권에 담았습니다.

동영상 강의 교재

5개년 첨삭식 기출문제해설

기출문제 정복으로
실력다지기

최신 기출문제와 상세한
첨삭식 해설을 통해 학습
내용을 확인하고 실전감
각을 키우고 싶은 수험생

최근 5개년 기출문제를 상세한
첨삭식 해설과 함께 한권에 담
았습니다.

기출동형 최종모의고사

꼼꼼하게
실전마무리

모의고사를 통해
기출문제를 보완하고
시험 전 완벽한 마무리를
원하는 수험생

최신 출제경향이 반
영된 최종모의고사를
통해 합격에 가까이
다가갈 수 있습니다.

동영상 강의 교재

단기완성 핵심요약집

초단기
합격 PROJECT

시험에 출제된 필수 핵심
이론을 테마별로 체계적
으로 정리하여 단기간에
합격하고 싶은 수험생

실제 시험에 출제된 중요이론
을 압축하여 테마별로 수록하
였습니다.

달달달 외우는 물류관련법규 암기노트

과락탈출
필수도서

가장 과락이 많이 나오는 물류
관련법규 과목을 효율적으로
학습하여 과락을 피하고 싶은
수험생

암기용 셀로판지를 이용
하여 시험에 출제된 핵심
문구만 가려서 암기할 수
있습니다.

물류관리사 합격!

SD에듀와 함께라면 문제없습니다.

SD에듀가 합격을 준비하는 당신에게 제안합니다.

합격의 기회! SD에듀와 함께하십시오

2024, 합격시대!

이세상 모든 강의 SD에듀
결심하셨다면
지금 당장 실행하십시오.

기회란 포착되어 활용되기 전에는
기회인지조차 알 수 없는 것이다.

–마크 트웨인–

합격의 공식 ▶
온라인 강의

보다 깊이 있는 학습을 원하는 수험생들을 위한
SD에듀의 동영상 강의가 준비되어 있습니다.
www.sdedu.co.kr → 회원가입(로그인) → 강의 살펴보기